DICTIONNAIRE
ÉGYPTIEN.

DICTIONNAIRE
ÉGYPTIEN

EN ÉCRITURE HIÉROGLYPHIQUE,

PAR J. F. CHAMPOLLION LE JEUNE;

PUBLIÉ

D'APRÈS LES MANUSCRITS AUTOGRAPHES,

ET SOUS LES AUSPICES DE M. VILLEMAIN

MINISTRE DE L'INSTRUCTION PUBLIQUE,

PAR M. CHAMPOLLION FIGEAC.

PARIS,

CHEZ FIRMIN DIDOT FRÈRES, LIBRAIRES-ÉDITEURS,

IMPRIMEURS DE L'INSTITUT DE FRANCE,

RUE JACOB, N° 56.

—

M DCCC XLI. — XLIII.

PRÉFACE
DE L'ÉDITEUR.

On lit dans le titre du présent ouvrage qu'il est publié *d'après les manuscrits autographes*, ou de la main de l'auteur. Le premier devoir de l'éditeur est, sans nul doute, de mettre cette assertion en toute évidence.

Champollion le jeune avait travaillé de longue main à la rédaction d'un *Dictionnaire égyptien* en écriture hiéroglyphique. Avant même l'année 1822, qui est celle de sa mémorable découverte du système phonétique égyptien, et habitué dès ses plus précoces études à en ordonner les résultats qui lui semblaient avoir quelque valeur, il avait relevé sur des cartes isolées, bientôt après recopiées en tableaux méthodiques, d'abord tous les signes hiéroglyphiques qui lui étaient connus par le grand nombre de dessins, empreintes, gravures ou monuments originaux qu'il lui avait été possible de consulter, et ensuite tous ceux de ces signes dont le sens lui paraissait s'être révélé, absolu ou relatif, dans ses incessantes recherches. De ces volumineux extraits je ne citerai ici qu'un registre in-4°, entièrement écrit de sa main, et qu'il intitula : *Premier essai d'un Dictionnaire des hiéroglyphes égyptiens.* J. F. C. 1818, 1819, et qu'il arma de cette épigraphe : *Davus sum, non OEdipus.* Les signes réunis dans ce premier essai sont presque tous tirés de l'inscription de Rosette, dont les groupes sont rapprochés d'autres inscriptions monumentales, dans lesquelles se lit le même signe ou le même groupe. Ce travail résultait d'une comparaison presque matérielle des trois textes de l'inscription de Rosette, éclairée quelquefois par les préceptes consignés dans le livre d'Horapollon : parfois, depuis, ses motifs d'interprétation ont cessé d'être vrais, mais il est rare que l'interprétation elle-même ne le soit pas.

Les certitudes commencèrent pour lui, comme pour la science elle-même, dès qu'il eut heureusement découvert et mis dans une éternelle évidence la constitution intime du système graphique égyptien; discerné et caractérisé ses trois classes de signes, figuratifs, symboliques, phonétiques, et démontré leur emploi simultané, mais constant, en des proportions inégales, mais déterminées, dans les monuments des temps les plus anciens comme dans les plus modernes : notions fondamentales, véritable clef de tous les mystères de l'antique Égypte, confirmées aujourd'hui par les inscriptions tirées récemment de la sépulture des plus anciens pharaons qui viennent d'être exhumés des plus secrets réduits des pyramides de Memphis, comme elles le sont par les documents qui nous restent du culte d'Isis en haute Égypte au vi^e siècle de l'ère chrétienne. De tels exemples de la durée pendant plusieurs milliers d'années d'une nation puissante, persévérant ainsi dans les règles sociales qu'elle s'était données, ne se rencontreront que dans les annales des peuples de la primitive civilisation : y avait-il donc en ce temps plus de place pour chaque homme sur la terre ?

Guidé par ses propres découvertes, Champollion le jeune put dès lors entreprendre sur des données certaines la rédaction définitive du *Dictionnaire égyptien*, et il recueillit toutes ses notes, tous ses extraits, sur des feuilles isolées, mais uniformes, de grandeur petit in-folio, dont la page oblongue est divisée en plusieurs colonnes; au-dessus d'elles, et comme tête de page, un espace est régulièrement réservé. Chaque feuille est affectée à un signe, et contient, 1° sa figure en style pur, en style linéaire, et sa réduction hiératique; 2° sa dénomination; 3° sa qualification graphique (signe symbolique, ou figuratif, ou phonétique); 4° le sens ou la valeur qui lui est propre; 5° enfin, des exemples où ce signe est employé avec cette valeur.

Le même travail sur des cartes avait précédé la transcription sur les feuilles in-folio; il en résulta un double manuscrit autographe, et la facilité de procéder à diverses classifications temporaires des signes.

Le *Dictionnaire* en feuilles était déjà fort étendu avant le départ de l'auteur pour l'Égypte, et ce fut alors que M. Rosellini en fit une copie, avec l'agrément de mon frère.

Le manuscrit en feuilles et le manuscrit sur cartes furent emportés en Égypte. Pendant le voyage, l'auteur s'en occupa fréquemment, durant les longues heures passées sur le Nil; la collection des cartes fut mise au niveau de la collection en feuilles, qui s'était sensiblement accrue; les amis de mon frère l'aidèrent avec empressement; les cartes écrites de la main de MM. Salvador Chérubini et Lenormant font encore partie du manuscrit original.

Après le retour d'Égypte, le *Dictionnaire* ne fut pas abandonné un seul jour; les additions de nouveaux signes ou de nouveaux exemples, les corrections ou les développements des anciens, s'y succédaient fréquemment, à l'avantage évident des nouvelles études égyptiennes. M. le baron Silvestre de Sacy, qui les a si utilement, si efficacement protégées par sa prompte et bien manifeste adhésion dès leur origine, consacra une journée entière chez l'auteur à l'examen du manuscrit de son *Dictionnaire*; l'approbation, l'admiration, il faut le dire, de l'illustre orientaliste ne fut point équivoque.

Au mois de mars 1832, mon frère nous avait quittés.

Bientôt après je reconnus que, par l'effet des funestes conseils des plus funestes passions, la moitié des feuilles et la moitié des cartes du *Dictionnaire* avaient été enlevées. Contre toute attente, trois cent vingt-neuf feuilles et un très-grand nombre de cartes furent recouvrées en 1840, et cette restitution m'autorise à penser que je possède à peu près entières ces deux rédactions autographes du *Dictionnaire* (1).

Le manuscrit in-folio est composé de sept cent soixante-douze feuilles, toutes de la main de mon frère, lettre et dessins; rarement elles sont écrites au verso. Les cartes sont en plus grand nombre, chaque feuille portant plusieurs exemples, et chaque carte n'en reproduisant ordinairement qu'un seul.

La corrélation de ces deux copies ne saurait être plus intime; les caractères de l'originalité se montrent autant dans l'une que dans l'autre. Plusieurs remarques nous le démontrent : 1° une lacune d'un mot copte ou autre, laissée dans la feuille, a été remplie sur la carte correspondante; 2° pour quelques articles, on trouve plus de développements dans

---

(1) Je dois renvoyer ici à ma *Notice sur les manuscrits autographes de Champollion le jeune, perdus en 1832 et retrouvés en 1840*. Paris, Firmin Didot, mars 1842, in-8°.

les cartes que dans les feuilles; parfois aussi ils sont abrégés dans les cartes; 3° les citations de quelques monuments originaux ne sont pas semblables, parce que le monument a changé de place; l'indication donnée par la carte est la plus exacte, parce qu'elle est la plus récente.

Cet état réel des deux manuscrits imposait à l'éditeur l'obligation de classer dans le même ordre et les feuilles et les cartes, et d'adopter pour chaque article du *Dictionnaire* la rédaction qui résultait des deux manuscrits ainsi rapprochés et combinés : cette obligation a été fidèlement remplie.

Toutefois, renfermé dans les limites tracées par l'étendue même de ces deux manuscrits, le *Dictionnaire égyptien* aurait laissé beaucoup à désirer, même à ne le considérer que dans sa propre origine, dans sa qualité d'ouvrage posthume, et dans ses rapports avec tous les autres ouvrages du même auteur.

Il doit être entendu, en effet, que l'éditeur donne au public le *Dictionnaire égyptien* composé par Champollion le jeune, et qu'il ne peut produire sous ce titre qu'un recueil de signes et de groupes hiéroglyphiques égyptiens dont l'interprétation subsiste écrite tout entière de la main de l'hiérogrammate français : tels sont tous les signes et groupes publiés d'après les deux manuscrits sur les cartes et sur les feuilles.

Mais la réunion de tous ces signes ou groupes composerait-elle réellement le *Dictionnaire égyptien* de Champollion le jeune, et le volume qui les contiendrait renfermerait-il tous les signes dont l'interprétation subsiste de la main de l'auteur? Certainement non; et l'éditeur avait encore, dans ce but, un autre devoir à remplir.

Il n'a pas pu oublier que la *Grammaire égyptienne* abonde en citations de textes hiéroglyphiques, traduits en copte et en français, et que ces citations contiennent un très-grand nombre de signes ou groupes traduits, qui ne se trouvent point dans les deux manuscrits du *Dictionnaire* proprement dit : l'éditeur a donc dû considérer ces signes et groupes comme autant d'articles originaux, authentiques, appartenant de droit au *Dictionnaire*, et il a dû aussi les y insérer, leur interprétation étant, en effet, écrite de la main de l'auteur.

J'ai donc procédé à l'anatomie de la *Grammaire* imprimée : dans tous les exemples, j'ai séparé un à un, par une ligne verticale, tous les signes ou groupes hiéroglyphiques, les laissant attachés interlinéairement à leur traduction copte et à leur traduction française; j'ai écrit sur chaque fragment le chiffre de la page où il existait; découpés un à un, tous ces fragments ont été collés sur autant de cartes, et classés dans le même ordre que les feuilles et les cartes manuscrites : je me suis fait ainsi un véritable *Dictionnaire* de la *Grammaire égyptienne;* il est composé de plusieurs milliers d'articles.

Du rapprochement mutuel de ce troisième *Dictionnaire* avec les deux premiers, il est sorti deux avantages d'une grande importance pour le sujet actuel : le premier, c'est la nomenclature des signes et groupes employés dans la *Grammaire* imprimée, et qui ne se trouvaient point dans les deux nomenclatures manuscrites : celles-ci en ont reçu un supplément égal au moins à leur contenu.

Le second avantage n'a pas été d'une moindre utilité pour la science : quelques articles anciens des dictionnaires manuscrits ont été rectifiés par l'interprétation qui leur est attribuée dans la *Grammaire* imprimée, et qui résulte des derniers travaux de l'auteur. Enfin, ce ne sera pas sans quelque profit, même pour le *Dictionnaire* imprimé, que ce rapprochement aura fait reconnaître que l'interprétation donnée depuis quelques années à un grand nombre de signes ou de groupes, est aujourd'hui revêtue d'une double sanction par celle que lui imprime la rédaction plus récente de la *Grammaire égyptienne,* où ces mêmes groupes sont employés avec la même valeur littérale; et, à cet effet, le chiffre de la page de la *Grammaire* a été ajouté à l'ancien *manuscrit.*

Le *Dictionnaire égyptien* qui est publié contient donc tous les signes ou groupes dont l'interprétation subsiste écrite tout entière de la main de son auteur : ET IL NE CONTIENT QUE CELA, l'éditeur ne s'étant jamais écarté de la loi qu'il a dû religieusement et toujours s'imposer, de n'imprimer sous le nom de son frère, sous l'autorité si légitime, si puissante de ce nom dans la science, que les textes, les mots, les signes tracés indubitablement de sa main créatrice et féconde, qui en dévoila l'expression. Et cette déclaration servira aussi à cette autre fin, d'avertir que si quelques signes ou quelques groupes hiéroglyphiques égyptiens ne se trouvent point dans le *Dictionnaire* imprimé, c'est parce que leur explication ne subsiste pas dans les manuscrits de Champollion le jeune : l'honneur de composer un *supplément* digne de foi, et digne en tout du modèle laissé par le maître, est réservé à ses plus heureux, à ses plus doctes disciples.

Après la réunion de tous les matériaux du *Dictionnaire égyptien,* l'éditeur n'était pas encore délivré de toute pénible préoccupation : de graves questions, des doutes imposants, restaient à résoudre, et il y en a déjà une foule de renfermés dans la seule perquisition du meilleur mode de classification à adopter pour les matériaux d'un *livre jusqu'ici sans modèle*, qu'il faut bien nommer *Dictionnaire* pour s'entendre, mais que la définition reçue de ce mot ne peut nullement servir ni à décrire, ni à qualifier.

L'auteur du *Dictionnaire hiéroglyphique* n'avait pas échappé à ces doutes, ni omis de considérer la question sous quelques-unes de ses faces essentielles. Il est vrai qu'il la traita dans un temps où ses recherches ne l'avaient pas encore mis en possession de tous les éléments fondamentaux du système graphique égyptien; mais la sûreté de ses données, même à cette époque de ses études, et la perspicacité habituelle de ses aperçus, ne lui avaient point fait faute en cette occasion : nous devons le laisser lui-même entretenir nos lecteurs de cet important sujet.

Le huitième chapitre du *Mémoire sur l'écriture hiératique*, lu à l'Académie des inscriptions et belles-lettres, dans le mois d'août 1821, a pour sujet la *classification générale des signes* de cette écriture. L'auteur s'y propose de «rechercher le mode qui fut suivi par les Égyp-
« tiens dans la classification régulière de cette foule de signes en grande
« partie arbitraires. La formation d'un tableau général de ces signes,
« ajoute-t-il, était indispensable pour l'étude et la connaissance d'un
« système d'écriture que les principaux membres de la première caste
« de l'État ne pouvaient se permettre d'ignorer.

« Aucun document fourni par les écrivains de l'antiquité ne saurait
« nous conduire à la solution de ce problème; mais le raisonnement
« seul et des considérations tirées de la nature de ces mêmes signes,
« nous permettent, toutefois, d'arriver sur ce point à une conclusion
« satisfaisante. »

Champollion le jeune examine ensuite, mais sommairement, quels peuvent être les rapports matériels de l'écriture hiératique égyptienne avec l'écriture actuelle des Chinois; mais bientôt il abandonne toute conjecture à former sur des analogies qui ne sont qu'apparentes, et qui lui semblent moins probables à mesure qu'il pénètre plus intimement dans les éléments du système hiératique égyptien.

Considérant ensuite que dans ce même système « le nombre des traits
« dont se compose chacun des caractères qui sont encore *figuratifs*
« n'étant point fixe, et aucune dérivation ou composition systématique
« ne pouvant être aperçue dans le tracé des signes *arbitraires*, une
« classification régulière de ces mêmes signes, fondée sur l'analogie des
« formes, est pour cela même impossible à établir, » il continue ainsi :

« A quel moyen recoururent donc les anciens Égyptiens pour former

« le tableau général des signes hiératiques? Nous ne connaissons qu'un
« procédé qui nous semble le seul possible à employer pour composer
« ce tableau, et qui consistait à ranger tout simplement les caractères
« *hiératiques* dans un ordre absolument semblable à celui des carac-
« tères *hiéroglyphiques*.

« En effet, l'écriture *hiératique* n'étant qu'une tachygraphie de l'*hié-*
« *roglyphique*, les signes de la première ne devaient être classés que
« dans l'ordre régulier déjà adopté pour les signes de la seconde, des-
« quels ils tenaient la place : l'analogie le voulait ainsi (1).

« Les *hiéroglyphes purs* (considérés isolément) offrant l'image fidèle
« d'êtres vivants et de produits de l'art humain, portaient dans leurs
« formes mêmes les éléments d'une classification méthodique et, pour
« ainsi dire, *naturelle*.

« L'ensemble de ces signes était propre, en effet, à se prêter soit aux
« grandes divisions établies par la nature elle-même entre les êtres
« vivants, soit à celles qui peuvent être adoptées pour les objets phy-
« siques inanimés, distribués en classes que déterminait l'importance
« que chacun d'eux acquérait de l'avancement de la civilisation et de
« l'état de l'organisation sociale.

« D'après ce mode de classification, on devait réunir dans des cadres
« particuliers tous les signes de l'écriture hiéroglyphique reproduisant
« soit l'image de l'homme et de diverses parties du corps humain, soit les
« images des animaux, quadrupèdes, oiseaux, reptiles, poissons et in-
« sectes; ou bien les formes des plantes, celles des corps célestes, etc.,
« et ce premier recueil devenait ainsi une classification, pour ainsi dire,
« matérielle des signes hiéroglyphiques, et une véritable encyclopédie
« égyptienne figurée par ordre de matières.

« Aucun auteur grec ou latin ne nous indique, il est vrai, l'existence
« de pareils tableaux des signes hiéroglyphiques, mais elle résulte
« comme un fait de la nature même de cette écriture figurative : il
« semble de toute évidence que ces tableaux devenaient indispensables
« lorsqu'on voulait enseigner aux Égyptiens d'un certain rang la marche,
« l'ensemble et les détails de la méthode hiéroglyphique. Disons même
« qu'on pourrait considérer comme une trace sensible de l'antique usage
« de ces tableaux élémentaires, le système même d'après lequel sont con-

---

(1) On trouvera plus bas, page xx, une modification indirecte de cette première opinion.
(*Note de l'Éditeur.*)

« çus la plupart des *vocabulaires coptes* ou égyptiens du moyen âge, qui
« sont parvenus jusqu'à nous, et sur lesquels il n'est pas sans quelque
« intérêt de s'arrêter un instant.

« C'est un point de fait reconnu que la langue copte est l'ancienne langue
« égyptienne, mêlée seulement d'un assez grand nombre de mots grecs et
« d'un petit nombre de mots arabes, résultat nécessaire des communica-
« tions directes des Égyptiens avec ces deux peuples étrangers. Dans les
« lexiques coptes, les mots de la langue sont ordinairement rangés, non
« dans un ordre alphabétique, comme dans les dictionnaires des langues
« européennes, mais *par ordre de matières*, d'après la signification du mot
« et non pas selon sa forme écrite. Ces recueils méthodiques portent, en
« langue égyptienne du dialecte thébain, le nom de ϭⲗⲟϭⲉ ou de ϭⲗⲟⲟϭⲉ
« (ⲧⲉ), *échelle*, et tel est en effet le titre d'un vocabulaire copte de la bi-
« bliothèque du roi, Tϭⲗⲟϭⲉ ⲛ̅ⲧⲉⲅ̅ⲩⲧⲏⲥⲓⲥ ⲛ̅ⲧⲁⲥⲡⲉ ⲉⲧⲥⲁⲣⲏⲥ, *l'Échelle*
« *explicative de la langue* MÉRIDIONALE (1), c'est-à-dire, de la haute Égypte,
« qui était appelée ⲙⲁⲣⲏⲥ, *contrée du Midi*. D'autres lexiques coptes et
« arabes portent également en cette dernière langue le titre de سُلَّم (*Soullām*)
« ou *Échelle*; telle est la *grande Échelle*, سُلَّم الكبير (*Soullam' oul kebir*), qui
« fut publiée, d'après un manuscrit copte-arabe, par le père Kircher (2).

« Une copie d'un manuscrit semblable existe à la bibliothèque du roi :
« ce lexique (3) se trouve placé à la suite de la grammaire copte de Sémen-
« noudy, et présente, comme le livre de Kircher, les titres des grandes
« divisions appelées Po (*ro, portes*) et des chapitres (ⲕⲉⲫⲁⲗⲉⲟⲛ), exprimés
« en langue copte ou égyptienne.

« Nous donnerons ici une analyse succincte de ces *portes* et de ces *cha-*
« *pitres* déjà placés textuellement dans la partie où nous traitons d'une
« manière spéciale de l'écriture hiéroglyphique, et l'on reconnaîtra sans
« peine, à la lecture de cet extrait, et d'après ce que nous avons dit plus
« haut, que telle dut être, à peu près, la disposition des recueils mé-
« thodiques des signes qui composaient l'antique écriture figurative des
« Égyptiens.

---

(1) Mss. copt., bibl. royale, ancien fonds, n° 44, folio 2, recto. — Cette qualification
d'*ancien fonds* copte indique l'époque où l'auteur a travaillé sur ces manuscrits, c'est-à-dire,
en 1808 et 1809, alors que la bibliothèque royale possédait les manuscrits coptes du
Vatican, qui formèrent un *fonds nouveau* jusqu'en 1815. (*Note de l'Éditeur.*)

(2) Athan. Kircheri Lingua ægyptiaca restituta; sect. II, pag. 41.

(3) Mss. copt., bibl. royale, ancien fonds, n° 50, folio 65.

« La porte Ire est divisée en *quatre* chapitres.

« 1° Noms *du Créateur* (ⲛⲓⲣⲁⲛ ⲛ̄ⲧⲉ ⲡⲓⲣⲉϥⲥⲱⲛⲧ̄) (1).

« 2° Noms du *monde supérieur* (ⲡⲓⲕⲟⲥⲙⲟⲥ ⲉⲧϣⲁⲡⲥⲱⲓ) (2) et de
« ses divers ordres.

« 3° Noms du *firmament* et de ce qu'il renferme (3).

« 4° Du m̃onde actuel ou *inférieur* (ⲡⲓⲕⲟⲥⲙⲟⲥ ⲉⲧϣⲟⲡ) (4).

« La porte IIe est divisée en *sept* chapitres.

« 5° De l'*homme* et de ses parties (ⲛⲓⲣⲁⲛ ⲛ̄ⲧⲉ ⲫⲣⲱⲙⲓ) (5).

« 6° Mots qui ont rapport à la *langue*, à la *croyance* et au *culte* de
« l'homme (6).

« 7° *Vertus* et *vices*, *qualités* et *défauts* de l'homme (7).

« 8° Opérations de l'*esprit* et mouvements de l'homme (ⲛⲉϥϩⲃⲏⲟⲩⲓ
« ⲛⲉⲙ ⲛⲉϥⲕⲓⲙ)(8).

« 9° Du *rang*, des *occupations* et des *travaux* de l'homme (9).

« 10° De l'*habillement* de l'homme, des *vases* et des *ustensiles* dont
« il se sert dans les *travaux* et dans la *guerre* (10).

« 11° Des *maladies*, des *infirmités*, des *peines* et des *plaisirs* de
« l'homme (11).

« La porte IIIe contient *quatre* chapitres et traite des *animaux*.

« 12° Des *animaux* et des quadrupèdes (ⲛⲓϥⲧⲉϥⲁⲧ̄) *mondes* ou per-
« mis (ⲛⲟⲧⲣⲉⲙϩⲉ), et *défendus* ou *immondes* (ⲛⲟⲧⲁⲛⲁⲑⲏⲙⲁ)(12).

« 13° Des *volatiles* (ⲛⲓϩⲁⲗⲁⲧ̄) et de leurs parties (13).

« 14° Des *poissons* (ⲛⲓⲧⲉⲃⲧ̄) et des animaux grands et petits que
« renferme la mer (14).

« 15° Des *reptiles* (ⲛⲓϣⲁⲧϥⲓ) venimeux, et des *insectes* (15).

« La porte IVe renferme *trois* chapitres.

« 16° Des *arbres* (ϣϣⲏⲛ), des *fruits* (16) et des *fleurs* (ⲛⲓϩⲣⲏⲣⲓ) (17).

« 17° Des *plantes sauvages* et des *plantes aromatiques* (18).

« 18° Des *légumes* (ϣⲃⲓⲛ), des *semences* (ⲛⲓⲝⲣⲟⲝ) et des *grains*
« (ⲛⲓⲛⲁⲫⲣⲓ) (19).

« La porte V^e contient *deux* chapitres.

« 19° Des *masses d'eaux stagnantes* et de celles qui *coulent*. Des
« *pierres*, des *métaux* et des *drogues* (ⲛⲓⲥⲱⲝ) (20).

---

(1) Mss. copt., bibl. royale, ancien fonds, n° 50, folio 67 recto. — (2) Id. folio 67 recto.
— (3) Folio 67 verso. — (4) Folio 67 verso. — (5) Folio 73 verso. — (6) Folio 76 recto.
— (7) Folio 77 verso. — (8) Folio 79 verso. — (9) Folio 84 recto. — (10) Folio 87 verso.
— (11) Folio 97 verso. — (12) Folio 99 recto. — (13) Folio 100 recto. — (14) Folios 100 verso,
et 101 recto. — (15) Folio 101 recto et verso. — (16) Folio 102 recto. — (17) Folio 103 recto.
— (18) Folio 105 verso. — (19) Folio 108 recto. — (20) Folio 108 verso.

« 20° Des différentes *couleurs* (ⲛⲓⲟⲩⲓⲁϧⲁⲛ) (1).

« La porte VIe est formée d'*un seul* chapitre.

« 21° Des *pays*, des *villes* et des *montagnes* (2).

« La porte VIIe traite du *lieu saint*, des *cérémonies* et du *matériel*
« *du culte*. Enfin,

« La porte VIIIe se compose des *noms propres* d'homme.

« Telle est la classification des mots de la langue parlée des anciens
« Égyptiens dans les vocabulaires coptes. Ce tableau général, qui com-
« mence par le mot destiné à exprimer l'idée sublime du Créateur de
« l'univers, descend et se termine, par une dégradation sensible, au nom
« propre de l'individu isolé. Les noms des êtres vivants, ceux de toutes
« les formes, subdivisions et modifications de la nature inerte, les mots
« signes de toutes les idées, même des plus abstraites, viennent naturel-
« lement se ranger entre ces deux points extrêmes. On conçoit alors
« que les *signes hiéroglyphiques* de ces mêmes êtres, de ces mêmes idées,
« ne purent être réunis que sur un plan analogue. Ajoutons enfin,
« comme un indice remarquable de l'antiquité de ces divisions du re-
« cueil des signes égyptiens, conservées dans les lexiques coptes, que
« les titres des chapitres dont se composent les différentes *portes*, rap-
« pellent involontairement à l'esprit la plupart de ceux des trente-deux
« livres d'Hermès Trismégiste, le créateur de toute la science égyp-
« tienne, l'inventeur supposé de l'écriture hiéroglyphique; titres qui
« nous ont été conservés par Clément d'Alexandrie (3). Ce n'est point,
« au reste, le seul usage, les seules opinions ou les seules formules
« de l'Égypte antique, qui soient conservés dans les écrits des Coptes
« ou Égyptiens du moyen âge; nous aurons occasion de montrer dans la
« suite, de quel secours, j'ose dire immense, la langue copte, et même
« les ouvrages des Égyptiens chrétiens doivent être pour l'avancement
« des études archéologiques.

« Nous avons fait observer, d'après Clément d'Alexandrie, que les trois
« systèmes d'écriture des anciens Égyptiens étaient essentiellement liés
« entre eux, et qu'on ne passait de l'écriture *épistolographique* à l'étude
« de la méthode *hiéroglyphique* qu'en possédant à fond le système *hié-*
« *ratique*, qui servait d'intermédiaire. L'étude approfondie du *tableau*

---

(1) Mss. copt., bibl. royale, ancien fonds, n° 50, folio 109 recto.
(2) Id., folio 109 verso.
(3) Clément d'Alexandrie, Stromates, livre VI, chapitre 4.

« des signes tachygraphiques devait, en effet, initier le néophyte dans
« la connaissance de l'écriture *hiératique,* et un tableau des hiéroglyphes
« purs ou linéaires, mis en concordance avec leurs signes hiératiques
« qu'il connaissait déjà, devait l'introduire sans effort dans la connais-
« sance intime de l'*écriture hiéroglyphique.*

« C'est de ce *tableau* comparé que nous avons cherché à jeter les
« premières bases dans la feuille qui accompagne ce mémoire sous le
« n° 6.

« La première colonne de signes offre, en effet, les *hiéroglyphes li-*
« *néaires,* et la seconde les *signes hiératiques équivalents* de ces mêmes
« hiéroglyphes. Ce parallèle est le résultat du rapprochement de près
« de deux cents colonnes du manuscrit hiéroglyphique du cabinet du
« roi, avec les papyrus hiératiques qui en présentent la transcription
« signe pour signe.

« Les divisions de ce tableau synoptique sont imitées, autant qu'il
« a été possible, des *portes* et des *chapitres* des vocabulaires égyptiens
« du moyen âge, que nous regardons comme des traces évidentes de
« l'antique lexicologie égyptienne.

« La Ière classe de notre tableau général n'a et ne pouvait avoir rien
« d'analogue dans les lexiques coptes; elle ne renferme, en effet, que
« des figures empruntées à la géométrie, des signes formés de lignes
« droites ou courbes, et ne paraissant offrir d'imitation déterminée
« d'aucun objet naturel. Les signes hiératiques équivalents sont sou-
« vent *arbitraires,* et se rapprochent fort peu des formes hiérogly-
« phiques.

« La IIe classe répond à la porte Ière, chapitre III du *Lexique copte,*
« et renferme les hiéroglyphes représentant les *corps célestes,* le soleil,
« la lune et les étoiles; ces hiéroglyphes, que nous avons groupés
« sous le nom d'*Astéromorphes,* sont suivis de leurs signes *hiératiques,*
« la plupart imitatifs.

« La IIIe classe, plus nombreuse, embrasse la totalité des êtres vi-
« vants, le règne animal dans tout son ensemble.

« La subdivision A de cette 3e classe répond à la porte IIe du *Lexi-*
« *que,* laquelle traite *de l'homme,* et présente, en effet, l'homme entier
« dans diverses positions. Les signes *hiératiques* équivalant à ces hié-
« roglyphes sont presque tous *figuratifs.*

« La subdivision B (3e classe) se compose des *parties diverses du corps*
« *humain,* telles que la tête, vue de face ou de profil, l'œil, les bras isolés,

« les bras réunis, les jambes, les pieds, etc. Les caractères hiératiques
« correspondants sont *arbitraires*, ou ne présentent qu'une imitation fort
« éloignée de l'hiéroglyphe. Cette subdivision tient lieu d'une subdivision
« du *Lexique*, porte II, chapitre Iᵉʳ, intitulée : *Les membres et les arti-*
« *culations* de l'homme, Ⲛⲓⲙⲉⲗⲟⲥ ⲛⲉⲙ ⲛⲓⲙⲟⲧⲗⲃ̄ (mss. copt., bibl. roy.,
« n° 50, folio 74 verso.)

« La subdivision C (3ᵉ classe) répond à la porte IIIᵉ, chapitre Iᵉʳ, du
« *Lexique copte*, et offre l'image hiéroglyphique des *quadrupèdes sau-*
« *vages et domestiques*, le lion, l'antilope, qu'il est si aisé de confondre
« avec la représentation fantastique de la licorne, le lièvre, le bœuf, la
« vache, le veau, le bélier, et des portions de quadrupèdes. Les signes
« hiératiques équivalant à ces hiéroglyphes sont imitatifs, ou bien pré-
« sentent la partie pour le tout; cinq d'entre eux paraissent arbitraires.

« La subdivision D (3ᵉ classe), qui répond à la porte IIIᵉ, chapitre II du
« *Lexique copte*, est très-nombreuse, et se compose des hiéroglyphes
« représentant *les oiseaux* de toutes les espèces, accompagnés de leurs
« signes hiératiques, qui sont en très-grande partie arbitraires, puisque
« sur quarante-cinq d'entre eux, trente au moins n'offrent aucune analo-
« gie de forme avec l'hiéroglyphe auquel ils correspondent.

« La subdivision E (3ᵉ classe) remplace le chapitre IV de la porte IIIᵉ;
« elle contient *les reptiles*, parmi lesquels on distingue le serpent *ureus*,
« le *céraste* et le crocodile.

« La subdivision F (3ᵉ classe) répond au chapitre III de la IIIᵉ porte,
« et réunit les images hiéroglyphiques des *poissons*.
« Les signes hiératiques équivalents sont *imitatifs*.

« La subdivision G, peu nombreuse, est composée des *insectes*, le
« scarabée, le scorpion et une espèce de mouche, dont l'image est extrê-
« mement fréquente sur les grands monuments de l'Égypte. Cette sub-
« division est comprise dans la porte IIIᵉ, chapitre IV du *Lexique copte*.
« Le signe hiératique du scarabée est arbitraire; les autres sont grossiè-
« rement imitatifs.

« La IVᵉ classe de notre tableau comparé est la porte IVᵉ du *Lexique*
« *copte*, et renferme les *arbres*, les *plantes* et *les fleurs*. Les signes hiéra-
« tiques sont presque tous arbitraires.

« La Vᵉ classe répond au VIᵉ chapitre de la IIᵉ porte du *Lexique*, et
« contient les *coiffures, les armes* et *les sceptres*, ayant leurs signes hié-
« ratiques tantôt *imitatifs*, tantôt *arbitraires*.

« La VIᵉ classe, composée des images hiéroglyphiques des vases (VIᵉ

« classe A), de divers instruments et des outils de toutes les espèces
« (VIᵉ classe B), correspond au VIᵉ chapitre de la IIᵉ porte du *Lexique;*
« les signes hiératiques sont en partie imitatifs et en partie arbitraires.

« La VIIᵉ classe, qui renferme les hiéroglyphes figurant les édifices (A)
« et les constructions nautiques (B), répond à une des subdivisions du
« chapitre VIᵉ, porte IIᵉ, intitulé : ⲛⲓⲣⲁⲛ ⲛⲧⲉ ⲟⲧⲭⲓⲛⲕⲱⲧ, *noms* ou *mots*
« *d'architecture* (mss. copte, bibl. roy., n° 5o, folio 96 recto).

« Les signes hiératiques de cette classe sont en général *arbitraires.*

« La VIIIᵉ classe, qui se rapporte au même chapitre VI du *Lexique*
« *copte*, contient les hiéroglyphes figurant des meubles, tels que le
« trône et le lit, des autels, des siéges et différents autres objets d'art.
« Les caractères hiératiques qui remplacent ces hiéroglyphes dans les
« papyrus sont en partie imitatifs et en partie arbitraires.

« La IXᵉ classe, enfin, ne pouvait trouver de correspondance dans les
« vocabulaires coptes, puisqu'elle est composée de signes qui, bien que
« formés dans leurs détails de parties imitées des choses physiques, pré-
« sentent néanmoins un ensemble qui n'existe point dans la nature : ces
« hiéroglyphes offrent des images entièrement fantastiques; par exemple,
« des hommes à tête d'oiseau, des oiseaux à tête d'homme, des feuilles
« d'arbre ou des plumes d'oiseau avec des pieds humains (nᵒˢ 11 et 12.)

« Les signes hiératiques équivalents sont presque tous arbitraires;
« mais il nous semble probable que les signes de cette classe, que nous
« avons rejetée vers la fin de notre *Tableau,* parce qu'elle offre l'image
« d'êtres fictifs dont les parties constitutives sont puisées dans diverses
« autres classes, devaient être placés en tête du *tableau des signes tro-*
« *piques,* parce que, selon toute apparence, la plupart de ces hiéro-
« glyphes, ainsi que les caractères hiératiques correspondants, étaient
« les signes destinés à rappeler l'idée de différentes divinités de l'Égypte.

« Telles sont donc les divisions de notre tableau comparé des signes
« *hiéroglyphiques* proprement dits, et des signes *hiératiques* correspon-
« dants, en remarquant, toutefois, que la classification des formes hié-
« roglyphiques que renferment la Iʳᵉ, la VIᵉ, la VIIᵉ et la VIIIᵉ division,
« peut n'être point exempte d'équivoque, et que l'une d'elles peut ren-
« fermer quelques hiéroglyphes qui appartiennent à l'autre. Mais on
« sera naturellement porté à quelque indulgence à cet égard, en réflé-
« chissant sur la difficulté de déterminer bien exactement quel est
« l'objet que représente la forme de certains *hiéroglyphes linéaires;* car
« notre tableau ne contient, en effet, que ceux des hiéroglyphes linéaires

« du manuscrit hiéroglyphique du cabinet du roi, dont nous avons re-
« trouvé la transcription en signes hiératiques.

« Ce tableau, toutefois, malgré même ses imperfections, nous paraît
« être le cadre assez régulier du *tableau général des hiéroglyphes et des ca-*
« *ractères hiératiques comparés;* et nous pouvons espérer de le voir s'aug-
« menter progressivement, la classification adoptée dans ce tableau ad-
« mettant sans peine et sans désordre les suppléments qui le compléteront. »

L'auteur du Mémoire auquel nous empruntons ces fragments qui intéressent le sujet de notre préface, persista, en effet, dans ce premier cadre de classification des caractères hiéroglyphiques; on en voit la preuve dans la première et dans la deuxième édition de son *Précis*, publiées en 1824 et en 1828. On y trouve, en effet, à la page 267 de la première, et à la page 316 de la deuxième, un tableau où les signes hiéroglyphiques sont classés d'après la nature de l'objet dont chacun d'eux est l'image; ils sont distribués en dix-huit sections, mais qui se groupent réellement en dix classes, comprenant la totalité de ces signes sous ces diverses rubriques:

I. Corps célestes.
II. L'homme dans diverses positions, et les membres du corps humain.
III. Les Animaux, comprenant les *quadrupèdes* sauvages ou domestiques, et les membres de ces quadrupèdes; les *oiseaux* et leurs divers membres; les *insectes*, les *reptiles* et portions de reptiles; les *poissons*.
IV. Les Végétaux, *arbres, plantes, fleurs et fruits.*
V. Les Édifices et *constructions.*
VI. Les Meubles, *objets d'art, ustensiles et instruments* de divers états.
VII. Les Habillements, *coiffures, chaussures, armes, sceptres, enseignes, ornements.*
VIII. Vases de toutes formes et dimensions.
IX. Figures et Formes géométriques.
X. Formes fantastiques ou monstrueuses.

L'expérience ou le raisonnement indiquaient-ils une autre méthode? A l'égard de l'expérience, on ne peut invoquer (ce n'est même que par une analogie supposée et absolument gratuite) qu'un seul exemple antécédent, celui de la Chine. Examinons attentivement ce sujet; il intéresse d'assez près la philologie générale, l'histoire même de l'entendement humain, et celle de la pensée qui se manifeste par des signes, pour qu'on excuse ici quelques réflexions sur une pareille matière, non exempte, il est vrai, de subtiles difficultés, mais qu'on a rarement traitée : car, si je ne me trompe, elle le sera ici, du moins publiquement, pour la première fois.

Disons d'abord que l'admirable invention de l'écriture alphabétique, et l'universalité de son usage dans tous les pays civilisés, ont trop absolument détourné les esprits, même les plus cultivés, de l'examen de tout état de l'art graphique antérieur à son état actuel, et de l'étude des différentes époques de son histoire, qui doivent nous révéler les intéressantes variations de cet art et ses origines diverses de temps et de lieux (1). J'espère, néanmoins, que la précision dans les faits donnera quelque mérite aux considérations que notre sujet nous porte à présenter ici.

Pour dresser sur le même plan les dictionnaires de deux langues, il ne suffit pas que ces deux langues aient entre elles de sensibles analogies dans les principes de leur formation, il faut surtout que le système de signes qui les reproduit aux yeux soit absolument le même pour toutes les deux.

On ne pourra donc adopter le dictionnaire chinois pour modèle du dictionnaire égyptien, que si ces analogies et cette similitude existent réellement entre la langue et l'écriture chinoises et la langue et l'écriture égyptiennes. Or, c'est ce qui n'est point, ou plutôt, c'est ce qui n'est plus : nous allons nous expliquer.

Quant aux deux langues, la chinoise et l'égyptienne, les différences sont de grande considération. La première ne fait aucun usage des catégories grammaticales ou des formes assignées aux mots par la grammaire, afin de régler l'ordre et le sens de la proposition (2). Pauvre et imparfaite, cette langue est celle d'une tribu à peine civilisée, et consistant en un très-petit nombre de mots (trois cent quatre-vingt-huit, trois cent cinquante-deux, et même deux cent soixante-douze seulement) qui sont continuellement répétés, et dont l'acception individuelle n'est déterminée que par une prononciation convenue, aidée d'une intonation particulière ou accent, qui peut varier jusqu'à quatre fois pour chaque mot (3).

La langue égyptienne, au contraire, est complétement grammaticale;

---

(1) Voyez mon *Introduction à la Paléographie universelle*, où j'ai résumé les plus récentes notions sur les origines de l'écriture, et dressé la généalogie des alphabets.
(2) Guill. de Humboldt, Lettre sur le génie de la langue chinoise; Paris, 1827, page 2.
(3) Abel-Rémusat, Plan d'un dictionnaire chinois, page 75. — Essai, page 44.

tous les agents de cette nature y sont employés; elle est à la fois étymologique et syntaxique : un mot radical est modifié par des signes fixes, au gré de toutes les métamorphoses analogiques que l'idée radicale peut recevoir de l'influence créatrice de la pensée, et ces signes sont uniformément applicables à tous les mots primitifs de cette langue, qui se transforment par ce labeur normal en un nombre infini de mots composés.

Ainsi, les analogies exigées n'ont *jamais* existé entre les deux *langues*, la chinoise et l'égyptienne; et dans leur *écriture* ces analogies n'existent *plus*.

C'est un point de doctrine hors de contestation, que la nature représentative des premiers signes de l'écriture chinoise. Ces premiers signes étaient tous figuratifs, c'est-à-dire, le portrait même des divers objets naturels, ou d'invention humaine, dont ils devaient exprimer l'idée. Tout inventeur de l'écriture passa par cette primitive méthode : l'écriture égyptienne, comme l'écriture chinoise, n'eut point d'autre commencement.

Si donc cette parfaite similitude dans la forme des signes de ces deux écritures subsistait encore, une seule et même règle pourrait et devrait même présider à la rédaction des dictionnaires des deux langues.

Mais cette similitude n'a été que momentanée, elle n'a duré que jusqu'au premier perfectionnement que le progrès social a exigé des deux peuples. L'Égypte, fidèle heureusement au principe originel de son écriture, a modifié l'*expression* des signes sans en altérer la *forme*, en les investissant d'une acception ou figurative, ou symbolique, ou phonétique, selon des règles absolues. La Chine, au contraire, dès le premier pas, a perdu de vue le principe représentatif des formes matérielles, a traduit les éléments iconographiques en lignes droites ou courbes, et ses signes-portraits, d'abord intelligibles à tous les yeux, sont devenus, par de successives altérations, des assemblages de traits sans expression propre, sans liaison étymologique, et dont l'ensemble est revêtu d'une acception symbolique de pure convention.

Les caractères primitifs de l'écriture chinoise furent nommés *images* ou caractères figuratifs, et on les retrouve employés pour des inscriptions tracées sur des vases, des tables de pierre, des trépieds, des cloches et autres monuments chinois des plus anciens temps. On peut voir par quelques exemples jusqu'à quel point l'altération de ces formes figuratives a été malheureusement perfectionnée (1) :

---

(1) J. M. Callery, Systema phoneticum scripturæ sinicæ; Macao, 1841, in-4°, page 29.

En ajoutant ici les formes égyptiennes aux formes chinoises de ces mêmes signes figuratifs, et leur synonymie linéaire la plus dégradée, en écriture moderne pour les signes chinois, en écriture hiératique pour les égyptiens, nous rendons sensibles aux yeux les altérations, dans leurs limites extrêmes, que subirent dans ces deux contrées deux écritures d'abord parfaitement semblables, figuratives toutes deux.

Le génie particulier des deux peuples se manifesta dès les premières tentatives de perfectionnement: l'un, actif, réfléchi, persévérant, franchit, à force de temps, l'intervalle, pour ainsi dire jalonné de divinations, qui séparait l'invention de l'écriture figurative de l'invention de l'écriture alphabétique; l'autre, indolent et stationnaire, n'alla point au delà d'une écriture toute de symboles, mais si ingénieusement fertile en rapprochements du monde matériel et du monde moral, qu'elle multiplia ces symboles presqu'à l'infini, et les rendit capables de décrire avec précision l'univers entier, et d'en expliquer les conditions physiques et intellectuelles.

L'Égypte adopta aussi l'écriture par symboles, et sut peindre les idées *abstraites* au moyen d'images d'objets *physiques* ayant des rapports prochains ou éloignés, vrais ou supposés, avec les objets mêmes de ces idées (2); et en ce point remarquable l'Égypte et la Chine se ressemblent; mais la Chine n'alla pas plus loin, tandis que l'Égypte ne s'arrêta qu'après l'invention des signes alphabétiques, au delà desquels l'esprit humain n'a plus rien à connaître en cette matière.

Dans l'écriture chinoise, les figures *eau* et *maternité* expriment l'idée mer, parce que les Chinois considèrent la mer comme l'origine ou la mère de toutes les eaux. Les signes *soleil*, *mesure* et *terre*, signifient le temps, expression prise du soleil qui parcourt et paraît mesurer la terre.

---

(1) Tortue, aigle, poisson, vase, enfant, porte, étoile, hache.
(2) Champollion le jeune, Grammaire égyptienne, page 23.

Les signes *soleil* et *lune* signifient lumière, parce que c'est de ces deux astres que toute lumière procède; enfin, les signes *glace* et *obscurité* expriment l'idée hiver; *cœur* et *esclave*, l'idée de colère; *homme* et *montagne*, celle d'ermite; *bouche* et *oiseau*, chant; *femme*, *main* et *balai*, matrone, femme mariée. Ces caractères de l'écriture chinoise se nomment *combinés*, et chacun de ces signes, soit simple, soit composé, a un mot qui lui correspond, et qui dans la langue parlée a la même signification que le signe dans la langue écrite.

Dans l'écriture égyptienne, les signes *abeille* et *vase* expriment l'idée miel; *eau* et un *veau courant*, la soif, etc., etc. Cette méthode n'entre que pour une faible part dans le système égyptien : le système chinois repose tout entier sur cette seule base, et l'on comprend ainsi, à peu près, l'enthousiasme qu'a inspiré à quelques esprits cette constitution si idéale de l'écriture chinoise, et qui leur a fait penser, ou du moins dire, qu'il leur semblait impossible de rendre dans aucune langue l'énergie de ces caractères pittoresques, qui présentent à l'œil, au lieu de signes conventionnels des sons, les objets mêmes des idées, figurés dans tout ce qu'ils ont d'essentiel. Les *gouttes d'eau* accumulées et combinées avec les caractères *ouvrages publics*, *montagnes*, *collines*, exprimant l'idée déluge, eaux débordées, inondation, leur rappellent ce passage du *Chou-King* au sujet du déluge de Iao : « Ces inondations et ces torrents « qui couvraient les montagnes, surpassaient tous les coteaux et inon- « daient le ciel. » Mais on pourrait peut-être encore composer par diverses combinaisons de ces quatre signes pris *symboliquement*, plusieurs autres phrases non moins éloquentes que celle-ci : car le symbolisme est une sorte d'exégèse à ressources infinies, surtout quand la métamorphose s'engendre, des objets physiques en abstractions morales, selon les idées propres à une nation parfaitement étrangère, par son génie et sa civilisation, à la civilisation et au génie de la nation qui fournit ces signes d'écriture d'une inépuisable fécondité d'expression.

Jusqu'à la fin de son existence sociale, l'Égypte conserva sans altération son écriture figurée; elle dura jusqu'au VIe siècle de l'ère chrétienne.

Bien des siècles auparavant, la Chine avait laissé périr cet élément essentiel de son système graphique; les innovations irréfléchies avaient débordé de toute part, et toute trace originelle des signes de l'écriture s'était à jamais effacée (1). Dès le XXIIIe siècle avant l'ère chrétienne,

---

(1) Le caprice des princes concourut à cette dégénération systématique de l'écriture pri-

l'écriture figurative était déjà remplacée par celle de l'inscription de *Iu*, fort analogue à l'écriture qui, par l'irrégularité et la laideur de ses traits, ressemblait au vilain animal nommé têtard, et dont cette écriture reçut et mérita le nom. Au temps de Confucius, au viᵉ siècle avant notre ère, parut l'écriture tchhoùàn dénuée de toute intention représentative; intention encore plus étrangère, s'il est possible, à tous les autres systèmes qui vinrent après, tels que la modification toute rectangulaire du tchhouàn, et les écritures *Li* au iiᵉ siècle avant notre ère, *thiaò*, tachygraphie cursive, ou plutôt abusive du droit d'invention, au iᵉʳ siècle de la même ère; enfin, le *kiai* manuscrit ou imprimé, dont la gravure en bois régularise l'ordonnance et la combinaison des traits.

Il n'y a donc plus d'analogie à chercher entre l'Égypte et la Chine; il n'en exista plus aucune entre leurs écritures dès la première substitution que firent les Chinois de l'écriture de têtards à leur écriture figurative, et cette substitution, la mère trop féconde de toutes celles qui la suivirent, rendit, dès son origine, sinon impossible, du moins excessivement difficile et compliquée, la rédaction même d'un dictionnaire chinois : les plus habiles en cette matière discutent encore sur la préférence que mérite le dictionnaire par clef ou le dictionnaire par tons et prononciation, ou enfin le dictionnaire par *portes* ou ordre des matières. L'abâtardissement des signes figuratifs, absolument dégradés de tout indice de leur forme originelle, est la cause invincible d'un si fâcheux état : circonstance unique dans l'histoire des lettres, car un bon dictionnaire chinois doit réunir au moins quarante mille de ces signes, sans racine apparente.

L'emploi d'une méthode naturelle de classification est donc impossible pour des signes qui ont perdu toute apparence de portrait. Les signes égyptiens l'ayant conservée sans altération, cette méthode leur est immédiatement applicable.

Il est vrai que l'Égypte eut aussi un système de signes dépouillés, quoique point entièrement, de leurs formes primitives, de manière, toutefois, à ne plus offrir, sinon aux yeux suffisamment exercés à leur étude, aucune apparence d'imitation : telle fut l'écriture hiératique ou sacerdotale, à laquelle l'écriture démotique ou populaire emprunta tous ses signes.

---

mitive : l'Éloge de la ville de Moukden, poëme de l'empereur Kiên-Loûng, fut écrit en trente-deux espèces de caractères différents, dont la plupart furent fantastiques et inusités.

Les sèmes ou signes hiératiques sont des lignes droites ou courbes, d'un tracé simple et facile, et qui n'exige plus, comme le faisaient les hiéroglyphes proprement dits, l'habitude réelle du dessin pour en arrêter régulièrement la forme. Tel est l'aspect général de cette écriture abrégée, dans laquelle, toutefois, on retrouve la figure primitive, parce que le sème en conserve les traits caractéristiques, le contour principal ou la portion essentielle, tels que la prunelle pour l'œil, la tête avec ses oreilles pour le corps, un cercle pour le soleil, etc.; et dans ce second système égyptien, modification tachygraphique du premier, ces signes abrégés conservent rigoureusement la même expression figurative, symbolique ou phonétique, que l'hiéroglyphe même dont ils sont l'extrait, l'abrégé linéaire.

Sur ces données, on pourrait penser que les circonstances déjà présentées comme d'invincibles difficultés pour la rédaction d'un dictionnaire chinois en écriture moderne, subsisteraient également pour la rédaction d'un dictionnaire égyptien en écriture hiératique; mais une telle supposition serait une erreur, et voici pourquoi :

Les caractères chinois sont tous composés de plusieurs signes simples, qui sont mêlés, croisés, superposés et groupés, dans le but unique d'amener chacun de ces caractères à la forme quadrangulaire, à un carré donné, et de telle sorte que ce caractère composé de plusieurs signes s'offre néanmoins à l'œil comme un caractère isolé, et sans qu'il soit possible de discerner un signe dominant parmi les traits quelquefois fort nombreux qui le composent, à moins qu'on ne connaisse préalablement la valeur et l'étymologie de ce même caractère. Mais un dictionnaire est fait précisément pour ceux qui ne les connaissent pas.

Les caractères hiératiques égyptiens sont tous, au contraire, simples, isolés, placés l'un après l'autre, l'un au-dessous de l'autre, mais jamais groupés par le mélange, le croisement ou la superposition des traits dont ils sont formés. Ces mêmes caractères, par leur tracé même, peuvent être divisés en caractères *rectilignes, curvilignes, angulaires* et *mixtilignes*. Cette classification les comprendra tous sans exception; et si l'on détermine un ordre de priorité quelconque entre les quatre classes qui viennent d'être dénommées, et entre chacun des signes de chacune de ces classes, on composera immédiatement un dictionnaire égyptien hiératique, en y inscrivant successivement tous les groupes ou mots égyptiens par leur signe initial et selon l'ordre de leurs signes subséquents, comme on le fait pour les dictionnaires de nos idiomes modernes avec nos lettres qui fixent l'ordre des mots selon l'ordre même de nos alphabets. Tel est l'avantage incontestable de l'écriture tachygraphique égyptienne sur l'écriture tachygraphique des Chinois : l'isolement absolu des signes fait le mérite de la première, et leur mélange tout le désavantage de la seconde.

Il résulte, toutefois, de ce qui précède, ce fait remarquable à bien des égards; savoir, que le système d'écriture actuelle des Chinois, le kiai, hing-chou, est à leur siáng-hing ou écriture d'images, ce que l'écriture égyptienne hiératique est à l'hiéroglyphique ou figurative, sauf l'isolement des signes que l'Égypte conserva toujours. Ces deux peuples antiques, également inventeurs de l'écriture, mais à l'insu l'un de l'autre, et à deux époques pour lesquelles les monuments donnent la priorité de bien des siècles à l'Égypte, éprouvèrent aussi l'un et l'autre le besoin de simplifier leur méthode graphique figurative, et de telle sorte que la nation tout entière ne fût pas soumise à l'obligation de connaître l'art du dessin. Une seule voie de simplification pouvait réaliser cette vue sociale : les Chinois et les Égyptiens la découvrirent également; mais ils la pratiquèrent par des moyens opposés, et de ce premier pas naquirent toutes les dissemblances qui subsistent entre la civilisation et la renommée comparées de ces deux nations primitives, dont l'une, lente et retardataire dans ses inventions, n'a jamais rien voulu apprendre ni imiter hors d'elle-même; et dont l'autre, curieuse observatrice des lois de l'univers, ayant pénétré le secret de celles qui intéressent de plus près le bonheur de l'homme, la sûreté des sociétés policées, et s'efforçant d'introduire dans le monde matériel la divine harmonie du monde moral, a laissé d'excellents préceptes et d'admirables souvenirs à l'usage des peuples civilisés qui sont venus après elle sur la terre.

L'Égypte et la Chine se rencontrèrent encore sur un point bien remarquable de leur système graphique, en y introduisant un agent auxiliaire très-favorable à la certitude d'expression des signes, moyen inconnu à toutes nos écritures modernes, mais *utile* dans le système figuratif et tachygraphique égyptien, *indispensable* dans le système tachygraphique chinois. Tels sont 1° les deux cent quatorze *clefs* ou signes radicaux de l'écriture chinoise; 2° les signes *déterminatifs* de l'écriture égyptienne. Dans ces deux systèmes, ces signes sont également et uniquement destinés à prévenir toute équivoque sur le sens d'un caractère ou d'un groupe, quel qu'il soit; mais ce qui est presque un excès de précaution chez les Égyptiens, est d'une grande nécessité chez les Chinois, et trop souvent encore une insuffisante sauvegarde contre les amphibologies qui naissent très-fréquemment dans le discours et dans l'écriture, des innombrables mots homophones de leur pauvre langue appliquée à la prononciation de leur trop riche série de caractères. Notre pensée s'expliquera complétement par des exemples.

Le nombre des mots prononcés chinois ne dépasse pas quatre cent cinquante syllabes, portées à douze cent trois par la variation des accents, à seize cents au plus, et ces seize cents mots doivent servir à prononcer quatre-vingt mille caractères écrits. On comprend donc qu'un seul de ces mots prononcés puisse répondre en même temps à cent soixante caractères écrits; et on comprend aussi les cent soixante équivoques et amphibologies qui en naissent inévitablement. Dans la conversation, on les évite par des mots synonymes, opposés, ou bien ayant quelque rapport avec le mot qui fait l'équivoque. Dans l'écriture, faute d'un interprète à chaque signe, l'équivoque subsisterait perpétuellement à cause du défaut de forme spéciale, individuelle, de ce signe. Les savants chinois remarquèrent cette incertitude d'expression de leur écriture, résultat du petit nombre de mots et de l'immense quantité de caractères; ils pensèrent donc à la prévenir, non pas en portant la réforme à l'origine même des choses, mais en systématisant, pour ainsi dire, ces graves inconvénients, tels que l'erreur et le temps les avaient enfantés.

Pour se reconnaître donc dans ce nombre immense des caractères composés chinois, on les a classés en mettant ensemble ceux qui avaient la même image, et en prenant dans ceux qui en contenaient plusieurs, l'image la plus saillante; la réunion des caractères qui offrent la même image a formé la section ou classe, et l'image saillante de la classe ou section a été nommée *clef* ou radical. Toutefois, bien des irrégularités subsistent dans la désignation des caractères rapportés à un même radical, et l'on ne sait en rendre compte.

D'autre part, tout *caractère* chinois est représenté dans la langue par un *mot* qui a le même sens. Mais un mot chinois a un grand nombre de sens, parce que ce même mot représente un grand nombre de caractères dont chacun a une signification différente. Afin de prévenir toute équivoque, on ajoute au caractère qui est employé dans un sens spécial, le caractère de genre, ou la *clef,* qui restreint la signification du mot, et qui détermine immédiatement le sens du mot et du caractère.

Le caractère qui signifie lieu, *quædam terra*, se prononce *ly;* un caractère différent, qui se prononce également *ly,* est le nom d'un poisson.

Si c'est au poisson que s'applique le signe qui se prononce *ly*, on ajoute au caractère qui a cette signification le caractère *clef* des poissons, et toute équivoque disparait pour le lecteur sur la valeur du mot et du caractère. De deux autres caractères qui se prononcent *pë*, l'un signifie *cyprès* et l'autre *navire*; pour que le lecteur ne s'y méprenne point, on ajoute au premier la clef du *bois*, bois, arbre, et au second la clef des *vaisseaux*, vaisseau, barque. Tel est le procédé chinois.

Dans l'écriture égyptienne, soit figurative, soit tachygraphique, on introduisit comme caractères auxiliaires des signes déterminatifs génériques et d'espèce, tout à fait analogues aux *clefs* de l'écriture chinoise, mais pour des motifs réellement moins impérieux : car les signes figuratifs de l'écriture égyptienne ont une expression évidente à tous les yeux ; les signes symboliques avaient aussi cette expression de convention ; il ne pouvait donc subsister quelque doute que relativement aux signes de son qui, réunis pour composer un mot, et l'usage y faisant supprimer les voyelles médiales, devaient offrir quelques doutes sur la bonne lecture d'un assemblage de consonnes, capable, garni de voyelles différentes, de composer des mots d'acceptions fondamentalement diverses. Les Égyptiens décidèrent donc qu'à la suite de ces mots ainsi phonétiquement écrits, on ajouterait la figure même de l'objet exprimé par ce mot : ϩⲃ pouvait se lire ϩⲓⲃ, signifiant l'oiseau *ibis*, et ϩⲏⲃⲓ signifiant *charrue*. Afin de prévenir l'équivoque, la syllabe était suivie, dans le premier cas, de la figure de l'ibis, et dans le second, de celle d'une charrue : c'étaient là des signes déterminatifs d'*espèce*. Les signes déterminatifs *génériques* s'écrivaient à la suite des noms, quelque variés et nombreux qu'ils pussent être, des individus ou des objets appartenant au même genre. Il y eut donc un seul signe déterminatif générique pour tous les quadrupèdes, un seul pour tous les oiseaux, tous les édifices, tous les minéraux, tous les corps célestes, pour tous les fluides, etc., etc.

Voilà donc l'Égypte et la Chine expliquant d'après un procédé semblable leurs signes de *son* par des *signes-images*, et affaiblissant par là sensiblement les équivoques inhérentes au principe même de leurs écritures.

Mais les avantages incontestables du système égyptien, résultant de l'isolement des signes, de la conservation, à chacun des caractères tachygraphiés, de quelque trait essentiel qui le rattache facilement au signe figuratif sa souche originelle, subsistent aussi dans l'usage de ces caractères auxiliaires; et si la rédaction par clefs du dictionnaire chinois est une nécessité à laquelle rien ne peut suppléer dans l'étude de cette langue, si l'adjonction du signe *clef* au signe de *son* est non moins impérieusement nécessaire pour la clarté du discours, pour les textes égyptiens cette nécessité est moins réelle, l'expression propre des signes de cette écriture étant fixée par la forme même de ces signes.

C'est là leur trait dominant, même dans le signe tachygraphié. En s'éloignant de ce principe, la Chine est tombée dans les individualités; faute d'éléments primitifs combinés d'après des règles certaines, faute d'avoir pressenti, deviné, découvert l'élément phonétique, il lui a fallu créer pour chaque idée un caractère spécial, en multiplier le nombre bien au delà de celui que la plus vaste intelligence peut en connaître; chercher, par un moyen artificiel, à grouper ces caractères par quelques rapports fortuits de forme, sans analogie aucune dans leurs acceptions, et ranger tous ces caractères composés, sous l'autorité de quelques formes simples qui se retrouvaient plus ou moins saillantes dans leur composition.

On pourrait donc composer aussi un dictionnaire égyptien *par clefs*, comme les dictionnaires chinois : il suffirait pour cela de ranger sous le signe déterminatif des noms de quadrupèdes tous les mots qui désignent les individus de cette classe d'animaux; mais nous dresserions ainsi une série de nomenclatures, comme il en existe pour quelques-uns des idiomes anciens ou modernes, un véritable dictionnaire par ordre de matières (1). Il est à regretter que l'on n'arrive pas même à cette insuffisante classification dans les dictionnaires chinois usuels, désavantage immense, mais effet inévitable de la corruption du principe primitif de l'écriture chinoise et de la dégénération de ses signes, de leurs formes-portraits en une réunion de lignes plus ou moins nombreuses, formant des carrés dont l'expression symbolique, multipliée par des combinaisons infinies, n'échappe point aux bons esprits adonnés à l'étude sérieuse de la littérature chinoise, mais dont la constitution impose à ses livres élémentaires des formes inapplicables partout ailleurs; et il résulte de tout ceci que la Chine, dans ses méthodes grammaticales, ne peut fournir au sujet que nous traitons ici, ni conseils, ni modèle. Nous croyons l'avoir démontré tout à la fois, et non sans

---

(1) *Voyez le* Nomenclator omnium rerum, propria nomina variis linguis explicata indicans; Hadriano Junio medico auctore. Anturpiæ, Plantin, 1583, in-8°.

quelque intérêt pour l'étude philosophique des signes de la pensée, soit par les analogies, soit par les dissemblances que nous venons de faire remarquer entre les langues et les écritures de deux des plus anciennes nations de l'Orient : rapprochement de quelque prix dans ses résultats comme dans ses éléments, tant ces époques primitives de l'intelligence sociale sont encore remplies de nouveautés!

Et afin de n'omettre aucune des traditions utiles, aucun des faits qui peuvent jeter quelque jour de plus sur les questions obscures et délicates que nous venons de traiter, embrassant à la fois ce qui fut et ce qui n'est plus dans la constitution de l'écriture chinoise, ce qu'elle eut de semblable et de différent avec l'écriture égyptienne, résumons ici quelques données déjà recueillies par d'habiles sinologues :

I. Le *Tché-Kóu-i-Wén* contient un recueil de caractères tracés, dans l'antiquité, sur les cloches, les *ting* ou trépieds, etc.; et j'ai vérifié que certains de ces caractères ont conservé leur forme figurative primitive, et que d'autres de ces signes, en grand nombre, portent les marques de leur première dégradation de cette même forme figurative.

II. Il existe plusieurs dictionnaires chinois consacrés à ces écritures antiques.

III. Il y a en chinois trois sortes de dictionnaires; l'une des trois est disposée par ordre de matières ou par *portes*.

IV. Une encyclopédie chinoise est divisée en trois parties principales, le ciel, la terre, l'homme, et les traités sur toutes les sciences y sont classés, selon leur sujet, sous ces trois divisions principales.

V. Le Dictionnaire *Eul-ya* est divisé par *portes*, qui sont au nombre de seize, et cette forme de ce dictionnaire par ordre de matières remonte vers l'an 1000 avant l'ère chrétienne.

VI. Un autre dictionnaire, qui est à la fois chinois et mandchou, le Miroir de la langue mandchou, est aussi divisé par portes, qui sont au nombre de trente; et ce dictionnaire, où les divisions sont si multipliées, ne remonte qu'au règne de l'empereur Khien-Lang; il a été publié en 1771.

De ces traditions et de ces faits consignés dans des ouvrages accrédidités (1), ou dont je suis redevable à l'obligeance de M. Stanislas Julien, il ressort, ce me semble, avec une complète évidence,

---

(1) Essai sur la langue et la littérature chinoises; plan d'un dictionnaire chinois; par Abel-Rémusat. Paris, 1811 et 1814, in-8°.

Que les Chinois, à l'époque où ils conservaient encore l'usage de l'écriture figurative, devaient avoir et eurent, en effet, des dictionnaires des signes adoptés dans ce premier système graphique;

Que ces signes y étaient classés par ordre de matières ou par *portes;*

Que la tradition a conservé les preuves de l'existence de ces dictionnaires primitifs, dans les dictionnaires encore existants avec cette même classification par *portes;*

Que cette classification a varié, par l'effet seul des temps, depuis les trois *Tsaï* ou principes, le ciel, la terre et l'homme, du Lóui Chou san Tsáï toù hoéï ou *Livre analytique par les trois figures éminentes*, jusqu'aux trente *portes* du Miroir de la langue mandchou, contemporain de Khien-Long;

Que les seize portes du Dictionnaire *Eul-ya*, qui date de dix siècles avant l'ère chrétienne, paraissent représenter la division réelle et rationnelle des dictionnaires chinois de l'écriture figurée, leur ensemble embrassant, comme les huit divisions naturelles du *Dictionnaire égyptien*, les formes de l'univers entier. Le rapprochement suivant met ces rapports en évidence :

Nomenclature du Dictionnaire chinois Eul-ya.	*Nomenclature du Dictionnaire égyptien (suprà page XIV).*
1 L'homme. Degrés de parenté.	2 L'homme et ses divers membres; 7 habillement.
2 Palais.	5 Les édifices et constructions.
3 Vases.	8 Vases de toutes formes.
4 Musique.	6 Meubles, objets d'art, instruments.
5 Ciel, 6 terre, 7 collines, 8 montagnes, 9 eaux.	1 Corps célestes et divisions de la terre.
10 Plantes, 11 arbres.	4 Végétaux.
12 Insectes, 13 poissons, 14 oiseaux, 15 quadrupèdes, 16 animaux domestiques.	3 Animaux; quadrupèdes, oiseaux, insectes, reptiles et poissons (1).

---

(1) La section 9 du Dictionnaire égyptien a pour sujet les formes géométriques; et il est vraisemblable que la plupart de ses signes entreraient dans l'une des autres sections, si l'on pouvait déterminer l'objet que ces signes représentent. Quant aux signes de la 10ᵉ section, les formes fantastiques, ils sont et doivent être tout à fait étrangers à la Chine.

Ainsi, ce que nous avons exposé plus haut comme ayant existé et comme n'existant plus dans les rapports vrais ou supposés de la langue et de l'écriture de la Chine avec la langue et l'écriture de l'Égypte, est singulièrement recommandé, au moins à l'attention des lecteurs, par tous ces faits et toutes ces traditions : l'Égypte et la Chine ont inventé et constitué de même leur système d'écriture; celle-ci l'a conservé quelque temps; l'autre l'a conservé toujours, et ce qui nous est parvenu de traditions lexicographiques de la Chine, remontant à l'époque de son écriture figurative, sans nous fournir des modèles pour la restitution du Dictionnaire égyptien, justifie du moins par l'autorité de l'exemple la détermination bien réfléchie dont la forme de notre *Dictionnaire hiéroglyphique égyptien* est la conséquence (1).

C'est donc de l'essence même de l'écriture égyptienne qu'on a dû tirer le plan du *Dictionnaire égyptien*. L'opinion déjà révélée du maître nous a servi de guide : la forme du signe est la règle fondamentale de notre travail; elle lui donne l'unité philosophique propre à en faciliter l'usage. L'*expression* du signe est, en effet, indifférente à ce plan; figuratif, symbolique ou phonétique, sa *forme* matérielle seule doit lui assigner sa place dans l'ordre systématique des caractères primitifs et de leurs combinaisons infinies.

Une autre méthode a été proposée, essayée même : il y a quelque temps, M. Samuel Birch, savant anglais, dont les travaux sont, à plusieurs égards, très-utiles à l'archéologie égyptienne, a bien voulu m'adresser un cahier de quelques feuilles, portant ce titre : *Sketch of a hieroglyphical Dictionary. Part. I. hieroglyphics and english. — Division I. Phonetical symbols, vowels.*—(London, publisched by William Allen and co.— Leadenhall street. 1838.)— Une préface de deux pages imprimées précède douze pages lithographiées du *Dictionnaire* entrepris par M. Birch. Ces douze pages renferment quatre-vingt-treize signes ou groupes hiéroglyphiques, suivis de leur lecture en lettres coptes, de la traduction de cette lecture en anglais, et de quelques exemples tirés de

---

(1) Ajoutons que les dictionnaires par *portes* écrits en caractères qui ne sont plus *figuratifs*, sont presque un contre-sens; c'est ce qui a fait dire à feu Rémusat que, pour chercher un mot dans ces sortes de livres, comme dans le *hài pièn*, il faut avoir déjà quelque idée de la signification de ce mot, ce qui n'arrive que rarement. Mais, avec les signes de l'écriture figurée, cet inconvénient n'existait jamais, puisque le portrait d'un objet ne laissait aucun doute sur sa nature et sur sa place, *sa porte*, dans la nomenclature générale qui constituait ce dictionnaire de l'écriture figurative.

divers monuments. L'auteur déclare, d'ailleurs, suivre avec une pleine confiance les principes développés dans les ouvrages de Champollion le jeune, et mis en pratique dans ceux de MM. Rosellini, Wilkinson et Lepsius.

Le système général du savant anglais se montre tout entier dans quelques mots du titre de son ouvrage; il aura plusieurs *parties;* la première doit être hiéroglyphique et anglaise, et cette même partie renfermera plusieurs *divisions* ou sections, dont la première contiendra les signes phonétiques, *division I. Phonetical symbols.*

Un passage de la préface expose plus nettement encore le plan de M. Birch : on y lit=que le contenu de l'ouvrage n'est pas tout à fait original, mais que l'arrangement en est fait de manière qu'il soit possible de trouver à la fois le groupe particulier et le mot que l'on cherche. Cet arrangement peut s'appeler, dit l'auteur, *idéophonétique,* puisqu'il embrasse à la fois le principe *idéographique* et le principe *phonétique;* il est emprunté du chinois. La première partie sera divisée en deux sections : 1° les mots commençant par des signes *phonétiques;* 2° ceux qui commencent par des signes *idéographiques* (ou symboliques). La section des signes phonétiques sera subdivisée en signes ayant la valeur de *voyelles,* et en signes ayant la valeur de *consonnes,* et ces signes seront rangés suivant leur ordre dans l'*alphabet copte.* La section des signes idéographiques sera divisée selon le rang que l'objet de chaque signe tient dans l'ordre naturel, savoir, l'homme, les animaux, les objets inanimés, etc. A la fin de l'ouvrage, une table générale des signes en donnera en quelque sorte la clef, indiquant sous quel numéro s'y trouve un groupe qui commence par un signe quelconque. =

C'est à la partie phonétique de ce *Dictionnaire* qu'appartient le spécimen que je dois à l'obligeance de M. Birch. Quelque peu étendu qu'il soit, il me semble suffire à faire ressortir le vice du plan général adopté par ce savant. Les signes phonétiques y sont divisés en signes voyelles et en signes consonnes : les signes symboliques ou idéographiques en sont séparés, et forment une section à part. Pour trouver la valeur d'un des huit cents signes égyptiens, celui qui la cherchera sera donc obligé de savoir d'abord si ce signe est du nombre des symboliques ou bien des phonétiques, et quand le signe fera partie de cette seconde série, de savoir encore s'il a la valeur d'une voyelle ou celle d'une consonne; c'est-à-dire, de savoir préalablement tout ce qu'il cherche à apprendre dans le *Dictionnaire.*

Sans doute, la table générale proposée par M. Birch facilitera les recherches; mais n'y aurait-il pas plus d'un avantage à épargner aux étudiants, 1° ce travail de recherche; 2° la peine de trouver l'*œil humain* à la voyelle I, le *bras* à la voyelle A, la *jambe* à la consonne B, les *deux bras élevés* à la consonne K, la *main* à la consonne T, la *bouche* à la consonne R, la *tête de face* à la consonne aspirée $\mathcal{E}$; 3° et la confusion inextricable de formes et d'expressions qui résulte du mélange des membres du corps humain avec des quadrupèdes, des poissons et des fleurs?

Au contraire, tous les signes analogues que l'ordre naturel ou rationnel inscrit dans la même série, ou les membres du corps humain, ou les animaux, ou les végétaux, mis ensemble et rangés chaque espèce dans un même chapitre, ne caractériseraient-ils pas plus ouvertement une méthode véritablement naturelle, et conséquemment préférable à toute autre?

C'est cette méthode même qui fut adoptée par l'auteur de notre *Dictionnaire hiéroglyphique*, et il faut espérer que M. Birch ne lui refusera pas son suffrage. J'ignore, d'ailleurs, quelle suite ce savant a donnée à son projet; la préface de son essai annonce qu'il voulait bien attendre, avant d'en continuer l'impression, l'entière publication de la *Grammaire égyptienne* de mon frère, et la dernière livraison est de l'année 1841.

Un autre savant anglais dont le nom ne sera jamais oublié dans l'histoire des découvertes sur lesquelles reposent les principes avérés de l'archéologie égyptienne, feu le D^r. Thomas Young, a laissé un autre essai, sous le titre de *Rudiments of a Dictionary*; il a été publié à la suite d'un mémoire sur sa vie, imprimé à Londres en l'année 1831. Mais cet essai ne concerne que l'écriture *démotique*; les noms et les mots, au nombre d'environ quatre cents, y sont rangés dans l'ordre alphabétique copte, et tirés des propres recherches du Dr Young, des ouvrages ou des manuscrits de Champollion le jeune, et des travaux publiés par feu Akerblad et par MM. Peyron et Kosegarten (1).

---

(1) L'Essai de Dictionnaire égyptien démotique, par le Dr Young, est précédé, dans le même volume, 1° du tableau des chiffres égyptiens démotiques, tel qu'il fut dressé et communiqué par mon frère à M. Kosegarten qui le publia, avec l'agrément de l'auteur, à Weimar, en l'année 1828; 2° du tableau des mois, communiqué aussi par mon frère et publié en même temps que le tableau des chiffres; 3° d'une série nombreuse de dates historiques tirées de papyrus égyptiens démotiques, dont la plus grande partie avait été

Là se bornent, je crois, les écrits connus pour avoir quelque rapport avec le *Dictionnaire* que je publie (1). Je ne pense pas avoir à mentionner dans cette préface d'autres ouvrages de quelque valeur, et je n'ai rien à dire des projets, s'il en est, qui peuvent intéresser mon sujet. M. Rosellini a fait savoir au public, il y a déjà six ans, que Champollion le jeune l'avait chargé de la rédaction du *Dictionnaire égyptien* : malheureusement, c'est là une des plus secrètes pensées du savant français, qui n'en avait fait la confidence qu'à M. Rosellini lui-même; aucun des amis de mon frère, ni moi, aucun de ses compagnons de voyage en Égypte, n'en a jamais ouï dire un seul mot. L'attention journalière que Champollion le jeune mettait à compléter, à corriger le manuscrit de son *Dictionnaire égyptien,* ne suppose pas qu'il eût donné à un autre la mission de le suppléer dans un travail auquel sa main seule pouvait donner quelque autorité : le plan même annoncé par M. Rosellini, et qui est en tout conforme à celui de M. Birch, prouve à lui seul que le maître n'avait pas été consulté, et qu'il fut complétement étranger à un tel projet. Du reste, la voie des *suppléments* est largement ouverte; il en est d'aucuns qui ne s'épargneront mie à l'occuper; le public en prendra ce qui lui avisera être de bon aloi.

Il ne me reste plus qu'à exposer les règles d'après lesquelles les matériaux originaux du *Dictionnaire égyptien* ont été disposés dans ce volume.

Il y avait quelque convenance à ce que le format du *Dictionnaire* fût semblable à celui de la *Grammaire* : l'éditeur s'y est soumis.

L'exécution typographique présentait de nombreuses difficultés, malgré même le succès éprouvé qui recommandait la méthode employée pour la publication de la *Grammaire égyptienne;* mais l'énorme dépense et l'inévitable lenteur, plus dispendieuse encore, que ces moyens mécaniques entraînaient, se montraient plus apparentes que ce succès même. Un instant je pus espérer que tous les obstacles s'aplaniraient,

---

également communiquée à M. le Dʳ Young par mon frère, notamment la copie des papyrus démotiques du musée du Louvre, et celle des douze à quinze papyrus du musée de Turin, transcrits de la main de mon frère qui les remit au docteur anglais à Paris, au moment de son départ pour l'Égypte. La mort si douloureuse de ces deux hommes a fait perdre toute trace de ces copies des manuscrits de Turin. Elles ont été oubliées en Angleterre et ne sont point revenues en France.

(1) M. H. Tattam, qui a publié à Oxford, en 1835, un *Lexicon ægyptiaco-latinum*, volume in-8° de 950 pages, a joint des signes et des groupes hiéroglyphiques aux lettres et aux mots coptes : cette addition a aussi son utilité.

PRÉFACE DE L'ÉDITEUR. XXXI

pour le présent et pour l'avenir; que l'archéologie égyptienne trouverait enfin dans la typographie française de faciles moyens de se produire sans le concours doublement coûteux de la gravure ou de la lithographie : la fonte d'un caractère hiéroglyphique complet devait réaliser tous ces biens à la fois. Il me fallut bientôt renoncer à cet espoir, et forcément prendre la voie la plus courte qui conduisait au but. Ce furent donc l'expérience du passé et le défaut de tout autre moyen matériel pour le présent, qui firent décider que le *Dictionnaire égyptien* serait *autographié*, c'est-à-dire entièrement transcrit sur la pierre et imprimé par la presse lithographique. On a bien compris les désavantages de ce procédé comparé aux productions de la typographie; mais on n'a rien négligé pour échapper aux principaux inconvénients, et pour rendre uniformément convenables les écritures diverses du texte, le dessin des exemples et le tirage des feuilles. La prompte succession des livraisons de l'ouvrage prouvera du moins que la méthode adoptée n'entraine à aucune lenteur.

Quant à l'ordre même des signes et des exemples qui en expliquent le sens, ce que nous avons dit plus haut (page xiv) a déjà fait connaître les divisions principales, les divisions naturelles de l'ouvrage. Mais chacune d'elles a ses subdivisions, et nous devons en exposer les motifs, l'ordre et l'usage.

I. Dans l'ordre général des divisions, les signes sont placés selon l'ordre de mérite de l'objet qu'ils représentent : le ciel avant tous les astres qui s'y voient; l'homme avant tous les autres êtres animés; les productions de la création divine avant les productions d'invention humaine; les végétaux avant les objets d'art et les fantastiques emblèmes. Ensuite, le tout avant ses parties, et celles-ci même dans un certain ordre de prééminence relative, réglée par les usages ou les opinions du monde.

II. C'est dans ce système de prééminence purement iconographique que chaque signe vient à son tour prendre place dans le *Dictionnaire*: un exemple en dira plus que la plus précise exposition.

Au *chapitre second* on trouve les signes hiéroglyphiques représentant l'homme et les membres du corps humain : d'abord l'homme tout entier, debout, assis, accroupi, penché ou couché, diversement costumé, caractérisé par des insignes ou des coiffures diverses; après lui viennent la femme et l'enfant dans les mêmes conditions; ensuite les membres humains adoptés par l'écriture hiéroglyphique, et qui sont : la tête entière de face ou de profil; les parties qui composent la tête, c'est-à-dire, les cheveux, les oreilles, l'œil et les yeux, les lèvres, les dents, la bouche; on a placé à leur suite le sein, l'épine du dos, le bras, les deux bras, la main, le poing, le doigt, la jambe, les deux jambes, etc., etc.

Les *animaux* sont le sujet du troisième chapitre : ils sont divisés en quadrupèdes, oiseaux, insectes, reptiles, poissons, et les plus nobles de ces êtres, les plus grands ou les plus féroces, et les plus étrangers à l'homme, sont figurés les premiers. La classification des objets inanimés est fondée en général sur l'utilité sociale, par rapport à l'homme, de ces mêmes objets, ou sur leur mérite comme objets d'art. Il y a sans doute ici un peu d'arbitraire; mais il n'est pas d'une influence absolue dans ses effets; la liberté de se donner toute autre classification des signes de cette section est de droit naturel pour tous les lecteurs.

III. C'est, néanmoins, dans l'ordre qui vient d'être exposé que chaque signe hiéroglyphique est successivement inscrit dans le *Dictionnaire*, d'abord dans son acception *figurative*, ensuite dans son acception *symbolique*, et enfin *phonétique,* s'il en est investi; car c'est là, je crois, l'histoire même des variations successives que chaque signe éprouva dans ses acceptions lorsqu'il en a plusieurs. Des lettres latines préfixes à chaque signe avertissent de ces changements d'acception.

IV. Un numéro d'ordre est placé avant le signe, et le nom de l'objet qu'il représente, après : on verra plus bas l'utilité de ces deux indicateurs dans la nomenclature générale hiéroglyphique.

V. Tout caractère hiéroglyphique est suivi des groupes dont il est le signe primitif, le signe-clef, et dans l'arrangement de ces groupes on a suivi l'ordre de priorité adopté pour la classification générale des signes : ce qui veut dire que dans les groupes dont la *bouche* est le signe-clef, et dont le second signe est une autre bouche, ou bien le bras, le lièvre, un oiseau, un poisson, une fleur, un instrument d'art et de métier, enfin une figure linéaire, c'est dans cet ordre même, qui est celui de la classification générale des hiéroglyphes, que ces groupes sont placés dans le *Dictionnaire*. De plus, cet ordre pour le second signe est également suivi pour le troisième, le quatrième, etc., comme on le fait pour la seconde, la troisième, la quatrième lettre des mots de nos dictionnaires rangés dans l'ordre de nos alphabets.

VI. Les exemples écrits immédiatement après chaque signe y sont attentivement distribués selon les acceptions spéciales du signe; et s'il arrive que quelques exceptions se rencontrent dans notre *Dictionnaire* aux règles qui viennent d'être indiquées pour l'arrangement des signes et des mots, des rapprochements favorables à leur complète intelligence justifieront suffisamment ces apparentes anomalies.

VII. Il arrive assez souvent qu'un groupe est précédé du signe d'un des articles déterminatifs, ou d'un des signes des rapports des noms dans la proposition; il est bien entendu que c'est selon le signe primitif du groupe proprement dit qu'on doit le chercher dans le *Dictionnaire*.

VIII. Les signes hiéroglyphiques complexes, ou composés de deux autres signes réunis en un seul, produisant parfois un ensemble fantastique ou monstrueux, ne sont pas assez nombreux pour exiger une section spéciale. Nous les avons donc classés à la fin de chaque article(1), selon la partie dominante ou la plus noble de chacun de ces signes complexes. Nous nommons la plus noble la partie ou signe de l'écriture qui a la priorité de rang dans l'ordre général des signes, déjà énoncé; ainsi, l'homme à tête de quadrupède ou d'oiseau est resté à la section *homme*, au chapitre II; et dominante, la partie réellement saillante, principale du signe, comme la feuille et le serpent, dans les groupes de ces deux objets montés sur des jambes humaines, qui ont dû rester, le serpent au troisième chapitre, celui des animaux, et la feuille au quatrième chapitre, ou des végétaux.

La place de quelques autres groupes a été déterminée par leur valeur phonétique même, et la forme du signe en avertit elle-même d'avance. Ainsi, le groupe où la chouette est traversée horizontalement par le bras humain (*Dictionnaire*, page 141), qui se lit *ma*, étant le bras tracé *derrière* la chouette, est placé au chapitre troisième, section des oiseaux, parce que la chouette est la partie dominante de ce groupe et la première lettre de la syllabe qu'il exprime. Au contraire, le groupe du bras humain uni au lacs ou cordon replié sur lui-même (*Dictionnaire*, page 94) est resté au chapitre second, celui de l'homme, parce que ce groupe se lit ⲁⲁϩ, que le bras en est la première lettre, et le lacs la seconde. L'exemple du même groupe lu ϩⲁⲁ, ϩⲱ, parce que le lacs est, au contraire, la première lettre de ce groupe, est à la page 375 avec des exemples.

IX. Nous aurions voulu joindre à la forme pure ou linéaire de chaque signe hiéroglyphique ses abréviations hiératique et démotique; mais

---

(1) C'est-à-dire, à la fin de toute la série des exemples rangés sous le signe qui en est le caractère initial.

c'était peut-être compliquer le travail et la nomenclature des signes, puisque ces deux formes abrégées ne pouvaient pas figurer d'une manière très-ostensible dans les divers répertoires du *Dictionnaire* : cette considération nous a éloigné d'entreprendre la synonymie complète de ces diverses formes linéaires de chaque signe; elle trouvera sa place dans un autre travail.

X. Au surplus, le Tableau *général et méthodique des signes hiéroglyphiques, purs et linéaires, expliqués dans ce Dictionnaire*, tableau qui termine ce volume, m'a paru propre, par sa simplicité, par l'attentive classification des signes, à suppléer aux irrégularités que d'autres vues et toute autre méthode que celles qui m'ont dirigé, pourraient faire supposer dans la composition du *Dictionnaire*. L'expression naturelle de chaque signe a déterminé sa place dans ce Tableau, réglé lui-même sur les divisions fondamentales déjà indiquées (pages xiv et xxix).

Je reconnais que cette expression naturelle de chaque signe est parfois déduite de motifs qui peuvent à d'autres critiques paraître insuffisants : mais je dois déclarer à ce sujet, que toute qualification de signe appartient à l'auteur même du *Dictionnaire*, et que l'éditeur s'est abstenu de toute invention, changement ou modification quelconque. Ce n'est, d'ailleurs, que sur un bien petit nombre de signes que la diversité des sentiments peut s'exercer, car les images des objets qui appartiennent au monde matériel sont à l'abri de toute incertitude : il ne peut donc en exister que sur des portraits dont les originaux sont inconnus, et le nombre en est fort restreint. J'en ai fait l'épreuve décisive dans la composition du *Tableau;* et après avoir accordé que quelques signes insérés au chapitre sixième, section des *instruments des arts et des métiers*, seront peut-être un jour, étant plus sûrement définis, portés dans un autre chapitre, je pense avoir fait l'aveu de tous mes doutes.

Toutefois, j'ai dû prévoir quelques-unes de ces incertitudes, et j'ai pour cela inséré les signes d'une apparence équivoque dans deux sections où l'on peut à la première vue les chercher également; un renvoi en chiffre indique la place définitive du signe dans le Tableau; mais ce même signe redoublé n'y porte qu'un seul numéro, et l'on voit à la fin de ce tableau que le nombre total des signes s'élève sans double emploi à sept cent quarante-neuf.

Si l'on remarque à ce sujet que le nombre des signes numérotés dans le texte du *Dictionnaire* ne dépasse pas cinq cent soixante-sept, on voudra bien aussi se souvenir que, au chapitre deuxième (pages 26 à 54), toutes les figures de l'homme, dans des positions et des costumes très-diversifiés, sont classées sous le seul n° 25, suivi de cent trente-six sous-chiffres, tirés des lettres de l'alphabet plusieurs fois répétées. Les signes rappelés dans les *Additions* (pages 108 à 113, et 456 à 464) achèvent de rendre raison de la différence qui existe en apparence entre les nombres 567 du *Dictionnaire* et 749 du *Tableau*.

XI. Ce dernier nombre semblera peut-être un peu restreint à des personnes qui sont versées dans l'étude de l'archéologie égyptienne, et à celles qui pensent que l'ensemble des signes de l'écriture hiéroglyphique figurée renferme plus de sept cent quarante-neuf types proprement dits, et même plus de huit cents environ, nombre indiqué par Champollion le jeune.

A la première remarque, je répondrai ce que j'ai déjà dit, page v de cette préface, et que je me fais un devoir de rappeler ici, savoir : que ce *Dictionnaire* ne contient que les signes ou groupes dont l'interprétation subsiste écrite tout entière de la main de son auteur; et à la seconde observation, que ce n'est point ici le lieu de la discuter, étrangère qu'elle est au sujet de cet ouvrage.

Toutefois, je ne crois point hasarder un jugement sujet à de grandes contradictions, en ajoutant que le nombre des signes-types indiqué par mon frère, d'après l'étude attentive, comme il était si capable de la faire, des monuments originaux, est très-approchant de la vérité. Et qui donc a vu et étudié plus de textes authentiques, autographes, que lui? Qui donc les a mieux analysés, en a eu une plus complète intelligence? Des monuments isolés qu'il n'a point vus de ses yeux offriront peut-être quelque signe qu'il n'a point recueilli ailleurs; mais la liste de tels signes n'apportera jamais un accroissement sensible à la nomenclature déjà connue, j'ose ainsi l'affirmer, si des recherches dans ce but sont faites par des personnes nécessairement familières avec le sujet, avec les types originels et leurs variétés consacrées, avec l'expression graphique de ces types (car cette expression, directement ou par ses synonymes, éclaire indubitablement sur la réalité des formes), enfin et surtout si ces recherches sont faites sur les monuments mêmes. Au contraire, le nombre des signes de l'écriture hiéroglyphique figurée serait presque infini, si l'on considérait comme tels tous les signes recueillis dans les dessins des antiquaires et des voyageurs des temps antérieurs à notre époque; si surtout, et j'insiste sur cette considération, si surtout on admettait au nombre de ces types réels, des variétés sans valeur propre, que la diversité du style des scribes devait multiplier, et dont l'acception idéographique ou phonétique dans les groupes où ces variétés sont employées, ne peut manquer de faire immédiatement justice. Une erreur ou une équivoque en cette matière peut être nuisible à la science, autant au moins que la conquête réelle d'un nouveau type hiéroglyphique doit lui être avantageuse.

La collection que présente le Tableau qui termine le *Dictionnaire égyptien* facilitera, par l'exactitude du tracé des signes, l'étude de ces éléments essentiels et primitifs des écritures égyptiennes. On trouve dans la *Grammaire égyptienne*, à la page 20, plusieurs formes d'une inscription hiéroglyphique reproduite figurativement par des chiffres arabes exactement rangés selon l'ordre même des signes égyptiens dans cette inscription. Nous avons pensé que les chiffres qui précèdent les signes de notre Tableau pourraient aussi remplacer ces signes dans la transcription d'un texte hiéroglyphique, suppléer même dans beaucoup de cas à l'ignorance du dessin, ou à l'inhabitude du style propre à l'art égyptien. Il suffirait d'écrire le numéro de mon Tableau à la place même du signe auquel ce numéro est attaché; le chiffre et le signe peuvent ainsi se servir mutuellement de synonymes.

XII. Il reste encore des travaux inédits du maître, dont la science peut espérer quelques nouveaux services et quelques progrès. Les mesures sont prises pour que ses disciples et ses émules n'en soient pas privés trop longtemps. J'ai bien compris mes devoirs; leur étendue ne m'attiédit point; je satisferai à tous, si mes forces secondent mes résolutions.

J. J. C. F.

DICTIONNAIRE ÉGYPTIEN,

en Ecriture Hiéroglyphique.

CHAPITRE PREMIER

CORPS CÉLESTES, DIVISIONS GÉNÉRALES DE LA TERRE.

1. 〔✶✶✶✶✶✶〕, ▭, ▭, ▭ (Plafond) Caractère Symbolico-figuratif, signe de l'idée Ciel, ⲧ·ⲡⲉ·ⲫⲉ·ϯ.

| 〔✶✶✶✶✶✶〕 ⲡⲉ·ⲧ,ⲫⲉ,ϯ; Ciel. Grammaire Egyptienne, page 56.

▭ idem.   idem.   idem, p. 424.

| ▭ ⲧ·ⲡⲉ. Le Ciel, avec l'article féminin, le mot égyptien étant de ce genre. Gr. p. 311, et 469. ⌒▭ , ⲧⲛ-ⲡⲉ, Ce ciel. G. 400.

| ⌒▭ ⲧ·ⲡⲉ, Le Ciel. Gr. 216, 342, 424.

✚ ⳓ ⵀ |||⌒ ▭ ⲛⲁⲓⲉⲃⲧ ⲛ̄ⲧⲉ ⲧⲡⲉ, des parties or^les du ciel. Gr. 174.

⌒▭ ϩⲛ̄ ⲧⲡⲉ, dans le Ciel. Gr. 482.

| ▭ Ciel, ; Gr. 505.

⌒▭ ⳝ ⲧⲡⲉ ⲛ̄ⲡⲣⲏⲥ, Le Ciel du midi, la partie méridionale du ciel, l'Hémisphère Austral.

2

𓊪𓏏𓏏𓏏𓇯 𓊵𓏏𓆄 Appartenant aux Dieux du ciel méridional. (Rituel funéraire, III.e partie, section 2.e, formule 1re.)

𓇯 𓊪𓏏 ⲠⲈ ⲘϨⲒⲦ, Le Ciel du nord: la partie Septentrionale; l'Hémisphère Boréal. G. 496.

𓊪𓏏𓏏𓏏𓇯𓊵 Appartenant aux Dieux du ciel septentrional. = (R. F., sect. 2, partie 3e, ch 1). Gr. 496.

𓇯 ⲠⲎⲦⲈ, ⲪⲎⲞⲨⲒ. pluriel pragmatique de 𓇯, les cieux.

A. 𓇯, 𓊪𓏏. Caractère Phonétique, le Ciel, ⲠⲈ ⲀⲪⲈ, signe de la consonne Π ou Φ, dans les noms propres et les mots égyptiens.

𓇯 ⲠⲈ, étendu 𓇯𓊵𓏏 dieu du 29e jour du Mois: G. 530.

B. 𓇯 Π ou Φ (copte idem). article déterminatif singulier masc.tin G. 181.

𓇯𓏤 ⲠⲤⲞⲨⲦⲎ̄, le pouvoir royal. Gr. 173.

𓇯𓏤 ⲠⲠⲒϤ, (copte ⲠⲠⲒϢⲈ), le souffle. Gr. 189; et souffleur. G. 390.

𓇯𓏤 ⲠⲆⲀⲒ, l'esprit, l'âme. Gr. 189.

C. 𓇯 ΠⲀ, ΦⲀ, employé dans la formation d'une foule de noms de métiers, de fonctions: et avec la valeur de chef, ⲠϨⲢⲀⲒ. G. 346.

𓇯 ou 𓇯 ⲠⲀⲘⲞⲞⲨ, employé dans l'administration des eaux, ou des Réservoirs d'eau. Gr. 191.

𓇯𓏤𓏤𓀀𓏤𓏤𓇯𓏤 le Pamou de Thèbes Naipherôtô. (Coffret funéraire du Musée Royal.) Le père de cet individu porte le titre de 𓇯𓏤𓏤 Pamou en chef de Thèbes.

𓇯𓏤 ⲠⲀⲦϢⲎⲞⲨⲒ ⲠⲞⲨⲎⲆ. Le de le prêtre l'autel. Gr. 189.

𓇯𓏤 ⲠⲀⲠⲒϤⲀⲒⲘϢⲨⲒⲢ. l'un des porte-encensoirs. Gr. 191.

𓇯𓏤 ⲠϨⲢⲀⲒ ⲠⲈϤⲀⲒⲘϢⲨⲒⲢ. Le supérieur des porte-encensoirs. G. 199. a 346.

𓇯𓏤 ⲠⲀⲠⲈⲤϨⲀⲒ. Le des écritures. Gr. 189.

𓇯𓏤 ⲠⲀⲠⲈⲦⲦⲈ. Le chargé de l'arc. Gr. 190.

3

[hieroglyphs] Πϩρλι πε ϭⲙⲉ(ⲓⲓ) ⲙⲁⲛ ϩⲉⲙⲥ ⲛ̄ ϯⲩⲉ, Le chargé des registres du tribunal de justice (le greffier du tribunal). Gr. 191.

[hieroglyphs] Πϩρλι-ⲥⲟⲧⲡ-ⲕⲗⲁϭⲧ, Le chargé de la coiffure du roi. G.190.

[hieroglyphs] Πϩρλι-ολι-ⲙⲁϣι. Le chargé du pesage, (l'intendant des poids et mesures). Gr. 191.

D. [hieroglyph] πτ. (copte ⲡⲉⲧ. ⲡⲏⲧ). Article démonstratif possessif: Qui est à; celui qui appartient à. ⲡⲉ ⲁ ⲡⲉⲑ, G. 310).

[hieroglyphs] πταⲙⲛⲱⲫ. Petamenoph, celui qui est à Ammon-Ôph nom propre d'homme: Πετεμενωφις. (Momie & lingue de Turin).

E. [hieroglyph], sans article, déterminatif de l'ancienne forme de la préposition sur, en haut ? Gr. 465, 190.

/ [hieroglyphs], [hieroglyph], ϩⲓⲧⲡⲉ, en haut. Gr. 179.   Moitié du ciel; inscriptions antiques.

/ [hieroglyphs] ϩⲓⲧⲡⲉ, au dessus. Gr. 306

F. [hieroglyph] s'emploie pour [hieroglyph] et [hieroglyph], mais uniquement dans ce dernier exemple. Gr. 465.

2/ [hieroglyphs], [hieroglyph], [hieroglyph], [hieroglyph], [hieroglyph], Caractère Symbolique représentant le ciel combiné avec une Étoile; exprime l'idée Nuit, Nox.

A. [hieroglyph]. Employé comme déterminatif du phonétique [hieroglyphs] ou [hieroglyphs] ϭⲱⲣϩ copte idem. la nuit, nox (voyez ces mots). D. F. 74, col. 5. Gr. 178.

[hieroglyph] comme le précédent. (D.F. pl. 74. col. 101, 106. et er) Gr 97.

B. [hieroglyph] même caractère accru du déterminatif ⊙ l comme division du temps: même emploi. (D.F. pl. 74. col. 76.75.79.85 er.) Gr. 97.

⊙. ⊙.

C. ⊤, ⲟⲩⲣϩ, employé isolement. ⲧⲣⲩⲓⲕ, nox; ⟨⟨⟩⟩ ⊤ il soit dans la nuit. (R. F. pl. 75. col. 61.)

3. ⊙, ⊙, ⊙, ⊙, ⊙, (Disque) Caractère figuratif, représentant le Disque entier du Soleil et exprimant l'Idée Soleil. ⲣⲏ (ⲡ·ⲡⲓ·ⲫ). ce signe est décrit par Clément d'Alexandrie. (Stromates, livre 5. chap. 4.)

⊙, ⲣⲏ·ⲡ·ⲫ, le Soleil. astre considéré judical comme Planète: ce signe répond au phonétique ⟨⟨⟩⟩ ⲣⲏ qui lui servait de prononciation et avec lequel il se combine fréquemment dans les textes. Gr. 56

[hieroglyphs] ... ⲛ̄ ⲛⲣⲏ, les rayons du soleil. G. 259.

[hieroglyphs] ⲣⲏⲙⲥ, Rhamosi. G. 190.

[hieroglyphs] ⲑⲓⲣⲏ, Derry. G. 184.

[hieroglyphs] Le Dieu Soleil; le phonétique ⟨⟨⟩⟩ soleil joint au figuratif. (rallen pind dans lis. Momie Royal). ⊙, [glyph], ⲡⲉ ⲩⲥ, comme le soleil.

[hieroglyphs] Le soleil esprit actif du monde: (Stèles passim.)

[hieroglyphs] ⲣⲏ ⲥⲏⲧⲡ ⲛ̄ L'approuvé par le soleil titre donné aux monarques de l'Égypte. ⲥⲏⲧⲡ ⲛ̄ⲣⲏ, G. 433.

[hieroglyphs] ⲣⲏ ⲥⲏⲧⲡ ⲛ̄, Variante du Groupe précédent.

⊙⊙ ou [glyph] ⲣⲏ-ⲥⲓ, Enfanté par le soleil, l'enfant du soleil: titre donné aux souverains de l'Égypte.

[hieroglyphs] ou [glyph] ⲣⲏ-ⲙⲁⲓ. Aimé ou Aimée par le soleil; Rèmaï, Rhamaï, nom propre (Statuette funéraire, Musée de Turin). G. 132.

[hieroglyphs] ⲣⲏ ⲙⲥⲥ. Ramsès. nom propre d'homme; légendes royales du palais de Karnac. ⊙ sert aussi à la numération [glyphs], deux fois, 4 fois.

[glyph] ⲣⲏ·ⲡ·ⲫ, Le soleil. variante du précédent; le soleil (astre) G. 59.

⊙ 1

⊙𓉐 пре ϥⲟⲟ, le Soleil dit. G. 329.

⊙𓊃 ⲣⲏⲙⲥ, Ramès, que Phré à engendré. G 133.

⊙ 1, ⲣⲏ⸗ⲡ⸗ⲫ. Le soleil astre, variante du précédent.

⊙𓀀 Dieu qui préside au 1er jour du Mois.

⊙𓊃 ou ⊙𓊃, ⲣⲏⲙⲥⲥ. Ramsès, nom propre de rois et de simples particuliers.

⊙𓊃 ⲣⲏ ⲙⲥⲥ, Ramsès, variante du précédent.

⊙𓊃 ⲣⲏ ⲙⲥⲥ, Ramsès, variante du précédent.

⊙𓊃 ⲣⲏ ⲙⲥⲥ, Ramsès, variante du précédent.

⊙𓊃 ⲣⲏ⸗ⲙⲥ. Ramès, (Ramos-is) nom propre d'homme (Stèles Niazoli, à Florence).

⊙𓊃 ⲣⲏ⸗ⲙⲥ, Ramès, abréviation du précédent. (Stèles Niazoli, à Florence).

☐⊙ 1 ⲡⲣⲏ, ⲫⲣⲏ, le soleil. G. 173.

⊙𓀭 Ⲣⲏ ou Ⲡⲣⲏ, ⲫⲣⲏ-ⲛⲟⲩⲧⲉ, le Dieu Phré. Hélios, le Dieu soleil. G. 234, 264.

⊙𓋹𓀭 ⲡⲣⲏ, ⲫⲣⲏ ⲛⲟⲩⲧⲉ ⲉϥⲱⲛϩ, Phré Dieu vivant: le signe ⲱⲛϩ, combiné avec le déterminatif figuratif 𓀭 Dieu.

⊙𓀭 ⲡⲣⲏ ⲛⲟⲩⲧⲉ ⲉϥⲙⲟⲧ, Phré Dieu bienfaisant, Ἥλιος θεὸς Εὐχάριστος ; le signe 𓏞 Εὐχαριστία entre les mains du Dieu.

⊙𓌺 ⲣⲏ⸗ⲙⲁⲓ, le Dieu aimé du soleil, celui qui est aimé de Phré. G. 132.

⊙𓀭𓌺 ⲣⲏ⸗ⲛⲟⲩⲧⲉ ⲙⲁⲓ, le Dieu aimé du Dieu Phré.

⊙𓌺 ⲣⲏⲙ, abréviation de ⊙𓀭𓌺, le bien-aimé du Soleil.

⊙𓌺 ⲙⲉⲡⲣⲏ, aimé par Phré. G. 133.

D. ⊙𓀭 ⲡⲣⲏ, ⲫⲣⲏ-ⲛⲟⲩⲧⲉ, le Dieu Phré, Hélios, le Dieu Soleil;

⊙ ⌂ La demeure du soleil, Héliopolis.

[hieroglyphs] Il a établi son nom dans Héliopolis (Obélisque Flaminien, face orientale).

[hieroglyphs] Le fils du soleil, l'aimé par Ammon, Ramsès, a fait des dons considérables dans Héliopolis. (Obélisque du Pamphise).

4. ⊙ (Disque). Caractère symbolique exprimant l'idée *jour* ⲅⲁⲣ. ⲅⲟⲟⲧ, ⲅⲁⲟⲧ, ⲉⲅⲟⲟⲧ, *jour du mois*, et répondant au monosyllabe copte ⲧⲟⲧ, la numérative des jours du mois. G.225. 1ʳᵉ Acception.

[hieroglyphs] ⲅⲁⲧ ⲡⲁⲓ, ce jour. G.471.

[hieroglyphs] ⲅⲁⲧⲛⲓⲃⲓ, chaque jour. G.513.

[hieroglyphs] (Osiris) Dieu vivant toujours. (Stèle du Musée de Turin, n° 6) G.146. 513.

[hieroglyphs], ⲅⲁⲣ ⲙⲉ ⲟⲩⲣϩ, de jour comme de nuit. G.69.

[hieroglyphs] ⲛⲉϩⲟⲟⲩ les jours. G.527. pluriel de ⊙ ⲓ.

A. ⊙, Signe déterminatif tropique du mot [hieroglyphs], ⲅⲟⲟⲧ, ⲅⲟⲧⲡ, ⲅⲡⲟⲧ, *jour du mois*.= ⊙ ⌂, ⲡϩⲟⲟⲩ, *au jour.* G.524.

[hieroglyphs] ⲡϩⲟⲟⲩ, le jour. G.527. à 193.= [hieroglyphs], ⲡϩⲟⲟⲩ, au jour. G.198.

[hieroglyphs] (idem)

[hieroglyphs] ⲛⲉϩⲣⲟⲩ ⲛ̄ ⲡⲱⲛϩ, les jours de la vie. G.438.

[hieroglyphs] Trente jours. (stèles d'Anastasy, du Règne de Nechao II).

[hieroglyphs] Dix mois et Deux jours. (idem).

[hieroglyphs] Le jour de l'heureuse naissance. (idem).

[hieroglyphs], ⲛⲉ ⲅⲟⲟⲩ ⲙ̄ⲡⲉ ⲡⲧⲉⲣⲟⲙⲡⲉ, ou bien ⲛⲉ ⲅⲟⲟⲩ ⲙ̄ⲡⲧⲉ ⲛ̄ⲧⲉ ⲡⲣⲟⲙⲡⲉ, les jours célestes de l'année, les jours Épagomènes nommés par les coptes ⲠⲒⲀⲂⲞⲦ ⲚⲔⲞⲨⲜⲒ, le petit mois. Le signe du chiffre I au bas du groupe indique le 1ᵉʳ des Epagomènes ; et les chiffres II, III, IIII, III II, le 2ᵉ, le 3ᵉ, le 4ᵉ et le 5ᵉ des jours complémentaires de l'année Egyptienne.

Aᵇⁱˢ ⊙ , répond au monosyllabe copte ⲤⲞⲨ (exception), numérative du quantième du mois. G. 225.

⊙ , ⲤⲞⲨⲀ, ⲤⲞⲨⲀ, le premier jour du mois, la Néoménie.

〰️ ⊙ le premier jour du mois d'Epep : la Néoménie d'Epiphi (stèles d'Anastasy).

⊙ ⊙ ⊙ ⊙ ⊙
II, III, ⋂, ⋂⋂, ⋂⋂⋂, le 2, le 3, le 10, le 20, le 30 du mois.

⊙☥ , la Néoménie Gracieuse. (Inscription de Rosette, ligne 12.)

B. ⊙ ⲢⲎ, soleil ou ⊙Ⲓ, ⊙ , ⲌⲀⲨ, ⲄⲞⲞⲨ, jour, doit être considéré comme le signe déterminatif générique de tous les noms des diverses divisions du temps, telles que heure, jour, mois, année, Epagomènes. (Mémoire sur la notation de ces divisions, dans le Recueil de l'Acad. des inscriptions, Tome XV.)

C. ⊙ employé dans le sens de jour, aujourd'hui, maintenant, ⲘⲠⲞⲞⲨ dans la formule très fréquente et qui termine la plupart des légendes et inscriptions monumentales ⊙ 𓋹 𓏏 Maintenant et à toujours, aujourd'hui comme à toujours, nunc et in æternum. Passim. G. 411.

| ⊙ 𓊖 ⲘⲠⲞⲞⲨ aujourd'hui. G. 518.
| ⊙ 𓋹 𓏏 ⲄⲞⲞⲨ ⲨⲈ ⲄⲞⲞⲨⲚⲒⲂ aujourd'hui comme toujours. G. 518.
| ⊙ 𓋹 𓏏 ⲄⲞⲞⲨ ⲨⲈ ⲄⲞⲞⲨ ⲚⲒⲂ aujourd'hui comme à toujours. G. 518.
| ⊙ 𓋹 ⲄⲞⲞⲨ ⲨⲈ, pendant une longue série de jours. G. 518.
| ⊙ 𓋹 𓂋 𓊖 ⊙ ⲄⲞⲞⲨ ⲨⲈ ⲈⲚⲈⲌ Ⲛ ⲌⲀⲌ Ⲛ ⲄⲞⲞⲨ, aujourd'hui comme à toujours, pendant une longue série de jours. G. 518.

D. | 𓊖 ⊙ , ⊙Ⲓ, 𓊖 ⊙ ⲄⲞⲞⲨ, ⲈⲠⲞⲢ, ⲄⲞⲢⲠ. signifie aussi lumière.
    | 𓊖 ⊙ , ⲄⲞⲢⲠ, la lumière. G. 354.

⊙ı.   ⦿.

|𐤌⊙ı, ū ⲡⲅⲣⲟⲩ, à la lumière. G. 338.

[hiér.] ï, ϩⲓⲡ ⲅⲉ ⲅⲣⲟⲩ, manifesté à la lumière. G. 452.

E. ï, groupe symbolique, se réduisant parfois au seul caractère ⊙ : est employé dans le sens de vie, vita, la durée de la vie, longitudo dierum vitae.

[hiér.] , La durée de la vie heureuse fut de LXV ans X mois et II jours. (stèle d'Amasizy).

5. ⦿. ⦿ , caractère ou groupe symbolico-figuratif, représentant le disque du soleil entouré par le serpent Uraeus.

⦿ ⲡⲣⲏ, ⲫⲣⲏ. Le soleil, ou plus. rigoureusement Le Roi soleil; le soleil-roi, en tenant compte de l'Uraeus [hiér.], emblème du pouvoir royal, et adapté au disque solaire. G. 306, 480.

⦿ [hiér.] , ⲡⲣⲏ ⲛ̄ ⲧⲡⲉ, le soleil du ciel. G. 304.
⦿ [hiér.] , Dieu protecteur du mois de Mésori.
⦿ı [hiér.] ⲡⲣⲏ ⲛ̄ ⲭⲏⲙⲉ, le soleil de l'Égypte. G. 198.
[hiér.] ⦿ı ⲟⲩⲁⲛ ⲡⲣⲏ, le soleil brille. G. 401.
ı[hiér.] , ⲡⲣⲏ, ⲫⲣⲏ, le Roi soleil; le phonétique [hiér.] joint au figuratif symbolique ⦿.

[hiér.] Le Dieu et roi soleil, le dieu et roi Phré; le phonétique [hiér.], accompagnant le groupe ⦿ et lui servant de prononciation (Tableau peint sur bois, Musée Royal). = ⦿ [hiér.], le Soleil. G. 110.

⦿ ou ⦿ı , variante du précédent, le roi soleil, le soleil.

[hiér.] ⦿ı [hiér.] , Le Monde où sont le roi soleil et le dieu Lune (Zodiaque d'Esné).

⦿[hiér.] ou ⦿ı[hiér.] le Dieu et roi Phré, le dieu Hélios. G. 110.

ⲚⲞⲨⲢⲎ ⲠⲠⲎⲂ ⲘⲠⲦⲞ-ⲤⲚⲎⲨⲀⲒ ; aimé par Chnouph-Ra, le seigneur du pays d'Esné. G. 139.

ⲢⲎⲞ·Ⲧ. La Déesse Rhuthe ; G. 121.

, variante ; G. 122.

Le Dieu et (le) Roi Phré, le Dieu Phré. G. 400.

ⲠⲎ-ⲤⲒ, Engendré ou Conçu par le soleil, L'enfant du soleil. Titre donné aux souverains de l'Égypte ; &c.

Ⲟ ⲠⲢⲎ-ⲤⲒ, L'Enfant du Roi soleil, engendré du soleil : titre donné aux souverains de l'Égypte (voyez Ⲟ).

, ⲦⲢⲎ, Soleil (femelle). G. 210.

6. (Disque rayonnant) caractère symbolique représentant un disque (celui du soleil) du quel partent trois faisceaux de rayons, exprime l'Idée Lumière.

A. , Employé comme déterminatif du groupe ⲞⲨⲚ, phonétique (ⲞⲨⲞⲈⲒⲚ) Lumière, Clarté, Splendeur, le quel lui servait de prononciation. Le signe rappelait aussi l'Idée briller, resplendir, ⲞⲨⲞⲈⲒⲚ, ⲞⲨⲰⲒⲚⲒ, ⲈⲢⲞⲨⲰⲒⲚⲒ, ϤⲞⲨⲰⲒⲚⲒ.

ⲞⲨⲀⲚ, ⲞⲨⲞⲈⲒⲚ, Lumière. G. 56.

ⲠⲞⲨⲀⲚ, la splendeur. G. 355.

ϤⲞⲨⲰⲒⲚⲒ, Brillant. G. 358.

ⲘⲞⲨⲞⲨ, ⲘⲞⲦⲈ, ⲘⲞⲨⲦⲒ ⲘⲞⲦⲈ, Resplendir, briller. G. 377.

, ⲘⲞⲨ, ⲘⲞⲨⲦⲒ, ⲘⲞⲦⲈ, abréviation du précédent. G. 377.

(ⲈⲤ) ⲠⲒⲚⲒ, la resplendissante. G. 241.

ⲤⲰⲦ, ⲤⲰⲒⲦ, ⲤⲞⲈⲒⲦ, Illustrer, rendre illustre ou célèbre. G. 377.

B. ϩ.hori. Caractère phonétique, Représentant l'aspiration copte ϩ hori, employé abusivement avec cette valeur dans les textes de la basse époque de l'histoire de l'Egypte. G. p.45, n.º 223.

7. ⛰️☀️ Groupe composé du signe Montagne et du Disque du Soleil

ⲧⲱⲧⲣⲏ, ⲡⲧⲱⲧⲛ̄ⲣⲏ. La montagne solaire. G. 311, 323, 424, 503.

ⲡⲧⲱⲧⲣⲏ ⲡⲉ ⲛ̄ⲧⲉ, La montagne solaire du ciel. G. 207.

ⲡⲡⲉⲙⲁⲛ̄ⲧⲱⲧⲣⲏ, des deux montagnes solaires. G. 362.

ϥⲥⲱⲧ ⲡⲧⲟ ⲛⲓⲃ ϣⲉ ⲛⲓ ⲧⲱⲧⲣⲏ, illuminant le monde comme les deux montagnes solaires. G. 425.

L'une des stations ou demeures du soleil dans la partie occidentale du ciel.

adorons le soleil dans la station occidentale du ciel. (stèle du musée de Guizeh).

8. ✶ ★ ✴ (Etoile) caractère figuratif représentant une Etoile, stella, en langue Egyptienne ⲥⲓⲟⲩ, et ⲥⲟⲩ dans les mots composés.

★ ⲥⲓⲟⲩ, ⲥⲟⲩ. Etoile. G. 164. Constellation, Astérisme.

ⲡϩⲱ ⲡⲩ ⲥⲟⲩ ⲙ̄ⲡⲉ ⲙⲉⲙϩⲓⲧ, la Cuisse, constellation du ciel septentrional (Dix. funér. pl. 4. cd. 76.)

ⲱⲡⲧ, ⲥⲓⲟⲩⲛ̄ⲱⲃⲧ, le Cygne. G. 91.

A. ★ ⲥⲓⲟⲩ, signe déterminatif-figuratif des noms d'Astérismes ou de constellations. G. IV. 31.

ϭⲛⲟⲩ-ⲥⲟⲩ, Chnoumis, l'un des Décans des Gémeaux. (Z. Disque circulaire de Denderah).

ⲕⲟⲛⲁ-(ⲥⲓⲟⲩ), i.e. Chnoumis, l'un des Décans du Lion (id).

ⲟⲝⲓⲣ(ⲥⲟⲩ), Verasona, l'un des Décans des Gémeaux (id).

nom du Dieu qui préside au 6.ᵉ Mois (milieu de sept. à oct.)

ⲥⲟⲩ ⲙⲁⲣϭ. ⲥⲟⲣⲛ̄ⲧⲙⲁⲣϭ, c.à.d. l'Astre ou l'Etoile

de sa mère, nom propre de Divinité, l'un des quatre Génies de l'Amenti, le en rang, fils d'Osiris, dieu Lycocéphale. (Pamm.)

B. ✹✹✹, ⲛⲉⲥⲓⲟⲩ, ⲛⲓⲥⲓⲟⲩ. ⲥⲁⲛⲥⲟⲩ. pluriel du Caractère figuratif étoile, les étoiles, stellae.

✹✹✹ 𓌻𓏲𓏤 𓉴𓏤 les Étoiles d'Arsiési (Zodiaque circulaire de Dendera).

✹✹, variante. G. 470.

✹ ✹ ✹, ⲛⲉⲥⲓⲟⲩ, ⲥⲁⲛⲥⲓⲟⲩ, les Étoiles: pluriel du figuratif ✹.

𓂋 𓉴 𓌻 𓈖 ✹✹✹ « le ciel dont on représente la surface couverte d'Étoiles. (Rit. funér. G. 164.)

✹✹✹ , ⲛⲉⲥⲓⲟⲩ, Les Étoiles, variante du groupe précédent.

𓇳 ✹✹✹ 𓉴𓏤 Comme les Étoiles qui sont dans le ciel (stitng. Flaminien, pour orient. Cérame inédite) G. 450, ϣⲉ, ⲛⲉⲥⲓⲟⲩ ⲛⲁ ⲧⲡⲉ.

C. ✹ 𓍶 ⲥⲟⲩ-ⲣⲏⲥ: l'Étoile du Midi; astre ou astérisme représenté sous la forme d'une femme debout sur une barque, tenant de la main gauche le sceptre à fleur de Lotus et l'Emblême de la vie, et élevant le bras droit vers sa coiffure ornée de trois longues plumes ou palmes. (Tableau astronomique d'un tombeau royal, dessiné par Belzoni.)

𓂋 ✹ 𓊖 𓏏 ⲥⲟⲩⲉⲙⲉⲛⲧ, l'Étoile de l'Occident, hesperus, vesper, nom d'un astre ou Astérisme, Représenté sous la même forme que l'Étoile du midi (supra, même tableau). G. 67.

𓂋 ✹ 𓋹 , ⲥⲟⲩ-ⲉⲓⲉⲃⲧ, ⲥⲟⲩⲓⲉⲃⲧ l'Étoile de l'Orient, Phosphorus, Lucifer; Astre ou Astérisme figuré sous les apparences d'un homme à tête d'Épervier surmontée d'une Étoile, les bras pendants, debout sur une barque. (même tableau astronomique). G. 67.

𓍢 𓋹 ⲧϭⲟⲛⲧ ⲛ̄ ⲉⲙⲛⲧ, la Rectrice de l'Occident. G. 399.

B. ✶ Pris symboliquement exprime l'idée Dieu Mondain, Dieu qui s'est manifesté dans le monde matériel, dieu habitant le monde physique. (Horapollon, livre 1.er Chap XIII).

☐ ✶ , ⲡⲛⲧⲣ, ⲡⲛⲟⲧⲧⲉ, le Dieu ; G. 173.

🝊 ═ ☐✶ , Titus le dieu Mondain, Divus Titus (obélisque Pamphili).

🝊 ☐ 𓏤 ☐''', Vespasien le dieu mondain, Divus Vespasianus, (même obélisque). Dans ces Exemples le signe symbolique est précédé de l'article déterminatif masculin singulier ☐ ⲡ, ou ☐ ⲡⲓ.

) ✶ ⲗ , ⲟⲩⲛⲧⲣ, un dieu. G. 125, 338.

✶✶ Groupe symbolique: Les Dieux mondains, θεοι εγκοσμιοι, G. ......,

🝊 🝊 𓏤 ✶✶ La déesse Netphé génératrice des Dieux mondains. (momie du musée de Turin) (pour [☐ⲡⲧⲣ] ⲙⲁϭⲉⲛⲟⲧⲧⲉ).

✶ ̣̣̣ idem. G. 125.

🝊 ✶ ⲱⲱⲱ ✶✶✶ ⲙⲁⲛⲧⲣ ⲛ̄ ⲡⲉⲛⲧⲣ, Mère divine des Dieux. G. 166.

✶ 𓀀 abréviation de :

✶ 𓀀 Dieu de l'Empyrée, ⲥⲓⲟⲩ ⲛⲟⲧⲧⲉ, ⲥⲓⲟⲩ-ⲧⲣ, ⲥϩⲟⲩ-ⲧⲣ.

] 𓂓 𓂋 ✶ 𓀀 le Dieu Bennô, dieu de l'Empyrée. (Rel. funèbre 1.re partie, sect 1.ere, form. 18).

E. ✶ Exprime aussi l'Idée adorer.

✶ ⲧⲉⲟⲟⲩ l'action de glorifier, adoration. G. 362.

] ✶ ⲙⲡⲧⲉⲱⲟⲩ l'Adoration. G. 362.

✶𓀀 𓏤 ⲡⲟⲩⲁϣⲧ (ⲛ̄)Ⲡⲣⲏ, adoration au dieu Phrè. G. 155.

(✶ ⲗ 𓀁 ⲧⲁⲉⲓⲉⲓ ⲟⲩⲛ ⲉϥ, il est adoré. G. 130.

F. ✶ une étoile ✶ a été quelquefois employée pour exprimer le verbe ⲧⲉⲟⲟⲩ, ⲧⲉⲱⲟⲩ, glorifier, honorer, rendre honneur, G. 362.

(✶ 𓏤 ⲡⲧⲉⲱⲟⲩ, glorification. G. 206.

[⋆ . ⊛]

ⲛ̄ ⲉⲱⲟⲩ ⲡⲣⲏ, glorification au dieu Soleil. G.303.

ⲧⲁⲓⲟ ⲡⲉⲑⲏⲣ, la glorification des dieux. G.503.

ⲙⲁⲛ ⲉⲱⲟⲩ, la demeure de gloire. G.342.

et de la demeure de gloire (des âmes) G.256.

ⲉⲱⲟⲩ-ϩⲓ, la demeure de gloire. G.123.

ⲉⲓⲧⲉⲟⲟⲩ, je glorifie. G.106.

ϯⲧⲉⲱⲟⲩ ou ⲉⲓⲧⲉⲟⲟⲩ, je glorifie. G.332.

ⲉϥⲧⲉⲱⲟⲩ, il glorifie. G.362.

ⲉⲓⲧⲉⲱⲟⲩ (ⲛ) ⲡⲉⲕϭⲟⲙⲧ, je glorifie ta majesté. G.213

ⲟⲩⲛⲟⲩ, heure. G.96.

ⲡⲛⲁⲛⲟⲩⲧⲛⲱⲟⲩⲧⲓ, le dieu des heures. G.519.

E. ⋆ ce signe termine les noms des 12 heures de la nuit. Il se voit aussi au dessus de la tête des 24 heures qui forment le jour et la nuit, personnifiées. Le même signe est aussi placé, de couleur jaune, au centre d'un disque rouge au dessus des têtes des 12 heures du jour.

F. ✳, ⋆, ⲥⲓⲟⲩ et ⲥⲟⲩ, Étoile. Caractère phonétique, signe de l'articulation C, le Σ grec, dans les noms grecs. G.13. 56.

ⲥⲃⲥⲧⲥ Σεβαστός, Auguste; titre impérial Romain! (Philae, salle pl. 11. N.° 15).

9. ⊛ ⊛, Caractère symbolique; subdivision ou Zone de l'univers placée entre le ciel [☐] et le monde terrestre [≡], et qui servait de demeure aux âmes séparées des corps; elle occupait l'intervalle entre la Lune et la Terre.

⊛, La région ou Zone des âmes; Nephthys Rectrice de la Zone des âmes, déesse Adelphe. (Coffret à Épervier, Musée de Turin).

ⲭⲉⲛ ⲙⲁⲛⲧⲁⲉⲓⲉ, Dans la Demeure des âmes. G.127

4.

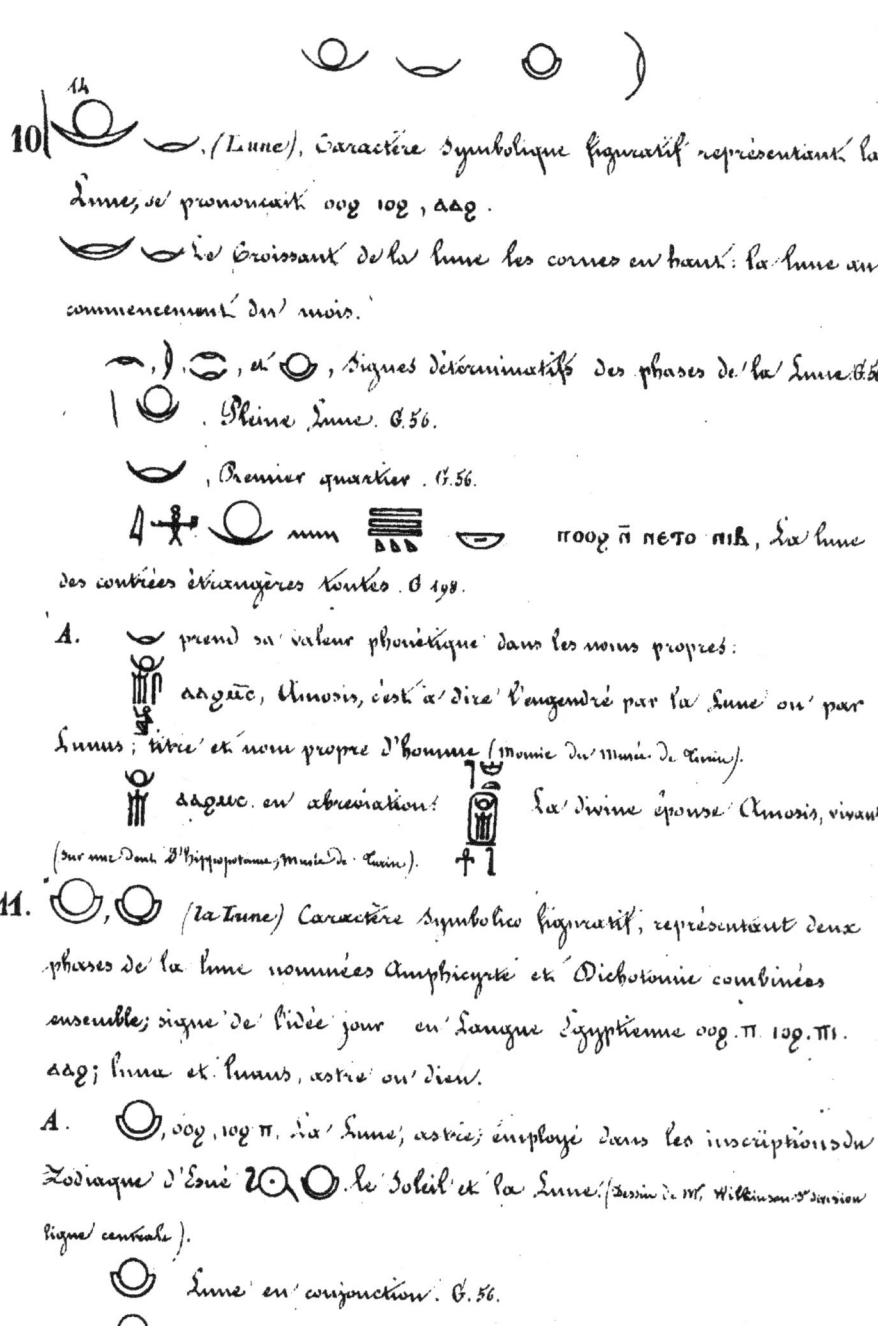

14

10. ⊖⌣ , (Lune), Caractère symbolique figuratif représentant la Lune, se prononçait ooϩ ιοϩ, ⲁⲁϩ.

⌣ Le Croissant de la lune les cornes en haut : la lune au commencement du mois.

⌢,), ⌣, et ⊖, signes déterminatifs des phases de la Lune. G.56.

| ⊖ . Pleine Lune. G.56.

⌣ , Premier quartier. G.56.

⎓ ⳾ ⊖ ⌇⌇⌇ ☰ ⌣   ⲡⲟⲟϩ ⲛ̄ ⲛⲉⲧⲟ ⲛⲓⲃ, La lune des contrées étrangères toutes. G 198.

A. ⌣ prend sa valeur phonétique dans les noms propres :

⌇ ⲁⲁϩⲙⲥ, Amosis, c'est à dire l'engendré par la Lune ou par Lunus ; titre et nom propre d'homme (momie du Musée de Turin).

⌇ ⲁⲁϩⲙⲥ en abréviation ;   ⌇ La divine épouse Amosis, vivante. (sur une Dent d'Hippopotame, Musée de Turin).

11. ⊖, ⊖ (la Lune) Caractère symbolico figuratif, représentant deux phases de la lune nommées Amphicyrte et Dichotome combinées ensemble ; signe de l'idée jour en Langue Égyptienne ooϩ. ⲡ. ιοϩ. ⲡ. ⲁⲁϩ; lune et Lunus, astre ou dieu.

A. ⊖, ooϩ, ιοϩ ⲡ. la Lune, astre ; employé dans les inscriptions du Zodiaque d'Esné ⊙⊖. le Soleil et la Lune. (dessin de M. Wilkinson division signe centrale).

⊖ Lune en conjonction. G.56.

⊖ ⲡⲟⲟϩ. Lune. G. 306.

12.),) , (la Lune). Caractère figuratif, représentant le croissant de la lune, et exprimant l'idée lune, comme le dit Clément d'Alexandrie ; (Stromatis, livre V, chap.4). ce signe se prononçait ooϩ, ⲱϩ, ⲁⲁϩ, ιοϩ. (masculin).

A.) ⸺ ooh, la lune astre, considéré jadis comme planète. G. 56.

) ⌒ ooh ⲚⲞⲨⲦⲈ, Lunus, le dieu lune, divinité mâle. (Zodiaque circulaire de Denderah).

⬚⬚⬚⬚ Dans le ciel et le monde matériel où sont le Roi soleil et le dieu lune. (Zodiaque d'Esné, Dessins de Mr. Wilkinson).

) ⌒ ooh ⲚⲞⲨⲦⲈ, Lunus, le Dieu lune; variante du précédent. (Zodiaque d'Esné, 3e division. Inscriptions copiées par Mr. Wilkinson).

)⌒ ⲠⲞⲞϨ, le dieu lune. G. 355.

13. ⸺ , ⌒ (la Lune) Caractère figuratif, représentant une autre phase de la lune; signifie lune et sert de déterminatif figuratif au groupe phonétique ⲟⲟϨ, qui a le même sens. Entre aussi dans la composition des noms propres avec sa valeur phonétique.

⌒ dernier quartier. G. 56.

A. ⌒ ooh-ⲥⲓⲥ, ⲁⲁϨ-ⲥⲓⲥ, Ahmès, Ochmès. L'engendré par la lune ou par le dieu Lunus, nom propre Égyptien orthographié Amasis, Amosis, et Amosis, par les grecs. (figuratif phonétique). G. 133.

⌒ ooh-ⲥⲓⲥ, ⲁⲁϨ-ⲥⲓⲥ, nom propre d'homme, variante du précédent. Amosis, Amasis. (figuratif phonétique).

⌒ ooh-ⲥⲓⲥ, ⲁⲁϨ-ⲥⲓⲥ, abréviation des précédents; même sens, même valeur.

⌒ , ⌒ . Formes féminines des précédents. L'Engendrée par la lune ou par Lunus, nom propre de femme, Amosis, Amasis.

⌒ ooh-ⲱⲟϥ, ooh-ⲱⲧⲡ; nom propre de femme de la XVIIIe famille royale (Statistique du Musée royal).

B. ⊙| G. 97, ⊙⋆⌒ G. 339, et ⌒ ⲉⲃⲟⲧ, ⲉⲃⲟⲧ, ⲉⲃⲟⲧ, ⲡⲉⲃⲟⲧ, groupe symbolique. Mois, Mensis, Μην. (Horapollon, livre 1er. hierog. 4.).

16.

𓊽𓏺𓆑𓇳𓏤𓂋𓐍𓏤𓇋𓇋𓏏𓏥𓆳𓏏𓏤𓎆𓎆𓎆𓏺𓏺𓇹𓏺𓇳𓏤𓎆𓎆𓏺𓏺𓏺𓏤𓏏𓏥 La durée de la vie dans le monde terrestre fut de XXXII années, I mois et XXIII jours (stèle funéraire du musée impérial de Vienne N° 62).

𓇳𓇹 ⲉⲃⲟⲧ, ⲁⲃⲟⲧ, Groupe symbolique, variante du précédent, Mois, Mensis, Μήν. 𓇳𓇼𓏤, même signification. G. 339.

𓇋𓏺𓎟𓇹𓏤𓎟𓏺 Chaque mois, chaque année (inscription de Rosette, ligne 13). G. 314.

𓇼𓇹 ⲉⲃⲟⲧ, ⲁⲃⲟⲧ, Groupe symbolique. Mois, Mensis. G. 97.

𓇼𓏺 Dix Mois (stèle funéraire d'Amostamy 50).

𓇳𓇹 ⲉⲃⲟⲧ, ⲁⲃⲟⲧ, Groupe symbolique, variante des précédents, mois, mensis.
G. 97.
𓇼𓏺 Dix mois (stèle funéraire d'Amostamy, N° 51).

𓇋𓇳𓏺𓏺 Huit mois (Momie Egypto-grecque du musée de Turin).

𓇳 𓏺𓏺𓏺𓏺 Neuf mois (stèle de n° Sauluier).

Tableau des 12 Mois du Calendrier Egyptien,

dans leurs trois formes hiéroglyphiques.

Ces 12 mois étaient divisés en trois Saisons ou Tétraménies : la Ire de la végétation, la IIe des récoltes, la IIIe de l'inondation.

𓊹𓊹𓊹 . 𓊹𓊹𓊹 . 𓊹𓊹 . 𓊹𓊹 , 𓆼𓏏 , ⲱⲑ , 1er Mois de la 1re Tétraménie ⲦⲰⲰⲦ, Thôt.

𓊹𓊹𓊹 . 𓊹𓊹𓊹 . 𓊹𓊹 , 𓆼𓋴 , ⲡⲁⲱⲡ , ⲡⲁⲱⲡⲉ , 2e Mois de la 1re T. ⲠⲀⲰⲠ, Paopé, Paophi.

𓊹𓊹𓊹 . 𓊹𓊹𓊹 . 𓊹𓊹𓊹 . 𓆼𓋴 , ⲁⲑⲏⲣ , 3e Mois de la 1re T. ⲈⲐⲰⲠ, hathôr, athor, Athyr.

𓊹𓊹𓊹 . 𓊹𓊹𓊹 . 𓊹𓊹𓊹 , 𓆼𓋴 , ⲭⲟⲓⲁⲕ , 4e Mois de la 1re T. ⲬⲞⲒⲀⲔ, Choïak.

𓏺𓏺𓏺𓏺 𓊹𓊹𓊹 𓇳𓇹𓏺 Du XXIe jour du mois de Choiak an XXXe (Monolithe du Musée royal de Paris).

𓉐𓉐𓉐𓉐𓇳𓇹𓏺 , ⲧⲱⲃⲓ , 1er Mois de la IIe T. Tωⲃⲓ, Tobi, Tybi.

𓉐𓉐 De la Néoménie (ou premier jour) de Tôbi au jour dixième (Monolithe du Musée Royal de Paris).

𓉐𓉐𓉐𓇳𓇹𓏺 , ⲙⲉⲭⲓⲣ , ⲙⲉⲭⲓⲣ , 2e Mois de la IIe T. ⲘⲈⲬⲒⲢ, Méchir.

17

𓏠𓐍𓇳𓍺𓎛𓉻𓏏𓀜 ⲙⲉⲭⲉⲓⲣ ⲣⲱⲕϩ ⲱⲛⲣⲓ, Au mois de Mêchir chaleur grande, G. 323.

𓏠𓐍𓇳, 𓏤𓇳𓎱, 𓌉𓏥, 3ᵉ. Mois de la III.ᵉ T. Φαμενωθ, Phamēnôth.

𓊪𓇳𓌉𓏠𓐍𓂋𓏤 L'an XVI. du mois de phaménôth, le 3ᵉ jour du Roi &ᶜ (Stèle du Musée impérial de Vienne, N° 53).

𓏠𓐍𓇳 Φαμενωθ, Au Mois de phaménôth. G. 323.

𓏠𓐍𓇳, 𓏤𓇳𓎱, 𓌉𓏥, 4ᵉ Mois de la III.ᵉ T. Φαρμοσι, Pharmouti.

𓊪𓇳𓌉𓏠𓐍𓂋𓏤 L'an V. de Pharmouti le XXVI. du Roi &ᶜ (Stèle du Musée impérial de Vienne N° 53).

𓏠𓐍𓇳𓎉𓏤𓏤𓏤𓏤 de Pharmouti le jour vingt-huitième. (Stèle funéraire d'Anastazy)

𓏠𓐍𓇳𓎉𓇳𓎉 du XXI.ᵉ jour du mois de Pharmouti jusques au XXX.ᵉ (Monolithe, Musée Royal).

𓏠𓐍𓇳, 𓏤𓇳𓎱, 𓌉𓏤, 𓌉𓏤, 1ᵉʳ. Mois de la III.ᵉ T. Παχωνς, Paschons, Pachôn.

𓏠𓐍𓇳𓂋𓏤 de la Néoménie (ou 1ᵉʳ jour) de Paschons jusques au X.ᵉ jour (Monolithe, Musée Royal).

𓏠𓐍𓇳𓎉 de Paschons depuis le jour XI.ᵉ jusques au XX.ᵉ (idem)

𓀀𓏠𓐍𓇳𓎱 dans le second jour de Pachôn (stèle funér. d'Anastazy).

𓏠𓐍𓇳, 𓏤𓇳𓎱, 𓌉𓏤, 2 2ᵉ Mois de la III.ᵉ T. Παωνι, Paôni, Payni.

𓏠𓐍𓇳𓎱 de Paôni le 2ᵉ jour (Stèle d'Anastazy).

𓏠𓐍𓇳, 𓏤𓇳𓎱, 𓌉𓏥, 3ᵉ Mois de la III.ᵉ T. ⲈⲠⲎⲠ, Epêp, Epiphi.

𓏠𓐍𓇳𓎱 La Néoménie ou le premier jour du Mois d'Epiphi. (Stèle d'Anastazy).

𓏠𓐍𓇳𓎱 La Néoménie (ou le 1ᵉʳ jour) du Mois d'Epip (Stèle d'Anastazy).

ⲈⲠⲎⲠ, Epiphi G. 339.

3.

18

𓎟𓎟𓎟, 𓉐𓎟, 𓂝𓎟𓇳𓏤, 𓎟𓏛𓏥 du Mois de la 111.ᵉ T. ⲙⲉⲥⲱⲣⲉ, Mésori:

𓎟𓎟𓎟𓇳𓊖𓐍𓊪𓇯𓅱𓏛𓏤𓏏† de Mésori le jour XXX; jour natal du dieu grand toujours-vivant. (inscription de Rosette, ligne 10).

𓎟𓎟𓇳𓁷𓅱 ⲙⲉⲥⲱⲣⲏ cor ⲗ, de Mésori le XXXᵉ jour. G. 337.

C. 𓂝 ou 𓂝, semble avoir une valeur phonétique dans les exemples suivants.

𓂝𓇳 ⲉϥⲡⲧⲣ, aborde. G. 331.

𓂝𓁷𓂝𓏥 ⲉⲓⲡⲧⲣ ⲣⲱⲧⲉⲛ, j'approche, j'aborde vers vous. J. 304.

𓂝𓁷𓏥𓐍 ⲧⲛⲥⲡⲧⲣ ⲣⲟⲓ, approchez vous vers moi. G. 304.

𓂝𓁷𓏥 ϥⲛⲡⲣ ⲣⲉⲛ ⲣⲱⲟⲣ, il vient à eux. G. 303.

D. 𓇯 . 𓇯𓇳 . Demi-ciel. G. 97.

14. 𓇾𓇾 ⲧⲟ, le pays, le monde, la contrée. G. 320.

𓇾𓏏𓂋𓅓𓇾 Ⲧⲟⲉⲣⲱⲙⲉⲏ, le monde romain, l'Empire romain. G. 150.

𓂝𓏏𓇾𓅓 ⲏ̄ Ⲡⲧⲟⲛ̄ⲍⲟⲥⲣ, Dans le monde de Hoser. G. 274.

𓋹𓇾𓏏 ⲑⲟⲛⲱⲛϩ, La contrée du Monde de la vie: région mystique à laquelle présidait Osiris: 𓁹𓎼𓋹𓇾𓏏 (Cramer d'Osiris).

15. 𓊖𓇳 ou 𓊖𓇳 et 𓊖 ou 𓊖𓇳, ⲡⲧⲟⲩⲡⲉ, nom symbolique de l'Egypte; employé dans les formules suivantes: (G. 344).

†𓂝𓏥𓊖𓇳 Les habitants de l'Egypte (Inscription du temple d'Hathor à Philae).

†𓏥𓊖𓇳 Les (hommes) vivants de l'Egypte, les habitants de l'Egypte. (Inscription d'Epiphane à Philae).

𓊖𓇳 Variante des précédents, l'Egypte; voir l'inscription de Rosette.

†𓏥 𓊖𓇳 les Egyptiens (ligne 13).

𓇾𓏤𓇳 ⲡⲧⲟⲩⲡⲉ, l'Egypte. G. 480.

𓂝𓇾𓏤𓇳 ⲅⲩ ⲡⲧⲟⲩⲡ, en Egypte. G. 304.

𓇾𓏤𓇳 ⲧⲟⲩⲡ..., de l'Egypte. G. 431

𓇾𓏤𓇳 ⲧⲟⲩⲡⲉ ⲥ̄, les deux parties de l'Egypte. G. 121

19

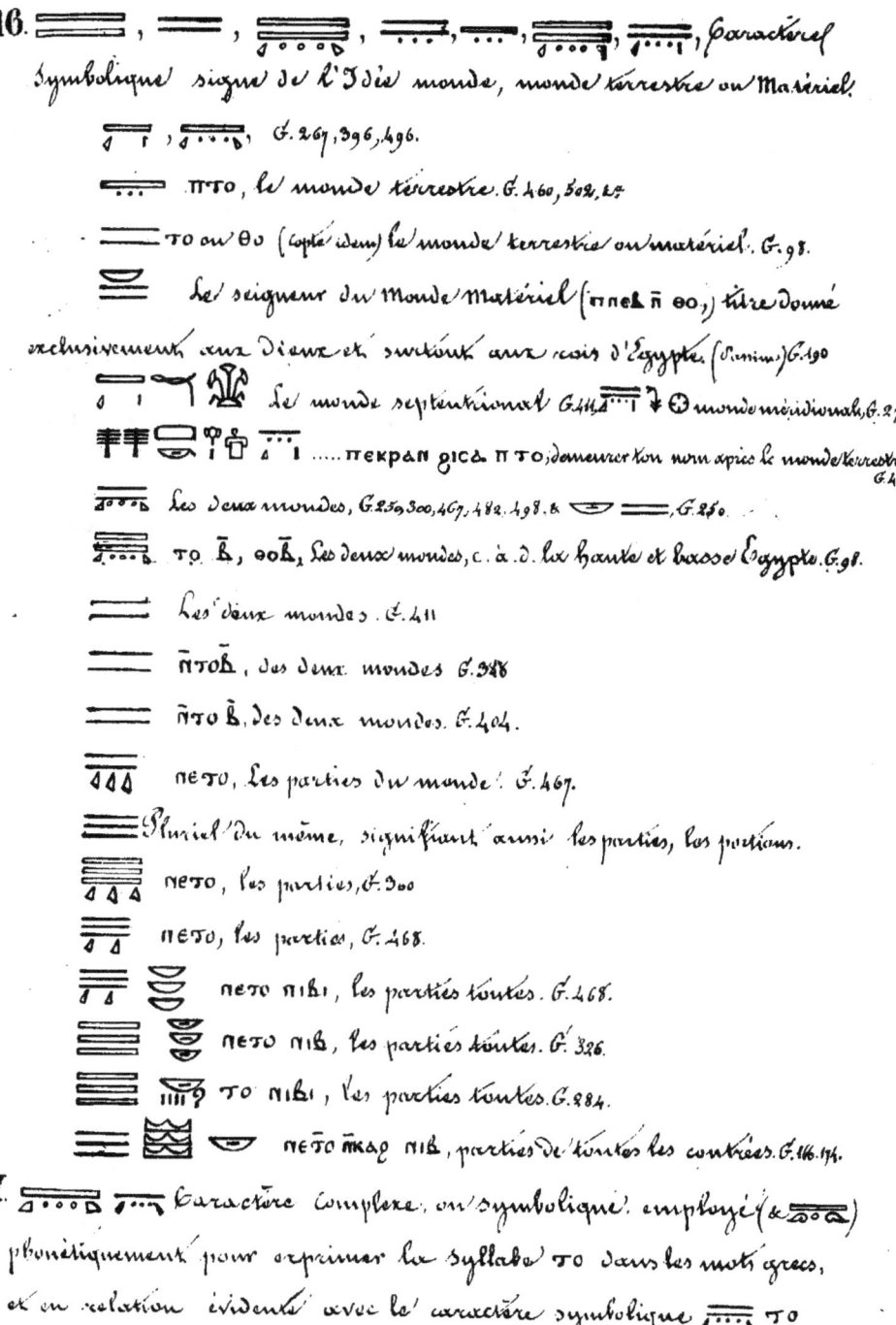

16. ══ , ══ , ▭ , ▭, ▭, ▭, ▭, caractères symboliques signes de l'Idée monde, monde terrestre ou Matériel.
▭ , ▭ , G. 267, 396, 496.
▭ ⲡⲧⲟ, le monde terrestre. G. 460, 502, 27.
══ ⲧⲟ ou ⲑⲟ (copte idem) le monde terrestre ou matériel. G. 98.
▭ Le seigneur du Monde Matériel (ⲡⲛⲉⲃ ⲛ̄ ⲑⲟ,) titre donné exclusivement aux Dieux et surtout aux rois d'Égypte (Pamim) G. 190.
▭ Le monde septentrional G. 444. ▭ monde méridional. G. 276.
▭ ....ⲡⲉⲕⲣⲁⲛ ϩⲓⲥⲁ ⲡ ⲧⲟ, demeurer ton nom après le monde terrestre. G. 496.
▭ Les deux mondes, G. 259, 300, 467, 482, 498 & ▭ ══ . G. 250.
▭ ⲧⲟ ⲃ̄, ⲑⲟⲃ, les deux mondes, c. à. d. la haute et basse Égypte. G. 98.
══ Les deux mondes. G. 411.
══ ⲛ̄ⲧⲟⲃ̄, des deux mondes G. 388.
══ ⲛ̄ⲧⲟ ⲃ̄, des deux mondes. G. 404.
▭ ⲛⲉⲧⲟ, les parties du monde. G. 467.
▭ Pluriel du même, signifiant aussi les parties, les portions.
▭ ⲛⲉⲧⲟ, les parties, G. 300.
▭ ⲛⲉⲧⲟ, les parties, G. 468.
▭ ⲛⲉⲧⲟ ⲛⲓⲃⲓ, les parties toutes. G. 468.
▭ ⲛⲉⲧⲟ ⲛⲓⲃ, les parties toutes. G. 326.
▭ ⲧⲟ ⲛⲓⲃⲓ, les parties toutes. G. 284.
▭ ⲛⲉⲧⲟ ⲛ̄ⲕⲁⲣ ⲛⲓⲃ, parties de toutes les contrées. G. 16, 174.

17. ▭ ▭ Caractère complexe, ou symbolique, employé (& ▭) phonétiquement pour exprimer la syllabe ⲧⲟ dans les mots grecs, et en relation évidente avec le caractère symbolique ▭ ⲧⲟ ou ⲑⲟ le monde.

☰ △𐦪𐦪 ⵔ ⲧⲟⲩⲧⲓⲁⲛⲥ. Δομιτιανος, Domitianus. nom Impérial romain, à Dendèra.

☰ △𐦪𐦪 ⵔ Variante du précédent.

☰ 𐦪𐦪 ⵔ ⲧⲟⲩⲓⲧⲛⲥ, Domitianus, variante des précédents.

☰ 𐙘 ⲧⲟⲧⲟⲩⲛⲛ. Totounen (forme de Phtah). G. 112.

18/ ⌒⌒⌒ ⸺ Caractère figuratif représentant des vallées et des montagnes et exprimant l'idée ⲕⲁϩ ou ⲕⲁϩⲓ, Terre. Il sert de déterminatif à tous les groupes exprimant les noms propres des diverses contrées ou terres. (⌒⌒⌒ ou bien ⌒⌒⌒) ⲕⲁϩ, ⲕⲁϩⲓ, Terre, terra: ce signe est placé sur la tête du dieu Kah ou la terre personnifiée; il exprime la terre en général par opposition à l'eau.

≋ 𓁿 ⌒⌒⌒ nous t'avons donné la souveraineté sur toutes les eaux et toute la terre. (Paroles du dieu Phré au roi Mandouei; Obélisque Flaminien.)

A ⌒⌒⌒ ⲕⲁϩ, Terre, contrée, conserve sa signification propre sans perdre pour cela sa qualité de déterminatif.

⌒⌒⌒ ◯ ⲡⲕⲁϩ ⲛⲓⲃ la terre entière. G. 467, 202, 386.

⌒⌒⌒ ⲟⲛ ⲕⲁϩ, cette contrée.

⌒⌒⌒ 𓏤 ⲕⲁϩⲉⲙⲛⲧ, La contrée occidentale. G. 151.

⌒⌒⌒ ◯ ⲛⲓⲃ (ϩⲁⲛ) ⲕⲁϩ, les pays tous. G. 209. 396.

⌒⌒⌒ 𓏥 ⲛⲉⲕⲁϩ ⲛⲁϣⲱⲟⲩ, Les pays nombreux. G. 317.

⌒⌒⌒ Les terres, les contrées, les pays. G. 164, 269, 277, 317, 466.

⌒⌒⌒ ◯ ⲗ ⲛⲉⲕⲁϩ ⲛⲓⲃ, Les contrées toutes. G. 410.

≋ ◯ 𓁿 ≋ ⲛⲱⲕ ⲕⲏⲙⲉ ϣϥⲉ ⲛⲉⲕⲁϩ, Celui qui régit l'Égypte et châtie les contrées étrangères. G. 350.

⌒⌒⌒ 𓊅 𓏤 ⲛⲉⲕⲁϩ ⲡⲣⲏⲥ ⲛⲉⲩϧⲓⲧ, contrées méridionales et septentrionales. G. 328.

⌒ . ⩎ . ⊙

⌒—⊹⌒—⋆⌒ ⲡ ⲡⲉⲙⲏⲧ ⲗ ⲡⲉⲓⲉⲃⲧ, (De l'Occident à l'Orient. G. 353.

A. ⌒, linéaire ⩎, ⩎, employé comme déterminatif, indique le nom propre d'un pays, ou d'une contrée plus ou moins étendue. G. 149.

B. ⩎, ou ⌒ dans l'intérieur d'une sorte de plan d'enceinte fortifiée ▯ qui est différent du cartouche royal, est le signe déterminatif des noms des contrées ou des villes étrangères. G. 159.

C. ⌒, Terre, contrée, ⩎; groupe exprimant l'idée générale 'contrée barbare'. G. 138, 350.

⋆⌒ Le Dieu Kah, la Terre.

⌒⋆⌒ Ceci est l'image du dieu Terre (Kah) (Sarcophage du musée royal).

19. ⊕ ⊙ Caractère symbolique, exprimant l'idée région ou division territoriale.

⊙ Caractère déterminatif d'un grand nombre de signes et groupes exprimant des noms de régions et contrées, soit célestes, soit terrestres. G. 59.

⊙ La région d'en haut ou supérieure. (Inscription de Rosette, ligne 10).

⊙ La région d'en bas ou inférieure.

⊙⊙⌒ ⲕⲁϩ (ⲛ̄) ⲧⲡⲉ, régions du ciel. G. 210.

⌒ affecté de l'article féminin ⌒ (ⲧ) ⊙ ou ⊙; il est le signe déterminatif des noms du même ordre

⊙ ⁞⁞ ⲡϣⲙⲟⲩⲛ, Hermopolis. G. 116.

⊙ ou ⊕ Le même signe affecté de la marque des signes figuratifs ⌒ I signifie région, division territoriale.

⊙ ⌒ ⲡⲉⲕⲕⲁϩ, tout pays (est). G. 276.

22

/ 🕭 La Région du Midi. (Grande stèle colorée du Musée de Turin)

🕭 même sens : ⬜🐍—🕭🐦⁂ ⲙⲟⲧⲣ-ⲛⲓ-Ⲁⲣ-ⲣⲏⲥ (ⲕⲁϩ) ⲣⲏⲥ, ⲑⲱⲧⲟⲩϥ l'attaché à la grande demeure de la région méridionale.

(Image funér. peinte, Musée de Turin).

20. ☥ , Caractère symbolique, signe de l'idée ⲉⲓⲉⲃⲧ, ⲓⲉⲃⲧ. (Ⲡ.) Orient. C. 5.

☥ | ⲉⲓⲉⲃⲧ, ⲓⲉⲃⲧ, Orient, Est. G. 97.

☥ ⊙ ⲡⲉⲓⲉⲃⲧ, l'Orient. G. 339.

☥ ▱ (ⲥⲁⲉⲓⲉⲃⲧ), Oriental.

☥ ⫶ pluriel, Orientaux, orientales. (Rituel. funér. IIIᵉ partie, section 2ᵉ chap.)

☥ ▱ (ⲉⲓⲉⲃⲧ-ⲕⲁϩ, ⲛⲁⲛϣⲁⲓ), La contrée orientale, la région orientale.

☥ ▱ — ☥ ▱ (de) La région occidentale à la région orientale. (Images funéraires, Passim). G. 510.

☥ ▱ ou ☥ ▱, Variante du précédent, même sens.

—☥ ▱ —☥ ▱ , Dans la contrée orientale du ciel. (Rituel funéraire, pl. 75. Col. 57.)

☥ Variante des précédents, même valeur : la région orientale. (Zodiaque Circulaire de Dendéra).

☥ ▱ (ⲛⲁⲛⲉⲓⲉⲃⲧ, ⲕⲁϩⲛⲉⲓⲉⲃⲧ), la contrée de l'orient, la région orientale. G. 151, 311.

☥ ▱ ☥ ▱ (de) l'occident à l'orient, de la région occidentale à la région orientale. (Figurines funéraires, Passim).

𓏤𓏤𓏤 ☥ ▱ Aux Dieux de la région orientale. (Rit. funér. IIIᵉ partie, section 2ᵉ chap. 1ᵉʳ) : le caractère ⌐ rappelle la prononciation ⲓⲉⲃⲧ.

☥ ⲕⲁϩⲓⲉⲃⲧ, la contrée orientale. G. 151.

☥ ▱ ⲛⲓⲉⲃⲧ, oriental. G. 311.

[hieroglyphs] пєнтр ñ пєιєвт, dieux de l'orient. G. 311.

[hieroglyphs] пαιєвт, de l'orient. G. 410.

[hieroglyphs] (ϭαоүнαυ, ϭαоτιнαυ), le côté droit, ce qui est à droite (G. ad. ce qui est à l'orient). Le caractère [hieroglyph] est déterminatif.

[hieroglyphs] Osiris bienfaiteur du côté droit. (stèle du Musée impér. de Vienne n° 63).

[hieroglyphs] ñ єιєвт, Orientaux. G. 510.

[hieroglyphs] (ϭαоүнαυ) à droite, qui est à droite, droit.

[hieroglyphs] Sur le haut de son bras droit. (Rituel funéraire, section IIIe, description de l'image de Chnouphis).

[hieroglyph] signifie aussi du côté de, ou du.

[hieroglyphs], [hieroglyphs], [hieroglyphs], du côté du bras droit. G. 97.

21. [hieroglyph] Autre caractère symbolique de l'idée orient.

[hieroglyphs] (καβєιєвт) contrée orientale, région soit céleste, soit terrestre, dont Osiris était le président.

[hieroglyphs] Osiris qui est dans la région occidentale, dieu grand, seigneur de la région orientale. (stèle du Musée impér. de Vienne, N° 63).

22. [hieroglyph], [hieroglyph] Caractère symbolique, signe de l'idée ємєнт, мαнϭωπ, occident. G. 57, 399.

[hieroglyphs] (ємєнт). L'Occident, le point cardinal nommé Ouest: groupe symbolique suivi du déterminatif [hieroglyph] angle: Angulus occidentalis. Le 3e des points cardinaux dans le système égyptien. G. 77.

[hieroglyphs] Occidentale, adjectif féminin.

[hieroglyphs] ϭує ноүϭрñ тпє нємєнт, le gouvernail bienfaisant du ciel occidental. (Rit. funéraire, partie IIIe section 2e formule 1.)

[hieroglyphs] Occident.

[hieroglyphs] оүсірє пñт єнємт, Osiris qui est dans l'Occident. (stèle de la salle Mon. royal)

24

𓃀𓅓 Variante du précédent (Stèle du Musée de Turin, N° 4).

𓃀𓅓 ⲡⲉⲙⲉⲛⲧ de l'Occident. C. 410.

𓃀𓅓 (ⲕⲁϩ ⲡⲉⲙⲉⲛⲧ), La Terre occidentale, la contrée d'occident; la demeure des morts et des âmes jusques au jugement. C. 130, 392.

𓃀𓅓 Le recteur de l'occident, celui qui est dans la contrée occidentale : Titre d'Osiris. (passim) C. 531.

𓃀𓅓 Les dieux de la contrée occidentale. (Rituel funéraire, III.ᵉ partie, section 2, formule 1.ʳᵉ).

𓃀𓅓 ⲙ̄ ⲡⲉⲙⲉⲛⲧ, dans l'occident. C. 392.

𓃀𓅓 (ⲕⲁϩ ⲙ̄ⲉⲩⲛⲧ), la terre occidentale, variante du précédent.

𓃀𓅓 Variante des groupes précédents, variant dans la seule ordonnance des signes. La région occidentale (Zodiaque circulaire de Dendera).

𓃀𓅓 ⲉⲩⲛⲧ, Amenthès, déesse. C. 154.

𓃀𓅓 (ⲥⲁϩⲃⲟⲩⲣ), le côté gauche, ce qui est à gauche, c'est à dire à l'occident, ce qui est du côté du bras gauche : le caractère ⎯ est ici déterminatif. Voyez ✱, page 23, groupe 3°.

𓃀𓅓 Osiris bienfaiteur du côté gauche (stèle du cab. impér. de Vienne N° 6).

𓃀𓅓 (ⲥⲁϩⲃⲟⲩⲣ, ⲥⲁⲡⲉⲙⲛⲧ), Gauche, qui est à gauche, c'est à dire à l'occident. C. 527.

𓃀𓅓 Sur le haut de son bras gauche. (Rituel funéraire, III.ᵉ partie, description de Chnouphis).

𓃀𓅓 Le Propylon gauche du soleil. (Rituel funéraire, 2.ᵉ partie, section 1, chap. 17.)

23. 𓈋 𓈋, Caractère semi-figuratif exprimant l'idée Rocher, Montagne.

𓈋 ⲧⲱⲟⲩ, Montagne. C. 56.

⳿, ⳿, ⳿, ⳿, ⲧⲱⲧ, ⲡⲧⲱⲧ, montagne, la montagne. G. 100, 224, 322, 520.

⳿ Elle a fait creuser le temple dans le rocher (Dédicace du temple d'Hathor à Ibsamboul).

⳿ ⲡⲧⲱⲧ ⲟⲩⲁⲁⲃ, la montagne sainte. G. 410.

⳿ ⲧⲱⲧⲣⲏ, la montagne solaire. G. 424.

⳿ ϫⲉ ⲧⲱⲧⲣⲉ, comme la montagne solaire. G. 328.

A. ⳿ , c'est aussi un signe phonétique exprimant le ϩ de l'alphabet copte. G. 45. N: 221.

⳿ ϩⲱⲟⲧ, malfaiteur. G. 102.

24. ▤ signifie aussi pays. G. 472.

———

CHAPITRE SECOND.

L'HOMME ET LES MEMBRES DE SON CORPS.

25. 〖fig.〗, 〖fig.〗 Caractère figuratif symbolique, représentant un Égyptien debout, quelquefois revêtu d'une tunique, et tenant d'une main un sceptre ou bâton, et de l'autre parfois une sorte de bourse 〖fig.〗.

Il exprime l'idée de Domination, seigneurie, commandement; il se prononçait ⲱⲉⲡⲓ, ⲱⲏⲡⲓ d'après les noms propres, et se permute avec le signe 〖fig.〗 seigneur. Il répond au phonétique 〖fig.〗 (copte ⲱⲡⲉ, ⲱⲡⲓ) cogens, impellens, celui qui excite les autres au travail.

〖fig.〗 (ⲱⲏⲡⲓ) Chef, seigneur, possesseur, directeur.

〖fig.〗 au chef des grandes panégyries comme Phtha.

〖fig.〗 ⲛⲁⲁ ⲡⲱⲏⲡⲓ, le grand chef. G. 116.

〖fig.〗 ⲛ̄ ⲡⲱⲏⲡⲓ, du chef. G. 398, 500.

〖fig.〗 ⲡⲉⲱⲏⲡⲓ les chefs. G. 499.

〖fig.〗 ⲛⲉⲛ-ⲱⲏⲡⲓ ⲛⲓⲃ, leurs chefs tous. G. 279.

〖fig.〗 ⲡⲉⲱⲏⲡ ⲛⲁⲁⲧ, les chefs grands. G. 191.

〖fig.〗 ⲡⲉⲛⲱⲏⲡⲓ ⲱⲏⲡ, leurs chefs frappés. G. 331.

〖fig.〗 ⲱⲏⲡⲓ, signifie aussi aîné, premier né. G. 358.

A. 〖fig.〗 Caractère symbolique, un homme marchant: exprime l'idée aller, ire, ⲉⲓ, ⲓ; entrer, ⲉⲓ ⲉϩⲟⲩⲛ, ⲓ ⲉϩⲟⲩⲛ, introire, ingredi. G. 342. synonyme du symbolique 〖fig.〗 aller.

〖fig.〗, aller, l'action d'aller; l'entrée:

〖fig.〗, autre Caractère symbolique représentant un homme

marchant dans un sens opposé à celui des autres signes de la ligne ou de la colonne d'hiéroglyphes, exprime l'action de revenir, sortir; ει εβολ, ι εβολ, exire, egredi. G. 342. Exemple des deux significations).

[hiéroglyphes] , (Que le soleil et Osiris lui) accordent l'allée et le revenir dans Montchir; l'âme dans le ciel, le corps dans la demeure de gloire. (Stèle du scribe Phout nofré; Musée de Turin).

B. [signe] Caractère figuratif; homme en marche tenant un fouet qui repose sur son épaule: il servait à noter figurativement le verbe ϻⲀⲀⲚⲈ, ϻⲞⲚⲒ, garder, conduire, ou faire paître les animaux domestiques. G. 346.

[signe] Gardien, conducteur, (ϻⲀⲚⲈ), custos.

[signe] ϻⲞⲚⲒ, garder, guider, conduire (en parlant de troupeaux).

G. 381
[signe] ⲚⲈⲦϻⲀⲀⲚⲈ, ceux qui gardent. G. 346.

[signe] Gardiens, conducteurs, (ⲚⲈϻⲀⲚⲰⲞⲨⲦ).

[signe] l'un des gardiens des oies d'Ammon. (Grande stèle peinte du musée de Turin).

C. [signe] Un personnage élevant ses deux bras en l'air, comme signe de Jubilation, exprime l'idée ϨⲀⲀⲔ, se réjouir, être dans la joie. G. 343.

[signe] ϨⲀⲀⲔ ⲚⲈⲤⲰⲦⲈⲚ, réjouissant les rois. G. 344.

[signe] ϨⲀⲀⲔϨⲞⲦⲦ, (que les femmes) soient réjouies (de te voir) G. 430

D. [signe] L'image d'un homme portant sur la tête un modius, exprime, dans les textes hiéroglyphiques, le verbe ϤⲒ ou ϤⲀⲒ porter. G. 344.

[signe] ϤⲒ ou bien ϤⲀⲒ ϤⲀⲒ ⲞⲈⲒⲔ Ⲛ̄ ⲠⲈϤⲒⲰⲦ «il porte des pains à son père». G. 344.

28.

E. Un personnage à tête rase et à longue tunique, costume des dieux, et jouant de la harpe, exprime l'idée générale que faire de la musique, chanter. G. 315.

F. Un homme en marche portant sur sa main droite une offrande Δ, représente l'action de faire des offrandes, ⲕⲱ ou ⲉⲛ. G. 315, 316.

G. Un homme élevant les bras dans l'attitude de soutenir un objet, exprime figurativement l'idée soutenir, supporter, ϥⲁⲓ dans le sens d'ὑποφέρειν. G. 346.

H. Un ouvrier ou tout autre individu manœuvrant une pierre avec un levier, ou tenant un instrument quelconque, exprime l'idée fonder, ⲥⲛ̄ϯ, ⲥⲉⲛⲧ, jeter les fondements d'un édifice, gicent: G. 348.

I. Un maçon élevant une muraille dont on aperçoit les pierres d'attente; remplace figurativement le verbe ⲕⲱⲧ, bâtir, construire un édifice. G. 348, & 349. Voyez page 31, 1ᵉʳ & 2ᵉ groupe.

J. Forme linéaire [hierog], hiératique [sign]. Ce caractère, réellement symbolique, représente un personnage dans l'attitude d'appeler ou d'invoquer un individu placé à une certaine distance. Il répond, dans les textes égyptiens, à l'interjection ⲱ du copte: ô! oh! G. 528.

ⲱ ô, oh! G. 309, passim

ⲱ Ⲡⲧⲁϩ, ô Phtah! G. 528.

ⲱ Ⲉⲱⲣ, ô Horus! G. 448.

ô Sowan!

ⲱ ⲧⲛⲟⲣⲅⲉ, ô sycomore! G. 308.

, ⲱ ⲡⲣⲏ ⲉⲛⲣ ⲛⲁⲁ, ô Soleil dieu grand! G. 414.

ⲱ ⲡⲛⲏⲃ ⲛⲛⲉⲧⲣ, ô seigneur des dieux! G. 528.

ⲱ ⲛⲁⲓ ⲛⲉ ⲛⲏⲃⲧ, ô esprits seigneurs!

Ce signe exprime aussi l'idée d'une invocation. G. 423.

K. Un personnage dans une attitude humble et soumise exprime les idées Fléchir, se prosterner, se courber, se soumettre, et répond au verbe ⲡⲓⲕⲉ, ⲡⲉⲕ. G. 340. 344.

L. Un homme debout, légèrement incliné et les bras élevés dans une attitude d'étonnement et de vénération, exprime les idées, Glorifier, rendre gloire, †ⲉⲟⲟⲣ, †ⲉⲱⲟⲣ, glorifier, rendre gloire. G. 343.

M. Ce même caractère accru du signe symbolique de l'idée dieu ou gloire ★, exprime également le verbe †ⲉⲱⲟⲣ, glorifier, honorer. G. 343.

N. ou sa variante, signifie ⲱϭⲉ châtier, punir. G. 349.

O. Déterminatif de : faire frapper. V. ⲥⲱϣⲡ. G. 370.

Un homme frappant d'un bâton, déterminatif de ⲱⲱϭⲉ, copte ⲱϭⲉ, Châtier. G. 368.

Un homme frappant d'un bâton, déterminatif de ϩⲓ, copte ϩⲓ, Triturer, battre, frapper. G. 368.

P. Un homme tenant des tiges de lin, déterminatif de ϥⲉ, Arracher le lin. G. 368.

Q. Un homme dans l'attitude de parler à voix haute ⲱϣ déterminatif de ⲱϣ, copte ⲱϣ, Prier, appeler, invoquer. G. 368.

R. Un homme levant les bras vers le ciel, déterminatif de ⲁⲗⲉⲩ, copte ⲁⲗⲉⲩ, Suspendre, élever en haut. G. 368.

S. Un homme levant les bras, déterminatif de ⲁⲗⲉⲩ, copte ⲁⲗⲉⲩ, suspendre, élever en haut. G. 368.

T. Un homme dans une attitude suppliante, déterminatif

de ϣⲁϣ, copte ⲱⲩϣ (ⲉⲃⲟⲗ), invoquer. G. 368.

U. Un homme dansant, déterminatif de ⲧⲣϥ, copte ⲧⲁⲡ, sauter, danser. G. 368.

V. Un homme dans une attitude d'adoration, déterminatif de ⲧⲱⲟⲣ, ⲧⲉⲱⲟⲣ, copte ⲧⲉⲱⲟⲣ, ⲧⲱⲟⲣ, glorifier. G. 369.

X. Un homme assis à l'Égyptienne, déterminatif de ϩⲥ, ϩⲩⲥ, copte ϩⲉⲙⲥⲓ, être assis. G. 369.

Y. Un homme tombant, déterminatif de ⲥⲱⲧ, copte ..... tomber. G. 369.

Z. Un homme enveloppé dans un manteau, déterminatif de ⲁⲩⲛ, copte ⲁⲩⲟⲛⲓ, envelopper, cacher, être caché. G. 369.

A². Un homme dans une attitude d'adoration, déterminatif de ⲅⲛ, ⲅⲱⲛ, (analog.) ⲅⲟⲛⲧ, adorer. G. 369.

B². Un personnage assis sur un fauteuil, déterminatif de ϩⲥ, ϩⲩⲥ, ϩⲉⲙⲥⲓ être assis, s'asseoir.

C². Un homme renversé sur la terre, déterminatif de ⲡⲱⲧⲃ, copte ⲡⲱⲣⲉⲃ, être renversé. G. 369.

D². ϣⲧⲃ.

E². ϣⲱⲧⲃ.

F². ϣⲃⲧ.

G². ϣⲃⲧ.

H². ϣⲧⲃ.

} Déterminatifs variés de, ϣⲧⲃ, ϣⲃⲧ. Faire des tours de force, faire le métier de sauteur, de danseur ou de baladin.

31

I.ᵉ   Caractère semi-figuratif, représentant un homme tenant le plan d'un édifice; ce groupe exprime les idées, édifier, construire ou réparer un édifice.

Réparer un édifice, y ajouter des constructions ou des embellissements.

Le fils du soleil (Ramsès) établit des sacrifices pour les dieux et répare leurs demeures, c.à.d. embellit les temples. (obélisque Flaminien, face méridionale.)

Le fils du soleil (F. Domitien) a réparé le temple d'Isis. (obélisque de Bénévent.)

J.ᵉ   On trouve également dans les textes hiéroglyphiques cette variante employée dans le même sens, et rendue par le caractère dans les textes hiératiques. G. 349.

K.ᵉ   Caractère phonétique exprimant l'articulation K. de l'alphabet grec. G. 39. N.° 61.

(ΚΟΜΤC) Commodus, nom impérial romain. (à Contra-lato. Salt, p. LIV. N.° 22.)

ΚΟΜΤC Commodus, variante du précédent. (copié dans le même temple par M.ʳ Wise.)

L.ᵉ   Caractère phonétique employé dans la Basse époque de l'histoire de l'Égypte, exprimant le groupe phonétique an. G. 46. N.° 243.

M.ᵉ   Caractère figuratif représentant un enfant, un nourrisson, et l'idée fils. G. 48

ci, Enfant, fils. G. 176.

πϲι ΜΑΙ, Le fils chéri. G. 117.

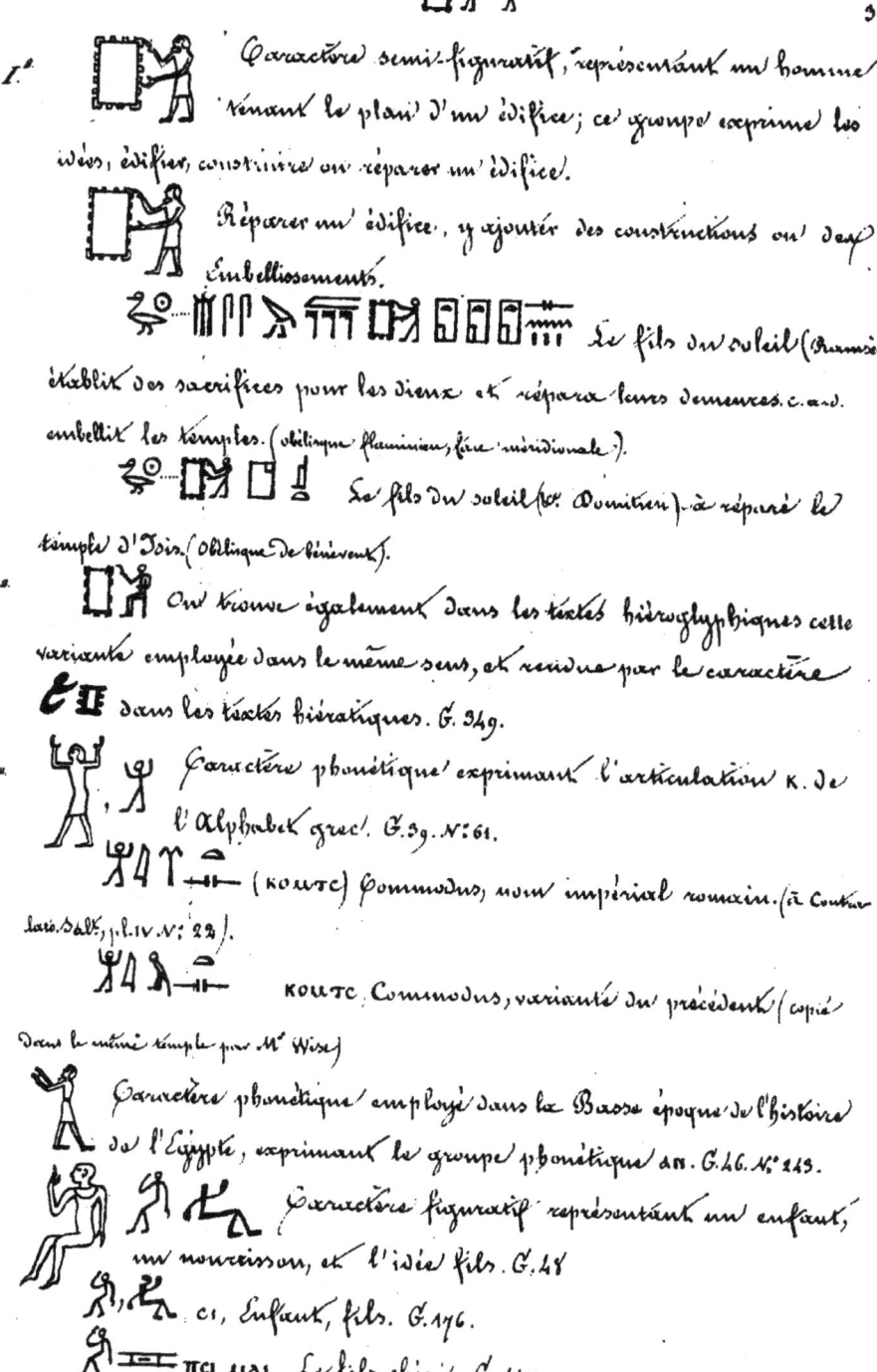

N.ᵉ 𓀀 Pris phonétiquement, il exprime la consonne, c, le Σ, dans les noms grecs. G. 49. N.° 177.

𓀀 𓃾 — ⲥⲃⲥⲧⲥ. Σεβαστος. auguste titre impérial romain (Obélisque Pamphile).

𓀀 𓃾 𓊹 ⲥⲉⲛϩⲁⲑⲱⲣ, Senathôr, l'enfant, le nourrisson d'Athôr, nom propre d'homme. (Papyrus du musée de Turin) & 𓀀 𓃾 𓊹 𓀀 Même sens. G. 194.

𓀀 𓊹 ⲥⲉⲛⲏⲥⲓ, senisis, le nourrisson, l'enfant d'Isis, nom propre d'homme. (Stèle Passaggio, à Rome)

𓀀 𓊹 ⲥⲉ ⲟⲩⲥⲓⲥ, ⲥⲓⲏⲥⲓ, T.? L'enfant d'Isis! surnom du dieu Horus.

𓀀 𓊹 △ ✝ etc, Horus ⲥⲓⲥ, vivifié &c (statuette d'Horus, au cabinet royal de Paris).

𓀀 ||| Même signe et même valeur, au pluriel.

𓀀 ||| ⲛⲡⲉϥϣⲓ, de ses fils. G. 515.

𓀀 ||| — ϣⲏⲣⲉ ⲡⲉϥϣⲓ, ses enfants, τεκνοῖς. G. 529.

𓊗 𓀀 Même signe avec l'Article masculin singulier 𓊗, π.

𓊗 𓀀 ⲡⲥⲓ, L'enfant, le nourrisson, le fils. G. 173.

𓊗 𓀀 𓊹 ⲡⲥⲉⲛϣⲱⲛⲥ, Psenchôns, l'enfant de Chons (homme). G. 133.

𓊗 𓀀 𓃾 ⲡⲥⲓ ⲛϩⲁⲑⲱⲣ, le fils d'Hathôr. G. 314.

O.ᵉ 𓀀 ⲡⲓⲣⲱⲙⲓ, l'homme. G. 112 & 168.

𓀀 | ϩⲁⲛⲣⲱⲙⲉ, hommes. G. 360, & 412.

𓀀 𓀀 𓀀 ⲙⲁⲛⲉ ⲛ ϩⲁⲛⲣⲱⲙⲉ ⲁⲧⲱ ϩⲁⲛϩⲓⲟⲙⲉ, Pasteur d'hommes et de femmes. G. 165.

P.ᵉ 𓀀 𓀀 ⲣⲱⲙⲉ, ⲣⲱⲙⲓ, homme. Caractère déterminatif des noms propres d'homme, autres que ceux qui désignent des rois et des Dieux.

𓀀 𓀃 Ce caractère déterminatif, fut souvent remplacé dans les textes rapidement écrits, par la simple marque 𓁶 ou 𓁷 et même 𓁷 pour 𓀀. G. 250.

𓀀 Équivalant aux pronoms simples coptes ⲧ et ⲓ, employés comme signes de la 1ʳᵉ personne du présent singulier genre masculin. G. 392.

𓀀 hiératique ⲁ, pronom affixe de la première personne du masculin, singulier, lorsqu'il s'agit d'un homme. G. 259.

Q.² 𓀁, linéaire 𓀁, représentant un homme assis portant la main à sa bouche; signe déterminatif de la plupart des verbes en rapport avec les idées voix, bouche, parole, écriture. G. 378.

R.² 𓀁, 𓀃 Caractère figuratif représentant un homme en attitude d'adoration, de prière, de supplication; c'est le signe des idées adorer, glorifier en parlant d'une Divinité; il répond au phonétique 𓏏𓍯𓄿𓀃 teor, teŏor, auquel il sert souvent de déterminatif. G. 1.

S.² 𓀢 Ce signe répond, dans les textes hiéroglyphiques, au verbe phonétique 𓈖𓈖𓀢 ou 𓈖 gn, gwn, adorer en voyant la Divinité face à face, auquel ce caractère sert toujours aussi de déterminatif. G. 345.

𓀢 gwn, acte d'adoration. G. 345.
𓀢 nnn gwn, acte d'adoration à. G. 345.

T.² 𓀃 Caractère figuratif représentant un homme accroupi et tenant dans sa main droite un canon ou palette, exprime l'idée scribe, Grammate.

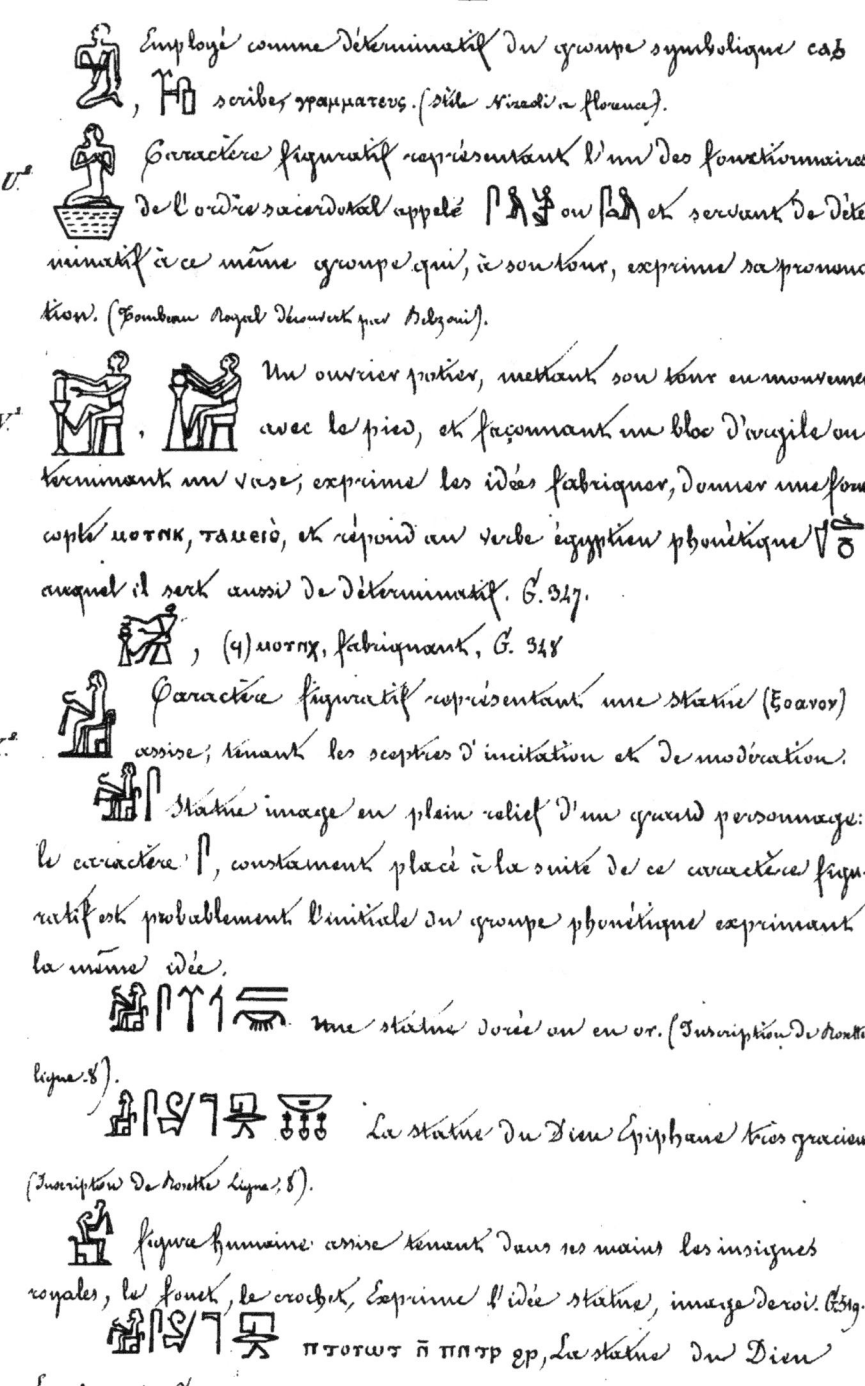

Employé comme déterminatif du groupe symbolique cah scribes γραμματευς. (stèle Nizoli à Florence).

Vᵉ. Caractère figuratif représentant l'un des fonctionnaires de l'ordre sacerdotal appelé ⟨⟩ ou ⟨⟩ et servant de déterminatif à ce même groupe qui, à son tour, exprime sa prononciation. (Tombeau Royal découvert par Belzoni).

Vᵉ. Un ouvrier potier, mettant son tour en mouvement avec le pied, et façonnant un bloc d'argile ou terminant un vase; exprime les idées fabriquer, donner une forme, copte ⲘⲞⲦⲚⲔ, ⲦⲀⲘⲈⲒⲞ, et répond au verbe égyptien phonétique ⟨⟩ auquel il sert aussi de déterminatif. G. 347.

, (4) ⲘⲞⲦⲚⲬ, fabriquant, G. 348.

Xᵉ. Caractère figuratif représentant une statue (ξοανον) assise; tenant les sceptres d'incitation et de modération.

Statue image en plein relief d'un grand personnage; le caractère ⟨⟩, constamment placé à la suite de ce caractère figuratif est probablement l'initiale du groupe phonétique exprimant la même idée.

une statue dorée ou en or. (Inscription de Rosette ligne 8).

La statue du Dieu Epiphane très gracieuse (Inscription de Rosette ligne 8).

figure humaine assise tenant dans ses mains les insignes royales, le fouet, le crochet, exprime l'idée statue, image de roi. G. 19.

ⲠⲦⲞⲨⲰⲦ Ⲛ̄ ⲠⲠⲦⲢ ⲈⲢ, La statue du Dieu Epiphane, G. 199.

ⲡⲧⲱⲛⲧⲛ, l'image ou la majesté. G. 492.

Y². Caractère figuratif, représentant un roi assis, le front orné de l'uræus royal, et tenant les sceptres d'instituteur et de modérateur.

(ⲥⲧⲛ) roi, directeur, Rex. ce signe est employé comme déterminatif du phonétique ⲥⲧⲛ qui a le même sens (voyez ce mot et ses abréviations).

Z². Caractères figuratifs, représentant un homme accroupi, le front orné du serpent uræus, et tenant le fouet, emblème de l'instituteur, exprime l'idée roi, directeur; il est souvent placé comme déterminatif du groupe phonétique ⲥⲧⲛ (ⲥⲱⲧⲧⲉⲛ) qui lui servait de prononciation. voyez ⲥⲧⲛ et 𓀀.

A³. Figure humaine accroupie, la tête ornée du signe année, et marquée des signes du pluriel, ⲛⲉϧⲉ, les périodes d'années. G. 394.

ⲛⲉϧⲉ ⲛ̄ ⲣⲙ̄ⲡⲟⲟⲧⲉ, périodes d'années. G. 397.
ⲛ̄ⲛⲉϧⲉ, des périodes. G. 418.

B³. Figure humaine accroupie tenant dans chaque main le signe des panégyries, ϩⲁⲛϩⲉⲛⲡⲟⲩⲡ, des périodes d'années. G. 300.

C³. Signe phonétique exprimant le groupe ⲗⲩ, pu dans les inscriptions des bas temps de l'Égypte. G. 46, n° 241.

D³. ⲟⲩⲃ, ⲟⲩⲁⲃ, être pur. G. 376. voyez un groupe 𓀀.
ⲟⲩⲏⲃ, ⲟⲩⲁⲃ, Prêtre; G. 164, 168. 386.
, ⲟⲩⲏⲃ ⲛ̄ ⲡⲛⲟⲩⲧⲣ ⲉ̅ⲣ̅, Prêtre du Dieu Épiphane G. 199.

, ϩⲁⲛ ⲟⲩⲏⲃ, Prêtres; G. 161, 168. 430, &c et ⲛⲟⲩⲏⲃ, les prêtres.

ⲛⲉⲟⲧⲏⲏⲃ, les prêtres. G. 506.

ⲡⲉⲟⲧⲏⲃ, les prêtres

ⲡⲟⲧⲏⲏⲃ, adjectif sacerdotaux. G. 506.

ⲟⲧⲃ, ⲟⲧⲁⲃ, Être pur. G. 386.

F.S. , Caractère figuratif représentant un homme accroupi, portant sur la tête un panache, et armé d'un arc et d'un carquois; il exprime les idées guerrier, militaire, armée. G. 56.

(ⲙⲓϣⲓ, ⲙⲓϣⲉ) ⲡⲉϥⲙⲓϣⲉ, combattant, guerrier, homme de la caste militaire: ce caractère détermine le groupe phonétique ⲙⲓϣⲉ, ⲙⲓϣⲓ (copte ⲙⲓϣⲉ) lequel lui servait de prononciation voir ainsique .

Ce caractère peut encore désigner symboliquement ὄχλον une grande multitude, une armée comme le dit Horapollon.

(ⲛⲉ ⲡⲉϥⲙⲓϣⲉ) guerriers, combattants, pugnatores, bellatores.

Le grammate des guerriers du seigneur du monde (du Roi), attaché à la demeure d'Ammon, Séréchus. (stèle du musée de Turin N°. 2).

ϧⲁⲡⲙⲁⲧⲟⲓ, des soldats. G. 275.

ⲛⲉⲙⲁⲧⲟⲓ, les guerriers. G. 497.

ⲛⲉϥⲙⲁⲧⲟⲓ, ses soldats. G. 329.

ⲡⲉϥⲙⲁⲧⲟⲓ, ses guerriers. G. 329, 481.

, (ⲁⲧⲱ) ⲛⲉϥⲙⲁⲧⲟⲓ, et ses guerriers. G. 269.

F.S. Ce même signe accompagné d'une figure d'homme et de la marque du pluriel, exprime l'idée d'une réunion de soldats à pied.

G.³ [glyph], linéaire [glyph] ou [glyph], représentant un coupable, quelquefois figuré devant le casse-tête [glyph], détermine les mots méchant, ennemi ; même genre de mots que le caractère symbolique [glyph] = scélérat, malfaiteur. [glyph] ⲛⲉϥϣⲁϥⲧⲉ, ses ennemis. G. 279.

H.³ [glyph] Un homme à genoux les bras liés derrière le dos et portant une barbe en pointe exprime l'idée des barbares vaincus. Il est ordinairement suivi des marques du pluriel. ⲛⲉⲣⲉϣⲉⲙⲙⲟ, les barbares. G. 204.

[glyph] ϩⲁⲛ ϩⲏⲕ ϣⲙⲙⲟ ⲛ̄ⲧⲓ ⲛ̄ⲥⲱϥ ⲥⲉ, captifs étrangers qui marchent après lui sont : G. 233.

[glyph] ϩⲏⲕ ϣⲙⲙⲟ ϥ̄ⲥⲛ̄ϣⲟ, captifs étrangers neuf mille. G. 233.

I.³ [glyph] linéaire [glyph], un homme renversé, servait à exprimer les verbes ϣⲱⲡ, ϣⲁⲡⲓ, frapper. G. 338.

K.³ [glyph], une momie placée sur un lit, exprime l'idée de corps cadavre, ⲧⲩⲥⲁⲁⲧ, le corps. G. 342.

Figures d'homme à tête ornée de Coiffures diverses = Rois et Dieux.

L.³ [glyph] homme à tête ornée de l'aspic ou serpent royal nommé Uræus (ⲟⲣⲡⲱ), insigne du pouvoir suprême ; caractère figuratif de l'idée Roi. G. 54.

M.³ [glyph] Caractère figuratif représentant un homme coiffé de la couronne royale Pschent symbole de la domination sur les régions supérieures et inférieures, et tenant en main un sceptre pur, exprime l'idée roi et répond au phonétique [glyph] ⲥⲧⲛ (soutên) G. 54.

𓀭 𓎟 𓏏 𓊹 𓉻 à la place de son frère le roi Titus le Divin ou le Dieu mondain. (Obélisque pamphile).

ⲡⲥⲧⲛ̄, le roi. G. 499.

N.³ homme dont la tête est décorée d'une coiffure commune aux souverains de l'Égypte et au dieu Phtah, l'instituteur de la royauté; caractère figuratif de l'idée roi. G. 54.

O.³ homme debout, la tête ornée de la partie inférieure du Oschent; caractère figuratif de l'idée image, statue, ⲡⲧⲟⲛⲧⲛ̄. G. 199.

P.³ caractère symbolique-figuratif; ⲡⲣⲏ, ⲫⲣⲏ. Phré, le Dieu soleil, Hélios. G. 117.

Q.³ caractère figuratif représentant le dieu Amon-Ra, décoré de tous ses insignes; synonyme 1.° du phonétique ⲁⲙⲛ-ⲡⲏ qui lui servait de prononciation, lorsque cette image était combinée avec celle du dieu ⲡⲏ ou ⲫⲣⲏ (le soleil); 2.° du phonétique ⲁⲙⲛ le dieu Ammon, lorsque cette image est seule.

ⲁⲙⲛ, ⲁⲙⲛⲣⲏ, Ammon ou Amon-Ra. G. 116.

ⲁⲙⲛⲉ, pour ⲁⲙⲛ ⲙⲁⲓ, L'aimé d'Ammon, titre des rois égyptiens (légende du Pharaon Ramsès le grand).

R.³ ⲁⲙⲛ-ⲡⲏ, Amon-Ra générateur, Harsaphès. G. 117.

ⲍⲁⲣⲥⲉⲩ, Harsaphès, Ammon générateur. G. 116.

S.³ caractère figuratif représentant le dieu Osiris avec la Pschent de la souveraineté des régions supérieures, les attributs de la vie et de bienfaisance, et debout sur la coudée emblème

39

de la justice. G. 116. synonyme de ⟨hiero⟩ (orcipe).

T.³ ⟨hiero⟩ Caractère figuratif représentant le dieu Phtah, ⲡⲧⲁϩ, ⲫⲟⲁϩ, l'Héphaistus, le vulcain Égyptien; reconnaissable à sa coëffure et aux insignes combinés qu'il tient dans ses mains, savoir: les emblèmes de la bienfaisance ⟨hiero⟩, de la vie ⟨hiero⟩, et de la stabilité ⟨hiero⟩; ce caractère est le synonyme du phonétique ⟨hiero⟩, ⲡⲧϩ, ⲫⲧϩ, Phtah, qui lui servait de prononciation. G. 117.

⟨hiero⟩ Ⲡⲧⲁϩ ⲛⲟⲩϥⲣ ϩⲟ-ⲙⲁⲓ, Aimé de Phtha à la belle face. G. 137.

U.³ ⟨hiero⟩ ⲡⲧϩ. ⲫⲟϩ. Le dieu Phtha représenté dans son Naos. (Obélisque pamphile).

⟨hiero⟩ (ⲡⲧϩ ⲥⲟⲕⲣⲓ) Phtah Sokri, Phtha Socharis, l'un des noms du dieu Phtha

⟨hiero⟩ Seigneur des panégyries comme Phtah Sokri. (Obélisque pamphile).

T.³ ⟨hiero⟩ Caractère figuratif représentant ⲟϣⲓ, Oshi, le fils aîné de la déesse Hathôr. G. 117.

X.³ ⟨hiero⟩ linéaire ⟨hiero⟩; un homme (*) accroupi et tenant un fouet dans ses mains; caractère déterminatif des noms propres des personnages distingués ou des fonctionnaires publics. G. 127.

X.³ᵇⁱˢ ⟨hiero⟩, linéaire ⟨hiero⟩ ou ⟨hiero⟩, même signification. G. 127.

Y.³ ⟨hiero⟩ pronom affixe de la première personne du singulier masculin, si un Roi parle de lui-même. G. 259.

⟨hiero⟩ homme assis à l'égyptienne, le front orné de l'Uræus, et tenant dans la main un pedum et un fouet, emblèmes de

_____
(*) Règle générale: l'appendice au menton dans les figures, indiquant la barbe, caractérise les figures d'homme.

de la modération et de l'excitation; caractère figuratif de l'idée roi. G. 54.

Z.³   Caractère figuratif représentant un personnage assis, la coiffure surmontée de la couronne des régions supérieures, exprime l'idée roi.

ⲛⲉⲥⲧⲏ ⲛ̄ⲥⲁⲧⲡⲉ, Rois de la région supérieure. G. 502.

ⲥⲧⲁⲡ Roi, placé comme déterminatif du groupe phonétique ⲧⲙⲙ (Catacombe de Memphis).

ⲥⲧⲛ, Roi avec la coiffure des régions inférieures.

ⲛⲉⲥⲧⲏ ⲛ ⲥⲁⲡⲉϣⲧ, rois de la région inférieure. G. 502.

A.⁴ , linéaire , personnage barbu, assis et dans un état complet de repos; caractère figuratif, signe déterminatif des noms propres des Dieux. G. 109, 110.

(Dieu mâle), signe déterminatif. G. 111.

pronom affixe de la première personne, masculin, singulier, si un Dieu est censé parler. G. 259.

ⲛⲧⲣ ⲡⲁⲓ ⲛⲁⲁ, Dieu ce grand. G. 303.

Ⲛⲧⲏⲣ ⲛ̄ ⲥⲁⲧⲡⲉ (ⲁⲧⲱ) ⲛ̄ ⲥⲁⲡⲉϣⲧ ⲙⲁⲓ- (aimé du Dieu de la haute et de la basse Égypte. G. 439.

B.⁴   pour   ⲡⲛⲧⲣ ⲱⲛϩ, le Dieu vivant, le caractère ♀ ⲱⲛϩ combiné avec le signe Dieu, Dieu vivant. G. 328 III.

C.⁴   pour   , le caractère   combiné avec le signe Dieu, ⲡⲛⲧⲣ ⲣⲱϩⲓ le Dieu pur. G. 111, 328.

(ⲛⲉ ⲛⲟⲩⲧⲉ ⲉϩⲟⲧⲉ) pluriel de   Les Dieux, οἱ θεοί.

ⲛⲧⲣ︦ ⲃ︦, les deux Dieux. G. 163.

𓊹 𓊹 (ⲛⲟⲧⲉ ⲁ̄) Deux Dieux: Duel de 𓊹.

𓊹𓊹, Héron et Thoré, deux Dieux (Rit. funéraire, III.ᵐᵉ partie, section 2ᵉ, Litan. des Dieux).

𓊹𓊹𓊹 ⲛⲉⲛⲧⲣ ⲥⲛⲏⲧ ā, Les deux Dieux frères. G. 163.

𓊹𓊹𓊹𓊹 (ⲛⲟⲧⲉ ā̄) Quatre Dieux, quatre divinités mâles.

⸻ (supplions) Omsekh, Api, Soumautf et Kebhsniw, quatre divinités mâles (Rit. funéraire, III.ᵐᵉ partie, section 2ᵉ, Litanie des Dieux).

𓊹 ou 𓊹, variantes des précédents, les dieux mâles.

⸻ (supplions) les autres grands Dieux, Dieux soyez secourables &c. (Rit. funéraire, III.ᵐᵉ partie, section 2ᵉ, Litanies des Dieux).

𓊹 variante du précédent, les Dieux, les divinités mâles.

𓊹𓊹𓊹 variante des précédents, pluriel figuratif, les Dieux.

𓊹𓊹𓊹 ⲅⲟⲟⲩⲧ ⲛⲉⲛⲧⲣ, les dieux et les déesses. G. 346.

𓊹𓏏 avec le signe tropique 𓏏, initiale de ⲛⲟⲧⲉ Dieu, a le même sens, Dieu. G. 110.

𓊹𓏏𓏤 même groupe marqué des signes du pluriel, ⲛⲉⲛⲧⲣ, Dieux. G. 361, 422.

𓊹𓏏𓏤 ⲡ̄ ⲛⲉⲑⲏⲣ, ens dieux. G. 423.

D⁺ 𓁛 Figure assise, à tête d'Epervier surmontée du disque du soleil, caractère figuratif représentant, ⲣⲏ, ⲫⲣⲏ Phré le soleil. 𓁛𓌳𓊃𓋴 ⲣⲏⲙⲥ, Rhamsès, que Phré a engendré.

D ᵇⁱˢ 𓁛 Même figure assise sur un trône, l'uraeus entourant le Disque; même divinité, ⲡⲣⲏ ou ⲫⲣⲏ Phré, le dieu soleil, Ἡλιος.

D ᵗᵉʳ 𓁛 même figure accroupie, et même coëffure; même signification, Ⲡⲣⲏ le dieu Phré. G. 892.

Chéri de Phré Dieu grand qui l'a vivifié et qui est seigneur du palais ou grande demeure (stèle de Mandulis?, base de l'obélisque Flam.

Aimé du Dieu Phré Dieu grand, seigneur du ciel président de la grande demeure (même obélisque, à la base).

42

𓉔𓉐 L'habitation de Phré, nom sacré d'Héliopolis et d'une ancienne ville située à Berri en Nubie. G.157.

D.ᵐᵉ même figure portant, de plus, le sceptre des dieux; même signification, ⲠⲢⲎ, Phré. G.229.

ⲠⲢⲎ ϢϤⲦ ϬⲰⲚⲦ, Le soleil lorsqu'il est en fureur. G.509.

ⲢⲎⲘⲀⲒ, Aimé par le soleil. G.434. L'Homme puissant aimé par le Dieu Phré. (Obélisque Flaminien, face orientale).

ⲤⲎⲦⲠⲠⲢⲎ, Éprouvé par le soleil. G.133.

E.ᵉ Le même dieu Phré, le soleil à tête d'épervier, et tenant dans sa main un œil symbolique, remplace dans quelques inscriptions le titre ⲠⲂⲀⲖ Ⲛ̄ ⲠⲢⲎ ⲚⲦⲢ, l'œil du dieu soleil, commun à plusieurs déesses du premier ordre.

ⲠⲂⲀⲖ (Ⲛ̄) ⲠⲢⲎ, l'œil du soleil.

F.ᵉ Caractère figuratif, représentant le Dieu Ammon-ssis; sa tête est ornée de deux plumes: il tient dans ses mains le sceptre et la croix ansée, ⲀⲘⲚ-ⲢⲎ, Ammon soleil, le roi des Dieux. G.116

G.ᵉ ⲀⲘⲚ, Ammon. G.408.

H.ᵉ Caractère figuratif, représentant le Dieu Ammon accroupi, répond au phonétique ⲀⲘⲚ le Dieu Ammon, qui lui sert de prononciation.

ⲀⲘⲚ-ϢⲈ, comme Ammon. G.480.

ⲀⲘⲚ-ⲘⲀⲒ (sept idem) l'aimé d'Ammon ou Ἀμμων αγαπη, titre donné à divers Pharaons.

ⲀⲘⲚ-Ⲙ, Ammai, abréviation du groupe précédent, même valeur. G.434.

𓀀 𓀁

𓀂 ⲁⲙⲛ-ⲙⲁⲓ, le chéri d'Ammon, l'aimé d'Ammon; titre commun à plusieurs pharaons.

𓀃 ou 𓀄 ou 𓀅, variante du précédent. G. 434.

𓀆 ⲁⲙⲙⲉⲥ, Amenmès, qu'Ammon a engendré. G. 133.

𓀇 ⲉⲏⲧⲡⲁⲙⲟⲩⲛ, l'approuvé par ammon; titre donné à certains Pharaons.

𓀈 Même signification. G. 433.

𓀉 (ⲁⲙⲛ-ⲣⲏ) Ammon — Ra, Ammon soleil; l'un des noms du grand dieu Ammon, formé des figuratifs Ammon et Ra ou Rê. G. 120.

𓀊 (ⲁⲙⲛ-ⲣⲏ-ⲉϧⲟⲛϧ) Ammon-Ra dieu vivant, variante du précédent. G. 120.

I.ʳ 𓀋 le dieu Chnouphis. | 𓀌 L'homme puissant, fils du Dieu Chnouphis. (Obélisque Flaminien.)

𓀍 Chnouphis Dieu chéri de Tothounen son père. Ⲛϥ ⲡⲛⲧⲣ ⲧⲟⲧⲟⲩⲛⲛ ⲡⲉϥϧⲉ-ⲙⲁⲓ.

I.ᵇⁱˢ 𓀎 ⲛϥ-ⲣⲏ, Chnoufra; autre forme du dieu Chnouphis suivie de celle de Ra ou Rê le soleil; G. 120.

𓀏 ⲣⲏ-ⲛⲟⲩ, Chnoufra, mêmes figures. G. 308.

I.ᵗ 𓀐 ⲛⲟⲩⲃ, Chnouphis autre forme du dieu Chnouphis, la tête ornée des insignes de Ra ou Rê le soleil. G. 528.

𓀑, ⲛϥ ⲥⲟⲧⲧⲛ ⲛ̄ ⲥⲁⲧ ⲡⲉ ⲛ̄ⲥⲁⲡⲉⲭⲧ, Chnouphis roi de la haute et de la basse région. 𓀒 Je prie le seigneur des Dieux Chnouphis Roi de la région supérieure et inférieure (inscrip. de Pompéi).

𓀓 ⲛⲧ-ⲙⲁⲓ, aimé par Chnouphis. G. 434.

K.ᵉ 𓀔 caractère figuratif, représentant le dieu Phtah, le vulcain Egyptien assis et tenant ses insignes ordinaires; répond au phonétique 𓀕 ⲡⲧϩ.

44

[hiéroglyphes] μεⲛⲡⲧⲁϩ, Aimé par Phtha, G. 434.

[hiéroglyphes] ⲡⲧϩ-ⲙⲉ (pour ⲡⲧϩ ⲙⲁⲓ [hiér.]) l'Aimé par Phtah, titre donné aux souverains de l'Égypte.

[hiéroglyphes] L'aimé par Phtah et par Isis

[hiéroglyphes] ϭⲏⲧⲡⲛⲡⲧⲁϩ, Éprouvé par Phtha, G. 433.

L.ᵉ [hiéroglyphe] Caractère figuratif, représentant une des formes du dieu Phtah, et servant souvent de signe déterminatif de son nom phonétique. Il répond aussi au phonétique [hiér.] ϭⲱⲡⲓ, Sakri, Σωχαρις, l'un des surnoms de Phtah.

[hiéroglyphe] ϭⲱⲡⲓ, Sakri, est placé à la fois comme déterminatif et comme surnom à la suite du nom phonétique de Phtah.

[hiéroglyphes] Seigneur des panégyries comme son père Phtah Sakri. (Obélisque flaminien, face méridionale.)

M.ᵉ [hiéroglyphe] Caractère figuratif représentant l'une des formes du dieu Phtah surnommé Tothounen. G. 112.

[hiéroglyphes], Le chef des panégyries comme le Dieu Phtha Tothounen. (Obélisque oriental de Lougsor.)

N.ᵉ [hiéroglyphe] Caractère figuratif représentant le Dieu Sokaris et répondant au Phonétique [hiér.] (ϭⲱⲡⲓ) qui lui servait de prononciation, l'un des noms et l'une des formes du dieu Phtah. G. 118.

[hiéroglyphe] ϭⲱⲡⲓ, Sakari ou Sokari : surnom de Phtah, lequel se place 1.° à la suite du nom figuratif de cette Divinité ; 2.° à la suite du nom phonétique.

[hiéroglyphes] Seigneur des panégyries semblable à son père Phtah-Sakri le père des Dieux (obélisque de Philae).

Il s'emploie isolément [hiéroglyphes] aimé du Dieu Sakri,

𓀭 𓀲

O.¹ 𓀭 ⲥⲏⲧ, ϩⲉⲛ, ϩⲉⲃ, Dieu égyptien, le Kronos des grecs. G. 113, & 524.

O.¹ᵇⁱˢ 𓀭𓄿𓇳 , ⲥⲧⲕⲗⲁⲓ, Aimé par Sévek; le même dieu sev, seb, et Sévek est ici figuré à tête de crocodile. G. 134.

P.¹ 𓁹 Caractère figuratif, représentant le dieu Osiris, (ⲟⲩⲥⲓⲣⲉ), caractérisé par sa coiffure et ses insignes ordinaires, synonyme et déterminatif du groupe 𓁹. G. 112.

𓁹 (ⲟⲩⲥⲓⲣⲉ), Osiris employé comme prénom de défunt dans les inscriptions de la momie grecque de Turin.

𓈖𓁹𓈇𓏤𓉐𓏤 Avec lui l'Osiris Pétaménoph (même momie).

Q.¹ 𓁹, ⲟⲩⲥⲓⲣⲉ, Osiris. G. 113, & 524.

𓁹𓄿𓇳 , ⲟⲩⲥⲓⲣⲉⲙⲁⲓ, Aimé par Osiris. G. 134.

𓁹𓇼𓀀 𓁹𓅆 , Ⲟⲥⲟⲣⲱⲏⲣⲓ, Osoroëri, homme; l'aîné, Osiris. G. 139.

𓈖𓁹 ⲛⲟⲩⲥⲓⲣⲉ, d'Osiris. G. 199.

R.¹ 𓁟 figure d'homme assis, à tête d'Ibis richement ornée, ⲑⲱⲟⲩⲧ, Thôth. G. 116.

𓁟𓅜𓀀 , ⲑⲱⲟⲩⲧ ⲡⲛⲧⲣ ⲛⲁⲁ, Thôth dieu grand. G. 317.

𓁟𓈖𓊖 ⲑⲱⲟⲩⲧ ⲡⲛⲃ ⲛ ϣⲙⲟⲩⲛⲁⲓ, Aimé de Thôth le seigneur d'Hermopolis magna. G. 137.

𓁟𓏤𓀀 , ⲑⲱⲧⲏⲥ, Thoutmôs, que Thôth a engendré. G. 133.

S.¹ 𓁟 Dieu à la même tête d'Ibis surmontée du disque et du croissant lunaire, Thôth-lunus, ⲡⲟⲟϩ, Lunus, la lune.

𓁟𓄿𓇳 , ⲑⲱⲟⲩⲧⲙⲁⲓ, Aimé par Thôth-lunus. G. 113.

T.¹ 𓁛 , Dieu à tête d'Epervier, ϩⲁⲣⲱⲏⲣⲓ, Haroëris. G. 112, 116.

12.

26.

𓀭 𓀭, ⲉⲣⲙⲉⲛⲣⲓⲧⲁⲓ, Aimé par Harvéris. G. 232.

U.° 𓀭 ⲟⲩⲟⲣ, Thmou, une des formes de Phré. G. 112.

𓀭 𓎟 𓇿 𓏏𓏭 𓇯 𓏥, ⲟⲩⲟⲣ ⲛⲏⲃ ⲧⲟ ⲡⲱⲛⲓ ⲛⲁⲓ, Chéri de Thmou seigneur du monde de conversion.

V.° 𓀭 ⲟⲣⲉ, Thoré, l'une des formes du dieu Phré et de Phtah. G. 112.

X.° 𓀭 Caractère figuratif, représentant un dieu dont la coiffure est surmontée du Pschent: c'est la forme masculine de Neith, sous le nom du dieu Neth ou Neith 𓈖𓏏𓆇 G. 112.

𓀭 Il se place comme déterminatif à la suite de cette divinité Androgine, 𓈖𓏏 𓀭, 𓈖𓏏𓆇 𓁗, (Rit. funér. de Turin, distribution des membres).

Y.° 𓀭 Caractère figuratif, représentant le dieu 𓐙𓋴𓀭, ⲙⲟⲩⲓ, Moui, fils du soleil. G. 112, 116 et 524.

𓀭, ⲙⲟⲩⲓ, Moui fils de Phré. G. 112, 116 et 524.

Z.° 𓀭 Caractère figuratif représentant une des formes du dieu suprême qui prend alors le nom de 𓈖𓆑 𓀭, Emphé, forme de Moui, l'Hemiph de Iamblique, et le Κνηφ d'Eusèbe.

𓀭 𓐍, ⲙ̅ⲫⲉ-ⲙⲁⲓ, le chéri d'Emphé, titre donné à certains Pharaons. (Obélisque du Musée britannique).

𓀭 𓐍𓈖, ⲙ̅ⲫⲉ-ⲥⲧⲡ, L'approuvé de Emphé. (Obélisque du Musée britannique).

A'.° 𓀭 Caractère figuratif, représentant le dieu 𓇳𓋴𓀭, Thmou, ⲟⲩⲟⲣ, Athmou, forme de Phré. G. 112.

𓀭 𓎟 𓇿 𓏏𓏭 𓏥, Le chéri de Thmou, seigneur du monde. (Statue de Ramsès le grand, Ruines d'Abydos).

47

B.ᵉ ⟨glyph⟩ Caractère figuratif symbolique, représentant le [glyph] ⟨glyph⟩ l'œil d'Horus ⟨glyphs⟩ ou ⟨glyph⟩. (Rituel funéraire Papyrus des Membres, Musée Royaux de Paris et Turin).

⟨glyph⟩ ⲡⲉⲱⲡⲓⲉⲓⲱⲟⲣ, un Nil.

C.ᵉ ⟨glyph⟩, ⟨glyph⟩ signe symbolique exprimant l'année (ⲣⲟⲙⲡⲉ) personnifiée, ou le dieu de l'année caractérisé par le signe ⟨glyph⟩ (année) qui surmonte sa tête.

⟨glyph⟩, (ⲡⲉ ⲣⲟⲙⲡⲉ) Pluriel du précédent, les années; ainsi ⟨glyphs⟩, Osiris seigneur des années, (Stélanés d'Osiris, Rituel funéraire de Turin).

D.ᵉ ⟨glyph⟩, ⲧⲟⲧⲱⲧ, Statue. G.54.

E.ᵉ ⟨glyph⟩ Caractère figuratif représentant un dieu à tête d'épervier coiffé du Pschent, exprimant le dieu Horus ou Harsièsi ⟨glyph⟩ (ⲱⲣ) Horus fils d'Isis et d'Osiris.

⟨glyphs⟩ Horus stabilateur ou dispensateur de la vérité ou justice (voir ⟨glyph⟩) (Empreinte de scan, Musée de Turin).

F.ᵉ ⟨glyph⟩, Caractère symbolico-figuratif, corps humain, assis, tête de l'oiseau Ibis; symbole de Θⲱⲟⲩⲧ, Θⲟⲩⲧ, l'Hermès ou Mercure Égyptien, même valeur que ⟨glyph⟩.

⟨glyph⟩ ou ⟨glyph⟩, le second Hermès, Θⲱⲟⲩⲧ ⟨glyph⟩, le double Hermès.

⟨glyphs⟩ Adorons la lune qui est la double ou second Hermès (stèle du Musée de Turin).

⟨glyph⟩ abréviation de ⟨glyph⟩, Θⲱⲟⲩⲧⲙⲉ Thouthmés, Thoutmosis, Thetmosis, (l'engendré de Thoout) adjectif et nom propre d'homme. (stèle de la galerie de Florence).

𓀀 , 𓁐 .

G.ᵉ 𓁐 Caractère figuratif représentant la forme conventionnelle des Esprits de la région de Doutensi-Tho. (Mémoire funéraire, distribution des membres, musée royal de Paris et musée de Turin).

H.ᵉ 𓁐 ЄΙΙЄ, Femme, G. 48.

𓁐, linéaire 𓁐. 𓁐. 𓁐, (ЄΙΙЄ), femme, signe déterminatif générique des noms propres de Femmes. G. 128 & 129.

𓁐, même signification. G. 128.

𓁐 ϨΙΟΜΕ, femmes. G. 112.

𓁐 МЄ-ТАОҮЄ (femme) véridique. G. 180.

𓁐, Pronom affixe de la première personne féminin, singulier, s'il s'agissait d'une femme. G. 253.

𓁐, 𓁐, ou 𓁐, la première personne du genre féminin. G. 407.

G.ᵗⁱ 𓁐, signe phonétique employé dans les basses époques de l'existence de l'ancienne Égypte, pour exprimer la lettre (c). 5. G. 49. N.° 170.

G.ᵗᵐ 𓁐. 𓁐, linéaire, 𓁐, 𓁐, Caractère figuratif, féminin de 𓁐, et signe déterminatif générique des noms propres de toute Déesse, divinité du genre féminin. G. 121.

𓁐 (ΤΝΟΥΤЄ) Déesse, θεα, dea, diva, est employé dans ce sens soit isolément, soit comme caractère déterminatif des noms propres de Déesses. 1.° Phonétiques : Exemples :

𓁐, La Déesse Anouké.

𓁐, La Déesse Selk.

𓁐, La Déesse Pasht.

2.° Symboliques : Exemples :

𓆓 . 𓀀

𓇋𓂝𓆓 , La Déesse Nûth.

𓊃𓂝𓆓 , La Déesse Isis.

𓎟𓂝𓆓 , La Déesse Nephthys.

𓆓𓆓𓏥 (ⲛⲉ ⲛⲟⲧⲧⲉ ⲥϩⲓⲙⲉ), Les Déesses, pluriel du précédent.

𓆓𓏥 , Variante du précédent, les Déesses

𓆓𓆓 , ⲛⲧⲉ (ϩⲓⲙⲉ) ā, Les deux Déesses, sorte de Duel de 𓆓.

𓊹𓊹𓊹𓂝𓎟𓂝𓆓𓆓 (supplions) Osiris, Isis et Nephthys, Dieu et deux Déesses (Rituel funéraire, carte 115, section 5, Lettre de Diou).

𓆓𓆓𓆓 pluriel figuratif de 𓆓, les Déesses.

𓆓𓂝 , ⲧⲛⲧⲣ, ⲧⲛⲟⲧⲧⲉ, La Déesse. G. 122, 173.

H.ᵉ 𓋴 , 𓋴 , Signe phonétique exprimant la lettre (c), s. G. 44, N.° 191.

𓋴 , Pronom affixe de la première personne féminin, singulier, s'il était question d'une Déesse. G. 279.

I.ᵉ 𓋴 Caractère déterminatif des noms de femme d'un haut rang.

𓈖𓏏𓋴 , Tnaouhmok, nom propre de Reine, fille du roi Horus. (Statue du musée de Turin).

I.⁵ᵇⁱˢ 𓋴𓋴 La tête surmontée du modius, signe déterminatif de l'Idée Déesse; G. 122.

H.⁵ᵇⁱˢ 𓋴 (ϥ) Pronom affixe de la 3.ᵉ personne du singulier.— (Basse Époque). G. 260.

J.⁵ 𓀀𓀀 , ⲧⲉⲓ, ⲉⲓ.ⲧ. Fille. G. 280

𓀀 ⊙ 𓆓 Tceñycônc, Psenchôns, l'enfant de Chons (femme). G. 133.

𓀀 𓎛𓂝𓆓 , Cengaowp, Senhathôr, l'Enfant d'Hathôr

13.

50.

(femme). G. 19 h.

K.ᵉ ⟨hieroglyph⟩ Une femme accroupie, donnant la naissance à un enfant, répond aux verbes ⟨hiero⟩ ⲙⲓⲥⲉ, ⲙⲓⲥⲓ, enfanter, et ⲫⲱϥⲱ, ⲡⲱⲡⲱ ⟨hiero⟩ accoucher, enfanter ; caractère figuratif. G. 246.

⟨hieroglyph⟩ ⲡⲱⲡⲱ, enfantant. G. 307.

L.ᵉ ⟨hieroglyph⟩ Caractère figuratif, représentant une femme allaitant ou soignant un enfant, répond au verbe phonétique ⲙⲟⲟⲛⲉ, nourrir, et exprime les idées ≠Allaiter, Nourrir, Élever≠ (un enfant). Nourrice. G. 347.
          ⁺ⲥⲁⲛⲩ,

⟨hieroglyphs⟩ Le Dieu bienfaisant enfant de Chnouphis, engendré par Saté nourri par Anouké. (Dédicace du Temple de Dakké).

⟨hieroglyphs⟩ Le fils d'Osiris, engendré par Isis, nourri par Nephthys (Dédicace du Temple de Dakké).

⟨hieroglyphs⟩, ⲣⲏⲛ, d'Edṅue. G. 250.

⟨hieroglyph⟩ même signification.

⟨hieroglyphs⟩, ϯϭⲓ-ⲧⲟⲩ-ⲧ, Je te nourris.

⟨hieroglyph⟩ Nourrice, G. 18.

⟨hieroglyphs⟩, Sa mère (et) sa nourrice. (Momie Borée du grand Duc de Toscane).

M.ᵉ ⟨hieroglyph⟩ Caractère symbolique représentant une femme dont le corps est prolongé outre mesure pour embrasser plus d'espace entre ses bras et ses jambes : exprime l'Idée Ciel ⲡⲉ, ⲧⲡⲉ, synonyme de ⟨hiero⟩ ou ⟨hiero⟩, caractère dont la figure de femme imite la forme par sa posture extraordinaire. G. 37.

N.ᵉ ⌷ (ⲧⲡⲉ.ϯϥⲉ) Le Ciel, caractère symbolique et figuratif réunis, plus la marque de genre (Inscription de la momie du musée de Turin).

O.ᵉ 𓁐 , ⲧⲱⲏⲣⲉ, l'aînée (fille). G. 117.

P.ᵉ 𓁐 , ⲟϣⲓ, Assistante, titre sacerdotal. G. 105.

Figures de femme, la tête ornée de coiffures diverses.

Q.ᵉ 𓁐 , pronom affixe de la première personne du singulier féminin, si une reine parlait d'elle-même. G. 259.

R.ᵉ 𓁐 Caractère figuratif représentant une femme assise, coiffée de la couronne des régions supérieures, et tenant en main l'emblème de la direction, exprime l'idée reine, Regina, Rectrice.

𓁐 (ⲧⲟⲧⲣ) Employé comme déterminatif figuratif du phonétique abrégé ϯⲟ, Reine. (statue d'Arsinoé Philadelphe, au Capitole).

S.ᵉ 𓁐 , (ⲧⲟⲧⲣⲱ) Reine. G. 318. 𓁐 , (ⲧⲛⲟⲧⲧⲉ), Déesse. G. 318.

T.ᵉ 𓁐 Caractère figuratif représentant la déesse Néith, ⲛⲏⲓⲧ, ⲛⲏⲓⲧ, — 𓁐 , tirant de l'arc. G. 124.

𓁐 , Nom propre de femme. (momie de prêtre, musée de Turin).

U.ᵉ 𓁐 Caractère figuratif représentant la Déesse Ⲑⲙⲉⲓ, Ⲑⲙⲏⲓ ou ⲧⲉ Ⲑⲙⲉ, la déesse Vérité ou Justice, fille du Soleil. G. 225, 124.

𓁐 , (ⲧⲙⲏ, ⲑⲙⲏⲓ), la Déesse Vérité, la Déesse Justice, répond au phonétique 𓄤 qui lui servait de pronunciation : ce caractère est employé isolément.

𓁐 , (ⲧⲙⲉ-ⲙⲁⲓ) Aimé de la Déesse Vérité ; titre commun à plusieurs Pharaons : φιλαληθης, Ami de la Vérité.

52

[hieroglyphs], Le puissant Horus ami de la vérité. (Obélisque Flaminien, face orientale), cp G. 439.

[hieroglyphs], (тμε)-μαι, Aimé de la Vérité, et parfois ami de la vérité, Φιλαληθης. Titre commun des Pharaons. (Obélisques, bassin, &c G. 220).

[hieroglyphs], πμα μ тμε, Don de la vérité. G. 201.

U⁵ᵇⁱˢ [hieroglyphs] μαπτμ, Tribunal, le lieu de la Justice. G. 102.

V.° [hieroglyphs] Caractère figuratif, représentant la Déesse Nûth пнιτ, coiffée de son insigne, la partie inférieure du Pschent.

[hieroglyphs], (пнιт), ce caractère est l'équivalent du phonétique [hieroglyphs] ou [hieroglyphs] auquel il sert parfois de Déterminatif. (Rituel funéraire, distribution des Membres, Musée de Paris et de Turin).

X.° [hieroglyphs] μαт.т, La Déesse Mouth. G. 124.

[hieroglyphs], λιλοτ π̄ тματ, Nourrisson de la Déesse Mouth. G. 124.

Y.° [hieroglyphs], Απκ τωнρι, Anouké (l'aimée), la puissante. G. 357.

Z.° [hieroglyphs] патфε, la Déesse Natphé.

[hieroglyphs], сатεμαι, Aimé par Saté. G. 434.

A.° [hieroglyphs] нсε, Isis; caractère figuratif représentant la Déesse Isis, tenant les insignes de la vie divine dans sa main. G. 124.

B.° [hieroglyphs] Autre caractère figuratif, représentant la Déesse Isis et répondant au nom ordinaire [hieroglyphs], auquel il sert souvent de Déterminatif.

𓁥 , 𓁧 ,

𓁥 , Employé isolément (ⲎⲤⲈ) Isis, déesse, fille de Netphé et sœur d'Osiris. Exemple :

𓁥𓁧 (ⲠⲦⲢ-ⲎⲤⲈ-ⲘⲀⲒ), Chéri de Phtah et d'Isis.

C.° 𓁥 , 𓁧 Caractère figuratif, représentant la déesse Isis présidant aux régions inférieures et répondant au groupe 𓇋𓋴𓏏 (ⲎⲤⲈ) nom ordinaire de la déesse : G. 124.

𓁥 , 𓏙 ⲎⲤⲈⲘⲀⲒ, Aimé par Isis, G. 434.

𓁥 𓇋𓋴𓏏 𓏏 𓊹 𓎟 𓈖 𓉐 𓏏 𓋴𓄿 𓅓𓋴𓆄 𓈖 Natphé ū (ⲠⲒ) ⲦⲒⲚⲀⲦⲪⲈ , ⲎⲤⲈ ⲦⲰⲎⲢⲒ ⲦⲘⲀⲦ ⲠⲦⲢ ⲚⲈⲂ (Ⲛ̄) ⲠⲈ ⲦⲤⲒ Ⲛ̄ⲤⲈ ⲘⲒⲤⲈ Ⲛ̄ Ⲛⲁⲧⲫⲉ ū (ⲠⲒ) ⲦⲒⲚⲀⲦⲪⲈ,

Isis la puissante mère divine dame du ciel fille de Sév enfantée par Natphé dans la demeure de Natphé. G. 125.

D.° 𓁥 , 𓁧 Caractère figuratif, représentant une Déesse assise, la tête surmontée d'un scorpion : c'est la Déesse Selk.

𓁧 Employé comme déterminatif figuratif du mot 𓋴𓂋𓈎 , Selk, nom propre de la déesse, ou isolément, Ear (de droite à gauche) 𓁧 𓂋 𓋴𓂋𓈎 Les dents appartiennent à la Déesse Selk. (Papyrus du musée de Turin).

E.° 𓁧 Caractère Phonétique exprimant la lettre (ϩ) employé dans les basses époques. G. 45. n.° 228.

𓁧 Autre Caractère exprimant la même lettre (ϩ) G. 45, n.° 229.

F.° 𓁧 Autre caractère phonétique exprimant la même lettre (ϩ). G. 45, n.° 230.

G.° 𓁥 , 𓁧 Caractère symbolico-figuratif représentant la grande Déesse 𓃀𓏏 , Paschet, l'une des formes de Neith (Satis)

54

(*L'exemplaire du Musée Royal*).

H.° 𓁐 Tfnn, la déesse Tafné assimilée à Baschl, nommée aussi Menhi et soleil femelle. G. 116.

I.° 𓆗 Caractère figuratif symbolique, représentant une des déesses Ôrō. ⎯⎯, ⎯⎯ (Uræus ou Aspic), auxquelles étaient consacrés les doigts de l'homme (*Rituel funéraire ; division des membres Musées de Paris et de Turin*).

J.° 𓅽 , 𓅽 Caractère symbolique représentant une tête humaine sur un corps d'Épervier, exprime l'âme ΨΥΧΗ : ce caractère se prononçait Bäi en langue égyptienne. (*Horapollon, hiérogl. livre 1. ch. 7.*)

𓅽𓏺 (Bäi), Âme, ΨΥΧΗ, anima ; l'âme séparée du corps :
𓅽 𓏏 𓈖 𓊨 𓁹 𓉔 L'Âme de l'Osiris (un tel) dans la demeure d'Osiris. (*Rituel funéraire, 1.ʳᵉ partie, form. 2ᵐᵉ*).

K.° 𓀾 , 𓀾 Caractère figuratif, représentant une Momie couchée, exprime l'idée générale corps, corps embaumé : (*Voir* 𓂝).

𓀾 , Avec les marques de guerre, son corps. (*Momie grecque du Musée de Turin*) ⎯⎯ Membres de l'homme. ⎯⎯

26. 𓁷 , 𓁷 Caractère figuratif, représentant la tête, ou plutôt la face humaine (ϩο, ϩο copte) et ϩρα, faciès.

𓁷 𓏺 Tête, face, visage (ϩο) ϩρα.

𓂓 𓁷 𓏺 𓊹 𓏏 𓅃 𓀒 𓊪 𓏏 𓋹 Sur la tête (ou face) de Lionne placés les deux palmes. (*Description de Neith-panthée, Rituel funéraire 1.ʳᵉ partie, sixième form.*)

𓂓 𓁷 𓏺 𓊹 𓈖 𓅃 𓂋 𓊪 𓏏 𓋹 Sur la tête (ou face) de forme humaine mets les deux parties du Pschent. (*idem, idem.*)

𓀀 𓁷 𓏤 𓊃 𓀜, en une face d'aspersion. (manuscrit de ...

salon (Denon Rituel, faire 19).

𓁷 𓏥, Pluriel du précédent, faces, têtes.

𓊃 𓏪 𓁷 𓏥, fais trois têtes ou faces. (omniprés. de ... ... parle, section ... formule 19).

A. 𓀁, 𓁷, Caractère phonétique représentant la face humaine $\mathfrak{2}o$, $\mathfrak{2}a$ et exprimant l'Aspiration $\mathfrak{2}$, H, dans les mots égyptiens G. 45. n°. 215.

   𓁷 𓏤, ($\mathfrak{2}o$), face. G. 59 & 91.
   𓁷 𓏤, πετ2ο (copte πε2ο), la face. G. 174.
   𓁷 𓏤, πε420, sa face. G. 312.
   𓁷 𓍘, 2ο-πογρε, à la belle face. G. 564.

B. 𓁷 𓏤 ou 𓁷, figurant une face humaine, $\mathfrak{2}o$. C'est l'équivalent perpétuel de la préposition copte 21, qui lui servait de prononciation. G. 46. Cette préposition est susceptible d'une grande variété d'acceptions, suivant la place qu'elle occupe.

   𓁷, 𓁷, 𓁷 𓏤, 21. sur, préposition. G. 175. 240. et 4e.
   𓁷 𓏤, 212pat, sur ma face. G. 530. {sur chacune des chapelles (D. ... Rosette, lig. 9)}
   𓁷 𓏤 𓏪 , 21 πετ2pa, sur leurs faces. G. 176.
   𓁷 𓁶 𓏤, 21 χω, sur la tête. G. 331.
   𓁷 𓁶, 21 πεκχω, sur ta tête. G. 396.
   𓁷 𓁶 𓏤, 21 πεκχω, sur ta tête. G. 360.
   𓁶 𓏤, 21χωκ ou 21πεκχω, sur ta tête. G. 462.
   𓁷 𓁶 𓏤, 21 πογ4ω, sur sa tête. G. 497.
   𓁷 𓂝 𓏥, 21 νεςτοτε, sur ses deux mains. G. 186.
   𓁷 𓇾, 21 πτο, sur le monde. G. 336.

ϩⲓ [hier.] ϩⲓ ⲧⲉϩⲓⲏ, sur le chemin. G. 308.
ϩⲓ [hier.] ϩⲓ ⲡⲓⲁⲛⲅⲉⲩⲥⲓ, sur le trône. G. 290.
ϩⲓ [hier.] ϩⲓ ⲡϭⲟⲉⲧ ⲛ̄ ⲉⲱⲣ, sur le trône d'Horus. G. 296.
ϩⲓ [hier.] ϩⲓ ⲡϭⲟⲉⲧ ⲛ ⲉⲱⲣ, sur le trône d'Horus. G. 518.
ϩⲓ [hier.] ϩⲓ ⲡⲉϥϭⲟⲉⲧ, sur son trône. G. 287.

ϩⲓ [hier.] ϩⲓ, sur; cette préposition reçoit pour complément les pronoms affixes, [hier.], [hier.], [hier.], ϩⲓⲣⲱⲓ, sur moi, ϩⲓⲣⲱⲕ, sur toi, ϩⲓⲣⲱϥ, sur lui. G. 463.

[hier.], ϩⲓⲱⲓ, ϩⲓⲱⲧ, sur moi, (homme). G. 460.
[hier.], ϩⲓⲱⲓ, ϩⲓⲱⲧ, sur moi, (femme). G. 460.
[hier.], ϩⲓⲱⲕ, sur toi, (homme). G. 460.
[hier.], sur toi (femme). G. 460.
[hier.], ϩⲓⲱⲧ, copte ϩⲓⲱ, sur toi (femme). G. 460.
[hier.], ϩⲓⲱϥ, sur lui, (homme). G. 460.
[hier.], ϩⲓⲱⲥ, sur elle. G. 460.
[hier.], ϩⲓⲱⲛ, sur nous, (des deux genres). G. 460.
[hier.], ϩⲓⲱⲧⲛ̄, sur vous, (idem). G. 460.
[hier.], ϩⲓⲱⲧⲛ̄, sur vous. G. 461.
[hier.], ϩⲓⲥⲛ̄, copte ϩⲓⲱⲟⲩ, sur eux ou sur elles. G. 460.

ϩⲓ, signifie aussi au-dessus. G. 412
[hier.], ϩⲓⲥⲛ (ϩⲓⲱⲟⲩ), au-dessus d'eux. G. ....
[hier.], ϩⲓⲃⲱ, au-dessus de. G. 461.

ϩⲓ, signifie par, G. 268 et 277.
[hier.] ϩⲓⲱϥ, par elle. G. 311. = [hier.], la 6ᵉ heure de la nuit.

ϩⲓ, a le sens de vers; G. 339.
[hier.] ϩⲓ ⲡⲉⲙⲛⲧ, vers l'Occident. G. 339.

ϩ signifie aussi après, derrière.

ϩⲓⲥⲱⲓ, après moi, derrière moi. G. 490.

ϩⲓⲥⲱⲕ, après toi, derrière toi. G. 492 et 494.

après lui, derrière lui. G. 496.

ϩⲓⲡⲉⲛⲡⲟⲧ, derrière leur dos. G. 279.

ϩⲓ, contre. G. 481.

ϩⲓ, dans l'action. G. 807.

ϩⲓ, avec l'acception dans.

ϩⲓ ⲡⲉϥϫⲱⲙⲉⲩ, dans sa force. G. 359.

ϩⲓ, pour, à. G. 457 et.

, ϩⲓ ⲉⲓⲁ, pour purifier. G. 324.

, ϩⲓ ⲟⲩⲁϣⲧ, pour adorer. G. 479.

, ϩⲓ ⲕⲃⲉ, à purifier. G. 394.

ϩⲓ, signifie aussi outre, au sus de. G. 457, 458.

ϩⲓ, a aussi le sens de à cause de. G. 349.

ϩⲓⲛⲧ, parce que, même signification. G. 324.

ϩⲓⲛⲧ, signifie parce que. G. 522. 504.

ϩⲓⲛⲧ, parce que; même signification. G. 504.

ϩⲓ au lieu de ϩⲓⲛⲧ est une faute du scribe: on écrit régulièrement ϩⲓⲛⲧ,

ϩⲓⲛⲧ, parce que; idem. G. 505.

ϩⲓⲍⲱ, a le sens de la simple préposition ϩⲓ, sur. elle

ϩⲓⲍⲱ composée de ϩⲓ, sur, et de ⲍⲱ (ϫⲱ) la tête:
la préposition écrite séparée ϩⲓϫⲛ̄, ϩⲓϫⲉⲛ, ϩⲓϫⲱ, n'en est qu'une transcription. G. 161.

ϩⲓⲍⲱ, sur; même sens. G. 337.

15.

38.

𓊪𓏺 , s'emploie avec les pronoms personnels.

𓊪𓏤𓀀 ϩιϧραι, sur moi. G. 100. 466.

𓊪𓏤𓀀 ϩι-ϫω-ι, répondent exactement à ϩιϫωι, sur moi. G. 463.

𓊪𓏤𓀀 ϩι-ϫω-κ, copte ϩιϫⲛ̄, ϩιϫωκ, sur toi. G. 463.

𓊪𓏤 ϩιϫωκ, sur toi. G. 462.

𓊪𓏤𓀀 ϩι-ϫω-ϥ, ϩιϫωϥ, sur lui. G. D.

𓊪𓏤𓀀 ϩι-ϫω-ⲥ, ϩιϫωⲥ, sur elle. G. D.

𓊪𓏤 ϩιϫⲛ̄ ⲡⲧⲟ, sur le monde. G. 484.

𓊪 sur le monde. G. 462.

D. 𓊪𓂓 ⲁⲧⲡⲉ, ⲁⲫⲉ, chef, protecteur, qui est en tête d'une chose, le mot copte ⲁⲧⲡⲉ s'employant aussi dans ce sens; ce groupe est la réunion des deux caractères figuratifs tête.

𓏺𓏤𓀭𓈗𓎟𓇳𓊪𓂓𓀭𓏤𓈖𓀀𓏤𓏤 , aimé par Amon-ra dieu Grand manifesté dans les deux firmaments et le chef des autres dieux grands. (Tableau à libation, Musée de Turin). On peut encore traduire ce groupe par Garde, φυλακτήριον, præsidium, tutela. (Horapollon, livre 1er, chap. 21). Voyez aussi 𓊪𓂓, plus bas

𓂓 Composé de 𓊪 abréviation de 𓊪𓏺 , et de 𓂋 ⲣⲟ la bouche, signifie sur, au-dessus de (super). G. 463.

𓂓 ϩιⲡⲛ̄, au-dessus des. G. 463

𓂓𓏥 (ϩιⲣⲱⲟⲩ) ϩιⲥⲛ̄, sur eux, au-dessus d'eux. G. 464.

𓂓 ϩιⲡⲉ, a aussi le sens de sur. G. 309.

𓂓 ϩⲁⲣⲟⲕ, à toi. G. 100.

𓊪𓂓, 𓊪𓂓 ϩⲣⲁι (ϩⲏⲧ), ϩⲣⲁι-ϩⲏⲧ, Torse, milieu du corps. G. 94.

𓊪𓂓, 𓂓 ϩⲣϩⲏⲧ, l'intérieur du corps. G. 488.

𓊪𓂓 ⲧⲉⲕϩⲣϩⲏⲧ, ton intérieur. G. 488.

⳾⳾ ϩⲣⲁⲓϩⲧ, résidant dans. G. 194.

⳾⳾ ϩⲟⲗⲓ, terribles. G. 589.

⳾⳾ ϩⲉⲗⲓ, terribles. G. 481.

⳾⳾ ϩⲗⲓ, ϩⲉⲗⲓ, craindre, timere, avoir peur, être terrible. G. 386.

⳾⳾ ϩⲉⲗⲓ-ⲕ, le craignent. G. 242.

⳾ Autre forme de la préposition sur, rendue phonétiquement ϩⲣⲁⲓ, sur, avec le caractère déterminatif ciel, expriment un rapport de supériorité. G. 190.

⳾⳾ ϩⲣⲁⲓ ⲧⲡⲉ, en haut du ciel. G. 336.

⳾⳾ ϩⲓⲡⲁⲧⲡⲉ, en haut, a une signification très analogue. G. 422.

⳾⳾ ϩⲓⲡⲁⲧⲡⲉ, le haut. G. 307.

⳾⳾ ϩⲓⲡⲁⲧⲡⲉ, supérieur, a une signification très analogue. G. 204 et 457.

⳾⳾ ϩⲓⲡⲁⲧⲡⲉ ⲡⲉϥⲑⲣⲟⲛⲟⲥ, sur son trône. G. 464.

⳾⳾ ϩⲓⲡⲁⲧⲡⲉ, signifie aussi habitant. G. 252.

⳾⳾ ou ⳾⳾ ; ce groupe répond exactement à l'adverbe copte ϩⲓⲧⲡⲉ, en haut, en dessus, mais avec la valeur d'une véritable préposition. G. 465.

⳾⳾ ou ⳾⳾ ϩⲓⲧⲡⲉ, sur. G. 466 et 405.

⳾⳾ ϩⲓⲧⲡⲉ ⲡⲣⲟ, sur le monde terrestre.

⳾ a aussi le sens de par dessus, au dessus de. G. 465.

⳾⳾ autre forme de la préposition sur. ϩⲓⲡⲁⲧⲡⲉ.

⳾⳾ ϩⲓⲡⲁⲧⲡⲉ ⲡⲉⲛⲟⲩⲣ, qui est sur les dieux. G. 465.

⳾⳾ ⲡⲉϥϩⲟⲩⲭⲱⲧ, celui dont la face est enflammée. G. 69.

[⚬⚬⚬], *aïocéphale*, celui qui a une tête de bélier. G. 69.

Le groupe [⚬] ou [⚬] nous paraît répondre au pronom copte ϩⲱⲕ ou ϩⲓⲱⲕ toi même ; [⚬] ϩⲱⲧ, ϩⲱⲱⲧ toi même (femme). G. 370.

[⚬] ϩⲱⲱⲕ, toi. G. 446.

[⚬][⚬] ϩⲱⲱⲕ Ocipe, toi Osiris. G. 370.

[⚬], [⚬], Répond à la préposition copte isolée ⲛⲁϩⲣⲛ̄, contre, devant, en présence de. G. 467.

[⚬], [⚬], a le sens de ϩⲣⲁⲓϩⲧ, qui réside dans. G. 181. 273 et 344.

[⚬], ϩⲛ, (copte ϩⲟⲧⲛ), le ventre, le centre, le milieu. Ses jambes sont écartées et son ventre (ou le milieu du corps) est en (forme) de scarabée. (Rituel funéraire, dernière partie, Description d'Amon-ra Panthée).

Le Pschent est au milieu d'elles. (Inscription de Rosette, ligne 9.)

27. [⚬], [⚬], Caractère figuratif représentant la tête humaine.

[⚬] (copte ⲁⲡⲉ, ⲇⲱ), tête, caput. G. 72.

Ses deux palmes sont sur sa tête. (Rituel funéraire, III partie, même ... Description d'Hermanubis.)(Papyrus Cadet. pl. 78 col. 110. 112. 111)

Les deux palmes sur sa tête. (Description d'Amon Panthée, Rituel funéraire, III partie, section 2º, formule 20).

[⚬] Ta tête. (Objet funéraire du musée de Turin. G. 390, 497.)

Ta tête (ô homme) est à toi, vis avec elle. (même objet - Objet du musée Royal ; G. 301.).

ⲛ̄ⲥⲉⲁⲡⲏⲧⲉ ⲱⲛϩ, des êtres vivants. G. 251.

𓁶 , 𓁷 , 𓏥

𓁶 𓏤 𓈖 𓅿 𓊖 𓅆 ⲧⲁⲡⲉ ⲛ̄ ⲡⲓⲉϩⲧ ; la tête du cygne. G.116.

𓁶 𓏪 𓂿 𓏪 ⲛⲉⲛϫⲱ ; leurs têtes. G.146.

28. 𓁶 , 𓁶 , caractère figuratif, représentant une tête imberbe. Tête de femme.

𓁶 𓏤 (ⲁⲡⲉ, π). La tête en parlant d'une femme, féminin de 𓁶 𓏤
𓊃 𓏤 𓋴 𓏤 𓏏 𓇋 𓈖 , Ta tête (ô femme) est à toi, visible elle! (cercueil féminin du Musée de Turin).

𓁶 𓏤 𓊃 𓏪 , ⲡⲉϫⲱ ⲛⲉⲧ , ta tête à toi. G. 192.

𓁶 𓏤 , ⲅϣⲛ , a aussi la valeur de sur. G. 253.

29. 𓁷 𓁷 , ⲁⲡⲏⲧⲉ , Têtes barbues avec une coiffure caractéristique, signifie les chefs (étrangers). G. 272.

𓁷 𓊍 ou 𓁶 𓊍 , ou même le groupe entier 𓁶 𓊍 ou 𓁷 𓊍 , remplacent le copte ⲧⲉϭⲟⲧⲉⲓⲧⲉ , ⲧϣⲟⲣⲡ , la première.

𓁶 𓊍 , ⲡⲁⲡⲉ (ϣⲟⲧⲓⲧ) , le premier, G. 240.

𓁷 𓊍 ⲡⲁⲡⲉ (ϣⲟⲧⲓⲧ) , le premier, le chef. G. 241.

𓁶 𓊍 𓏤 𓀀 𓏪 𓏏 , ⲡⲁⲡⲉ ⲛ̄ ϩⲁⲛⲙⲁⲧⲟⲓ ⲛⲁϣⲱⲟⲩ , le chef de nombreux soldats. (Inscription des tombeaux de Kourna).

30. 𓏥 , 𓏥 Caractère figuratif, représentant une mèche de cheveux, une chevelure, coma.

𓏥 cheveux, déterminatif figuratif du groupe phonétique 𓏤, ayant la même signification. (Rev. funb.)

A. 𓏥 Variante du précédent. (Rituel funéraire du Musée Royal).

𓏥 𓂀 Caractère figuratif, Chevelure, Coma.

𓏥 𓂀 𓇳 𓊹 , Divine chevelure du soleil, titre de la Déesse Hathôr, Vénus. (Philæ, sur l'obélisque de droite, 6ᵉ colonne).

62.

B. 𓏠 signe déterminatif de l'adjectif 𓈎𓅓, ⲕⲁⲙⲉ, noir, tiré de la couleur noire des cheveux de la race Égyptienne. G. 321. (Même page, même exemple — lire Cheveux au lieu de Chevaux, erreur typographique).
𓃀𓏤𓂋𓊪𓃒 ⲡⲣⲓⲣ ⲕⲁⲙⲉ, ⲡⲓⲟⲩⲁⲉⲧ (copte ⲉⲩⲁⲧ) ⲕⲁⲙⲉ, le cochon noir, le verrat noir. (Rituel hiéroglyphique gravé dans la Description de l'Égypte. A. vol. 2, pl. 73, col. 16 à 19.) G. 321.

31. 𓄑𓄑, 𓄑𓄑, Caractère figuratif, représentant et exprimant les oreilles de l'homme. Ce groupe figuratif répond phonétiquement à 𓀀 ⲙⲁϭⲉ, copte ⲙⲁⲁϫⲉ. G. 92.

𓄑𓄑, Oreilles. (Coffret funéraire du Musée de Turin).

𓄑𓄑, ⲙⲁⲁϫⲉ 𓏻, les deux oreilles. G. 163.

𓄑𓄑 ⲛⲟⲧ-ⲙⲁⲁϫⲉ, les oreilles. G. 205.

𓄑𓄑 ⲡⲉⲕ oreilles sont à toi, entends avec elles. (Coffret funéraire du Musée de Turin).

𓄑𓄑, ⲙⲁϫ, copte ⲙⲁⲁϫⲉ, les oreilles : avec la finale des pluriels phonétiques, ou bien avec le signe déterminatif particulier aux membres du corps humain. G. 92.

𓄑𓄑 les oreilles de l'Osirien (un tel) sont... à Macédo-Dieu. (Rituel hiéroglyphique du Musée Royal).

𓄑𓄑, les oreilles entendent. (Rituel funéraire).

32. 𓁹, 𓂀, Caractère figuratif représentant l'œil de l'homme.

𓁹 (ⲃⲁⲗ.ⲡ) l'œil, oculus; caractère figuratif noté. G. 92.

𓁹 (ⲡ)ⲡⲣⲏ ⲛⲃⲁⲗ, l'œil du soleil. G. 102.

𓁹 ⲡⲃⲁⲗ ⲛⲥⲉⲧ, l'œil droit. G. 240.

𓁹 ⲃⲁⲗϩⲱⲣ, Balhôr (l'œil d'Horus). G. 112.

𓂀𓅃𓊹 (Bäḥgwp), l'œil d'Horus, nom d'une divinité Égyptienne représentée sous la forme d'un homme la tête surmontée d'un œil humain.

𓀁𓎡𓄿𓂀𓊹 sa cuisse appartient à Ptah-Dieu (Rituel funéraire hiéroglyphique du musée Royal).

𓅓𓊹 (Bal gwp), l'œil d'Horus, variante du nom précédent de divinité Égyptienne.

A. 𓂀 , (Bal), figuratif noté, l'œil, œil, expression métaphorique exprimant l'idée fils, enfant.

𓊪𓏏𓐍𓂋𓇋𓂀𓅆 πτϥρη Βαλ ν̄ ςενϭωρ, Petepher fils de Senḥor (femme). (Coffret funéraire Musée de Turin).

𓂁 (neBal, Bal ē), pluriel figuratif du précédent, les yeux, les deux yeux. G. 91. 169. 954.

𓀎𓂀𓅆𓊹𓎟𓊵 Tes yeux appartiennent à la Déesse Hathor dame du ciel. (Rituel funéraire hiéroglyphique du Musée royal).

𓂀𓂉 , ses yeux respectables. (Rituel funéraire ph. 14e col. 110).

𓂀𓏏𓁐𓏪 Tes yeux (d'homme) sont à Kô, NEK Βαλ nak, vois avec eux! (Coffret funéraire musée de Turin). Ϭ Φϣι.

𓂀𓏏𓁐𓏪 Tes yeux (à femme) sont à Kô, vois avec eux! (autre coffret, musée de Turin).

𓂀𓅆 ναβαλ, mes yeux. G. 291.

𓂀𓅆 , nerBal net, tes yeux sont à Kô. G. 291.

𓂀𓏪 (neBal), les yeux; pluriel figuratif noté, variante du précédent.

𓀎𓂀𓅆𓊹𓎟𓊵𓅆 ses yeux appartiennent à la Déesse Hathor. (autre rituel hiéroglyphique du musée Royal).

𓊪𓊪 , (ⲞⲤⲒⲢⲈ, ⲞⲤⲒⲢⲒ), Osiris nom propre de Divinité de la troisième classe, et la première de la religion populaire. G. 478, 440.

𓊪𓊪 ⲞⲤⲒⲢⲈ ⲠⲰⲎⲢⲒ Ⲛ̄ Ⲉ̄ ⲠⲈⲚⲦⲢ, Osiris l'aîné des cinq dieux. G. 198.

𓊪𓊪 ⲞⲤⲒⲢⲈ ⲠⲦⲎⲢ ⲚⲀⲀ ⲠⲠⲎⲚ&Ⲙ̄ ⲘⲀⲚⲞⲦⲎ&-ⲘⲀⲒ, Aimé d'Osiris dieu grand, seigneur de l'Abaton. G. 437.

𓊪𓊪 ⲞⲤⲒⲢⲈ ⲠϦⲎⲦ Ⲛ ⲠⲀⲈⲘⲎⲚⲦ, ὁ Osiris président des contrées occidentales. G. 336.

𓊪𓊪 , ⲞⲤⲒⲢⲈ ⲈϮ, qu' Osiris accorde. G. 355.

𓊪𓊪 , ⲞⲤⲞⲢⲰⲎⲢⲒ, Osoröeri, homme, Osiris l'aîné. G. 106.

𓊪𓊪 ⲞⲤⲞⲢⲰⲎⲢⲒ, Osoröeri, homme; Osiris l'aîné ou le chef; transcrit Ὀσορῆρις par les Grecs. G. 195.

𓊪𓊪 ⲞⲤⲒⲢⲈ ⲠⲤⲈⲚϨⲰⲚⲤ, Osiris-Senchonsis. G. 286.

𓊪𓊪 , ⲞⲤⲒⲢⲀⲠⲒ, Osar-api, noms combinés d'Osiris et d'Apis, nom d'Osiris qui est l'origine évidente du Σαραπις des Grecs et du Serapis des latins.

𓊪𓊪 Osorapis qui est dans les contrées occidentales, (Stèle du cabinet impérial de Vienne, N° 96).

𓊪𓊪 ⲞⲤⲀⲢ-ϨⲀⲠⲒ, Osar-hapi, variante du précédent, nom d'Osiris.

𓊪𓊪 , le fils du Prophète du temple d'Osar-hapi, (Stèle du cabinet de Vienne N° 46). Ce titre fut donné à trois individus de la même famille.

𓊪𓊪 ⲞⲤⲀⲢⲠⲦⲀϨ, Osarphtha ou Osorphtha, nom d'Osiris identifié avec Phtha.

[hiér.] Ⲟⲥⲟⲣⲡ ⲧⲁϩ ⲛⲉⲕⲱⲛϩ, Osorphtà seigneur de la vie, Dieu! (Litanies d'Osiris).

[hiér.] ⲙⲙ ⲛ̄ Ⲟⲧⲥⲓⲣⲉ, d'Osiris. G.242.

[hiér.], Ⲟⲧⲥⲓⲣⲉ, Osiris, Διόνυσος (Bacchus). G. 112.

[hiér.] Ⲟⲧⲥⲓⲣⲉ, Osiris, Διόνυσος (Bacchus). G. 112.

[hiér.], Ⲟⲧⲥⲓⲣⲉ, ὁ Osiris, G. 408. [hiér.], G. 530.

[hiér.], (Ⲟⲧⲥⲓⲣⲉ), Osiris: variante du précédent: le signe figuratif d'espèce au lieu du signe symbolique. G. 202, 517.

[hiér.], Osiris, Osirien, qualification des défunts dans les inscriptions.

[hiér.] Ⲟⲧⲥⲓⲣⲉ Ⲟⲃⲉ ⲡⲙⲉⲧⲁⲧⲉ, ὁ Osiris Obè le véridique. G. 462.

[hiér.], Même groupe au féminin.

[hiér.], (Ⲟⲧⲥⲓⲣⲉ). Osiris. variante des précédents, suivie du caractère figuratif du Dieu lui-même.

[hiér.] Ⲟⲧⲥⲓⲣⲉ, Osiris, Dieu. (Bacchus). G. 112.

[hiér.], Ⲟⲧⲥⲓⲣⲉ, l'Osiris. G. 206, 388.

[hiér.], Variante du nom d'Osiris: [hiér.] remplacé par le lit de repos [hiér.]. G. 388.

[hiér.], Variante du précédent. Osiris.

B. [hiér.], [hiér.], [hiér.], caractère symbolique, représentant les deux yeux humains. Exprime l'idée générale voir: il tenait lieu du verbe phonétique [hiér.] ⲙⲉⲓⲟ, ⲛⲉⲓⲱ ou ⲛⲓⲉⲩ, Voir, Considérer, Contempler. G. 354.

[hiér.] (ⲛⲁⲩ), Voir, Examiner, Contempler, Considérer.

66.

〈hiéroglyphes〉 (Accorde lui) d'être manifesté à la lumière par ou parmi les serviteurs d'Horus pour contempler le dieu soleil dans sa splendeur. (Stèle Sanalasque, N.° 1369).

C. 〈signe〉 est un synonyme de 〈signe〉, employé dans la même formule.

〈hiéroglyphes〉, tes yeux (ô homme) sont à toi, les vois avec eux ! (Coffret funéraire du Musée Royal).

〈signe〉, ΜΕϨΚ, te voir. G. 170. — 〈signe〉 Nom du Dieu du 8.e jour du mois.

〈hiéroglyphes〉, ΜΕϢΙΟ ΠΡΗ, contempler le dieu soleil. G. 354.

D. 〈signe〉, 〈signe〉, Caractère phonétique représentant l'œil humain qui, selon Plutarque, était appelé ιρι en langue égyptienne : c'est le signe vague de voyelle dans les noms Grecs transcrits en hiéroglyphes, notamment de a, e, i, ει. G. 36 & 58.

〈hiéroglyphes〉 Ιωναν, Ionnen, le pays des Ioniens. G. 151.

〈hiéroglyphes〉 Arsinoé ; 〈hiéroglyphes〉 Arsinoé.

〈hiéroglyphes〉 Bérénice.— 〈signe〉 Nom du Dieu du 9.e jour du mois.

〈signe〉, 〈signe〉, ΑΑ ou ΙΡΙ ΕΙΡΕ, Facere, Faire dans les diverses acceptions du mot, Accomplir &c. G. 66. — 〈signe〉 (Nom du Dieu du 10.e jour du mois.)

〈hiéroglyphes〉 et faire donner l'ornement sacré (Inscription de Rosette, Ligne 7.)

〈hiéroglyphes〉 comme on fait aux Dieux. (idem, Ligne 7.)

〈hiéroglyphes〉, pour qu'il fît ou accomplît. (idem, Ligne 9.)

〈hiéroglyphes〉 et faire toutes les autres cérémonies à faire dans les Pantopyies. (idem, Ligne 11.)

〈signe〉, ει, faire. G. 520.

⳨ ⸻, ϭⲓ ⲉⲓⲣⲉ, et de faire. G. 315.

⬚ △ϯ ⸻, ⲉⲓⲣⲉ ⲟⲩⲱϣⲧ ⲱⲟϥ, faire un acte d'adoration. G. 167.

𓏏𓏏𓀀, ⲉⲓⲣⲉ, je fais. G. 502.

⸺, ⲕⲉⲓⲣⲉ, tu fais. G. 526.

⸺, ⲉⲓⲣⲉ, il fait.

𓈖𓏤𓀀 𓆄, ⲉⲓⲣⲉ (ⲧ) ⲡⲥⲟⲧⲡ, fait par le roi. G. 298.

𓈖𓏤𓏤𓏤, ⲥⲉⲛ-ⲉⲓⲣⲉ, ils font.

⸺ ⲉⲓⲣⲉ, on fait. G. 522.

𓏏𓏏𓀀, ⲡⲁⲓ-ⲓⲣⲓ, j'ai fait. G. 409.

⸺𓀀, ⲡⲁⲉⲓⲣⲉ, j'ai fait. G. 504.

𓈖𓏤𓏤, ⲛⲁⲕⲉⲓⲣⲉ, tu as fait. G. 299.

𓈖𓏤𓏤 𓀀𓏲, ⲛⲁⲕⲉⲓⲣⲉ ⲛⲁⲓ, tu as fait à moi. G. 291.

⸺, ⲉⲓⲣⲉ, il a fait. = ⬚ 𓋹 𓏤𓏤𓏤 Nom de la 2ᵉ heure de la nuit.

⸺, ⲉⲓⲣⲉ, il a fait. G. 259.

⸺ 𓊖 ⲉⲓⲣⲉ ⲧⲡⲉ, a fait le ciel. G. 474.

𓈖𓏤 ⧫𓊖𓅓⸻𓊖𓏤𓀀𓏤𓏤𓏤𓆄 𓊖 ⲡⲁϥⲉⲓⲣⲉ ⲟⲩⲥⲉϣ ⲛⲁⲓ ϣⲁ ⲉⲱⲧⲉ. ⲟⲩⲱⲃϣ ⲛⲟϭⲡ ⲛ̄ ⲣⲱⲧ, Il a fait (exécuter) une salle hypostyle, grande, en pierre blanche et bonne de grès. (Dédicace de la salle hypostyle du Rhamesséum). G. 99 et 100.

⸺𓈖𓏤𓊖, ⲉⲓⲣⲉ ⲛⲁϥ ⲙⲁⲛⲉⲧⲱⲛ, Il lui fit une Demeure. G. 111.

⸺𓊖 ⲉⲓⲣⲉ ⲙⲏⲧ, Il a fait un édifice. G. 111.

𓈖𓏤 𓂝𓊖 ⲡⲁϥⲉⲓⲣⲉ ⲙⲡⲉϥⲙⲏⲧ, Il a fait son édifice. G. 298.

𓈖𓏤 𓊖 ⲡⲁϥⲉⲓⲣⲉ, a fait. G. 308.

𓈖𓏤 𓊖 ⲉⲓⲣⲉ (ⲧ) ⲛⲁϥ, il lui a fait. G. 298.

⸺ ⸻, ⲉⲓⲣⲉ ⲛⲁϥ, ce qu'il a fait pour lui (le Dieu Ammon). G. 505.

68.

, ⲉⲓⲣⲉ (ⲧ) ⲛⲁⲥ, il a fait à elle. G. 267.

, ⲉⲓⲣⲉ, on n'en a fait. G. 520.

, ⲉⲓⲣⲉ-ⲛⲁⲥ, a fait exécuter. G. 410.

, ⲛⲁϥⲉⲓⲣⲉ, a fait (exécuter). G. 299, 506. (V. plus bas.)

, ⲉⲓⲣⲉ, il fit.

, ⲛⲁϥⲉⲓⲣⲉ, il accomplit. G. 118.

, ⲁⲣⲓ, fais. G. 118.

, ⲉⲓⲣⲏⲟⲩⲧ, faites. G. 529.

, ⲉⲓⲣⲉ ⲧⲁⲣⲉ afin que soit. G. 129.

, ⲉⲓⲣⲉ, faisant. G. 444.

, ⲉⲧⲉⲓⲣⲉ, ⲉⲧⲓⲣⲓ, faisant (eux). G. 44.

, ⲉⲓⲣⲉ ⲛ̄, à faire, (qu'on fait). G. 529.

ou Participe passif du verbe ; factus, fait, accompli.

, Ces jours (étant) accomplis: (c.a.d. célébrés). Αγειν-τας ημερας ταυτας. (Inscription de Rosette, ligne 11).

, Toutes les autres choses faites (ou accomplies) dans ces Panégyries. (Inscription de Rosette, ligne 11.)

, ⲉⲓⲣⲉ ϣⲁⲁ ⲁⲡⲏ, célébrer ces fêtes. G. 314.

, ⲁⲁ ⲥⲏ, les célébrera (les fêtes). G. 313.

, ϭⲉⲓⲣⲉ, célèbre.

, ⲓⲣⲓ, célébrant. G. 330.

, ⲉⲓⲣⲉ, la célébration. G. 512.

, ⲉⲓⲣⲉ, action (d'offrir). G. 231.

, ⲧⲟⲉⲓⲣⲓⲣⲓ ϩⲱⲛ ⲛ̄-ⲡⲉⲕϩⲣⲁ ⲛⲟⲩϥⲣ, acte d'adoration à ta face belle. G. 167.

𐆖 𐆖 ..... , ⲉ⳨ ⲉⲓⲣⲉ (ⲥⲟⲛ) ⲛ̄, ~~~~~~~~~~~~ à.

, ⲉⲧ-ⲓⲣⲉ, j'agis. G. 182.

, ⲡⲁⲓ-ⲉⲓⲣⲉ, j'exécuterai. G. 408.

ⲉⲓⲣⲉⲥⲁⲛϣ, je nourris. G. 25.

ⲕ-ⲓⲣⲉ ⲛⲟϫⲉ, rends libre. G. 275.

ⲛⲁϥⲉⲓⲣⲉ, qu'il a remportées. G. 253.

ⲉⲓⲣⲉ, étant. G. 100.

, ⲧⲉⲓⲣⲉ, je suis (devenu). G. 455.

, ⲉⲓⲣⲉⲟⲩⲱⲓⲛⲓ, ⲉⲣⲟⲩⲱⲓⲛⲓ, Illuminer, resplendir, Fulgere. G. 359.

, (ⲓⲁⲩ, ⲉⲁⲩ, ⲓⲗⲉ), Voir, connaître, savoir. (synonyme démoytique).

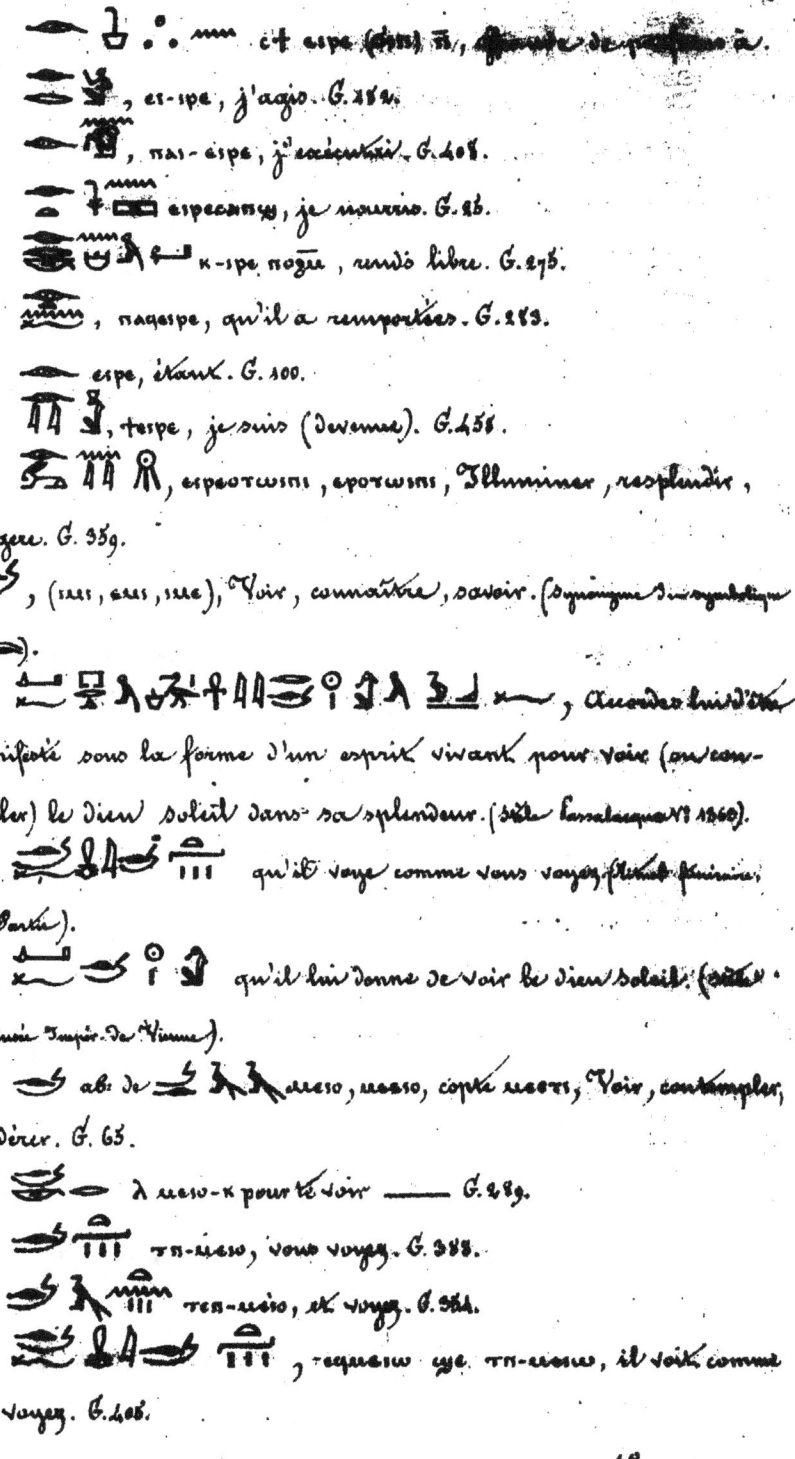

, Au dieu luit d'être manifesté sous la forme d'un esprit vivant pour voir (ou contempler) le dieu soleil dans sa splendeur. (stèle Lanalasque N° 1360).

qu'il voye comme vous voyez. (stèle féminine, 1ère Partie).

qu'il lui donne de voir le dieu soleil. (stèle du Musée Impér. de Vienne).

abr. de ⲙⲉⲥⲓⲟ, ⲙⲁⲥⲓⲟ, copte ⲙⲟⲥⲓ, Voir, contempler, considérer. G. 65.

ⲁ ⲙⲉⲥⲓⲟ-ⲕ pour te voir ____ G. 289.

ⲧⲛ-ⲙⲉⲥⲓⲟ, vous voyez. G. 388.

ⲧⲉⲧ-ⲙⲉⲥⲓⲟ, et voyez. G. 381.

, ⲛⲁⲙⲉⲥⲓⲟ ⲉϥⲉ ⲧⲛ-ⲙⲉⲥⲓⲟ, il voit comme vous voyez. G. 405.

70.

, ⲛⲁⲩⲥⲓⲟ ⲉⲙⲉⲛ, vûs par eux. G. 354.

, ϥⲛⲁⲩ, qu'il voie. G. 388.

, ⲧⲉⲛⲛⲁⲩⲓⲟ, contemplez. G. 184.

, ⲛ̄ ⲛⲁⲩⲱⲕ, en voyant toi. G. 394.

, ⲛⲁⲩⲓⲟ, voyant tes bonnes œuvres. G. 173.

, ⲛⲁϥϥⲉ, il eut aperçu. G. 602.

, ⲛⲁⲩⲓⲟ, (anal. ⲛⲁⲩⲉⲧⲓ), considérer, contempler, (prunelles de l'œil, signe déterm.) G. 372.

, ⲁⲁ, avec la marque de redoublement ⳽ʼʼ même sens que ⲁ : facere, faire, Ἄγειν, Συντελειν. (Inscription de Rosette) accomplir.

, ils font ou ils feront toutes les autres cérémonies légales. (Inscription grecque de Rosette, ligne 7.)

, feront (ou célèbreront) dans les temples. (Idem, ligne 11).

, toutes les autres cérémonies à faire. (Idem ligne 12.)

33. , Caractère phonétique, signe de la voyelle A, et AI, des mots grecs.

34. , autre signe phonétique des lettres Λ, P, dans les noms grecs (L, R). G. 11, N°. 103.

, ⲁⲛⲧⲟⲛⲓⲛⲉ, Ἀντωνινος, Antoninus, nom impérial. Dendéra. (Description de l'Égypte).

35. , signe figuratif symbolique. Ὄττω, les deux yeux symboliques. G. 526.

36. O O, oo, ⸗, Caractère symbolique représentant la prunelle de l'œil, les prunelles des yeux, et employé à la place de l'

même.

[hiér.] synonyme de [hiér.] : Voir, videre, considérer, contempler. G. 372.

[hiér.] L'œil voit, les oreilles entendent. (Rituel funéraire.)

[hiér.] Approche toi, contemple Osiris le seigneur de l'occident. (Papyrus hiéroglyphique peint du Musée Royal, scène du jugement.)

[hiér.] Vois par eux (par tes yeux). (Coffret funéraire du Musée de Turin.)

37. [hiér.], bière, [hiér.], Voyez la grammaire, page 538, Membres humains.

38. [hiér.], [hiér.], Caractère figuratif, représentant la lèvre supérieure et la lèvre inférieure de la bouche humaine : ⲥⲡⲟⲧⲟⲩ, lèvres. G. 18, 92.

[hiér.] (ⲥⲡⲟⲧⲟⲩ, ⲥⲫⲟⲧⲟⲩ), Les lèvres, labia; Caractère figuratif répondant au phonétique [hiér.], ⲥⲡⲧ, mais employé isolément.

[hiér.] Les lèvres de l'Osirien (un tel) appartiennent au soleil Dieu. (Rituel funéraire, du Musée Royal.)

A. [hiér.] (ⲥⲡⲟⲧⲟⲩ), Variante du précédent et employé comme déterminatif figuratif du phonétique [hiér.] G. 92. ⲥⲡⲧ. [hiér.], les deux lèvres.

[hiér.] (sic). Tes deux lèvres sont au Dieu Anubis. (Rituel funéraire, hiéroglyphique, du Musée Royal.) | À La Dent. N°. 39, Voyez à la fin de ce chapitre.

[hiér.], ⲛⲁⲥⲡⲟⲧⲟⲩ, Mes lèvres. G. 270.

40. [hiér.], [hiér.], [hiér.], [hiér.], Caractère phonétique, représentant la bouche humaine en langue égyptienne Ⲣⲟ, Ⲣⲱ, ⲗⲁ, Ⲗⲁ; exprime les consonnes Ⲣ et Ⲗ, (ρ, λ) du copte et du grec. G. 58, 9.

[hiér.], ⲣⲟ, ⲣⲱ, Bouche. G. 92.

[hiér.], ⲡⲉⲧⲣⲱ, ta bouche. G. 504.

[hiér.], ⲡⲉϥⲣⲟ, sa bouche. G. 504.

72.

⊂⊃ 𓂋 et 𓂋, πaρω, bouche, la bouche, ma bouche. G.186, 528.

⊂⊃ , (pw), signifie aussi bouche, porte; chapitre.

⊂⊃ πρω, la porte, G.118.   𓉗 , pw, Avec deux battants de porte; la porte; G.80.

𓉗𓉗𓉗 pwor; les portes. G.184.

A.   𓂋 pe, pw, (copte πε), Portion, partie; syllabe employée aussi dans le sens de Chapitre, portion d'un traité; copte po, pw, Porté, le mot ىب porte ou chapitre des arabes. G.510.

𓂋 𓎟 ⚬ 𓈖 𓊹 pe (pw) n̄ weh n̄ noub, Chapitre relatif au collier d'or. (Titre du 10ᵉ chapitre de la IVᵉ partie du Rituel funéraire).

⊂⊃⊂⊃⊂⊃ (copte pwor), les portes, les chapitres, pluriel du précédent.

⊂⊃ 𓎟 𓏥𓏥 𓉐 ⚬ 𓂋 𓉐 pwor (n̄) wai nte ni orcipe, Portes de l'escalier de la maison d'Osiris. (Rit. funer. IIIᵉ partie, sect. 2, chapt.)

⚬⚬⚬ , (copte pwor), les portes, les chapitres, pluriel de 𓂋. (Titre de la 2ᵉ partie du Rituel, Musée de Turin).

≡ , (copte pwor), pluriel figuratif numérique, de 𓂋, Bouche, porte, chapitre.

𓂧𓀀≡𓉐 xwme (n̄ne) pwor (n̄) hpr, livre ou volume des chapitres concernant la manifestation de. (Titre Général du Rituel funéraire du Musée de Turin).

B.   ⊂⊃, Représentant le mot pe, nom masculin, qui signifie portion, part ou partie, forme également les nombres fractionnaires coptes en se combinant avec les noms ou les chiffres des nombres cardinaux.

𓏺𓏺𓏺 , pe ⲅ̄ (copte pe ⲅ̄), le tiers.

𓏺𓏺𓏺𓏺 , p̄ ⲇ̄ (copte p̄e ⲇ̄), le quart.

𓏺𓏺𓏺𓏺𓏺 , p̄ ē (copte pe ē), le cinquième.

𓏺𓏺𓏺𓏺𓏺𓏺 , p̄ ⲋ̄ (copte pe ⲋ̄), le sixième.

𓏺𓏺𓏺𓏺𓏺𓏺𓏺 , p̄ ⲍ̄ (copte pe ⲍ̄), le septième.

𓏺𓏺𓏺𓏺𓏺𓏺𓏺𓏺 , p̄ H̄ (copte pe H̄), le huitième.

𓏺𓏺𓏺𓏺𓏺𓏺𓏺𓏺𓏺 , p̄ ⲑ̄ (copte pe ⲑ̄), le neuvième.

𓏺 , p̄ ī (copte pe ī), le Dixième. G. 224.

𓏺𓏺 , p̄ īⲁ (copte pe īⲁ), le onzième.

⳾ 𓀔 , ⲗⲗ, ⲗⲉⲗⲟ, ⲗⲓⲗⲟⲩ, Enfant à la mamelle. G. 76.

⳾ 𓀔𓏤𓏥 , ⲗⲓⲗⲟⲩ ⲛ̄ Tⲁⲣⲓ, enfant de Tafné. G. 457.

⳾ Λ 𓎡 ▭𓍯𓎃≡ ⲡⲁⲓ ⲗⲁⲗⲉ ⲟⲣⲅⲛⲁⲩⲩⲉⲱⲩ, j'ai versé un vase d'eau. G. 308.

⳾ 𓃞 , ⲡⲡⲉ (copte ⲣⲓⲣ), Porc, cochon; groupe phonétique suivi du déterminatif des quadrupèdes 𓃞. G. 73 & 321. (Rituel funéraire, 2ᵐᵉ partie, pl. 73. Col. 16).

⳾ 𓆑 , ⲡⲡⲓ, ⲡⲡⲉ, ⲡⲓⲡ, Porc. G. 61.

⳾ 𓃞 ⲡⲡ, ⲧ, ⲡⲓⲡ, Truie. G. 83. ⳾ 321 (suivi du déterm. des quadrup.)

⳾ 𓃟 ⲡⲡⲉ (copte ⲣⲓⲣ), Porc, cochon. G. 72. (Rituel funéraire 2ᵐᵉ partie, section IXᵉ Esprit des régions).

𓏺𓏺𓏺 , p̄ⲛ (copte ⲣⲁⲛ), Nom, dénomination. G. 61. (Voyez page 75 & 82 la suite de 𓏺𓏺𓏺.)

𓏺𓏺𓏺 , ⲡⲣⲁⲛ, le nom, G. 361.

𓏺𓏺𓏺 , ⲡⲣⲁⲛ, le nom. G. 311.

𓏺𓏺𓏺 , ⲡⲉⲕⲣⲁⲛ, ton nom, (masculin). G. 349.

𓏺𓏺𓏺 ⲡⲉⲧⲣⲁⲛ, ton nom, (féminin).

74.

〈hiero〉, ⲡⲉⲩⲣⲁⲛ, son nom. G. 338.

〈hiero〉 ⲡⲉϥ-ⲣⲁⲛ ⲱⲏⲣⲩ, son nom principal, G. 277.

〈hiero〉, ⲡⲉⲣⲁⲛ, noms. G. 421.

〈hiero〉, ⲣⲛ̄ (copte ⲣⲁⲛ), nom, variante du précédent.

〈hiero〉, le nom du dieu. (Rituel funér. IIIᵐᵉ part. 2ᵉ sect. Chapitre 4).

〈hiero〉, son nom est l'âme vénérable du Dieu Phré.

〈hiero〉 le nom de sa mère. G. 508.

〈hiero〉, ⲡⲉⲕⲣⲁⲛ, son nom, (masculin). G. 471.

〈hiero〉, ⲡⲉⲧⲣⲁⲛ, ⲡⲉⲣⲁⲛ, ton nom, (féminin). G. 471.

〈hiero〉, ⲣⲛ̄, ϥ (copte ⲡⲉϥⲣⲁⲛ), le nom de lui, son nom.

〈hiero〉 ⲟⲣⲥⲓⲣⲉ ϩⲛ̄ ⲡⲉⲩⲣⲁⲛ ⲛⲓⲃⲓ, Osiris sous tous ses noms. (Rituel funér. IIIᵐᵉ part. 2ᵉ sect. Chapitre 1ᵉʳ).

〈hiero〉 votre nom.

〈hiero〉 leur nom.

〈hiero〉, ⲣⲛ̄ (copte ⲣⲁⲛ, ⲣⲉⲛ), Employé au pluriel, sans autres formes caractéristiques, dans des formules analogues aux suivantes:

〈hiero〉 ⲟⲣⲥⲓⲣⲉ ϩⲛ̄ ⲣⲁⲛ-ϥ ⲛⲓⲃⲓ, Osiris sous tous ses noms.

〈hiero〉 ϩⲱⲣ ⲥⲛⲧ-ⲧⲟⲧⲉ-ϥ ϩⲛ̄ ⲣⲁⲛ-ϥ ⲛⲓⲃ, Horus Vengeur de son père sous tous ses noms.

〈hiero〉 ⲏⲥⲓ ⲧⲧⲣ ϩⲛ̄ ⲣⲁⲛ-ⲥ ⲛⲓⲃⲓ, Isis Déesse sous tous ses noms.

〈hiero〉 ⲁⲛⲉⲡⲱ ϧⲛⲧ ..... ⲏⲓ ϩⲛ̄ ⲣⲁⲛ-ϥ ⲛⲓⲃ, Anubis surveillant de la divine demeure sous tous ses noms. (Litanies d'Osiris et des Dieux, Rituel funéraire.)

75.

𓊹𓊹𓊹𓏥✝𓀀𓏤𓏺𓏥═𓁐═𓇯𓀀𓊖𓉐𓏤𓉐 ⲧⲡ ⲛⲓⲃ ⲁⲧⲱ ⲧⲧⲡ ⲛⲓⲃ ϩⲟⲛⲡⲉⲙ ⲧⲡⲉ (ⲉⲓ) ⲧⲟ ϫⲏ ⲣⲁⲛ-ⲥⲛ ⲛⲓⲃ, Tout dieu ou toute déesse habitant le ciel ou le monde terrestre sous tous leurs noms. (Voir icontre).

𓏤𓏤𓏤𓂓, ⲣⲛ (copte ⲣⲁⲛ), nom, nomen, le nom.

𓏤𓏤𓏤𓂓, ⲣⲛ, ⲣⲁⲛ, Nom. G. 107.

𓏤𓏤𓏤𓂓𓏦, ⲡⲁⲣⲛ, Mon-nom. G. 279, 425.

𓏤𓏤𓏤𓂓𓏪, ⲡⲉⲧⲉⲛ-ⲣⲁⲛ, Votre nom.

𓏤═𓏺𓏺𓏺𓏺✝𓀀𓂓𓏤 ou ⲥⲛⲥⲛ 𓂓𓏤, Par le frère d'elle dont le nom est vivant.

𓏺𓏤✝𓀀═𓂓𓏤 par le fils de lui dont le nom est vivant. (Statue en bois, Musée de Turin).

𓏤𓏤𓏤𓂓𓏤═𓏤𓉐, que par leur don le nom de cet homme demeure (reste) dans le palais de justice. (Statuette en bois, du Musée de Turin).

𓏤𓏤𓏤𓂋, ⲣⲛ (copte ⲣⲁⲛ), nom, dénomination, groupe phonétique suivi, comme déterminatif, de l'encadrement des noms propres royaux. G. 80. voyez pages 73 & 82.

𓂋, ⲣⲁⲛ, nom. G. 279.

𓏤𓏤𓏤𓂋, ⲡⲉⲕⲣⲁⲛ, ton nom, (masculin). G. 364.

𓏤𓏤𓏤𓂋𓁐, ⲡⲉⲧⲣⲁⲛ, ton nom, (féminin). G. 276.

𓏤𓏤𓏤𓂋𓏤, ⲟⲩⲣⲁⲛϣⲱⲣⲡ, un nom principal. G. 104.

𓂋, prend aussi quelquefois le déterminatif 𓂓, 𓏤𓏤𓏤𓂓, a le même sens.

𓂋𓁹 ⲣⲏ, ⲣⲏ, Soleil. G. 61.

𓂋𓁹𓇳 ⲣⲏ, ⲣⲏ, Soleil. G. 75.

𓂋𓁹, 𓇳 et 𓁹, Ⲡⲣⲏ, Ô Soleil. G. 100, 106 & 114.

, πρη-онр, le dieu soleil. G. 200, 277.

, πρη ѡαα, le soleil naissant. G. 334.

, Ρн, Πρ̄н, ϥρн ; Phré, Rha, Ἥλιος (le dieu soleil). G.112.

, πρн, le dieu soleil.

, ū πρн-нтр, du dieu soleil.

, Ρн, πρн, ϥρн, à tête d'épervier surmontée du disque entouré d'un aspic, Phré. G. 113.

, апнте п̄ Πρн , les chefs du soleil. G. 405.

, ρт, Grès. G. 110.

, ρ̄т (copte ρατ), Pieds, jambes. G. 79. (Rit. funér.) les signes , sont déterminatifs figuratifs.

, ρт, ρατ, Pied. G. 61.

, παρατ, mes pieds.

, ρт к̄, ρατ к̄, les 2 pieds. G. 93.

, παρατ к̄, mes deux jambes. G. 291.

, παρατ к̄, deux jambes.

, tes jambes (appartiennent) à la déesse Netphé. (Rituel funér. Musée Royal.)

, tes pieds appartiennent à Phtha. (Rituel funéraire hiéroglyphique Musée Royal).

, ρ̄ι, (copte ρακι), espèce de poisson du nil, Ἄβραμις. G.74.

, νε ρ̄ι (νιρακι), les Rami, pluriel du précédent.

, Aux eaux dans les Ramis (Rituel funéraire 1ère partie, section 2ème, Chapitre 9.)

, ρακι ν̄σν (νεϥ), Ramis leurs poissons. G. 144.

77

, (ωπρ) πρωτ, griès. G. 349.

, ρωτη, attachez. G. 286.

, ροq, lui. G. 302.

, λοq, ροq, copte ελαq, εροq, à lui, vers lui, le, G. 303

, λοc, ροc, copte ελαc, εροc, à elle, vers elle, la. G. 303

, λοn, ρον, copte ελαν, ερον, à nous, vers nous, nous. G. 303

, , λωτεν, ρωτεν, ελατη, ερωτεν, à vous, vers vous, vous. G. 303.

, , λωοῦ, ρωοῦ, copte ελατ, ερωου, à eux, vers eux; à elles, vers elles, eux, elles, G. 303.

ρπρης, ... G. 452.

, λοqλεq, Espèce de ver, (racine, λqλq). G. 87.

C. ⌒ p ou λ, préposition, se place devant le nom exprimant le terme d'une action, à défaut d'autre préposition.

⌒ signifie à la fois λ vers, envers, G. 278; p̄ (e), à l'égard G. 526; p̄, e, λ, x, pour, G. 195, 247, 486, 502; λ, contre, G. 336; p̄, ē, afin de, G. 514. ⌒ , p̄ ωθ, pour parler, G. 484.

⌒ dans le sens latin ad, constitue une sorte de gérondif en dum se plaçant avant le verbe. G. 453.

⌒ préposition, exprime aussi, à & au, du cas datif, (pour λ), G. 275, 398.

, λ ραρω, à notre bouche. G. 277.

⌒ p̄ copte è, dans, à. G. 423.

ρο,

⌒ λ μειω, en voyant. G. 320.

pa avec les pronoms composés = plaire, Placere.

20.

78

🝰 ⲛⲟⲓ, ϩⲱⲣ ϩⲛ̄ ⲛⲉϥϩⲣ̄ ⲡⲁⲛϥ ⲡⲉϥ, son ornement formé de deux palmes (𓉼) a plu au dieu Horus dans les deux manifestations. (Rituel funéraire, pl. 1. col. 115).

🝰 ⲣⲏ (copte ⲣⲏ), Soleil; groupe phonétique suivi du caractère déterminatif figuratif. Voyez les groupes ☉, 𓂀, 𓀭, qui servent souvent de déterminatif à ce groupe phonétique (Passim).

🝰 ⲡ̄, pour mettre, G. 314.

🝰 ⲛⲉⲛ-ϩⲉⲗⲓ, ils craignirent. G. 112.

🝰 ⲁ ⲧ ⲧⲉϩⲛⲓ, vers la constellation de Tehnis, G. 340.

🝰 ⲁⲉⲏ, ⲣⲉⲏ, ⲉⲉⲏ, devant. G. 268, 490.

🝰 ⲣⲉⲏ·ⲉⲉⲏ ⲡⲛⲓϥⲉ, devant le vent. G. 489.

🝰 ⲣⲉⲏ (ⲉⲉⲏ), ⲧⲉⲕⲙ̄ⲧⲟⲧⲁⲃ, devant ta majesté. G. 490.

🝰 ⲉⲉⲏ ⲉⲧⲡⲁϩⲟⲩ, devant et derrière. G. 512.

🝰 ⲡ̄ ⲡⲉⲕϥⲛⲧ ⲱⲛϩ ⲣⲱϩⲓ, une vie pure à ton nez! G. 252.

🝰 ou 🝰, ⲣⲓ (copte ⲣⲓⲙⲉ, ⲣⲓⲙⲓ), Pleurer, larme, lacryme, lacrymari; les signes ⦙⦙⦙ sont déterminatifs; l'œil versant des larmes: (Rituel funéraire, part II, sect. 1. chapitre 19.)

🝰 ou 🝰, Variante du précédent: pleurer, lacrymari. (fragment de Rituel, Musée Royal).

🝰 ⲡ̄(ⲉ) ⲉⲙ̄ⲛⲧ, dans la région occidentale. G. 471.

🝰 ⲡ̄ ⲕⲏⲙⲉ, vers l'Egypte. G. 500.

🝰 ⲁ ⲕⲏⲙⲉ, vers l'Egypte. G. 402.

🝰 ⲣⲉⲛⲉϩ, ⲉⲉⲛⲉϩ, à toujours. G. 306.

ⲡ̄ Ⲭⲏⲙⲉ, en Égypte. G. 301.

, ⲡⲁⲧⲉⲱⲟⲣ, Adoration. G. 116.

ⲡ̄ Ⲟⲥⲓⲣⲉ, vers Osiris. G. 57.

ⲛⲉⲣⲁϣⲉ, joies. G. 205.

ⲉⲧⲣⲁϣⲓ, sont réjouies. G. 205.

ⲡ̄ ϣⲉ, pour marcher. G. 154.

ⲡⲙⲁ, comme son correspondant copte ⲉⲡⲉⲙⲁ ou ⲉⲙⲁⲩ, vers le lieu, vers la place, est en général un véritable adverbe qui signifie ubi et ibi, la place où, l'endroit où, est une personne ou une chose.

ⲡⲙⲁ, le lieu où est. G. 510.

, ⲉⲡⲣⲁⲙⲁ, en mon lieu, vers mon lieu, c'est-à-dire: dans le lieu où je suis, vers le lieu où je suis. G. 499.

ⲉⲡⲉⲕⲙⲁ, en ton lieu. G. 499.

ⲉⲡⲉϥⲙⲁ, en son lieu. G. 499.

ⲉⲣⲉϥⲙⲁ, en son lieu, c'est-à-dire: dans le lieu où il est. G. 499.

ⲡⲙⲁ (ⲉⲙⲁ), là où est. G. 427.

ⲗⲙⲁ, où (sera). G. 239.

ⲡⲙⲁ ⲡⲧⲛⲧⲱⲛⲧ ⲛ̄ ⲡⲥⲟⲩⲧⲛ, où (sera) l'image du roi.

, ⲣⲙⲉ, ⲣⲓⲙⲉ, ⲣⲓⲙⲓ, Pleurer, G. 253, 373.

, ϯⲣⲓⲙⲉ ⲛⲁⲕ, je pleure sur toi. G. 401.

, ⲣϩ (copte ⲣⲱϩ, ⲣⲁϩ, ⲣⲱϧ), Lavare, laver, Purgare, purger, purifier, rendre propre, G. 365.

ⲛⲁϧ-ⲣⲱϩ ⲡⲉϥϫⲱ ϧⲛ ϣⲏⲓ, j'ai lavé sa tête dans le puits. (Rit. funérain; pl. 1. col. 102).

ⲛⲉ ⲣⲱϩⲟⲧⲓ, les purs. G. 407.

ⲛⲉⲧⲣⲱϩⲓ, les êtres purs.. G. 400.

ⲣϩ, copte ⲣⲱϩ, laver.

ⲣϩⲧ, ⲣϩⲧ, copté ⲣⲁϩⲧ, ⲣⲱϩⲧ, ⲣⲱϣⲧ Thé.; Percutare, agitare, lavare, fullo. (Inscrit audessus d'un laveur agitant un linge mouillé = Wilkins des Egyptien).

Egalement inscrit audessus de laveurs de linge. (idem).

ⲡⲧ, copté ⲡⲱⲧ, ⲡⲏⲧ, germinare, germinatio, germen.

ⲡⲱⲧ ⲛ̄ ⲛⲉⲣⲱⲙⲉ ⲁⲧⲱ ϩⲓⲟⲙⲉ, le genre humain, la race humaine.

ⲥⲁⲱⲛϩ ⲡⲱⲧ ⲧⲏⲣ; Possesseur de la vie du genre humain; titre d'Ammon. (fragment d'un bas relief funér. Musée de Turin).

ⲡⲱⲧ ⲛ̄ⲛⲉⲣⲱⲙⲉ ⲁⲧⲱ ϩⲓⲟⲙⲉ; ce groupe désigne plus spécialement, dans les inscriptions historiques, les habitans de l'Egypte, les hommes par excellence; c'est ainsi que sont nommés les Egyptiens par opposition aux peuples étrangers dans un bas relief du Tombeau d'Ousirei, dessiné par Belzoni.

ⲡⲣⲱⲧ ⲛ̄ ⲣⲱⲙⲉ ⲁⲧⲱ ⲥϩⲉⲓ, à la race masculine (et) féminine. G. 521.

ⲡⲧⲛ̄, la contrée de Roten, G. 487.

ⲗⲧⲛ, Lodan, le pays des Lydiens. G. 151.

ⲗⲭⲛ-ⲕⲁϩ, le pays du Lodan. G. 206

ⲡⲣⲱⲧ ⲛ̄ⲛⲉ ⲣⲱⲙⲉ ⲕⲱϩϥⲉ ϣⲱⲡⲉ, (le nombre des) hommes faits prisonniers fut de LXXX. G. 221.

ⲗ ou ⲥⲧⲉϥⲣⲟⲙⲡⲉ (dans son année) chaque année.

ⲃ ϣⲟⲡ-ⲕ, pour te recevoir. G. 259.

ⲗⲟⲩⲕⲓ, Lucius, prénom romain ; légende de Lucius Verus, (petit temple de Philae ; copiée par M. Wilkinson).

ⲗⲟⲩⲕⲓⲗⲓⲥ, (Λουκίλιος), Lucilius ; nom ou prénom romain, suivi du signe d'espèce homme ⟨⟩ et du déterminatif des noms propres étrangers ⟨⟩ (Obélisque de Bénévent). G. 158.

ⲗⲟⲩⲕⲓⲗⲉ, Lucilius, variante du précédent. (même obélisque).

, (ⲡⲟⲛⲟⲩ), contrée ou région à laquelle préside le dieu Osiris. , Osiris seigneur de la terre de virginité. (copte ⲡⲱⲟⲣⲛⲉ).

ⲣⲟⲕ, toi.

ⲣⲕϩ, ⲣⲱⲕϩ, chaleur. G. 99.

pour chaleur.

ⲕⲟⲩⲓ ⲣⲱⲕϩ, petite chaleur. G. 320.

(ⲣⲕϩ) copte ⲣⲱⲕϩ, urere, brûler, cremare : avec le déterminatif feu. G. 37.

ⲣⲕϩⲟⲩⲓ, (copte ⲣⲁⲕϩⲓ), pruna, des charbons ardents. (Rituel funéraire). Le singulier fut sans doute ⲣⲕϩⲓ, pruna. G. 80, 99

ⲣⲥⲱⲛ, (copte ⲉⲥⲱⲛ), pour disposer. G. 133.

ⲣⲉⲛ, vers eux. G. 304.

ⲣⲣⲏⲥ, le midi. G. 394.

Dieu du 6.ᵉ mois. (Mémoires de l'Acad. Tome XV).

, Dieu du 7ᵉ Mois. (Mémoires de l'Académie Tome XV).

, ⲣ̅ⲁⲣ-ⲓ, copte, ⲉⲅⲣⲁⲓ, avec moi, vers moi, ou contre moi. G.473.

, ⲉⲅⲣⲉⲧ (copte ⲉⲅⲣⲉ). avec toi. G.474.

, ⲣ̅ⲁⲣ-ⲕ, ⲉⲅⲣⲁⲕ, avec toi, vers toi, etc. G.473.

ou ⲣ̅ⲁⲣ-ⲧ, ⲉⲅⲣⲁ, ⲉⲅⲣⲉ, avec toi (femme), vers toi, G.473.

ⲣⲟⲛ, vers nous. G.303.

ⲡⲣⲁⲛ, le nom. G.303.

ⲣⲛ, l'encadrement des noms royaux, ⲣⲁⲛ, nom. G.20.

ⲣ̅ⲛⲡⲉ, jeune.

ⲣⲛⲡⲉ, jeune. G.321.

ⲣⲛⲡ, ... ⲥⲣⲛⲡ, Rajeunir, rendre jeune. G.441.

ⲣⲛⲡ, Élever, éduquer. G.368, 458.

ⲛⲁⲓ ⲣⲛⲡ ⲥⲟⲧ, je l'ai éduqué. G.289.

Dieu du 8ᵉ Mois. (Mémoires de l'Académie. Tome XV).

ⲛⲁϥⲡⲧⲏ, il a donné. G.258.

ⲡⲧⲉⲱⲟⲩ, (elle) rend gloire. G.277.

, ⲡ̅ⲧ, soit (placée). G.277.

ⲛⲉϥⲗⲁⲝⲓ, ses obstinés. G.204.

ⲣ̅ⲓϩⲣⲁⲧⲡⲉ, vers le haut.

ⲣ̅(ⲉ)ⲛⲥⲛ̅ⲅⲱ ⲛⲟⲣ, à leurs membres. G.303.

, ⲣ̅ ⲡⲁⲉ̅ϫⲧ, G.452.

ⲁ̅(ⲉ̅) ⲛⲉⲓⲟ-ⲕ, pour té voir. G.283.

ⲣ̅ⲥⲁ (pour ⲉ̅ⲥⲁ), prép. employée dans le même sens que les autres prépos. en opposition à , au devant de. G.497.

ⲣ̅(ⲉ̅) vers le palais. G.49.

83.

D.   ⟨hiero⟩ ⲟⲧⲉⲧⲱⲛⲧⲛ, une image. G. 429.

⟨hiero⟩ ⲡⲧⲱⲛⲧⲛ ⲛ̄ ⲡⲥⲟⲩⲧⲛ, l'image du roi. 229.

⟨hiero⟩ ⲛ̄ ⲁⲡⲛ ⲧⲛ̄ⲧⲱⲛ, ces images. G. 507.

E.   ⟨hiero⟩ ϩⲡ, ϩⲡⲁ, et. G. 511.

⟨hiero⟩ ϩⲡⲉ, ainsi que. G. 198.

⟨hiero⟩ ϩⲡ ou ϩⲡⲁ (particule) conjonction, qui est parfois employée comme préposition et signifie avec: G. 523.

⟨hiero⟩ ou ⟨hiero⟩ ϩⲡ-ⲓ, répondant à ϩⲡⲁⲓ, avec moi. G. 470.

⟨hiero⟩, ϩⲡ-ⲕ, avec toi; G. 473.

⟨hiero⟩, ϩⲡ-ϥ; ϩⲡⲁϥ, avec lui. G. 473.

⟨hiero⟩ ϩⲡⲉ ⲧⲉϥⲥⲱⲛⲉ, avec sa sœur. G. 282.

⟨hiero⟩ ϩⲡⲁϥ ⲅⲉ ⲛⲉⲛⲓ, les demeures de Péni. G. 278.

41. ⟨hiero⟩, ⟨hiero⟩ caractère figuratif, représentant le bras humain et répondant au phonétique ⟨hiero⟩ ϭⲱϫⲃ, ϭⲃⲟⲓ, auquel il sert de déterminatif. G. 93.

⟨hiero⟩ (ϭⲃⲟⲓ), bras. G. 78.

⟨hiero⟩ ϭⲱϫⲃ ⲃ̄, ϭⲃⲟⲓ ⲃ̄, les deux bras, les bras. G. 163.

⟨hiero⟩ (ϭⲃⲟⲓ ⲃ̄), ϭⲃⲟⲓ ⲃ̄, les deux bras. G. 93.

⟨hiero⟩, ⟨hiero⟩, ⲛⲉϭⲃⲟⲓ et ⲛⲉϭⲃⲟⲓ ⲃ̄, les bras, les 2 bras. G. 210, 288, 431.

⟨hiero⟩, ⲛⲁϭⲃⲟⲓ, mes bras. G. 462.

⟨hiero⟩, ⲛⲁϭⲃⲟⲓ, mes bras. G. 287.

⟨hiero⟩, ⲛⲁϭⲃⲟⲓ, mes bras. G. 307.

⟨hiero⟩ ⲛⲁϭⲃⲟⲓ ⲣ̄ ϣⲱⲣ, mes bras pour frapper. G. 154.

⟨hiero⟩ ⲛⲉϥϭⲃⲟⲓ ⲃ̄, ses deux bras (mains). G. 288.

⟨hiero⟩ ⲛⲉϥϭⲃⲟⲓ, ses bras. G. 504.

84.

⸻ necbōi, ses bras. G. 154.

⸻ necbō ⲃ., ses deux bras. G. 166.

⸻ nen-bōi, leurs bras. G. 346.

A. ⸻, ⸻, Caractère figuratif uagi, uage, avant-bras, cubitus, et par suite coudée, mesure de longueur ou d'étendue.

⸻ (uagi), Coudée, la coudée ordinaire ou petite coudée qui paraît avoir été composée de 5 palmes ou 20 doigts.

⸻ (uagi uep), la grande coudée, mesure égyptienne de 6 palmes ou 24 doigts.

⸻ (ⲥⲟⲧⲡ uagi), la coudée Royale, mesure de longueur, composée de 7 palmes ou 28 doigts, encore employée au Nilomètre de l'Ile de Raoudhah au Kaire.

⸻ (ⲥⲟⲧⲡ-uagi), abréviation du précédent groupe.

⸻ les Dieux présidant à la coudée royale, c'est à dire, Phré, Amon, Hercule, Sev, nephthé, Osiris &c. &c. (coudée Drovetti).

42. ⸻, ⸻ Caractère phonétique, représentant un bras humain en acte de donner, est un signe de voyelle vague répondant soit à l'ℵ soit à l'ע des Alphabets orientaux, et aux voyelles ⲁ, ⲟ, ⲱ, de l'Alphabet copte: G. page 342 95. Nich. et p. 78.

⸻ eⲧⲟⲣ oomi, ces quatre singes. G. 186.

⸻, aani, eini, oomi, wwni, (copte ⲉⲛ, ⲉⲓⲉⲛ, ⲓⲉⲛ,) singe, et en particulier le Cynocéphale, groupe phonétique suivi du déterminatif figuratif. G. 78.

⸻ aani, oomi, les singes ou cynocéphales groupe phonétique suivi du caractère déterminatif de l'espèce quadrupède 𓏤. (Rituel funéraire. Description de l'Egypte. pl. 72. col. 20).

85.

▭▭▭▭▭▭ ⲁⲗ, ⲏⲗ, ⲁⲓⲗ, Gazelle (espèce de). G. 60.

▭▭▭▭ ⲏⲗ, ⲁⲗ, ⲁⲓⲗ, Antilope. G. 72.

▭▭▭▭ ⲱⲣⲱ, ⲟⲣⲡⲱ, ⲟⲣⲡⲱ, Reine, Aspic. G. 60.

▭▭▭ⲟ ⲟⲣⲡⲱ, ⲟⲣⲡⲱ, ⲧ, Uræus, aspic. G. 74.

▭▭▭ⲟ ⲟⲣⲡⲱ. ⲃ̄, deux uræus. G. 449.

▭▭▭ⲟ ⲱⲣⲱ, ⲟⲣⲡⲱ, ⲧ, (copte ⲟⲣⲡⲱ, ⲧ), Uræus, Aspic, Tropiquement reine; sens propre du mot resté dans le copte.

▭▭▭ ⲱⲣⲱ ⲃ̄, Duel du précédent: les deux uræus.

▭▭▭▭▭▭▭, les deux uræus puissantes et grandes.

(Rit. funér. 2ᵉ part. sect. 1ʳᵉ formule 8.)

▭▭▭ ⲁⲓⲗ, chèvre-sauvage G. 218.

▭▭▭ Ⲁⲡⲏⲁ, Aram (l'Assyrie). G. 501.

▭▭▭ , ⲧⲣ, ⲧⲱⲣ. G. 310.

▬▭ ⲛ̄ ⲧⲟⲣⲡⲱ, à l'aspic (reine).

▭▭▭ , ⲉⲓ-ⲱⲗ, j'enlève. G. 303.

▭▭▭ ⲟⲩⲃϣ, ⲟⲩⲱⲃϣ, blanc. G. 319.

▭▭▭ ⲟⲩⲱⲃϣ, blanc. G. 320.

▬ ⲱⲃ, ⲱϧ (copte ⲱⲃ et ⲱϧ), châtier, modérer, arrêter; nom hiéroglyphique phonétique de l'insigne ⸗, que tiennent les dieux modérateurs. (Cercueil de Momie de la collect. Sonolacque).

▬ ⲟⲧⲙ, ⲟⲩⲱⲙ. ⲟⲧⲙ, manger. G. 378.

▬ ⲡⲟⲧⲉⲙ ⲛ̄ⲛⲉϩⲉ, le mangeur de saisons. G. 358.

▬ ⲉⲕⲟⲩⲱⲙ, tu manges. G. 407.

▬ , ⲁⲁϧ, ⲁϧ, ⲁⲃ, mouche. G. 74.

▬ ⲱϧ (copte ⲱϧⲉ), deprimere, castigare; tordre un linge mouillé. (scènes de lavage des toiles, copiées par Mʳ Pacho).

21.

86.

𓉐𓏤 ⲁⲧⲧ, ⲁⲃⲧ, (copte ⲁⲧⲏⲧ, ⲁⲃⲏⲧ). Demeure, Mansio, habitatio, contignatio; suivi du caractère déterminatif figurant un toit, un plancher. (Rituel funéraire; Description de l'Égypte, pl. 74, col. 12).

ⲁⲧⲣⲓⲁⲛⲥ, Nom propre romain. (Copié à Dendera, communiqué par le Docteur Young).

ⲱⲏ, ⲱⲏ, Crier, appeler, invoquer. G. 368.

ⲁⲛⲧⲟⲛⲉⲓⲛⲥ, variante phonétique; légende de l'Empereur Marc-Aurèle. (Copié par M.r Wilkinson sur un petit temple de Philae).

ⲕϯ, donne. G. 526.

ⲟⲩⲉⲟ ⲙⲟⲧⲓ-ⲛ̄, des pattes de lion. G. 437.

ⲟⲩⲙ, copté ⲟⲩⲱⲙ, Manger. G. 389.

ⲟⲩⲙ, ⲟⲩⲱⲙ, Manger, manducare. G. 386.

ⲱⲉⲓⲁⲓⲏ, un Griffon. G. 497.

ou ⲱⲏⲙ, ⲱⲏⲙ, Consumer. G. 378.

ⲱⲏⲙ, ⲱⲏⲙ̄, ⲱⲏⲙ, Éteindre (le feu). G. 376.

ⲁⲁⲏ, ⲁⲓⲏ, Suspendre, élever en haut. G. 368.

suspend le ciel.

ⲁⲁⲃⲏ, ⲁⲃⲱⲏ, ⲁⲅⲱⲏ, Aigle. G. 73.

ⲁⲛⲕ, ⲧ, ⲁⲛⲕ, ⲧ. Anoukis, (la Déesse).

Anoukis dame du ciel rectrice du monde terrestre. (Vase en pierre calcaire, Musée de Genève).

ⲟⲧⲛⲧ, ⲟⲧⲱⲛⲧ, pierre de couleur jaune. G. 90.

ⲁⲛⲧⲉⲓⲛⲟⲟⲥ, Antinous, nom du favori de l'empereur Hadrien. (Obélisque du Monte Pincio (Barberini).

ⲁⲛⲉ, copté ⲁⲛⲁⲙⲏⲓ ⲱⲛⲉ. pierre précieuse; groupe suivi du caractère déterminatif des richesses, ooo.

Pierres précieuses, poids

MDCLXXXV. (Inscription statistique du palais de Karnac. Musée royal de Paris).

ⲀⲘⲖϢⲎⲦ, (ⲀⲚⲀⲖϢⲎⲦ), ⲰⲚⲈⲖϢⲎⲦ, Gemme de cœur, cornaline.

ⲀⲀⲚⲈ, ⲀⲚⲈ, ⲀⲚⲀⲖⲚⲒ, ⲰⲚⲈⲚⲈ, Perle; pierre précieuse en général. G. 90.

ⲀⲚⲒ, ⲞⲚⲒ, ⲈⲚⲒ, (Copte ⲈⲚⲒ, ⲈⲒⲈⲚⲒ), singes, simiæ, cynocéphale. (stèle d'adoration au soleil, Musée de Genève).

ⲰⲚⲒ, ⲈⲚ, cynocéphale. — ϩⲀⲚ ⲰⲚⲒ, cynocéphales. G. 168.

ⲰⲚⲒ, ⲀⲚⲒ, ⲈⲚ, singe. G. 60.

ⲚⲀϦϮ ⲚⲀϤ, il accorde à lui. G. 457.

ⲀⲚⲦⲰⲚⲒⲚⲈ, Antonin, nom impérial romain. (Temple de Kasr-Zayyan dans l'Oasis d'El-Kardjeh, copié par Pacho).

ⲀⲚⲦⲰⲚⲒⲚⲈ, variante du précédent; (copié à Dendéra par la commission d'Égypte.)

ⲀⲚⲔ, ⲀⲚⲞ, T. Anouk, Anoug, nom propre d'une déesse Égyptienne connue des grecs sous le nom d'Avouris ou Avouris, et assimilée à leur Esthia, la Vesta des latins. (Inscription grecque de Schshélé). G. 121.

ⲀⲚⲔ, Anouké. G. 123 & 250.

ⲀⲚⲔ ⲦⲚⲈⲂ ⲘⲠⲦⲞ ⲔⲚⲤ ⲘⲀⲒ, Aimé d'Anoukis dame de la région de Nubie. G. 127.

ⲀⲀⲚⲈ, Anath. G. 122.

ⲰⲠⲈϤ, Tortue. G. 74.

ⲰⲠ, ⲀⲀⲠ, s'élever en haut, grandir, être haut. G. 372.

ⲈϤⲀⲠⲰⲠ, il monte.

ⲤⲚⲀⲠ, ils montent. G. 311

88.

𓉐 απп, αφφ, primitif du copte αφωφ, Monter, être ou devenir haut, être élevé. G. 383.

𓉐 ωπ, élève. G. 186.

𓉐 ωπ πεκϧαι, que vole, que s'élève towards. G. 299.

𓉐 ϩιεϧαπωπ, s'élevant sur, G. 425.

𓉐 ϧωπ ϩιсн, s'élevant au-dessus d'eux. G. 507.

𓉐 απп, s'élève. G. 464.

𓉐 απп, s'élèvent. G. 511.

𓉐 απп (copte απωπ et αφωφ) αφιφ, αφοϧ, Apophis. Géant, Gigantesque; nom d'un serpent Mythique, le dragon ennemi des dieux, forme d'Apophis frère du soleil et l'un des noms de Typhon; 𓆙 est déterminatif. G. 126.

𓉐 απп, apophis, variante du précédent. (Rituel funé).

𓉐 Ατριαпε, Ἀδριανος, Hadrien, nom impérial romain. (Petit temple non terminé à Médinet-habou, Salt, pl. 11. N°15).

𓉐 сοτωϭ ρωτεп, vient à vous. G. 504.

𓉐 сποпϭ, elles sont. G. 511.

𓉐 αсοροс, Astharôth. G. 182.

𓉐 πεϭϧοι, les bras. G. 596.

𓉐 αϣι, suspendant, tournant, G. 202.

43. 𓂞, 𓏏𓏤; Caractère phonético-figuratif représentant un bras humain, tenant le 𓏏 signe de la lettre τ.

𓂞 ϯ (copte ϯ), donner, dare, faire présent.

𓂞 τн, ϯ, (copte ϯ), Donner, dare. G. 365.

𓂞 ϯ, donne. G. 174.

𓂞 ειϯ, je donne, j'accorde. G. 496.

△▭ †, il a mis, a donné ; G. 448.

△▭ ††ⲟⲩⲉⲓⲧ, j'accorde. G. 398.

△▭ ⲉⲓⲧ ⲛⲏⲧⲛ̄, je donne à vous. G. 299.

△▭ ϥ†, il donne. G. 210.

△▭ ϥ†, qu'il donne. G. 81.

△▭ † ϥ† ⲡⲱⲛϩ, qu'il donne la vie. G. 513.

△▭ ⲉϥ† ⲛⲁⲓ, il accorde à moi. G. 458.

△▭ ⲉϥ† ⲛⲁⲓ, il accorde à moi (femme). G. 457.

△▭ ⲧⲏⲏⲥⲓ, ⲧⲏⲥⲓ, don d'Isis, donnée par Isis, Tiési ; nom propre de femme. (Image funéraire du Musée de Turin ; doit-on lire ⲧⲉⲧⲛⲉⲓ féminin de △ ▭ ? ?)

△▭ ϥ† ⲛⲉⲧ, donne à toi. G. 293.

△▭ ϥ† ⲛⲁⲕ, accorde à toi. G. 518.

△▭ ϥ† ⲛⲉⲧ, qu'il donne à toi. G. 293.

△▭ ϥ† ⲛⲉⲛ, il donne à eux. G. 300.

△▭ ⲉϥⲕ, en cendre. G. 502.

△▭ †-ⲟⲟⲣ, le place. G. 287.

△▭ ⲕ†, accorde. G. 424.

△▭ ⲕ† ⲉⲓⲛⲁⲩ, Accorde je vole. G. 504.

△▭ ⲕ† ⲛⲁⲓ, donne moi. G. 502.

△▭ ⲉⲓ† ⲛⲁⲕ, je donne à toi. G. 344, 394. (ou ⲥⲟ).

△▭ ⲉⲓ† ⲛⲁⲕ ⲡⲧⲟⲩⲣ, je donne à toi l'Égypte. G. 394.

△▭ (ⲛⲁϥ) † ϩⲁⲛⲱⲡϥ, et fit des offrandes. G. 364.

△▭ †ⲥ, qui donne-lui. G. 289.

△▭ ⲥ†, elle accorde. G. 199 & 425.

△▭ ⲉⲥ†, donne (étend). G. 454.

△▭ ⲥ† ⲛⲁⲕ, donne à toi. G. 513.

23.

⌂ 𓂋

ⲉⲛ-ϯ, accordent (que les dieux). G. 379.

ⲉⲛϯ, donneront. G. 191.

ⲛⲁⲓϯ, j'ai donné. G. 107.

ⲉⲛⲧ, nous donnons. G. 204, 300, 360.

ⲉⲛϯ ⲛⲉⲧ, nous donnons à toi. G. 294.

ⲛⲁⲛϯ, nous avons accordé. G. 176.

ⲉⲛ-ϯ, (qu')ils donnent. G. 203.

ⲛⲁϥ-ϯ ⲛⲁϥ, il donne à lui. G. 296.

ⲛⲁⲕϯ ⲛⲁⲓ, tu as donné à moi. G. 291.

ⲉⲛϯ ⲛⲁⲕ, nous t'accordons. G. 165. nous accordons à toi. G. 461, 428, 468.

ⲉⲛϯ ⲛⲁⲕ, nous donnons à toi. G. 277.

ⲉⲛϯ ⲛⲁⲕ ⲡ̄ⲣ̄ⲙⲟⲟⲩⲉ, nous t'accordons les années. G. 165.

ⲉⲛϯ ⲛⲉⲧ, nous donnons à toi. G. 404.

ϯ ⲧϫⲓⲏ, donne chemin. G. 218.

ϯ ⲛⲁⲓ, accordez à moi. G. 256.

ⲧⲉⲛϯ ⲛⲉⲣⲁϣⲉⲧ, accordez les joies.

ⲧⲉⲱⲟⲣ, glorifie. 294.

44. Un bras humain tenant un vase destiné à contenir le vin le plus ordinaire des offrandes, exprime le verbe ⲉⲓⲟⲓ, ⲟⲩⲁ, donner en présent, présenter en offrande, offrir. G. 371.

ⲟⲩⲁ, action d'offrir. G. 351.

ⲟⲩⲟⲓ ⲉⲛ, je donne elles. G. 252.

ⲟⲩⲟⲓ, il offre. G. 351.

ⲉⲛⲟⲩⲟⲓ, nous donnons. G. 244.

ⲟⲩⲁ, don. G. 201.

ᓚ , ᓚ , ᓚ , ᓚ ,

ᓚ ⵔⵔⵔ ⲙⲁ (ⲛ̄)ϩⲛⲁⲁⲧ, don de vases. G. 201.

ᓚ ⲙⲟⲓ ⲛⲛⲉⲓⲁⲗ, don de miroirs. G. 249.

A. ᓚ Bras humain tenant un vase ; caractère phonétique de la consonne M, ⲙ, G. 41 N°: 120.

ᓚ pour ᓚ ⲟ ⲙⲉⲣⲉ.

ᓚ ⲉⲧ ᓚ ⲧⲉⲩⲙⲁⲧ, sa mère. G. 282, 348.

ᓚ ⲧⲙⲁⲧⲛⲧⲣ, la divine mère. G. 199.

ᓚ pour ᓚ , ᓚ , cuivre.

45. ᓚ Un bras humain tenant un globe ; autre caractère phonétique de la lettre M, ⲙ, G. 41, N°: 121.

ᓚ ⲙϧⲕ, cuivre. G. 89.

46. ᓚ , ᓚ Un bras tenant le casse-tête, caractère phonétique représentant une voyelle ou une diphthongue ; employé dans les monuments des basses époques, pour ⲁ et pour H, ⲁ, ⲁⲓ, G. 37. N°: 25. ⲁ comme dans
ᓚ ⲧⲩⲧⲓⲁⲛⲥ, Domitianus. (Obélisque Pamphile). H ou ⲁⲓ comme dans
ᓚ ⲕⲁⲓⲥⲣⲥ, (Καισαρος). Cæsar. (même Obélisque).

ᓚ ⲉⲥϣⲱⲡ, reçoit, G. 403.

A. ᓚ , ᓚ , un bras tenant le casse-tête ou massue, la plus ancienne des armes égyptiennes, exprime le verbe ⲛⲁϣϯ être fort, être vainqueur, être le plus fort, d'où dérivent les formes coptes ⲛⲁϣⲧ et ⲛϣⲧ. G. 352.

ᓚ ⲛⲁϣϯ, de vaincre. G. 252.

47. ᓚ Un bras tenant un fouet, devint le signe tropique de l'idée conduire, diriger. G. 350.

ᓚ ᓚ , ϥ.......ⲥ......., guide. G. 352. (le bras est déterminatif)

48. ⛊ deux bras armés l'un d'un bouclier, l'autre d'une lance, remplacent dans les textes hiéroglyphiques et hiératiques le verbe ⲙⲓϣⲉ, ⲙⲓϣⲓ, combattre, pugnare. G. 353.

  ⛊ ⲙⲓϣⲉ, combattre. G. 502.
  ⛊ ⲙⲓϣⲉ, combattant. G. 64.
  ⛊ ⲙⲓϣⲉ, combat. G. 471.
  ⛊ même sens, ⲙⲓϣⲉ, combattre, faire la guerre. G. 381.

49. ⛊ , deux bras tenant un gouvernail ⛊ , ceux ⛊ ⛊ , représentent les verbes ⲉⲣϩⲉⲙⲓ, ou ⲣϩⲉⲙⲉ, conduire un navire, piloter ou diriger un vaisseau, ⲉⲣϩⲱⲧ naviguer, ou même ϫⲓⲛⲓⲟⲣ transfretare ; ce caractère s'abrège linéairement de la manière suivante ⛊ G. 353.

  ⛊ ⛊ ⲁ̄(ⲉϥ)ϫⲓⲛⲓⲟⲣ ϫⲃⲁⲁ, faisant traverser la barque. G. 353.

  ⛊ ϭⲓⲛⲓ, pont - naviguer. G. 257.

50. ⛊, Les deux bras humains élevés ; caractère phonétique expriment la consonne K et Ϭ. G. 39, N.° 60.

  ⛊ ⲅⲗⲁⲅ, le coffret funéraire (le sarcophage). G. 195.
  ⛊ , Kap, Kapoi. Karoi, contrée d'Afrique. G. 151.
  ⛊ et ⛊ , ⲡϫⲓϩ, ⲡⲕⲓϩ, un taureau. G. 212.324.
  ⛊ ⲕⲁⲙⲉ (ⲕⲁⲙⲉ), Gomme brune, sardoine ? Jaspe brun ? G. 90.
  ⛊ ⲕⲧ, ⲕⲟⲧ, ⲕⲱⲧ, bâtir, construire un édifice.
  ⛊ ϫⲁⲛⲕⲟⲧ, des bâtisses. G. 517.
  ⛊ (*) ⲕⲱⲧ, (copte ⲕⲱⲧ), bâtir, construire un édifice. G. 513.
  ⛊ le scribe royal l'adorateur. ⲥⲟⲧⲡ-ⲥⲁϩ, G. 513.

  (*) groupe déterminé par la truelle, ismueller.

93

51. ⸺ ou ⸺ les deux bras humains étendus, la main inclinée vers la terre, et la ligne droite ou brisée ; groupe qui répond exactement au négatif copte ⲛ̄, ou à sa modification ⲙ̄ⲡⲉ, et se place en tête de la proposition. Le verbe est alors supposé à la troisième personne du passé ou du présent.

⸺ ⲛ̄, ⲙ̄ⲡⲉ, non, pas, non pas. G. 44.

⸺ (ⲛ̄), plus ordinairement la négation se place immédiatement avant le verbe, et celui-ci porte alors, comme d'habitude, les marques de temps et de personne en affixes.

⸺ ⲛ̄ ⲉⲓ-ϩⲱⲥ, je ne m'assieds. G. 444.

⸺ ⲛ̄ † ϫⲱⲙⲉ, non je pêche. G. 444.

⸺ ⲙ̄ⲡⲉ ⲛⲁⲓϩⲛ̄ⲧ, non ai marché. (Je n'ai pas marché).

⸺ ⲙ̄ⲡⲉ ⲉⲓⲣⲉ, non ai commis. G. 444.

⸺ ⲙ̄ⲡⲉ ⲛⲁϥϩ̄ⲡ, non il parut. G. 502.

⸺ ⲙ̄ⲡⲉⲥⲟⲡ, jamais. G. 520.

⸺ ⲙ̄ⲡⲉⲥⲟⲡ ⲉⲓⲣⲉ, jamais on n'en fit. G. 520.

A. ⲙ̄ⲡⲉ, non. G. 258.

ⲙ̄ⲡⲉ ⲉⲧⲥⲱⲧⲙ̄, non ils entendent. G. 425.

B. Cette négation précédant un verbe au pluriel, prend aussi elle-même les signes de pluralité.

non ils ne contemplent, ⲙ̄ⲡⲉ ⲉⲛ (ⲉⲧ)-ⲙⲉⲓⲟ. G. 445.

C. ⸺ Ce même groupe avec la figure du moineau en sens inverse des signes, emporte aussi l'idée de perte, privation. G. 444.

ⲛ̄ⲣⲱϥ ⲡⲕⲁϩ, Auros, région. G. 307.

24.

, pour ce groupe qui se lit ⲁⲉⲁ, voyez au signe 🦉

52. 𓀀 groupe composé du bras humain et du lacs, caractère phonétique, exprimant les voyelles ⲟⲩ, ⲱⲩ. G. 46 N.° 246.

ⲟⲟϩ, ⲁⲁϥ, ⲉⲱ, ϥ̄, signifie et, ainsi que, — ; G. 60, 315, 450, 513.

ⲉⲩ ⲉⲓⲣⲉ, et faire.

ⲁⲙⲉⲓ, venez. G. 354.

ⲟⲩⲟϩ ⲡⲣⲱⲧ, et la race.

ϧⲓ ⲡⲣⲱⲧ ⲛ̄ⲛⲉϥϣⲏⲣⲓ, et en la race de ses fils. G. 129.

53. 𓂝 , ✋ , caractère phonétique représentant la main humaine, en langue Egyptienne ⲧⲟⲧ, signe de l'articulation ⲧ des mots Égyptiens et grecs. G. 28, 46.

ⲦⲢⲀⲒⲚⲤ, Τραιανος, Trajan; nom impérial romain (Petit temple d'Ombos. Descr. de l'Égypte A. Vol. 1. pl. 41. N.° 6. Denderah salle. pl. M. N.° 13).

, ⲦⲢ, (copte ⲦⲰⲠ), Transfigere, acuere, transfiger, transpercer, poindre avec l'aiguillon: ⲦⲰⲠ, je transfige. G. 390

ⲦⲰⲢϤ, ⲦⲰⲢϤ, tenir, serrer, comprehendere, adstringere. G. 310.

ⲦⲰⲢⲠ,

, ⲦⲂ, ⲦⲎⲂⲦ, sandales. G. 78.

ⲚⲀⲦⲂⲦ, mes sandales. G. 459.

ⲦⲰⲂϨ, prier, supplier. G. 378.

ⲦⲂϨ, ⲦⲰⲂϨ, prier, supplier. G. 378.

, ⲦⲚϨ, ⲦⲈⲚϨ, aile. G. 78.

, ⲦⲚϨⲨ, (copte ⲦⲚϨⲈⲨ), nom au pluriel, les ailes, ala; groupe phonétique suivi de déterminatifs figuratifs.

fais deux ailes, description de Neith panthée (Rituel funéraire, ms; partie, section 3.°, formule 19.).

95

[hiéroglyphes] ⲧⲉⲛϩ, deux ailes. G. 526.

[hiéroglyphes] ⲧⲛϩⲣ, les ailes, avec une variante du déterminatif (Description de l'Égypte, Rituel funéraire, pl. 74. col. 13).

[hiéroglyphe] ⲧⲟ̄ⲡ, joindre ou tordre deux fils. (en copte ⲧⲱⲡ), jungere, adjungere. (Bas-relief du Méhus. Sacho).

[hiéroglyphes] ⲧⲉⲟ, ⲧⲉⲩ, (copte ⲧⲉⲟ) ⲧⲁⲩⲱ), nunciare, annunciare: annoncer, faire distinguer, faire connaître.

[hiéroglyphes] ma voix vient pour annoncer son nom. (Stèle d'adoration, Musée de Turin.)

[hiéroglyphes] ⲧⲓⲧⲓⲛⲉ, (Δομιτιανος), Domitianus, nom impérial romain. (à Syène. Salt, pl. 11. N.° 12).

[hiéroglyphes] ⲧⲟⲩⲓⲧⲓⲁⲛⲉ, Domitianus. (Philae. M.r Huyot).

[hiéroglyphes] ⲧⲱⲙⲧ, (est) stupéfait.

[hiéroglyphes] ⲧⲁⲕⲓⲕⲉ, Δακικος, Dacique, surnom de Trajan: ce groupe est précédé d'un ⲛⲛ (ⲛ) soit comme formant l'adjectif, soit pour donner avec ⲧ le son du Δ delta. (Ondos. Comm. d'Égypte. A. Vol. 1. planche 41. N.° 6.)

[hiéroglyphes] ⲧⲃⲣⲥ, Τιβεριος, Tibère, nom impérial romain. (Dendéra. Comm. par M.r Young).

[hiéroglyphes] ⲧⲃⲣⲥ, Tiberius. (Dendéra. Com. d'Égypte. A. Vol. IV).

[hiéroglyphes] ⲧⲓⲃⲣⲥ, Tiberius, variante des précédents. (Philae. Ricci).

[hiéroglyphes] (ⲧϩⲛⲓ) copte ⲧⲉϩⲛⲓ, le front, frons: le signe ⊙ est déterminatif.

[hiéroglyphes] ⲧϩⲛⲓ (ⲛ̄) ⲡⲉ ⲛ̄ⲉⲙⲛⲧ, le front du ciel occidental, portion du ciel présidée par la déesse [hiéroglyphes] la dixième maison de la lune, [arabe] par les arabes qui la fixent dans 4

96

étoiles du lion; maison nommée aussi ⲥⲉϩⲛⲓ, †, par les coptes. (Scala Magna, Kircher, page 51.) (Basrelief du Musée de Turin).

[hieroglyphs], Front du ciel d'Occident, est aussi un nom donné à la Déesse [hieroglyphs] d'après le même basrelief qui porte au dessus de l'image de la déesse [hieroglyphs] [hieroglyphs] Mérésogar Déesse dame du ciel, rectrice du monde, dont le nom bienfaisant est: front du ciel occidental.

[hieroglyphs] ⲧⲱⲟⲩⲛ, surgere, lever, se lever. G. 389.

[hieroglyphs] ⲛⲁϥⲧⲱⲟⲩⲛ, il a fait dresser, G. 291.

[hieroglyphs], ⲧⲟ, ⲧⲟⲉ, Tacher, souiller, foedare. G. 382.

[hieroglyphs] ⲧⲟⲧⲟ, Être souillé, se souiller, maculatum esse. G. 382.

[hieroglyphs] ⲧⲟⲧⲟ, Être souillé. G. 382.

[hieroglyphs] ⲧⲙⲟ, (ⲧⲙⲩ?), ⲧⲁⲙⲟ.(ⲧⲙⲩ?), distinguer, séparer. G. 384.

[hieroglyphs] ⲧϥⲧϥ, ⲑϥⲉϥ, ⲧⲟϥⲧⲉϥ, ⲑⲁϥⲑⲉϥ, tomber ou se résoudre en gouttes, stillare. G. 376.

[hieroglyphs] ⲧⲉⲩ-ⲥⲛ̄,(copte ⲧⲉⲩ-ⲥⲉ), ne pas (suivre). G. 446.

[hieroglyphs] ⲧϩⲟ, ⲧⲟϩ, ⲧⲟϫ, paille. G. 89.

[hieroglyphs] ⲛⲉⲧⲱϩ, les pailles. G. 491.

[hieroglyphs] ϥⲧⲱⲛ, il élève. G. 299.

[hieroglyphs] ⲥⲟⲧⲛ, ⲥⲱⲟⲧⲉⲛ, Étendre, tendre un filet. G. 380.

[hieroglyphs] , ⲧⲱⲣ, ⲧⲣⲉϣ, rouge. G. 319.

[hieroglyphs] ⲧⲱⲣ, rouge. G. 321.

[hieroglyphs] ⲧⲱⲣ.ⲧ, ⲧⲣⲉϣ, la couronne téschr. (de couleur rouge). G. 76.

[hieroglyphs] ⲧⲱⲣ, ⲧⲣⲉϣ, être rouge, rougir, une espèce d'oiseau couleur de feu. G. 379.

[hieroglyphs] ou [hieroglyphs], ⲧⲏⲣ ou ⲑⲏⲣ, copte ⲧⲣⲉϣ, ⲧⲣⲏϣ, Rouge. G. 321.

[hieroglyphs] ⲧⲟⲩⲣⲃⲁⲗ, celui qui a les yeux rouges. G. 69.

[hieroglyphs] ⲧⲉⲏⲛⲓ ⲧⲉⲏⲛⲓ, front. G. 61.

[hieroglyphs] ⲧⲉⲏⲛⲓ, ⲧⲉⲏⲛⲓ, front. G. 73.

[hieroglyphs] ⲧⲩϣⲉ, ⲧⲩϣⲟ, forteresse, ville forte. G. 98.

[hieroglyphs] ⲧⲩϣⲟ, forteresse. G. 449.

[hieroglyphs] ⲛⲉⲛ-ⲧⲩϣⲟ, leurs forteresses. G. 279.

[hieroglyphs] quatre-vingt-trois mains.

[hieroglyphs] ⲧⲉϩⲧ, ⲧⲁϩⲧ, Plomb. G. 59.

[hieroglyphs] Batteuses de mesure. G. 534.

[hieroglyphs] ⲧⲛϩ, ⲧⲛ̄ϩ, ⲧⲉⲛϩ, Aile. G. 61.

[hieroglyphs] ⲛⲓⲃ ⲛⲉⲧⲉⲛⲧⲱⲧⲛ, tous les insurgés. G. 390.

A. [hieroglyphs], Caractère qui de phonétique devient Caractère figuratif par l'addition de la marque conventionelle [glyph] ou [glyph] et qui exprime l'idée main, ⲧ, ⲑ, ⲧⲟⲧ. G. 51, 93.

[hieroglyphs] Caractère figuratif, représentant la main, Manus, et répondant au mot de la langue Egyptienne parlée ⲧⲟⲧ, ou ⲧⲟⲟⲧ Thébain.

[hieroglyphs] Par les mains. (Stèle d'Och-Thouk, Musée de Turin).

[hieroglyphs] ⲧⲟⲧⲥ, sa main. G. 278.

[hieroglyphs] ⲧⲟⲧ ⲃ̄, les mains. les deux mains. G. 163.

B. [hieroglyphs], [hieroglyph] Caractère symbolico-figuratif représentant la main humaine, les cinq doigts étendus.

C. [hieroglyphs] (ⲧⲏⲏⲃ ⲉ̄), cinq doigts, c. a. d. un palme plus un doigt, subdivision de la coudée Egyptienne. (coudée Drovetti).

[hieroglyph] Variante du précédent, même valeur. (coudée Nizzoli, galerie de Florence).

25.

54. ▬, ▬ Caractère figuratif, représentant la paume de la main non compris le pouce.

▬, ▬ (ϢΟΠ, ΟΤϢΟΠ), un palme, mesure Égyptienne de quatre doigts de longueur. (Coudée Drovetti.)

55. ◻, ◻ Caractère symbolico-figuratif, représentant la main humaine fermée, le Poing.

◻ le pygon, mesure Égyptienne de six doigts de longueur. (Coudée Drovetti. Coudée du musée royal.)

◻ variante du précédent: six doigts. (Coudée de Nizzoli, Musée de Florence). Πυγων, le Pygon.

◻ Poing. G. 93.

56. 𓏤, 𓏤 Caractère figuratif, représentant le doigt humain, ΤΗΒ, exprimant, dans Horapollon, l'idée générale de dimension, mesure; il est aussi une subdivision du palme et l'élément premier de toutes les mesures de longueur Égyptiennes. G. 49.

𓏤 (ΤΗΒ, ΤΗΗΒ), le doigt, digitus, Δακτυλος, le point de départ des mesures Égyptiennes : un doigt. (Coudées Drovetti et Nizzoli).

𓏤𓏤 (ΤΗΗΒ Ϯ), deux doigts. (mêmes coudées).

𓏤𓏤𓏤 (ΤΗΗΒ Ϯ), trois doigts, (mêmes coudées); ce sont les subdivisions du palme ou mesure de quatre doigts. ▬,

𓏤𓏤𓏤 ΤΗΒ, ΤΗΗΒΕ, doigts. G. 93.

𓏤𓏤𓏤, (ΝΕ ΤΗΗΒΕ, ΝΙΤΗΒ), les doigts de la main humaine, et ceux du pied, avec la marque du pluriel.

𓏤𓏤𓏤 (ΝΕ ΤΗΗΒΕ). les doigts sans marque du pluriel, redondante dans le groupe précédent.

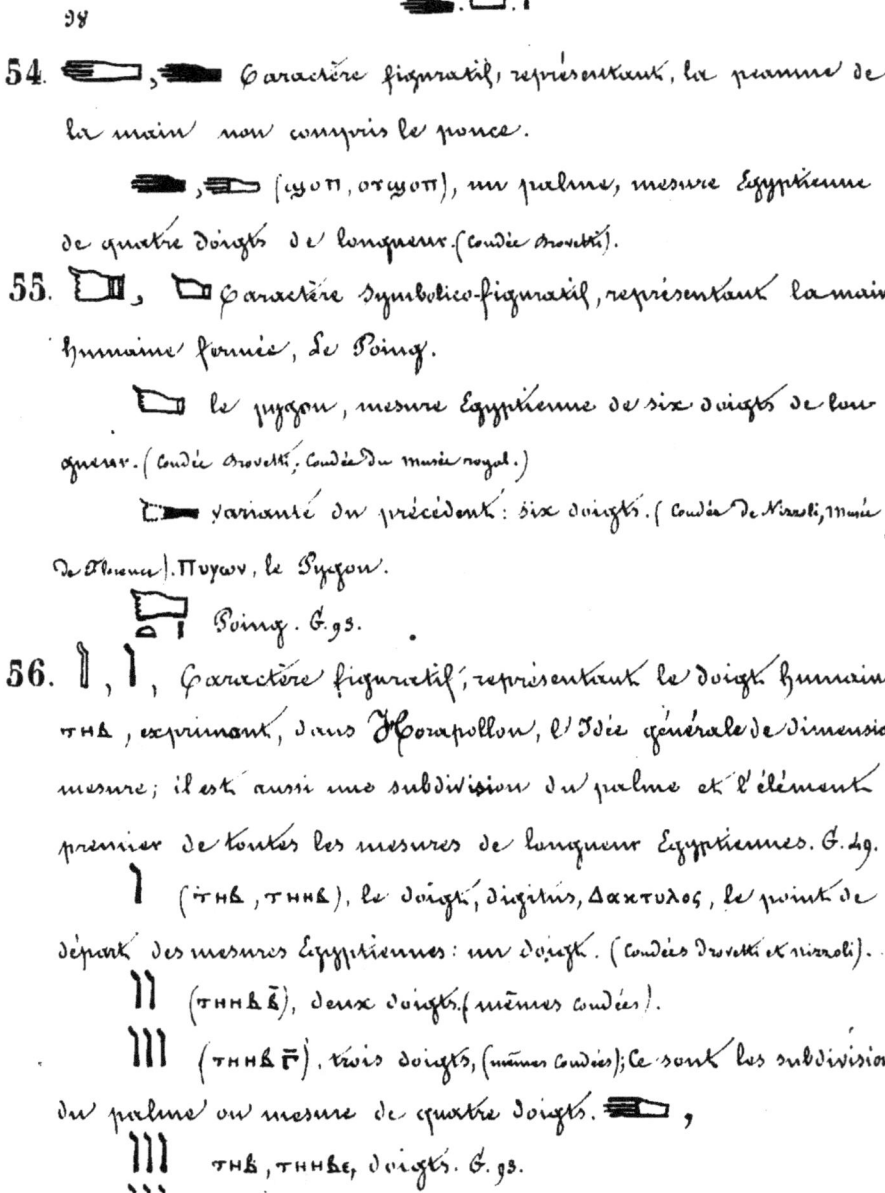 les doigts appartiennent aux

I. —

99

uraeus vivantes. (*Rituel funéraire hiéroglyphique. Musée royal*).

𓂸𓏼𓏤 ⲅⲉ ⲛⲉⲧⲉⲛⲧⲏⲏⲃⲉ, par vos doigts. (*Rit. funér. légende du* ⊙).

𓏼𓏤 ⲛⲉϥⲧⲏⲏⲃⲉ, ses doigts. G. 906.

A. 𓏤 Ce caractère est employé comme chiffre et représente l'unité, qui se répète autant de fois qu'il y en a dans le nombre à exprimer. Dans les noms de mois, ce signe indique l'ordre de chacun d'eux dans sa tétraménie (Voyez le tableau des mois Egyptiens, suprà, page 16).

B. 𓏤 ou 𓏤, signifie aussi dix mille, vraisemblablement à cause des rapports phonétiques des mots ⲐⲂⲀ, ou ⲦⲂⲀ, dix mille, et ⲐⲎⲂ ou ⲦⲎⲂ doigt de la main. G. 256.

𓏤𓏤 𓐍𓐍 𓎊 𓏥𓏥 ⲦⲂⲀ ⲤⲚⲀⲨϢⲞ ⲘⲀⲀⲂ ⲦⲞⲞⲦ, douze mille cinq cent trente cinq. G. 237.

C. 𓏤𓇳 suivi du segment de sphère, et du disque signe déterminatif de toutes les divisions du temps, signifie aussi ⲞⲨⲚⲞⲨ,Ⲧ l'Heure. G. 56.

𓏤𓇳 𓎛𓀀𓏭 𓏥𓏥 𓇳𓏤 , ⲦⲞⲦⲚⲞⲨ ⲦⲈϨⲞⲨⲈⲒⲦⲈ ⲚⲦⲈ ⲠⲈϨⲞⲞⲨ, heure première du jour. G. 249.

D. 𓏤 Ce même signe est aussi un caractère phonétique, exprimant le ⲉ ϩⲟⲣⲓ copte, ou H de nos alphabets.

𓃀𓃶𓏤𓇳 𓎊𓎊𓎊 ϨⲀⲚϢⲰⲰϤ ⲞⲨⲰⲂϢ ϨⲘⲈ, chèvres blanches quarante. G. 221.

𓃀𓃶𓏼𓏼𓏼𓏼 𓐍𓐍𓐍 𓎊𓎊 𓏥𓏥 ϨⲀⲚ ⲦⲰⲚϤ ϤⲦⲞⲞⲨ Ⲛ̄ ϢⲞ ⲤⲞⲞⲨ Ⲛ̄ϢⲈ ϨⲞⲨⲦ ⲤⲚⲞⲨⲤ, Chèvres quatre mille six cent vingt deux. G. 233.

57. ⎯ , ⎯ Caractère phonétique exprimant les voyelles Ⲁ, Ⲏ, ⲀⲒ, G. 35, N: 1.

58. ⌄⌄ ⲙⲛⲟⲧ, Mamelles. G. 19.

⌄⌄ ⲙⲛⲟⲧⲉ̄, les mamelles, les deux mamelles. G. 169.

⌄ⵏ ⲙⲛⲟⲧⲉ̄, les deux mamelles. G. 63.

59. (ⲡⲉⲧ, ⲭⲁϧⲟⲩⲓ?) ⲭⲁϧⲟⲩ?, l'épine du dos, le dos. G. 94.

60. Caractère phonétique signe des articulations ⲃ, ⲟⲩ ou. G. 39. N° 49.

, ⲃⲉⲉⲃⲉⲉ, ⲃⲉⲉⲃⲉ, ⲃⲉⲃⲓ, Couler, fluere. G. 376.

ⲃⲱⲡ, le dieu Boré. G. 495.

ⲃⲣⲛⲓⲕ, Bérénice, (Dakké).

ⲃⲟ, ⲃⲱ, ⲃⲟ, ⲃⲱ, bois, (lignum). G. 77.

ⲃⲉⲣⲛⲓⲕ, Bérénice, nom de reine lagide. Edfou. (Salt pl. 1. N° 18).

, ⲃⲏϭ, ⲃⲏⲝ, Épervier. G. 61.

ⲃⲏϭ, ⲃⲏⲝ, copte ⲃⲏⲝ, Épervier. G. 75.

(ⲃⲏϭ, ou ⲃⲏϭ), copte ⲃⲏⲝ, Épervier (G. 101) groupe phonétique suivi du caractère figuratif déterminatif. C'est l'espèce appelée بــــاز par les Arabes. (Scala Magna, page 69). Descrip. de l'Égypte. pl. 74. col. 14).

(ⲃⲏϭ ⲛⲟϥⲣ ⲛ̄ⲛⲟⲩⲃ), le bienfaisant Épervier d'or. (Rit. funér. Descrip. de l'Égypte, pl. 74. col. 10).

L'Épervier sacré dans la Bari. (A.E.)

, l'Épervier du ciel méridional. (Rituel funéraire hiéroglyphique appartenant à Belzoni).

, ⲃⲏⲝ ⲅⲁⲛ, des Éperviers. G. 189.

ⲃⲛ, tête de l'oiseau de ce nom; Bên, (forme d'Osiris. G. 114.

𓀀𓁐 ⲃⲟⲛ, ⲃⲱⲛ, ⲃⲱⲛ, être immonde. G. 384. Immunditia.

𓀁𓁑𓃀𓃁 ⲃⲧ⸗ⲛ̄-ⲛⲟⲩ, les profanes, les impies, formé de 𓀁 ⲃⲧ, copte ⲃⲟⲧⲉ, ⲃⲱⲧ, ⲃⲟⲧ, Fædare et de 𓁑 ⲛⲟⲩ l'eau de l'inondation: ceux qui souillent l'eau. (Statue de Schabak, Villa Albani).

𓀂𓁒𓃂 ⲧⲉⲡ-ⲃⲟⲧⲉⲛ̄-ⲛⲟⲩ, destructeur des impies, titre d'Ammon-Ra. (Stat. de Schabak à la villa Albani).

𓀃𓁓 ⲃⲉⲛⲩⲧⲉ, Bénévent, le pays de bénévent. G. 153.

𓀄𓁔 ⲃⲅⲟⲩ, nom de quadrupède, accompagné du caractère figuratif, l'hiène? G. 72. (Rit. funér. Manuscrit peint du Musée royal).

𓀅𓁕 (ⲃⲛⲛⲩ, ⲟⲧⲛⲛⲩ) nom propre de divinité représentée avec la tête de l'oiseau sacré qui sert de déterminatif figuratif à ce groupe. Une des formes d'Osiris, et nom d'oiseau, ⲃⲛⲛⲱ.

𓀆𓁖 ⲃⲛⲛⲩ, variante du précédent.

𓀇𓁗 ou 𓀈𓁘 le dieu ⲃⲛⲛⲩ, variantes du précédent. 𓀉 ⲃⲛ·ⲧ· (Tebouni) la harpe, Instrument de Musique. 𓀊 l'action de jouer de la harpe. (Bas-relief de Médinet Gailliaud).

𓀋𓁙 Benno est Osiris qui est dans la région de Masdj. (Rit. funér. pl. 1. col. 113).

𓀌𓁚 Nom de l'oiseau symbolique avec déterminatif hiératique. (Manuscrit hiéroglyphique, Musée royal). Nom d'oiseau et de divinité.

𓀍 variante et abréviation du précédent. ⲃⲉⲛⲛⲱ.

𓀎𓁛 ⲛ̄ ⲃⲅⲛⲓ, de Béheni. G. 352. 𓀏 qui est dans Béheni.

𓀐𓁜 ⲡⲕⲁϩ ⲛ̄ ⲃⲩⲧⲛ. G. 313, 394 et 398. Pays de Baschten.

𓀑𓁝 ⲛⲃⲓ, Ombi, Ombos des géographes grecs; aujourd'hui koum-ombou. G. 153. 𓀒 ⲃⲥⲟⲩⲣ, sorte d'épée courte ou de poignard. (Stat. d'Amon, inscr. M. R. salle). ⲃⲥⲟⲣ.

𓀓𓁞 ⲃⲡⲁⲧ, deux jambes. G. 526. = 𓀔 ⲃⲉⲃⲉ, nom d'oiseau de l'espèce des oies, queue 𓀕. (Pomb. de Memphis à Sakkara).

26.

Λ . Λ

61. Λ, Λ, Caractère symbolique, représentant le bas des deux jambes humaines marchant dans la direction de la ligne d'écriture, exprime l'Idée aller, venir, en langue égyptienne ι, ει.

Λ (ϭιΝΕΙ), la venue, l'arrivée. **A.**

Λ⳽ 𓏥 ναιοτοϩ, je suis arrivé. G.183.

Λ⳽| ετϭω, toi arrivant, G.495.

Λ⳽ 𓏥 οϩ πωι, suivre moi. G.446.

Λ⳽, ϭω, s'avance. G.493.

Λ⳽ οττ, οτωτ, οτοοτε, recedere. G.383.

Λ⳽𓏥 ϭιω, j'arrive (je finis). G.531. 𓈖𓏥Λ𓏥, ϭΝΕΙ (ϭΕΕΙ), Marchant. 491.

Λ, Déterminatif symbolique de tous les verbes exprimant une manière d'être et non pas une action.

B. Λ signe déterminatif de tous les verbes qui rappellent des actions ou des états ayant lieu par le moyen du mouvement ou de la locomotion. G.383.

Λ⳽ ϭω, οτϩ, οτωϩ, οταϩ, se réunir, unir, assembler, arriver. G.383.

Λ⳽Λ ειοτωϩ, je me joins. G.391.

Λ⳽Λ ϭω, approche. G.501.

61 bis. Λ linéaire Λ, hiératique ......; deux jambes dirigées en sens inverse des autres caractères de la ligne d'écriture, tiennent lieu du verbe ι ἐβολ, ει ἐβολ, sortir, exire. G.351.

Λ ει εϩοτΝ, ει ἐβολ, l'entrer et le sortir. G.356.

⌇Λ𓉐, qu'il accorde la venue ou l'arrivée dans la contrée de Ker, et la sortie de la terre de Ker. (Groupe en grès du Musée de Turin).

⌇Λ Λ𓏥, qu'Ammon accorde l'allée et la venue dans la demeure Royale. (Stèle du musée de Turin, Bélier d'Ammon).

103.

C. 𓂻, 𓂾 Caractère phonétique exprimant l'articulation ϩ ϩοιι, H, dans les basses Époques. G. 45 N°. 224.

𓂻𓈗 𓂾𓈗𓂋 ⲛⲁϧϧⲉ ⲛ̄ ⲡⲛⲟⲟⲣ, approcha de l'eau. G. 363.

62. 𓌢, 𓂾𓂾 Caractère figuratif représentant les deux pieds et exprimant la même idée, ⲡⲁⲧ, pied. = 𓂾𓂾, Caractère figuratif servant de déterminatif au mot 𓃀𓏏 ⲡⲁⲧ pied, jambe.

𓂾𓂾𓏤𓏤 ⲡⲁⲧ ⲥ̄, les deux jambes ou pieds. G. 163.

𓂾𓂾𓀁 ⲡⲁⲧ ⲁ̄, ⲡⲁⲧ ⲥⲛⲁⲧ, les 2 pieds. G. 93.

𓂾𓂾 ⲛⲉⲡⲁⲧ, les pieds. G. 268.

𓂾𓂾 ⲛⲉⲕⲣⲁⲧ, tes pieds.

𓄿𓂾𓂾𓈖𓂋𓉐𓏏 « fais (lui) deux jambes et deux ailes (Descrip. de signes de jambes humaines et ailes. Rit. funér.). »

𓄿𓂾𓂾𓏤𓏤𓂋𓈖𓊽𓂝𓋹 « fais (lui) deux jambes, le disque et deux cornes (Rit. funér. Servant du serpent.) »

63. 𓇋𓏏𓏤, 𓇋𓏏 Caractère figuratif représentant, selon quelques présomptions, les animaux spermatiques et exprimant l'idée sperme, germe, ⲟⲣⲱ, ⲟⲣⲱ, et ⲡⲱⲧ, race.

𓇋𓏏𓏤, Germeti, germe sperme.

𓇳𓅭𓇋𓏤𓐮 le fils du soleil, de son germe et qui l'aime Aménof. (Planchette du musée de Turin).

𓍿𓇋 ⲟⲣⲱ, ⲟⲣⲱ, germe, semence. G. 94.

𓍿𓇋𓀀 ⲡⲟⲣⲱ, germe. G. 24.

𓍿𓇋𓏤𓀀 ⲡⲁⲟⲣⲱ, mon germe. G. 274.

𓍿𓇋𓀀 ⲡⲁⲟⲣⲱ, mon germe. G. 477.

𓍿𓇋𓏤𓀀 ⲡⲉϥⲟⲣⲱ, son germe. G. 241.

𓍿𓇋𓏤𓏤 ⲡⲣⲱⲧ, la race. G. 523.

𓍿𓇋𓏤𓏤𓀀𓏪 ⲡⲣⲱⲧ ⲛ̄ⲛⲉϥϣⲏⲣⲉ, la race de ses enfants. G. 470.

𓍿𓇋𓀀𓏪 𓈖 𓂾𓂾𓂾 ⲡⲣⲱⲧ (ⲛ̄) ⲛⲉⲛⲥⲓ ⲥⲟⲟⲧⲛϣⲉ, la race de leurs enfants six cents. G. 227.

𓍿𓇋𓀁 ⲡⲱⲧⲉⲃ, renverser. G. 209.

𓍿𓇋𓀀 ⲡⲧⲉⲃ, ⲡⲱⲧⲃ, être renversé, être vaincu. G. 385.

[hieroglyphs], ⲡⲱⲧⲥ̅, ⲡⲱⲧⲉⲥ̅, être renversé. G. 269.

[hieroglyphs] ⲡⲱⲧⲉⲥ̅, sont renversés. G. 396.

64. [hieroglyph], [hieroglyph] Caractère symbolique représentant un œuf; se combine souvent avec [hieroglyph] autre symbole du corps de l'homme.

[hieroglyph] paraît exprimer symboliquement l'Idée corps, corpus, Σωμα, Cadavre.

[hieroglyphs] Anubis qui préside au corps. (Coffret funér. du Musée de Turin).

65. [hieroglyphs] Caractère figuratif; ϫⲁⲛ, ϫⲟⲛ ⲧⲟ. phallus. [hieroglyphs] le Pyrgus dessus (Turin) le Phallus (In. Nath. 2 part. 3 b. ch. 19).

[hieroglyphs] ⲓⲱ, âme. G. 83. | [hieroglyphs] en son lieu elle porte le phallus. (Rit. funér. Descr. de Neith. Banth. IIIe part. 3e dec. ch. 19).

A. [hieroglyph] Ce signe, représentant un phallus, se place comme déterminatif générique à la suite des verbes attributifs représentant des actions ou des manières d'être honteuses. G. 382.

[hieroglyph] Caractère phonétique, représentant la voyelle ⲓ, et la diphtongue ⲉⲓ. G. 37 N° 29.

[hieroglyphs] ⲩⲧⲟ ⲛⲉⲑⲏⲣ, devant les dieux. G. 416. (Voyez [hieroglyph] à [hieroglyph]).

66. [hieroglyph] [hieroglyph] Caractère phonétique représentant la consonne ϩ, H, le Hori copte. G. 45, N° 219.

[hieroglyph], ϩⲓ, ⲧ, Epouse, femme. Il reste encore dans le copte une foule de traces de ce primitif dans les mots ϩⲁⲓ.ⲡ, Epoux, mari; ϩⲓⲙⲉ, ϩⲓⲙⲓ, ϩⲓⲟⲙⲉ, ⲥϩⲓⲙⲉ, ⲥϩⲓ, ⲁⲧⲥϩⲓ.

[hieroglyphs] ⲧⲉϥϩⲓⲙⲣ-ϥ, son épouse qui l'aime. (Stèles funéraires passim) (Voyez [hieroglyph])

[hieroglyph] ϩⲓ, ⲧ, ⲧϩⲓ, ⲧϩⲓⲙⲉ, la femme, l'Epouse; variante du précédent, suivi du déterminatif d'espèce femme. G. 176.

[hieroglyph] autre variante, ϩⲙⲉ, ϩⲓⲙⲉ, femme. G. 64.

[hieroglyph] ⲧⲉⲕϩⲓ, ton épouse. G. 418.

[hiér.] ⲧⲉϥϩⲓⲙⲉ, sa femme. G. 116.

[hiér.] ⲧⲉϥϩⲓⲙⲉ, sa femme. G. 281.

[hiér.] ⲛⲉϩⲓⲟⲙⲉ, les femmes. G. 291. = [hiér.] gi, fœmellæ, sponsæ, mulieres.

[hiér.] ⲛⲉϩⲓⲟⲙⲉ, les femmes. G. 594.

[hiér.] ou [hiér.] (ⲛⲉ ϩⲓ, ⲛⲉϩⲓⲟⲙⲉ), les épouses; les femmes.

[hiér.] , leurs épouses au nombre de XXX. (Inscription numérique de Karnac, au musée royal).

[hiér.] , il établit cette catacombe pour ses pères, ses mères, ses épouses, ses enfants et ses servantes; (ou ses serviteurs si le texte original porté [hiér.] au lieu de [hiér.] que donne la copie de la commission d'Égypte; ch. vol. IV. pl. 48. N° 5, hypogées de Syouth).

[hiér.] ϩⲓ, ϩⲓⲉ, gouvernail. G. 62.

[hiér.] , ⲛⲉϩⲓ-ⲉϩⲏⲧ, vaches épouses. G. 211.

[hiér.] ϩⲓ, ϩⲓⲉ, gouvernail. G. 78. et [hiér.], Rame de gouvernail.

[hiér.] ϩⲓ, copte ϩⲉⲓ, employé comme verbe, signifie gouverner, gubernare, curare, et comme nom, gouvernail d'un vaisseau: c'est ce que représente le déterminatif [hiér.].

[hiér.] , ϩⲓ, copte ϩⲱⲓ, ϩⲱⲟⲩⲉ, ebol, excedere, le déterminatif ebol [hiér.], les pieds allant en sens inverse de l'écriture, exprime ici la préposition ebol dehors. (Rit. funér.) = [hiér.], synonime.

[hiér.] , ϩⲓ, copte ϩⲱⲓ, ϩⲱⲟⲩⲉ, ebol, variante du groupe précédent, le déterminatif est analogue. (Rit. funér.) ϩⲓ, Obire, Excedere, sortir, quitter un lieu; s'en aller derrière quelqu'un.

[hiér.] ϩⲓ, pêcher du poisson. G. 514.

[hiér.] ϩⲓ, pêcher du poisson; variante du précédent. G. 577.

27.

[hieroglyphs], ϩⲉ, ϩⲉⲩ, ϩⲱⲉ, pêcher des poissons. (G. 189)

[hieroglyphs], ϩⲉ, ϩⲙⲉ, ϩⲙⲉⲥⲓ, être assis. G. 389

[hieroglyphs], ϩⲉ, ϩⲙⲉ, ϩⲙⲉⲥⲓ, être assis, s'asseoir. G. 369

[hieroglyphs] ⲉϩⲙⲉⲥⲓ, assis. G. 217 et 490.

[hieroglyphs], ϩ(ⲙ)ⲥⲓⲟⲣ, ⲕⲟⲡⲧⲉ, ⲉϩⲙⲉⲥⲓ, s'asseyant. G. 427.

[hieroglyphs], Πⲁⲧⲣϩⲣ, dans Nontehir. G. 427

[hieroglyphs], ϩⲉ, ⲕⲟⲡⲧⲉ ϩⲱⲉ, Canere, Celebrare, Chanter:

[hieroglyphs], qu'il chante comme vous chantez.

(Manuscrit hiéroglyphique du Cabinet du roi, page 1ʳᵉ). Voyez ⲙ̄ⲡ.

39. △, ▲ Caractère figuratif, représentant une Dent humaine ou d'animal, Dens ; en langue Égyptienne ⲟⲃϩⲉ.

[hieroglyph], (Obϩⲉ), une dent : sert de déterminatif figuratif au groupe Phonétique [hieroglyphs], obϩ, qui lui servait de prononciation et qui exprime la même idée. G. 39.

[hieroglyphs], ⲛⲉ ⲟⲃϩⲉ, les dents, déterminatif figuratif du groupe pluriel [hieroglyphs] Obϩⲣ, les dents, dentes.

A. [hieroglyph], (Obϩⲉ), Dent caractère figuratif noté ; G. 92. variante du précédent. (Manuscrit hiératique Hypocéphale d'Arsiési, Musée Royal).

[hieroglyphs], ⲛⲉ ⲟⲃϩⲉ, ⲛⲉ ⲟⲃϩⲉⲣ, groupe figuratif noté les dents, dentes. G. 92. et variante du figuratif noté ;

[hieroglyphs], ⲁⲧⲱ ⲛⲉ ⲟⲃϩⲉ ⲛ̄ ⲟⲣⲥⲓⲡⲉ...... ⲥⲉⲗⲕ, Les dents de l'Osirien (un tel) appartiennent à la Déesse Selk. (Rituel funéraire du Musée Royal.)

B. △ ou [hieroglyph] hiératique △, dent ou angle, détermine les noms exprimant des situations ou positions relatives, et des localités. G. 97.

Δ.

𓇾 , (ⲣⲉ), ⲣⲏⲥ , Midi , sud. G. 97.

, (ⲙϩⲧ), ⲙ̄ϩⲓⲧ , septentrion , nord. G. 97.

, (ⲉⲓⲃⲧ , ⲓⲉⲃⲧ) , ⲉⲓⲃⲧ , ⲓⲉⲃⲧ , orient , est. G. 97.

, (ⲉⲙⲛⲧ , ⲉⲙⲉⲛⲧ) , ⲉⲙⲛⲧ , ⲉⲙⲉⲛⲧ , occident , ouest. G. 97.

, ⲧⲙⲉ , ⲧⲙⲟ , forteresse , ville forte. G. 99.

, ⲧⲟ , ⲉⲟ , ⲧⲟ,ⲉⲟ , Monde terrestre. G. 98

ⲧⲟⲕ̄ , ⲉⲟⲕ̄ , ⲧⲟⲕ̄ , ⲉⲟⲕ̄ , les deux mondes , c. à. d. la Haute et la basse Égypte. G. 98

, Monde terrestre. G. 98. (Voyez ce même signe, dans ses diverses acceptions au Chapitre 3.e, Section 3.e, Insectes.)

Grecs Ioniens figurés dans un bas-relief Égyptien du XVI.e Siècle avant J.C.

COMPLÉMENT.

DU PREMIER ET DU DEUXIEME CHAPITRE. (1)

COMPLÉMET DU CHAPITRE 1ᵉʳ

Corps Célestes. Divisions générales de la Terre.

Page 12 après la ligne 20. [hiéroglyphes] † *ou erfeoor*, je rends gloire à Dieu.

page 20 après la ligne 5. [hiéroglyphes] Contrée soumise par Rhamsès le grand. [hiéroglyphes]. (*Dédicace du temple d'Hator à Ibsamboul*).

[hiéroglyphes], variantes du nom de la Nubie. (*Spéos de Maschakit*).

[hiéroglyphes], variante du même (à Maschakit).

page 23 après la ligne 10.

A. [hiéroglyphes], *gvor* (copte *idem*), mauvais, méchant, malus.

[hiéroglyphes] *nibi gvor ten tp*, frappez tous les méchants. (*Rit. funér. pl. 1. col. 10.*)

[hiéroglyphes], (ne) *gvor* copte *gvor*, les maux, les méchancetés, les malices. (*pl. 72. col. 8. hier. for. 15*).

B. [hiéroglyphes] *gnπ* copte *gnπi*, lieu souterrain et caché, grotte, caverne, excavation dans une montagne, hypogée. spéos.

[hiéroglyphes], elle a fait exécuter le temple dans la caverne pure. (*Dédicace du temple Spéos d'Hathor à Ibsamboul*.)

---

(1) Une confusion bien regrettable, toutefois momentanée, a rendu ce complément nécessaire. Il ne se rapporte qu'aux cent premières pages de ce Dictionnaire. L'ordre méthodique des signes n'en souffrira point dans le tableau général.

[hieroglyphs] ϩⲛⲡⲉⲛⲉⲙⲉⲛⲧ. la caverne de l'occident; lieu mythique.

[hieroglyphs] Osiris seigneur de la caverne occidentale. (Rit. funér. pl. 1. col. 140, 149).

[hieroglyphs], ϩⲛⲧⲟⲟⲩ. pluriel du précédent : les cavernes, les grottes des montagnes.

[hieroglyphs]. (bas-relief historique d'Ibsamboul).

COMPLÉMENT DU CHAPITRE 2ᵉ.
L'homme et les Membres de son Corps.

p. 26. ap. la l. 14. [hieroglyph] ⲥⲛⲏⲉⲧ-ⲱⲏⲡ, leurs chefs. G. 111.

p. 28. ap. la l. 5. [hieroglyph] F* Πακβς, Prêtre chargé de faire les libations, (κβς en langue égyptienne); personnage à tête rase épanchant l'eau d'un vase à libation. G. 55.

F** [hieroglyph] ⲥⲧⲏⲙ ou ⲥⲱⲧⲙ, Prêtre chargé du principal rôle dans les cérémonies religieuses et funéraires; homme couvert d'une peau de panthère, insigne de ses fonctions. G. 55.

p. 33. ap. la l. 6. [hieroglyph] fut le signe primitif spécial de la 1ʳᵉ personne des verbes pour les deux genres. G. 393.

p. 33. ap. la l. 11. [hieroglyph], Bouvier, prêtre.

p. 40. ap. la l. 16. [hieroglyph], [hieroglyph], ou [hieroglyph], un dieu assis et tenant parfois le sceptre divin ou l'emblème de la vie; 1ʳᵉ personne un dieu parlant. G. 393.

p. 48. ap. la l. 3. [hieroglyph] H⁵ Τωϩρι, τβηρι, une aînée, une principale; femme debout tenant un sceptre et une bourse. G. 55.

p. 49 ap. la l. 10. 〈hiero〉, déesse parlant (je déesse). G. 397.

p. 56 à la fin... 〈hiero〉 ді ga̅отр ου ѕωнт à la gauche. G. 40.

p. 55 ap. la l. 19. 〈hiero〉 ga̅pate, sur toi. G. 313. — 〈hiero〉 * nom de la 4ᵉ heure de la nuit. (Mem. de l'ac.)

p. 66 ap. la l. 17 〈hiero〉 εї-ειρι nak taaani, je suis à toi nourrice. G. 397. — 〈hiero〉, nom du 26ᵉ jour du mois. (Mém. de l'ac.)

p. 67 à la fin. 〈hiero〉 nai-eipe xupincheiв, j'ai fait (ériger) deux obélisques. G. 409.

〈hiero〉, aїc nai-ipe nagapak, j'ai joué du sistre devant toi. G. 407.

〈hiero〉 nakeiep gan un, tu as fait des monuments. G. 409.

〈hiero〉 en-ipi, nous faisons. G. 409.

p. 69 à la fin. 〈hiero〉 cnueio, ils voient.

p. 71 à la fin. 〈hiero〉 inscrit comme nom au-dessus d'une espèce d'oie semblable au 〈hiero〉 (Tombeau de Memphis).

p. 73 ap. la l. 12. 〈hiero〉 groupe employé dans le rituel funéraire, pl. 75. ch. 6.

p. 76 ap. la l. 4. 〈hiero〉 PH T. soleil femelle, titre donné à plusieurs déesses égyptiennes, entr'autres à Isis

〈hiero〉 Soleil femelle dans les quatre régions du ciel. (1ᵉʳ Pylon de Philae, montant gauche).

p. 76 à la fin. 〈hiero〉 pee....... employé comme nom générique de toutes les espèces de poissons: les poissons en général.

p. 78 ap. la l. 7. 〈hiero〉 Пph, dieu Soleil. G. 445.

p. 79 ap. la l. 5. 〈hiero〉 pwy copte pawy, pawe, Gaudium, joie, lætitia.

〈hiero〉 nepawe, nipawy, les joies.

p. 82 apr. la l. 12. [hieroglyphs] nom d'une des formes de la déesse Hathôr représentée comme à la marge, et présidant à la bonne récolte.

[hieroglyphs] que Ran dame des...... et des autres choses de la maison du scribe (un tel) accorde..... (Baral. Nizzoli. Alexandrie).

[hieroglyphs] pṛ..... sorte de fleur que l'on présentait en offrande aux dieux.

[hieroglyphs] offrande de fleurs..... à la mère. (Propylon de Nectanèbe, à Philae).

[hieroglyphs] ⲡⲉⲕⲣⲁⲛ, ton nom. G. 393.

p. 82 à la fin. [hieroglyphs] ⲡⲛⲱ, ⲡⲛⲁ ; manque en copte : paraît avoir le sens de jeune Νέος, juvenis ; c'est un titre donné aux chefs de la caste militaire. (Tombeaux de Beni-hassan).

p. 84 av. la l. 13. [hieroglyphs] Groupe symbolico figuratif ⲟⲩⲛⲁⲙ. ⲟⲩⲛⲁⲙ, la droite, le côté droit.

[hieroglyphs] ⲕⲓⲟⲩⲛⲁⲙ, à droite, du côté droit.

[hieroglyphs] ⲛⲉⲃϯ ϩⲓ ⲡⲉϥⲟⲩⲛⲁⲙ, Nephthys est à sa droite. (Momie Pentamoun ; Musée Royal).

p. 89 ap. la l. 19. [hieroglyphs] ⲉⲕϯ ⲛⲁⲓ, tu donnes (tu livres) à moi. G. 421.

p. 90 ap. la l. 8. [hieroglyphs] ϭⲛϯ ⲉⲓϣⲱⲡ, ils accordent (ces dieux) que je reçoive. G. 419.

p. 90 ap. la l. 15. [hieroglyphs] ϯⲉϯ ⲛⲉⲧⲣⲁϣⲉⲣ, accorde les joies. G. 415.

p. 90 ap. la fin. [hieroglyphs] Ⲏⲥⲉ ⲧⲉⲛ-ⲙⲁⲩ ⲧⲡⲉⲃ ⲛ̄ Ⲓⲓⲁⲛⲗⲁⲕ, Isis notre mère la dame de Philae. G. 405.

112.

p. 91 à la fin. **47.** 𓋴𓂋𓀀 guider, conduire ; donner la direction.

𓊨𓏏𓋴𓂋𓀀𓎛𓏏 Isis conductrice de Teschré (femme). (Momie de Musée Royal).

p. 92 apr. la l. 14. 𓂝𓂝𓊃 Groupe symbolico-figuratif représentant deux bras humains tenant un gouvernail de vaisseau, (gaee) ; exprime l'idée diriger, conduire (ⲉⲣϩⲉⲙⲓ)

𓂝𓂝 𓊃𓏤 peqpegeui ou peqgeui, celui qui tient le gouvernail d'un vaisseau, le pilote, le nautonnier. (Rit. funér. 1ère partie, section 1ère, Chapitre 11).

p. 92 à la fin. 𓎡 Mâle, mari.

𓎡𓅆𓃙 ⲕⲟϩⲉ (copte ϭⲓⲉ, ϭⲓⲏ) Haedus, Hircus, Bouc, inscrit comme nom au-dessus d'un Bouc. (Bas-reliefs des milieux, copiés par Mr Pacho).

𓎡𓏤 ⲕⲁ.ⲕⲱ, copte idem, Ponere, offrir, présenter, placer en offrandes.

𓎡𓏪𓈖𓏌𓇳 ... 𓂋𓏏𓏤𓀁 libations et tous autres biens purs qui sont offerts à vous dont les noms sont nombreux, par la main de Gharo. (Grande Stèle ol. M.T.)

𓎡𓏪𓈖𓊃𓊃𓇳 gan kwt n gaḡ gwor, des constructions de longue durée. G. Loy.

p. 93 à la fin. 𓂜𓏥 nn, copte ⲛⲛⲉ, négation ou verbe abstrait négatif ; non être ; Il n'y a pas.

𓂜𓏥 𓄿 𓂝 ⲛⲛⲉ ϭⲟⲗ ϧⲉⲛ ⲣⲱⲧⲥⲛⲟⲩ il n'y a point de Mensonge dans leur bouche. (Rit. funér. pl. 72. col. 10).

p. 94 ap. la l. 11. — Orthographe antique de la négation copte ⲧⲙ ou ⲧⲉⲙ, G. 446.

p. 95 ap. la l. 5. — ⲉⲓⲧⲱϭ, je réunis (je plante?). G. 395.

p. 96 ap. la l. 10. — ⲧⲟ, copte ⲧⲟⲉ, macula, souiller, tacher, fadare.

p. 96 ap. la l. 12. — ⲛ̄ⲛⲉ ⲧⲟ ⲧⲟ, je ne suis pas souillé. (Rit. funér. pl. 72. col. 38).

p. 100 ap. la l. 3. — Caractère figuratif représentant les mamelles, (le sein); employé isolément exprime l'idée mamelles, en langue Égyptienne ⲙⲛⲟⲧ. ⲛⲉ.

, déterminatif figuratif placé à la suite du phonétique. ⲙⲛⲟⲧ, mamelle.

, placé comme déterminatif symbolique à la suite du groupe phonétique ⲙⲛⲓ, copte ⲙⲟⲟⲛⲓ, ⲙⲟⲟⲛⲉ nourrir et ⲛⲁⲁⲛⲓ nourrices.

p. 100 ap. la l. 17. — ⲃⲏϭ, ⲃⲏⲭ, copte idem, Epervier, Faucon, variante par le déterminatif. (Stèle d'Osortasen; Ouadi-halfa).

FIN DU COMPLÉMENT
du premier et du deuxième chapitres

———

CHAPITRE TROISIÈME,

LES ANIMAUX.

1.ʳᵉ Section. Les Quadrupèdes.

---

67. 🦁 T Caractère figuratif représentant le lion suivi du signe déterminatif des quadrupèdes, ⲙⲟⲩⲓ, lion. G. 83.

🦁 ⲟⲛⲙⲟⲩⲓ ϭⲱⲛⲧ, lion furieux. G. 922.

A , ⲟ , Caractère phonétique représentant une lionne (ⲗⲁⲃⲱ, ⲗⲁϧⲱ, ⲗⲁⲃⲟⲓ), et exprimant l'articulation λ & p, dans les mots et noms Egyptiens. G. 28 et 44, N.° 106

ⲗⲁⲃⲟ, lionne. G. 93.

, ⲣϩⲥ, ⲗϩⲥ, Rohs, nom propre d'un dieu léontocéphale coiffé de la tiare de la déesse Sevan (statuette ou serpentine du Musée de Turin).

et Rohs vivifier Horus fils de Sé........ (même statuette).

ⲡⲏ, ⲡⲏ, soleil. 75.

ⲛ̄ ⲡⲡⲏ, du dieu Phré.

B une lionne accroupie sur le caractère ⲛⲏⲃ, Πυτ, Bubastis. G. 119. pour , Caractère symbolique = Même sens.

68. , ⲡⲉϥⲣⲱⲓⲥ, sa vigilance. G. 195.

, (ⲛ̄ⲛⲉⲧ), ⲣⲟⲉⲓⲥ, des vigilants. G. 329.

69. , Caractère figuratif composé, exprimant l'articulation ϩ, H, dans les monuments des basses époques. G. 45, N.° 225.

70. , , Caractère figuratif composé, exprimant l'articulation, ϩ, H, G. 45, N.° 214. , commencement. G. 362. | , et ϩⲓⲧ, ϩⲏⲧ, Cœur. G. 94

A   [hiero] représentant les parties antérieures du lion, ϩⲏ, ⲧϩⲏ, ⲉⲏ, le commencement, la présence, le devant. G. 487, 488, 493. devant. G. 302.

[hiero] ⲧϩⲏ ou ⲉⲏ précédé de la préposition [hiero] ϧⲉ dans, en, signifie devant, en la présence de. G. 489. [hiero], ⲧⲉϥϩⲏ, sa face.

[hiero] ou [hiero], ⲛⲁϩⲣⲉⲛ devant, en présence de, sur le devant de même nom combiné avec la préposition simple préfixe [hiero]. G. 489.

[hiero] se combine également avec la préposition [hiero] ce qui forme la préposition composée [hiero] ou [hiero]. ϩⲁⲣⲁⲉⲏ, devant. G. 491. = [hiero], ... Commandants. G. 486.

71   [hiero] représentant la partie postérieure du lion, signifie ⲧⲡⲁϩⲟⲩ, le derrière. G. 493.

[hiero] ⲡⲁϩⲟⲩ ϩⲁⲣⲁⲧⲉϥ, derrière lui sont. G. 497.

[hiero] ⲧⲉⲕⲡⲁϩⲟⲩ, ta partie postérieure. G. 488. [hiero], ⲧⲉϥⲡⲁϩⲟⲩ. G. 494.

A   [hiero] ⲧϩⲏ, la partie antérieure du corps, le devant, et [hiero] ⲧⲡⲁϩⲟⲩ, la partie postérieure du corps, le derrière, noms communs devenus des compléments de la préposition [hiero] ⲣ̅, copte (ⲉ), font aussi les fonctions de véritables adverbes [hiero] ⲉⲉⲏ, devant, [hiero], ⲉⲡⲁϩⲟⲩ, derrière. G. 511.

B   [hiero] (ϫⲱⲙ, ϫⲱⲱⲙⲉ), Liber, volumen, livre, volume. [hiero] [hiero] ϫⲱⲙ(ⲛ̅) ⲡⲣⲱⲟⲩ ⲛⲁ ϭⲣ̅ ϩⲏ ϩⲣⲱ, livre des chapitres (portes) concernant la manifestation à la lumière. (titre du grand Rituel funéraire hiéroglyphique du Musée de Turin).

72   [hiero] ⲥⲟ, ⲥⲧ, une antélope Oryx accroupie. G. 120.

A   [hiero] grande espèce d'antélope, l'Oryx, symbole particulier du dieu Seth [hiero] ou Typhon.

73 [hiero] forme commune à plusieurs déesses Égyptiennes pour les peindre dans un état de colère ou de douleur : voir [hiero]. (Philae, passim).

74. 𓃭 , 𓃮 Caractère symbolique, représentant un lion à tête d'aigle d'Éthiopie et exprimant l'idée du dieu ⲗⲱⲡ, ⲗⲱⲡⲉ, Bôr, Bôré. G. 119. (Le griffon Égyptien, origine du griffon Grec).

𓃮 ⲗⲱⲡⲉ, Bôré; nom propre d'homme. (Stèle Royale du Musée de Turin).

𓃮 déterminatif du nom divin 𓀭𓏏𓇯 Jou... dieu grand, seigneur du ciel. (Statue de Peribastet à Tanis.)

𓃮 aimé de Bôré seigneur de Tanis. (même monument).

𓃮 aimé par Bôré. (même statue, dache).

75. 𓃥 Caractère phonétique représentant le Schacal, exprimant la lettre c, ⲥ. G. 43, N° 169.

A. 𓃥 même caractère exprimant abusivement i et e dans les monuments de la basse époque romaine. G. 36, N° 12.

76. 𓃣 Un Schacal accroupi armé du fouet, ⲁⲛⲡⲟⲩ, ⲁⲛⲟⲩⲡ, nom propre symbolique du dieu Anubis. G. 119.

A. 𓃤 Un Schacal armé du fouet, accroupi sur le haut d'une porte, ⲁⲛⲟⲩⲡ; autre nom propre symbolique du dieu Anubis. G. 119.

77. 𓃩 Un Schacal debout sur une enseigne décorée d'un Aspic, ⲅⲓⲱⲧⲅⲟⲟⲩⲉ, nom propre symbolique du dieu Hôp-Hivoués. G. 119.

78. 𓃦 Caractère symbolique, représentant un schacal, quadrupède fort commun en Égypte et que les grecs ont confondu avec le chien et le loup.

𓃦 Nom de la 4ᵉ heure du jour. (Mémoire de l'Académie).

117

A ▭ Schacal tenant l'instrument ⚑ emblème des deux ⩫ , gardiens et symboles des Tropiques ou Solstices et des hémisphères supérieur et inférieur du ciel.

⩫ ▭ ⚑ ⩫ (stèle N°. 1. Turin).

79. ▭ , ▭ , Caractère symbolique, le cynocéphale, espèce de singe, symbole du dieu Hermès ou Thôth, ΘωϮ, répond au phonétique ▭ qui lui servait de prononciation.

▭ , (ΘωϮ𝔄), le second Hermès, ou le double Hermès.

▭ le double Hermès seigneur à plusieurs noms, agissant toujours. (stèle du musée de Turin).

80. ▭ Caractère figuratif, représentant le cheval. grup. G. 168.

▭ pluriel du précédent; répond au phonétique ▭ ϩτρε. (copte ϩατρε, un attelage de deux chevaux (Gemelli); ou bien au copte ϩτωωρε, chevaux, dan grup. G. 168.

▭ (ϩτωωρε), Chevaux, pluriel numérique du caractère figuratif précédent.

▭ , ⲙⲟⲣⲡ ⲙ̄ⲙⲁⲩ ⲛ̄ⲛⲉϩⲧⲱⲱⲣⲉ ⲛ̄ⲥⲁⲣⲏⲥ ⲁⲩⲱ ⲥⲁⲡⲉⲙϩⲓⲧ, l'Attaché (voir ▭) aux chevaux de la région supérieure et de la région inférieure Ghna homme. (portion de siège, musée Royal). et G. 237.

A ▭ , ⲥⲥⲏ-ⲧ, les cavales. G. 179.

81. ▭ , Caractère figuratif précédé de l'article masculin; ⲡⲟⲩϩⲱⲣ, le chien. G. 173.

82. ▭ , ▭ , Caractère figuratif, représentant un bœuf.

A. 🐂 (ⲉⲅ) copte ⲉⲅⲉ, Bœuf, bos, employé aussi comme déterminatif figuratif du mot 𓃀𓂝 ⲉⲅ Bœuf. G. 168.

B. 🐂𓂝𓃀🐂 une tête de Bœuf. (Rit. funér. IIIᵉ partie, sect 2ᵉ chap.).

Il est employé aussi comme déterminatif des noms propres de Bœufs ou Taureaux sacrés.

🐂 ⲅⲁⲛ, ⲉⲅⲣ, copte ⲉⲅⲏⲧ, ⲉⲅⲛⲟⲧ, pluriel du caractère figuratif précédent, répondant au phonétique 𓃀𓂝𓏥.

🐂 ⲅⲩ ⲛⲉⲩⲉⲅⲏⲧ, dans les bœufs. (Rit. funér. IIᵉ part. sect IX).

🐂 Bœufs au nombre de CLXXII. (Inscription numérique du palais de Karnac).

🐂 qu'il donne une grande quantité de Bœufs. (Momie du Musée Royal).

🐂 ⲅⲁⲛ ⲉⲅⲏⲧ ⲣⲕⲃ, Bœufs cent vingt deux.

🐂 ⲅⲁⲛ ⲉⲅⲏⲧ ⲉⲉ ϯⲟⲣ, Bœufs soixante cinq.

🐂 ⲅⲁⲛ ⲉⲅⲏⲧ ϣⲟ ⲯⲓⲧⲛⲉ ⲙⲛⲧϥⲓⲥ, Bœufs mille-neuf-cent dix neuf.

🐂🐂🐂, ⲉⲅⲏⲧ, pluriel figuratif des Bœufs. (Momie du Musée Royal).

83. 🐄, 🐄, Caractère figuratif, représentant une Vache, ϯⲃⲁϭⲓ. G. 324.

🐄 (ⲉⲅⲉ. ⲧ), Vache, répond au phonétique 𓃀𓊪𓃶, 𓃀𓊪 ou 𓃶𓊪𓃶 ⲉⲅⲉ, auquel il sert souvent de déterminatif figuratif.

Il est aussi le déterminatif figuratif des noms de Vaches sacrées. = 🐄𓃶, ⲧⲉⲅⲉ, la vache. G. 91.

84. Caractère phonétique représentant le Taureau KIH, et exprimant la lettre K. G. 39, N.° 65.

ganкih, des taureaux. G. 329.

A. Caractère symbolique ; le Taureau devient le signe de l'idée ϫⲱⲢ ou ϫⲱⲰⲢⲈ être fort, être puissant, et selon Horapollon, la force unie à la tempérance. (liv.¹ ch. 19.)

Κράτερος, le fort, le puissant, étant puissant, ϫⲱⲰⲢⲈ; titre donné au dieu Horus et aux souverains de l'Égypte assimilés à ce dieu. G. 360 et 361.

l'Horus puissant ami de la vérité.
(Obélisque Médicis).

B. Taureau employé dans le sens de symbole du mâle.

Osiris le Taureau de l'occident ou amenti. (1ʳᵉ formule du Rit. funéraire).

Osiris taureau générateur de l'occident.
(Même formule, autre exemple du Rituel).

ⲘⲀⲒ (?), mari de. G. 282.

C. Caractère figuratif, représentant le Taureau mystique Hapi, (Apis) le quel était censé emporter la momie d'Osiris, et par imitation, celle de tous les défunts à la Catacombe.

D. Caractère déterminatif du nom du dieu Taureau ou (Voyez ce mot).

E. Un Taureau la tête décorée du disque du soleil; le caractère vie devant son poitrail, ⲄⲀⲠⲒ, Apis. G. 119.

, ⲠⲔⲈⲒ? le taureau. G. 502.

31.

85. 〖veau〗 Veau accroupi ; Caractère phonétique de la lettre ⲩ, sch. G. 44, N° 206.

〖...〗 ⲩaa ⲛ̄, nés de. G. 330, α 198.

86. 〖tête de bœuf〗, 〖ⲃ〗 Caractère figuratif représentant et exprimant une tête de Bœuf. (Voyez page 118, ligne 3.B.)

〖...〗 Une tête de Bœuf. (Rituel funéraire 111ᵉ partie)

87. 〖ⲡ〗, Caractère phonétique exprimant les consonnes λ et p, L & R. G. 41 N° 110.

%A 〖tête〗, 〖ⲃ〗 Caractère symbolique, exprimant, par synecdoche, l'idée Bœuf, et répondant au phonétique 〖...〗, copte ⲉϩⲉ Bœuf.

〖...〗 ⲉϩⲏⲟⲩ, ⲉϩⲏⲧ, ⲉϩⲟⲟⲩ, (phonétiquement 〖...〗), Bœufs, les Bœufs. G. 293.

〖...〗 pluriel figuratif de 〖ⲃ〗 (ⲉϩⲏⲧ), les Bœufs.

〖...〗 qu'ils donnent une maison abondante en vivres, une grande quantité de Bœufs &. (Momie de Pétaménoph, à Turin).

88. 〖tête de veau〗, 〖⳽〗, Caractère figuratif, représentant une tête de Veau et exprimant l'idée nez. G. 95.

〖...〗 le nez. 〖...〗. 〖...〗 (ϥⲛⲧ), Voy. G. 93.

〖...〗 son nez est (consacré) au dieu Anubis. (Manuscrit hiéroglyphique, Musée royal). Il répond au phonétique 〖...〗 (Voyez avant).

〖...〗 ⲡⲉⲕϥⲛⲧ, ton nez. G. 195.

A. 〖...〗 placé comme déterminatif symbolique à la suite du phonétique 〖...〗 ou 〖...〗 le nez, nasus. G. 95

〖...〗 Son nez (ou ses narines) appartiennent au dieu Anubis. (Rituel hiéroglyphique du Musée Royal).

〖...〗 déterminatif du phonétique 〖...〗 ⲩⲡⲟⲧ, narines. G. 95.

89. 〖...〗 (ⲃⲃ), ⲃⲱⲃ, gosier. G. 93.

88B. [hiér.] ou [hiér.] groupe phonétique répondant au copte ⲠⲦ, ⲠⲎⲦ, celui qui est à, ou dans.

[hiér.] celui qui est dans l'occident, celui qui est dans la contrée occidentale. (Titre d'Osiris, stèles funéraires et d'adoration posim).

90. [hiér.], [hiér.] Caractère symbolique, exprimant l'idée briller, resplendir, rayonner, splendere; ⲂⲞⲢⲂⲞⲢ, écrit phonétiquement [hiér.] [hiér.], parceque les Orientaux trouvaient une analogie marquée entre les cornes et les rayons du soleil. G. 359 et 36o.

[hiér.] ⲤⲈⲚⲂⲞⲢⲂⲞⲢ, ils brillent. G. 36o.

[hiér.] ⲠϪⲒⲤⲈ, le haut. G. 124. [hiér.] des cornes. G. 484.

[hiér.] [hiér.] ⲘⲈϨⲒⲎ, ϨⲒⲞⲨⲈ, chemins. G. 107.

[hiér.] [hiér.] ⲤⲰⲠϨⲒⲞⲨⲈ, Hôp-Hiwoué, dieu à tête de Schacal. G. 114.

[hiér.] nom symbolique des deux schacals gardiens des Tropiques, de l'Hémisphère supérieur (méridional) et inférieur (septentrional) du ciel. (stèle carrée du Musée de Turin).

[hiér.] ......ⲈⲈⲤ, l'Engendré de Macédo, nom propre d'homme. (Image funéraire du musée de Turin).

A [hiér.] déterminatif du phonétique [hiér.] ⲈⲎ, temps. G. 95.

[hiér.] ⲦⲀⲠⲈ, deux cornes. G. 519. [hiér.] ⲚⲚⲈϤⲦⲀⲠⲈ, par ses 2 cornes. G. 356. (*)

91. [hiér.], [hiér.], Caractère symbolique représentant une oreille de taureau ou de bœuf, exprime l'idée entendre, écouter, ⲤⲰⲦⲈⲘ, G. 387. = [hiér.], ⲤⲰⲦⲘ̄, entends. G. 593. (*) [hiér.] nom du 15ᵉ jour du mois (Mém. de l'écrit.)

[hiér.] (ⲤⲰⲦⲈⲘ), entendre, audire, écouter.

[hiér.] qu'il voye comme vous voyez, qu'il entende comme vous entendez. (Rit. funér. 1ʳᵉ partie).

𓂻 (ϲⲱⲧⲙ̄), Ouïre, entendre, écouter. (Champollion, livre 1ᵉʳ, N° 44).

𓂻... Écouté l'adoration de l'Osiris Karo. (stèle du Musée Royal) et G. 388.

𓂻 ⲥⲧⲙ̄, ⲥⲱⲧⲙ̄, Écouter, entendre. G. 379.

ⲧⲉⲥⲱⲧⲙ̄, tu entends, G. 205. ⲧⲛ̄-ⲥⲱⲧⲙ̄, vous entendez. G. 388. (écoutez.)

, ⲕⲥⲱⲧⲙ̄ ⲉ̄ⲙ-ⲥⲛ, tu entends par elles. G. 301.

ⲥⲱⲧⲙ̄ ⲛⲁⲓ, écoute moi. G. 329. = ⲥⲛ̄ (ⲉⲧ) ⲥⲱⲧⲙ̄ ils entendent. G. 428.

ϥⲥⲱⲧⲙ̄, qu'il écoute (entende). G. 388. = , ⲥⲱⲧⲙ entend. G. 238.

ⲥⲧⲙⲉ (copte ⲥⲱⲧⲙ) Auditeur, celui qui entend, celui qui écoute : de là

Auditeur dans le tribunal (ou palais) de justice ; nom égyptien des juges ou magistrats.

l'Auditeur dans le palais de justice Aménémoph, et son fils l'Auditeur dans le palais de justice Amentef. (Stèle peinte du Musée de Turin).

ⲥⲱⲧⲙ̄ ⲛ̄ ⲙⲉ, ⲥⲱⲧⲙⲉ, Auditeur de justice ou de vérité, ou plus littéralement auditeur de la coudée (nom de magistrature) ; les signes sont purement déterminatifs ; l'un représente la coudée naturelle ( ), l'autre la mesure dite coudée ( ), symbole de justice. G. 388.

l'Auditeur de justice dans le palais de justice, Baony. (stèle peinte du Musée de Turin).

A. , Caractère figuratif, représentant les oreilles d'un veau ou d'un Bœuf. , (ⲙⲉϣ), ⲙⲁϣϫ , les 2 oreilles. G. 92.

B. Employé symboliquement comme déterminatif du groupe phonétique ⲙⲉⲥⲧⲡ, oreille. G. 95.

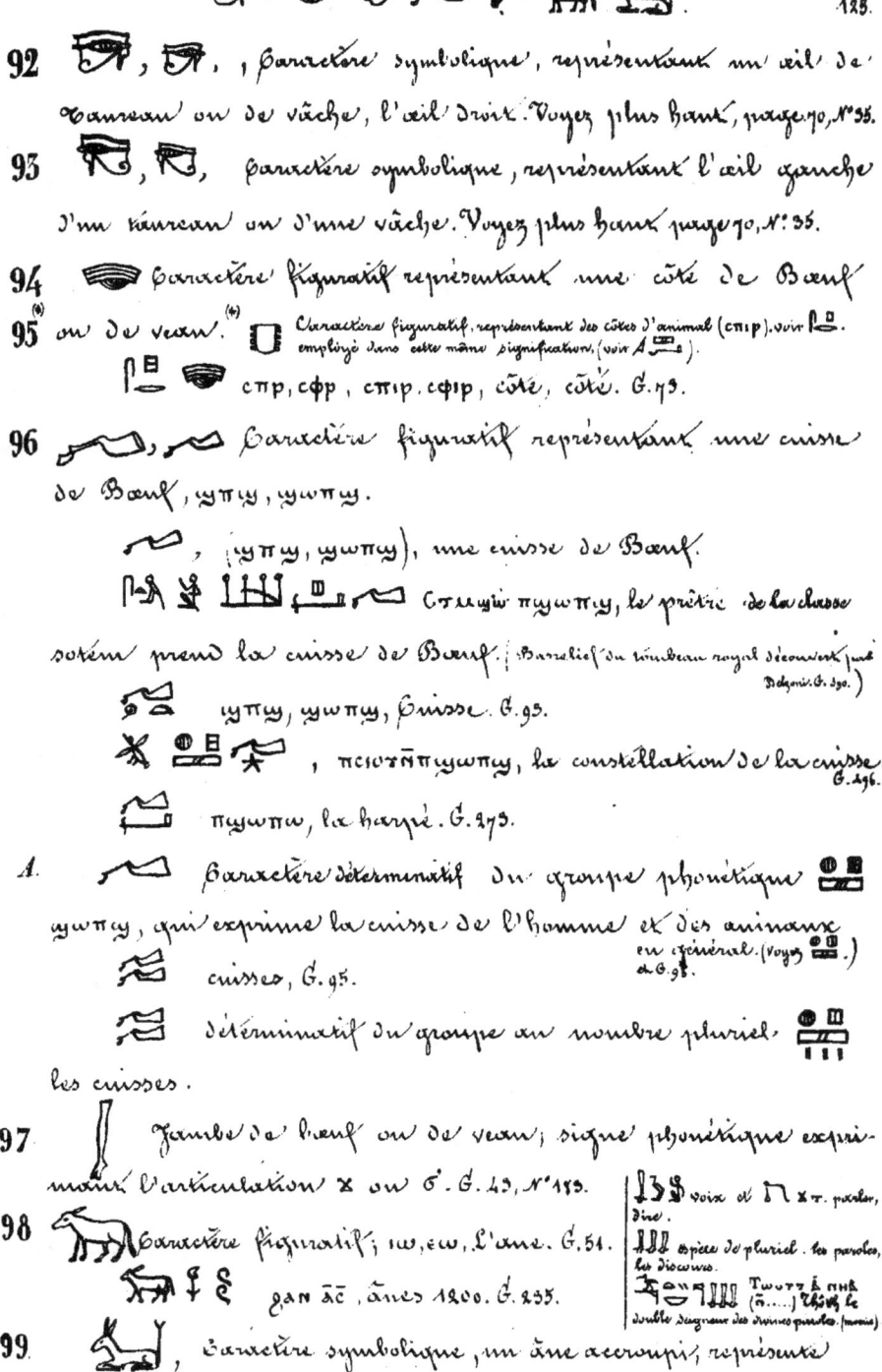

92. 𓁹, 𓁹, caractère symbolique, représentant un œil de taureau ou de vache, l'œil droit. Voyez plus haut, page 70, N° 35.

93. 𓁹, 𓁹, caractère symbolique, représentant l'œil gauche d'un taureau ou d'une vache. Voyez plus haut page 70, N° 35.

94. 𓂉 Caractère figuratif représentant une côte de Bœuf
95. ou de veau. 𓊪 Caractère figuratif, représentant des côtes d'animal (ⲥⲡⲓⲣ). voir 𓂉 employé dans cette même signification. (voir 𓂉).

𓂉 𓊪 ⲥⲡⲓⲣ, ⲥⲫⲣ, ⲥⲡⲓⲣ, ⲥⲫⲓⲣ, côte, côté. G. 73.

96. 𓄬, 𓄬 caractère figuratif représentant une cuisse de Bœuf, ϣⲡⲱ, ϣⲟⲡϣ.

𓄬, (ϣⲡⲱ, ϣⲟⲡϣ), une cuisse de Bœuf.

𓄿𓄬 𓏏𓏏𓏏 𓊪 𓄬 ⲥⲉⲧⲉⲙ ⲡϣⲟⲡϣ, le prêtre de la classe sotem prend la cuisse de Bœuf. (Bas-relief du tombeau royal découvert par Belzoni. G. 290.)

𓄬 ϣⲡⲱ, ϣⲟⲡϣ, cuisse. G. 93.

𓊖 𓊖 𓄬, ⲡⲥⲓⲟⲩ ⲛ̄ⲡϣⲟⲡϣ, la constellation de la cuisse. G. 296.

𓄬 ⲡϣⲟⲡϣ, la harpe. G. 273.

A. 𓄬 Caractère déterminatif du groupe phonétique 𓊪𓊖 ϣⲟⲡϣ, qui exprime la cuisse de l'homme et des animaux en général. (Voyez 𓊪𓊖 à G. 95.)

𓄬 cuisses, G. 95.

𓄬 déterminatif du groupe au nombre pluriel 𓊪𓊖𓏪 les cuisses.

97. 𓂝 Jambe de bœuf ou de veau; signe phonétique exprimant l'articulation ⲁ ou ⲟ. G. 43, N° 183.

𓀁𓏤 voix et 𓂋𓏤 x. τ. parler, dire,
𓏪 espèce de pluriel, les paroles, les discours.
𓀁𓏪 ⲧⲱⲟⲩⲧ ⲉ ⲡⲏⲉ [...] le double désignant des divines paroles. (Savais.)

98. 𓃘 Caractère figuratif; ιω, εω, l'âne. G. 54.
𓃘𓏏𓏤 ϫⲁⲛⲁⲁ, ânes 1200. G. 235.

99. 𓃩, caractère symbolique, un âne accroupi, représente l'idée du dieu ⲥⲧ, ⲥⲟ, ⲥⲉⲟ, Seth, Typhon. G. 120 et 471.

124

100. 🦌 Caractère figuratif représentant une gazelle, ⲅⲁϩⲥ. G. 31.

101. 🐏 🐏 Caractère figuratif représentant un bélier, ⲱⲓⲗⲉ. ϩⲁⲛ ⲱⲓⲗⲉ, des béliers. G.111 = 🐏, ⲡⲱⲓⲗⲉ ⲡ ⲉⲙⲛⲧ, Bélier de l'occident. G. 478.

A. 🐏 Caractère phonétique représentant le bélier et exprimant la lettre B, G. 39. N°56. = 🐏 ⲧⲃⲣⲓⲥ. Τιβεριος. Tibère.

B. 🐏 un bélier la tête surmontée du disque et de deux longues plumes, signe symbolique du dieu, ⲁⲙⲛ-ⲣⲏ, Amon-ra. G. 119.

C. 🐏 un bélier la tête surmontée du disque, signe symbolique du dieu Νϥ, Nτ, Chnouphis. G. 119.

D. 🐏 🐏 groupe symbolique exprimant l'idée Esprit, âme, le Bai d'Horapollon.

🐏... Osiris esprit créateur dans la demeure des enfants du roi. (Rituel funéraire pl. 75. col. 23).

102. 🐑 🐑 Caractère phonétique représentant une brebis et exprimant la lettre C, S, dans les monuments des B.E.

103. 🐑 Caractère phonétique exprimant les voyelles Λ, ρ, L. R. G. 41. N° 109.

104. 🐐 Caractère figuratif, représentant la chèvre. 🐐... ⲧⲟⲣ ⲛ̄ϭⲓⲟ ϣⲟⲩⲏⲧ ⲡ̄ϣⲉ ϣⲟⲙⲛⲧ chèvres cinq mille trois-cent-vingt-trois. G. 233.

🐐 ϩⲁⲛⲃⲁⲁⲙⲡⲉ, des chevreaux. G. 329.

105. 🐖 Caractère figuratif, représentant un porc, un cochon, et répondant au phonétique 🐖 (caphte ⲡⲓⲣ), auquel il sert souvent de déterminatif; voyez aussi le phonétique 🐖.

🐖 (ⲛⲉⲡⲓⲣ), les porcs, les cochons; pluriel du caractère figuratif précédent.

125.

𓃀 𓃠 𐦘 que neqpip, dans des porcs. (Rit. funér. 1.ᵉʳ part. sect. 5.)

𓃀 𓃠 jan pip āф, porcs 1300. G. 253.

106 𓃹, 𓃹 Caractère phonétique, représentant une espèce de lièvre, et exprimant les diphthongues or, orw, oro. G. 37, N.13.

𓃹 𓃠 Orwanчр, Oὐννόφϵ, Homme; transcrit Ὄννωφρις par les grecs. G. 135.

𓃹 ⲱⲁⲛⲟⲩⲡ ⲙⲉⲧⲁⲣⲉ, Onnofris le veridique. G. 242.

𓃹 , orwn-go, Montre-face, Miroir. G. 65.

𓃹 ⟡ orwngo, avec le déterminatif orwn-go, Miroir. G. 77.

𓃹 nom du dieu du 27.ᵐᵉ jour du mois. (mémoire de l'Acad.)

𓃹 𓃥 orwnwy, Espèce de loup. G. 127.

𓃹 ⌒ oron nib, copte oron nim, oron nibi, oron niben, toute personne, toute chose, chacun, quisquis. G. 313.

𓃹 oron nibi, chacun des (tous les habitants). G. 34.

𓃹 ncoron, qu'elle. G. 277.

𓃹 oron, ora, copté ora, oron, être, exister; remplit aussi les fonctions de verbe abstrait.

𓃹 oron, étant. G. 337 et 461. | 𓃹 j'ai été dans le monde matériel, je suis venu dans ma terre (mon pays). Rit. funér. ph. 75. col. 110.

𓃹 oron, étant à. G. 337.

𓃹 oron gpacn (gpar), étant avec eux. G. 439.

𓃹 neioron gna 8wp, j'étais avec horus. G. 512.

𓃹 oron-er, qui sont. 𓃹 oron, pris en 𓃹 nnei oron, mauvaise part; je n'ai pas. (Morie Contachic M.R.).

𓃹 orwn, orwini, être lumineux; briller. G. 377.

𓃹 orwn, orwn, aperire, ouvrir, le battant de porte servait de déterminatif. G. 371.

Il signifie aussi connaître, ce qui est le sens resté dans

126.   ⟨hieroglyphs⟩

le copte (analogue ⲟⲩⲱⲛ), exposer, rendre ouvert, évident.

(A) ⟨hieroglyphs⟩ , ouvre lui
(v. ligne 10)
les portes du ciel, ouvre lui les portes du ciel, ouvre lui les portes du monde matériel. (Manuscrit hiératique Cabinet du roi, et rituel passim).

⟨hieroglyphs⟩ , ⲟⲩⲱⲛ, ouvrir. G. 351. 510. = ⟨hieroglyphs⟩ , ⲟⲩⲛⲓⲟⲩ ⲉⲟⲡⲉ ⲉⲩⲟⲩⲱⲛ, ouvrant. G. 427.

⟨hieroglyphs⟩ ⲉⲓ-ⲟⲩⲱⲛ, j'ouvre. G. 490.

⟨hieroglyphs⟩ ⲛⲁⲓⲟⲩⲱⲛ ⲛⲓⲃ ⲧⲉϫⲓ, j'ai ouvert tout chemin. G. 481.

⟨hieroglyphs⟩ ⲛⲁⲕⲟⲩⲱⲛ ⲧⲡⲉ, tu as ouvert le ciel. G. 507.

⟨hieroglyphs⟩ et ⟨hieroglyphs⟩, ⲟⲩⲱⲛ, ϧⲟⲩⲱⲛ, ouvre. G. 297. 528. (ici l'exemple A. ligne 2.)

⟨hieroglyphs⟩ , ⟨hieroglyphs⟩ , ⟨hieroglyphs⟩ , ⟨hieroglyphs⟩ même sens, ⲟⲩⲛ.ⲧ, ⲟⲩⲛⲟⲩ.ⲧ, l'heure. (G. 96 et mémoire de l'académie).

⟨hieroglyphs⟩ ⲧⲟⲧⲛⲟⲩ ⲧϫⲟⲧⲉⲓⲧⲉ , première heure. G. 111.

⟨hieroglyphs⟩ ⲧⲟⲧⲛⲟⲩ ⲧϫⲟⲧⲉⲓⲧⲉ , la première heure. G. 221.

107 ⟨hieroglyph⟩ Caractère figuratif, représentant un Éléphant et exprimant l'idée ⲉⲃⲟⲩ, Éléphant. G. 51.

108 ⟨hieroglyph⟩ Caractère figuratif, représentant un Hippopotame et exprimant l'idée ⲱⲡⲧ, hippopotame. G. 51.

109 ⟨hieroglyph⟩ Caractère figuratif, représentant une Girafe et exprimant l'idée ⲥⲣⲩ, Girafe. G. 51.

110 ⟨hieroglyph⟩ Caractère figuratif représentant une antilope et exprimant l'idée ⲁⲗ, ⲉⲓⲟⲩⲗ, antilope. G. 51.

111 ⟨hieroglyph⟩ Caractère figuratif représentant un Oryx et exprimant l'idée ⲁϧⲟⲩ, oryx. G. 51.

112 ⟨hieroglyph⟩ Caractère figuratif représentant un Dorcas et exprimant
112.A. l'idée ⲇⲁϫⲓ, Dorcas. G. 51. et Caractère phonétique ⲩ. G. 44. N° 198.

113. Caractère figuratif, représentant un Chien, et exprimant l'idée ογοορ, chien. G. 51.

114. Caractère figuratif, représentant un chat et exprimant l'idée ϢΑΥ, Chat. G. 51.

115. Caractère figuratif, représentant une peau de Panthère et exprimant l'idée Πυαap m̄бт, peau de Panthère; et indique d'une classe de prêtres nommée ... ou ... CTM. G.51 d. 390.

116. ..., en abrégé ... et ... ou ..., qui représente la moitié inférieure d'une peau de bœuf ou de tout autre quadrupède, devient le déterminatif générique de tous les noms de quadrupèdes, à défaut des déterminatifs figuratifs. G. 82. (Voyez aussi à la page 76 de la G. S. 17A).

... (μογι), Lion ; (Rituel funéraire III.e part. II.e sect. chap. 19).

... (ϢΑΥ), Chat, (Voyez u mot). ... le Soten prend les peaux de Panthères. (Tombeau Royal de Bibyan. G. 390).

... (ϢΑΥ), Chien. (idem).

... (ϢΑΑΥ), Truie. (Voyez u mot).

117. ..., le Sphynx, figuré symbolique exprimant l'idée seigneur.

Section 2.e Les Oiseaux.

118. ... caractère et nom figuratif, πρεογ, νογρε, Vautour.

..., ..., Caractère symbolique; représentant un Vautour de l'espèce appelée par les arabes ..., Ronkhmah, ..., Rokham, ... πραογ dans les textes hiéroglyphiques et νογρε ou νογρι en copte : c'est le neophron-Perenopterus des naturalistes. (Système des oiseaux d'Égypte, page 76): il exprime les idées générales de maternité, genre féminin, principe femelle.

... ou bien ... (TMAT) Mère, Mater. G. 134. 178.

..., TEKMAT NTΦE, ta mère Natphé. G. 195.

𓏏𓐰𓐰𓎡𓐰𓐰𓆓𓐰𓐰𓐰, ⲧⲉϧⲩⲁⲧ ⲏⲥⲉ ⲧⲁⲛϩⲟ, sa mère Isis vivificatrice. G.297 et 298. — 𓏏𓐰𓐰𓐰 ⲛ ⲧϥⲉ ⲧⲙⲁⲧ, Nephthys à mère. G. 466 et 470.

𓏏𓐰𓐰𓐰, (ⲧⲙⲁⲧ ⲛ ⲛⲉⲛⲧⲣ ⲛ ⲛⲉⲣⲱⲙⲉ ⲛ ⲛⲉϩⲓⲟⲙⲉ), la mère des dieux, des hommes et des femmes. G. 248.

𓏏, ⲛ̄ ⲧⲉϧⲩⲁⲧ, de sa mère. G. 117. = 𓏏𓐰𓐰 déesse Philométore, G. 432.

𓏏𓐰𓐰𓐰 ⲧⲙⲁⲧ ⲛ̄ⲧⲉ ⲧⲙⲁⲧ, la mère de la mère, la grand-mère, l'aïeule maternelle.

𓏏𓐰𓐰𓐰𓐰𓐰𓐰𓐰𓐰 ⲧⲙⲁⲧ ⲛ̄ⲧ ⲧⲙⲁⲧ-ϥ ⲥⲃⲕⲧⲥⲓ ⲟⲛ ϩⲁⲑⲱⲣⲧⲥⲓ, la mère de mère Sevechsi fille d'Hathôrsi (stèle du musée de Genève).

𓏏𓐰𓐰𓐰, (ⲧⲙⲁⲧ ⲧⲛⲟⲧⲧⲉ), la mère déesse, la mère par excellence; nom de la déesse Nûth, l'une des parties d'Amon-ra.

𓏏𓐰𓐰 (ⲧⲙⲁⲧ ⲧⲛⲟⲧⲧⲉ), la divine mère, la mère divine, la Déesse mère; titre donné aux Déesses Nûth, Isis, Nephthys et Selk.

𓏏𓐰𓐰𓐰 ou bien 𓏏𓐰𓐰𓐰 (ⲧⲙⲁⲧ ⲛⲉⲃⲧⲡⲉ ou ⲧⲙⲁⲧ ⲛⲉⲃ ⲙ̄ ⲡⲉⲧⲡⲉ), la mère dame du ciel ou de la partie d'en haut; titre donné à la déesse Nûth.

𓏏𓐰𓐰𓐰 La mère puissante, la mère grande; titre de la Déesse Nûth (ⲧⲙⲁⲧ ⲱⲣ̄), et nom propre de femme.

𓏏𓐰𓐰𓐰𓐰𓐰 ⲧⲙⲁⲧ-ⲱⲣ̄-ⲛⲉⲃ-ⲡⲧⲉ-ⲙⲁⲓ, aimé de la puissante mère dame du ciel. (titre de Ramsès 1er à Kalabchè) et G. 436.

𓏏𓐰𓐰𓐰 ou par abréviation 𓏏𓐰𓐰𓐰 ⲧⲙⲁⲧ-ⲛⲉⲃ-ⲱⲛϩ, la mère dame de la vie, mater domina vitae, titre de la Déesse Nephthys, la Rhea Egyptienne.

𓏏𓐰𓐰𓐰 ⲧⲙⲁⲧ-ⲙⲧ, nom propre d'une Reine de la XVIIIe dynastie. (groupe du musée de Turin).

A. 𓅐. M.

129

𓐍𓄿𓅐𓏛𓏥 TUATMAI, MATMAI, Aimé par Month. G. 135.

𓐍𓅐𓊖𓏤𓀀 MATMOF, Monthôthph, le voué à Month (homme). G. 131. = 𓅐𓏏𓉺, nom de la 3ᵉ heure du jour. (Mém. de l'acad.)

𓐍𓅐𓏏𓊪𓏭𓁐 MATTETHIC, Monthêtis c. à. d. la mère (Neïth) l'a donnée; nom propre de femme.

𓐍𓅐𓏏𓏤𓁐 MATTENVA, Manthenva c. à. d. la mère (Neïth) dans la bari sacrée (figure finie de Turin). et 𓅐𓏤𓏛𓁐.

119 𓅐 Un Vautour, oiseau emblème de la maternité, étendant ses ailes, servait à noter symboliquement les idées d'aimer, protéger. G. 361.

𓅐 ec.... protège. G. 361.

120 𓅐𓌂 Caractère symbolique, le Vautour emblème de la Maternité, combiné avec le 𓌂 fouet emblème de l'Incitation et de la correction: ce groupe est le nom symbolique de Neïth la grande mère de l'Univers. | 𓅐𓌂𓊪𓁐 Matnouf, Monthnofre (femme) Month la bienfaisante. G. 196.

118.B 𓅐, 𓅐 Caractère phonétique représentant la consonne m, M, G. 41, Nº 119.

𓄿, 𓄿 Caractère phonétique, représentant un Vautour (norpe en copte, 𓐍𓂋𓄿 nproy en ancien Égyptien) et exprimant l'articulation N. dans les mots Égyptiens. (homophone de 𓈖 et 𓈖)

𓄿𓏤𓂋𓏏𓄹 nχb.t (copte naχb.t) le col, collum. G. 62.

𓄿𓏤𓂋𓈖𓊃𓏏𓉻𓁐𓂜 son col appartient à la Déesse Isis. (Rituel funéraire Hiéroglyphique, Musée royal). = 𓄿𓏤𓂋𓏪 TANAZAB, mon-cor. 374.

𓄿𓏤𓏏𓂋 nχb.t. Variante du précédent. (Manuscrit hiérogl. du Musée royal).

𓄿𓏤𓏏𓂋 nχab, naχab, col, cor. G. 93.

ⲡⲛⲏⲃ ⲛ̄ ⲥⲁⲧⲡⲉ, ⲡⲛⲏⲃ ⲛ̄ⲥⲁⲙⲡⲉⲥⲏⲧ, le seigneur de la région supérieure et inférieure. G. 355.

121 Caractère phonétique représentant un aigle en langue égyptienne ⲁϩⲱⲙ, ⲁϩⲱⲙ; et exprimant les voyelles ⲁ, ⲉ, ⲟ, ⲏ, G. 35, N.° 3, et p. 28. = [signe], même valeur. G. 38, N.° 42.

ⲕⲁⲓⲥⲁⲣⲉ (Καισαρος), César. (Petit temple de Karnac, Huyot).

ⲁⲗⲥⲁⲛⲧⲣⲉ, Ἀλεξανδρος, Alexandre, légende de ce prince à Karnac. (Salt. pl. IV. N.° 1.).

ⲁⲣⲥⲏ, Ἀρσινοη, Arsinoé, (Temple de Dakké, Salt. planche IV, N.° 14).

ⲁⲣⲥⲏⲉ, Arsinoé, (Temple d'Esfou. Salt et Wilkinson).

ⲁⲩⲧⲟⲕⲣⲧⲱⲣ, Αὐτοκρατωρ, titre impérial romain. (Philae, petit Temple, Huyot).

ⲁⲩⲧⲕⲣⲧⲣ, l'Empereur. (Temple de Philae. Huyot).

ⲁⲩⲧⲕⲣⲧⲣ, l'empereur. (à Kalabchi et Dakké; Ricci).

ⲁⲩⲧⲕⲣⲧⲣ, l'empereur suivi du signe d'espèce homme. (Philae, petit temple, Huyot).

ⲁⲩⲧⲟⲥⲣⲧⲱⲣ, l'Empereur, (Légende d'Antonin, Propylon à Dendéra, Salt, pl. 11, N.° 17).

ⲁⲩⲧⲟⲕⲣⲧⲣ, l'Empereur, (Légende d'Antonin à Médinet-Abou, Salt, pl. 11, N.° 16).

ⲁⲩⲧⲟⲥⲣⲧⲣ, l'Empereur, (Légende de Commode, copiée à contre-sens par M.° Wise). ⲁⲩⲧⲟⲕⲣⲁⲧⲣ, Philae, Pnaus.

ⲁⲧⲣⲓⲁⲛⲉ, Ἁδριανος, Adrien, nom impérial romain. (Dendéra, Salt, pl. 11, N.° 14).

ⲁⲧⲣⲓⲁⲛⲉ, Adrien. (Salt, pl. 11, N.° 21).

ⲀⲨⲦⲞⳞⲢⲦⲢ   ⲀⲨⲦⲞⳞⲢⲦⲢ   ⲀⲨⲦⲞⳞⲢⲦⲢ

ⲀⲨⲦⲞⳞⲢⲦⲢ   ⲀⲨⲦⲞⲔⲢⲦⲢ   ⲀⲨⲦⲞⲔⲢⲦ   ⲀⲨⲦⲔⲢⲦⲰⲢ

A. 𓅃 , 𓅄 Caractère symbolique ; l'Aigle en Égyptien *agom* ou *abom*, symbole du dieu Horus et employé dans le même sens que l'Épervier, mais toujours Noté.

𓅃' , (ⲄⲀⲠ, ⲄⲰⲠ) le dieu Horus fils d'Isis et d'Osiris.

122. 𓅃 Caractère phonétique représentant un Épervier et exprimant les voyelles Ⲁ, Ⲉ, Ⲟ, ⲞⲨ, (parfois les dessinateurs ont confondu cet oiseau avec l'Aigle.)

𓅃 𓊪 ⲞⲦⲈⲢⲢ ? Vérus, surnom impérial romain. (à Philae. Wilkinson).

𓅃 𓊪 𓏭𓏭 ⲀⲦⲢⲖⲒ, Ⲁⲩⲣⲏⲗⲓⲟⲥ, Aurèle, légende de Lucius Vérus. (à Philae. Wilkinson).

𓅃 ° 𓏤𓏤𓏤 𓏭𓏭 𓊆 ⲀⲚⲦⲞⲚⲒⲚⲈ, Antoninus. (Dendéra, salle p.2.11, N°. 17).

𓅃 𓊃 𓅂 𓏤𓏤𓏤 𓊆 ⲀⲪⲢⲔⲀⲚⲈ, Africanus ; surnom romain (Obélisque Borgia, à Naples).

𓅃 𓊪 𓅂 𓃒 ⲀⳞⲈ, ⲈⳞⲈ (Copte ⲈⳞⲈ †), Vache, Vacca, groupe suivi du déterminatif figuratif. (voir aussi 𓄿 𓊪 ⲁ 𓂋 𓊪 𓅂 𓊖). G.72.

𓅃 𓊪 𓏭𓏭 ⲟ 𓊆 Ⲧ.ⲈⳞⲎ, ⲈⳞⲒ. Variante du groupe précédent, Vache. (Grand Rituel funéraire, Musée de Turin, Rit. d'Osiris).

𓅃 𓊪 𓂻 𓊆 ⲀⲨⲦⲞⳞⲢⲦ, (Ⲁⲩⲧⲟⲕⲣⲁⲧⲱⲣ), l'Empereur. légende de Marc-Aurèle. (Philae. Wilkinson).

𓅃 𓏤𓏤𓏤 𓊆 ⲀⲨⲦⲞⳞⲢⲦⲰⲢ, l'Empereur, (Dendéra, salle p.2.11, N°. 17).

182.

[hieroglyphs]
ⲁⲧⲧⲟⲕⲣⲧⲣ,   ⲁⲧⲧⲕⲣⲧⲣ,   ⲁⲟⲧⲟ̄ⲃⲣⲧⲣ,   ⲁⲟⲧⲟⲕⲗⲧⲗ,   ⲁⲟⲧⲟⲕⲣⲧⲗ,   ⲁⲟⲧⲟⲕⲣⲧⲣ,

[hieroglyphs]
ⲁⲟⲧⲕⲣⲧⲣ,   ⲁⲟⲧⲟⲕⲣⲧⲱⲣ,   ⲁⲟⲧⲟ̄ⲃⲣⲧⲣ,   ⲁⲧⲧⲕⲣⲧⲗ,   ⲁⲟⲧⲟⲕⲣⲧⲟⲗ,

[hieroglyphs]
ⲁⲟⲧⲁⲕⲣⲧⲣ,   ⲁⲟⲧⲟ̄ⲃⲣⲧⲣ,   ⲁⲧⲧⲟⲕⲣⲧⲣ,   (Voyez à la lettre 𓉘).

A [figure] (ⲁⲓ, ⲁⲱ, ⲉⲱ), nom propre d'une divinité à face verte, barbue, tenant le fouet; qualifiée de dieu grand [hieroglyph] (momie d'Aménoph , cabinet du roi). C'est un surnom d'Osiris qui prend alors des formes variées et les têtes de divers animaux.

B [hieroglyph] caractère figuratif, représentant un épervier en langue Égyptienne, ⲃⲏⲭ, ⲃⲏⲅ̄,

[hieroglyph] ⲃⲏⲭ, ⲃⲏⲅ̄, Épervier. G. 51. ⲡⲃⲏⲅ̄, G. 252.

[hieroglyph] ⲡⲃⲏⲅ̄, l'Épervier. G. 355.

[hieroglyph] [hieroglyph] ⲡⲃⲏⲅ̄ ⲛ̄ ⲛⲟⲩⲃ, l'Épervier d'or. G. 347.

[hieroglyph] [hieroglyph] ⲃⲏⲅ̄ ⲛ̄ ⲛⲟⲩⲃ, l'Épervier d'or. G. 199 et 498.

[hieroglyph] ⲃⲏⲭ ⲛⲟⲩϥⲣ. Épervier bienfaisant.

[hieroglyph] [hieroglyph] ⲡⲃⲏⲅ̄ ⲙⲁⲓ-ⲧⲙⲉ, Épervier ami de la vérité. G. 258.

[hieroglyph] [hieroglyph] ⲡⲃⲏⲅ̄ ⲛ̄ ⲛⲉⲧⲱⲟⲩ ⲃ̄ⲛ̄ⲡⲣⲏ, l'Épervier des deux montagnes solaires. G. 408.

133.

C 𓅃 𓅃 Caractère figuratif, représentant un Épervier ιερας, nommé ΒΗΧ ou ΒΗϬ 𓊽 en langue Égyptienne il exprime symboliquement l'idée générale Dieu, et en particulier le dieu Horus.

𓅃 ⊙ ΒΗϬ ṉ ΡΗ, l'Horus solaire. = 𓅃 ⊙, ϧωπ Horus dieu. G. 354.

𓅃 𓏤𓏤𓏤 𓊹 ϧαρμς, Harmès, qu'Horus a engendré. G. 133.

𓅃 ⊙ 𓇋 ▭, ϧωπ πει (ṉ) Οτειρε, Horus fils d'Osiris. G. 277.

𓅃 𓇋 𓊹𓊹 𓇋 𓇾 ϧαρμιει πει ṉ Οτειρε, Horus fils d'Isis,
fils d'Osiris. G. 196. 311. = 𓅃 𓏤𓏤𓏤 𓊹, ϧαρμς, Harmisé, commandant la garnison de Thèbes. G. 128.

𓅃 (ϧαρ, ϧωρ), l'Épervier noté, symbole répondant en phonétique 𓉔 ϧρ: le dieu Har ou Hōr, Horus. G. 210. 492.

𓅃 𓀀 ϧωρ, Horus, homme; Ὧρος. G. 139.

𓅃 𓀀 (ϧαρ, ϧωρ), Horus, nom propre d'homme.

𓅃 𓀀 𓇋 𓈖𓏤 𓀀 Horus homme fils de Pethōr homme.

(Musée de Turin) = 𓅃 𓊨 𓊨, ϧωρ πεντ πεϥτϧε, Horus de son père le vengeur. G. 352.

𓅃 𓇋 ⊙ 𓈖 𓏤 (ϧαρειηϲε), Har-si-esi c.à.d. Horus fils d'Isis, nom de divinité, nom Matronymique d'Horus; nom propre d'homme s'il est suivi du déterminatif 𓀀.

𓅃 𓈖 ▭ 𓈖 ϧωρ ṉ πεϥηι, Horus dans sa demeure. G. 407.

𓅃 ϧωρ, Horus. G. 59.= 𓅃 𓈖𓏤, ϧωρ ναϣτ, horus le puissant. G. 282.

𓅃 𓇋 𓀀 Horus le grand fils d'Osiris.

𓅃 𓇋 ⊙ 𓈖 𓏤 (ϧαρειηϲε), Harsiesi, nom propre d'homme, Horus fils d'Isis. (momie de 𓋹 𓊽 𓏏 𓏤𓏤𓏤 Musée royal. Réc. pour l'inscrip. de l'Égypte Ant. vol. II. pl. 74. col. 64, 61. 59. 45.). G. 114.

𓅃 𓅃 𓇋 𓈖 𓏤 (ϧαρ-ϲι-ηϲε), Harsiesi, variante du

134

mot précédent, portant de plus le caractère figuratif 𓀔 enfant, fils. (*Antiquité de l'Égypte*, B. Hilary, pl. 23.)

𓂝𓏤𓊃𓇳 (ϩⲁⲣ-ⲥⲓ-ⲏⲥⲉ) Har-fils d'Isis, Harsiesi, variante des précédents. (Tombeau du Pharaon Osirei, découvert par Belzoni).

𓂝, ⲧⲉϩⲱⲣ, l'Horus femelle. G. 117.

𓂝𓃀𓊃 ϩⲁⲣⲱⲏⲣⲓ, Harwéris. G. 121.

𓂝𓏴𓊃 ϩⲁⲣ-ⲱⲏⲣⲓ, Harwéris. G. 121.

𓂝𓍯𓊖𓇳 ϩⲁⲣϩⲁⲧ, à tête d'épervier coiffé du pschent, Har-hat. G. 113. = 𓂝𓊹𓏥, dieu du 10ᵉ mois. (*Mém. de l'Acad.*).

𓂝𓇳𓏤𓅆𓊃 ϩⲁⲣϣⲱⲛⲥ, Harchôns, homme; Horus-Chons. G. 125.

𓄿★ ϩⲱⲡⲉϩⲉ, Horus-bœuf, la constellation du Bouvier. G. 96.

𓂝𓇓𓊃, ϩⲁⲣ-ⲱⲏⲣⲓ, Harwéris, variante. G. 120.

𓂝𓊃; ϩⲱⲡ, tête d'épervier, Horus. G. 114.

𓂝𓅆𓊃 ϩⲁⲣⲱⲏⲣⲓ, Harwéris. G. 114.

𓂝𓇳𓏤𓊃𓏏𓐁𓏤𓉐𓏏 ϩⲁⲣϩⲁⲧ ⲡⲧⲉⲣⲡⲁⲁ ⲡⲛⲃ ⲙⲡⲉ ⲥⲁⲧⲉ ⲙⲙⲉ ϩⲣ ϫⲏ ⲙⲁⲛⲧⲱⲟⲩⲣⲏ-ⲙⲁⲓ, Aimé par Harhat, dieu grand, rayon de vérité, manifesté sur la montagne solaire. G. 138.

𓏏𓈖 ϩⲱⲡ ⲙⲁⲓ, aimé par Horus. G. 134.

𓂝𓏴𓊹𓏥𓇳𓏏𓈖 ϩⲁⲣⲱⲏⲣⲓ ⲡⲛⲃ ⲛⲃⲓ-ⲙⲁⲓ, Aimé par Harwéris, le seigneur d'Ombos. G. 158.

𓃀𓏏𓊃𓇓𓈖𓏤𓊃𓏏𓈖 ϩⲁⲣⲥⲟⲛⲧⲉⲟ ⲡⲥⲓ ⲛ̄ ϩⲁⲑⲱⲣ ⲟϩⲓ ⲱⲏⲣ-ⲥⲓ ⲛ̄ ϩⲁⲑⲱⲣ-ⲙⲁⲓ, Aimé par Harsontho, le fils d'Hathôr, qui est aussi Ohi, le fils aîné d'Hathôr. G. 158.

[hieroglyphs], ϩⲱⲣ ⲡⲉⲱⲛⲧ ⲛ̄ ⲡⲉϥⲧⲉ ⲡⲧⲏⲣ ⲛⲁⲁ ⲡⲛⲏⲃ ⲛ̄ ⲥⲛⲙ-ⲙⲁⲓ, Aimé par Horus, le vengeur de son père, dieu grand, seigneur de Sénem. G. 438.

[hieroglyphs], ϩⲱⲣ ⲡⲛⲏⲃ ⲛ̄ ϣⲱⲙ-ⲕⲁϩ-ⲙⲁⲓ, Aimé par Horus le seigneur de la contrée de Schôm. G. 436.

D [hieroglyph] l'Épervier perché sur une enseigne, exprime l'idée générale dieu. (voyez ⏋).

[hieroglyphs] Osiris qui est dans la contrée occidentale, dieu grand, seigneur &c. (Momie de Pétaménoph, Musée de Turin. Horapollon, livre 1ᵉʳ Chapitre 5).

[hieroglyphs] Pluriel des précédents, les Dieux, les divinités mâles.

[hieroglyphs] Cak dieu grand, seigneur du ciel, moteur des dieux. (Momie de Pétaménoph, Musée de Turin).

[hieroglyphs], le même titre donné au dieu Phré. (même Momie).

[hieroglyphs], pluriel analogue au précédent, les dieux.

[hieroglyphs] Netphé génératrice des Dieux. (Momie de Daphné à Turin).

[hieroglyphs], ⲡⲉ ⲛ̄ⲧⲣ ⲛⲉⲛ̄ⲧⲣ ϩⲓⲟⲙⲉ ⲛⲓⲃ, les dieux et les déesses tous. G. 295.

[hieroglyph] ⲛ̄ⲧⲣ, divin. G. 318.

123 [hieroglyph] Un Épervier accroupi, coiffé de la partie supérieure du Pschent, et décoré du fouet, ϩⲁⲣⲱⲏⲣⲓ, haroëris. G. 118.

A. [hieroglyph] l'Épervier accroupi coiffé de la partie supérieure du Pschent, ϩⲁⲣⲱⲏⲣⲓ, haroëris. G. 118.

34 bis.

126.

124. l'Épervier coiffé du disque et de deux longues plumes, ⲙⲛⲑ, ⲙⲱⲛⲑ, Month. G. 118.

125. l'Épervier décoré de la coiffure Atf, ϭⲟⲡⲓ, Sócharis. G. 118.

126. l'Épervier la tête surmontée du disque et du croissant lunaire, ϣⲱⲛⲥ, Chons. G. 118.

127. l'Épervier coiffé du disque solaire entouré d'un aspic, ⲡⲣⲏ. ⲫⲣⲏ, Phrè. G. 118.

, ⲣⲙⲁⲓ, aimé par le soleil. G. 134.

Ⲡⲣⲏ ⲧⲏⲣ ⲛ̄ ⲙⲁⲛⲧⲱⲟⲩⲣⲏ ⲛ̄ⲛⲏⲃ ⲛ̄ ⲡⲉ-ⲙⲁⲓ, aimé de Phrè le dieu des deux montagnes solaires, seigneur du ciel. G. 156.

Ⲡⲣⲏ ⲡⲧⲏⲣ ⲛ̄ ⲙⲁⲛⲧⲱⲟⲩⲣⲏ ⲛ̄ ⲡⲥⲟⲩⲧⲛ ⲛ̄ ⲥⲁⲧⲡⲉ ⲡⲧⲏⲣ ⲛⲁⲁ-ⲙⲁⲓ, aimé de Phrè (le soleil) dieu des deux montagnes solaires, roi de la région d'en haut. dieu grand. G. 156.

Ⲡⲣⲏ ⲧⲏⲣ ⲛ̄ ⲕⲗⲁⲃ̄ ⲡⲧⲏⲣ ⲛⲁⲁ ⲡⲛⲏⲃ ⲛ̄ ⲡⲉ-ⲙⲁⲓ, aimé du soleil dieu des deux zônes, dieu grand, seigneur du ciel. G. 156.

, ⲡⲛⲁ ⲙ ⲧⲙⲉ ⲛ̄ ⲡⲛⲏⲃ (ⲛ̄) ⲧⲙⲉ ⲫⲣⲏ, don de la vérité au seigneur de vérité Phrè. G. 201.

128. Épervier les ailes éployées et perché sur un disque au dessus du signe montagne: ⲡⲃⲏϭⲡ ⲡⲧⲱⲟⲩ ⲛ̄ ⲣⲏ l'épervier de la montagne solaire. G. 140

129. [hieroglyphs] groupe symbolique; désignation ordinaire du dieu Phré (le dieu Hélios ou Soleil); paraît formé des éléments (⊙ [hieroglyphs] et ▭) et signifier le soleil Dieu ou Esprit actif du monde; est souvent placé en déterminatif du phonétique ▭ ⲣⲏ, soleil.

[hieroglyphs] Acte d'adoration à Phré l'Esprit actif du monde. (stèle du musée de Turin).

[hieroglyphs] ϩⲁⲣⲱⲏⲣⲓ ⳉⲱⲱⲣⲉ, Harœri puissant.

[hieroglyphs] ⲫⲣⲏ, Phré. G. 201.

130. [hieroglyph] Tête d'Aigle ou d'Épervier avec le disque du soleil; signe phonétique employé dans les basses époques pour exprimer la voyelle a. G. 95, N° 6.

131. [hieroglyph] Caractère symbolique; un Épervier coeffé de la couronne Pschent, représente emblématiquement l'Esprit actif de la région haute et de la région basse, le dieu Horus ou Har (Apollon) Απολλων; ainsi que Harœris et Harsiesi. G. 118

[hieroglyph] (ϩⲱⲣ), Horus, (ϩⲣ Har dans les mots composés). Nom de divinité donné comme titre honorifique aux souverains de l'Égypte, qu'on assimilait toujours au Dieu fils d'Isis et d'Osiris. G. 114.

[hieroglyphs] l'Horus puissant, fils de Chnouphis; titre de Ramsès le grand. (Obélisque flaminien, face septentrionale).

[hieroglyphs] l'Horus puissant ami de la vérité; titre du même. (même Obélisque).

[hieroglyphs] ϩⲁⲣⲱⲏⲣⲓ ⳉⲱⲱⲣⲉ, Harœris puissant. G. 76

[hieroglyphs] (ϩⲣ-ⲁⲣⲱ-ⲣⲏ), Harœeri, Ἀρωηρις, Aroëris, c. à. d. Horus-soleil; groupe symbolique exprimant l'idée

138.

d'Horus Roi vivant identifié avec le dieu Ré ou le soleil; cette divinité portait aussi le nom d'Horus l'aîné, et on lui assimilait les souverains de l'Égypte; les grecs ont traduit ce nom par Απολλων.

[hieroglyphs] L'Arœris puissant aimé par le soleil, titre du roi Thoutmosis III.ᵉ (Obélisque de St. Jean de Latran, face septentrionale).

[hieroglyphs] l'Arœris roi vivant de la région d'en haut, puissant, ami de la vérité; titre de Ramsès le grand. (Obélisques de Louqsor).

[hieroglyphs] l'Arœris le puissant, enfant d'Ammon; titre de Ramsès II.ᵉ (Obélisque de Louqsor).

132. [hieroglyphs] Caractère figuratif et symbolique; comme figuratif il répond au phonétique [hieroglyphs] ΒΗϬ, copte ΒΗΧ, Epervier; et pris symboliquement il désigne l'épervier par excellence, le dieu Horus, ainsi que l'Idée Dieu.

[hieroglyphs] (épᵗ. Ηὼρ ou Ηαρ, le dieu Horus; l'épervier par excellence. G. 118. [hieroglyphs] ΠΒΗϬ Π ΕΙΕΒΤ, épervier de l'orient. G. 178.

[hieroglyphs] Horus manifesté par Osiris enfanté par Isis Déesse. (Coppe du Musée Royal).

[hieroglyphs] Borai, ou Bedjai, nom propre d'homme. (sa momie, Musée de Turin).

[hieroglyphs] ϩΑΝ ΝΤΡ ΝΑΑΤ, dieux grands. G. 387.

[hieroglyphs] ΝΕΝΤΡ (ϨΝΟΥΤ), les dieux. G. 165.

A [hieroglyph] l'Épervier accroupi décoré du fouet, ϨΑΡΟΥΗΡΙ, Harœris. G. 119.

133. 𓄿 , 𓅄 Groupe symbolique, exprimant l'Idée de l'Amenti ou la contrée occidentale dans laquelle résident les morts jugés par Osiris.

𓊪𓈖𓇋𓅓𓈖𓏏 πнтємнт, celui qui est dans l'Amenti ou l'occident, épithète du dieu Osiris. (momie de Pétaménoph, à Turin).

134. 𓅓 𓄿 Caractère phonétique représentant l'articulation M, et répondant au м copte. Ce signe représente une espèce de Chouette appelée par les grecs Νυκτικοραξ, et моулах ou мотλυχ (πι) par les égyptiens. G. L. N°117.

𓄿 ie (copte ie), préposition répondant à la préposition française de. G. 229, 317 et du. G. 102 et en. 𓄿 𓊃𓏏 ū Hce, en Isis. G. 272.

𓇋𓄿𓊪𓈖𓂋𓏏𓇋𓄿𓊪𓈖𓂋𓏏𓏥 ϣοῦ ηρπ, ϣοῦ ερωτε, beaucoup de vin, beaucoup de lait. (stèles, passim).

| 𓄿𓊃𓏏 ū Hce, en Isis. G. 272.

𓄿 ie, a aussi la valeur de en. G. 205 | 𓄿𓊃𓏏 ū ... en pierre blanche. G. 316

𓄿 et 𓄿 ie, ϩи (copte ϩи), préposition, dans, dedans; G. 307, 407.33.

𓋹𓊪𓈖𓄿𓏺𓏺𓏺𓏺𓇳 pour une panégyrie dans les temples de l'Égypte. (Inscription de Rosette ligne 11) = 𓄿𓉐𓏤 ϩи πнε, dans le temple. I.R.

𓄿𓉐𓏤 (ϩ) ū πєρπε, dans le temple, l'Hiéron. G. 451.

𓄿𓎸 ū πємєнт, dans l'occident. G. 403.

𓄿𓇾 ϩи πτο, dans le monde terrestre. G. 471.

𓄿𓆳𓏤𓏤𓏤 ϩи νερυπооτε, dans les années. G. 527.

𓄿𓂋𓏏𓉐𓏤𓏺 , u (copte ϩи) ϩbаι нιb, dans toutes les parties. G. 191.

𓄿 тамут ū, mon corps à (dans). G. 393.

𓄿𓂝𓎸 ϩυ ϩιϣραττε, en haut, dans le haut. G. 511.

𓄿 u (ϩū) de (qui est dans G. 529. parmi 𓄿𓌥𓂋𓏤𓏭 ... parmi les serviteurs d'Horus. G. 252.

𓄿 u ϩū pour. 𓄿𓏭 ѕенеϩ, pour toujours. 𓄿𓏏 ϩῡнеϩ, pour l'éternité 𓄿𓊪𓇳𓏤 ϩū con ϣорп, pour la première fois. G. 305. 309.

140

𓂉 ū et gū, par, G. 409.459. 𓂉𓎺𓏺𓂋 ū ⲡⲧⲁϥ, par Phtha. G.244.

𓂉𓂝 ⲛⲉϥⲟⲃⲟⲓ, par son bras. G.257.

𓂉𓍯𓏺 ou 𓂉𓍯 ūса, répond exactement au copte ⲛⲥⲁ, après, à la suite de, et reçoit aussi les pronoms simples ou affixes.

𓂉𓍯𓏥 ⲛⲥⲱⲓ, copte ⲛⲥⲱⲓ, derrière moi, après moi. G. 295.

𓂉𓍯𓂝 ⲛⲥⲱⲕ, ⲛⲥⲱⲕ, derrière toi, après toi. G. 29.

𓂉𓍯𓏤 ⲛⲥⲱϥ, ⲛⲥⲱϥ, derrière lui, après lui. G.295.

𓂉𓍯𓏺𓏥 et 𓂉𓍯𓏥 ⲛⲥⲱⲉⲛ (ⲛⲥⲱⲟⲩ), derrière eux. G. 295.

𓂉𓍯𓂝 ⲛⲥⲱⲕ, derrière. G. 295.

𓂉𓍯𓂋 ou 𓏲𓍯𓂋, préposition composée, devant moi, en présence de. G. 489. (ⲙⲟϩ); et 𓂉𓏲, ⲙⲧⲟ, devant. G. 486 et 504. | 𓂉𓏲𓂝 ⲙⲡⲟⲧ en présence. G.326.

𓂉𓏲𓂝 ⲙⲧϩⲛ, ⲙⲑⲟ, devant. G. 217, 283. = 𓂉𓏲𓂋𓏥 ⲍⲁⲕ ⲙⲟⲛ ⲧⲃⲁⲗ devant la langue.

𓂉𓏲𓂝 ⲡⲁⲙⲧⲟ, devant moi. G. 489, 486. 504.

| 𓂉 ū, préposition d'emploie aussi dans le pas de, au moyen de, à cause de. G. 448. Sur G. 340.

𓂉𓏲𓂝 ⲡⲉⲕⲙⲧⲟ, devant toi. G. 287.

𓂉𓏲𓂝 ⲡⲉϥⲙⲧⲟ, devant lui. G. 487.

𓂉𓏲𓏥 ⲡⲉⲛⲙⲧⲟ, (ⲡⲟⲧⲙⲧⲟ), devant eux. G. 487. 𓂉𓏲𓏥𓇳 ⲙⲟⲛ ⲡⲣⲏ devant le soleil. G. 490.

𓂉𓎺𓏺𓇳 ⲛⲥⲱϩ.ⲧ. (copte ⲙⲥⲁϩ, ⲙⲥⲟⲟϩ), Crocodile. & 𓂉𓎺𓏺 G. 62

𓂉𓎺𓏺𓇳 𓆊 ⲛⲥⲱϩ.ⲧ. Crocodile, variante du précédent, suivi du caractère déterminatif figuratif.

𓂉𓏺𓂝𓏥 ⲛⲟⲧ, Nuque. G. 95. 𓂉𓏲𓏥 ⲙⲱⲟⲧ, ⲙⲟⲟⲧ, Eau. G. 91.

𓂉𓏥 ⲙⲉϩⲕ, Cuivre. G. 89. | 𓂉𓏥 objet d'offrande renfermé dans des vases 𓏽 (Bas-relief de Nakarith à Thèbes).

𓂉𓏺𓏥𓏥 ⲛⲉⲧⲉⲛⲙⲟⲣⲅⲧ, vos avirons (rames). G. 219.

𓂉𓏥 Instrument de Musique, la Harpe.

𓂉 offrir, Conduire, Présenter, Conduite, l'action de conduire, avec déterminatif 𓂉 des verbes d'état, { 𓂉 ⲙⲙⲱⲉ-ⲩ, le Conduit. G. 443.

𓂋𓂝𓂉𓏥 celui qui joue de la Harpe, joueur de harpe. (Bas-relief des métiers Caillaud).

𓂝 , 𓄿 .

𓀀𓀀 ūū, Nom d'un instrument de Musique semblable au flageolet ou au fifre.

𓊪𓏏𓀀𓀀 gueūū, joueur de flageolet. (Bas relief du Musée, Aix).

𓀀 44 𓏛 marque habituelle du temps présent du mode optatif, soit en tête de la proposition, soit précédant le verbe. G. 183. (Voyez à la page suivante, ligne 6ᵉ).

𓀀⊂ ūp, (copte ⲱⲱⲣⲡ, ⲱⲱⲡ et ⲱⲉⲡ), cingere, attacher, être attaché ; de ce verbe qui répond au symbolique ⌐, se forment un très grand nombre de noms de fonctionnaires publics.

𓀀⊂ 𓀎 ūp miye, attaché à la guerre, fonctionnaire militaire. (Stèle du Musée de Lyon). Voir ci dessous 𓀀⊂𓀀⊏ .

𓀀𓁶𓀎 ūp miye ūhp, attaché en chef aux soldats, grande fonction militaire.

𓀀⊂𓀎𓏛 Variante du même titre, même Stèle. (Stèle d'adoration à Dieu) 𓀀 ⸱⸱⸱ , ūTŌTN, vous. G. 256.

𓀀⊏𓀎 miyi, miye, (copte ⲙⲓϣⲓ, ⲙⲓϣⲉ), pugnare, combattre, et par suite combattant, guerrier ; suivi du caractère déterminatif figuratif.

𓀀⊂𓀀⊏𓀎 ūorp-miye, attaché à l'armée, titre d'un fonctionnaire militaire (Musée Lyon). 𓀀⊂𓏏𓏏 , ūa-ei, venez. G. 184.

𓀀⊂𓏏 ūaei, approche. G. 303. | 𓀀⊏𓍶 , ūak-cor, fais qu'il. G. 227.

135 𓅉𓀀 Groupe phonétique composé de la Chouette et du bras au dessous ; exprime la syllabe, ūa. G. 16. N° 138.

𓀀 ⲙⲁ, ⲉⲙⲁ, préposition, à la place de. G. 178. 198.

𓀀⊏ à la place de son père. (Im. Ros.) | 𓀀𓊪𓏏 ⲙⲁ ⲡⲉϥϭⲟⲛ, à la place de son frère. (obt. Pamphylo). | Signifie aussi devant, vers le devant, ⲙⲧⲟ, ⲙⲃⲟ, ⲡⲉⲙⲧⲟ, ⲡⲉⲙⲃⲟ, G. 416.

𓅓, 𓅓.

𓅓 𓏏 𓏥 ⲙⲁϣⲓ, donnant la mesure, Balance. G. 61

𓅓 𓏏 𓏥 ⲙⲁϣⲓ, Balance. G. 75

𓅓 𓏏 ⲡⲙⲁ (ⲛ̄) ⲛⲉⲧⲱⲛϩ, la demeure des vivants. G. 414. (offrir, présenter, ou bien note, trésor.) (présenter une couronne (Inscr. litt. de gauche vers de Philae).)

𓅓 ⲙⲁϧⲓⲣⲓⲙⲁ, Maḫirima, nom propre. G. 139.

𓅓𓏥 ou 𓅓𓏥 ⲙⲉⲥ, marque habituelle du temps présent du mode optatif, soit en tête de la proposition soit précédant le verbe. G. 183.

𓅓𓏥 ⲙⲁϥⲉⲓ, que vole, s'élève. G. 182.

𓅓𓏥 ⲙⲟϥ ϧⲡ, que soit manifesté. G. 177.

𓅓𓏥 ⲙⲁⲓ ⲉⲓ-ⲱⲃ, copte ⲙⲁⲣⲓⲱⲃ, que j'avance. G. 183.

𓅓𓏥 ⲙⲁⲣⲓ ⲣⲓⲙⲉ, que je pleure, (femme).

𓅓𓏥 ⲙⲁⲣⲉⲕ ⲣⲓⲙⲉ, qu'on pleure.

𓅓𓏥 ⲉⲩ ϣⲱⲡ ⲙⲁⲓ, qu'ils reçoivent.

𓅓 ⲙⲁ-ⲉⲓ ⲛ̄, viens vers. G. 218.

𓅓 ⲙⲁⲉⲓ ⲛⲁⲛ, viens à nous. G. 218.

𓅓 ⲉⲓⲙⲁ ⲙ̄ⲥⲱⲓ, viens derrière moi, après moi. G. 175. 𓅓𓏥 ⲉⲓ-ⲧⲃⲃⲏⲧ ⲙⲁⲓ, copte ⲙⲁⲣⲓ-ⲧⲃⲃⲏⲧ, que je sois purifié. G. 183.

𓅓 ⲙⲁ-ⲉⲓ ⲛ̄ ⲧⲉⲕⲥⲱⲛⲉ, viens vers ta sœur. G. 218. = 𓅓 ⲛⲁⲓ ⲙⲁⲧⲛ̄ⲉⲓ, à moi venez. G. 285.

𓅓𓏥 ⲉⲛⲉⲓ ⲙⲁ, allons. G. 218.

136. 𓅞, 𓅟, 𓅝 Caractère symbolique, représentant un Ibis, (𓉔𓃀), oiseau sacré, perché sur une enseigne, avec ou sans une plume d'Autruche : symbole de Thoōuth ou Thôth, Θωϑ, l'Hermès ou Mercure Égyptien. G. 119. et

𝐴 𓅝 même sens ; (Voyez page 143, ligne 26. *).

143.

𓅞𓊖 avec le signe déterminatif à tête d'Ibis, ⲐⲰⲞⲨⲦ, Thôth. G. 119. = 𓅞⸺𓏏𓏭 , ⲐⲰⲞⲨⲦ ⲠⲚⲎⲂ ⲚϢⲘⲞⲨⲚ. Thôth le seigneur d'Hermopolis. G. 377.

𓅞 ⲐⲰⲞⲨⲦ, Thôth. G. 477.

𓅞𓊖 et 𓅞𓊖 ⲐⲰⲞⲨⲦ (ⲠⲰⲘⲈ), Thoôuth, Thôth, nom propre d'homme. (Vase peint du musée de Turin; Vase d'albâtre, même musée). G. 155.

𓅞𓊖 ⲐⲰⲞⲨⲦⲤⲒ (ⲠⲰⲘⲈ), Thooutsi, l'enfant de Thôth, nom propre d'homme.

𓅞𓊖 ⲐⲰⲞⲨⲦⲤⲒ, Thooutsi, l'Enfant de Thoout, nom propre de femme. (Stèle double musée de Turin).

𓅞𓊖 ⲐⲰⲞⲨⲦⲘⲈ, ⲐⲞⲨⲐⲘⲰⲤⲒⲤ, Tithmosis, l'Enfant de Thôth, l'engendré de Thôth, titre et nom propre d'homme. G. 153.

𓅞𓊖 ⲐⲰⲞⲨⲦⲘⲈ, Thoutmosis, l'Engendré de Thôth, nom propre d'homme. (Stèle de la galerie de Florence).

𓅞𓊖 Abréviation des précédents, Thouthmosis, Thothmosis. (même Stèle de la Galerie de Florence).

𓅞𓊖 ⲐⲰⲞⲨⲦⲰϤ, Thototph, (Thétophis), nom propre d'homme. (figure funér. peinte du Musée de Turin). G. 136.

𓅞𓊖 ⲐⲰⲞⲨⲦⲚⲀϤ, Thooutnoki, (Thetnophris), Thôth bienfaisant, celui qui a reçu les bienfaits de Thôth; nom propre d'homme. (Stèle Double du Musée de Turin).

𓅞𓊖 ⲐⲰⲞⲨⲦⲘⲀⲒ, aimé par Thôth. G. 155.

𓅞𓊖 ⲐⲰⲞⲨⲦ ⲠⲚⲎⲂ-ⲔⲀⲘⲀⲒ, aimé de Thôth dieu de la contrée de Panbès. G. 157.

𓅞 Un Ibis accroupi, le fouet et la plume d'autruche, ⲐⲰⲞⲨⲦ, Thôth. G. 119.

*A 𓅞 ⲐⲰⲞⲨⲦ B̄, le 2e Thôth, le second Hermès: le symbole d'Hermès, suivi de 𓏺𓏺 marque de dualité et de second ordre, le double Hermès. G. 331.

144

137. Caractère symbolique, représentant l'Ibis noir, l'emblème du cœur et de l'intelligence. (Horapollon).

ḤT (copte ϩⲎⲦ, ϩⲎⲦ), le mot cœur combiné avec l'Ibis son symbole. ḤANḪU, des cérémonies. G. 502.

ḤT-MAT-T (cœur de mère), Hetmen, nom propre de femme.

la dame de maison, ... de Mouth, Hetmen. (statuette funér. du Musée de Turin).

138. Caractère phonétique exprimant la consonne B. G. 39, N° 53.

139. Caractère phonétique exprimant la consonne B. G. 39, N° 54.

140. Caractère phonétique représentant une espèce particulière d'oiseau et exprimant l'articulation N dans les mots égyptiens. G. 42, N° 140 et 144. Analogue au correspondant du Vautour NOYPE.

NGB-T (copte ⲚⲀϨⲂ-Ⲧ Thébain, ⲚⲀϨⲂⲒ-Ⲧ Memphitique), cervix, collum, le col (le cou) la nuque.

TNAGB-G-GU HESTNOYTE, son col appartient à la Déesse Isis. (Rituel funér. hiérogl. Musée royal).

NGB-T (copte ⲚⲀϨⲂ-Ⲧ), variante du précédent.

son col appartient à Isis Déesse (autre Rituel funér. du Musée royal).

TEQNAGB, son épaule.

141. Caractère symbolique, représentant l'oiseau BN, ban, le héron ou le Vanneau. G. 51.

A. 〈hiero〉 Caractère déterminatif et figuratif du nom phonétique de divinité 〈hiero〉 ou 〈hiero〉 qui semble présider à l'ouverture des canaux ou de l'Inondation; οⲧⲉⲛⲛⲟⲩ.

B. 〈hiero〉 l'oiseau Ben décoré de la coiffure αtf, Bⲁ̄, Ben (Osiris). G. 119.

142 〈hiero〉 Caractère phonétique exprimant l'articulation b, x et ω. G. 44. N° 194. = 〈hiero〉 ganßⲱ, des cérémonies. G. 502.

A 〈hiero〉 Caractère figuratif, représentant la Demoiselle de Numidie. G. 51.

143 〈hiero〉 Caractère phonétique exprimant les voyelles a, ε, o, ⲟⲩ, G. 35. N° 4. = 〈hiero〉 as, Célébrer. G. 523.

〈hiero〉, ωⲡⲧ, ωⲁⲧ? Canard, petite espèce d'oie, ordinairement présentée en offrande; groupe phonétique suivi du caractère déterminatif figuratif. G. 73. 148.

〈hiero〉 pluriel du précédent.

〈hiero〉 ωⲡⲧ, canard, variante du précédent.

〈hiero〉 pluriel du précédent, les oies, les canards.

〈hiero〉 au ciel (il est) dans les canards. (Rit. funér. section 1ere. partie IIIe. formule 9).

〈hiero〉 pluriel, variante. (momie du musée de Turin).

〈hiero〉 ωⲡⲧ, canard, oie, variante des précédents avec le déterminatif hiératique.

〈hiero〉 pluriel du précédent. (manuscrit du musée de Genève, 2e partie, section IX du Rituel).

〈hiero〉 ωⲡⲧ τοⲣϭο, la région de l'Oie, région à laquelle préside Neith léontocéphale. (léontocéphale du Vatican).

〈hiero〉 Ⲁⲫⲣⲓⲕⲛⲥ, Africanus. — 〈hiero〉 Ⲁⲡⲗⲱⲛⲓⲥ, Apollonius. G. 138.

146.

𓀁𓏏𓄿𓏲 axger, wôger, sorte de hache d'arme.

....𓏏𓏏𓏏𓀁𓏏𓄿𓏲‖ nnorB (arw) wôger 𓏺 ..... d'or et 2 haches d'arme. (Basrelief d'ahmosis, Musée Royal). 𓀁𓁨 ory, la coiffure ôr. G. 76.

𓀁𓊃𓍢 etфw, charger. 314. 𓀁𓊃𓈖𓈖 oô6, wô6, avoir froid, être froid. G. 376.

𓀁𓊃𓌳 wcb, wcg (copte idem), Moissonner, couper la moisson, faire la moisson ; groupe phonétique suivi du déterminatif 𓈗 de l'idée, et de 𓌳 déterminatif des verbes d'action. = 𓀁𓊃𓅱 G. 372. 𓀁𓊃𓏲 G. 374. variantes du même.

𓀁𓏏𓄿 , 𓀁𓏏𓊃 , 𓀁𓏏𓊖 , 𓀁𓏏𓄿𓃒 ege, oge, τεγε, vache, la vache divine. G. 60, 526, 535.

144 𓅞 Caractère symbolique, représentant une espèce d'oiseau, une espèce de grue (Γερανος), exprime une âme humaine, dans un certain état de ses transmigrations, une âme à un certain degré de purification, et jouissant du repos, car selon Horapollon la grue exprime l'homme versé dans les choses sublimes. (Horapollon, livre II). Esprit. G. 358.

𓅿ʼ Âme, esprit (ⲡⲃⲁⲓ, anima), considérée après sa séparation du corps et ayant subi le jugement dans l'amenté ; est aussi figurée sous la forme d'un oiseau à tête humaine mâle ou femelle, selon le sexe. G. 167.

𓏌𓆑𓏏𓇳𓅿𓂝 (Tentamon vivit anima ejus): Tentamon dont l'âme est vivante. (Manuscrit hiéroglyphique du Cabinet du Roi). 𓅿ʼ ⸺ ⲡⲃⲁⲓ ⲛⲁⲁ, l'esprit grand. G. 418.

𓅽 l'âme humaine, à un certain degré de purification, après le jugement de l'amenti ; figurée sous la forme d'un oiseau à tête humaine.

𓅽 , 𓅿

𓅽𓏥𓏶 ✝ 𓌂 𓉴 𓏏𓏤 𓆑 𓏏𓏤 𓏙 L'âme vivante de l'osirienne Tentamon. (papyrus hiéroglyphique du cabinet du Roi).

𓇳𓏤 ! 𓂧 𓏙 𓅽✝𓌂 ᴸᵉ Actes d'Adoration au dieu soleil par l'âme vivante de Tentamon. (même papyrus).

𓅽 𓏏 𓏤 ΠΕΤΒΑΙ copte ΠΕΒΑΙ ϫⲙ̄ ⲧⲡⲉ, (que) ton âme (soit) dans le ciel. G. 481. = 𓅽 𓏤 ⲱⲃⲁⲓ ⲙⲉⲧⲁⲧⲉ, Obéis le vivifique. G. 250.

A 𓅽𓏥 , 𓅽𓏥 pour 𓅽 𓅽 𓅽 les âmes, les esprits pluriel du précédent. 𓅽✝𓇳 , ⲛⲉⲃⲁⲓ ⲡⲉⲓⲉⲃⲧ, les esprits l'orient. G. 476.

𓅽𓏦 autre pluriel des précédents, les âmes, les esprits; âmes ou esprits habitant la demeure de justice 𓏏𓏤 , qui se trouve dans 𓉴𓏙𓇳 de la zône des âmes 𓇳𓏤 ; ces âmes ou esprits sont représentés sous la forme de quatre Béliers. (Manuscrit de Tentamon, cabinet royal).

𓅽✝𓇳 𓏏𓏤 Esprits vivants qui appartiennent à la demeure de Mahji, (la condée de justice). (même papyrus).

𓅽𓏦 pluriel du précédent, ames heureuses, âmes dans la quiétude. Esprits. 𓅽𓏦 𓅽𓏦 𓏥, ⲛⲉⲃⲁⲓ ⲉⲧⲱⲛϩ, les âmes vivantes. G. 180.

𓅽𓏦 𓂧 𓏏 ✝ 𓂻 𓇳, Esprits ou âmes victorieuses habitans de la demeure de Gloire. (Momie Tentschiu. Musée Royal).

𓅽𓏦 ⲛⲟⲩⲃⲁⲓ, leurs âmes. G. 54.

𓅽𓏦 ⸺ 𓅽 𓏙 𓏏 ⲛⲧⲡ-ⲛⲉ ⲛ̄ ⲃⲁⲓ, les âmes des dieux. B. 199.

B. 𓅡 𓅽 Caractère phonétique, représentant une oye et exprimant l'articulation B, G. 39.

N°55. 𓅡𓏠 , ⲃⲩⲛ, basalte vert. G.100. 𓅡𓎡 , ⲃⲏⲕ or. ité. G. 320.

𓅡𓎡𓌂 ⲃⲕ, ⲃⲟ, ciseleur, ouvrier découteur. G. 105.

145 𓅡 . 𓅡 . 𓅡 , ⲁ, or. G. 35, N°3. = 𓅡 ⲃⲟ, il marche. G. 494.

146 𓅂 𓌅 , Caractère phonétique, représentent indifféremment les voyelles ⲱ, ⲟ, ⲟⲩ, et les consonnes ⲣ, ⲃ et ϥ
du copté ; elle répond au ‎ hébreu, و arabe qui ont ces
mêmes variations de valeur. G. 37. N° 31.

𓌅𓏤𓏤𓎱 ⲟⲩⲉϩ, ⲱⲉϩ, (copte ϩⲱⲕ), torques monile,
tænia, collier, suivi du déterminatif figuratif. G. 76.

𓌅𓏤𓏤𓎱𓊾 ⲱⲉϩ ⲛ̄ⲛⲟⲩⲃ, collier d'or ou doré. (Rituel
funér. 3ᵉ partie à la fin).

𓌅𓏤𓎱𓏛 ⲱⲉϩ, ⲱⲉϩ, variante du précédent : même sens.

𓊃𓌅𓏤𓎱𓏛 ⲧⲡⲁⲧ ⲱⲉϩ, action d'offrir un collier; inscription
gravée devant le roi Thouthmosis IIIᵐᵉ offrant un collier au
dieu Nilus. (Semmé, Cail. voyage à Meroë, II. pl. 79.) = 𓌅𓏤. voyez page. 150.

𓌅𓌙𓎛 ⲟⲩⲧⲱ, pectoral. G. 77.

𓌅𓏤𓉴 ⲟⲩⲉϩ, ⲟⲩⲱϩⲉ, salle hypostyle, la plus large
de l'édifice. G. 101. 𓌅𓅂𓌅, ϫⲱ, arrive. G. 288.

𓌅𓌙𓇳 ou 𓌅𓏺𓇳 ⲟⲩⲣⲛ (copte ⲟⲩⲟⲉⲓⲛ, ⲟⲩⲱⲓⲛⲓ), le
soleil rayonnant, lux, l'éclat, la lumière, la clarté. G. 73.

𓌅𓎛𓏺 , ⲛ̄ ⲟⲩⲱⲛϩ, copt. ⲉⲧⲟⲩⲱⲛϩ, répondant, qui répondent. G. 474. b.278.

𓂧𓏤𓎱𓌅𓇳𓅓 , le dieu soleil qui déverse sa
lumière. (stèle du musée de Turin).

𓌅𓌙𓇳 ⲟⲩⲣⲛ, ⲟⲩⲟⲉⲓⲛ, être lumineux. G. 377.

𓌅𓌙𓇳 ⲟⲩⲣⲛ, la lumière. 𓌅𓌙𓇯, ⲉϥⲟⲩⲣⲛ̄, il brille.

𓌅𓌙 ⲟⲩⲣⲛ, ⲟⲩⲟⲉⲓⲛ, lumière. G. 68. 𓌅𓌙𓇳𓅓 , ⲡⲉϥⲟⲩⲣⲛ̄, sa splendeur.

𓌅𓍯𓇽 ⲟⲩϣⲓ (copte ⲟⲩϣⲏ, ⲟⲩϣⲉ), nox, la nuit,
suivi du déterminatif symbolique 𓇽 (voir 𓂧𓏤𓐍 ⲟⲣⲫⲉ). (Sarcophage
copié par M. de Vancelles). analogue à 𓎡𓍯𓇽, G. 97.

𓌅𓂧𓏤𓈗𓏦 , ⲟⲩⲣⲛ, ⲟⲩⲣⲧⲉⲛ, faire des libations. G. 100. 𓌅𓌙𓀁 , ⲱⲱϥⲉ, ⲱϥⲉ, Chêrier. G. 368.

𐦁𐦂𐦃 ote, owt, otoote, quitter un lieu, passer, partir. G. 343. 𐦁𐦂𐦄 Ottogwp, Outobôr. G. 530.

𐦁𐦂𐦅 qotoote, il passe. G. 511. 𐦁𐦆, otoote, sort. G. 404.

𐦁𐦂𐦇𐦈, neqtye otoot, son père passe. G. 30.

𐦉𐦊𐦋 otcy, copté otyc, être large. 439.

𐦌𐦉𐦊𐦋 cotyc, rendre large, élargir, étendre. G. 439.

𐦁 ot. r, ou bien ℘ or. r son homophone, suivi en outre de la marque numérique III, |, font passer un nom à l'état de pluralité. G. 169. et 170. = 𐦁𐦍, otab, est pur. J.24.

𐦁, ℘ et 44𐦁 répondent, à la fin d'un mot, aux nombreux pluriels de la langue copte terminés en re, er, hot, or, ore, et ori. = 𐦁𐦎𐦏, ogp, ogop, Chien. G. 72.

𐦁 et 𐦐, se trouvent souvent remplacés, dans les mots coptes, par les lettres ß, ot. r, et même w. G. 63.

𐦁𐦑𐦒 †. ßa, (abréviation) de 𐦁𐦑𐦓 voyez ce groupe, Bataion, barque, vaisseau, nommé Βάρις par les grecs d'Égypte. = 𐦁𐦑𐦔𐦕 ñte ßaa Tnot, de la baris de Tnow. G. 301.

𐦁𐦑𐦖𐦗 la bari du dieu de l'année, dont la déesse Neith est directrice. (Rituel funéraire, III.e part. sect. III. chap. 19).

𐦁𐦑𐦘 𐦙 †. ßaa, ßai, ßh, se retrouve dans le copté pißh, et le Βάρις des Anciens grecs: barque, bateau, vaisseau sacré. G. 190. — 𐦁𐦑𐦚, teqßaa, sa bari. G. 194.

𐦁𐦑𐦛𐦜𐦝 ßaa ñph, la bari, la barque du soleil dieu. (Rituel funér. II. part. sect. IV. chap. 6 et passim). G. 217.

𐦁𐦑𐦞𐦟 variante du précédent. (Rituel. funér. III.e partie, section 1.re et chapitre 8.e).

38.

𓊨𓏤𓈖𓏏𓆇 ☉ la Bari de la déesse Netphé, la Rhéa Égyptienne (Rituel funér. IIIᵉ partie, sect. 1. chapitre 8).

𓊨𓏤𓈖𓏏 ⊙ 𓏲 Ϧⲁⲁ ⲛ̄ ⲣⲏ, la bari, la barque du soleil Dieu.

𓊨𓏤𓈖𓏏𓇳⊙𓏲 la bari de ton père le soleil dieu. (Rituel funéraire, IIIᵉ partie, section 1ᵉʳ, formule 9).

𓊨𓏤𓈖𓏏𓅞𓏤𓏲, la bari du dieu Tho. (Rituel funéraire, IIᵉ partie, section V. chapitre 19).

𓊨𓊪 ⌒ ⲧⲃⲉ, (copte ⲃⲁⲥ) scier, couper avec une scie; groupe phonétique suivi du déterminatif ⌒ représentant une scie. G. 372.

𓊨𓊪 ⌒ ⲧⲃⲉ, (copte †ⲃⲁⲥ), la scie, l'action de scier; groupe phonétique suivi du déterminatif figuratif, inscrit au dessus d'un homme sciant une pièce de bois. (Métiers dessinés par Ricci). 𓊨𓊪⊙— ⲡⲉϭⲟⲧⲱⲟⲩ, sa largeur. G. 221.

𓊨 ⌒ ⲱⲁϭⲉ, ⲱϭⲉ, punir, châtier. G. 380.

𓊨𓂋𓏤 ⲉⲓ-ⲱϭⲉ, je châtie. G. 380.

147. 𓅭 Caractère phonétique représentant une espèce d'hirondelle; exprime la voyelle ⲱ. G. 37, N° 30.

𓅭. ⲱⲏⲡ, principal. G. 463. 𓅭 ⊙, ⲱⲏⲡⲓ, principale. G. 210, 22ᵉ.

𓅭𓂝 ⲱⲏⲡ, ⲃⲉⲣⲓ, chef principal. G. 105

𓅭 abrégé du précédent. 𓅭 𓅭 ⲧⲱⲏⲡⲓ ⲛⲉⲱⲏⲡⲓ, l'année des mois. G. 200.

𓅭 ⲧⲱⲏⲡⲓ, le puissant. G. 529. ⲱⲏⲡⲓ, considérable,

𓅭 ⲱⲏⲡⲓ, principal. 𓅭 ⲧⲱⲏⲡⲓ, la principale. G. 525.

𓅭𓀀𓏤𓈅 ⲛⲓⲃ ⲛⲉⲱⲏⲡⲓ, tous les chefs. G. 209. 𓅭 le chef.

𓅭𓏏𓏤 , ⲛⲁⲁⲧ ⲱⲏⲡ, grand et puissant. G. 489.

𓅭 pour 𓅭𓅭 ou 𓅭 et 𓅭𓅭𓅭 ⲱⲏⲡⲓ, considérables, principaux

𓄿, 𓄿

[𓄿] ωнрι, *important.* = [𓄿] ⲡωнр ⲛⲛⲉ... *le chef des vigilants.* G. 478

[𓄿] ⲡωнрι, *la grandeur.* G. 249 = [𓄿] ωнр, *grand.* G. 421.

[𓄿] ⲡωнрι, *de la grandeur.* G. 243. = [𓄿] ωнрϩк, *Venhek, diesu.* G. 124

[𓄿] ωλλι, *char (de guerre).*

[𓄿] τ. ωррι, ογррι, (copte ϩнр *jeu du cirque*; analogue, (ϩⲁⲗⲓⲗ *Rome ?*), *char, char de guerre.*

[𓄿] τ. ωррι, ογррι, *char de guerre, variante du précédent, suivi du caractère déterminatif figuratif.* G. 76, 101.

[𓄿] *celui qui se tient à gauche du char; titre honorifique de fonction publique.* (stèle de Nizzoli à Florence).

[𓄿] τ. ωрр, *char de guerre, variante des précédents.*

[𓄿] *chars ornés en or,* XVI.

[𓄿] ογωλϲ, *concombre, mambore, citinaro.* = [𓄿] ογωλϲ (ⲛ) *instrument en bois,* [𓄿] *hémicycle, pour soutenir le cou en dormant.*

[𓄿] (ογ) ϩррι ⲙ̄ ϩⲁⲧ (ⲁⲧω) ⲛⲟⲩⲃ. *un char en argent et en or.*

[𓄿] τωрр *copte* τόрн, *couronne, couronne royale.*

[𓄿] τωрр *copte* τόрн (όрн-ⲡⲉ), *variante du précédent uni au caractère déterminatif figuratif.*

[𓄿] τωрр, *variante des précédents: le premier* ο *est l'article; le second est l'abréviation de* ο ‖ *qui indique le redoublement de la dernière consonne* р, *du mot.*

[𓄿] τωрр-ⲙ̄ⲛ-ογрω, *couronne ornée d'aspics.* G. 464.

[𓄿] *les couronnes ornées d'aspics exposées sur chacune des chapelles.* (Inscription de Rosette ligne 9).

148. 𓄿, 𓄿, *petit oiseau, très probablement le moineau; remplace dans les textes hiéroglyphiques l'adjectif* ⲕⲟⲩⲓ

152

ou ⲕⲟⲧⲍⲓ, petit, vil, court, le latin parvus, et même pravus. G. 27. et déterminatif des verbes des actions coupables. G. 38.

𓅭 ⲡⲕⲟⲧⲓ, le petit. = 𓅭 ⲧⲕⲟⲧⲓ, la petite. G. 525

𓅭 est aussi employé comme caractère symbolique de l'idée méchant, scélérat, malfaiteur. 𓅭, nom du dieu du mois d'Athyr. (Mém. de l'acad.) ◻ voyez à ◻.

149. 𓅭 Caractère figuratif représentant une oie ou un canard; répond au phonétique 𓄿𓊪𓏏 ou 𓄿𓊪, ⲱⲡⲧ, qui lui servait de prononciation. = 𓅭✶ ⲱⲡⲧ-ⲥⲓⲟⲩ, l'oie, la constellation du cygne. G. 96.

𓅭 (ⲱⲡⲧ), canard, espèce d'oie présentée ordinairement en offrande: ce signe sert souvent de déterminatif. G. 164.

𓅭𓏥 (ⲛⲉⲱⲡⲧ), les canards, pluriel du précédent avec le signe de genre: 𓅭 𓏲 𓄿 𓏤, ⲛⲉⲱⲡⲧ ⲛ̄ ⲁ, les oies d'Ammon. G. 346.

𓅭𓅭𓅭, (ⲛⲉ ⲱⲡⲧ), pluriel figuratif du précédent; canards, oies. = 𓅭𓅭𓅭𓏥, ⲛⲉⲛ-ⲱⲡⲧ, leurs oies (oiseaux). G. 444.

𓏲𓄿𓅭𓊪𓄿𓏲𓏤𓏥 une grande quantité de canards, une grande quantité de parfums. (Momie de Pétéménoph, jeune).

𓊹𓊪𓅭𓅭 prendre des oies au filet. (Zit. funér. Musegel).

A. 𓅭 Caractère phonétique, représentant l'oie Chenalopex et signe de l'articulation ⲥ, le Σ des grecs. G. 45. N° 175. et Z dans les mots grecs. G. 46. N° 249.

𓅭𓃀𓏏 ⲥⲃⲉⲧⲏ, (Σεβαστή), Augusta, titre des impératrices romaines. (Obélisque Barberini). — 𓅭𓃀, ⲥⲃ.ⲥⲧ. (coptéⲥⲏⲧ), sis ou Soi-sioi.

𓅭 ⲥⲓ. (copté ⲥⲓ), enfant, fils: groupe symbolico-phonétique. (Horapollon livre 1ᵉʳ hiérgl. 53).

𓅭𓏤 ⲡⲥⲓ (ⲛ̄) Ⲧⲓⲟⲧ, fils de Chmou. G. 361.

𓅭

𓅭𓇋 ⲥⲓ ⲛϥ, fils de Chnouphis.

𓅭𓏭𓇋 ⲡⲥⲓ ⲛ̄ ⲡⲉⲧⲉⲛⲛⲏⲃⲛ̄ⲧⲣ, le fils de votre seigneur dieu. G. 116. = 𓅭𓇋 , ⲡⲥⲓ (ⲛ̄) ⲏⲥⲉ, le fils d'Isis. G. 170.

𓅭𓇳, ⲡⲏⲥⲓ, fils du soleil. G. 293 et 475.

𓅭𓇳 ⲡⲣⲏⲥⲓ, l'enfant du soleil, titre commun à tous les souverains de l'Egypte. G. 313.

𓅭𓇳 [cartouche] ⲡⲏ-ⲥⲓ ⲛⲁϣϣⲩⲧⲛⲏⲃϥ, l'enfant du soleil Nectanebo. G. 505. = 𓅭𓇳 [cartouche], ⲡⲣⲏⲥⲓ ⲉⲓⲣⲉ ⲡⲉϥⲕⲏⲡⲏ, le fils du soleil a fait ses édifices. G. 480.

𓅭𓇳 𓉻 ⲡⲣⲏⲥⲓ ⲛⲁⲁ, le fils du soleil grand. G. 279.

𓅭𓇋𓏥 ou 𓅭𓏥 ⲥⲓⲁⲙⲛ̄, l'enfant d'Ammon, le fils d'Ammon; titre donné aux Rois Egyptiens. (amulette du musée Royal).

𓅭𓇋 fils de Héron, titre des Pharaons. (Obélisque de St Jean de Latran). = 𓅭𓇋 ⲥⲉⲛⲙⲁⲩⲧ, senmouth, l'enfant de Mouth (homme). G. 131.

𓅭𓇋 fils de Chnouphis dieu vivant. (titre de Ramsès 1er à Calabsché). 𓅭 , ⲥⲉⲛϩⲁⲑⲱⲣ, senhathôr, l'enfant d'hathôr. (homme). G. 121.

𓅭𓇋 ⲥⲓ ⲥⲱⲧ ⲛ̄ ⲣⲏ, fils choisi du Dieu soleil. (Obélisque de Louqsor).

𓅭𓇋 ⲥⲓ ⲥⲱⲧ ⲛ̄ ⲣⲏ, variante du titre précédent. (Obélisque de Louqsor).

𓅭𓇋 𓅭𓇋 ⲥⲓ ⲛ̄ ⲥⲓ, (ϣⲏⲣⲉ ⲛ̄ ϣⲏⲣⲉ), le fils du fils, c.à.d. le petit-fils; Nepos.

𓅭𓇋 𓅭𓇋 variante du précédent; même valeur.

𓅭𓇋 ⲥⲓ ⲛ̄ ⲥⲓ, (variante du précédent) le petit fils; l'œuf employé à la place du chénalopex.

𓅭𓇋 le petit fils Anebô. (stèle du Musée de Turin).
𓅭𓇋 ⲡⲁ-ⲥⲓ, mon fils. G. 410. = 𓅭𓇋, ⲡⲁⲥⲓ, mon fils. G. 477. = 𓅭𓇋, ⲡⲉⲧⲉⲛ-ⲥⲓ, votre fils.

39.

𓅭𓏤𓐑𓏭 ⲡⲁ-ⲥⲓ ⲙⲁⲓ-ⲓ, mon fils aimant moi. G. 291.

𓅭𓏤𓏥𓊨 ⲡⲉⲕⲥⲓ ⲛ̄ ⲡⲉⲕⲟⲧⲱ, ton fils de ton germe. G. 289.

𓅭𓏤𓅃 , ⲡⲉⲕ-ⲥⲓ ϩⲱⲣ, ton fils horus. G. 449 = 𓅭𓏤 ⲙⲡⲉⲕⲥⲓ, ton fils.

𓅭𓏤𓅃𓋹 , ⲡⲉⲕ-ⲥⲓ ϩⲱⲣ ⲥⲱⲛϩ, ton fils horus vivifiant.

𓅭𓏤𓌻 , ⲡⲉⲥⲥⲓ ⲙⲁⲓ-ⲥ, son fils qui l'aime. 𓅭𓏤 ⲡⲉϥⲥⲓ son fils.

𓅭𓏤𓃀𓏤𓋹 ⲡⲥⲓ ⲛ̄ ⲡⲁⲟⲧⲱ, enfant de mon germe. G. 273.

𓅭𓃀𓏭 ⲥⲃ.ⲉⲧ (copte ⲥⲏⲧ), le dieu ser, seb, suivi du déterminatif 𓏭 . G. 241, 291, 339. = 𓅭𓏤𓂜𓏤𓏤 ⲱ ⲡⲁ ⲙⲁⲓ-ⲓ, ô fils qui me chérit. G. 476.

𓅭𓏏 , ⲧⲥⲓ (copte ⲥⲓ.ⲧ), fille, Enfant du sexe féminin, forme féminine de 𓅭𓏤 fils. G. 327. = 𓅭𓏏𓏤𓐑𓏭, ⲧⲁⲥⲓ ⲙⲁⲓⲥ, ma fille qui m'aime. G. 478.

𓏏𓊪𓊖 𓅭𓏏𓇳 ⲧϣⲣⲧ.ⲥⲁ(ⲛ̄)ⲣⲏ, Tashré fille du soleil. (stèle funér. du musée de Turin).

𓅭𓏏𓇳𓏭 la fille du dieu soleil. (manuscrit hiéroglyphique prov. de Cailliaud, cabinet du roi).

𓇳𓅭𓏏 ⲧⲣⲏⲥⲓ, fille du soleil. G. 203.

𓅭𓏏𓏤 , 𓅭𓏏 , 𓅭𓏏𓏥 , ⲥⲓ-ⲧⲁ, ⲥⲓ-ⲧϥ, ⲥⲓ-ⲧⲧⲛ, (ma fille, sa fille, votre fille. G. 291.

𓅭𓏏 𓅭𓏏𓏥 ⲧⲥⲓⲛⲥⲓ, (ⲧϣⲉⲣⲉ ⲛ̄ ϣⲏⲣⲉ), la fille du fils, la petite fille, Nephtis.

𓅭𓏤𓅭𓏤𓃀𓏤𓊪𓏭 la fille de son fils, Tentément femme; c. à d. sa petite fille Tentément. (stèle du Musée de Turin, stèle de Vienne N° 9).

𓅭𓏏 𓅭𓏏 ⲧⲥⲓ ⲛ̄ ⲧⲥⲓ (ⲧϣⲉⲣⲉ ⲛ ⲧϣⲉⲣⲉ), la fille de la fille: c. à d. la petite fille.

𓅭𓏏 𓅭𓏏 𓅭𓏏𓇳 la fille de la fille Thascha. (stèle d'albâtre du Musée de Turin).

𓅂 , Entre aussi en composition dans les noms propres.

𓅂 𓏏𓊪𓆑 (ⲧⲥⲉⲱⲫ ou ⲧⲥⲉⲛⲟⲫ), Tsi-ôph ou Tsénôph, la fille de la déesse Oph, nom propre de femme. (stèle de Florence).

𓅂 𓄿𓃀 𓏏𓊪𓆑 variante du même nom propre. (même stèle).

𓅂 𓇳 (𓍘𓂋), ⲧⲥⲓⲣⲏ la fille du soleil; Tséré ou Siré, nom propre de femme. (statuette peinte du Musée de Turin).

150   𓅂 , 𒀭 , Caractère phonétique, signe des consonnes π et ϕ dans les mots Égyptiens écrits en hiéroglyphes. G.12, N°150.

𒀭 π, ϕ, (copte idem), article déterminatif singulier masculin le, ὁ des Grecs. G.181.

𒀭𓃾 𓅂, ⲡⲕⲓ, ⲡⲕⲓⲥ, Baki, le taureau Πάχις. G.196.
𒀭𓏏𓏏 𒈠 , ⲡⲓⲟⲩ, ϕⲓⲟⲩ, la mer. G.98.

𒀭 𓃭 ⲡⲱⲏⲣⲓ, le chef. G.401.

| 𒀭𓃭 𓌉 , ⲡⲓⲟⲧ, le lion. G.174. |
| 𒀭𓃭 𓐍𓂋 , ⲡⲱⲏⲣ, Pôër, administrateur. G.188. |

𒀭 𓃭 𓂝𓂝 ⲛⲁⲁ ⲡⲱⲏⲣ, grand chef. G.471. 𒀭 ⲡⲉⲩⲧⲟⲟⲧ, quatre. G.217.

𒀭 𓁿 𓅂 , ⲡϩⲃ, l'Ibis oiseau sacré. (Momie d'Ibis de la collection Passalaqua). G.174.

𒀭 𓄹 ⲡⲭⲱⲡⲏⲥ, la cuisse. (Ritual funer. pl. 1. vol. 76).

𒀭 𓆄 ⲡϣⲁⲣⲓ, la pluie. G.426.

𒀭 𓏧 𓂝 𓏤𓏤𓏤𓏤 ⲡⲛⲁϣⲩⲧ, les victoires. G.283.

𒀭 𓄿 , 𒀭 𓇳 , 𒀭 𓄿 , ⲡⲉ, ⲡⲓ, Le, article déterminatif masculin singulier. G.181. = 𒀭 𓄿 𓏏 pour 𒀭 𓄿 𓂝 ⲡⲛⲁϣⲧⲟ, celui qui équilibre le monde. G.521.

𒀭 𓄿 𓏤 𓏛 ⲡⲉⲛⲧⲏⲣ, ⲡⲓⲛⲟⲩⲧⲉ, le dieu. G.175. 𒀭 𓏤 ⲡϩⲟⲛⲧ, propriété. 𒀭 𓏤 ⲡϩⲓⲕ, modérateur.

𒀭 𓄿 𓄣 ⲡⲉⲃⲁⲓ, l'âme. G.175. 𒀭 𓏤 𓂋 𓏏𓏤𓏤 𓏏ⲟⲧⲟⲧ ⲛ ϩⲁⲧ, la statue d'argent.

𒀭 𓄿 𓇾𓏤 ⲡⲉⲧⲟ, ⲡⲓⲑⲟ, le monde. G.173. 𒀭 𓊃 ⲡ... la table des pains de proposition.

𒀭 𓄿 𓈉 ou 𒀭 𓈉 , le Schéta; le pays de Schéta.

𒀭 𓄿 𓍿𓂋 𓃥 ⲡⲟⲩϩⲱⲣ, Pouhôr, le chien (homme). 12

𒀭 𓏤𓏤𓏤𓏤 𓆄 𓄤 𓏛 ⲡⲉϥⲧⲟⲟⲩ ⲛⲁⲁⲩ ⲃⲁⲓ, les quatre grands esprits. G.217 = 𒀭 𓏏 𓂋𓅂 𓏪 , ⲡⲛⲧⲏⲣ ⲱⲏⲣⲓ ⲙⲡⲛⲧⲏⲣ, le dieu chef des dieux. G.174.

𒀭 𓏭 𓅂 , ⲡⲛⲏⲃ ⲙⲱⲛϩ, Pneb-monh, le seigneur Month (hommes) G.132. — 𒀭 𓋹 𓂓 ⲡⲱⲛϩ, Ponh, la vie, le vivant (hommes). G.130.

𓅭𓏏𓇋𓇋𓏥 ⲡⲉⲓ, ⲫⲉⲓ, s'élever en haut, sauter, voler; l'aile est le signe déterminatif. G. 271

𓅭𓏏𓇋𓇋𓏥 . 𓇳𓇋𓇋𓃀 , ⲡⲉⲓ, ⲡⲓ, ⲫⲉⲓ, ⲫⲓ, voler, sauter, s'élever en haut. G. 289. 𓅭𓏏𓏤𓈗 . 𓂝𓏏𓀁𓅭𓏏𓏤𓎯, ô toi (Dieu) Sauveur qui voles vers le ciel.

𓅭𓏏𓀗𓅆𓏥, ⲡⲉϣⲏⲣⲓ ⲛ̄ ⲓⲟⲩⲛⲁⲛ, le chef de Janan. G. 175

𓅭𓏏𓀗𓏛 , ⲃⲁⲓ-ⲡⲁ, mon âme etc. = 𓅭𓏏𓇋𓇋𓏛 ⲡⲁⲓⲡⲁⲓ, idem G. 222

𓅭𓏏 (ⲡⲁ, ⲫⲁ), (copte idem), article possessif vague singulier masculin, celui qui appartient à, celui qui est à ou de. = 𓅭𓏏𓋴𓀗𓏛 ⲡⲱⲏⲣ, Pôëri, l'aîné, le chef. (homme). G. 150

𓅭𓏏𓋴𓀗 ⲡⲁⲱⲣ ⲱⲏⲣⲓ, celui qui appartient au grand chef, nom propre d'homme. (Stèle de Barthold à Rome).

𓅭𓏏𓊃𓏏𓍼 ⲡⲁϩⲁⲗⲉ, Paschale ou Paschari, celui qui appartient à chali ou à Schari. (l'un des noms mystiques d'Ammon), nom propre d'homme. (coffret de terre cuite Musée de Turin).

𓅭𓏏 , ⲛⲉϥ, son,
𓅭𓏏𓇋𓇋𓈗 , idem,
𓅭𓏏𓇋𓇋𓀀 , ⲡⲟⲩ, ⲡⲉⲛ, leur,
𓅭𓏏𓇋𓇋𓀁 ⲡⲉⲥ, son,
𓅭𓏏𓀁 ou 𓅭𓏏𓅆 ⲡⲉⲥ, son;
𓅭𓏏𓇋𓇋𓏥𓏪 ⲡⲟⲩ, ⲡⲉⲛ, leur,
𓅭𓏏𓏥 ⲡⲉⲧⲉⲛ, votre,
𓅭𓏏𓏪 , idem,
𓅭𓏏𓏥 ⲡⲟⲩ, ⲡⲉⲛ, leur,
𓅭𓀁𓏪 (Ram), ⲡⲟⲩ, ⲡⲉⲛ, leur,
𓅭𓊖𓏥 , 𓅭𓊖 𓅭𓊖𓏪 , ⲡⲏⲧⲓ, lequel. G. 207.
𓅭𓏏𓏪 ⲡⲉⲛⲧⲓ, lequel (est). 𓅭𓏤 , ⲡⲧⲟ, pays.
𓅭𓏏 ⲡⲁⲡⲧⲟ, cette partie du pays.

} Articles possessifs masculins. G. 265.

𓀀 𓏤 𓏏 𓅆, ⲡⲛⲟⲩⲣ, Pénofré, le bon (homme). G. 220. 𓀀 𓏏 𓁷 𓅆, Pchérènhathôr, le fils d'Hathôr. G. 134.

𓀀 𓏤 𓏤 𓀀 𓏤 𓇳 ⲡⲛⲧⲓⲡϣⲁⲣⲓⲛϣⲧⲁ, celui qui appartient au Schérix. G. 307.

𓀀 𓏤 ⲡⲧ (copte ⲡⲉⲧ), article démonstratif-possessif, celui qui est à : masculin singulier, employé surtout dans la formation des noms propres d'homme.

𓀀 𓏤 𓏤 𓅆 ⲡⲧⲁⲙⲛ, Pétamon, Pétémèn, celui qui est à Ammon. (Base d'une statue d'Osiris, Musée de Turin).

𓀀 𓏤 𓏤 𓅆 ⲡⲧ(ⲏⲥⲉ), Pétèisè, Pétisi, celui qui est à Isis. (Momie du Musée de Turin). G. 310. 𓀀 𓏤 𓅆 ⲡⲉⲧϩⲱⲣ, Pethôr, celui qui est à Horus.

𓀀 𓏤 𓏤 𓅆 ⲡⲧⲁⲙⲛⲱⲫ, Pétaménoph, celui qui est à Amonon-Ōph. (Momie du Musée de Turin).

𓀀 𓏤 𓅆 ⲡⲧϩⲕ, Pethéké, celui qui est à Héké, dieu Memphite; nom propre d'homme. (Sceau du Musée de Turin).

𓀀 𓏤 ou 𓀀 𓏤 (ⲡⲧ. copte ⲡⲉⲧ), variante du précédent, le 𓏤 placé au-dessus ou au-dessous du signe 𓏤 en indique la valeur phonétique.

𓀀 𓏤 𓏤 𓅆 ⲡⲉⲧⲁⲙⲛ(ⲱⲫ), Pétaménoph, celui qui est à Ammon-Ōph, nom propre d'homme. (Momie de Turin portant aussi l'orthographe 𓀀).

𓀀 𓏤 𓅆 ⲡⲧⲙⲁⲧ.ⲧ. Petmouthis, celui qui est à Mouth, la mère divine, (Néith); nom propre d'homme. (Momie de Florence).

𓀀 𓏤 𓏤 𓅆 ⲡⲥⲟⲩⲧⲛ ⲡⲁ-ⲛⲏⲃ, le roi mon seigneur.

𓀀 𓏤 𓇳 ⲡⲉϥ-ⲕⲁϩⲟⲩ, sa durée. G. 267. G. 29.

158.

𓄿𓏲𓇳, l'un des noms du dieu soleil figuré sous la forme du disque dans une barque. (ⲡⲟⲟⲩ-ⲢⲎ).

𓂻𓏤𓄿𓏲𓇳, adoration à Pioou-Rê. (Musée de Turin).

𓄿𓏭𓏭𓀔𓏤, ⲡⲁϭⲓ (ϭⲓ-ⲁ), mon fils. G. 270. — 𓄿𓏭𓏭𓀎𓏤, ⲡⲁ ⲙⲁⲧⲟⲓ, mon infanterie. G. 268.

𓄿𓏭𓏭, ⲡⲉϥ, son, G. 265. 𓄿𓏭𓏭𓀔𓏤, ⲡⲉϥⲣⲓ (ϭⲓϥ), son fils. G.

𓄿𓏭, idem, id. = 𓄿𓏭𓀀𓏺𓏤, ⲡⲉϥ-ⲕⲁⲛϫⲟⲩ, sa durée. G. 262.

𓄿𓏭𓏭𓏥, ⲡⲟⲩ, ⲡⲉⲛ, leur. = 𓄿𓏭𓏭𓏥𓀔, ⲡⲉⲥⲛ-ⲱⲏⲣⲓ, leur chef. G. 265.

𓄿𓏭𓏭𓏥, idem, id.

𓄿𓏭𓏭𓉻, 𓄿𓏭𓏭, ⲡⲉϥ, son. G. 265.

𓄿𓏭𓏭𓏥, ⲡⲉⲧⲉⲛ, vostre. G. 265.

𓄿𓏭𓏭𓏥, idem, id.

𓄿𓏲𓏤, ⲡⲛⲓϥⲉⲧ, les souffles. G. 275.

𓄿𓈖, ⲡⲙⲱⲟⲩ, l'eau. G. 175.

𓄿𓂧, ⲡⲧ (ⲟⲩⲡⲧⲉ ⲡⲉⲧ, ⲡⲏⲧ), variante de 𓄿𓊌, article possessif. 𓄿𓂧𓊪𓋴𓇳 Ⲡⲉⲧⲉϣⲟⲛⲥ, Pétéchons, celui qui est à Chons. G. 310. 𓄿𓂧𓀀𓏤 Ⲡⲉⲧϩⲱⲣ, Péthôr, celui qui est à Horus. G. 310.

𓄿𓂧𓏭𓏥𓏤, ⲡⲧⲁⲙⲏⲛ, Pétamon, Pétémen, celui qui est à Ammon, nom propre d'homme. (Base d'un Osiris du Musée de Turin, portant aussi l'orthographe 𓊌𓏭𓏥𓏤).

151. 𓅡, 𓅢, Caractère phonético-symbolique, représentant un petit oiseau qui vient de naître, sans plumes et incapable de voler ou de marcher; il exprime l'articulation q, et s'emploie pour qa, ou ⲃ dans les mots hiéroglyphiques équivalents aux mots coptes qas et ⲃⲓ ou ⲃⲁⲓ, porter. G. 44. N° 292.

𓅡𓊪𓏤𓀁 ϧⲟⲟ, ϧⲱ, cheveux. G. 75.

𓅢, ϧ, ou ⲃ, abréviation de 𓅢𓏤 (ⲃⲓ, ⲃⲁⲓ, ϧⲁⲓ) [𓅢𓏤] porter, ferre: de là se forment par composition:

159.

ϥ¹ ⲫⲁⲓ le Porteur, celui qui porte.

ϥ¹ q.l. abréviation semblable à la précédente, même valeur

ϥ ⳝ ϥⲁⲓⲛⲟⲩϥⲣⲉ, ⳝⲓⲛⲟⲩϥⲣⲉ, le porteur de bien, celui qui apporte un bienfait ; nom propre quand il est suivi du signe d'espèce ⳝ (figure lunaire du Musée de Turin). et G. 180.

ϥ ⲡ ϥⲁⲓ ⲣⲉⲛϥ̄, porte d'icône ; employé chargé de la tâche.

[hieroglyphs] le scribe de la Dîme de la Demeure d'Ammon (Thèbes). Arsitsi fils de Thélibis. (Image funéraire – terre émaillée, Musée de Turin).

ϥ ⳝ ⳅ 𓏥 ϥⲁⲓ-ⲁⲉϫⲓ.ⲧ, porte-plume, porte-aile ; Ptérophore ; titre donné à Neith.

[hieroglyphs] Prectrice des dieux Ptérophore ; (Rituel funér. III⁽ᵉ⁾ partie, section III⁽ᵉ⁾, chapitre 19). ⳅⲛⲧ ⲛ̄ⲡⲉⲧⲏⲣ ϥⲁⲓⲁⲉϫϫⲓ.

· ϥ ⳝ 𓏌 𓏥 ϥⲁⲓ ⲕⲗⲟⲙ ⲛ̄ ⲡⲉⲃⲧⲟ, Porte-couronne du roi, Porte-couronnes. Titre de fonctionnaire. (Stèle funér. du Musée de Vienne. N° 89).

ϥ 𓂞 𓏏 ϥⲁⲓⲥⲡⲏ-ⲧ (voyez ϥ ⳝ) Flabellum ferens, flabelli-fère, qui porte un flabellum, espèce d'Ombrelle, signe de distinc-tion porté devant les dieux et les rois. (voyez 𓂞 𓏏)

ϥ 𓂞 variante du précédent, même valeur. (stèle du Musée de Turin).

ϥ 𓂞 ϥ 𓏥 𓏺 le flabellifère Patsi.

ϥ 𓂞 ϥⲁⲓ........ le porteur de l'enseigne 𓂞 𓂞. (stèle du Musée Impérial de Vienne).

ϥ 𓋴 𓋴 ϥⲁⲓ ⲧⲓⲃⲉ̄, porte sandales, Fonctionnaire.

𓅭 , 𓎝 .

𓅭⟿ ϥⲁⲓ...... Phallèphore, qui porte un phallus.

𓀁𓏺𓏤𓇋𓃀𓇳𓏤𓂝𓊖𓀀𓃾 𓅭⟿ , sur la tête de vautour est l'insigne formé de deux palmes 𓏏 et en son lieu elle porte le phallus. (Rituel funér. IIIᵐᵉ partie, section 2ᵈᵉ Descript. de Neith Panthée). = 𓅭⟿ , est aussi employé dans le sens de mâle, masculin.

𓅭𓏺𓏤𓏼 ϥⲁⲓⲏⲏⲓ, favum ferens, celui qui porte un rayon de miel; quand il est suivi du déterminatif 𓀀 , c'est un nom propre d'homme. (Sceau en terre cuite du Musée de Turin).

𓅭𓏺𓏤 ϥⲁⲓ, ϥⲁⲓ, porter, ferre. G. 380.

𓅭𓏤𓂋 ϥⲁⲓⲥⲫⲏⲧⲟ, Porteur de Phallus, Phallèphore. G. 68.

𓅭𓏤𓌂𓌂 ϥⲁⲓⲧⲃⲧⲃ, Porteur de sandales, porte-sandales. G. 68.

𓅭𓏤𓌂 ϥⲁⲓ.... porteur d'Enseigne, porte-étendard. G. 68.

𓅭𓏤𓌂 ϥⲁⲓ.... porteur de chasse-mouche. G. 68.

𓅭𓏤𓏏 ϥⲁⲓⲥⲉϥϥⲓ, copte ϥⲁⲓⲥⲉϥⲓ, porteur de plume, Ptérophore. G. 68. = 𓅭𓏤𓅃 , ϥⲁⲓⲃⲏⲛ, porteur d'épervier, porte-épervier. G. 68.

𓅭𓏤𓏺𓏲 ϥⲁⲓⲥⲫ.ⲧ, Porteur de flabellum, flabellifère.

𓅭𓏤𓏲𓏲𓏲 ϥⲁⲓⲥⲫ.ⲧ, Porteur de flabellum.

𓅭𓏤𓈖 , ϥⲁⲓ (copte ϥⲁⲓ. ⲃⲓ.ϥⲓ), Sortir, emporter, pris en mauvaise part, enlever, voler, emporter le bien d'autrui.

𓂋𓏤𓅭𓂝𓉐𓏏𓏤 ⲛⲙⲉⲓϥⲁⲓ ϩⲉⲧⲛⲓ ⲛⲡⲧⲉⲣ, je n'ai point emporté les choses divines. (Rit. funér. pl. 15.)

152. 𓎝 , Caractère figuratif de l'idée Oie. ⲙⲙ ⲱⲡⲧ une oie. ⲙⲙ 𓎝 ⲱⲡⲧ ⲛ̄ ⲣⲏ, une oie à phré. G. 116.

𓎝𓇋𓂋𓏏 ⲱⲡⲧ ⲛ̄ ⲏⲥⲉ, une oie à Isis. G. 116.

A 𓎝 , Une oie plumée remplace le verbe phonétique ⲥⲛⲧ, ⲙⲙ , conservé dans le copte ⲥⲉⲛⲧⲉ, ⲥⲉⲛⲧ, et qui signifie fonder, établir, se fonder, et s'établir, être établi.

𓅆 , 𓅮 , 𓅮 , 𓅮 , 𓅮 , 𓅭 , 𓅭 , 𓅯 , 𓅰 , 𓅱 ,

≋𓊨 cnt-k, toi fonder. G. 390.

𓊨 , kcent, établir. G. 165.

≋𓊨 , cnti-k, que tu t'établisses. G. 363.

153 𓅮 , 𓅮 Caractère phonétique exprimant la consonne
   u. G. 41. N° 118.

   𓅮 u, dans_ préposition ; G. 381.

154 𓅮 , 𓅮 Caractère phonétique exprimant les consonnes L,
   et R, Λ, P ; G. 41. N° 107.

155 𓅮 . 𓅮 . 𓅮 . Caractère phonétique exprimant la consonne N,
   G. 42. N° 140.

156 𓅮 . 𓅮 . 𓅮 . Caractère phonétique exprimant la consonne N
   G. 42. N° 141.

157 𓅭 Caractère phonétique exprimant la consonne T, θ ; et
   le Δ des grecs. G. 40. N° 90.

   𓅭𓊨 TB, TWBE, brique. G. 100.

158 𓅭 Caractère phonétique exprimant les consonnes T. θ. et
   le Δ des grecs, G. 40. N° 89. 𓅭𓊨 TB, TWBE, brique. G. 100.

159 𓅭 . Caractère phonétique exprimant, durant les époques secondaires, les voyelles A, O, OY, et employé pour 𓅭.

160 𓅯 , Phénix à bras humains ; Caractère symbolique exprimant l'Idée et l'Emblême des esprits purs, puhj, exempts des souillures terrestres et parvenus au dernier période des transmigrations. G. 16.

161 𓅰 Groupe Symbolico - figuratif représentant un oiseau placé sur le dos d'un poisson et lui saisissant la tête : exprime l'idée générale Pêcher.

   𓅰 (oruge, orogi), Pêcher, Piscare, prendre du poisson ; pêche, pêcheur.

41.

162

⟨hiero⟩ III la pêche des poissons. (Bas-relief d'Eilethya, Description de l'Égypte).

⟨hiero⟩ n + ϥⲱⲗⲉϯⲣⲁⲙⲓ (ⲛⲉⲧ) ⲛⲉⲛ, nous je pêche ramis leurs poissons. G. 444.

⟨hiero⟩ avec le déterminatif des verbes d'action, pêcher, piscare.

⟨hiero⟩ qu'ils pêchent leurs ramis et leurs oxyryngues. (Rituel funér. Grande Légende qui précède la liste des figures.)

162 ⟨hiero⟩ Caractère symbolique représentant une tête de vautour et exprimant par synecdoche l'Idée vautour.

A ⟨hiero⟩, (ⲁⲡⲁⲧ, ⲛⲟⲩⲣⲉ), vautour; ce signe est fréquemment placé comme déterminatif du groupe phonétique ⟨hiero⟩ ⲁⲡⲉⲟⲧ, qui a la même valeur.

163 ⟨hiero⟩ Caractère symbolique, représentant une tête de canard, exprime l'Idée canard et oie dans les textes hiéroglyphiques et s'emploie à la place du figuratif ⟨hiero⟩ et du phonétique ⟨hiero⟩ ⲱⲡⲧ.

⟨hiero⟩ employé seul pour ⟨hiero⟩ dans des inscriptions très abrégées.

⟨hiero⟩ de Qu'Osiris dieu grand, modérateur éternel, donne une bonne maison, des vivres, des bœufs, des canards ou des oies. (Statuette en bois, Musée de Turin).

⟨hiero⟩ ⲱⲡⲧ, oies. G. 195.

⟨hiero⟩ forme du caractère précédent au pluriel; des canards.

⟨hiero⟩ même signification.

⟨hiero⟩ pluriel de ⟨hiero⟩ (ⲅⲁⲛ ⲱⲡⲧ) des canards.

⟨hiero⟩ pluriel figuratif; variante des précédents.

164 ⊙. ⊙ Caractère symbolique représentant l'œil de l'Épervier, exprime l'idée voir, vision, vue, parce que l'Épervier avait la faculté, dit-on, de fixer la vue sur le soleil. (Horapol. hiérogl. I.ᵉʳ).

⊙ voir, videre, employé dans les textes à la place de ⵎⴻⵛⵟ, ⲙⲉⲥⲱ, voir, contempler. G. 562.

⌣⊙♀⊝∷⊤ accorde-lui de voir les ténèbres de la nuit. (stèle d'Oħ-Thoth, Musée de Turin).

165 ⌐. ⌐. Caractère symbolico-figuratif, représentant une patte d'Ibis, laquelle exprime symboliquement une mesure égyptienne de longueur.

⌐↦ (ⲉⲡⲧⲱ), la Spithame, Σπιθαμή, mesure de longueur ayant douze doigts égyptiens d'étendue. (coudée Drovetti), la grande Eto.

⌐— (ⲉⲡⲧⲱ.....), le Dichas ou Lichas, Δίχας, mesure égyptienne de dix doigts de longueur, l'une des subdivisions de la coudée : la petite Eto. (coudée Drovetti).

166 ≣. ≣. ≣ Caractère figuratif, représentant deux ailes d'oiseau.

≣ Employé comme déterminatif figuratif du groupe phonétique ⌣⸗⋀ ⲧⲛϩⲩ (copte ⲧⲉⲛϩ), Alae, ailes. (Rituel funér. IIIᵉ partie section IIIᵉ). G. 51.

≣ , (ⲧⲉⲛϩ ⳓ), deux ailes, les deux ailes. (même sect. du Rit.).

≣ , ⲧⲉⲛϩ ⳓ, les ailes, les deux ailes. G. 163.

≣ , ⲛⲉⲧⲧⲉⲛϩ ⳓ, les deux ailes. G. 530. ⲛⲉⲧⲧⲉⲛϩ.

≣ , ⲧⲉⲛϩ ⳓ, les deux ailes. G. 163.

≣ , ⲛⲉϥⲧⲉⲛϩ ⳓ, ses deux ailes. G. 402.

167. ⟨disque ailé⟩ Un disque à ailes épandues, (ϩτ), Caractère symbolique tenant lieu dans les textes du nom du dieu Hak. G. 119.

168. ⟨plume⟩ et ⟨plume⟩ Caractère figuratif, représentant une plume d'autruche.

⟨plume⟩ ⲧⲉⲛϩⲉⲛ, ... les deux plumes d'autruche. G. 163.

A. ⟨plume⟩. ⟨plume⟩. Caractère symbolique, représentant une plume d'autruche, laquelle exprime emblématiquement l'Idée justice, vérité; parce que cet oiseau a les plumes des ailes plus égales que tout autre. (Horapollon, livre 2, hier. 118).

⟨plume⟩ nom symbolique de la déesse ⲧⲘⲉ ou ⲧⲘⲏⲓ, Ἀλήθεια, vérité, justice, la Thémis Égyptienne.

⟨plume⟩ ⲧⲘⲉ, la justice. G. 444.

⟨plume⟩, abréviation du précédent; ⲧⲘⲉ, vérité, justice. G. 59.

⟨plume⟩ ⲧⲘⲉ, la vérité. G. 336.

⟨plume⟩ ⲉ ⲧⲘⲉ, par la justice. G. 300.

⟨plume⟩, Demeure de vérité: habitation de vérité. c. à d. Temple, Templum, Ἱερόν.

⟨plumes×3⟩ pluriel du groupe précédent, les Temples, τὰ Ἱερά.

⟨groupe hiéroglyphique⟩ par une panégyrie dans les temples appartenant à l'Égypte. (Inscription de Rosette, ligne 41).

⟨groupe hiéroglyphique⟩, appartenant aux temples de toutes les parties du pays de sa domination. (Idem, ligne 12).

⟨groupe hiéroglyphique⟩ qu'on le place dans les temples &c. (I. Reg. 4).

B. ⟨plume⟩. ⟨plume⟩. Caractère phonétique, qui s'échange souvent dans certains mots avec le signe ⟨—⟩ ou ⟨|⟩ et qui par conséquent doit représenter comme ce dernier l'articulation ⲉⲉ, M, G. 41. N° 126.

৪, ✝, ৪, O,

𓂀𓇳𓏏 Mou, moui, Moui, Mau, nom propre du dieu, fils du soleil. G. 112.

𓂀𓇳𓏏 variante linéaire du nom divin précédent. G. 330.

𓂀𓏏 Abréviation du nom précédent. (Description de l'Egypte. A. volume II, planche 91, N° 1).

𓂀𓄿, mou, mori, variante du nom divin précédent. G. 132.

𓂀𓄿, abr. de 𓌻𓂀𓂧𓏏, metaore, véridique. G. 65.

169 ⧻, ⧻ Caractère figuratif, représentant un ornement de tête formé de deux plumes et propre aux dieux Amon-Ra, Horus, ou Horammon.

⧻, mezzi ᴋ, ses deux plumes. G. 336.

⧻— nequezi ᴋ, ses deux plumes. G. 340.

𓊃𓈖𓊾𓏥𓂝𓂀𓈖𓏥𓏺⧻— Horus (auquel) son ornement ⧻ a plu dans ses deux manifestations. (Rel. funér. pl. 1. col. 113.)

𓂝𓂝𓇋𓏺— son ornement ⧻ est sur sa tête. (Descr. ch. 112.)

170 ৪ Plume couchée; Caractère phonétique exprimant la voyelle o, dans des noms étrangers à l'Egypte. G. 35, N° 39.

171 O, O, O. Caractère phonétique représentant un œuf ϲⲟⲟⲅⲉ, ⲧ, ⲥⲱⲟⲅ.ϯ en langue Égyptienne, et exprimant l'articulation c, Σ dans les noms et mots étrangers transcrits en écriture hiéroglyphique. G. 45, N° 160.

𓍿𓍿𓏺𓏺O ⲁⲛⲧⲟⲛⲉⲓⲛⲉ, antoninus. (Prophylée de Médinet-abou).

𓍿𓍿 ⲥⲃⲥⲧⲥ, Augustus. (Dem. Dem.) etc dans les mots Égyptiens. Symbolico-phonétique.

ⲉⲟⲩⲟ ⲉⲣⲕⲉ, Pius. (Dem. Dem).

𓂋𓇳 ⲥⲃ. ⲥⲧ. ⲥⲏⲧ, Sev, Seb, (Saturne). G. 112 a 114.

42.

166.   O,

[hiéroglyphes], ⲥⲏⲧ ⲡⲧϥⲉ ⲙⲡⲉⲧⲣ ⲛⲓⲃ, Set le père des dieux tous. G. 219.

A.   O | ou ? ⲉⲓ, (copte ⲉⲓ), exprime aussi l'Idée enfant, nourrisson, enfant mâle.

O | pour [hiér.] fils. G. 555.   [hiéroglyphes] ḡap-ⲥⲓ-ⲏⲉⲓ ⲥⲓ-ⲛ̄ ⲭ ⲧ ⲏ ⲉⲥⲓ, Harsiési fils de Djotési. (Stèle n. 32.).

O | ⲡⲉϥϲⲓ, son fils. G. 552.   [hiér.] ⲥⲏⲧ ⲡⲧⲧⲉ ⲙⲡⲉⲧⲣ-ⲙⲁⲓ. G. 431.

? [hiér.] ⲡⲥⲓ ⲛ̄ Ⲟⲥⲓⲣⲉ, fils d'Osiris. G. 558.

? [hiér.] ⲥⲓⲥⲟⲡ, Enfant de Sochpris; titre donné aux pharaons. (Obélisque Flaminien, face méridionale).

O | [hiér.] (ⲥⲓⲛⲥⲓ), le fils du fils; le petit fils. (Stèle du Mus. de Turin).

? [hiér.] ⲡⲁ-ⲥⲓ, ô mon fils. G. 277.

O | [hiér.] ⲡⲉϥϲⲓ ϩⲱⲣ, son fils Horus. G. 277 et 456.

O | [hiér.] ⲡⲉϥϲⲓ ⲙⲁⲓϥ, son fils qui l'aime. G. 550.

? | [hiér.] ⲡⲉϥϲⲓ ⲱⲏⲣⲓ ⲙⲁⲓϥ, son fils aîné qui l'aime.

O [hiér.] ⲡⲉϥϲⲓ ⲡⲙⲉϩⲇ̄ ⲙⲁⲓϥ, son quatrième fils qui l'aime. G......

[hiéroglyphes longs], Onkh-Harsiési fils de l'un des prophètes d'Osiris Tharésiefonkh. (Stèle n° 32. Mus. de Turin).

O ou [hiér.] pour [hiér.] ⲧⲥⲓⲉⲓ, (et en prononciation ⲧⲥⲉⲛ); fille, enfant ou nourrisson du sexe féminin, noté par l'article déterminatif, ⲧ. G. 291.

[hiér.] ⲧⲥⲓ ⲛ Ⲁϩⲙⲉ, la fille d'Ahmosis. G. 304.

B.   [hiér.] ou [hiér.] ou bien [hiér.], [hiér.]. Signe du genre féminin pour les noms exprimés symboliquement ou figurativement. G. 175.

167.

Section 3ᵉ les Insectes.

172 Caractère symbolique représentant une Espèce d'abeille et exprimant l'Idée d'un peuple gouverné par un Roi. (Horapollon, livre 1ᵉʳ hiérogl. 62).

A. Caractère placé à la suite des signes ⚊ abréviation de ⚊ Roi, soit comme déterminatif de cette idée. (voyez Horapollon, livre cit. dernières lignes de l'article); soit comme complément de l'Idée roi du peuple obéissant.

, (ЄВІШ. Π), groupe symbolique formé de l'abeille et d'un vase ; exprime l'idée Miel, Меλ. G. 57.

, Parfums et Miel quatre-cent-soixante-dix unes. (Inscription statistique de Karnac, Mᵘˢ Royal).

, ϪΝ ЄВІШ, Miels pluriel du précédent. G. 229.

173 Caractère phonétique représentant une sauterelle, et exprimant la consonne P, (R) dans les inscriptions et les noms des époques secondaires. G. 41. N° 105.

174 Caractère phonétique représentant un Scarabée, et signe de l'articulation T, Θ, Δ, G. 40, N° 79

, ΤΡΑΙΑΝϹ, Τραιανος, Trajanus, nom impérial romain. (Typhonium de Dendéra. Salt. pl. 11. N° 14).

, ΤΙΤΝΟϹ, Domitianus, nom propre impérial romain. (Obélisque de Bénévent).

, ⲐⲞ et ⲐⲞΝⲦⲢ ; nom propre de dieu ; le dieu Tho. G. 192, 234 et 329.

, ⲐⲢⲈ, Thré, Thoré. G. 110.

et , ⲐⲢⲈ, le dieu Thré ou Thoré, le dieu scarabée. G. 163. = l'un des surnoms de Phtha à tête de Scarabée.

168.

Ope, Tpe, même dieu Thoré, ayant pour signe déterminatif une figure où un scarabée à ailes éployées tient lieu de tête. G. 113.

Ope. Tpe, Thré, Thoré, (forme de Phré et de Phtah). Em.

oppe, nom du scarabée sacré, le ⚯ étant le signe déterminatif de genre.

Le vénérable scarabée sacré. (Coffret funéraire du Musée de Turin).

ⲡⲧⲟ, le monde. G. 98.

et , ⲡⲧⲟ, le monde terrestre. G. 169 et 317.

ⲧⲱ, ⲑⲱ, (ⲑⲱⲱ. ⲧⲱⲱ), Tosch, coiffure royale militaire. G. 78.

ⲛⲁⲁ ⲡⲟⲁⲱ, le grand casque royal. G. 494.

A groupe phonétique exprimant la syllabe ou ligature ⲧⲟ, ⲑⲟ. G. 46, N° 156.

175 Scarabée, les ailes éployées. Caractère phonétique exprimant le son de g dans les monuments des basses époques de l'Égypte. G. 45, N° 227.

176 Caractère figuratif représentant un scorpion. G. 4, 52 et 74.

177 Caractère figuratif représentant une Mante. G. 4.

178 Mouche ay, Caractère figuratif représentant cet insecte. G. 169.

ayori, Mouches; pluriel du même caractère, et ayant le même sens. G. 169.

Section 4ᵉ les Reptiles.

179. 𓆗 . 𓆗 Caractères figuratifs, représentant l'Aspic ou Basilic qui est la vipère Haryéh d'Egypte.

𓆗 (ⲟⲧⲡⲱ·ⲧ), l'Uræus, l'Aspic, il sert aussi de déterminatif figuratif au mot 𓅱𓊪𓅱 ⲱⲡⲱ, ⲟⲧⲡⲱ, même sens.

𓆗𓆗 (ⲟⲧⲡⲱ ⲃ̄), les deux Uræus, les deux aspics.

𓆗𓆗 (ⲛⲉ ⲟⲧⲡⲱ), les aspics.

𓈖𓏏𓆗𓆗𓋹𓂀𓉐𓏥 Les couronnes ornées d'Aspics, Ἀσπιδοειδῆ Βασιλειων (exposées sur les chapelles), (Inscription de Rosette, ligne 9).

𓈖𓆗𓆗 ⲛⲉⲱⲡⲡⲓ, les diadèmes. G. 441.

𓆗 , ⲡⲟⲧⲣⲟ, roi. G. 517.

A 𓆘 𓆗 L'aspic, l'Uræus; caractère symbolique, exprimant l'Idée Déesse.

𓆗 , (ⲧⲛⲟⲧⲧⲉ, ou plutôt ⲧⲟⲧⲡⲱ), Reine divine, Déesse; on figurait les déesses sous la forme d'Uræus aussi habituellement que les dieux sous celle de l'Epervier : ce caractère est employé comme déterminatif des noms propres de Déesses.

𓊨𓏏𓆗 la déesse Isis.

𓉠𓏏𓆗 la déesse Nephthys.

𓆗𓏏 , (ⲧⲛⲟⲧⲧⲉ, ⲧⲟⲧⲡⲱ), la reine divine, la déesse; variante de 𓆗 avec les signes de genre.

𓆗𓏏𓏥 ou 𓆗𓏏 , pluriel du précédent (ⲛⲉⲟⲧⲡⲱ), les reines divines, les Déesses.

𓀀𓇋𓏠𓈖𓏏𓅭𓊪𓏏𓎛𓆗𓏏𓏥 , Imouth fils de Phtah, ainsi que les dieux et les déesses. (stèle du Cab. impér. de Vienne, N° 63).

43.

170

[hiéroglyphe] variante de [hiéroglyphes] ; placé sur l'Enseigne, comme marque de respect (voyez →), même sens.

[hiéroglyphe] ⲧⲛⲧⲣ, ⲑⲛⲟⲩⲧⲉ déesse. G. 164. a 534.

[hiéroglyphes] ⲛⲉⲛⲧⲣ, ϫⲓⲟⲩⲉ), les déesses. G. 167.

[hiéroglyphes] , faisant partie des prophètes des dieux et des déesses appartenant à la région supérieure et à la région inférieure. (Stèle du musée Impérial de Vienne, N° 63).

[hiéroglyphes] , (ⲧⲟⲧⲡⲱ [hiéroglyphe]), deux déesses, redoublement du primitif.

[hiéroglyphes] , (ⲛⲉⲟⲧⲡⲱ), pluriel figuratif de [hiéroglyphe] les Reines divines, les Déesses.

[hiéroglyphes] à cause de cela les dieux et les déesses lui ont accordé la force, la victoire, la vie heureuse et tous les autres biens. (Inscription de Montké, lig. 5).

180. [hiéroglyphe] Déesse mère et nourrice. G. 26.

[hiéroglyphes] aimé par la déesse nourrice souveraine de la région de Pôné. G. 26.

181 [hiéroglyphe] Déesse ou reine de la région supérieure. G. 26.

182 [hiéroglyphe] Déesse ou reine de la région inférieure. G. 26.

A [hiéroglyphes] Caractère phonétique, représentant l'articulation K. G. 30, N° 62. (dans les mots grecs).

[hiéroglyphes] ⲕⲏⲥⲣⲥ, Καισαρος, Caesar ; titre impérial romain (Dendera. Salt. pl. II. N° 17).

[hiéroglyphes] ⲕⲁⲓⲥⲣ, Caesar ; légende de Trajan. Ombos. (commission d'Égypte).

[hiéroglyphes] ⲕⲏⲥⲣ, Caesar, légende de Claude. Dendéra. (commission d'Égypte).

ϥ , ⲙ .   171

𓆑𓏏 ⲕⲉⲣⲉ, Caesar, Καισαρος, Dendéra. (copié par la Commission d'Égypte).

𓆑𓏭𓏏 ⲕⲁⲓⲥⲣ, ⲕⲁⲓⲉⲣⲉ, Caesar.

𓆑*, pronom affixe de la seconde personne, singulier masculin. G. 160.

183. 𓆑 . ⲙ Caractère phonétique, représentant le serpent Céraste, c'est le signe phonétique répondant au ו hébreu, au و arabe, à l'Υ grec et comme eux tantôt voyelle, tantôt consonne; il représente à la fois les lettres coptes ϥ et ⲃ.

𓆑𓈖𓏏𓂻 ϧⲛ̄ϯ, ϧⲉⲛⲧ, Ver. G. 74. Vanus, avec le déterminatif 𓂻.

" 𓆑𓏤 ϥⲁⲓ, le serpent. G. 183.

𓆑𓀀𓀢 et 𓀀𓀢𓀾 ϥⲁ.ϥⲓ, ϥⲁⲓ.ϥⲓ.ⲥⲓ, porter, ferre. G. 379. 381.

𓆑𓏏𓏭𓏤𓏏𓏏𓏏𓏏 , ϥⲧⲟⲟⲩ, quatre. G. 110.

𓆑𓈖𓏏𓂓 ϥⲛ̄ⲧ, ϥⲛⲧ, le nez, les narines, groupe phonétique suivi du déterminatif 𓂓 qui représente linéairement le nez ou le museau d'un veau. G. 91.

𓆑𓂓𓀀𓊖𓏤𓉐 le nez appartient au président de la demeure de Sekhem Horus. (Rituel hiérogl. du Musée royal).

𓆑𓈙𓂓 ϥⲛ̄ⲧ, le nez, les narines, variante du précédent, le déterminatif plus clairement tracé.

𓃀𓆑𓈙𓂓 𓊹𓂓 𓆑𓏏𓏛 𓇋 & son nez appartient au dieu Anubis. (autre rituel funér. du Musée royal).

𓆑𓈖𓏏𓉐 ϥⲛ̄ⲧ. variante des précédents.

𓆑𓈖𓏏𓉐𓀀 , mon nez. (stèle N° 5 ; Musée de Turin).

ⲙ . ϥ, (copte ⲫⲱⲙ), pronom simple de la 3ᵉ personne, singulier masculin, lui, le. G. 260.

1° Placé après un signe ou un groupe exprimant un nom masculin il répond au copte ⲡⲉϥ, le de lui, son et ⲛⲉϥ ses.

⸻, ⲡⲉϥⲧⲧⲉ, son père.

⸻ ⲡⲉϥⲧⲧⲉ ⲁⲙⲛ̄, son père Ammon. G. 498.

⸻ ⲡⲉϥⲧⲧⲉ ⲥⲏⲧ, son père Sév. G. 198.

⸻, ⲡⲉϥϭⲓ, son fils.

⸻, ⲛⲉϥϭⲓ, ses fils.

2° Placé après un signe ou groupe exprimant un nom féminin, il répond au copte ⲧⲉϥ.

⸻ ⲧⲉϥⲙⲁⲧ, sa mère.

⸻ ⲧⲉϥⲥⲟⲛⲓ, sa sœur.

3° Placé à la suite d'un signe ou groupe exprimant un verbe, il indique la troisième personne masculine, nombre singulier.

⸻ ϥⲧ. il donne ou qu'il donne.   ⎱ ϥ, est en effet, en copte la mar-
⸻ il voit ou contemple, qu'il.   ⎰ que de cette 3ᵉ personne à tous
⸻ il va, ϥⲉⲓ,   ⎱ les temps du verbe. (Voyez le Chapitre
⸻ il prend, il reçoit. ϥϭⲙ̄   ⎰ des pronoms dans la grammaire Egyptienne).

184. ⸻, Un serpent à tête de bélier. ⲛⲃ. ⲛϥ, Chnouphis. G. 120.

185. ⸻ Caractère phonétique. signe des consonnes ⲧ et ⲑ. F. 40. N° 96.

⸻ ⲧⲩⲧⲓⲁⲛⲥ, Δομιτιανος, Domitianus, nom impérial romain. (Obélisque Pamphile).

⸻ ⲧⲓⲧⲉ, Τιτος. Titus. nom impérial romain. (Obélisque Pamphile).

⸻ ⲟⲩⲟ, ⲟⲩⲧ, discours. parole. G. 472.

𓎟 𓄿𓆑𓋴 , ⲟⲩⲟ ⲉⲛ , discours de la part du. G. 474.

𓎟 𓄿𓆑𓋴 ⲟⲟⲉ ⲉ-ⲛ̄ , parole par. G. 530.

𓎟 𓄿𓆑𓋴 𓅱𓏤 , ⲟⲩⲟ ⲉⲛ ⲡⲉϥⲛ̄ , discours par le roi. G. 199.

𓎟 𓄿𓆑𓋴 ⲟⲩⲟ ⲉⲛ ⲙⲁⲧ , discours de la part de Mouth. G. 472.

𓎟𓏥 ⲟⲩⲟ , de dire. G. 509. en disant. G. 251.

𓆓 ⲉ̄-ⲧ̄ , (copte ⲭⲱ), dire, dicere.

𓆓 ϧⲟⲟ , dit à, G. 530. 𓆓-𓆑 ⲟⲩⲟ ⲉ-ⲛ , dit, lu par. G. 503.

𓆓 𓈗 .... il dit au. G. 401.

𓆓 𓏤𓏤𓏤 ⲟⲟ ⲧⲛ̄ , dites. G. 501.

𓆓 adverbe répondant au copte ⲉⲛⲉϩ , toujours, à toujours signifie aussi éternité, siècle. G. 146, 514, 515.

𓆓 (ⲛ̄ⲉⲛⲉϩ), pour toujours. G. 515.

𓆓 𓇳 𓎟 ⲉⲛⲉϩ ⲛ̄ϩⲟⲟⲩ ⲛ̄ϩⲁϩ , aujourd'hui comme à toujours. G. 514.

𓆓𓏤𓏤𓏤 ⲉ̄ⲧ̄ⲛ̄ , (copte ....), être dit, être surnommé, être appelé ; prend le pronom complément indirect après la préposition ⲛ 𓈗 .= 𓆓𓏤𓏤𓏤 , ⲇⲧ-ⲛⲁⲥ , surnommée, Cognominata.

𓊃𓈖𓏏 𓅓𓉐 𓏏𓄿𓂝 𓆓𓏤𓏤𓏤 𓏏𓄿 𓁷𓏤 , sa sœur la dame de Maison Taïa que l'on surnomme, ou surnommée, Noufré-Atari. (statue portée énigme du musée Royal). = 𓆓𓏤𓏤𓏤 , ⲇⲧ ⲛⲁϥ , surnommé, Cognominatus.

𓏏 𓊵 𓏏𓄿 𓄿 𓆓𓏤𓏤𓏤 , ⲑⲟⲩⲧⲛⲟⲩϥⲣ ⲭⲧⲛϥ ⲥⲱϣⲉ ϥⲇⲧ , Thôt-nofré surnommé Sôsché a dit. (stèle du musée de Turin).

𓆓𓏤 𓊵 𓋹 𓎛 𓂝 𓁷 , ⲇⲧ-ⲛⲥⲉ ⲉϥⲱⲛϩ , Djotisêfonh , Dixit Isis-vivat, nom propre d'homme. (stèle du musée de Turin N° 3).

𓆓𓏤 𓊵 𓋹 𓁷 abréviation du précédent. (même stèle).

44.

[hiéroglyphes] variante des noms précédents. (Dum).

186. [hiéroglyphe] Caractère phonétique représentant un reptile, (ⲍⲁⲧϥⲓ), et exprimant la consonne ϫ dj, dans les mots égyptiens. G. 43, N° 85.

Les grecs l'ont transcrit par τ dans le nom de la ville de ⲍⲁⲛⲓ qu'ils ont orthographié Tanis.

Le même signe exprime aussi le son de σ ou ϫ fort. (Voyez au N° ci dessus).

[hiér.] ⲍⲱⲩ.ⲧⲱⲩ, sceptre à tête de coucoupha, sceptre des dieux. G. 77.

[hiér.], ⲍⲁⲧϥⲓ, les reptiles. G. 152.

[hiér.] ⲍⲁⲧϥⲓ ⲛⲓⲃ, les reptiles tous. G. 116.

[hiér.] ϫⲧⲅⲓ, Djothi, nom propre d'homme, G. 116.

[hiér.] ϫⲧ, copte ϫⲱ, ϫⲟⲧ dans les composés, dicere, dire. (Passim).

[hiér.] (rare) ϫⲧ.ⲧⲧ, dicere, dire. G. 378. et ϫⲱ, ϫⲟⲧ, copte.

[hiér.] ⲕϫⲧ et ϫⲧⲕ, dis, G. 341 et 215.

[hiér.] ⲉϥϫⲧ, il dit, G. 171.

[hiér.] ⲉⲥϫⲱⲧ, elle dit. G. 180.

[hiér.] ϫⲧ, parlent. G. 181.

[hiér.] et [hiér.] ⲉⲛ-ϫⲧ et ⲉⲛϫⲧ, disent, ils disent. G. 182.185.

[hiér.] et [hiér.] ⲉⲛ-ϫⲧ, ⲉⲛϫⲧ, ils disent. G. 275.

[hiér.] ϫⲧ ⲛ̄, il dit à. G. 182.

[hiér.] ϫⲱⲧ, disant. G. 268.

[hiér.] ⲉⲧϫⲟⲧ ⲛⲁϥ, disant à lui. G. 131.

[hiér.] ϫⲧ, discours. G. 192.

ⲭⲧ ⲝⲟⲧ, les discours. G. 395.

ⲝⲧ ⲉⲛ, discours par, 282, 352, 396.

ⲝⲧ ⲉⲛ ϩⲟⲛⲧ, discours par sa majesté. G. 300.

ⲝⲧ ⲉⲛ ⲛⲉⲛⲧⲣ, discours par les dieux. G. 294.

ⲝⲧ ⲉⲛ, discours de la part de. G. 255.

ⲝⲧ ⲉⲛ Ⲁⲙⲛ-Ⲣⲏ, discours de la part d'Amon-Ra. G. 411.

ⲝⲱⲧ ⲛⲉⲛ, discours à eux. G. 175.

ⲝⲧ ⲛ ⲛⲉⲱⲛⲡⲓ, discours aux chefs. G. 505.

ⲝⲧⲃⲓ, Djatvi, (le rampant), serpent gardien de la porte de la 2ᵉ heure du jour. G. 426.

ⲝⲱⲧ ϫⲟⲗ, proférer des mensonges, mentir, dire des faussetés.

, je n'ai pas dit de faussetés. (Rit. funér. pl. 72. Col. 26).

ⲝⲧ ⲉⲛ Ⲧⲟⲧⲧⲟⲩⲛⲛ, discours de la part de Tottounen. G. 215.

ⲝⲧ ⲉⲛ, discours (tenu) par. G. 165.

ⲝⲱⲧ, en disant. G. 152.

ⲝⲩ, parfum. G. 166.

parfums. G. 166.

187. Serpent Uréus, à trois, quatre et cinq replis; Caractère phonétique exprimant la consonne K. G. 39, N° 63. (Voyez page 170).

188. Variante du (ⲝ) employée dans les inscriptions du Tombeau de à Béni-hassan.

, qu'ils disent: une grande quantité de vivres et (idem).

189. ~~~ . ~~~~ . serpent à deux ou trois replis. Caractère phonétique exprimant les consonnes L et P, L et R, dans les inscriptions et les noms propres des temps romains. G. 41, N° 102.

Exemples de § 179. B.

⟦hiero⟧ ΚΗϹΡϹ , Καισαρος , Caesar. (ibidem).

⟦hiero⟧ ΚΛΙϹΡ , Caesar , légende de Claude à Dendéra. (ibidem)

⟦hiero⟧ ΚΗϹΡ , Caesar , légende de Claude. (ibidem).

⟦hiero⟧ ΑΥΤΟΚΡΤΩΡ , l'Empereur ,

⟦hiero⟧ ΚΡΜΝΙΚϹ , Germanicus ,

⟦hiero⟧ ΟΡΜΝΙΚϹ , Germanicus .

190. ⟦hiero⟧ Caractère figuratif, représentant un serpent mort avec des glaives fichés dans le corps. C'est le grand Serpent Apap, Apôph, l'Apophis frère et ennemi du soleil, vaincu par l'hercule égyptien. C'est le Python.

⟦hiero⟧ , (ΑΠΠ), Apôp, Apôphis, employé isolément dans les textes, ou comme déterminatif du nom phonétique ⟦hiero⟧ ,

191. ⟦hiero⟧ . ⟦hiero⟧ , Caractère symbolique, représentant un Crocodile la queue recourbée, emblème du couchant ou de l'Occident, Δύσις. (Horapollon, livre I.ᵉʳ, hiéroglyphe. 69).

⟦hiero⟧ (ϹΒϹ ou ϹΒΚ), nom symbolique du dieu Sevek, ou Sovk, le Σουχις de Strabon, l'une des formes du Cronos ou Saturne égyptien. G. 110.

⟦hiero⟧ Caractère déterminatif symbolique du groupe ⟦hiero⟧ ou ⟦hiero⟧ , Sevek, nom de divinité souvent figurée avec une tête de Crocodile.

⟦hiero⟧ (ϹΒϹ, ϹΒ), symbole répondant au phonétique ⟦hiero⟧ nom du dieu Sevek, Σευεχ, Σουχις.

[hiéroglyphes] ou [hiéroglyphes] ⲥⲃⲱⲧϥ, Σευεχος, Σεβηχος, Sewekòthph, nom propre d'homme. (stèle du Musée impér. de Vienne).

A. [hiéroglyphes] ⲥⲃⲟ, ⲥⲃⲕ, un crocodile sur une porte ou piédestal; nom symbolique du dieu Sèwek, souvent placé comme déterminatif à la suite du nom phonétique. (Don Borgia; ainé, Description de l'Egypte, A. vol. 1. pl. 82. N° 1.) G. 120, A 9.

[hiéroglyphes] (ⲥⲃⲟ), Sèwek, nom propre d'homme.

[hiéroglyphes] l'attaché au temple d'Ammon, Sèwek. (stèle d'albâtre, Musée de Turin N° 4).

[hiéroglyphes], Sèwek-mes, sevechmosis, nom propre d'homme, l'engendré de Sèwek. (stèle d'albâtre, Musée de Turin N° 4.).

[hiéroglyphes], ⲥⲃⲟ ⲡⲛⲏⲃ ⲛ̄ ⲛ̄ⲃⲓ, Sèwek le seigneur d'Ombos. G. 219.

[hiéroglyphes], ⲙⲁⲛⲥⲃⲟ, Mansèwèk, le lieu ou la demeure de Sèwek, nom sacerdotal de la ville d'Ombos. G. 152.

[hiéroglyphes] ⲥⲃⲕ ⲡⲛⲏⲃ ⲛ̄ ⲥⲓⲛⲓ-ⲙⲁⲓ, Aimé par Sèwek-Ra, le seigneur de Sini (Silsilis). G. 259.

[hiéroglyphes] ⲥⲃⲟ-ⲣⲏ, Sèwèkra. G. 120.

[hiéroglyphes] ⲥⲃⲕⲣⲙⲉⲉⲓ, aimé par Sewek-Ra, G. 255.

192. [hiéroglyphe] Un crocodile décoré du disque et des cornes, ⲥⲃⲟ, ⲥⲃⲕ, Sèwèk. G. 120,

193. [hiéroglyphe] Un crocodile coiffé du disque flanqué de deux plumes d'autruche, ⲥⲃⲟ, ⲥⲃⲕ, le dieu Sèwèk. G. 120.

194. [hiéroglyphe] Caractère phonétique représentant un crocodile à cag, et exprimant la consonne ⲛ, ou ⲙ, dans les basses époques. G. 48, N° 126.

45.

170

⟨hieroglyphs⟩, de, préposition dans les inscriptions du Pronaos d'Esné ; G. 200.

195 ⟨gl.⟩ Queue du crocodile, Caractère symbolique ; emblème de l'obscurité et des ténèbres. (Champollion, livre 1ᵉʳ, hiérogl. 70). G. 192.

A ⟨gl.⟩ et ⟨gl.⟩, extrémité d'une queue de crocodile ; caractère phonétique exprimant la consonne K. G. 59 N°58 et 59.

⟨gl.⟩, ⟨gl.⟩ ou ⟨gl.⟩ , κu, κaμε, noir. G. 320.
⟨gl.⟩, ⟨gl.⟩, κu, χu, κημε, χημι, l'Égypte. G. 151.
⟨gl.⟩ κμε, l'Égypte. G. 118, 162. ⟨gl.⟩ κημε, l'Égypte. G. 102.

196. ⟨gl.⟩ Exprime l'idée de pluralité, de nombre, de longueur &c.
⟨gl.⟩ πεннуε, un grand nombre. G. 360.
⟨gl.⟩ ναωωοτ, nombreux, longs. G. 195, 327.
⟨gl.⟩ ναωωοτ, nombreuses. G. 158.
⟨gl.⟩ Celui qui a trois têtes de lézard, dénomination d'un titre mythique. G. 69.

197. ⟨gl.⟩, Un lézard ou crocodile à tête d'Épervier, avec cornes et disque, ϩωρ, Horus. G. 120.

198 ⟨gl.⟩ μcaϩ, ⲛ̄ⲧⲱⲟⲩ, Ouaral, caractère figuratif. G. 52.

199 ⟨gl.⟩ Caractère figuratif représentant un Ver ϥεnt. G. 52.
⟨gl.⟩ ϥεnti, ϥεnt, Ver. G. 74.

200 ⟨gl.⟩ Caractère figuratif représentant une Tortue, ωπυ. G. 52.
⟨gl.⟩ ωπυ, Tortue. G. 74.

201 ⟨gl.⟩, Caractère figuratif représentant une Grenouille, ϧρ, χροτρ, G. 52.

202 ⟨gl.⟩, ϭλϭ, scorpion. G. 52. Caractère figuratif.
⟨gl.⟩ ϭλϭ, scorpion. G. 74.

Section 5ᵉ Les Poissons.

203. Le poisson Rami, signe déterminatif générique des noms phonétiques de poisson. G. 87.

204. Caractère phonétique représentant un poisson du Nil nommé Oxyrinque, et exprimant la consonne ϣ, ch, sch. G. 44 N° 24.

(Le moineau est signe déterminatif), ϣοβ, ϣοβε, hypocrite. G. 101.

ϣοβ, ϣοβε, ϣοβι, être hypocrite, être faux. G. 384.

ϣαβοτ, ϣαβω, (ϣεβιωβ, acutus esse), faux, faucille. G. 77.

πϣααт, le corps. G. 250.

таϣаат, mon corps. G. 274.

πεкϣаат, ton corps. G. 275.

ϣт, de (ϣаат), corps, cadavre. G. 76.

тεϥϣаат ϩ̄ πтo, son corps (est) dans le monde terrestre. G. 335.

l'âme dans le ciel, le corps dans la demeure de Saou. (stèle de Choumophré, Musée de Turin).

205. Caractère phonétique, poisson du Nil, exprimant la consonne n dans les inscriptions des basses époques. G. 42. N°143.

206. Caractère phonétique, autre poisson du Nil, exprimant les voyelles ι, ιa, ν, ια, dans les inscriptions des basses époques. G. 36, N°15.

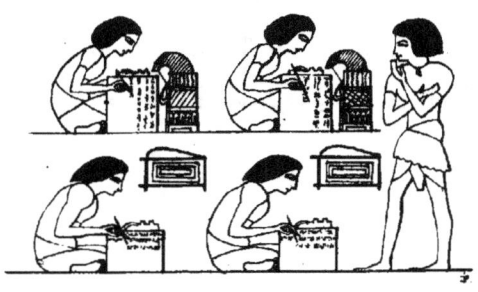

CHAPITRE QUATRIÈME,

VÉGÉTAUX=ARBRES, PLANTES, FLEURS, FRUITS.

207. ⊥ ⊥, Caractère figuratif, représentant un arbre en général et le sycomore en particulier.

⊥, ⲃⲱ, arbre, employé d'abord comme déterminatif figuratif des noms d'arbres. G. 88.

𓏤𓏤⊥ ⲧ. ⲛⲟⲣϣ, Sycomore.

𓏤⊥ variante du précédent et même valeur.

⊥ ⊙ la terre de l'arbre, ou du sycomore, ⲕⲁϩⲛⲟϯ, nom mystique de l'Égypte. G. 152, 192. et ⲕⲁϩⲛⲉⲧⲓ. G. 192.

𓏤𓏤𓏤𓏤⊥⊙ (seront célébrés), par une panégyrie dans les temples appartenant à l'Égypte. (Inscript. de Rosette, ligne 11).

⊥ ⲕⲁϩⲛⲟⲣϣ, la contrée du Sycomore, l'Égypte. G. 151.

⊥ ⲛⲟⲣϣ-ⲕⲁϩ, la terre du Sycomore, l'Égypte, Nouti-ka. G.152.

⊥ ou ⊥ (ⲕⲁϩⲛⲟⲣϣ), la contrée du sycomore, région à laquelle présidait la déesse Hathôr; abréviation du groupe phonético-symbolique 𓏤𓏤⊥⊙, (voyez ce groupe).

⬚ ⊥ ⊥ Hathôr dame de la contrée du sycomore du midi. (Stèle du Musée de Turin).

208. ⊥, ⊥, Signe composé, employé comme synonyme de 𓏏, ayant la valeur de la consonne ⲧ. G. 40, N° 97.

⊥ ⊥ ⊥ ⲡⲉⲧⲟⲧⲟⲧⲛⲛ, les dieux Totunnen. G.513.

Ⲡ , Ϥ .

[hieroglyphs] ⲑⲟⲟⲩ ⲛⲁⲛⲟⲩϥ ⲛⲁⲁⲧ, les Cholouneu dieux grands. G.343.

[hieroglyphs] verbe déterminé par le caractère barque, vaisseau, et signifiant conduire en bateau, conduire par eau.

[hieroglyphs] , j'ai conduit l'oiseau Bennou vers la région Orientale. (Rituel funér. pl. 73. col. 40).

[hieroglyphs] du quel (diadème) étant orné il fut conduit (il vint) à Memphis. (Inscrip. de Rosette ligne 9).

[hieroglyphs] Ⲉⲃⲱⲧ, Abydos G. 505. = [hieroglyphs] ⲧⲏ, qui parcourt. G. 478.

209 ϥ , ϥ Caractère symbolique représentant un rameau de palmier ⲃⲁ, et exprimant l'idée année, Annus, Ἔρος (suivant Horapollon, d'accord avec les monuments).

ϥ , ⲣⲟⲙⲡⲉ, année, G. 49.

ϥ ⵀ (ⲣⲟⲙⲡⲉ), le ⵀ est marque de genre et ☉ déterminatif, ⲣⲟⲙⲡⲉ, Annus, année. G. 97 (& mem. de l'Acad.)

ϥ ⵀ ⵟ ⲕⲉ ⲣⲟⲙⲡⲉ, chaque année. G. 514.

ϥ ⵀ ||| [hieroglyphs] ⵟ l'an 1ᵉʳ, du mois d'Épep le 1ᵉʳ. (Inscrip. du Règne de Néchao IIᵉ. Anastasy).

ϥ ⵀ ∩∩ |||| [hieroglyphs] ∩∩ |||| l'an XXVII, de Pharmouti le XXVIIIᵉ. (Stèle d'Anastasy).

ϥ ⵀ ∩∩∩ ||| LXXVII ans. (Stèle funér. de Mr Saulnier).

ϥϥϥ ⲛⲉⲣⲙⲡⲟⲟⲩⲉ, les années G. 395.

ϥϥϥ ⲛⲛⲉⲣⲟⲙⲡⲟⲟⲣⲉ, des années. J. 306.

ϥ ||| ⵀ ⵟ ⵟ ⵟ ⲛⲉⲣⲙⲡⲟⲧⲉ ⲛ̄ⲧⲉ ⲡⲱⲛϩ, les années de la vie. G. 157.

ϥ ||| [hieroglyphs] , ϩⲁⲛⲣⲙⲡⲟⲟⲩⲉ ⲛⲁϣⲱⲟⲩ, des années nombreuses. G. 157.

46.

𓏞, 𓏟, ➳, ➝,

𓈖𓏥𓊹 ⲛⲁⲕ ⲛⲉⲣⲙⲡⲟⲟⲩⲉ ⲛ̄ Ⲧⲙⲟⲩ, à toi les années de Tmou. G. 397.

𓏞𓏺𓏭 ⲣⲟⲙⲡⲉ ϣⲃⲉⲥⲛⲁⲩ, années septante-deux. G.167.

𓏞 , (ⲣⲟⲙⲡⲉ z̄) sept années, anni septem; sept ans. inscription funéraire de la momie de Uphout, fille d'Héraclius-Sôter. (Musée Britanique).

𓏞 (ⲣⲟⲙⲡⲉ ē) cinq ans, cinq années.

†𓏞𓏺𓂭𓎋𓏤 𓊹𓏤 il vécut cinq années, (savoir) IV entières, VIII mois et dix jours. (Momie de Petaminoph, Musée de Turin).

𓏞𓆱𓏭𓅆 (ⲣⲙⲡⲉ ⲛⲟⲩϥ), les bonnes années; nom propre de femme. (Momie de Chak, Musée de Turin).

A 𓏞, 𓏞 Caractère figuratif représentant une branche de palmier ⲃⲁ, ⲃⲁⲓ, grec Βαϊς. G. 59.

𓏞𓏺 (ⲃⲁⲓ), Ramus palmae, branche de palmier, palme.

𓏞𓏺𓂭𓆱𓅆 Ⲧⲃⲁⲓⲛⲟⲩϥⲣⲉ, Baenophris, la bonne palme, ou ⲣⲟⲙⲡⲉ ⲛⲟⲩϥⲉ, la bonne année, si le caractère noté conserve son sens symbolique; nom propre de femme. (Van de Bougt. D. M. Turin).

210 ➳, ➝ Caractère phonétique représentant une branche dépouillée de ses feuilles, et exprimant le son sch, ϣ; G. 44, N° 203.

➝𓏺𓂋𓏤➳ ϣⲉ ⲛⲓⲃ ⲛⲟⲩϥ, le bois tout bon.

211. ➝ Caractère phonétique considéré comme synonyme du précédent, ayant la même forme hiératique et exprimant aussi le son sch. G. 44, N° 204. (ϣ).

212. 𓆄, 𓆄, Caractère phonétique représentant une feuille, une houpe de Roseau ⲁⲕⲉ ou ⲟⲕⲉ en langue égyptienne, et exprimant une voyelle vague, soit ⲁ, ⲉ, ⲏ, ⲱ, et ⲟ comme l'א de l'alphabet hébreu. G. 28

𓆄 (ⲉ, ⲓ ou ⲉⲓ), marque quelquefois la première personne du présent, nombre singulier, genre commun. G. 395.

𓆄𓁷 abréviation de 𓆄𓄿𓊃𓁷 ⲉⲟⲟⲩ.ⲉⲱⲟⲩ, gloire. G. 65.

𓆄𓁷 ⲡⲉⲟⲟⲩ, la glorification. G. 388

𓆄𓏥𓁷, ϩⲁⲛⲉⲱⲟⲩ, glorifications. G. 292 et 299.

𓆄𓁷, ⲱ, ⲟ̄, oh.

𓆄𓁷𓊪𓉐𓀀𓏥 ⲱ ⲛⲉⲣⲉⲙⲱⲗⲓⲣⲱ, ⲟ̄ portiers. G. 184.

𓆄𓁷𓊪𓏏𓁹 ⲱ ⲡⲁⲛⲏⲃ Ⲟⲥⲓⲣⲉ, ⲟ̄ mon seigneur Osiris! G. 54

𓆄𓁷𓀀𓏪 ⲱ ⲛⲉⲧⲏⲣ, ⲟ̄ dieux!

𓆄𓁷 ⲱ, ⲟ̄! oh! G. 427.

𓆄𓁷— ⲟ̄ seigneur! G. 416. 𓆄𓁷𓂝𓏏, ⲉⲣⲱⲧⲉ, laix, lac.

𓆄𓁷𓏏𓏥𓀀𓏪 𓊖 ⲱ ⲡⲥⲟⲧⲡ ⲛ̄ Ⲭⲏⲙⲉ, ⲟ̄ roi d'Égypte! G. 405.

𓆄𓁷𓀀 ⲱ ⲡⲛⲧⲣ, ⲟ̄ dieu! G. 183.

𓆄𓁷𓏪𓀀𓏪 ⲱ ⲛⲉⲛⲧⲣ, ⲟ̄ dieux! G.

𓆄𓁷𓀀𓊖𓏪, ⲱ ⲛⲉⲧⲏⲣ ⲉⲧϭⲛ̄, ⲟ̄ dieux habitants!

𓆄𓁷𓆄𓏥𓀀 ⲱ Ⲁⲙ̄ⲛ, ⲟ̄ Ammon!

𓆄𓁷𓁹 ⲱ Ⲟⲥⲓⲣⲉ, ⲟ̄ Osiris! G. 527.

𓆄𓁷𓏏𓏥𓊖 ⲱ ⲟⲩⲛ (ⲟⲩⲟⲉⲓⲛ), ⲟ̄ lumière! G. 529.

𓆄𓁷𓉐𓆄𓁷 Ⲁⲣϥⲓⲁ, Ophia. G. 507. (la demeure Ophia).

𓆄, 𓁹 , ⲱ Ⲟⲥⲓⲣⲉ, ⲟ̄ Osiris! 𓆄𓁷𓋹, ⲱ ⲥⲟⲧⲡ, ⲟ̄ roi! G. 253.

𓆄𓈖𓊖𓏭𓈋 ⲱ Ⲟⲥⲓⲣⲉ ϧⲛⲧ ⲛⲉⲙⲛⲧ, ⲟ̄ Osiris seigneur de l'Amenti! G. 407. 𓆄𓏏 ⲱ ⲉⲛⲧ, ⲟ̄ sauveur! 𓆄𓏏𓁷 ⲱ ϩⲱⲧⲛ, ⲟ̄ sauveur! G. 446. 482.

𓄿𓏥𓈖𓏥 𓏼 𓏽, ελλ ϭⲙⲟϥⲧ, huit raisins. G. 217.

𓄿 ou 𓄿— dont le copte ⲉⲡⲉ n'est qu'une pure transcription, placée en tête de la proposition, est la marque du temps présent, 3ᵉ personne des deux genres et des deux nombres. G. 539.

𓄿 ⸺ le dieu Râ est Horus le vengeur de son père. (Rit. funér. 2ᵉ partie. Sect. 1ʳᵉ form. 8).

𓄿 ⸺ sa double paume est sur sa tête. (Rit. funér. 1ʳᵉ partie. Sect. 1ʳᵉ formule 8.)

𓄿 ⸺ ses manifestations sont ses naissances. (Rit. funéraire, Dom Dom.)

𓄿 ⸺ la contrée de Theumen est une demeure des âmes du midi. (Rit. funér. 2ᵉ partie, section première, formule 13).

𓄿— ⲉⲡⲉ, est. G. 240.

𓄿 ⲉⲡⲉ ⲟⲛ, il y a aussi. G. 207.

𓄿— ⲉⲡⲉ, sont. G. 192 et 240.

𓄿 ⲛⲉ-ⲡⲱ-ⲱⲗ, ⲛⲉ-ⲱⲗ-ⲡⲱⲟⲣ, les portières. G. 272.

𓄿 , 18 .... XII arouves. G. 559.

𓄿 ελλ. cep de vigne appuyé sur deux échalas. ελHλ, Raisin. G. 79.

𓄿 ελλ. des grains de raisin, ελHλ, Raisin. G. 79.

𓄿 Hⲡⲧ, Vin. G. 60.

𓄿 ⲉⲣⲡ, Hⲡⲧ, copte Hⲡⲧ. Vin, groupe phonétique suivi du caractère déterminatif ⸺ (Vases de vin).

𓄿 ⲟⲧⲉⲡⲧ, du vin. G. 220

𓄿 variante du précédent. (Mém. de Turin).

⳼— .

𓊪𓏤𓏴𓏴 ⲏⲡ︦, vin. 𓊪𓏤 ||| ⳓⲁⲛ ⲏⲡ︦, vins. G. 168.

𓊪𓏤𓏴𓏴! ⲏⲡ︦, des vins, ⋮⋮⋮, ⋮⋮⋮, même signification. G. 81.

𓊪𓏤𓏴𓏴 ⲏⲡ︦, vins.

𓊪𓏤𓏴𓏴𓏺𓏺𓏺𓏺𓏺𓏺𓏺 ||||, ⲏⲡ︦ ⲙⲛⲁ ⲥⲟⲟⲣ ⲛ̅ϣⲟ ϥⲧⲟⲟⲩ ⲛ̅ ϣⲉ ϫⲟⲩⲧ ϣⲙⲟⲩⲛ, vin', Mesures: six mille quatre cent vingt-huit. G. 233.

𓊪𓏤 , ou 𓏴𓏴 ⲏⲡ︦, vases à vin; ⲏⲡ︦, vin. 79.

𓊪𓏤𓎯 ⲉⲣⲧ, ⲉⲣⲱⲧⲉ, lait. G. 60.

𓊪𓏤𓎯 ⲉⲣⲧ, ⲉⲣⲱⲧⲉ, lait. G. 60.

𓊪𓏤𓎯! ⲉⲣⲱⲧⲉ, du lait. ⋮⋮⋮, ⋮⋮⋮, même signification. G. 81.

𓊪𓏤𓎯𓎯 ⲉⲣⲧ et ⲧⲉⲣⲱⲧⲉ, copte ⲉⲣⲱⲧ, ⲉⲣⲱⲧⲉ, le lait, groupe phonétique suivi du caractère déterminatif 𓎯.

𓊪𓏤𓎯 ⲉⲣⲧ, du lait.

𓊪𓏤𓎯𓎯𓎯 du lait et tous les autres biens purs. (stèle du Cabinet de Vienne, N° 49).

𓊪𓏤𓎯 ⲉⲉⲣⲧ, (copte ⲉⲣⲱⲧⲉ), lait, lac, variante du précédent.

𓊪𓏤𓎯 abréviation des groupes précédents. Lait.

𓊪𓏤𓎯𓎯𓎯 ⲧⲁ-ⲉⲣⲱⲧⲉ, mon lait. G. 232.

𓊪𓏤𓎯𓎯 ⲛ̅ⲧⲉ ⲧⲉⲣⲱⲧⲉ, du lait. G. 923.

𓊪𓏤𓎯𓏺𓏺𓏺 ⲉⲣⲱⲧⲉ ϩⲛ ⲣⲱ ⲛ̅ⲛⲉϭⲓ, le lait dans la bouche des enfants. (Rit. funéraire).

𓊪𓏤𓎯 ⲉⲣⲧ·ⲧ, vase à lait, ⲉⲣⲱⲧⲉ·ⲧ, le lait. G. 79.

𓊪𓏤𓎯 avec les deux bras pour déterminatifs - armilles, bracelets, ornements des bras; inscrit dans la liste des offrandes du tombeau de Mandou-Sithpha (Collect. Passalaqua), au dessus de l'image de deux bracelets. 𓎯𓎯

47.

𓃀𓂝 𓆑𓊪 , 𓃀𓂝 𓆑𓂝 ,

𓃀𓂝 𓏏𓏏 Périscélides, ornements de jambes analogues aux bracelets. (Momie de Sévek à Rome), auprès de l'image de ces objets mêmes.

𓃀𓂝 ⬚ ⲱⲡⲣⲕⲉ, ⲱⲡⲉⲕⲁⲙⲉ, pierre noire, basalte noir. G. 100.

𓃀𓂝𓂋𓁹*, nom de la cinquième heure de la nuit. (Mémoire de l'Académie).

𓃀𓂝 ⲉⲣⲟⲕ, roi. G. 274.

𓃀𓂝𓃀𓂝 (ⲁⲗⲟⲥⲁⲛⲧⲣⲥ), Alexandre, (Propylon de granit dans l'île d'Éléphantine).

𓃀𓂝 (ⲁⲗⲟⲥⲁⲛⲧⲣⲥ), Alexandre. (Grand temple d'Ombos. Descr. Eg. A. vol. 1. pl. 45. N°s 8 et 9. Surnom de l'un des Ptolémées).

𓃀𓂝 𓏺𓏺𓏺𓏺𓏺 , ⲡⲉ ⲥⲣⲡⲱ ⲥⲁⲩϥⲉ, les sept-aspics. G. 217.

𓃀𓂝 Ⲟⲥϩ-Ⲑⲱⲟⲩⲧ, lunus-Thoth. G. 116.

𓂋𓏺 ⲉⲓⲁ, ⲉⲓⲱ (copte idem et sa), lavare, laver, purgare, purifier. G. 576.

𓃀𓂝𓏏𓏏 𓂋𓊪𓂋𓏺𓏺𓏺 , lave tes deux pieds dans un bassin d'argent. (Stèle du Saïde. 𓃀𓂝 𓃀𓂝 Gal. de Florence).

𓃀𓂝 ⲟⲥϩ ou ⲁⲁϩ, la lune. (Stèle du Musée de Turin).

Le caractère déterminatif indique la lune décroissante, la lune à la fin du mois.

𓃀𓂝 ⲟⲥϩ ou ⲁⲁϩ, la lune, le caractère ● indique la lune en conjonction.

𓃀𓂝 Ⲟⲥϩ-Ⲑⲱⲟⲩⲧ, la lune d'Hermès, lunus-Hermès, le dieu lune identifié avec le d. Hermès. Nom de divinité Égyptienne. (Stèle du Musée de Turin).

𓅱𓏏𓀭 ooϩ-ⲑⲱⲟⲧⲧ-ā, lunus Hermès; variante du précédent. (Stèle du musée de Turin).

ooϩ, ⲁⲁϩ, lune. G. 60.

ooϩ, ⲁⲁϩ (copte ooϩ, ⲓⲟϩ), lune, luna, mot du genre masculin en langue Égyptienne.

Ⲡooϩ, ⲁⲁϩ, ⲓⲟϩ, Oh, Pôh, lunus, (le dieu lune). G. 112.

Ⲡooϩ, la lune. G. 529.

ooϩ, ⲓⲟϩ, lune. G. 75. ⌢,), ⌢, ⊙, autres phases de la lune. G. 75. Note 1.

Ooϩ ⲑⲱⲟⲧⲧ, à tête d'ibis surmontée du disque et du croissant lunaire, Thôth-lunus. G. 113.

oⲃ, oⲃⲉ, soif. G. 60.

oⲃ.ⲉⲃ, un veau et le caractère eau. oⲃⲉ. ⲉⲓⲃⲉ, soif. G. 81.

oⲃ.ⲉⲃ, oⲃ, ⲉⲓⲃⲉ, avoir soif. G. 577.

oⲃ, ⲉⲃ, (copte oⲃⲉ, ⲉⲓⲃⲉ, 181), sitire, avoir soif; groupe phonétique suivi de deux déterminatifs.

oⲃ. (copte oⲃⲉ), sitis, la soif, le besoin de boire.

, l'eau de ma soif. (Rituel funéraire; Description de l'Égypte, Antiques. pl. 72. col. 6). G. 205.

ⲉⲃⲁϭⲓ, (avec le signe déterminatif), loups, chacals. G. 85.

oⲃⲁⲓ ⲡⲙⲉⲧⲙⲏⲉ, Obaï le véridique. G. 208.

ⲉⲃϣⲕ, Ebschki, Ibsamboul en Nubie.

oⲃϩ, oⲃϩⲉ, dent. G. 60

oⲃϩ, oⲃϩⲉ, dent. G. 75.

ⲃϩⲉ, dents. G. 170.

188.

𓂋𓏤 𓄓𓏤 ,

𓂋𓏤𓁶𓏥 oḃgr, oḃge, dents. G. 92.

𓇋𓏏𓂋𓏤𓁶𓂝𓏏𓏥𓀁𓂋𓏏𓎡 et les dents appartiennent à la déesse Selk. (Mss. hiératique d'Anasdsi).

𓂋𓏤𓁶𓇋𓀁𓏏𓏥 oḃgr, (copte pluriel en er, oḃger, oḃgHr), les dents, variante du groupe précédent. (Rituel hiératique)

𓂋𓏤𓁶𓏥 oḃg, (ne) variante des précédents. (autre rituel funéraire hiéroglyphique du Musée Royal.)

𓂋𓏤𓁶𓏥𓂋𓈖𓅬𓂋𓏤 tes dents appartiennent à Thoré.

𓂋𓏤𓁶𓂝𓏏𓏪 naoḃge, mes-dents. G. 274. = 𓂋𓂝, ei, la venue: voyez 𓂋.

𓂋𓂝 (ei) et ses variantes 𓂋𓇳 et 𓂋𓏏; préposition qui se combine avec les pronoms simples ou affixes, et remplace les pronoms à l'ablatif. G. 300 et 436. Exemples. elle signifie.

𓂋𓂝𓀀 èui, par moi, de moi.

𓂋𓂝𓂑 euk, par toi, de toi.

𓂋𓂝𓏏 eut, par toi (f.), de toi.

𓂋𓂝𓆑 eucq, par lui, de lui.

𓂋𓂝𓋴 èuc, par elle, d'elle.

𓂋𓂝𓏥 èun, par nous, de nous.

𓂋𓂝𓏏𓈖 èutn, par vous, de vous.

𓂋𓂝𓈖𓏥 èuen, par eux, d'eux, par elles, d'elles.

} G. 301.

𓂋𓂝 préposition ou conjonction, avec, par, se combine avec les pronoms affixes.

𓂋𓂝 par, avec, lui.

𓋹𓍑𓋴 𓂋𓂝 vis avec lui. (Rituel funér. musée Royal).

𓂋𓂝 avec elle, par elle.

𓂋𓂝𓏪 par, avec, eux ou elles. (offict. funér. musée de Turin).

𓄿𓏺, 𓄿𓏻, 𓄿𓏼,

𓄿𓏺 𓏤𓏤𓏤 même valeur. (coffret funér. Musée Royal).

𓋹 𓊹 𓅆𓄿𓏺𓏤𓏤𓏤 la vie divine (est) par elles (ces choses). (Tableau peint, Musée Royal).

𓄿𓏺𓀀 eu, acause de moi. G. 301.

𓄿𓏺𓇳𓏥𓀀 ⲁⲙⲟⲛⲉ, Ammonius, Ἀμμώνιος. G. 138.

𓄿𓏺𓊪𓏤𓏤𓏤 eu-(est), par elles. G. 228.

𓄿𓏺⬚ ⲁⲙⲥⲏⲧ ou ⲙⲉⲥⲧⲱ, Amset ou Amseth, l'un des fils d'Osiris et le premier des quatre Génies qui président à l'embaumement des morts. G. 182.

𓄿𓏺⬚𓀀 variante du précédent.

𓄿𓏻𓊪𓀀 variante du même nom divin.

𓄿𓏺⬚𓏏 variante du signe d'espèce.

𓄿𓏺𓏤𓏤𓏤 eu-est, par elles. G. 106.

𓄿𓏻𓅭𓏤𓏤𓏤 variante abrégée de 𓄿⬚𓅭 oies, canards. (Momie du Musée Royal de Turin).

𓄿𓏻𓃀𓍼 ⲁⲣⲡⲱ, fève. G. 83.

𓄿𓏻𓏤 eu-ce, par elle.

𓄿𓏻⬚𓏏 ⲁⲙⲥⲟ, Amseth. G. 110.

𓄿𓏻𓊪𓏤𓀀 variante du même nom divin.

𓄿𓏻𓏤𓏤𓏤𓀀 , variante du même nom divin.

𓄿𓏻𓊪𓏤 𓀀 , variante du même nom divin.

𓄿𓏺𓅭 ⲉⲁⲩ, ⲉⲟⲟⲩ (copte idem), Gloria, gloire, honneur. G. 60.

𓄿𓏺𓅭𓀀 ⲉⲟⲟⲩ, ⲉⲁⲩ, variante du précédent avec le déterminatif figuratif (voyez 𓄿𓏺𓅭).

𓄿𓏺𓅭𓏺 , ⲉⲟⲟⲩ, ⲉⲱⲟⲩ , Gloire, honneur. G. 79.

48.

𓅨𓏤𓌃𓊪 ⲉⲱⲟⲩ ⲛⲁⲕ, gloire à toi. G. 292.

𓅨, 𓏏𓅨 groupes phonétiques représentant les voyelles ⲉⲩ, ⲱ, ⲁⲩ, G. 38 N° 41.—

𓅨 ⲁⲧⲱ, et. G. 213.

𓅨𓏏𓊪𓏤 𓅨𓏤𓌻𓏛 ⲁⲧⲱ ⲡⲉϥⲉⲧ ⲁⲙⲟⲩⲛ, et son père Ammon. G. 110.

𓅨𓏤𓊖 ⲁⲧⲱ ⲭⲉⲧ, et les autres. G. 292.

𓅨𓏤𓌃𓏏𓏤𓎛 ⲁⲧⲱ ⲛⲁⲓⲟⲩⲱⲛ, et j'ai ouvert. G. 522.

𓅨𓏤𓌙𓌙𓊛 ⲁⲧⲱ ⲙⲁ-ϣⲉⲛⲁⲛ, et marchons. G. 202.

𓅨 ⲓⲱ, copte ⲱ, ⲟ, memphitique ⲟⲓ, esse, fieri, verbe qui se place en tête de la proposition, mais sans prendre aucune marque de temps ni de personne. G. 335.

𓅨𓀀 ⲉⲓ-ⲟ̀, je suis. G. 336 et 478.

𓅨𓄿𓏤𓂝𓏥 ⲉⲓⲱ ⲛⲁⲁ, je roi suis grand. G. 390.

𓅨𓌙𓏤𓁹 ⲉⲓ-ⲱ ⲁ ⲉⲓⲣⲉ, je roi suis pour célébrer. G. 151 et 413.

𓅨𓌙𓌻𓏛 ⲉⲓⲱ ϣⲉ, je suis comme. G. 495.

𓅨 ⲱ, ⲟⲓ, est. G. 274.

𓅨𓊖 ⲱ ⲙⲁ(ⲉⲙⲁⲣ), est là. G. 510.

𓅨𓊪𓏤 , ⲱ ⲡⲉⲕⲧⲁⲩⲟ est ta parole. G. 336.

𓅨𓊪𓌃𓏤 , ⲱ ⲡⲁⲧⲁⲟⲧⲟ̀. G. 336.

𓅨 ⲓⲱ, sont. G. 274.

𓅨 ⲁⲧⲱ, et sont.

𓅨 ⲱ, étant.

𓅨𓊪𓏤 ⲱ ⲧⲉϥⲙⲛⲧⲟⲩⲗⲁⲃ, étant sa majesté. G. 490.

𓄿𓇋 ⲱ, il y a. G. 114.

𓄿𓇋 ⲟⲓ, (pendant), existant. G. 514.

𓄿𓇋 ⲱ, argent. G. 228.

𓄿𓇋𓀀 , —𓀀, ⲉⲓⲱ, ⲟⲓ-ⲉⲓⲣⲉ, je ferai. G. 414.

𓄿𓇋𓀀𓏲 † ⲉⲓ-ⲓⲱ, je donnai. G. 168.

𓄿𓇋𓀀𓊪 ⲉⲓⲱ-ⲡⲱ, je prononcerai. G. 214.

𓄿𓇋𓀀— ⲉⲓⲉ, masculin } Forme du futur, 1ère
𓄿𓇋𓀁— ⲉⲓⲉ, féminin } personne. G. 414.

𓄿𓇋 𓀜 ⲉϥⲱ ϭⲓ, étant dans l'action. G. 269.

𓄿𓇋— ..... ⲉϥⲉ, forme du futur. G. 414.

𓄿𓇋𓉐𓂻 ⲓⲉⲓ (ⲟⲓ)ⲓⲱ, je viendrai. G. 152.

𓄿𓇋, —, ⲉϥ-ⲱ, ⲉϥ-ⲉⲓⲣⲉ, il fera, etc.. G. 414.

𓄿𓇋𓏥 ⲁϥ, ⲱϥ, testicules. G. 98.

𓄿𓁹 ⲁϥ, ⲁϥⲁⲃ, viande. G. 76.

𓄿𓇋𓀀 ⲉϥⲱ ⲛ, il est en. G. 401.

𓄿𓇋𓉐𓂻— ⲉϥ-ⲱ, ⲉϥ-ⲟⲡ, il sera manifesté. G. 414.

𓄿𓇋𓂋𓄿𓈖𓀀 , ⲉϥ-ⲱ ⲥⲁⲣ, il boira. G. 415.

𓄿𓇋 ⲁⲛϩ ⲉϥⲟ ⲱⲛϩ, étant vivant. G. 338.

𓄿𓇋⸺𓏺𓉐𓀀 , ⲉϥⲱ ⲙⲟⲧⲛ ϭⲓ ⲡⲓⲁⲛⲅⲉⲙⲥⲓ ⲛ
ϩⲱⲣ, il demeurera sur le trône d'Horus. G. 415.

𓄿𓇋 ⲕⲟ, tu es. G. 336.

𓄿𓇋 , 𓁹 , ⲉⲕⲱ, ⲉⲕ-ⲉⲓⲣⲉ, tu feras. G. 414.

𓄿𓇋— ..... ⲉⲕⲉ, G. 414.

𓄿𓇋𓊨 ⲉⲕⲟ ⲉⲧⲱϣⲓ. G. 427. (tu domineras).

𓄿𓇋𓏲𓊖 , verbe initial de l'exemple cité. G. pag. 426.

192

𓇌 , 𓏭 ,

𓏏𓇌𓏥 ⸺ ... ⲉⲣⲉ. G. 414. ⎫
𓇌 ⸺ .... ⲉⲕⲉ. G. 414. ⎬ Marque du futur dans
𓇌 ⸺ .... ⲉⲛⲉ. G. 414. ⎭ le verbe attributif. G.

𓇌𓏥𓁹 ⲉⲛ-ⲉⲓⲣⲉ ⲉⲛ-ⲱ, nous ferons. G. 412.

𓇌𓂸𓏲 ⲉⲕⲱ ⲟⲩⲏⲙⲃ, tu es purifié. J. 2??.

𓇌𓏏𓏥 ⲧⲉⲛ-ⲱ, vous êtes, G. 185.

𓇌𓏥𓏤 .... ⲉⲡⲉⲧⲉⲛⲉ. ⎫ autre marque du futur. G. 414.
𓇌𓎯𓏤 .... ⲉⲡⲉ ⎭

𓇌𓀀 ⲁⲧⲱ, et. G. 185.

𓇌𓂝𓏥 ⳝⲁⲛⲉⲟⲣ, des livres. G. 306.

𓇋𓏲𓀀 ⲉϥⲱⲛϩ. Ⲉϣⲟⲛⲕⲉ. G. 222. (nom propre d'homme. G. 242.)

𓇌𓏢 ⲩⲧⲟⲟⲣ les quatre. G. 210.

𓇌𓈖𓇌𓂝 ⲉⲓⲁⲛⲅⲟ, ⲉⲓⲁⲛⲟϥ (anal. ⲛⲟϥ). paupières, sourcils. G. 92.

213. 𓏭 , 𓏭 , les deux feuilles; signes des voyelles et diphtongues ⲓ, ⲉⲓ, ⲓⲁ, ⲓⲟ. G. 54, N° 2.

𓏭 , abréviation de la désinence 𓏭𓇌, ⲛⲟⲣ, ⲓⲟⲣ, G. 170.

𓏭𓀀 , ⲟⲧⲉⲓ, chef. G. 410.

𓏭𓏥 , ⲛⲁⲛⲉⲓ, nous sommes venus. G. 411.

𓏭𓇌 , les deux feuilles et la caille; signes phonétiques de ⲉⲓ et ⲓ. G. 38. N° 26.

𓏭𓇌 ⲛⲟⲣ, ⲓⲟⲣ, désinence du pluriel des noms terminés en ⲛⲛ, et toujours placée avant le déterminatif. G. 170.

𓏭𓇌𓏥 ⲓⲟⲣ, ⲓⲟⲣⲉ, désinence du participe présent pluriel dans quelques verbes. G. 427.

𓏥 , 𓏦 , 𓇳 ,

𓏥 ... ιομο, ειομο, ιομ, ειομ, Mer. G. 98.

𓏥 ... , ιορ, ιορε ; Désinence du participe présent pluriel dans quelques verbes. G. 437.

214. 𓆰𓆰𓆰 , 𓆰𓆰𓆰 . Caractère figuratif, représentant un terrain arrosé et produisant des plantes ; prairie, pâturage : c'est le יָם , אֲחוּ , אָחוּ , de la Genèse, XLI, 1. 18. (Ce Caractère est formé de trois roseaux 𓇋 ΑΚΕ, ΟΚΕ)

𓇆 champ, campagne, terre fertile ; avec la note des signes figuratifs. G. 58.

𓆰𓆰𓆰 forme du précédent au pluriel : les champs, les prairies.

... , les lotus purs manifestés dans les prairies du dieu Rρο. (Rit. funér. formule du lotus. Desc. de l'Ég. pl. 60. 8.)

1. 𓆰𓆰𓆰 Caractère phonétique représentant un champ et exprimant la consonne, Κ. G. 29. N° 64.

𓆰𓆰𓆰 κοι et τκοι, un champ. G. 28, 58, 169 et 446.

𓆰𓆰𓆰 ⁀ τκοι Β, les deux champs. G. 163.

𓆰𓆰𓆰 ⁞⁞⁞ κοιον, champs, au pluriel.

𓃾 εο ορα, un bœuf. G. 446.

𓃾... (αλσεντρε), Alexandrie. (Grand temple d'Esné, Descrip. Ég. A. Vol. 1. pl. 60 N° 8. g. Surnom de l'un des lagides. Sam. Salt. pl. 1. N° 9.)

𓃾 groupe phonétique suivi du caractère figuratif déterminatif d'espèce ; il prend le signe du pluriel.

𓃾 gοοg ; la lune 𓇳 (q. vide) est déterminatif. (Inscrip. hiéroglyphique du temple d'Isis à Pompeia).

𓃾 εgηρ, εgηορ, bœufs. (G. 170, et stèle funér. de Turin, et Momie de Daphné, Même Musée). 𓃾 ⁞ , même signification.

𓃾 εg, tête de bœuf, ege, (par synecdoche), bœuf. G. 79.

𓄿𓃭𓃾 ⲉϩ, ⲉϩⲉ, bœuf. G. 79.

𓄿𓃭𓃾 suivi du déterminatif symbolique 𓄿, la tête veau, ou avec la tête de bœuf 𓃾. ⲉϩⲏⲩ, des bœufs. G. 81.

𓃾, 𓃾𓃾𓃾𓃾 même signification.

𓄿𓃭𓏭𓏭𓊖 ⲟϩⲓ, ⲟϩⲥ, assistante, titre sacerdotal. G. 105.

𓄿𓈖 ⲉⲛ, par. G. 206 et 395.

𓄿𓈖𓏤𓈖 ⲉⲛ Ⲙⲁⲣ-ⲧ, de Month. G. 272.

𓄿𓈖𓏏𓊖 ⲉⲛ ⲥⲟⲧⲛ̄ⲥⲁϩ, par le basilico-grammate. G. 255.

𓄿𓈖𓏤𓏥𓏏 ⲉⲛ ⲧⲉⲥⲱⲛⲉ ⲙⲁⲓ-ⲥ, par sa sœur qui l'aime. G. 96.

𓄿𓈖𓊖𓋹 ⲁⲛⲟⲩ-ⲛⲧⲣ-ⲱⲛϩ, Anubis-dieu-vivant. G. 111.

𓄿𓈖𓊖𓋹 ⲁⲛⲡⲁ, Anèbō ou Anōb: variante du précédent.

𓄿𓈖𓊖𓋹 ⲁⲛⲡⲱ, autre variante du nom précédent.

𓄿𓈖 ⲉⲛ, par.

𓄿𓈖 ⲉⲛ pour 𓈖 par, de la part de.

𓄿𓈖 ⲉⲛ, envers

𓄿𓈖𓀀𓏥 ⲉⲛ ⲛⲉϥϣⲁϫⲧⲉ, envers, contre ses ennemis. G. 156.

𓄿𓂋 ou 𓄿𓂋 (ⲁⲛⲕ ou ⲁⲛⲅ), moi, forme dont le copte Thébain ⲁⲛⲅ est l'exacte transcription. G. 247.

𓄿𓂋 ⲁⲛⲅ, moi. G. 247.

𓄿𓂋𓇳 ⲁⲛⲟⲕ ⲡⲣⲏ, moi le soleil. G. 252.

𓄿𓂋𓏺 ⲁⲛⲅ, Ⲑⲱⲟⲩⲧ, moi Thōth.

𓄿𓂋𓃾 ⲟϭⲧ, ⲱϭⲧ, ⲱⲟⲣ, suffoquer, étrangler. G. 384.

𓄿𓏤𓏥 ϩⲁⲛ ⲟⲧⲱϭⲥ ⲛⲁⲓ, des fautes. G. 444.

𓄿𓊖𓏭𓏭𓏺 ⲟϩⲓⲟⲣ, copte, ⲉⲣⲟϩⲓ, se tenant debout. G. 447.

𓄿𓊖𓈗 ⲕⲁ-ⲟϩⲣ, la région d'Oher. G. 217.

𓏛 , 𓏛 , 𓏛 (ab. de) 𓏛 , 𓏛 ⲉⲧϥ-ⲛⲧⲣ, père divin, titre sacerdotal. G. 65.

𓏛 nom du 4ᵉ jour du mois. (min. de l'ann.).

𓏛 ⲉⲓⲥ, voici. G. 500.

𓏛 ⲉⲓⲥ, voici que. G. 501.

𓏛 𓏛 ⲉⲓⲥ ⲁⲙⲛ, voici qu'Ammon. G. 403.

𓏛 ⲉⲓⲥ ⲧⲉ, voici et voici que. G. 182, 501 et 502.

𓏛 𓏛 ⲉⲓⲥ ⲧⲉ ⲱⲏⲣⲓ, voici les chefs. G. 501.

𓏛 𓏛 ⲉⲓⲥ ⲧⲉ ⲧⲉϥⲙⲛⲧⲣⲣⲟ ⲁⲃ, voici que sa majesté (est). G. 77.

𓏛 avec le signe de la voyelle, ⲉⲓⲥⲧⲉ, voici que. G. 502.

𓏛 ⲟϩⲱϩ, faucille. G. 77.

𓏛 ⲉⲛⲱϩ, ils moissonnent. G. 510.

𓏛 ⲉⲙ, préposition ayant diverses acceptions; de par, de la part, envers, contre &c.

𓏛 ⲛⲉⲕⲙⲁⲁϫ ⲕⲱⲧⲙ ⲉⲃⲟⲗ ⲙ̄ⲥⲉⲛⲟⲩ, les oreilles par lesquelles tu entends. (Coffret funér. Musée de Turin).

Cette préposition prend les pronoms affixes. Voyez G. p. 500 et 501, et plus haut 𓏛 et ses synonymes, page 188.

𓏛 ⲁⲙⲏ, demeure d'Ammah. G. 484.

𓏛 préposition ou conjonction, avec, par, se combine avec les pronoms affixes.

𓏛 avec lui ou par lui. (Coffret funér. Musée Royal; idem de Turin).

𓏛 avec ou par elle.

𓏛 avec ou par eux ou elles.

𓏛 entends avec elles. (Coffret funér. Musée de Turin).

𓉻𓈖 ⲁⲙⲥⲏⲧ ⲟⲩ ⲱⲙⲥⲉ, Amsêt ou Omseth, l'un des fils d'Osiris.

𓉻𓈖 variante du même nom divin.

𓉻𓈖 variante du même nom divin.

𓉻𓈖 variante du même nom divin.

𓉻, ⲁⲙⲛ, Ammon nom du dieu suprême des Egyptiens. G. 187. 405, 511.

— 𓉻, ⲛ̄ ⲁⲙⲛ, d'Ammon. G. 228.

𓉻, ⲡϭⲓ ⲛ̄ ⲁⲙⲛ, fils d'Ammon. G. 212.

𓉻, ⲁⲙⲛ-ⲣⲏ, Amon-ra. G. 121. 291, 274.

— 𓉻, ⲛ̄ ⲁⲙⲛ-ⲣⲏ, d'Ammon-Ra. G. 240.

𓉻 ⲛ̄ ⲧϥⲉ ⲁⲙⲛ-ⲣⲏ, à son père Amon-Ra. G. 259.

𓉻 ⲁⲙⲛ-ⲣⲏ ⲛⲁⲁ, Amon-Ra grand.

𓉻 ⲁⲙⲛ-ⲣⲏ ⲛⲉⲃ ⲧⲡⲉ (ⲛ̄), Amon-Ra seigneur du ciel. G. 521.

𓉻 ⲁⲙⲛ-ⲣⲏ ⲡⲛⲏⲃ, Amon-ra seigneur.

𓉻 ⲁⲙⲛ-ⲣⲏ ⲡⲛⲏⲃ ⲛⲛⲉⲃⲉⲥⲧ-ⲛ̄ⲧⲟ-ⲙⲁⲓ, Aimé d'Amon-Ra le seigneur des trônes du monde. G. 236.

𓉻, 𓉻, ⲁⲙⲛⲙⲁⲓ, ⲁⲙⲛⲣⲏⲙⲁⲓ, Aimé par Amon-Ra, titre donné aux souverains de l'Egypte. G. 233.

𓉻 ⲁⲙⲛⲣⲏ ⲡⲥⲟⲩⲧⲛ̄ ⲛ̄ⲛⲉⲛⲧⲣ, Amon-ra roi des dieux. G. 198. 292. 80.

𓉻, ⲁⲙⲛ-ⲣⲁ ⲡⲉⲧⲁ ⲛ̄ ⲛⲉⲧⲣ-ⲙⲁⲓ, Aimé d'Amon-Ra roi des dieux. G. 235.

𓂀

[hiero] ⲁⲙⲛ-ⲣⲏ ⲡⲩⲁⲙⲧⲟ-ⲙⲁⲓ, Aimé d'Amon-Ra qui équilibre le monde. G. 256.

[hiero] ⲁⲙⲛ.ⲁⲙⲟⲧⲛ, Amoun, Ammon, (Zeus) Ἄμμων.

[hiero] ou [hiero] ⲁⲙⲛ-ⲣⲏ, Amon-Rê, Amon-Ra, c'est à dire Ammon-soleil; le même qu'Ammon.

[hiero] ⲁⲙⲛ-ⲣⲏ-ⲛⲏⲃ-ⲱⲫ, Amon-Ra seigneur d'Oph (stèle Royale du Musée de Turin).

[hiero] variante du nom divin précédent.

[hiero] ⲁⲙⲛ-ⲛⲧⲣ-ⲣⲁⲫⲓ, par Ammon-Dieu pur. G. 111.

[hiero] groupe phonétique suivi du caractère d'Espèce 𓊹 Dieu, ⲁⲙⲛ, ⲁⲙⲟⲧⲛ, Ammon. G. 109.

[hiero] ⲁⲙⲛ ⲡⲉⲑⲛⲣ, ⲁⲙⲛ ⲡⲉⲑⲛⲣ, Ammon Dieu! Ammon Dieu! (avec le signe ⊙||, de la répétition). G. 59.

[hiero] ⲁⲙⲛ, ⲁⲙⲟⲛⲓ, Envelopper, cacher, être caché; un homme enveloppé dans un manteau. G. 269.

[hiero] ⲁⲙⲛϩⲓⲡⲉϧ-ϣⲱⲡϣ, Amenhipef-chôpsch, Neuvième fils de Rhamsès-Méiamoun. G. 27.

[hiero] ⲁⲙⲛ ⲉⲓⲣⲉ ⲧⲡ, Ammon a fait le ciel. G. 528.

[hiero] ⲁⲙⲛ ⲣⲏⲡ, Ammon rajeunit. G. 175.

[hiero] ⲁⲙⲛϩⲅⲃⲁⲓ, Aménemhbaï, nom propre d'un Odiste du roi Thouthmosis III. G. 177.

[hiero] ⲁⲙⲛⲥⲓ, Enfant d'Ammon; nourrisson d'Ammon.

[hiero] ⲁⲙⲛⲥⲓ-ⲧ, fille d'Ammon, forme féminine du précédent.

[hiero] ⲁⲙⲛⲥⲓ-ⲧ, Amensé, Amensé, nom propre de femme.

𓇳𓏤𓏏𓀀𓀭 aun-gū-oph. Amenhêmôph. (Stèle du Musée de Turin—passim).

𓇳𓏤𓏏𓀀𓀭 aun-gū-Ba, Amenhemwa, Ammon dans sa Bari: Ammon dans son Arche: nom propre d'homme. (Stèle Xème. Musée de Turin).

𓇳𓏤𓏏𓀀𓀭, aunūBa, Amenhemwa, homme; Ammon dans la bari. G. 136.

𓇳𓏤𓏏𓀀𓀭 Amen-hem-hêb, Ammon dans les Panégyries du Deuil. (voyez ci-après page 199 ligne 1ère).

𓇳𓏤𓏏𓀀𓀭 aun-gū-gb, Ammon dans les Panégyries du Deuil: nom propre d'homme, le caractère ⬭ ou ⬯ est ici simplement déterminatif du Phonétique 𓎼𓃀 gb, copte ϭⲉⲃⲉ, ϭⲏⲃⲉ, souvent écrit 𓎼𓃀. (Vase peint du Musée de Turin). Surnom du dieu Ammon.

𓇳𓏤𓏏𓀀 Ammon dans la région du midi; titre du dieu Ammon. (Grande stèle Coloriée du Musée de Turin).

𓇳𓏤𓏏, 𓇳𓏤, 𓇳𓏤, aunuai, aimé par Ammon, mot composé du nom phonétique du dieu et de la Racine 𓌸𓏏𓏏, aimer.

𓇳𓏤𓌸𓏏𓏏 aunuai.t. Amonmai, nom propre de femme.

𓇳𓏤, 𓇳𓏤𓌸𓏏𓏏 la fille la dame Amonmai. (Stèle. M. D. Tur.)

𓇳𓏤 ou 𓇳𓏤 CHΠ n̄ aun, éprouvé par Ammon, (qu') Ammon a éprouvé. G. 133.

𓇳𓏤 avec ou sans le déterminatif 𓀀; parfois sans; aunms, Amenmōs, qu'Ammon a engendré, et nom propre d'homme. Aménémès, Amménémès, écrit Αμμενεμης par les grecs. G. 133 bis.

𓐍

𓇋𓏠𓈖𓁨 ⲁⲙⲛ︤ⲏ︦ⲅⲃⲁⲓ, Amenhemhbai, Ammon dans la Panégyrie; nom propre d'homme.

𓇋𓏠𓈖𓁨 ⲁⲙⲛⲏⲱⲫⲧ, Amenhemôph, Ammon dans Oph (Thèbes); avec ou sans le caractère déterminatif hommes, nom propre très usité dans le nome de Thèbes. G. 126.

𓇋𓏠𓈖𓁨 avec ou sans le signe déterminatif 𓁨, ⲁⲙⲛⲱⲫ, Amenôthph, le voué à Ammon, nom propre d'homme, écrit Αμενωφις, Αμενεφθις, Αμενωθης &c par les grecs. G. 131.

𓇋𓏠𓈖𓁨 ⲁⲙⲛⲱ, abréviation du précédent, même sens. G. 131.

𓇋𓏠𓈖, ⲁⲙⲛ︤ⲧ︦ⲉ, l'amenthès, (l'enfer). G. 218.

𓇋𓏠𓈖, ⲉⲙⲛⲧ-ⲕⲁϩ, l'Amenthès ou Amenti (région), l'Enfer. G. 512.

𓇋𓏠𓈖, ⲡⲏⲓⲛⲁⲙⲛ, l'habitation d'Ammon, nom sacré de Thèbes, Diospolis. G. 156, 205, 228.

𓇋𓏠𓈖 et 𓇋𓏠𓈖, ⲉⲓⲛ-ⲛⲓ, la demeure d'ammon. G. 305.

𓇋𓏠𓈖𓁨 ⲁⲙⲉⲛⲱⲫ ⲡⲛⲧⲣ ⲛⲁⲁ ϩⲣⲁⲓϩⲧ ⲡⲧⲱⲛⲉ-ⲕⲁϩ, Aménôph, dieu grand, qui réside dans la région de Toné. (Inscriptions de Dendérah). G. 26. = 𓇋𓏠𓈖, Tauern, Thamwn, Ammon femelle. G. 282.

𓇋, Groupe constamment employé dans certains textes à la place de 𓁹 pronom de la première personne masculin singulier, Je, moi.

Il a aussi les deux genres, et la valeur phonétique a, i. G. 262.

𓇋𓏠 ⲁⲩⲡ, Région à laquelle préside la Déesse Nüth, (Sarcoph. et stèle du Musée du Caire).

𓇋𓏠 ⲡⲟⲩⲧ, l'arbre Oscht. G. 177.

𓇋 ou bien 𓇋 préposition séparée, en, remplaçant le cas ablatif et signifiant par, envers, à l'égard, contre, de la part de; même sens que 𓇋, 𓇋. G. 454.

200.   𓈖 , 𓈖𓏥 ; 𓈖𓏏

𓈖 𓈖𓏥... ἐν παστυ-ντρ, par mon divin père. G. 187.

𓈖𓏥 ... ἐν τεσματ ματ-c, par sa mère qui l'aime. G. 206.

𓈖𓏥 ... ἐν τεquντ𓊵, par sa majesté. G. 155.

𓈖𓏥 ... ὀ-ν Πρη, (paroles) de la part du dieu soleil. G. 19.

𓈖𓏥 ... ωνπ̄, ωνε, pierre. G. 100.

𓈖𓏥 ... ganωnp, des pierres. G. 100.

𓈖𓏥 ... , ωνπ̄ ν̄ ganpωτ, pierres de grès. G. 337.

𓈖𓏥 ... ανοκ, moi roi. G. 231.

𓈖𓏥 ... , ανπω, nom propre de divinité, Anebō, l'Ἄνυβις des grecs et des latins : ce groupe est ordinairement suivi du déterminatif d'espèce dieu 𓀭.

𓈖𓏥 ... variante linéaire du même nom divin. G. 274.

𓈖𓏥 ... ανπω, variante du même nom de divinité. G. 19.

𓈖𓏥 ... , ανπ, ανπου, ανοτπ, variante suivie du caractère figuratif du dieu Anubis 𓃢. G. 114, 293.

𓈖𓏥 ... abréviation des précédents. (Stèle du musée Impérial de Vienne N° 63.)

𓈖𓏥 ... εκ-εια νεκρατ ᾱ, tu laves les deux pieds. G. 100.

𓈖𓏏 ... (ἐgū ou ἐτgū), qui est dans. G. 484.

𓈖𓏏 ... , 𓈖𓏏... , 𓈖𓏏... ou 𓈖𓏏... , qui sont dans, (ννετgū) qui sont dans. G. 484.

𓈖𓏏 ... qui est dans. G. 484.

𓈖𓏏 ... ετ-gu-τ, qui est en toi. G. 114.

ⲉɸⲡ, Ephr. nom propre d'homme). G. 221.

ⲉⲡⲟⲣ, cas. G. 187, 217.

, ⲉⲡⲏ, cas. G. 180 et 187.

avec le signe déterminatif des nom de quadrupèdes, ⲱⲡⲧ, hippopotame. G. 83.

avec le signe déterminatif, ⲱⲡⲧ, ⲱⲃⲧ, Canard. 6. p.

Tⲱɸ, Thèbes. G. 276.

(ⲱⲡ, ⲱɸ·ⲧ, ⲛⲉⲱϥ), Ōph, les sièges et régions de Ōph, nom mystique de Thèbes et de son territoire: G. 289 log; peut aussi désigner l'un des grands palais de cette capitale, soit celui de Louqsor, soit celui de Karnac.

(Le Roi), a fait des offrandes dans Ōph aux autres dieux de Thèbes. (Obélisque de S⁺ Jean de Latran, face boréale, col. de Gauche). ⲉⲓⲣⲉ ⲙⲛ ⲅⲙ ⲱɸ ⲛ̄ ⲭⲉⲧ ⲑⲏⲣ(ⲛ̄) ⲁⲙⲛ-ⲏⲓ.

Ammon l'a rendu honorable dans les régions de Ōph. (même Obélisque, face Occidentale, col. Médiale)

voir

Tⲱɸ, Tⲱⲡ, ⲛⲉⲱɸ, Ōⲡⲏ, Ōⲡⲏ, Nēoph, Thèbes. G. 153.

ⲱⲡ·ⲛ̄ⲥⲁⲧⲡⲉ, l'Ōph inférieure, ou de la région inférieure.

Amon-Rā seigneur de l'Ōph inférieure. (stèle Royale du Mus. de Turin).

Tⲱɸ, Tōph, Thèbes. G. 515.

ⲕⲁϩ(ⲛ̄) Ⲱɸ·ⲧ, Les contrées de Ōph. G. 505.

202.

[hiéroglyphes] ⲡⲛⲧⲡⲉⲕⲁϩ ⲛ̄ Ⲧⲱϥ, celui qui est dans Thèbes. G. 211.

[hiéroglyphes] ⲛⲉ ⲱϥ, à Thèbes. G. 208.

[hiéroglyphes] nom de la divinité du XI.ᵉ mois de l'année égyptienne, Epepi Déesse. (Mém. de l'Académie).

[hiéroglyphes] ou [hiéroglyphes] ⲉⲅⲉ, Vache. G. 64.

[hiéroglyphes] ⲉⲅ ⲧ, ⲉⲅⲉ ⲧ, Vache. G. 72.

[hiéroglyphes] ⲉⲅ ⲧ. Vache, variante du précédent.

[hiéroglyphes] ⲉⲅ ⲧ. copte ⲁϩⲏ, Vache, sans déterminatif figuratif. (Voyez le signe [hiér.]).

[hiéroglyphes] ⲉⲅ ⲧⲟⲩ ⲁⲅ ⲧ Vache, variante du précédent, plus le déterminatif figuratif.

[hiéroglyphes] ⲧⲉⲅⲉ ⲙⲁⲥ-ⲣⲏ, la Vache génératrice du soleil, nom de la déesse Neith figurée sous la forme d'une Vache. (Torse Borgia).

[hiéroglyphes] ⲟⲅ ?, debout ?. G. 314.

[hiéroglyphes] ⲡⲕⲁϩ-Ⲱϭⲣ, la région de Oχr (la victoire). G. 211.

[hiéroglyphes] ⲟϭⲣ, pays d'Oχr. G. 210.

[hiéroglyphes] ⲱⲕⲙ.ⲱⲟⲛ, Bouclier. G. 77.

215. [hiéroglyphes] Groupe phonétique exprimant les voyelles ⲁ ⲣ, ⲁ ⲩ, G. 38. N.° 45.

[hiéroglyphes] ⲁⲩⲧⲟⲣⲧⲣ (Αὐτοκράτωρ), l'Empereur. (Légende de Domitien). (Philæ).

[hiéroglyphes] ⲁⲩⲧⲕⲣⲧⲣ. (Αὐτοκράτωρ), l'Empereur. Légende de Domitien à Philæ, 2.ᵉ propylée, petit sanctuaire).

ⲁⲩ, ⲁⲟ.

[hieroglyphs] ⲁⲩⲧⲟⲕⲣⲧⲱⲣ, (Αυτοκρατωρ), l'Empereur. (Dendéra, Description de l'Égypte, légende d'Auguste-Antonin).

[hieroglyphs] ⲁⲩⲱ, et. G. 474.

[hieroglyphs] ⲉⲓ-ⲟⲓ ⲟⲧⲛ, je suis roi. G. 306.

[hieroglyphs] ⲧⲩ ⲉⲥ. G. 62.

[hieroglyphs] ⲧⲉⲛ-ⲓⲱ ⲁ ⲥⲱⲧⲙ̄, vous êtes pour entendre. G. 413.

[hieroglyphs] ⲉⲱⲟⲩ, gloire. G. 291.

[hieroglyphs] ⲉⲱⲟⲩ ⲛⲁⲕ, gloire à toi. G. 292.

[hieroglyphs] ⲉⲱⲟⲩ ⲛⲁϩⲣⲉ, copte ⲛⲁϩⲣⲉⲧ, adoration devant toi (ô reine). G. 467.

[hieroglyphs] .... tu es glorifié. G. 471.

212. [hieroglyphs] ϩⲁⲛ ⲉⲱⲟⲩ, gloire. G. 480.

suite. [hieroglyphs] (ⲁⲧⲣⲓⲁⲛⲥ), (Αδριανος), nom propre de l'Empereur Hadrien. (petit temple d'Esné. Salt. pl. 11. N° 20).

[hieroglyphs] ⲉⲓ ⲉⲓ, viens, viens. G. 410.

[hieroglyphs] abr. de [hieroglyphs] ⲉⲧϥ, copte ⲓⲱⲧ, père. G. 65.

[hieroglyphs] [hieroglyphs] ⲉⲧϥ ⲁⲙⲛ, le père Ammon. G. 502.

[hieroglyphs] [hieroglyphs] ⲉⲧϥ ⲁⲙⲛ-ⲣⲏ, le père Amon-ra. G. 461.

[hieroglyphs] [hieroglyphs] ⲡⲁ-ⲉⲧϥ ⲧⲁ-ⲙⲁⲩ, mon père, ma mère.

[hieroglyphs] ⲉⲧϥ, ⲟⲧϥ; ⲓⲱⲧ, ⲉⲓⲱⲧ, père. G. 100.

[hieroglyphs] ⲡⲁⲉⲧϥ, mon père.

[hieroglyphs] ⲉⲧϥ-ⲛⲧⲣ, le père divin. G. 287.

[hieroglyphs] ou bien [hieroglyphs], ⲉⲧϥ ⲛ̄ⲛⲉⲧⲏⲣ, le père des dieux, titre donné à Phtha. G. 518.

204.

𓄿𓏤𓆑 ⲡⲁⲉⲧϥ, mon père, G. 208.

𓄿𓏤𓆑 𓈖 𓁹𓊨𓀭 ⲡⲁⲉⲧϥ ⲛ̄ Ⲟⲣⲥⲓⲣⲉ, de mon père Osiris. G. 412.

𓄿𓏤𓆑 𓁹𓊨𓀭 ⲛ̄ⲡⲁⲉⲧϥ Ⲟⲣⲥⲓⲣⲉ, de mon père Osiris. G. 131.

𓄿𓏤𓆑 ⲡⲉϥⲧⲩⲉ, son père. G. 149, 251.

𓄿 pour 𓄿𓏤 𓄿𓏤 𓄿𓏤 Pères. G. 167.

𓄿𓏤 ⲉⲧϥ, ⲉⲧⲩⲉ, Père. G. 167.

𓄿𓏤𓆑 ⲡⲉⲕⲉⲧϥ Ⲥⲏⲩ, ton père Sev. G. 282.

𓄿𓏤 ⲡⲉⲧ-ⲧⲩⲉ, ton père. G. 176.

𓄿𓏤 𓄿𓏤 le Père du Père c.à.d. le grand père, l'ayeul, l'ayeul paternel. (stèle de la galerie de Florence).

𓄿𓏤 𓄿 le père de la mère c.à.d. l'ayeul maternel, le grand père dans la ligne maternelle.

𓄿𓏤 𓎯 le père de l'épouse c.à.d. le beau-père, Socer.

𓄿𓏤𓂜 ⲁⲧⲙⲟⲩ, le dieu Athmou. G. 510.

𓄿𓇳 ⲡⲁⲧⲛ-ⲣⲏ, l'Aten-Ra, le disque solaire. G. 285, 443.

𓄿𓇳 ⲡⲉϥⲁⲧⲛ̄ⲣⲏ, son disque. G. 482, 480.

𓄿𓂻 la venue, ⲉⲓ.

212 A. Le signe 𓄿 accru des 𓂻 signe déterminatif de 𓄿 dans le verbe ⲉⲓ, ⲓ, aller, venir.

𓄿 ⲉⲓ, viens. — 𓄿𓂻 ϯⲉⲓ, que j'allasse. G. 501.

𓄿𓄿 ⲉⲓ, venir. G. 501.

𓄿𓄿𓂻 ⲉⲓ·ⲓ (copte idem), venire, ire, venir, aller. G. 582.

Les deux 𓄿, 𓄿𓄿, conservent leur valeur phonétique, et les deux paires de jambes en mouvement 𓂻 sont de simples déterminatifs de l'idée et de la nature neutre du verbe.

𓐍𓏤.

𓐍𓏤 [hieroglyphs] ⲉⲓ, Anubis directeur du corps, viens à moi (femme) et ouvre moi &c. (Coffret funéraire, Musée de Turin).

𓐍𓏤𓏥 ⲉⲓ, venue, arrivée. G. 104.

𓐍𓏤[hieroglyphs] ⲓⲙⲱⲫ, ⲉⲓⲙⲱⲫ, Imôthph, nom propre d'homme; écrit ιμουθ, par les grecs. G. 137.

𓐍[hieroglyphs] ⲓⲙⲱⲫ, ⲉⲓⲙⲱⲫ, Imouth, nom de divinité écrit par les grecs ιμουθ, et assimilée à leur Asclepius, l'Esculape des latins.

𓐍𓏤[hieroglyphs], ⲓⲙⲱⲫ, variante du précédent.

𓐍𓏤[hieroglyphs] ⲓⲙⲱⲫ ⲥⲓ-ⲡⲑⲁϩ, Imouth fils de Phtah. (Inscription du temple d'Imouth à Philae). = [hieroglyphs] ⲓⲙⲱⲫ-ⲥⲓ, Imouth-Si l'enfant d'Imouth, (Asclépiades); nom propre d'homme. (Musaraigne Mus. de Turin).

𓐍𓏤[hieroglyphs]𓐍𓏤, ⲓⲙⲱⲫ-ⲥⲓ-ⲡⲑⲁϩ-ⲙⲁⲓ, chéri d'Imouth fils de Phtah. (Titre de Ptolémée Épiphane; même monument).

𓐍𓏤𓏥[hieroglyphs] ⲉⲓⲙⲱⲫ, nom propre d'homme, Imouth.

[hieroglyphs] ⲉⲓ, Horus seigneur de Sakhem vivifiez Imouth fils de: (Base d'une musaraigne de bronze, Musée de Turin).

𓐍[hieroglyphs] ⲓⲙⲟⲧⲫ, Imouth, variante du nom divin précédent. (Temple d'Imouth à Philae).

𓐍𓏤𓏥[hieroglyphs] ⲉⲓ ⲛ̄-ⲡⲉϥⲙⲁ ⲟⲩⲛⲁϩ, arrivée de S.M. G. 157.

𓐍𓏤𓏥[hieroglyphs] ⲉⲓ ⲉⲓ, je viens. G. 274.

𓐍𓏤𓏥[hieroglyphs] ⲉⲓ-ⲉⲓ ϣⲁⲣⲱⲧⲛ̄, je viens à vous. G. 224.

𓐍𓏥[hieroglyphs], ⲉⲓ ϣⲁⲣⲟⲕ, je viens vers toi. G. 251.

[hieroglyphs], (†ει)ειει ϣαροκ Οϲιρε, je viens vers toi ô Osiris! G. 477.

[hieroglyphs], εκ-ει ϩι νεϩιη ν̄ τπε, tu viens sur les chemins du ciel. G. 401.

[hieroglyphs] εν-ει ϣαροκ, nous venons vers toi. G. 404.

[hieroglyphs] ναι-ει, je suis venu. G. 416.

[hieroglyphs], ναι-ει, je suis venu. G. 450. 454.

[hieroglyphs] ναιει je suis venu. G. 337.

[hieroglyphs] ναι-ει ⲁ ⲙⲉⲓⲱ-κ, je suis venu pour te voir. G. 407 et 48.

[hieroglyphs] ναιει ϣαροκ, je suis venu chez toi. G. 477.

[hieroglyphs] ⲁⲓⲉⲓ ⲡⲉⲕⲙⲧⲟ, je suis venu devant toi. G. 217.

[hieroglyphs] ναιει ⲁⲛⲟⲕ Ηϲε, je suis venue moi Isis. G. 150.

[hieroglyphs], ει, viens! G. 49.

[hieroglyphs] ει ⲛⲉ τ, que vienne à toi. G. 190.

[hieroglyphs] ει ⲅⲉ, allant à. G. 470.

[hieroglyphs] ει, le venu. G. 500.

216. [glyph] Caractère phonétique représentant l'aspiration ϩ, ainsi que ⲭ et ϣ du copte, mais plus rigoureusement le ϩ, aspiration dure du dialecte Memphitique. On la trouve dans le mot:

[hieroglyphs] Αρтϩуϣεϣ, Artakhschesch, trans-

[...]cription du nom persan d'Artaxercès. Ce signe phonétique a aussi, dans plusieurs mots, la valeur du ϣ et du ϩ coptes; ce qui arrive également au caractère ⊙.

[hieroglyphs] ϣyнapyϥa, ϣyнapyϥe, Khschearscha, transcription du nom Persan de Xercès. (Vase d'Albâtre du Cabinet du Roi.)

217. [hieroglyphs], Caractère phonétique, représentant une feuille de lotus avec sa tige droite ou inclinée, plus ou moins compliquée à sa naissance, exprime le son ϣ sch, ϧ et ϩ du copte. G. 44, N° 199 et 200.

[hieroglyphs] ϣaпi (ⲕⲁϩⲛ), le pays de Schari. G. 199.

[hieroglyphs] ϣi, ϣe, copte ϣi, ϣe, Mesurer, Mensurateur, inscrit au-dessus de gens mesurant le blé avec des boisseaux (le boisseau pour déterminatif). (Bas-relief de Nizzoli, Alexandrie.)

[hieroglyphs] ϣe, ϣi, ϣe, ϣi, Mesurer. G. 373.

[hieroglyphs] ou [hieroglyph] ϣnori, ϣnore, Autel. G. 75. (†)

[hieroglyphs] ϣo, mille, il a aussi le sens général de beaucoup: une grande quantité. G. 200.

A. [hieroglyphs] ou même [hieroglyphs] qui représente sans aucun doute une feuille de lotus avec sa tige, pour exprimer le nombre ϣo mille. G. 230.

B. [hieroglyph] qui, à la rigueur, signifie mille, ϣo, a été fréquemment employé sous l'acception générale beaucoup, une grande quantité, un grand nombre.

(†) [hieroglyphs] « sur les autels de Sennofre bien grand. »

(Stèle du Musée de Turin, N° 2.)

108.   𓇋 , 𓇋 , 𓆼 ,

[hiero] ϣⲟ ⲛ̄ ⲏⲣⲡ, beaucoup de vins. G. 231.

[hiero] , ϣⲟ ⲛ̄ ⲅⲓⲕ, beaucoup de breuvages. G. 231.

[hiero] ϣⲟ ⲛ̄ ⲅⲓⲕ, beaucoup de liqueurs. G. 200.

[hiero] , ϣⲟ ⲛ̄ ⲟⲉⲓⲕ, beaucoup de pains. G. 2n.

[hiero] ϣⲟ ⲛ̄ ⲉⲓⲣⲱⲧⲉ, beaucoup de lait. G. 231.

[hiero] ϣⲟ ⲛ̄ ⲱⲡⲧ, beaucoup d'oies. G. 231.

[hiero] ϣⲟ ⲛ̄ ⲉϩⲧ, beaucoup de bœufs. G. 200 et 2n.

[hiero] , ϣⲟ ⲛ̄ ⲛⲧⲣⲉⲛⲧⲣ, beaucoup d'encens. G. 231.

[hiero] , ϣⲟ ⲛ̄ ⲕⲃϩ, beaucoup de libations. G. 231.

[hiero] , ϣⲟ ⲛ̄ ⲭⲉⲧ ⲛⲓⲃ ⲛⲟⲩϥ ⲟⲩⲁⲃ, beaucoup des autres biens purs. G. 231.

218. 𓆼 , Caractère phonétique représentant une feuille de lotus et exprimant les consonnes L et R. G. 41, N° 108.

𓇋 a aussi la valeur de ϣⲟ, mille, beaucoup, comme 𓇋 (voyez page 207).

219. 𓇋 , Caractère phonétique représentant une feuille de lotus sur sa tige et exprimant l'aspiration ḫ, ẖ, et le son ϣ, khai, chi et sch. G. 44, N° 193.

[hiero] ϣⲟϯ, ϣⲏⲟϯ, Autel. G. 61.

[hiero] ϣⲟⲧⲉ, ϣⲟϯ (copte ϣⲏⲟⲧⲉ, ϣⲏⲟϯ), Altaria, autels. (Inscription de Rosette, ligne 5).

[hiero] (ϣⲟ), copte ϣⲟ, mille. G. 211 et 230.

[hiero] ϣⲟ ⲛ̄ ⲟⲉⲓⲕ ϣⲟ ⲛ̄ ⲉϩⲧ ϣⲟ ⲛ̄ ⲱⲡⲧ, mille pains, mille bœufs, mille oies. G. 211.

𓆼 , 𓆽 .

𓈉 ⊙ , La demeure de schô (mille sable), le bourg nommé ⲧⲁⲡⲏϣⲱ et ⲡⲓϣⲱ dans les livres coptes. G. 156.

A. 𓆼 , 𓆽 et 𓆾 ϣ pour 𓂋 𓆾 , ϣo, Caractère phonético-symbolique et abréviation phonétique, employé pour exprimer l'idée mille. G. 200.

𓆽 (ϣo) mille.

𓆽 (ϣo) mille.

𓆽 ○ 𓆽 ⊙ 𓆽 𓅬 𓆽 𓅭 , mille pains, mille boissons, mille bœufs, mille canards. (Stèle funéraire de Turin).

𓆽 𓆽 (ⲥⲛⲁⲩ ⲛ̄ ϣo), deux mille. G. 232

B. 𓆽 (ϣo), pris dans le sens général de millier, multitude, grande quantité, beaucoup, prend la préposition 𓂋 , n̄, de, au complément. G. 231.

𓆽 𓂋 𓃒 ϣo n̄ eḥu, une grande quantité de bœufs. (Momie de Petamenoph, Turin).

𓆽 𓂋 𓅭 ϣo n̄ ⲱⲡⲧ une grande quantité de canards. (idem).

𓆽 𓂋 𓏥 une grande quantité de parfums. (idem).

𓆽 𓂋 𓏥 une grande quantité de choses fabriquées en poterie. (idem).

𓆽 𓂋 𓏥 une grande quantité d'autres biens. (...).

𓆽 𓂋 ⲭⲉⲧ ⲛⲓⲃ ⲛⲟⲩϥⲉ ⲟⲩⲏⲃ , une grande quantité de tous les autres biens purs. (Stèle au musée de Lyon).

220. 𓆽 , Caractère phonétique, espèce de fleur sur sa tige, exprimant les voyelles a, e, o, a, e, o dans les inscriptions des Basses Époques. G. 26, N° 16.

53.

221 [hiero], [hiero], [hiero], [hiero], caractère phonétique représentant une sorte de jardin planté d'arbres ou de fleurs (ϣⲏⲛ jardin); c'est le signe de l'articulation ϣ, sch, le ch français, dans les mots étrangers.

[hiero] ϣⲁⲩⲣ, ϣⲁⲣ, (copte ⲉϣⲁⲣ.ϯ), Truie, porc femelle. (Rituel funéraire, 2ᵉ partie, section IX. Esprits des régions; Musée de Guizè.) mot incomplet.

[hiero] variante du précédent. (même manuscrit).

[hiero] πιϣⲁⲉⲣ, copte ⲉϣⲁⲣ, le verrat, variante des précédents : mot complet avec un déterminatif d'espèce. G. 321.

[hiero] ϣⲁⲉⲣ, ⲉϣⲁⲣ, ⲉϣⲱ, verrat. Truie. G. 61, 72.

[hiero] ϣⲁⲉⲣ, ⲉϣⲁⲣ. Truie. Verrat. G. 61.

[hiero], ϣⲁⲱ (ⲉϣⲱ.ϯ. ⲉϣⲱ.ⲧ. copte), Truie femelle du porc, Sus. (Rit. funér. 2ᵉ partie, sect. IX. Musée de Guizè).

[hiero] ϣⲁⲱ, variante du précédent, Truie. (Même manuscrit).

[hiero] ϩⲉⲛ ⲉϣⲁⲣ ⲛ̄ ϩⲱⲣ, les truies d'Horus. (Rituel funéraire, 2ᵉ partie, S. IX.)

[hiero], ϣⲁⲩⲥⲉ, copte ϣⲁⲩⲓⲥⲉ, ϣⲁⲩⲓⲥⲓ primogenitus, le premier né, premier engendré.

[hiero], ⲛⲉⲧ ⲱϩⲡ ⲧⲙⲁⲩ ⲙⲁⲥⲧⲣⲏ ϣⲁⲩⲓⲥⲉ, Néith, la grande mère génératrice du soleil le premier-né. (Stat. Naophore du Vatican).

[hiero] ϣϣⲛⲕ, ϣϣⲛⲕ. Schischonk, nom propre de roi et de simple particulier, écrit Σεσογχωσις, Σεσογχις par les grecs, et ששנק ou ששונק par les hébreux.

211.

[hieroglyphs], le prêtre d'amon-ra roi des dieux Sésonchis. (Coffret à Shavier. Musée de Turin).

[hieroglyphs], ϢΕϢΟΝΚ ΜΕΤΑΤΕ, Sésonchis le véridique. G. 220.

[hieroglyphs], ϢΒΚ, Schabak, Schabako, nom propre d'homme, écrit Σαβακῶν, Σαβακω Σαββακων, par les grecs. (Stèle de la ville albaine, monument de Thèbes). C'est aussi le nom d'un roi Éthiopien conquérant de l'Égypte.

[hieroglyphs], Ϣϩρϣϥ, Xercès, Khocherché.

[hieroglyphs], Artakhschessch, Artaxercès.

[hieroglyphs], ϢΑΜϹ (copte ϢΑΜϹΕ, ϢΑΜϹΙ), premier-né, primogénitus, premier enfant.

[hieroglyphs], Neith grande mère génératrice du dieu soleil (Phré) le premier-né, (Stat. Naophore du Vatican).

[hieroglyphs], ϣιηρε, que je parcoure, G. 529.

[hieroglyphs], ϣα εηεϩοουηεηεϩ, jusques au grand nombre de jours et à l'éternité. G. 517.

A [hieroglyph], ϣ, abréviation exprimant le nom de la 3ᵉ Saison de l'année Égyptienne ϣωμ, l'été comprenant le 3ᵉ ⁿ ϣωμ ou le printemps. voir le signe ⊂.

222. [hieroglyphs], caractères symbolique exprimant l'idée région supérieure, c. à d. la haute Égypte et ses divisions.

[hieroglyphs], même signe au pluriel, les régions supérieures.

[hieroglyphs], les prêtres des régions supérieures. (Inscription de Rosette, ligne 5).

[🪷], [🪷], [🪷],

223. [🪷], caractère symbolique représentant une espèce de lotus, peint en bleu et rouge, exprimant emblématiquement la région d'en haut, c'est à dire l'Égypte supérieure; employé dans les textes et sur tous les basreliefs symboliques.

[hieroglyphs], aimé par la commandrice de la région supérieure: titre du Pharaon Aménophis-Memnon. (coloss. de Memnon à Thèbes).

[hieroglyphs] linéaire [hieroglyphs] ⲥⲁⲣⲏⲥ, la partie méridionale, l'Égypte méridionale: l'Égypte supérieure. J. 152.

[hieroglyphs] ⲉⲛϯ ⲛⲁⲕ ⲡⲧⲟ ⲛ̄ⲡⲣⲏⲥ, nous donnons à toi le monde du midi. 6. 243.

224 [🪷], caractère symbolique représentant un bouquet de lotus, commun dans la Thébaïde; exprime l'idée de région d'en haut

[hieroglyphs], ⲧⲥⲁⲣⲏⲥ, la partie méridionale. J. 172.

[hieroglyphs], la région supérieure, c'est à dire l'Égypte méridionale, la haute Égypte.

[hieroglyphs], les temples de tous les dieux des régions supérieures et inférieures. (Monum. d'Aménoth, cabinet du roi).

[hieroglyphs], variante du précédent, accrue du signe de genre.

225. [🪷], caractère symbolique, représentant une espèce de plante et exprimant l'idée d'Égypte supérieure, contrée d'en haut; il se combine avec le caractère déterminatif ⊙, région.

,

A ⚘, le même symbole combiné avec le déterminatif région : la région supérieure, la région d'en haut.

⚘⚘, pluriel du précédent, les régions supérieures, les régions d'en haut.

🜍⚘⚘ le roi des régions d'en haut. (Inscription du Colosse d'Aménophis Memnon.).

226. ⚘ la région inférieure, la basse Égypte, variante, l'emblème combiné avec le ☉ qui est le déterminatif d'espèce.

𓏲𓏲𓏲𓏴⚘ tous les dieux de la région supérieure et de la région inférieure. (Momie d'Aménothph, cabinet du Roi).

⚘ variante du groupe précédent, même valeur.

⚘☉ la région inférieure, variante des précédents.

⚘○ la région inférieure, variante du groupe précédent.

☉⚘⌒ ⲡⲥⲁⲛⲉⲙϩⲓⲧ, (ⲛ̄), de la région septentrionale. G. 40.

⚘○ ⲛ̄ⲥⲁⲙⲡⲉⲥⲏⲧ de la région d'en bas. G. 293.

227. ⚘ caract. symbol. région inférieure ou septentrionale du ciel ou de la terre. Voyez ⚘, à la page suivante.

🐺⚘⚘, gardiens de la région supérieure et inférieure (du ciel): les dieux Chacals, gardiens des tropiques. (Stèle du Musée de Turin).

⚘⚘ forme du pluriel des groupes précédents, les régions inférieures.

𓉐𓏤𓏲⚘⚘, les prêtres appartenant aux régions supérieures et aux régions inférieures. (Inscription de Rosette, ligne 5).

54.

A. [hiér.], [hiér.], Caractère phonétique, représentant un bouquet de lotus ou de papyrus, et exprimant le son g, h. G. 48 N° 115.

[hiér.], [hiér.], [hiér.], [hiér.], ou simplement [hiér.] préposition composée, signifie à côté de la tête, devant, par devant. G. 112.

[hiér.] gazw, devant. G. 115

[hiér.] gazwi, devant moi.

[hiér.], gazwk, devant toi.

[hiér.] gнк, captif. G. 126.

[hiér.] neгнк, des captifs. G. 127.

[hiér.], gok, gwk, gwk, Butiner, rendre captif, conduire en esclavage. G. 180.

[hiér.] got, got, fiancer, marier, un lien pour déterminatif. G. 373

[hiér.] [hiér.] nai-gwk neгнт, j'ai serré les cœurs. G. 408.

[hiér.] nen (nev)-got, leurs épousailles. G. 411.

[hiér.] gотi, gо†, gоте, Craindre, être à craindre. G. 180.

[hiér.] les grecs, les hellènes, les Ioniens.

[hiér.] l'écriture des grecs. (Inscription de Rosette, ligne 14).

[hiér.] & [hiér.], l'Ecriture des grecs, [hiér.] est le déterminatif des noms étrangers. (Inscrip. découverte à Philae par Mr. Salt, en l'honneur d'Épiphane).

228 ⸺, ⸺, Autre caractère symbolique représentant un bouquet de papyrus, plante aquatique, ou une sorte de lotus fort commun en basse Égypte : exprimé la région inférieure, l'infériorité, se prononçait ⲅⲃ̄ (copte ϭⲟⲃⲉ) inférior, infimus, groupe auquel ce symbole sert parfois de déterminatif.

⸺, ⸺. ⲥⲁⲛⲉⲙϩⲓⲧ.ⲧ, la partie septentrionale, l'Égypte septentrionale, l'Égypte inférieure. G. 152. et 338.

⸺, scribe des temples de tous les dieux de la région supérieure et de la région inférieure. (Momie d'Aménothph, cabinet du roi).

⸺ ⲥⲁⲙⲡⲉϩⲧ, à la région d'en bas. G. 31.

⸺ variante du précédent.

⸺ les prêtres appartenant à la région d'en haut et à la région d'en bas. (Obélisque Barberini).

229 ⸺ Caractère symbolique représentant une sorte de lotus ou plutôt la plante du papyrus : et expriment la Basse Égypte, la région inférieure. Ce caractère est employé et dans les textes et dans les bas-reliefs symboliques.

⸺, ⸺, ⲡⲥⲁⲛⲉⲙϩⲓⲧ, la partie septentrionale. C.

⸺, ⸺, ⲛⲉⲩⲡⲉⲕⲗⲟⲙ ⲡⲥⲁⲛⲉⲙϩⲓⲧ, et le diadème de la région septentrionale. G. 340.

⸺ aimé par la dominatrice de la région inférieure, titre d'Aménophis-Memnon. (Colosse de Memnon à Thèbes).

216   𓇗, 𓇘, 𓇗, 𓆼, 𓆼, 𓆸

230. 𓇗, caractère phonétique représentant un bouquet de fleurs ou de lotus, exprimant les voyelles α, ε, o; a, e, o; et tenant la place de 𓄿 dans les monuments des basses-époques. G. 28. N° 36.

231 𓇘 Caractère phonétique, représentant un bouquet de fleurs; même signification, α, ε, o; et même époque. G. 28, N° 35.

232 𓇗, 𓇘. Caractère figuratif représentant des fleurs ou un bouquet de papyrus, et employé comme déterminatif d'espèce après le mot 𓎼𓊪𓊪 ϩρπ (ϩρнπι) fleur, et après les noms de fleurs, d'herbes et de plantes en général. G. 88.

𓇗 (ⲛⲉϩρнπε), fleurs, flores.

𓎟𓏏𓏥 𓇗 ⲛⲟⲩⲡⲉ ϩρнπε, de belles fleurs. G. 116.

𓊪𓏏𓇯 𓂝 présente des palmes et toutes sortes de fleurs. (Stèle Nizzoli à Florence).

𓊪 𓇘 ⲡⲙⲁⲛ, ⲡⲟⲙⲁⲛ, grenade. G. 89.

𓊪𓊪 𓇘, ⲟⲣⲟ ⲧⲟⲩⲉⲧ, les bourgeons, les pousses des plantes. G. 19.

233 𓆼, 𓆼, Caractère phonétique représentant une fleur épanouie, et exprimant les consonnes λ et ρ, L et R dans les monuments des basses époques. G. 21, N° 99.

𓆼 𓏺, ρн, Rè, soleil. G.

𓆼 ϩρ, hr. G. 116. voyez à ℓ.

234. 𓆼 Caractère phonétique représentant une fleur épanouie, et exprimant, sur les monuments des basses époques, les consonnes λ et ρ, L et R. G. 21, N° 100.

235. 𓆸, 𓆸 Caractère phonétique représentant une fleur sur sa tige et exprimant les voyelles α, ε, o; a, e, o. G. 36. N° 17.

✟ , ⚘ , 𓋔 , 𓇋 , 𓋖 .

236. ✟ , ✟ , Caractère phonétique représentant une fleur à quatre pétales, épanouie, et exprimant les voyelles ⲟⲩ, ⲱ; ou, ⲟ̄. G. 37, N°34.

✟ ⲛⲓⲛ ⲟⲩⲱⲛ , (copt id.) synonyme de 𓈖𓈖𓈖 employé dans le même sens.

✟ ✟ ⲛⲓⲛ ⲛⲓⲛ ⲟⲩⲱⲛ, ⲟⲩⲱⲛⲟⲩⲱⲛ , nom d'oiseau, espèce de Pinguoin genre Alca. (Tomb. de Minephta à Sacara).

237. ⚘ , ⚘ , Caractère phonétique, représentant la consonne ⲥ, Σ, dans les mots Égyptiens et les monuments des basses époques. G. 23, N° 178.

⚘ 𓏏𓏤 ⲥⲧⲏ ou ⲥⲧⲓ , Saté ou Satè ; la Junon Égyptienne, nommée ΣΑΤΗΣ ou ΣΑΤΙΣ dans l'inscription des Cataractes. G. 122.

238. 𓋔 Caractère symbolique représentant un lotus-lys, et désignant une nation habitant au midi de l'Égypte, c'est à dire une peuplade africaine. G. 161.

239. 𓇋 Caractère symbolique représentant une houppe de papyrus, et désignant un peuple considéré comme septentrional, ou qu'on attaquait en sortant par la basse Égypte ou Égypte septentrionale, c'est à dire un peuple d'Asie ou d'Europe. G. 161.

240. 𓋖 , 𓋖 , 𓋖 , Caractère symbolique ; représentant une sorte de plante et exprimant l'Égypte supérieure, la région d'en haut.

𓋖𓂋𓋖 ⲡⲕⲗⲟⲙⲛⲡⲥⲁⲣⲏⲥ , le diadème de la région méridionale. G. 390.

55.

218

⚲⊙, la région supérieure avec le signe de genre.

⚲⚳⊙ la région supérieure et la région inférieure. (Sceau de terre cuite à M. Caillaud.)

⚲⊙, variante du groupe précédent même signification

🏛 ⚲⊙, les prêtres appartenant à la région supérieure. (Obélisque barberini.).

⚲⊙ⲁⲡⲕⲁⲅ ⲁⲡⲏⲥ, du Puy méridional. G. 250

A. ⚲ ⲡⲥⲁⲣⲏⲥ, variantes des précédents. G. 336.

𓀀𓊖𓏏𓄿𓂋⚲ dans les temples des dieux de la région supérieure et de la région inférieure. (Statue Naophore trouvée à Barcelone ; Kircher, Obelisque Minervis, pag. 140 et 141.).

B ⚴ⲡⲏⲥ, le midi, la partie méridionale, le sud, déterminé par le caractère angle ⏀.

⚴ ⲡⲉ, ⲡⲏⲥ, Midi, Sud. G. 97.

𓂝𓈖𓎡𓏤⚴ ⲉⲓϯ ⲛⲁⲕ ⲡⲣⲏⲥ, je donne à toi le midi. G. 292.

⚴, ⲡⲣⲏⲥ, midi. G. 311.

⚴ ⲡⲣⲏⲥ, le midi. G. 291.

⚴ⲛⲁⲡⲣⲏⲥ, Méridionaux, méridionales, pluriel du précédent.

⚴ⲛⲁⲡⲣⲏⲥ, les contrées méridionales. (Propylon de Nectanebo à Philae).

⚴, ⲛⲁⲡⲣⲏⲥ, méridionaux. G. 312.

⚴, ⲡⲣⲏⲥ, le midi. G. 296.

⚴ ⲛⲁⲡⲣⲏⲥ, du midi. G. 410.

⚴ ⲛⲁⲡⲣⲏⲥ, contrées méridionales. G. 180.

C. 𓊨 .... la région supérieure ou méridionale du ciel ou de la terre.

𓊨𓊨𓊨, gardien surveillant de la partie supérieure et de la partie inférieure (du ciel). (Stèle gravée du Musée de Turin).

241. 𓊨, 𓊨, Caractère symbolique, représentant une sorte de plante la quelle n'est, selon toute apparence, qu'une variante de 𓊨 qui exprime symboliquement la région supérieure.

𓊨𓊨, La région supérieure, avec le déterminatif de genre et d'espèce. (Inscript. gravée sur le portique d'Ombos; Descript. de l'Égypte, pl. 45, N° 2, A, vol. 1).

𓊨 variante du précédent: nom symbolique de la divinité Androgyne qui préside à la région d'en haut.

𓊨𓊨𓊨 Ceci est la région supérieure qui te donne &c. (Inscript. du trône de la statue de Memnon).

242. 𓊨 Caractère phonétique, exprimant la consonne c, s. G. 45, N° 166.

243. 𓊨, Caractère phonétique exprimant les consonnes T K Θ, TC, TCh. G. 40, N° 95.

244. 𓊨, 𓊨, 𓊨, Caractère phonétique représentant une plante graminée, cire, et signe de l'articulation c, Σ, les français; employé dans les mots Égyptiens et de préférence dans ceux qui expriment des idées de direction ou de Royauté. G. 42, N° 165.

220.

☥ c. abréviation très-usitée du mot ☥— ⲡⲥⲟⲩ-ⲧⲛ, Roi, directeur, royal. G. 66, 528.

𓇋𓏠𓈖𓂋𓂝☥𓏥 ⲁⲙⲏⲣⲏ ⲥ. ⲧⲏⲣⲟⲩ. Amon-Ra roi des dieux (Rosin.)

☥ affixe ☥𓏲 ⲥⲟⲩ, lui, le. G.66.

☥𓀔 ⲥⲧⲛⲥⲓ. ⲡ, royal enfant.

𓈖𓈖𓈖 𓀭 ☥ 𓂝𓅱 𓀔 Je l'ai éduqué (élevé) dans mes bras. (Medinet-Habou, I^d Dieux de la galerie du nord, 2e Cour).

𓂧𓈖𓈖 ☥ je l'ai engendré. 𓀭𓈖𓈖𓊪𓉐 son père l'établit sur son trône (Palais de Kournah).

𓁹 𓈖𓈖𓈖 𓉴 𓊪𓉐 𓇋𓅓𓈖𓂋𓂝 𓉴 △ ☥𓊪𓀭 il a fait de grandes constructions dans Oph pour son père Amon-Ra (qui) a placé (donné) lui sur son trône. (Obélisque de Louqsor, face nord, col. lat. de gauche).

☥𓀔, ⲥⲧⲛⲥⲓ. ⲡ, royal enfant.

☥𓁶 ⲡⲥⲟⲩⲧⲛ ou ⲥⲁⲧ abréviation de ☥— suivie d'un déterminatif figuratif; le roi. G. 444.

☥𓁶 𓍹𓐍𓏠𓈖𓍺 ⲥⲱⲟⲧⲧⲛ ⲁⲙⲛⲱⲫ, le roi Aménôthph. (groupe en grès, Musée de Turin).

𓈖𓈖𓈖 ☥𓁶, ⲛ̄ ⲡⲥⲟⲩⲧⲛ, du roi. G. 507.

☥𓁶 𓍁 𓊪 ⲡⲥⲟⲩⲧⲛ ϣⲱⲥ ϥⲓ, le roi dominant sur. G. 179.

☥𓁶 𓁹 𓉴 ⲡⲥⲟⲩⲧⲛ ⲉⲓⲣⲉ ϩⲁⲙⲙⲏⲛ, le roi a fait des constructions. G. 194.

☥𓂋𓈖𓏌 ⲥⲧⲛ, ⲥⲃⲛ, Sovan, Sovan nom propre de déesse, la Lucine, ou Ilithya Egyptienne, ce nom propre est parfois suivi du déterminatif symbolique 𓊹, ou du caractère d'Espèce 𓁥 déesse. G. 122. et plus bas page 227.

𐦁, 𐦂

𐦁 ⲥⲃⲏ-ⲕⲁϩ ou ⲕⲁϩ-ⲥⲧⲏ, la terre de Sovan, nom sacré du territoire et de la ville d'Ilithya ou Lucinae oppidum, dans la Thébaïde.

𐦁 ⲥⲧⲏ ⳏⲉ ⲥⲧⲏ-ⲕⲁϩ, la déesse sovan (adorée) dans la terre de sovan. (Mammisi hiérat. Musée de Turin).

𐦁, dame d'Aethya. G.

𐦁 ⲥⲟⲧⲏ ϩⲓ, ⲥⲟⲧⲏ ⲧϩⲓ, La royale épouse, titre des reines Égyptiennes. G. 110.

𐦁, La royale épouse Ahmosis-Nophré-ariri. (groupe en grès du Musée de Turin).

𐦁 ⲥⲧⲏϭⲓⲙⲉ.ⲧ, royale épouse.

𐦁, ⲥⲧⲏ-ⲥⲓ et ⲡⲥⲟⲧⲧⲉⲛⲥⲓ, le royal fils, royal enfant; titre habituel des enfants mâles des souverains de l'Égypte; prince. G. 322.

𐦁, ⲥⲟⲧⲏ-ⲧⲥⲓ, et ⲥⲧⲏⲥⲓ-ⲧ, Royale fille; titre des princesses Égyptiennes.

𐦁 𐦂, ⲥⲟⲧⲏ ⲧⲥⲓ, ⲥⲟⲧⲏ ⲧϩⲓ ⳏⲛⲧ.ⲣⲏ ⲩⲏ, la royale fille, royale épouse Hont semblable au soleil; titre d'une sœur de Rhamsès le grand. (statue de Tarrai au Capitole).

𐦁, le premier royal fils de S. M. et de son germe.

𐦁, lui, cor. G. 116.

𐦁, lui, le.

𐦁 ⲡⲉϭⲟⲃⲟⲓ ⲛ̄ ⲥⲟⲧ ⲛⲟⲩϩⲙ, le sauvant par son bras. (Stèle d'Aminoph II; Sanct. d'Amada.)

56.

𓋴, pronom affixe complément direct.

𓇋𓏠𓈖𓈖 ... 𓋴 ... , Ammon l'a fait asseoir sur son trône, (lui a accordé d'être sur son trône). (Obélisque de Louqsor).

𓇋𓏠𓈖𓈖 ... 𓋴 , né d'Ammon et qui l'aime (Pylône de Rhamesséum de Méiamoun à Karnac.)

𓋴, le ou les, pronom, troisième personne singulier masculin, après le verbe.

[hieroglyphs] ⲛⲁϥⲥⲣⲱ ⲡⲉϥⲣⲁⲛ ⲛⲟⲩⲟⲛ ϩⲁϩ ⲛⲁϥⲥⲙⲟⲛⲕ-ⲥⲟϥ ⲛ̄ⲉⲛⲉϩ, il illustra (Orna) son nom en beaucoup de choses et l'établit à toujours. (Beni-hassan, Inscription de Névôthph.)

[hieroglyphs] ⲙ̄ⲧ̄ⲅⲉ ⲉϥϧⲁⲓ-ⲥⲟϥ ϫⲉ ⲡⲉϥⲡⲉⲓ et — combattant il l'emporte dans son vol. (sid paroi Nord, col. 27).

[hieroglyphs] ⲧⲏⲡ ⲱⲛϩ ⲛⲟⲩⲡⲉ ⲉⲓ ⲛ̄ ⲛⲟⲧ ϥ, fils de Chnouphis qui l'a fabriqué de ses mains. (Dek-ouatti).

𓋴, après les marques de temps.

[hieroglyphs] 𓋴, l'a fait ériger dans Karnac (l'Obélisque). (Obélisque de St Jean de Latran, face méridionale, col. lat. de gauche).

[hieroglyphs] 𓋴, le dieu bienfaisant enfant d'Ammon et qui l'aime (aime lui). (Dédicace du Petit Rhamesséum de Méiamoun à Karnac).

[hieroglyphs] 𓋴, les deux bras d'Amenti le reçoivent. (Tomb. de Rhamsès V). 𓋴 est complément.

𓋴 ... ⲥⲟⲩ̄ⲧ̄ⲛ̄ⲧⲙⲁⲩ ⲛ̄ ϩⲱⲣ, Royale mère d'Horus. G. 193.

225

𓇓𓇓𓋴𓏏 abréviation de 𓇓𓇓𓋴𓏏𓏤 ⲥⲟⲧⲡ(ⲛⲉ) les rois. G.G.

𓇓𓇓𓉐 (ⲧⲙⲛⲧ) ⲥⲟⲧⲡⲛ ⲛⲁⲁ, la royauté grande. G. 399.

𓇓𓇓𓂋 , ⲛⲉⲕⲥⲧⲛⲓ, les attributions royales. G. 461.

𓇓𓏌𓏌 ⲥⲛϥ, ⲥⲁⲛϣ, Nourrir, allaiter. G. 365.

𓏌𓏌 𓀭 𓂋 𓏌𓏌 𓇓𓏌𓏌 ☰ 𓍹𓍺 , moi Anouké le nourrisson au sein, je nourris le seigneur du monde Rhamsès. (Bas-relief de Bet-oualli.)

𓇓𓏌𓏌𓉐 ⲥⲛⲧ analogue à 𓇓𓏌 ⲥⲧⲛ, Roi, Recteur.

𓊨𓏏𓇼𓄿 𓏌𓏌 𓇓𓏌𓏌 ! , Osiris ⲟⲩⲁⲡⲉ……… ⲧⲏⲣ ⲛⲁⲁ ⲥⲛⲧ ⲱⲛϧ, Osiris modérateur éternel, dieu grand, roi des vivants. Cela explique la prononciation grecque du groupe 𓇋𓏌𓏌 ♄ 𓇓 , transcrit en lettres grecques par AMON-PA-Σωνθ-ερ. (Papyrus grec.) (Stèle du Musée de Turin N° 4.)

𓇓 remplace quelquefois 𓍹 qui a la valeur de T.

𓏌𓏌 , Τοτοⲣⲛ, Totounen. G. 446.

𓇓𓏪𓀀𓁐 ⲛⲉⲥⲧⲛⲙⲓⲕ, les princes. G. 491, 494, 497.

𓇓𓉐 , la royale fête. G. 297.

𓇓𓊹 ⲥⲟⲧⲛ ⲛⲛⲉⲛⲧⲣ, roi des dieux ou divin. G. 407.

𓇓𓊪 ⲡⲥⲟⲧⲛ ⲛ ⲛⲉⲛⲧⲣ, roi des dieux. G. 355.

𓇓𓏞 ⲥⲟⲧⲛ-ⲥⲁϩ, scribe royal. G. 507.

𓇓𓏞 ⲡⲥⲟⲧⲛⲥⲁϩ, le basilicogrammate. G. 530.

𓇓𓀀 ⲥⲛⲥⲟⲛ·ⲡ, royal frère. G. 522.

𓇓𓁐 ⲥⲛⲥⲱⲛⲉ·ⲧ royale sœur. G. 522.

𓇓𓁐 ⲥⲟⲧⲛ-ⲧⲥⲱⲛⲉ, la sœur de roi, la royale sœur; titre des princesses Égyptiennes nées d'un même père ou d'une même mère que le roi.

⳨ △ ⎕ ⎕ , ⲥⲟⲩⲧⲛ ϯ ⲱⲧϥ, acte d'adoration. G. 507.

⳨ △ abréviation de ⳨ⲛⲛ △ ⎕ ⎕, ⲡⲥⲟⲩⲧⲛ ϯ ⲱⲧϥ, le roi fait une offrande; royale action de grâces. G. 66.

⳨ abréviation de ⳨ⲛⲛ, ⲥⲟⲩⲧⲛ, Roi, Royal. G. 66.

⳨ ⎕ ⵉⵉⵉ⏋, ⲥⲟⲩⲧⲛ ⲛⲛⲉⲛⲧⲣ, roi des dieux. G. 240 et 474.

⳨ⵉⵉⵉ ⲛⲉⲥⲟⲩⲧⲛ, les rois.

⳨ ⎕, forme féminine de l'abréviation précédente. ⲧⲥⲛ copté ⲧⲥⲱⲟⲩⲧⲛ, la directrice, la reine, rectrix. G. 66.

⳨ ⎕ ⳨ La reine, le second ⳨ est tracé à la fin du groupe pour l'œil seulement : groupe tracé au dessus d'un cartouche de la reine Arsinoé-Philopator à Dakké.

⳨ ⎕ ⲥⲧ, abréviation de ⳨ⲛⲛ avec le déterminatif figuratif Roi.

⳨ ⎕ , pluriel du précédent, rois, reges.

⎕⎕⎕⎕ ⳨ ⎕ , ⲁⲧⲱ ⲛⲛⲉⲓ ⲧⲩⲉ ⲡ̄ ⲛⲥⲟⲩⲧⲛ. (Inscription d'Ahmosis, Musée Royal).

⳨ ⎕ ⲥⲟⲩⲧⲛ ou ⲥⲛⲧ, abréviation suivie d'un déterminatif figuratif, image royale portant les insignes d'incitateur et de modérateur. (Statue colos. de Rhamsis, Musée de Turin).

⳨ ⎕ ⳨ⲛⲛ ⎕⎕ ⎕ ; abréviation, ⳨ ⎕   ⳨⎕⎕⎕ , ⲥⲟⲩⲧⲉⲛ (ⲛ̄) ⲥⲟⲩⲧⲉⲛⲓⲟⲩ, roi des rois. G. 170.

⳨ ⎕ ⎕ ⵉⵉⵉ ⎕ , ⲡⲥⲟⲩⲧⲛ ⲟⲩⲟϩ ⲛ̄ ⲛⲉⲩⲏⲣⲓ, le roi dit aux chefs. G. 476.

⳨ ⎕ , ⲧⲥⲟⲩⲧⲛ ou ⲧⲥⲛ, abréviation suivie d'un déterminatif figuratif, Rectrix, la directrice, la reine.

𓌹𓈖 , 𓋀𓏤

𓌹𓁐𓂀𓏏𓊃𓏏𓊃𓋀𓏤 « La reine sœur épouse reclure de la région d'en haut et de la région d'en bas. (Statue d'Arsinoé-Philadelphe au Capitole).

𓋀𓏤 groupe formé de l'initiale 𓌹 abréviation de ⲥⲟⲧⲡ ou ⲥⲛⲧ, Roi, et de l'Abeille placée soit comme déterminatif symbolique de l'idée roi, soit comme emblème du peuple obéissant. (voir Horapollon, Ammien Marcellin &c.).

𓌹𓋀𓏤 ⲡⲥⲟⲧⲡⲉⲛ, le roi.

𓌹𓋀𓏤 ⲡⲥⲟⲧⲡ, le roi. G. 512.

𓌹𓋀𓏤𓏐 ⲧⲟⲡⲥⲟⲧⲡ ⲡⲛⲉⲃ, roi seigneur du monde. G. 474.

𓌹𓋀𓏤𓂝 ⲡⲥⲟⲧⲡ †, le roi a donné. G. 414.

𓌹𓋀𓏤𓂀𓉐 , ⲡⲥⲟⲧⲡ ⲉⲓⲣⲉ ⲙⲛⲕⲏ, le roi a fait des constructions. G. 505.

𓌹𓋀𓏤𓂝 ⲡⲥⲟⲧⲡ †, le roi donne (mek). G. 205.

𓌹𓋀𓏤𓉐𓂓 ⲡⲥⲟⲧⲡ ⲡⲉϥⲏⲓ........, le roi sa maison édifie. G. 517.

𓌹𓋀𓏤 𓇋𓏏𓃀𓊪 ⲡⲥⲟⲧⲡ ⲥⲟⲉⲓⲥ ⲁⲙⲛ-ⲏⲓ, le roi a décoré Thèbes. G. 505.

𓌹𓍿 ⲥⲟⲧⲡ ⲧⲣⲉ, Royal père, père du roi; titre du père du souverain régnant. (Inscript. de Philae et de Dakkeh.) G. 524.

𓌹𓏏 ⲥⲟⲧⲡ ⲧⲙⲁⲩ, Royale mère, la reine mère, titre de la mère du souverain régnant.

𓌹𓏏𓀀𓃭𓏐𓍯𓎛𓃀𓉻 la royale mère de l'Arôèris puissant seigneur du monde soleil &c. (Statue de la reine de Rhamsès le grand au Capitole).

57.

☥⸗ⲁⲁⲓ, ☥ⲁⲁ et ☥ⲁⲁ abréviation de ☥ⲙ̄ⲁⲁϯ⸗, ⲥⲟⲧⲧⲛ︦ⲓⲟⲧ, les attributions royales. G. 66, 297, 448.

☥ⲙ̄ⲁⲁϯ⸗ϣ, ⲥⲟⲧⲧⲛ︦ⲓⲟⲧ, Rois.

☥⸗ⲁⲁ— ⲛⲉϥⲥⲟⲧⲧⲛ︦ⲓⲟⲧ, ses attributions royales. G. 207.

☥⸗Δ⸗⸗ ⲥⲟⲧⲛ̄ϯⲱⲧϥ, acte d'adoration. 813.

☥ ⲥⲟⲧⲛ̄, gouverner. G. 336.

☥⸗ⲓ ⲥⲧⲛ︦ⲥⲱⲛⲉ.ⲧ. royale sœur, titre des princesses Égyptiennes nées d'un même père et d'une même mère que le roi.

☥ⲙ̄, ⲥⲧⲛ ou ⲥⲛⲧ (par méthathèse)(Du copte ⲥⲟⲧⲛ̄ regere ou de ⲥⲱⲛⲧ fundare, ordinare, soutenir, sauver); Roi, rex, titre des souverains de l'Égypte. G. 404, 464 &c.

☐☐☥⸗⸗ le dieu Phthah roi du monde. (Stèle du Musée Impérial de Vienne N° 65).

☥ⲙ̄ ⲙⲙ ☐ roi des dieux. (Statue en bois du Musée de Turin.)

☥ⲙ̄ ☐, ⲥⲧⲛ, Rex, Roi, groupe phonétique avec le déterminatif figuratif, un roi assis, coiffé de la couronne ☐.

ⲙⲙ ☥ⲙ̄ ☐ ΔΔⁿ☐⸗ du roi dans tous ses palais. (Catacombe de M' Jumel à Ghizeh).

☥ⲙ̄☐, ☥ⲙ̄☐ et ☥ⲙ̄☐, ⲥⲧⲛ et ⲥⲟⲧⲛ̄, roi. G. 170.

☥ⲙ̄☐ⲁⲁⁿ ⲥⲟⲧⲛ̄ ⲙⲁⲓⲙⲁⲓ, roi deux fois aimable. G. 58.

☥ⲙ̄☐ ⲥⲱⲟⲧⲛ̄, régner. G. 289.

☥ⲙ̄ ☐ ⲥⲧⲛ︦ⲥⲓ.ⲡ. royal enfant. G. 329.

☥ⲙ̄⸗⸗ (ⲥⲟⲧⲛ̄ ⲙⲁϩⲉ) la grande coudée, mesure Égyptienne de six palmes.

𓋹, 𓋾

𓋾 𓂋 (ⲥⲟⲧⲡ̄ ⲛⲁϧⲉ), la coudée royale, mesure de longueur composée de sept palmes ou 28 doigts, (coudée Drovetti); encore employée au Nilomètre de l'Ile de Roudha au Kaire.

𓋾 (ⲥⲟⲧⲡ̄ ⲛⲁϧⲉ) abréviation du précédent.

𓎤𓎤𓎤 𓋾 Les dieux seigneurs de la coudée royale, les dieux présidant à la coudée royale c.a.d. Phré, Junon, Hercule, Sev, Netphé, Osiris &c. &c. (coudée Drovetti).

𓊹𓊹𓊹 𓋾 ⲉⲛ-ⲥⲱⲛⲉ ⲛⲁⲩ ⲛⲉⲥⲟⲧⲡ̄ⲛⲓⲟⲩ, nous préparons à lui les attributions royales. G. 403.

𓋾 a aussi l'acception de gouverner, Regere.

𓋾 𓏤 ⲥⲱⲟⲧⲡ̄ ⲛⲓⲃ, gouverner tout. G. 195.

𓋾 ⲧⲉⲛⲥⲟⲧⲡ̄, gouvernez. G. 200.

𓋾 ⲡⲥⲟⲧⲡ̄ ⲛⲁϭⲱϫⲧ, le roi victorieux. G. 257.

𓋾 ⲧⲥⲟⲧⲡ̄, ⲧⲥⲟⲧⲡ̄, la reine. G. 75.

𓋾 𓉐 ⲥⲟⲧⲡ̄-ⲏⲓ la maison royale, le palais du roi.

𓂝 𓋾 𓉐 dans la demeure royale. (Stèle, Musée de Turin).

𓊨 𓂝 𓋾 𓉐, Osiris dans la demeure royale. (Litanies d'Osiris).

245. 𓊽 variante du signe 𓋾 et ayant la même valeur phonétique.

𓊽 abréviation de 𓋾 ⲥⲟⲧⲡ̄, Roi, G. 244.

𓊽 𓄿 𓃀 𓅆, ⲥⲃⲛ, ⲥⲧⲛ, ⲥⲟⲩⲁⲛ, ⲥⲉⲩⲉⲛ, nom propre de déesse, la Lucine ou Ilithya Egyptienne, déterminé habituellement par 𓆗 ou 𓁗.

𓊽 𓄿 𓃀 𓁗, ⲥⲧⲛ ou ⲥⲃⲛ, ⲥⲟⲩⲉⲛ, ⲥⲟⲩⲁⲛ, la Lucine ou Ilithya. G. 125.

118.

𓏤, 𓊽, 𓆼, 𓏸, 𓏼, 𓊽, 𓏲, 𓂋,

𓊽𓆼𓆰𓏥, nom d'une espèce de fleurs offertes à Thôth. (Philae. Edfou Droite, sour.)

A. 𓊽, est aussi employé pour 𓊽 qui a la valeur de T.
    𓊽𓊽 Θοτοτñν, le dieu Totöunen. G. 496.
    𓊽𓊽 𓏲𓏲𓏲 ⲛⲉⲛⲧⲣ Τοτοτñν, les dieux Totöunen. G. 340.

246. 𓆼, 𓆼, 𓆼, ⲁ|⸗, signe symbolique représentant un jeune oignon, figuré avec ses couleurs sur les grands monuments, et exprimant l'idée blanc, ⲟⲩⲃⲁϣ. |𓆼𓏤 𓋹 ⲡⲕⲗⲟⲩ-ⲟⲩⲃⲁϣ, la couronne blanche. |𓊅 le mur blanc. G.334. G.332.

A. 𓆼, 𓆼, a aussi la valeur phonétique X, dj, dans les exemples suivants. |𓆼𓏥 les chartes. G. 445. |𓆼𓏤 ⲡⲭⲱ, l'ordre, (la parole). G. 468. |𓆼𓏥𓏤𓏤𓏤 ⲛⲉⲭⲱ, les ordres. G. 408. sive G. 360.

𓆼𓈖𓅓 𓊃 ⲡⲉϥⲙⲛⲧⲟⲩⲁⲁⲃ ⲭⲱ, sa majesté ordonna. G. 520.
𓆼𓏤 𓎟 ⲭⲱ ⲛⲁⲓ, ordonna à moi. G. 500. |𓆼𓏤 𓎟 Voyez 𓎟.
𓆼𓈖 𓇋𓏤𓌸 ⲭⲱ ⲛⲁϥ, il ordonne à lui. G. 410.

247. 𓌼, 𓌼, Caractère figuratif représentant un Epi de blé.
    𓌼𓏤𓎼 (ⲓⲱⲧ?), Orge, blé, céréale, le déterminatif 𓎼 est le boisseau, du quel s'échappe le grain.
    𓌼𓇯𓏤𓎼𓏥𓈒𓏤𓏤𓏥𓏤𓌸𓌸𓊃, qu'il vive par le blé du dieu Nil. (Manuscrit hiéroglyphique du Cabinet Royal).
    𓌼𓏤𓏥𓏼𓊃, ϩⲁⲛⲥⲡⲓⲣ ⲟⲩⲃⲁϣ, d'épis blancs. G. 332.

248. 𓏸, 𓏼, signe figuratif représentant des grains de blé, et déterminatif des groupes moissonner, etc. G. 374.
    𓎟𓎟 𓂜𓂜 ⲛⲉⲧⲛⲥⲟⲩⲟ, vos blés. G. 419.

249. 𓆮, Caractère figuratif représentant une gousse d'Accacia.

250. 𓇶, Caractère figuratif représentant un bouton de Lotus. G. 4.

A. 𓇶 ⲛⲉⲩϩⲏⲛ, bouton de lotus. G. 32.

𓆭 , 𓍺 , 𓅃 .

250. 𓆭 , 𓆮 , caractère phonétique qui paraît représenter la racine d'un arbre ou d'une plante, et exprime la consonne, м. M. G.41, N°123.

𓆮 abréviation de 𓆮𓊪 мас, génératrice. G. 129.

𓆮𓊪 ou 𓍺 , 𓆮𓊪𓏥 ⲙⲉ ⲙⲁⲥⲉⲛⲟⲩⲧⲉ, copte ⲙⲁⲥⲛⲟⲩⲧ, celui qui a engendré les dieux, générateur des dieux. Ep. ?𓀭𓆮𓊪𓏥, le dieu Phré générateur des dieux. (Obélisque flaminien, face occidentale, à un Oriental).

𓆮𓊪 ou 𓍺𓏥 ⲙⲉ ⲙⲁⲥⲉⲛⲟⲩⲧⲉ, pris dans un sens passif, engendré par les dieux. Ceoyenitos. ex: 𓆮𓊪𓏥 ⚊ ◦ 𓇋 𓏥 , Engendré des dieux par leur semence. (Obélisque flaminien, face orientale).

𓆮𓏥! ⲙⲁⲥ ⲛⲉⲛⲟⲩⲧⲉ, génératrice des dieux. G. 348.

𓆮𓊪𓏥! ⲙⲓⲥⲉⲣ ϩⲟⲟⲩⲧ, les enfants mâles. G. 194.

𓆮𓊪 ⲙⲓⲥⲉ, né. G. 198. = 𓆮𓊪 𓀀 ⲙⲉⲥ, ⲙⲱⲥ, ⲙⲁⲥ, ⲙⲉⲥ, enfanter. G. 199. 968.

𓆮𓊪𓇳𓇳𓇳𓀀 ⲙⲉⲣ-ⲛⲉϥ-ⲙⲓⲥⲉ, il engendre ses enfants. G. 279.

𓆮𓊪 𓀀 ⲛⲁϥ-ⲙⲓⲥⲓ-ⲧⲟϥ-ⲧ, je t'ai enfantée. G. 287.

𓆮𓊪𓀀 ⲙⲉⲥ, ⲙⲉⲥ, ⲙⲓⲥⲓ, enfanter; un enfant pour déterminatif. G. 374.

𓆮𓊪 ⲙⲁⲥⲓ, ⲙⲓⲥⲉ, enfant. G. 169. 𓆮𓊪𓏥 ⲙⲓⲥⲉⲣ, ⲛⲉⲙⲓⲥⲉ, enfants, les enfants. G. 192.

𓆮𓊪.. .?𓀀 ⲛⲉⲛ-ⲙⲓⲥⲉ, leurs-enfants. G. 279.

𓆮𓊪𓏥⚊𓀀 ⲛⲉⲙⲓⲥⲉ ⲛⲁ ⲛⲉ ⲱⲛⲣⲓ, les enfants avec les chefs. G. 223.

𓆮𓊪◦◦𓀀 ϩⲁⲛⲙⲁⲥⲓ ⲁⲧⲉ ⲉϩⲉ, petits de Cavale. G. 230.

𓆮𓊪◦◦ ⲙⲥⲩ ⲛ, semence de Masch = 𓆮𓊪◦ ⲙⲉ⸗ⲧ, (copte ⲧⲙⲁⲩ, ⲧⲙⲉⲓ), Vâche qui produit des veaux. (Temple de Dynamides.)

𓆮𓊪𓈖 ⲙⲉⲧ, ⲙⲟⲥⲧⲉ, haïr, Osine; le moineau pour déterminatif. G. 374.

𓆮𓊪𓏌𓊪𓂝 ⲙⲟⲟⲩⲧ, objet de costume ou de parure. (Inscr. d'Amosis, Statue, M.R.)

𓆮𓊪𓏤𓀀 ⲙⲉⲥϫ, ⲙⲁⲥϫ, les deux Oreilles. G. 91. ☥ pour déterminatif.

◦◦𓆮𓊪𓏤𓀀◦𓀭 𓏥, les oreilles appartiennent à Macedo dieu. (Rituel funér.).

𓆮𓊪◦𓀀, nom du troisième jour du mois. (Mémoire de l'Académie).

𓆮𓊪◦ ⲙⲁⲛⲙⲓⲥⲉ, ⲙⲁⲙⲙⲓⲥⲉ, Chambre Natale, le lieu de l'enfantement. G. 102.

251. 𓍺 ϣⲓⲛ, chemin, route plantée d'arbres. (Voyez chap. 5 Edifices et Constructions).

252. 𓅃 caractère symbolique du nom d'Horus. (Voyez chap. 5 Edifices et Constructions).

58.

CHAPITRE CINQUIÈME.
ÉDIFICES ET CONSTRUCTIONS.

253. ━━, ━━, Caractère figuratif représentant une pierre taillée, ⲱⲛⲓ, *pierre*. G. 100. = 🏺━ ⲱⲛⲡ, ⲱⲛⲉ, *pierre*. (?)

▪⟨⟩▫ ⲡⲱⲧ (ⲱⲛⲡ), *grès*. G. 326.   ━━⟨⟩◯ ⲱⲛⲉ ⲛ̄ ⲟⲩⲧϩⲛⲧ, *pierre de granit rose*. G. 326.

254. ━━, ━━, Caractère phonétique représentant un parallélogramme crénelé et exprimant l'articulation u, M, G. 41, N° 114.

━━ abréviation de ━━ ⲙⲟⲧⲛ, ⲙⲏⲛ, *établir, être établi, stabilateur*. G. 65.

⟨⟩━ , ⲙⲏⲛⲧ. nom d'un oiseau, *le pigeon ou la tourterelle* (tombeaux de Memphis, Ménouf); semblable à la tourterelle gravée dans l'ouvrage de la Commission — trouvée coloriée à Béni-Hassan.

☰ abréviation de ☰ ⲙⲏⲛ, *monument, construction, édifice public*. G. 65. ☰ 𓃭 ⲛⲉϥⲙⲏⲛ, *ses monuments*. G. 348.

☰ ⲙⲏⲛⲛ, *même sens au pluriel*. G. 205, 209, 315.

☰ ⲛⲉϥⲙⲏⲛⲛ, *ses constructions*. G. 503.

☰ ⲛⲉⲕ ⲙⲏⲛⲛ, *tes édifices*. G. 424.

☰ ⟨⟩ , ⲟⲛ, ⲡⲁ, *cet édifice*. G. 251.

☰ ⲡⲉⲧⲙⲏⲛⲛ, *son monument*. G. 478.

☰ 𓃭 , ⲙⲛⲁⲁ, ⲙⲏⲓ, ⲙⲁⲁⲛⲓ, *nourrice*. G. 77.

☰ 𓃭 , ⲙⲛⲓ, ⲙⲁⲛ., copte ⲙⲁⲁⲛⲓ, *nutrix, nourrice*, avec le déterminatif symbolique ⟨⟩. (hypog. de Béni-Hassan, tombe de Nevothph).

☰ 𓃭 ⲙⲛⲉ, ⲙⲏⲛⲓ, copte ⲙⲟⲛⲓ, ⲙⲟⲟⲛⲉ, *nutrire, nourrir, pascere*; groupe phonétique suivi du déterminatif ⟨⟩⟨⟩ ; (des seins, mammae).

𓎛𓎟𓏏 .... Celle qui t'a nourrie, ta nourrice. (Momie dorée du Musée de Florence).

𓎛𓏏, μne, μnι, copte ⲙⲟⲟⲕ, ⲙⲟⲛⲓ, Nutrire, nourrir ; variante des précédents. (Stèle du Musée de Turin).

𓎟𓏏, т.μnι, copte Thébain ⲧⲙⲁⲁⲕⲓ, Nourrice, Nutrix.

𓎟𓏏... ⲧϥⲙⲁⲁⲕⲓ ⲙⲣⲧϥ ⲥⲟⲧⲡ, sa nourrice qui le chérit, Soutem. (Stèle du Musée de Turin).

𓎟𓏏, тμnι, idem, sans déterminatif, nourrice. (M.M.T.).

𓎟𓏏..., sa nourrice. Pépô. (*)

𓎟𓏏 μn (ⲟⲃⲟⲓ), avant-bras. G. 93.

𓎟𓏏 μn (ⲟⲃⲟⲓⲉ), les deux avant-bras. G. 93.

𓎟𓏏, μnт, μnoт, mamelles. G. 75.

𓎟𓏏, neϥ, πec μnoт ā, ses deux mamelles. G. 267.

𓎟𓏏 μn-pat ā, les deux jambes. G. 94.

𓎟𓏏 necμnpat, ses genoux. G. 257.

𓎟𓏏 μn .... les nations étrangères, les pasteurs, les étrangers, αλλοεθνῆς.

𓎟𓏏 .... , celui dont les bras ont conservé le pays en subjuguant les étrangers, ὃς ἐφύλαξεν τὸν Αἴγυπτον νικήσας τοὺς ἀλλοεθνεῖς. (Obélisque flaminien, face occidentale, et trad. d'un Obél. par Hermap.)

𓎟𓏏 ou 𓎟𓏏 μne (copte ⲙⲟⲛⲓ, ⲙⲟⲟⲛⲉ), Débarquer, arriver au port, entrer dans le port, s'arrêter au port.

𓎟𓏏................. (Rituel funéraire 1ᵉ partie).

𓎟𓏏 πμn, l'Édifice. G. 299.

(*) 𓎟𓏏, тeт-μaaki, ta nourrice.

𓉐𓉐𓉐 ⲅⲁⲛ ⲟⲩⲛ, des constructions. G. 403, 299, 320.

𓉐𓉐𓉐 𓏤𓏤𓏤 ⲛⲁⲁⲩ ⲅⲁⲛⲟⲩⲛ, de grands édifices.

𓉐𓉐𓉐 ⲟⲩⲛ, a évidemment le sens de présent, offrandes, dans les textes hiéroglyphiques.

𓂋𓂝𓉐𓉐𓉐 𓏏𓀾, (Ramsès) fait des offrandes à son père Phré. (Ödicace du temple de Derry).

𓂋𓏤𓉐𓉐𓉐 𓊵 𓏏𓆳, (Thoutmosis) fait des offrandes à son père Amon-ra. (Obélisque de la porte du peuple à Rome).

𓉐𓉐𓉐 𓅭, les offrandes de son fils. (même Obélisque).

𓉐𓉐𓉐 ⲟⲩⲛ, copte ⲟⲩⲛ et ⲙⲟⲩⲛ, demeurer, être stable. G. 270, 441.

𓉐𓉐𓉐 ⲙⲟⲩⲛ, subsister. G. 225, 276, 290, 422, 428, et 451.

𓉐𓉐𓉐 𓈖 𓏏𓏭 ⲉⲧⲙⲟⲩⲛ ⲛ̅ (ⲉⲛⲉϩ), durable à toujours. G. 277.

𓂋𓂋𓈖𓉐𓉐𓉐 𓉐 que mon nom reste dans le tribunal de justice, permanens sit nomen meum in prætorio Justitiæ. (Statue en bois du Musée de Turin).

𓀀 𓇋 𓉐𓉐𓉐 ⲛⲟⲕ ⲥⲟ̄ⲃⲉ, moi (je) prépare. G. 283.

𓉐𓉐 𓏲 𓊖 (Ⲙⲉⲛⲛⲟⲩϥⲓ, Ⲙⲉⲛⲛⲟⲩϥⲓ), nom de région, déterminé par une pyramide 𓉴 ; c'est Memphis sans aucun doute, comme le prouvent le nom même et les stèles qui le retracent, lesquelles proviennent toutes de Memphis. Ce nom renferme en effet le sens que Plutarque attribue au nom égyptien de Memphis, Ὅρμος ἀγαθῶν ; nom vulgaire de Memphis. G. 154.

𓆰𓏏𓏥𓂋𓏤𓂋𓉐𓉐𓏲𓊖, ⲥⲟϥϥ̅ⲛ-ⲥⲁϩ ⲙⲟⲣⲡ-ϩⲓ ⲣ̅ⲡⲉ ⲏⲓ Ⲙⲉⲛⲛⲟⲩϥⲓ, le scribe royal attaché au palais qui est dans Memphis. (stèle Nizzoli à Florence).

𓉔𓏤𓈖𓂋𓏤𓊖, Ⲡⲁⲛⲟⲩⲣ, Ⲡⲁⲛⲟⲩϥⲓ, Mennofré, Mennoufi, Memphis. G. 153.

𓉔 ⲙⲱⲛⲉ, Mônth, nom de lieu. G. 24.

𓉔𓀭, ⲙⲛⲉ, ⲙⲛⲧ, Month, nom de divinité. G. 113.

𓉔𓀭 ⲙⲛⲧ (pour 𓉔 ⲙⲛⲧⲟⲣ), Mandou, nom propre de divinité, l'une des formes du soleil: en langue de Dongolah, Mandou veut dire soleil.

𓉔 ⲙⲛⲉⲟϩⲡ—ⲉϥϣⲱⲡⲉϥ, Month-hpef-chôpsch, cinquième fils du pharaon Rhamsès le grand. G. 127.

𓉔 ⲙⲛⲧⲟⲣⲉⲧ, Mandouéti, donné par Mandou, nom propre d'homme. (Momie de Thèbes, Musée de Turin).

𓉔𓀭 ⲙⲛⲟⲟⲩ, ⲙⲛⲧⲟⲩ, Mandou, nom propre de divinité mâle, l'une des formes du dieu Phré (Stèle royale du III. D.) G. 478.

𓉔 ⲙⲛⲧⲟⲩⲱϥ, Mandou-ôtphe, nom propre d'homme. = 𓉔𓀭 Mwne, le dieu Mônth. G. 327. v. 110.

𓉔𓀭, ⲙⲱⲛⲉ, Month, homme; orthographié μωνθ, μωνθης, par les grecs. G. 135.

𓉔𓀭 ⲙⲱⲛⲉ-ⲣⲏ, Monthra. G. 111.

𓉔 ⲙⲛⲧ-ⲣⲏ, Mandou-Ri, variante du nom de la même divinité, écrit Μανδουλις par les grecs, d'après la prononciation locale. = α Month-ra.

𓉔𓀭, ⲙⲛⲧ-ⲣⲏ, Mandou-Ri, Mandou-Li, variante des précédents, suivie du caractère figuratif du dieu. (Bas de granit trouvé à Thèbes, Descript. de l'Égypte, A. Vol. III, pl. 31, N° 1).

𓉔, ⲙⲛⲉ, ⲙⲱⲛⲧ, Month, Hermonthis des géogr. grecs; aujourd'hui Erment. G. 153.

59.

𓏃𓏤𓀎 , ⲙⲛⲧ ϧⲏ-ⲥⲟⲙ , Mandou dans la force. (Momie de Chak, musée de Turin).

𓏃𓏤𓌻𓌻 , ⲙⲟⲛⲉⲙⲁⲓ, aimé par Month, G. 425.

𓏃𓏤 , ⲙⲛⲧⲟⲩ, Mandou, variante des précédents.

𓏃𓏤𓊹 , ⲙⲛⲧⲟⲩⲱⲑϥ, Mandonôthph, nom d'homme.

𓏃𓏤𓏤 Ⲩⲛⲉ, Ⲩⲟⲛⲉ, Month, Dieu. G. 110.

𓏃 , ⲙⲛⲭ, (copte ⲙⲟⲩⲛⲕ et ⲙⲟⲛⲕ), formare, dare formam, fingere, former, donner une forme, travailler.

𓏃𓂋𓏤 , Créateurs, créatrices, fictores, formateurs.

𓋴𓏏𓏃𓏤𓏤𓏤𓏤𓀭 , Divins esprits créateurs dans la demeure d'Osiris. (Manuscrit hiéroglyphique, Cabinet du roi).

𓏃𓂋𓊖 , ⲧⲙⲟⲩⲛⲭ, la fabricatrice. G. 525.

𓏃𓂋𓏤𓏤 , ⲙⲛⲭⲉϣϣ, travail du bois pour les constructions nautiques, constructeur naval. (Bas relief du Milieu, copié par Mr de Varcelle). G. 68.

𓏃𓊖 ⲙⲛⲭ (copte ⲙⲟⲩⲛⲕ), formare, fingere, avec un déterminatif semblable à une truelle. (passim). G. 572, 440.

𓏃𓋞 , ⲙⲛⲭ-ⲛⲟⲩⲃ, (copte ⲙⲁⲛⲕⲛⲟⲩⲃ). Travailler l'or, aurum fingere; orfèvre. (Catacombes de Thèbes). G. 68.

𓏃𓋞 , ⲙⲁⲛⲭϩⲁⲧ, travailleur d'argent. G. 68.

𓏃𓎺 (ⲙⲛⲭ.ⲧ), fabricatio, figmentum, (préparation d'aliments ou de boissons); le déterminatif représente des vases de diverses formes.

𓀀𓏃𓊌𓏤𓏤𓏃𓎺𓏤𓏤𓏤 Des libations de vin, des préparations, des parfums &. (stèle du musée de Turin).

𓊌𓏃𓎺 , l'action d'offrir des préparations. (stèle d'albâtre, Musée de Turin).

𓏠 , 𓉐 ,

𓏠𓀀𓏭 ⲙⲛϩ, Menhi, nom de Déesse. G. 125.

𓏠𓀀𓏭𓆰 ⲙⲛϩ, plante du genre des colchiques. G. 89.

𓏠𓅆 , ⲙⲛ:ⲧ. (copte ⲃⲉⲛⲓ, ⲃⲉⲛⲛⲓ), nom d'oiseau, espèce d'Hirondelle comme le démontre le caractère figuratif. (Rituel funéraire, 1ʳᵉ partie, chapitre de l'Hirondelle, pl. 19 et G. 75). | 𓏠𓅆𓀀 , ⲙⲛ:ⲧ, ϥⲙⲉⲛⲓ, l'Hirondelle (homme).

𓏠𓂝𓏏 ⲙⲛⲧⲟⲩ, Mandou, nom propre d'homme. G. 136.

𓏠𓏏𓉐 , Mandouôthph. (stèle carrée, Musée de Turin).

𓏠𓀁𓏺 ⲙⲟⲧ, mamma, collier particulier aux nourrices et aux nourrissons. G. 77.

𓏠𓏏𓉐 ⲙⲟⲧⲧ, établie. G. 399.

𓏠𓏺𓀁 , (ⲟⲩ) ⳓⲁⲙⲉⲛ, a du Nation. G. 407.

𓏠𓎼𓏺𓏺 ⲥⲛⲁⲩ ⲙⲛⲁ, deux-mesures. G. 217. le vase pour déterminer.

𓏠𓏏𓏺 ⲙⲛⲁ ou ⲙⲛⲁ, mesures ou poids de liquides et de solides ; livre, libra. G. 80, 220, 230.

𓃭𓏠×𓏺𓏦𓏦𓏦𓏺𓏺𓏺𓏺 vin, six-mille-quatre-cent-vingt-huit Mna. (Inscription statistique de Karnak, Musée royal).

𓈖𓏤𓏠×𓏺𓏦𓏺𓏺𓏺𓏺 parfums, huit-cent-vingt-huit mna. (Même Inscription). = 𓏠𓀁𓏭 , ⲙⲛϩⲓ, Menhi. G. 200.

𓉐 , 𓉐 , Caractère figuratif représentant le plan d'une maison ou d'une chambre, exprime l'idée d'Habitation ou demeure. 𓉐𓏤 ⲙⲡⲁϩⲓ, de ma demeure. G. 440.

𓉐 ou bien 𓉐𓏺 (ϩⲓ) ⲙⲁⲛϣⲱⲡⲉ, maison, habitation G. 59. 436.

𓉐𓉐𓉐𓉐𓏺 , afin qu'ils l'exposent dans leur maison. (Inscription de Rosette, ligne 13).

𓉐𓏺𓏠 , le secrétaire de la maison du roi. (Cône en terre cuite, Musée de Turin). = 𓏺𓇳𓉐𓂝 ⲡⲛ ϩⲓ, cette demeure. G. 84. | 𓉐𓇳𓀁𓏠 ⲡⲛ ϩⲓ ⲛⲟϥⲡ, cette belle demeure. G. 248.

☐ ı , ☐ ,

☐ ı 𓈖 𓃀 𓇋 𓀭 , la troisième maison de Sev (Saturne). (Rituel funéraire, pbyr. col. 58.)

☐ ı , employé comme lemoti maison dans le sens de famille, gens qui composent la maison.

𓊃𓂝𓈖𓀀𓀁𓏥 , sa maison et ses enfants ont posé (ce monument). (Stèles d'Amarézy).

☐ ı , employé quelquefois dans le sens de temple. G.116.

𓀭 𓏏 𓊹 𓂋 𓋴 𓂧 𓉐 𓀭 𓌶 𓏏 𓎛 𓎼 𓏏 𓉐 𓁷 , le dieu bienfaisant (Nectanebo), a fait ses dévotions dans la demeure (le temple) de sa mère Isis la vivificatrice résidant dans l'abaton (de Philae). (Propylon de Nectanèbe à Philae)

𓉐𓏤 (ph-ri), la demeure du dieu Phré, la demeure du soleil; nom sacré de la ville d'Héliopolis. (Obélisque flaminien, face occidentale, col. médiale).

𓉐𓏤 , l'Habitation de Phré, variante du précédent. G.157.

𓉐𓏤 𓏌𓏤 nor , la demeure de Chnouphis. G.328.

𓉐𓏤 , l'habitation de Phtah, { Nom sacré de Memphis, et de Ghirchi-Hassan en Nubie. G.157.

𓉐 𓍹𓇳𓁹𓋴𓏏𓊪𓈖𓇳𓍺 , la demeure de Rhamsès Méïamoun, nom de l'un des grands palais de Thèbes, celui de Médinet-habou. (Manuscrit hiératique du Musée de Turin).

☐ ı 𓉐 (Hı n' or cıpe) la demeure d'Osiris, lieu où se rendaient les ames des morts.

𓅃 𓏏 𓊹 𓇋 𓅱 𓊨 𓉐 , (conduisez) l'âme de l'Osiris Petharphré à la demeure d'Osiris. (Manuscrit de ce Défunt, Cabinet du Roi).

𐦀 ▭, ▭, même signe pris phonétiquement, représente l'articulation g hoï, l'H français. G. 45, N° 211.

▭𓎤 gpp, (copte ϩⲣⲏⲣⲉ, ϩⲣⲉ), fleur, flos, nourriture; groupe phonétique suivi du caractère déterminatif figuratif 𓎤.

▭𓎤𓏼 gpp,ne, (copte ⲛⲉϩⲣⲏⲣⲉ), pluriel du précédent, les fleurs, flores..

▭𓎤⸗ ▭▭ ▭𓎤𓎢, gpep nibi gi ⲡϣⲛⲟⲧⲉ ⲛⲟⲩⲛⲟ-ϩⲣⲉ. toutes les fleurs sur la table du dieu Sennoufé (Osiris). (Inscr. lattés., Momie N° 2 du Musée Royal, col. Salt).

▭𓏼 gpp.t paraît avoir aussi été employé sans (ou? avec) le déterminatif figuratif dans l'acception de Cibus, nourriture, aliments, et répondre alors au copte ϩⲣⲉ.ⲧ ou ϩⲣⲉ.ⲧ.

𓂞 ▭𓏼 𓇋 𓏊 ⸗, il donne toutes sortes d'aliments pour sa table. (Stèle du Musée de Lyon).

▭ ḡp, se montre. G. 494.

▭𓂝 gp, manifestation. G. 386.

▭ g'p, manifesté, illustre, surnom de Ptolémée-Épiphane. (Inscription de Rosette, passim, et G. 404, 487.)

▭𓊪 gp ⲉⲙⲕ, manifestés par toi. G. 501.

▭𓂝𓏼 gp ⲙⲡⲉⲥⲙ ⲣⲱⲟ, manifestés devant eux, G. 419.

▭𓂝 ⲉϥϩⲡ, qui se manifeste. G. 427.

▭𓂝 gp-ⲕ, manifeste-toi! G. 529.

▭𓏼 ⲥⲛ-ḡp, ils-sont manifestés. G. 259.

▭𓂝 gp ⲩ, qu'il soit manifesté à. G. 554.

▭𓂝 ⲛⲁⲕḡp, tu-as été manifesté. G. 936.

▭𓂝𓏤 gp-ⲭⲟⲟ, mauvaise action. (Cpr. pl. 72. col. 27).

60.

138.

⌷ 𓐍 ⲙⲁⲛⲱⲏⲣ, le sanctuaire. G. 471.

⌷𓐍𓏭 ⲧⲏ ϩⲟⲓⲡⲉ, ce temple hypaethre. G. 291.

⌷𓐍 ⲡⲏⲛⲁⲙⲛ, Diospolis, Thèbes. G. 194, 298.

⌷𓐍 , l'habitation d'Ammon, Diospolis, nom sacré de Thèbes; et la ville égyptienne située jadis à Ouadi-Essebouā, en Nubie. G. 156.

⌷𓐍 habitation d'Aménôph, ou Aménôphion (stèle du Musée de Genève).

⌷𓐍 , la demeure d'Amon-ra roi des dieux ; nom du grand palais de Karnac à Thèbes, et celui du quartier environnant. (Manuscrits hiératiques de Turin).

⌷𓐍 variante du précédent. (Même manuscrit).

⌷𓐍 ⲡⲏⲛⲁⲙⲟⲩⲛ ⲡⲥⲟⲧⲡ ⲛ̄ ⲛⲉⲛⲧⲣ, la demeure d'Ammon-ra roi des dieux. G. 189.

𓉐 ⲏⲓ ⲛ̄ⲧⲙⲉ. ⲡ̄ⲡⲉ, demeure de vérité. Temple. G. 67.

𓉐 ⲡⲏⲓⲛⲁⲁ, la grande demeure. G. 309.

𓉐𓉐𓉐 ⲛ̄ⲛⲉⲣⲡⲏⲩⲉ, les temples. G. 192. 441.

𓉐 pour 𓉐 manifesté. G. 535.

⌷𓐍 la demeure de Mandou; le Mandoueion, nom d'un édifice de l'ancienne Thèbes. (Manuscrit hiérat. de Turin).

⌷𓐍 , l'Aménophion, la demeure d'Aménophis I, mentionné dans un Proscynema à Osiris par ⌷𓐍 ⌷𓐍. (Musée de Genève).

⌷𓐍 ⲡⲏⲓⲛⲏⲓⲟ, la ville de Neith, nom de la ville de Saïs. G. 375.

⌷𓐍 ⲡⲉⲛ-ⲏⲓ, leur maison. G. 377.

⌷

[hieroglyphs], la demeure du roi soleil gardien de justice aimé d'Ammon, nom d'un des palais de Thèbes. (Manuscrit Hiératique Musée de Turin).

[hieroglyphs], maison, habitation, demeure, déterminatifs génériques de ces noms. G. 101 et 187.

[hieroglyphs], ⲠⲎⲒ (ⲛ̄) ⲦⲀⲦⲈ ⲀⲘⲚ̄, la demeure du père Ammon. G. 517.

[hieroglyph] ou son abrégé [hieroglyph], placé à la suite d'un groupe phonétique ou de certains caractères symboliques, indique des noms de lieu de l'action. G. 101.

256. [hieroglyphs], Caractère phonétique représentant le plan d'une habitation, et exprimant l'articulation ϩ, hori, H. G. 15. N.° 210.

[hieroglyph] ϩⲡ, manifesté, Epiphane, G. 356, 510, 518, 522.

[hieroglyphs] ϩⲁϩϩⲟⲟⲩ ⲛⲁϣⲱⲟⲩ, des jours nombreux. G. 158.

[hieroglyph] ϩⲡⲱϩⲓ, outre. G. 505.

[hieroglyph] et [hieroglyph] ϩⲟⲟⲩ, le jour. (G. 97, 513, et Mémoire de l'académie)

[hieroglyph] ϩⲡⲧⲓⲟⲩ, copté ⲈⲢⲒⲰⲠⲚ, se baignant. G. 427.

[hieroglyph], ϩⲡⲧ, ϩⲱⲡⲧ, humecter, madefier. Arroser, rigare, humescere. G. 376.

[hieroglyph] ϩⲟⲟⲩ, jour, le jour. (Mémoire de l'académie).

[hieroglyph] ϩⲡⲱϩⲓ, outre. G. 505.

[hieroglyph] ϩⲃ, Ibis, Ibis. G. 62.

[hieroglyph] ⲛϩⲓⲃ, l'Ibis. G. 73 et 523. (et momie douée de flamme).

[hieroglyph] ϩⲃⲟⲓⲡ, espèce de collier. G. 77.

[hieroglyph] ϩⲃⲟⲓⲡ (ϩⲁⲛ), des colliers. G. 105.

, ⲅⲣⲱⲙⲏ, Rome. G. 154.

, ⲅⲟ, oh! G. 500.

, ⲅⲟ Ⲟⲣⲥⲓⲡⲉ, ô Osiris. G. 250

, ⲅⲁ.ⲅⲏ, un phallus; ⲅⲁⲓ, Mari. G. 80.

, ⲅⲟⲓ, oh! G. 530.

, ⲅⲁⲅⲏ, ⲅⲁⲅⲏ, ⲅⲉⲅⲅⲉⲙ, rugir. G. 378.

ⲅⲟⲓ, ⲅⲱⲓ, oh! Dans toute proposition ayant pour initiale l'interjection oh!, le verbe est censé être par cela même au mode impératif.

, ⲅⲟⲓ Ⲟⲣⲥⲓⲡⲉ, oh! Osiris. G. 531, 195, 535.

, ⲅⲁⲅⲅⲱⲓ, des invocations. G. 414.

, ⲅⲁⲟⲣ, ⲅⲟⲟⲣ, ⲉⲅⲟⲟⲣ; jour; le soleil pour déterminatif. G. 97 (et mémoire de l'Académie).

, , ⲅ pour ⲅⲟⲟⲣ, abréviation du groupe précédent et même signification. G. 66, 97 (et mémoire de l'Académie).

, ⲅⲁⲛ ⲅⲟⲟⲣ, Jours. G. 68.

, ⲡⲛ ⲅⲟⲣⲡ ⲛⲟⲩⲣⲡ, ce jour heureux. G. 446.

, ⲅⲟⲣⲙⲓⲥⲉ, jour natal. G. 558.

, ⲡⲅⲟⲣⲙⲓⲥⲉ (ⲛ) ⲡⲛⲧⲣ ⲛⲟⲩϥ, le jour de naissance du dieu gracieux. G. 196.

, ⲅⲟ, oh! G. 530.

, ⲅⲛ, parfum. G. 62.

, ⲅⲱⲛ, Adorateur.

, ⲅⲛ, ⲅⲱⲛ, ⲅⲟⲛⲧ, Adorer. G. 108, 369.

, ⲉⲛⲅⲱⲛ, nous adressons des adorations. G. 276.

, ⲅⲱⲛⲓⲟⲣ, Adorateurs.

⊡ , ⊡ , ⊡ .

⊡𐦀𐦀𐦁! ϩⲛⲓⲟⲩ, Adorant. G. 427.

⊡ ϩⲛ ⲱⲡⲧⲉ ϩⲛⲟ, Vas, hydria, vase.

⊡ ϩⲛⲟ ⲛⲧⲉ ⲉⲣⲱⲧⲉ, un vase de lait (Rituel funér. ch.p).

⊡ⲟⲩ ϥⲓⲓⲓ ou ⊡ , vases, au pluriel.

⊡ ⲟⲩⲓⲓⲓ ... ϩⲛⲁⲁⲩ ⲛⲉⲣⲱⲧⲉ (ⲁⲩⲱ) ⲏⲣⲡ, des vases de lait et de vin. (Rit. funér. 2ᵉ partie, section V, formule 38).

⊡ ϩⲛ, ϩⲏⲛⲉ, parfums liquides. G. 78.

⊡ ⲑ ϩⲏⲛⲉ ⲙⲛⲁ ⲥⲟⲟⲧⲛϣⲉ ⲥⲉ, parfums, aromates mesurés six-cent-soixante. G. 227.

⊡ ⲟ ⲱ ! ϩⲱⲛ, une adoration. G. 405.

⊡ⲟⲩⲓⲓⲓ, ϩⲁⲥ ϩⲱⲛ, des adorations. G. 414.

⊡ ⲁ ⲑ ϩⲧⲣⲓⲁⲛⲉ, Hadrianus, nom impérial romain. (Obélisque Barbarini).

⊡ ou ⊡ⲑ ϩ, abréviation déterminée exprimant l'idée générale pays, et l'Égypte en particulier.

⊡𐦀𐦀𐦀⊡ⲑ ⲛⲉⲣⲡⲏⲧⲉ ⲙ̄ ⲣⲉⲧⲛⲕⲁϩ ⲛⲓⲃⲓ, les temples de toutes les parties du pays. (Inscription de Rosette ligne 14-12.).

?𐦀𐦀𐦀⊡ⲑ appartenant aux temples de toutes les parties du pays (ou de l'Égypte). (Inscription de Rosette, ligne 12).

257 ⊡ , ⊡ , ⊡ , ⊡ , Caractère demi-figuratif représentant la coupe d'une chambre : signe de l'idée habitation, demeure, qui se nommait ϩⲁⲧ.

⊡ ⲡ ϩⲁⲧϩⲱⲣⲉⲓ, hathōroï, l'enfant d'Hathōr (homme) G. 134.

⊡ ϩⲁⲧ, habitation, οἶκος. ce caractère est affecté du ⵔ, signe du féminin.

61.

142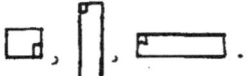

◻︎𓉐 , gat, demeure. Caractère figuratif suivi du déterminatif d'espèce 𓉐 ; même valeur que le précédent. G. 101.

𓉐𓉐 ⲙⲁⲛⲉϣⲱⲡⲉ, une demeure. G. 520.

HI ⲛⲱⲏⲣⲓ, demeure de chef. Palais. G. 67.

, le Rhamsséum, palais de Rhamsès le grand. G. 151.

Le Rhamesséum de Maïamon, palais de Thèbes nommé aujourd'hui Medinet-habou. G. 158.

Le Rhamesséum de Rhamsès le grand. G. D.

le Rhamesséum de Maïamon. G. D.

Le Rhamesséum de Thèbes, (ⲅⲉⲛ ⲁⲙⲛ-ⲏⲓ) connu sous le nom de Tombeau d'Osymandyas dans les descriptions de Thèbes. G. 158.

Le Rhamesséum de Maïamoun. La demeure du Soleil soutien de justice. (Rhamsès Maïamon) pour un grand nombre de jours, (ⲛ̄ⲧ ϩⲁϩ ⲛ̄ ϩⲟⲟⲧ) dans Thèbes. G. 158.

Le Thoutmoséum de Thèbes. G. 158.

le Rhamesséum de Derry, encore existant à Derry, capitale de la Nubie. G. 158.

ⲡⲓ ⲁⲛ̄ ϯⲛⲁⲕϭⲉ, la salle d'accouchement. G. 347.

, La demeure de Thôth, Ἑρμούπολις, Hermopolis-parva ; Diminhōr, nom vulgaire de ce lieu. G. 155.

, ϩⲁⲧϩⲱⲣ. ϩⲁⲑⲱⲣ. la demeure mondaine, l'habitation d'Horus : groupe formé du caractère ◻︎ habitation et de l'épervier, symbole particulier du dieu Horus.

[𓉐𓅊] , [𓉐𓅆] .

[𓉐𓅆] ⲉⲁⲑⲱⲣ, nom symbolique de la déesse Hathôr. G. 218.

[𓉐𓅊] ⲅⲁⲑⲱⲣ, Hathor, Aθυρ, Athôr, nom d'une déesse Égyptienne que les grecs ont connue sous les noms d'Aθυρ, Aταρ ou Aθυρ et qu'ils ont assimilée à leur Ἀφροδίτη la Vénus des latins. G. 469.

[𓉐𓅐] ⲅⲁⲑⲱⲣ, Hathôr: variante des précédents, et qui en diffère par l'emploi de l'aigle au lieu de l'épervier.

[𓉐𓅊𓏏𓋴] ⲉⲁⲑⲱⲣⲥⲓ, Hathôrsi, l'enfant d'Hathôr (homme). G. 134.

[𓉐𓅊𓏏𓋴𓏏], ⲉⲁⲑⲱⲣⲥⲓ.ⲧ. Hathôrsi, l'enfant d'Hathôr (femme). G. 134.

[𓉐𓅊𓊽𓋴] , dieu du 3ᵐᵉ mois de l'année Égyptienne. (Mém. de l'acad.).

[𓉐𓅊𓍯] , ⲟⲩⲉϥⲅⲁⲑⲱⲣ, Ouphhathôr, le voué à Hathôr (homme). G. 131.

[𓉐𓅊𓏏𓈖𓊪𓇳𓈖𓋴𓇳] ⲉⲁⲑⲱⲣ ⲧⲱⲏⲣ ⲛⲉⲃ ⲛ̄ ⲥⲛⲉⲙ ⲧ̄ ... ⲡⲉϭⲓ ⲙⲁⲓⲥ, Hathôr la principale dame de Sénem guide son fils qui l'aime. G. 352.

[𓉐𓅊𓏤𓏏] ⲅⲁⲑⲱⲣ ⲉⲧ ⲛⲉⲧ, qu'Hathôr donne à Koï. G. 293.

[𓉐𓆼𓏏𓋴𓁗] ⲅⲁⲑⲱⲣ ⲧⲱⲏⲣⲓ ⲛⲉⲃ (ⲕⲁϩⲛ̄)ⲡⲱⲛⲉ, Hathôr l'aînée dame de l'hémisphère inférieur. G. 197.

[𓉐𓅊𓊽𓋴] , une femme la tête ornée du disque entre deux cornes et coiffée du vautour à ailes épandues, ⲅⲁⲑⲱⲣ, Hathôr, déesse. G. 123.

[𓉐𓅊𓊽𓋴] , Une femme coiffée du Pschent orné de deux plumes, au-dessus du vautour, coiffure ordinaire des déesses mères, ⲅⲁⲧⲅⲱⲣ, Hathôr, déesse. G. 123.

244. 　　　　　🔲, 🔲, 🔲, 🔲.

𓎟 ○ 𓏏, ϩⲁⲑⲱⲣ, Hathôr (femme); Ἀθύρ, Ἀθύρ. G. 158.

𓎟 ═══ 𓂋 ○ 𓂝 44, ϩⲁⲑⲱⲣ ϩⲣⲁⲓϩⲏⲧ ⲥⲛⲉ-ⲙⲁⲓ, Aimé d'Hathôr qui réside dans Sénem. G. 158.

𓎟 ○ 𓃒, ϩⲁⲧϩⲱⲣ, Hathôr, la vache Ἀθὼρ nourrie à Aphroditopolis. G. 126.

𓎟 ≡≡ ○ 𓏏 𓊖 𓏏 ✱ ⳨, ϩⲁⲑⲱⲣ ⲧⲱⲏⲣⲓ ⲧⲛⲉⲃ ⲡⲛⲉⲕⲁϩ ⲡⲃⲁⲗ ⲙ̄ⲡⲣⲏ ⲧⲛⲉⲃ ⲙ̄ ⲡⲉⲧϩⲟⲛⲧ ⲛⲛⲉⲧⲏⲣ ⲛⲓⲃⲓ-ⲙⲁⲓ, aimé d'Hathôr, la principale dame de la contrée de conversion, l'œil du soleil, dame du ciel, rectrice de tous les dieux. G. 158.

≡, ϩⲁⲑⲱⲣⲙⲁⲓ, aimé d'Hathôr. G. 454.

𓎟 𓂝 44, ϩⲁⲑⲱⲣⲙⲁⲓ, aimé par Hathôr, G. 454.

𓎟 𓏺 ○ 𓏏 ou 𓎟 ○ 𓏏 𓏺, Hathôr déesse. G. 122.

𓎟 ≡ ○ ⊙ 44, ϩⲁⲑⲱⲣ ⲧⲱⲏⲣⲓ ⲛⲉⲃ ⲥⲛⲉ-ⲙⲁⲓ, Aimé d'Hathôr la principale dame de Sénem. G. 158.

𓎟 ⌂, ϩⲁⲑⲱⲣ-ϯ, la demeure d'Hathôr; nom propre de lieu; groupe terminé par les caractères ⌂ déterminatifs des noms de demeure, et variante du nom sacré de Tentyris. G. 156.

𓎟 ⌂ 𓏏, ϩⲁⲑⲱⲣ-ϯ, Hathôr-ti, nom propre de femme, écrit par les grecs Ἀθυρίη.

𓎟 ⌂ 𓏏 𓁐, sa fille Athyrté. (stèle Royale du musée de Turin).

𓎟 ⌂, ⲙⲁⲛϣⲉⲛⲟⲣϣⲉ, la demeure de l'Abondance. G. 510.

𓉐, la demeure d'Ammon, nom vulgaire de la ville de Thèbes. G. 155.

𓇋𓏠𓈖𓅆𓉐, Ammon dans Thèbes. (autel circulaire du mus. de Turin).

𓉐⊙, la région de la demeure de Seho, l'une des régions et des demeures du midi, consacrée au dieu Seho. ⲩϣⲟ. (mille).

𓊖, le dieu scho dans la région de la demeure de scho. (autel circul. Mus. de Turin).

𓊖, la région de la demeure de 𓏏, déesse, région et habitation du midi: la déesse protectrice désignée sous la forme 𓃁. (autel circul. du Mus. de Turin).

𓊖, la demeure de Neïth, Saïs; Sā, nom vulgaire. G. 156.

𓊖, la demeure de la vie, dans laquelle on priait les dieux de conduire les âmes des morts. (Statue de Phthamosis, galerie de Florence).

𓊖, la demeure de Nêk, dans la région du midi, consacrée à la déesse Nêk-phé, la Rhéa Égyptienne.

𓊖 𓏥 𓊖 Natphé dans la demeure de Nêk, ou de Nâtphé, l'Aphroditopolis de l'Heptanomide; ⲧⲡⲓϩ des coptes). (autel circul. Mus. Turin). G. 155.

𓊖 𓊖, la demeure d'Athyr, l'habitation d'Hathôr, nom sacerdotal de Dendéra, l'ancienne Τεντυρις, Tentyris en Thébaïde. (Bas-relief du temple de Dendera). G. 156.

𓊖 𓊖 ϩⲁⲧⲛⲟⲩⲃ, ⲉⲓⲛⲟⲩⲃ, habitation dorée, la grande salle sépulcrale d'un tombeau. G. 101.

𓊖, la demeure de Phtah, Memphis, nom vulgaire. G. 156.

𓊖 𓊖, ϩⲁⲧ-ⲧϧⲉ, la demeure de paternité. G. 200.

𓊖, la huitième demeure, Ἑρμοῦπολις; la grande Hermopolis, aujourd'hui Aschmounaïn; la schmoun, ϣⲙⲟⲩⲛ, des coptes qui ont conservé le nom Égyptien vulgaire. G. 156.

𓊖, la région des huit demeures, la région de la demeure de schmon (ϣⲙⲟⲩⲛ, etc), groupe désignant la ville ou le nome de Hermopolis-magna de l'Heptanomide, la grande ville de Thôth, l'Hermès Égyptien.

𓌻𓀀𓏛𓇳 , le double Hermès dans la région de Schmoun ; l'une des régions du midi. (Antiq. Égypt. du Musée de Turin).

258 𓉐 , Caractère semifiguratif représentant l'idée Édifice, habitation d'un ordre distingué.

𓉐𓈖𓃯 , er-nord, la demeure d'or, nom d'un édifice ou portion d'édifice. (Grande salle d'un tombeau).

𓉐𓈖𓃯𓉗 , la demeure d'or ou dorée de Thèbes. (Bas d'un Osiris en bois du Musée de Turin).

𓉐𓏏𓊃𓐍 , la demeure de Pselk, nom de la ville de ⲯⲉⲗⲭⲓⲥ, Pselchis en nubie. (Inscript. de Dakkieh, nom moderne de cette ville).

𓉐𓂋 ⲡⲏⲓⲡⲉϥ ⲧϥⲉ , la maison de son père. G. 224.

𓉐𓂋 (ⲟⲓ. ⲧⲓ), habitation, demeure, et par suite tombeau. G. 101.

𓉐𓂋 ⲡⲁⲛϣⲱⲡⲉ , la demeure. G. 337.

𓉐𓂋 ⲟⲩⲙⲁⲛϣⲱⲡⲉ , une demeure. G. 410.

𓉗 , ⲡⲉⲕⲙⲁⲛϣⲱⲡⲉ , ta demeure. G. 428.

𓉐𓂋𓏤 ⲡⲉⲧⲙⲁⲛϣⲱⲡⲉ, copte ⲡⲉⲙⲁⲛϣⲱⲡⲉ , ta demeure (ô femme). G. 461.

𓉐𓂋𓊪𓃾 𓍷 , la demeure du roi soleil modérateur de justice approuvé par le soleil (Ramsès Xᵐᵉ). (Manuscrit hiérat. du Musée de Turin).

𓉐𓂋𓊪𓈖 𓍷 , la demeure du roi soleil seigneur de vérité : nom d'un édifice de l'ancienne Thèbes, soit le palais dit Αμενοφιον ou le Memnonium, soit le tombeau du roi Aménôthph-Memnon dans la vallée de Biban-el molouk. (Manuscrit hiérat. du Musée de Turin).

247.

𓉐𓉔 𓍑𓋹𓊪𓏏𓇳, la demeure du soleil stabiliteur du monde (Thoutmosis III°, le Mœris des grecs); nom d'un édifice de Thèbes ou du tombeau de ce Pharaon à Biban-el-moluk. (Manuscrit hiératique de Turin).

𓉐𓉔 𓆭𓏥 (Ⲟⲣⲁⲛⲟⲣⲅⲉ) la demeure des sycomores, habitation ou ville consacrée au dieu Sévek, le Saturne Egyptien.

𓊃𓃀𓅡𓉐𓉔 𓆭𓏥 le dieu Sévek dans la demeure des sycomores. (Autel arrondi du Musée de Turin).

𓉐𓉔 𓏌𓏌 𓇳, la demeure de Pemen ou Pamen. (lieu nommé dans l'inscription d'un fragment de statue où est aussi nommé Ptolemaïs. Musée de Turin).

𓉐𓉔 𓍯 𓈙 𓇳 ⲟⲩⲙⲁⲛϣⲱⲡ ⲛ̄ ⲱⲛⲉ ⲟⲩⲱⲃϣ, une demeure en pierre blanche. G. 349.

𓉐𓉔 𓇳, l'une des demeures du midi, consacrée au dieu Ammon.

𓈙𓃀𓉐𓉔 𓂝 𓇳 .... (Autel circulaire, Musée de Turin).

𓉐 ⲡⲣⲉ, ⲉⲣⲫⲉⲓ, temple. G. 164.

𓉐 et 𓉐𓉐𓉐, temples. G. 164.

𓉐𓉔 ⲡⲉϥⲙⲁⲛϣⲱⲡⲉ, sa divine demeure.

𓉐𓉔 (ⲡⲣⲉ), ⲡⲣⲉ ⲉⲣⲫⲉⲓ temple, demeure divine. G. 101, 247.

𓉐𓉔 ou bien 𓉐𓉔, groupe exprimant l'idée temple; c'est à dire habitation d'un dieu.

𓉐𓉔𓏤 ou bien 𓉐𓉔𓏤 pluriel du précédent: temples. (Inscription de Rosette, ligne A).

𓉐𓉔𓊪, demeure de Phtah; nom sacré de Memphis. G. 157.

248

𓉐𓉐𓏤 𓍹𓇳𓁧𓃒𓍺 le Ménephthéum, la demeure du soleil stabilisateur de justice (Ménephtah 1ᵉʳ). Nom du palais de Kownra à Thèbes et du quartier circonvoisin. G. 187.

𓉐 et 𓉐 ⲎⲒ, ⲘⲀⲚϢⲰⲠⲈ, demeure, maison. G. 157 et 147.

𓉐𓇳𓊖, nom hiéroglyphique de Tanis, ville de la basse Égypte.

𓌻𓂋𓇳𓊖𓂝𓏥𓏥, chéri de Mandou seigneur de Tanis. (Statue de Pétubaste à Tanis, Passé).

𓉐 ⲎⲒ ⲚⲚⲦⲢ̅. ⲠⲎⲈ, demeure divine, temple. G. 67.

A 𓉐𓏤, (se prononçait ⲈⲒ-ⲐⲎ) demeure, habitation. Caractère suivi du déterminatif des constructions ou habitations 𓏤; le signe ▬ tracé à l'intérieur est l'abrégé de ⲆⲒ ou ϥ, marque des figuratifs.

𓉐 demeure habitation : variante du précédent, renfermant la marque des signes figuratifs ϥ.

𓉐𓏤𓏏𓈖 𓍹𓇳𓏺𓁧𓍺, l'Aménophéum, la demeure du roi soleil seigneur de justice (Aménophis III). Nom de l'édifice et du quartier de Thèbes connu sous le nom de Memnonium par les grecs : l'Ἀμενοφειον des contrats Égyptiens. G. 157.

𓉐𓏤𓁹 ⲠⲈⲔⲘⲀⲚϢⲰⲠⲈ, ta demeure. G. 275.

𓉐𓏤𓈖𓊃 ⲠⲘⲀⲚϢⲰⲠⲈ ⲘⲠⲈⲔϢⲒ, la demeure de ton fils. G. 429.

𓉐𓏤 𓍹𓇳𓁧𓍺 le Thouthmoséum, la demeure du soleil stabilisateur du monde (Thouthmosis III). Nom d'un édifice et d'un quartier de la ville de Thèbes. G. 157.

[hiero] .[hiero].   119

[hiero] et [hiero] (ⲡⲣⲉ) ⲉⲣⲡⲉ, ⲉⲣⲫⲉⲓ, temple, demeure d'un dieu. 101, 202.

[hiero] ⲡⲉⲣⲡⲉ ⲛ̄ ⲁⲙⲛ̄, temple d'Ammon. G. 249.

[hiero] ⲛ̄ⲛⲉⲉⲣⲡⲧⲉ, des temples. G. 189.

[hiero] la demeure des dieux, c'est à dire le temple ou les temples. (sarcoph. Brovetti).

[hiero], l'habitation de Phtah, nom sacré de la ville de Memphis, seconde capitale de l'Égypte:

[hiero]. (lorsque le roi) vint à Memphis pour accomplir. &c (Inscript. de Rosette, ligne 9).

B. [hiero] Ce caractère, demeure, exprime aussi les noms des grands édifices publics et des principaux quartiers de Thèbes ou de Memphis, au moyen du prénom du roi fondateur, enfermé dans ce signe qui est quelquefois couché horizontalement. G. 158. (Voyez plus haut le nom du Rhamesséum).

[hiero], ⲧⲓ ou ⲡⲉⲓ ⲛⲁⲁ, et ⲟⲓⲛⲁⲁ, grande demeure, grande habitation, palais; groupe formé du signe habitation [hiero] et de [hiero] grand. G. 101, 323, 506.

[hiero] dans le palais. (Obélisque Flaminien, face Orientale).

[hiero], dieu grand, seigneur du ciel, président de la grande demeure; titre du dieu Phré. (Obél. Flaminien).

[hiero] de la grande demeure. G. 410.

[hiero], pluriel figuratif (pour [hiero]), les demeures, les habitations.

[hiero] le fils du soleil (Rhamsès) a réparé leurs demeures, (c.à.d. celles des dieux, c.à.d. les temples.) (Obél. flam.).

[hiero], même valeur que le précédent; plus le déterminatif d'espèce. (fragment de chapelle monolithe du Mus. Royal).

63.

[𓉐𓉐𓉐] même valeur que les précédents, formé du pluriel du caractère [𓉐] habitation. (sarcophage [...]). G. 167.

[𓉐𓉐𓉐 𓏲𓏲𓏲], les demeures des dieux c.a.d. les temples. (sarcoph. [...]).

[𓉐𓉐𓉐 𓏲𓏲𓏲] ⲛⲉⲙⲁⲛϣⲱⲡⲉ, leurs habitations. G. 279.

C. [𓉐] Caractère phonétique représentant une maison ou demeure ϩⲁⲧ et exprimant l'articulation ϩ ϩⲟⲣⲓ H. G. N°

[𓉡𓁐𓁗𓊵] ϩⲁⲧϩⲱⲣ, Hathôr déesse, et Hathôr femme. G. 418. 420.

[𓉡𓁐𓅱𓁐], et [𓉡𓁐𓅱𓁐] , (ϩⲁⲧⲓϩⲣ), Hathorsi nourrisson d'Hathôr, noms propres d'homme et de femme. (stèles du Musée de Florence, voyez [𓉡𓅱]).

[𓉡𓁐𓁐𓀀𓁐𓈖𓊵], ϩⲁⲧϩⲱⲣ ⲧⲉⲥⲓⲥⲛⲓ, Hathôr Tesisnei. G. 425.

[𓉡𓁐𓁐], ϩⲁⲧϩⲱⲣ, Hathôr (la défunte). G. 418.

259. [𓊗], Caractère figuratif, représentant une muraille, enceinte, rempart.

[𓊗𓈖𓊗𓏤] ⲡⲥⲟⲃⲧ ⲛⲁⲁ, rempart grand. G. 320.

[𓊗𓊗𓊗] ⲛⲉⲥⲟⲃⲧⲉ, les murailles. G. 396.

[𓊗𓊗𓌡𓁐𓂝𓅓𓏏𓊌] ⲥⲟⲃⲧ ⲃ̄ ϩⲁϫⲱⲥ ⲛ̄ ⲧⲱⲃⲉ, deux murailles en avant en briques. (stèle d'amada).

[𓉐𓊗𓊗𓊗] , ⲕⲱⲧ ⲛⲉⲥⲟⲃⲧⲉ, bâtir les murailles. G. 347.

A [𓉐] Une muraille, une enceinte, élevée par un maçon; groupe figuratif (avec ou sans le bras tenant la massue, signe déterminatif générique des verbes d'action et de force) exprime l'idée bâtir, construire, ⲕⲱⲧ et ⲕⲟⲧ. G. 381.

[𓉐𓏲] , ⲉⲓ-ⲕⲱⲧ, je bâtis. G. 349.

[𓉐𓏲] ⲕⲱⲧ, bâtissant. G. 277.

𓉗 , 𓉐 , 𓊖 .

𓉗𓏤𓂋𓄿𓏛𓈖 𓂝𓏤 𓉐𓏤𓂋𓇋𓀁 𓊹𓊹𓊹 ⲉⲧⲕⲱⲧ ⲅⲩ̄ ⲱⲛⲣ̄ ⲙ̄ ⲅⲁⲛ-ⲕⲱⲧ ⲛ̄ ⲅⲁⲅ̄ⲛ̄ⲅⲱⲣ, bâtissant cette demeure en pierres, par des constructions durables, (Stèle d'Amada).

𓉗𓏤𓈖 ⲕⲱⲧ ⲛ̄ , bâtie par.

𓉗𓏤 ⲡⲧⲏⲣ , a construit.

𓉗𓏤 , réparer un édifice, y ajouter des constructions ou des embelissemens.

𓇳𓅭 𓏃𓏤𓏤𓏤 𓐍𓏤 𓍯𓍯𓍯 𓉗𓏤 𓉐𓉐𓉐 𓏃𓏤𓏤𓏤 , le fils du soleil (Rhamsès) établit des sacrifices pour les dieux et répara leurs demeures, c. à. d. embellit les temples. (Obélisque Flaminien, face méridionale).

𓉗𓂝 , employé dans le même sens que 𓉗𓏤. G. 549.

260. 𓊁 signe figuratif, Battans de porte, exprime l'idée portes, ⲡⲱ.

𓊁𓏤𓈖 , ⲡⲁ̄ ⲡⲱ, cette porte. G. 114.

𓃀𓊃𓊁𓇋𓂋𓄿𓏛𓂝𓏤 , ⲟⲣⲱⲛ (ⲡⲱⲟⲣ) ⲛⲁ ⲅⲩ̄ ⲧⲱϥ, l'ouvreur des portes de Thèbes, ōpħ. (Momie de Thoutenchè, Musée Royal).

𓊁𓏤𓇋𓃀𓏭𓏤𓏤 ⲛⲁⲓ-ⲡⲟ, cette porte. G. 511.

𓊁 ⲉϥ, pour. G. 154.

A, 𓊁 , 𓉐 , Caractère symbolique de l'idée ouvrir. G. 59.

𓊁 , 𓉐 , battant de porte. signe figuratif.

261. 𓉐 , Caractère figuratif abrégé, une des formes de la salle Hypostyle des temples, pilon avec l'indication des portes et des fenêtres. G. 57.

262. 𓉼 et 𓉽 signe figuratif, représentant un Propylon, ⲥⲃⲉⲩ-ⲛⲁⲁ, G. 63.

263. 🏛 , signe figuratif représentant un Pylône. G. 53.

264. 🏛 , signe figuratif représentant un Naos ou chapelle monolithe, ϭⲉⲉⲧ. G. 53.

265. 🏛🏛 signe figuratif représentant un Naos ou chapelle. ϭⲉⲉⲧ., G. 101.

🏛𓀀 ⲡⲧⲁϩ-ⲧⲟⲧⲟⲛⲁ̄, Phtahtotounen. G. 120

266. 🏛 Caractère figuratif, représentant et exprimant dans les textes, un Naos (Ναος) ou chapelle portative, une châsse destinée à renfermer un dieu, une image de roi, ou un symbole vivant, ϭⲉⲉⲧ. G. 56.

Ce caractère est très fréquemment employé dans l'inscription de Rosette.

🏛𓀀𓏏𓏤𓏤𓏤 , avec les naos portatifs appartenant aux dieux. (Inscription de Rosette, ligne 8).

🏛𓀀𓏏𓏤𓏏𓏤𓏤 . le Naos portatif et la statue du dieu Épiphane Eucharistè. (id. ligne 8).

𓀀𓏏𓀀𓏏𓏤𓏤🏛 , les couronnes ornées d'Aspics exposées sur chacune des chapelles. (id ligne 9).

𓏤𓏏𓀀𓏏🏛𓏏𓏤𓏤 qu'ils érigent également la chapelle du dieu Épiphane. (id. ligne 15).

🏛𓏏 ⲧⲛ-ϭⲉⲧ , cette chapelle. G. 277.

🏛𓏏 ⲧⲛ...... cette chapelle. 518.

🏛𓏤 , ϭⲉⲉⲧ ⲧⲛ̄ⲧⲁⲓ , cette chapelle. G. 428

🏛...... la chapelle. G. 519.

🏛𓏏𓏤𓏤 , ϭⲉⲉⲧ ⲧⲛ-ⲛ̄ ⲡⲛⲧⲣ ϣ̄ⲡ , cette chapelle du dieu Épiphane. G. 199.

[hieroglyph] , [hieroglyph] .

[hieroglyph] neder, les chapelles portatives, les chapelles. F.227,472.

[hieroglyph] ké....... Chacune des chapelles. d. 461.

267. [hieroglyph], [hieroglyph], Caractère fig. représentant une salle soutenue par des piliers ou des colonnes, posant sur le signe ⌣, tout universalité, et renfermant deux sièges [hieroglyph]; Exprime, symboliquement l'idée réunion générale, assemblée générale.

[hieroglyph] (Ϩⲱⲟⲩⲧⲉ ⲥⲱⲟⲩⲅ, ⲅⲏⲃⲉ, ϩⲃⲁⲓ, ü.A. panégyrie, assemblée générale; soit de prêtres, soit de citoyens de toutes les classes pour célébrer un événement quelconque par des cérémonies tristes ou joyeuses, Πανηγυρις. (Inscription de Rosette, Texte grec).

[hieroglyphs] comme on fait aux autres dieux dans les panégyries. (Inscription de Rosette, ligne 7).

[hieroglyphs] que ces mêmes jours soient célébrés par une panégyrie dans tous les temples de l'Egypte. (Inscription de Rosette, lignes 11 et 12).

[hieroglyphs] les grandes panégyries, fêtes solennelles qui se célébraient tous les XXX ans, sur lesquelles était fondée la Triacontaétéride, ou période Egyptienne de 30 années.

[hieroglyphs], et lorsque viendra le jour des grandes Panégyries. (Inscription de Rosette, ligne 8).

268. [hieroglyph] variante du précédent; panégyrie, assemblée générale, synagogue.

[hieroglyphs], le seigneur de la panégyrie comme son père Phtah-Sacri; titre donné à Rhamsès le grand. (Obélisque Flaminien, face Méridionale).

[hieroglyph] ⲛⲉϥϧⲁⲓ, panégyries. d. 418, 478.

194

⚱, 𓊽, ⬯

⚱ πωηρι ᾱ πεϩϩαι, l'importante des panégyries. G. 320.

⚱ ⲛ̄ ⲁⲉϩⲃⲁⲓ, des panégyries. G. 480.

⚱ ϩⲃⲁⲓ, panégyrie, G. 441.

⚱ ⲉϩⲃⲁⲓ, rendre panégyrie, faire célébrer une panégyrie. G. 441

⚱ ⲟⲣϩⲃⲁⲓ, panégyrie. G. 338.

A. ⚱ Caractère phonétique représentant la salle des panégyries ϩⲃⲁⲓ, et exprimant l'articulation ϩ hori copte. G. 45 N° 226.

⚱ ϩⲃ, nom hiéroglyphique de la ville dite Isidis-oppidum, ⲛⲁϩⲓⲥⲓ ou autrement Bohbait en basse Egypte.

⚱, Dame de Bohbait, titre de la déesse Isis.

⚱ ... aimée d'Isis grande mère divine, Dame de Bohbait. (Bas-relief de Bohbait, copié par M. Bacho).

269. 𓊽 Signe figuratif, représentant une colonne à chapiteau imitant la houpe du papyrus. G. 53.

𓊽... (ⲟⲩⲉⲧ), pierre verte, serpentine. G. 90.

270. 𓊽 signe figuratif, représentant une colonne à chapiteau imitant la fleur du lotus. G. 53.

271 𓊽 signe figuratif représentant une colonne à chapiteau imitant la fleur du lotus-lis. G. 53.

272. 𓊽 signe figuratif représentant une colonne de chapiteau à bouton de lotus tronqué. G. 53.

⬯, ⬯, caractère figuratif, Ciel. (Voyez au chapitre 1er. N° 1).

273. 𓊽, 𓊽, ϣⲏⲟⲩⲉ, Autel. G. 54. = 𓊽 (Voir à ⲑ au chapitre VI).

𓊽 ϣⲏⲟⲩⲉ, Caractère figuratif noté, représentant un Autel. G. 149.

𓊽 III ϩⲁⲛ ϣⲏⲟⲩⲉ, pluriel du même signe, et même sens. G. 169.

𓊨 , 𓊹 , 𓊖 , 𓊭 , 𓊾 ,

274   𓊨 , Caractère phonétique représentant un autel avec une flamme. G. 40, N°74. ou un tour à potier 6, K. G. 430.

A   𓊹 , Caractère figuratif représentant un autel avec des offrandes, ϣϩοτε.

𓊹 , il sert de déterminatif au groupe phonétique 𓊹𓊭𓊾 ϣϩοτι, ϣϩοτε. autel. G. 76.

275   𓊖 Caractère figuratif, représentant une stèle ou pierre portant une inscription monumentale.

𓊖𓏏𓏭 . Stèle destinée à être placée dans un grand édifice, c. à. d. une grande stèle en pierre dure.

𓊨𓏥𓊖𓏏𓏭𓂝𓅱𓏲 qu'on érige une grande stèle conçue en caractères sacrés. (Ins. de Rosette, ligne 14).

276   𓊭 , 𓊭 , Groupe symbolico-phonétique, exprimant la demeure où se rendent les morts après avoir quitté le monde et d'où ils sortent pour aller en habiter de nouveaux. Le tombeau. Un hypogée. G. 355.

𓊭𓂝𓂝𓊭 qu'il lui donne l'aller et le retour de la demeure de Kiel. (groupe en grès du M. de T.)

𓊭 variante du précédent. Nтρϭιρ, Nοντεϩιρ. G. 542.

𓊭 πтπρϭερι, la région du repos. G. 458.

277   𓊾 , 𓊾 , 𓊾 Caractère symbolique représentant un trône, siège ordinaire des dieux et des rois.

𓊾𓏺𓊾𓊾 Ορϭιπε Οβαϊ πμεταρε, Osiris Obaï le véridique. G. 530.

𓊾𓂀𓊾 variante de 𓊾𓊾, la prunelle o pour l'œil 𓂀, ορϭιπε, ορϭιπι, Osiris. (Philae, Edfou, Ombos, passim).

𓉐𓊨 ⲡⲁⲙⲁⲛϣⲉⲙⲥⲓ, mon siège. G. 273.

𓉐⸱ abréviation de 𓉐𓊨⸱, demeure souveraine de justice ou de vérité, tribunal, cour de justice.

⸻, l'auditeur au tribunal Aménhemôph. (Stèle royale peinte. Musée de Turin).

𓉐𓀾 ⲡⲙⲁⲛϣⲉⲙⲥⲓ ⲛ̄ ϩⲱⲣ, le trône d'Horus. G. 428.

A 𓉐𓊨 siège au figuré, demeure souveraine, demeure où siège un grand personnage.

𓉐𓊨 ⲡⲙⲁⲛϣⲓⲥⲓ, son siège (trône). G. 465.

𓉐𓊨 ⲙⲁⲛϣⲉⲙⲥⲓ, le lieu du siège; salle du conseil, salle d'audience. G. 101.

𓉐𓊨 ⲟⲩⲙⲁⲛϣⲓⲥⲓ, une demeure. G. 294.

𓉐𓊨𓁥, variante de 𓉐𓊨, demeure souveraine de justice; l'image de la déesse Tmé (Vérité ou justice), à la place de ses emblèmes ⸻ ou ⸻ ou ⸻.

⸻, le grammate d'Ammon dans la demeure souveraine de justice, Nébré. (Stèle peinte, Musée de Turin).

𓉐𓊨𓁥, ⲙⲁⲛϣⲙⲉ, tribunal. G. 101.

𓉐𓊨⸻ la grande demeure souveraine, à laquelle présidait le dieu Phtha. (Statue en bois de ⸻).

𓉐𓊨⸻ ⲱⲛⲡ ⲡⲙⲁⲛ ϣⲉⲙⲥⲓ, le grand siège, (le trône) G. 144.

𓉐𓊨⸻ ⲧⲉϥⲙⲁⲛϣⲓⲥⲓ ⲧⲟⲩⲱⲛⲡ, son siège principal. (trône). G. 465.

𓉐𓊨⸻ ⲙⲁⲛϣⲓⲥⲓ ⲛ̄ⲏⲣⲡ, le cellier, le lieu où l'on met le vin.

𓉐𓊨, 𓉐𓊨

𓉐𓊨 demeure de justice, siège de justice ; prétoire, palais de justice, tribunal.

𓉐𓊨 𓀀 𓉐𓊨 𓏏𓏤 𓂭𓂭 𓀀, l'auditeur de justice dans le tribunal ou palais de justice, Thoni. (stèle hyg. M. de C.).

𓉐𓊨 𓏏 𓉐𓊨 𓂋 𓏏 𓀀 𓀙, l'auditeur de justice au palais de justice, Gharo. (gr. stèle. d. M. de C.).

𓇓𓏏𓉐𓊨 𓏏 𓏭𓏏𓏭 𓀀𓏥 𓀀, le secrétaire royal du tribunal, Aménkemôph. (fragment d'un rituel funéraire, Musée de Turin).

𓉐𓊨 ⲙⲁⲛϭⲉⲗϭⲓ. ⲛ̄ⲧⲏⲉ, tribunal, le lieu du siège de la justice. G. 102.

B. 𓊨 Caractère symbolique, représentant un trône, siège ordinaire des dieux et des rois. Employé sans déterminatif, il signifie ⲏⲥⲓ, ⲏⲥⲉ, Isis, l'une des grandes déesses de l'Égypte.

𓊨 𓈖𓏏 𓅐 𓀀𓏪, Isis, la grande dame mère divine (vase de bronze. M. C.)

𓊨 ✶ ⲏⲥⲉ-ⲥⲓⲟⲩ, ⲥⲟⲧⲁⲏⲥⲉ, ⲥⲟⲣ.ⲁ-ⲏⲥⲉ, l'Étoile d'Isis, Sirius, Sothis. G. 96.

𓊨 𓁥 ⲏⲥⲉ, ⲏⲥⲓ, Ἰσέ, Isis Femme ; Isis, Ἴσις, Ἠσις. G. 135

𓊨 𓁐 ⲏⲥⲉ, Isis. G. 112.

𓊨 𓁐 𓎟 𓏏 𓊹 𓏪, ⲏⲥⲉ ⲛⲉⲃ̄ϯ ⲥⲱⲛⲉ ⲕ̄, Isis et Nephthys déesses sœurs. G. 165.

𓊨 𓁐 𓅓 𓂝 𓂋 𓅃, ⲏⲥⲉ ⲙⲟⲟⲛⲉ ⲡⲉϥϣⲏⲣⲉ ϩⲱⲣ, Isis Nourrissant son fils Horus. G. 347.

𓊨 𓁐, une femme coiffée du vautour, la tête ornée du disque et des cornes de vache, Isis. 124.

65.

253.

𓊨𓂀

𓊨𓂀𓏛 ⲏⲥⲉ, Isis. J. 122.

𓊨𓂀𓏛𓌹𓏏𓊽𓂜𓊖𓂜𓈖𓂝𓈗𓏭𓊽𓎛𓊖𓏤 Hce ⲧⲁⲛϩⲟ ⲧⲛⲉⲃ ⲙ̄ ⲙⲁⲛⲟⲩⲁⲁⲃ ϩⲟⲛⲧ ⲱϩⲣⲓ ⲧⲛⲉⲃ ⲙ̄ ⲙⲁⲛⲗⲁⲕ-ⲙⲁⲓ, aimé par Isis la vivificatrice, Dame de l'abaton, rectrice principale et Dame de Philae. G. 438.

𓊨𓂀𓏛, une femme portant un trône ou siège sur la tête, ⲏⲥⲉ, Isis. J. 124.

𓊨𓂀𓏛𓏏𓋑 , ⲏⲥⲉ ⲡⲟⲩⲧⲉⲛ ⲧϩⲓⲙⲉ, Isis la royale épouse. G. 194.

𓊨𓂀𓌻 ⲏⲥⲉ ⲧⲱⲏⲣⲓ, Isis l'aînée. G. 299.

𓊨 il y a des noms propres dérivés ou composés de ce nom divin:

𓊨𓂀𓌻𓏛, ⲏⲥⲉ ⲭ̄ⲣ, Isedjer. (Isis la grande) nom propre de femme. (Momie de chat, M. De Tunis).

𓌻𓏛 variante du nom propre précédent. (autre Momie).

𓊨𓂀𓌻𓏛 ⲏⲥⲉⲱϩⲣⲓ, Iséōri femme, Isis l'aînée G. 136.

𓊨𓂀𓌻𓏤𓈖𓂝𓋴𓏤𓀀𓀀 , ⲏⲥⲉ ⲧⲛⲉⲃ ⲱϩⲣ ⲛ̄ⲡⲧⲟ ⲕⲛⲥ ⲙⲁⲓ, aimé d'Isis la principale Dame de la région de Nubie. G. 47.

𓊨𓂀𓎛 ⲏⲥⲉ, Isis. G. 122.

𓊨𓂀𓁷𓁹𓌻𓏏 , ⲏⲥⲉ ⲅⲡ ⲡⲉⲥⲧⲉ ⲣⲏ, Isis et son père Phré. G. 324.

𓊨𓂀𓋴 , 𓊨𓂀𓋴𓏤 , ⲏⲥⲉ, Isis. J. 122.

𓊨𓂀𓏏𓁐 Isis la divine mère. G. 426.

𓊨𓂀𓋴 , ⲏⲥⲉ, Isis. G. 470.

𓊨𓂀𓌹𓏏 , ⲏⲥⲉ ⲧⲁⲛϩⲟ, Isis la vivificatrice. G. 505.

𓊪, 𓉐, 𓊨.

𓊪 [hieroglyphs] , Hce тянв ū маπотпв-еаς, Aimé d'Isis dame de l'abaton. G. 437. = 𓊪 [hieroglyphs] Hce тπев π мοπλακ (Isis dame de Philée. G. 293. 477.)

𓊪 [hieroglyphs] , Hce gпа Neвер, Isis et Nephthys. G. 531.

278. 𓉐, Caractère phonétique, représentant une espèce de siège ou de banc à dossier et exprimant l'articulation π, p. et φ, ph. G. 41. N° 155.

279. 𓊨, 𓊨, Caractère phonétique représentant un siège ou trône, et exprimant les lettres σ et s, et quelquefois κ. G. 43 N° 181.

𓊨, κ abréviation de 𓊨𓏺 copte ΚΟΤ, ΚΤΟ, cercle, zône, (Voir 𓊨𓏺).

𓊨𓊨 ou 𓊨𓊨𓊨, pluriel phonético-figuratif de l'abréviation précédente.

[hieroglyphs] = Amon-ra seigneur des zônes du monde. (stèle passim).

[hieroglyphs] ππεθετπτε, des sièges du monde. G. 251.

[hieroglyphs] σολ, σωλ, divertere, decipere; mendax esse, furari. G. 384.

[hieroglyphs] ππειζολ, je n'ai pas menti, je ne suis pas menteur. (Rituel funér. pl. 72. ol. 48-48).

[hieroglyphs] , decipere, furari, mendax esse.

[hieroglyphs] , je n'ai pas été menteur envers les hommes. (Rituel. ol. 49. 8).

[hieroglyphs] , en vain, faussement.

[hieroglyphs] ππεισεμμε ην σολον ηβολ), je n'ai pas accusé faussement. (Rituel funér. pl. 72. ol. 43-44).

260

[hieroglyphs], je n'ai fait aucun mensonge à l'égard d'aucune personne. (Rituel funéraire. Pl. 72. col. 44)

[hieroglyphs], ϭλ, ϭολ, fléchir, courber, détourner, voler. G. 386.

[hieroglyphs] ϭροϐϐατοτεω, Grobbatoutō. G. 139.

[hieroglyphs], ϭρϩ, ⲭρϩ, ϭⲱρϩ ⲭⲱρϩ, Nuit. G. 62.

[hieroglyphs], ⲭρϩ, ϭρϩ, (copte ϭⲱρϩ, ϭⲱ̀ρϩ, ⲉⲭⲱρϩ, ⲭⲱρϩ), Nox # Noctis, la nuit avec déterminatif symbolique.

[hieroglyphs], ϧⲛ̄ ⲭρϩ ⲟ̀ϣⲉ ϩρⲱ, dans la nuit comme dans le jour. (Basrelief de Musopher M. de Turin).

[hieroglyphs], ⲭρϩⲱ, (copte ⲭⲱρϩ, ϭⲱρϩ), variante des précédents. (Rituel funéraire pl. 78. col. 62).

[hieroglyphs] ⲭρϩ, ϭρϩ, (copte ϭⲱρϩ, ⲭⲱρϩ), la nuit, variante du précédent dans le déterminatif. (Rit. funér. pl. 72. col. 56.) Les signes ⊙⏐ sont les déterminatifs des divisions du temps.

[hieroglyphs] ⲛⲉϭⲱⲣϩ ⲛ̄ⲧⲉ ⲡⲱⲛϩ, les nuits de la vie. G. 458.

[hieroglyphs] ϭρϩ, copte ϭⲱρϩ, ou sa forme symbolique [hieroglyphs], la nuit, comme adverbe. G. 514.

[hieroglyphs] ϩⲁⲛϭⲱⲣϩ, des nuits. G. 458.

[hieroglyphs] ⲕⲗⲟⲧⲓⲥ pour Κλαυδιος, Claudius, nom impérial romain. (Esné-Mayok).

[hieroglyphs], Κλόπτρ, Cléopâtre, Κλεοπάτρα. G. 158.

[hieroglyphs] ⲭⲣ, donc. G. 525.

[hieroglyphs] masc. deq, [hieroglyphs] fém. ⲧⲟⲉⲧ G. 176.

𓎡𓊮, ⲕⲥⲣⲥ, ⲥⲥⲣⲥ, pour Καισαρος Caesar titre impérial romain. (Légende de Lucius Verus à Philæ).

𓎡𓏤𓏤𓊮 ⲕⲁⲓⲥⲣⲥ, variante du précédent. (Karnac).

280. 𓊮, 𓊮, groupe phonétique, exprimant le Ξ, x des grecs. G. 46, N° 251.

𓊮 ⲟ𝔤ⲥ copte ⲟⲁ𝔤ⲥ, nom d'une espèce de Gazelle, inscrit au-dessus de l'animal qui lui sert de déterminatif figuratif. (Tombeau d'Osiris à Thèbes).

𓊮 ou 𓊮 ⲕⲧ, (copte ⲕⲟⲧ et ⲕⲧⲟ), zona, circulus; cercle, zone.

𓊮 ϩⲓ ⲡϭⲉⲉⲧ, sur le trône. G. 316.

𓊮 ⲛⲧⲓ ϩⲓ ⲡⲁϭⲉⲉⲧ, qui (es) sur mon trône. G.⸗

𓊮 ⲡⲁϭⲉⲉⲧ, et mon trône. G. 373.

𓊮 ⲡϭⲉⲉⲧ, le siège. G. 252.

𓊮 ⲡⲉϥϭⲉⲉⲧ, son siège. G. 289.

𓊮 ou 𓊮 ⲕⲕⲛⲙ, ϭⲛⲙ, Chachnoumis l'un des décans. G. 96.

281. 𓋲 caractère figuratif représentant un Nilomètre.

A. 𓋲, 𓋲 caractère phonétique exprimant les consonnes Τ, et θ. t, et th. G. 40. N° 91.

𓋲𓋲𓏲 ⲉⲧ-ⲧⲧ, établi. G. 338.

𓋲𓋲𓂝 ⲧⲁⲝⲫⲟⲩⲧ, ⲧ ⲑⲟⲩⲧ, étant établi, assuré. G. 429 et 515.

𓋲𓋲𓊮 ⲧⲧⲕ, établissant-toi. G. 336.

𓋲𓋲 ⲛⲟⲧⲧ, stable. G. 470.

𓈎𓋲𓋲 ⲕⲁϩ-ⲧⲁⲝⲫⲏⲧⲧ, la contrée de stabilité.

𓈎𓊖𓋲𓋲, ⲕⲁϩ-ⲧⲁⲧⲧⲟⲩ, la région de Tattou. G. 247.

282 🏛, 🏛, 🏛, 🏛, caractère phonétique, représentant une hutte, une cabane, ou une enceinte entourée d'un mur et couverte d'un toit ou d'un plafond, et exprimamant les articulations g, ϩ, ϧ. G. 45, N°316; et 469; (et Précis, 2.º édit. pag. 741).

🏛, abréviation pour 🏛, ⳃ pour ϩⲁⲡⲉ, préposition sous, sub. G. 360. 468.

𓈎𓂋𓈇 𓈇𓇋𓃀𓇋 ⳃ (ϩⲁⲡⲉ) ⲛⲉⲕⲧⲉϥ, toutes les contrées sous tes sandales. (Propylon de l'enceinte de Philæ).

🏛 𓂋𓇋 ϩⲁ ⲛⲉⲕⲧⲉϥ †, sous tes sandales. G. 468.

🏛 𓂋𓂋 , ϩⲁⲡⲉ ⲛⲉⲕⲧⲁⲧ †, sous tes deux sandales. J. 326.

🏛, ou 🏛, ⳃ, copte ϩⲁ, préposition à, vers, auprès de; ad. G. 469.

𓃀𓇋𓏏𓃀𓈖 , à ton fils l'Osiris attaché aux terres etc. (Stèle à Memphis, sarcophage de Rome).

𓃀𓇋𓏏𓉐𓉐𓉐𓋹𓊪𓇳𓁹𓊪 , à Osiris gardien des temples du soleil bienfaisant de quiétude (Psammétichus 1ᵉʳ) Manéthô. (Dem. Dem.).

🏛 ou 🏛 ⳃⲡ, copte ϩⲁⲡⲉ et ϩⲁⲡⲉⲩ, préposition composée et isolée ayant le sens de sous, vers, auprès de, en, devant. G. 464.

🏛𓂋 , ϩⲁⲡⲟⲓ, ϩⲡⲟⲓ, sous moi. G. 469.

🏛 ⳃ, signifie aussi aux;

🏛 ϩⲁⲡ(ⲉⲩ), sous leurs. G. 470.

🏛 ⳃⲡ, exprime aussi la conjonction et. G. 526.

🏛 est aussi orthographié 🏛 𓂋 , (voyez ce groupe).

⟦hiero⟧ ⲅⲗⲃⲟ, espèce d'arbre nommé Persea par les anciens et que les arabes appellent لباخ Lébakh, mot qui semble dériver de l'égyptien ⲅⲗⲃⲟ lébag ou Hbag.

⟦hiero⟧ ⲅⲗⲃⲟϥ l'un des noms du dieu Thôth-Ibiocéphale, auquel l'arbre de ce nom était consacré.

⟦hiero⟧ , ϩⲁⲡⲉ ⲛⲉⲣⲁⲧ sous les pieds. G. 281.

⟦hiero⟧ ⲅⲡ Ⲉ̄ⲣⲁⲧ, et il a deux jambes. G. 525.

⟦hiero⟧, ⲅⲡ, suivi de la partie antérieure du lion, préposition qui signifie devant.

⟦hiero⟧ ϩⲁⲣⲁⲧⲉⲕⲅⲏ, devant toi. G. 492.

⟦hiero⟧ ϩⲁⲣⲁⲑⲏ, devant. G. 494.

⟦hiero⟧ ϩⲁⲣⲁⲧⲉⲕⲅⲏ, devant toi. G. 492.

⟦hiero⟧ ϩⲁⲣⲁⲧⲉⲩⲅⲏ, devant lui. G. 492.

⟦hiero⟧ ϩⲁⲣⲁⲧⲉⲩⲅⲏ, étant devant lui.

⟦hiero⟧ ⲅⲡ, suivi de la partie postérieure du lion, signifiant derrière. ϩⲁⲣⲁⲡⲁⲟⲩ. G. 494. (préposition.)

⟦hiero⟧ ϩⲁⲣⲁⲧⲉϥ ⲡⲁϩⲟⲩ, derrière lui. G. 494.

⟦hiero⟧ ⲅⲁⲡⲙ̄ ⲡⲉⲥⲓ ⲟⲩⲥⲓⲣⲉ ⲙⲏⲣⲛⲛⲉⲕⲁϩ ⲉ̄. Vers ton fils l'attaché aux terres Manéith. (sarcophage dit) de Sésostris).

⟦hiero⟧ particule qui soit ⲝⲉ, est souvent remplacée dans les exemplaires d'un même texte par ⟦hiero⟧ x̄p, et semble répondre, même sous cette dernière forme, à la conjonction copte ⲝⲉ, donc, igitur, sans. G. 344.

⟦hiero⟧ ⲅⲁⲣⲟϥ et ⲅⲓⲣⲟϥ, en lui, αὐτῷ. G. 469 et 425.

⟦hiero⟧ ⲅⲁⲣⲟϥ, auprès de lui, (en lui). G. 470.

ϩⲁⲣⲟϥ, ϩⲣⲟϥ, sous lui. G. 469.

ou , groupe composé de la préposition simple ou , ga ou ha (G. p. 467), vers, auprès de, sous, et du nom ⲉⲛ la présence, signifie aussi devant, vers le devant de, et les prépositions composées coptes ϩⲁⲉⲛ, ϩⲁⲧϩⲛ et ϩⲁⲧϩⲛ ou ϩⲁϩⲛ n'en sont que de pures transcriptions. G. 491.

, ϩⲁⲧⲁϩⲛ, ϩⲁⲧⲁϩⲛ, ϩⲁⲣⲁⲧⲁϩⲛ, en ma présence. (devant moi). G. 492.

ϩⲁⲧⲉϥϩⲛ et ϩⲁⲧⲉϥϩⲛ, en sa présence, devant lui; G. 492 et 502.

ϩⲁⲧⲉⲕϩⲛ, en ta présence, (devant toi).

ϩⲁⲉⲛ Ⲁⲙⲛ, devant Ammon. G. 491.

ϩⲁⲉⲛ ⲡⲉⲧⲛ̄ ⲉϩⲟⲩⲟⲟⲧⲉ ϩⲓ ⲧⲟⲩⲱⲧⲉ. G. 491.

ϩ, (copte ϩⲁ), à, vers, ad.

ϩⲣϥ (copte ϩⲁⲣⲟϥ, à lui, vers lui); ainsi sont formés par la combinaison des pronoms simples et de (ⲣⲟ) bouche, face, ce mot et les suivants:

ϩⲁⲡⲉ ⲛⲉⲕ-ⲧⲁⲃⲧ, (sont) sous tes sandales. Typ.

ϩⲁⲣⲟⲕ, sous toi. G. 334.

ϩⲣⲟⲕ ϩⲣⲟⲕ, sous toi. G. 469.

ϩⲁⲣⲟⲕ ⲡⲉⲕϣⲁϥⲧⲉ, sous toi est ton ennemi, G. 469.

ϩⲣⲟⲥ, ϩⲣⲟⲥ, ϩⲁⲣⲟⲥ, ϩⲁⲣⲟⲥ, sous elle. G. 469.

, ϩⲁⲣⲉⲛ, ϩⲁⲣⲱⲟⲩ, sous elles. G. 470.

ϩⲁⲡⲉ ⲧⲙⲉ, sous la vérité. G. 394.

ϩⲣⲁⲓⲛⲧ, καὶ ἐπεί; et puisque.

[hiéroglyphes] ⲅⲣⲁⲓ ⲛⲧ
ⲟⲧⲟⲛ ⲙⲉⲥⲟⲣⲡⲉ ⲥⲟⲧ ⲗ̄ ϩⲁⲣ) ⲡⲉⲓ (ⲛ̄) ⲛⲟⲩⲡⲉ ⲉⲛⲣ, et puisque le XXX. de Mésori étant le jour de la naissance du dieu gracieux vivant toujours. (Inscription de Rosette).

[hiéroglyphes] ϩⲁⲡⲉ ⲧⲡⲉ, sous le ciel. G. 706.

[hiéroglyphes] et [hiéroglyphe] Orthographe de [hiéroglyphe], dans les basses époques. G. 469.

[hiéroglyphes] ϩⲁⲡⲉ ⲛⲉⲕⲧⲁⲧ, sous les sandales. G. 544.

[hiéroglyphes] ϩⲁⲡ (ⲉⲛ) (cpt ϩⲁⲣⲁⲧⲕ) sous les pieds. G.469.

283. [obélisque], Caractère figuratif représentant un obélisque. G.34.

[hiéroglyphes] ⲭⲏⲣⲉ ⲃ̄; deux obélisques, duel du même signe. (Obélisque du Louxor).

[hiéroglyphes] ⲛⲉⲭⲏⲣⲉ ⲃ̄, les deux obélisques. G. 26.

A. [obélisque] Caractère symbolique, représentant un obélisque et exprimant tropiquement l'idée du dieu Ammon, ⲁⲙⲛ.

[hiéroglyphe] (ⲁⲙⲛ) Ammon.

[hiéroglyphes] ⲁⲙⲛ-ⲣⲏ, Amon-Ra, nom propre de grande divinité.

[hiéroglyphes] ⲁⲙⲛ-ⲣⲏ, Amon-Ra, même sens que le précédent. G.121.

[hiéroglyphes] ⲁⲙⲛ-ⲣⲏ, Amon-Ra, variante du précédent. G.121.

[hiéroglyphes] (ⲁⲙⲛ-ⲣⲏ), Amon-Ra, la plus grande divinité des Égyptiens.

[hiéroglyphes] le prêtre d'Amon-Ra roi des dieux Harsi-mandou. (Vase de bronze du musée de Turin).

[hiéroglyphes] (ⲁⲙⲛ-ⲣⲏ), Amon-Ra, variante du précédent.

266. ▭ 𓏺 , △ , ▭ , ▭ , ▥ , ▭ , ▭ .

𓅓𓏏𓏥𓉐 , Prêtre du seigneur Amon-ra. (fragment de statue du musée de Turin).

𓏺𓇳𓎟𓊹𓊹 , Amon-ra roi des dieux. (coffret à spadice, Musée de Turin).

284 △ Caractère figuratif représentant une Pyramide.

△ Sert de déterminatif au nom phonétique de la ville de Memphis.

▥𓋹𓆑△ Ⲙⲛⲛⲟϥⲣ, Mennoufré. G. 153 et N°. 1er.

285 ▭ , ▭ , ▭ , Caractère figuratif noté représentant un bassin d'eau, un réservoir d'eau en plan. ϣⲏⲓ, π.

𓈗▭ (ϣⲏⲓ, π. ⲟⲩϣⲏⲓ (ⲛⲟⲟⲣ), un réservoir d'eau, un bassin d'eau, un puits: semblable à ces Réservoirs ou bassins placés dans le voisinage des temples. G. 525. et 526.

▥𓈗𓏤𓂋𓏥 𓂋𓈗▭𓏤 le respectable puits de Natron et le respectable puits de ℨt. (Rituel funér. pl. 1, col. 104).

A ▭ , ▭ , ▭ , ▭ , ▭ , Caractère phonétique, représentant un bassin d'eau ϣⲏⲓ, π, et exprimant l'articulation ϣ du copte, sch, dans les mots Égyptiens. G. 44, N° 197.

▭𓈘 , ⲡϣⲏⲓ, Puits, réservoir. G. 99 et 307.

▭𓈗 ⲡϣⲏⲓⲛⲟⲟⲣ, le bassin d'eau. G. 407.

𓂋𓏤𓂋▭𓈗 ⲡⲉϩϩ ⲛⲉϣⲏⲓ, remplir les bassins. G. 459.

▭𓀔 , ϣⲣ, ϣⲏⲣⲉ, fils. G. 76.

▭𓀜 , ϣϥ (copte ϣⲱⲣ, ϣⲁⲣⲓ), frapper, renverser, percuter.

▭𓀜 , ϣⲏⲟⲩⲧ, participe passé du précédent, frappé, renversé, percussus.

167.

𓉻𓏥𓈉𓂡, voici les contrées frappées, c.à. dire soumises, renversées.

𓈙𓂋𓅭, ϣⲏⲣ, ϣⲏⲣⲉ, fils. G. 76.

𓈙𓂋𓂉𓏤, ϣⲡⲟⲧ, Narines. G. 92.

ϣⲱⲧ, ϣⲁⲧ (copte Smn) Secare, dividere, couper, trancher, diviser en pièces, (les signes ―, ⨽ sont déterminatifs). (Rituel funér. 2ᵉ p. sect. V, chapitre 110ᵉ (version). G. 584.

𓈙𓏤𓂡 ϣⲱⲧ ϩⲱⲣ; coupe Horus. G. 196.

𓈙𓂡 (si ce n'est point une faute pour 𓈙 ϣⲱⲧ).

𓍞𓈙𓂉𓂋𓀔𓏥, ⲧⲱⲏⲣ ϣⲱ...ⲥⲧⲓⲣ ⲛ̄ ϣⲁϫⲧⲉ ⲛ̄ ⲡⲉϥⲥⲟⲛ, la grande compense de côtés aux ennemis de son frère, (Isis). (Edif. de Gauche, vue D. Philae.).

𓈙𓂡, ϣⲱⲧ, ϣⲁⲁⲧ, ϣⲱⲧ.ϣⲁⲁⲧ, couper, tailler. G. 584.

𓈙𓂝𓏤𓏛, ―――――― (1ʳᵉ Colonne de Philae, Manusc. de Gauche).

𓈙𓂡, ϣⲓⲛⲉ, a arrangé. G. 506.

𓈙𓊖, ϣⲱ, ϣⲟⲣⲱ, sorte de pain sacré.

𓏐𓂋𓈙𓏥𓏺𓂋𓏤𓈙𓂉𓀔𓀔, le cuiseur de pains de la demeure d'Ammon Pétharphré. (Manuscrit de Pétharphré, Cab. du Roi).

𓏐𓏥 ⲛ̄ϣⲟⲩⲟⲣⲉ, des pains sacrés. G. 553

𓍷𓊗 ϣⲃⲱ, ornements de cou, sorte de collier, avec déterminatif figuratif.

𓍷𓏥𓅓𓂝𓈙𓏲 ϣⲃⲣ ⲁ̄ ⲛⲉⲟⲣⲁ̄, ... (Stèle d'amosis Alex.).

𓈙𓂝𓏥 ϫⲉ ϣⲃⲱ, les cordons? les fermetures. copte ϣⲃⲱ.

𓈙𓂝𓏥𓊋𓏥 .... (Rituel funér. pl. 72, col. 44).

𓂻 ϣⲉ, (copte ϣⲉ), Ire, progredi, marcher, aller. G. 582.

168.

[hieroglyphs], ⲛⲁⲓ ⲙ̄ⲉ ⲅⲏ ⲛⲉ ⲡⲁⲧ, j'ai marché par mes jambes. (Rituel funér. d'Pethamphis, Cabinet du Roi).

[hieroglyphs] ⲛⲁⲡⲁⲧⲟⲧ ⲡ̄ (ⲉ̀) ⲙ̄ⲉ, mes jambes pour marcher. (Même Rituel).

[hieroglyphs] ⲙ̄ⲉ-ⲩ (ⲅⲉⲩ), aller. G. 398.

[hieroglyphs] ⲙ̄ⲉ ⲅⲏ, ⲙ̄ⲉ ⲅⲏ, Entrer, introire. G. 383.

[hieroglyphs] ⲧⲉⲙ̄ⲉ-ⲩ ⲛ̄ ⲛⲉⲧⲡⲁⲧ, tu marches par tes jambes. G. 205.

[hieroglyphs] ⲙ̄ⲉⲡⲱ, nom d'une mauvaise action. (Rituel. funér. pl. 72, col. 15.).

[hieroglyphs], ⲉⲙ̄ⲉ, il marche. G. 402.

[hieroglyphs] ⲙ̄ⲉⲙⲉ, ⲙ̄ⲉⲙⲉ, ranger, mettre en ordre. G. 383.

[hieroglyphs] ⲙ̄ⲛ̄ⲧⲏ, ⲙ̄ⲛ̄ⲧⲉ (copte ⲙⲱⲛⲧ, plectere; ⲙⲉⲛⲧⲱ, sindon); la Tunique courte, et couvrant le milieu du corps seulement, que portent les figures égyptiennes; ce mot est placé à côté de l'objet qu'il exprime dans les inscriptions du tombeau de Mandouthph. [hieroglyph], (collection Passalaqua). et G. 85.

[hieroglyphs] ⲙ̄ⲛ.... travailler le bois, être menuisier; Menuisier, charpentier. (Tomb. d'ela 3e Pyramide).

[hieroglyphs] ⲙ̄ⲧⲩ (voir [hieroglyph]) employé dans le sens Bélier, et au figuré esprit, chef, Δαιμων.

[hieroglyphs], le dieu gracieux grand chef (ou Bélier), lion victorieux de... (Obélisque du Temple d'Hathor à Ibsamboul).

[hieroglyphs] ⲙ̄ⲑⲟⲧⲧ, participe passif de ⲙⲱⲧ, occisi, tués, mactati. (1er Pylône de Philae, massif de Gauche).

⊂⊃ , ⸺ , ⊂⊃ ,   269

286 ⊂⊃ , caractère phonétique, représentant une Enceinte et exprimant la consonne U, M. d. 41, N° 122.

287 ⸺ , ⊂⊃ , Groupe phonétique exprimant les consonnes u, n, ou plutôt la syllabe un, Men', Mon, Man. G. 46. N° 139.

⸺ un, men', Mon, &c un des noms du dieu Ammon; employé dans la formation des noms propres.

Pété-men, celui qui est à Men le seigneur des Zônes (du monde).

ⲙ̄ⲛⲟⲩⲁⲃ, le Manouèb, l'abaton, (à Philæ).

Isis déesse vivificatrice dame du Manouèb. (A. vol. II, pl. 27 de la Descript. de l'Égypte).

ⲙⲁⲛⲟⲩⲁⲃ, ⲙⲁⲛⲟⲩ, lieu pur, Abaton. d. 68.

ⲡⲓⲙⲁⲛⲟⲩⲁⲃ , … l'abaton. d. 299.

ⲛ̄ⲧⲡⲓⲙⲁⲛⲟⲩⲁⲃ , de l'abaton. d. 352.

ⲙ̄ⲛⲗⲕ , Manlak, nom hiéroglyphique de l'île de Philæ, (Philæ, propylon de Nectanèbe).

ⲙⲛⲗⲕ , variante du précédent. (A. vol 1, pl. 27. n° 1).

ⲙ̄ⲛⲗⲕ , Manlak, nom hiéroglyphique de l'île de Philæ.

, Horus seigneur de Manlak. (Descript. de l'Égypte. A. vol. 1, pl. 22). analogue au nom copte ⲡⲓⲗⲁⲕϩ (ⲙⲓⲟⲗⲁⲕϩ) la cataracte.

ⲙⲁⲛⲗⲁⲕ, Manlak. l'île de Philæ et les îles de la cataracte en général; variante du précédent; Isis et Horus Seigneurs de Manlak. (id. pl. 22 n° 4).

ⲙ̄ⲛⲗⲕ . variante des précédents. (A. vol. 1, pl. 27. N° 7).

ⲙ̄ⲛⲗⲁⲕ, Manlak, l'île de Phila, la Cataracte. Isis dame de Manlak. (A. vol. 1, pl. 22. n° 8) variante des précédents.

68.

170

[hieroglyphs] ou [hieroglyphs], ⲙⲛⲟⲣⲙ̄, Ⲙⲛⲟⲩⲓⲃ, le lieu pur, le lieu saint, Abaton, nom hiéroglyphique d'une partie de l'île de Philae plus spécialement consacrée à la famille d'Osiris: de l'Abaton. (*Descr. de l'Égypte, A. vol. 1, pl. 11.*) Horus seigneur de l'Abaton. Isis dame de l'Abaton. (D.)

[hieroglyphs] ⲙ̄ Ⲡⲓⲗⲁⲕ, de Philae. G. 409.

288. [hieroglyphs], caractère phonétique représentant une autre espèce de bassin rempli d'eau aussi, et exprimant l'articulation ⲙ (M); il est employé dans les textes comme homophone de [hieroglyph]. G. 41. N° 113.

[hieroglyphs] ⲙⲁⲓ, ⲙⲉⲓ, (copte idem), amans aimant, qui aime. J. 305.

[hieroglyphs], et son abréviation [hieroglyph], ou bien [hieroglyphs] abréviat. [hieroglyphs], participe, ⲙⲁⲓ, ⲙⲉⲓ, qui s'emploie dans le sens actif, aimant, lorsqu'il est l'initiale d'un qualificatif composé; il devient participe passif s'il est placé après un nom de divinité. G. 422.

[hieroglyphs] ⲙⲁⲓ, ⲙⲉⲓ, synonyme et variante du précédent.

[hieroglyphs], ⲙ, abréviation de [hieroglyphs] ⲙⲁⲓ, ⲙⲉⲓ, aimer, diligere, amare, verbe.

[hieroglyphs] ⲟⲥⲓⲣⲉ…ⲙⲁⲓ ⲡⲉϥⲉⲓ ⲙⲁⲓϥ, Osiris…aime son fils qui l'aime (Philométor) (édifice de gauche, nord, Philae). [hieroglyph] cette abréviation s'emploie dans les deux modes l'actif et le passif.

[hieroglyphs], ⲙⲁⲓⲣ, Ⲙⲁⲓ-ⲣⲉ, aimant Ré (Hommel). J. 152.

[hieroglyphs] ⲙⲁⲓⲧⲟ ⲙⲁⲓⲃⲟ, aimant le monde; ami de l'Égypte. [ref]

[hieroglyphs] ⲙⲁⲓ.ϥ qui l'aime. G. 732.

⌐═┐ , ▥ , ▭ .

ⲙⲁⲓⲁⲙⲛ, «aimant ammon», l'ami d'Ammon, titre donné à plusieurs rois Égyptiens. (Légende de Ramsès Maiamoun).

(ⲙⲁⲓⲛⲉⲛⲟⲧⲣⲉ, ⲙⲁⲓⲛⲉⲛⲧⲣ), aimant les dieux, l'ami des dieux.

⌐═┐ 𓊪𓊪𓊪, même sens. (Titre de Nicocle, Prophète de Philæ). G. 355.

ⲙⲁⲓⲧ, aimant-moi. G. 410.

ⲙⲁⲓϥ, aimant lui, amans eum, titre des enfants à l'égard du père.

ⲙⲁⲓⲥ, aimant elle, amans eam, titre des enfants à l'égard de la mère.

avec une marque de rapport telle que la préposition ⲛ̄ de ou par a le sens passif.

ⲙⲉⲛ̄ⲡⲧⲁϩ, ⲙⲛ̄ⲡⲧⲁϩ, aimé par Phthah. G. 432.

ⲙⲉⲛ̄ⲁⲙⲟⲛ, aimé par amon. G. 432.

289. ▥ , ⌐═┐ , Caractère symbolique exprimant l'idée eau et qui était prononcé ⲙⲱⲟⲣ, ⲙⲁⲟⲣ, sert souvent de déterminatif au signe ▥ pour restreindre probablement son application.

ⲛⲁϭ-ⲙⲱⲟⲣ, la contrée de l'eau. G. 413.

290. ▭ , ▭ , caractère phonétique représentant une espèce de bassin rempli d'eau et exprimant l'articulation ⲛ. G. 42, N° 142.

ⲁⲛⲧⲛⲓⲛⲉ, Antoninus, légende de l'Empereur Marc-Aurèle Antonin. (copiée à Philæ, petit temple, par Mr Wilkinson; et Salk, pl. II N° 19).

271.

291. [hieroglyphs], Caractère figuratif, représentant et exprimant une barque, un Bateau, un vaisseau, une Bari ⲂⲀⲢⲒ, ⲂⲀⲢⲒⲤ; répond au phonétique [hieroglyphs], ou [hieroglyphs] par abréviation. G. 520.

[hieroglyph] caractère déterminatif figuratif du groupe phonétique [hieroglyphs] ou [hieroglyphs], barque, vaisseau, bari.

[hieroglyphs] †ⲂⲀⲀ ⲚⲠⲢⲎ, le vaisseau du soleil. G. 4 tg.

[hieroglyphs], ⲘⲐⲎ ⲦⲂⲀⲀ, devant la barque. G. 574.

292. [hieroglyph] ⲂⲀⲚ-ⲀⲘⲚ-ⲢⲎ, bari ou Arche du dieu Ammon. G. 3∞.

293. [hieroglyph], Caractère figuratif, représentant la bari ou Arche du dieu Chons ⲂⲀⲚ-ⲬⲰⲚⲤ; distinguée par les têtes symboliques du dieu à la poupe et à la proue. (Statue funér. M. T.)

294. [hieroglyphs], Caractère figuratif représentant la bari ou arche sacrée du dieu [hieroglyph] ⲤⲀⲔⲢⲒ ou Phtha Sokaris. (Rituel funér. 1ʳᵉ partie, sect. 1. chapitre 1).

295. [hieroglyph], Caractère figuratif représentant le bari ou barque sacrée de la déesse Mouth, la mère divine; reconnaissable aux deux têtes symboliques de cette divinité, placées à la proue et à la poupe. Ce caractère est précédé du groupe phonétique [hieroglyphs] barque, auquel il sert de déterminatif.

[hieroglyphs] — ton nom est vivant dans la divine demeure de Neith, dame de Sau; de; qu'elle fasse naviguer ton âme avec elle dans la bari sacrée. (Statue funéraire du Musée de Turin).

296. Caractère figuratif noté, représentant un chemin public, ϩⲓⲏ. G. 59.

, ⲛⲓⲃ ⲧϩⲓⲏ, tout-chemin. G. 490.

, ⲁ ⲧϩⲓⲏ, en chemin. G. 402.

, et , ϩⲓⲟⲟⲣⲉ, les chemins, les routes. G. 169, 227, 385.

A. Caractère symbolique exprimant l'idée mouvement, progression. G. 59.

, Nom symbolique du dieu Horus, ϩⲱⲣ, horus. G. 110.

B. Caractère phonétique représentant un chemin public, ϩⲓⲉ, et exprimant l'articulation ϩ, G. 58.

297. , . Caractère symbolique représentant un chemin tortueux planté d'arbres et exprimant symboliquement le nom d'Horus.

nom symbolique du dieu Horus, synonyme de et .

, dieu sauveur Horus manifesté par Osiris, enfanté par la déesse Isis. (Cippe d'Horus, Musée de Naples, provenant de Maria Grazia).

298. , Caractère figuratif représentant un treillage construit avec des poteaux ou des perches.

, Jardinier, celui qui cultive un jardin, une plantation d'arbres fruitiers. (Tombeau de Denderah).

ⲉⲗⲗ, cep de vigne appuyé sur deux échalas; ⲉⲗⲟⲟⲗⲉ, raisin. G. 79.

299. (Autre Espèce d'Enceinte)(1r. Pylône de Philæ, Manif. D. gauche.

300. ⌬ Caractère figuratif représentant une Enceinte.⋯

301. ⌻ Enceinte murée et fortifiée, exprimant une circonscription de territoire, et renfermant les noms des peuples et contrées vaincus par les Pharaons Égyptiens, ainsi que les noms des villes par eux soumises. S. 159.

ⵣⵣⵣ, contrée sise au midi de l'Égypte et conquise par Ramsès III. (2.º Pylône de Karnac, à droite).

Contrée soumise par Sésonchis. (à Karnac). un numéro précède ici tous les noms de peuple ou de lieux qui sont inscrits dans les tableaux sculptés au palais de Karnac à Thèbes, et qui représentent les conquêtes du Pharaon Sésonchis. (Voyez lettres écrites d'Égypte, p. 99). Ce numéro indique l'ordre de chaque nom dans ces tableaux, ordre peut-être géographique; cet ordre n'est dérangé ici que pour se soumettre à celui des signes composant chaque groupe.

Τρεικεω, Θρεικεω, Thrēïkesō, Thrēïlesō, pays d'Europe (la Thrace), conquêtes attribuées à Évergète I.ᵉʳ

Peuple habitant au midi de l'Égypte; liste des contrées soumises par Ramsès le grand. (2.º Pylône de Karnac au nord).

Bolo, Bolo, Balo; pays d'Afrique; conquêtes d'Aménophis III, au Memnonium.

wcar, Nom d'un peuple et d'une contrée de la Nubie, soumis à Osortasen 1.ᵉʳ (Stèle de Ouadi-halfa).

λϩτα, Contrée soumise par Sésonchis. (à Karnac).

N° 13. Contrée soumise par Sésonchis. (à Karnac).

N° 17. Contrée soumise par Sésonchis. (à Karnac).

orup, nom de peuple copié à Ouadi-Halfa par Ricci, cinquième de la liste.

Φυιοα, Πεμιοα, Phamioa, Pamioa, pays d'Afrique; Conquêtes d'Aménophis III, au Memnonium. G. 189.

Πακεδη, Makédon, pays d'Europe (la Macédoine). Conquêtes attribuées à Évergète 1er. (Temple au nord d'Esné.) G.160.

N° 17. Maganaim, Mahanaïm, ville de Juda מחנים ; Conquêtes de Sésonchis, (à Karnac). G. 160.

Macdo, Magédô, ville de Judée (Mageddo) מגדד, Conquêtes de Sésonchis, (à Karnac). G. 160.

N° 1. Contrée soumise par Sésonchis. (à Karnac).

N° 21. Contrée soumise par Sésonchis. (à Karnac).

N° 24. Contrée soumise par Sésonchis. (à Karnac).

arpouor, contrée située au midi de l'Égypte, voisine de l'Éthiopie; liste des pays vaincus par Sésostris-Ramsès l'approuvé de Phré. (2e Pylône de Karnac à gauche).

contrée voisine de la précédente, la finale a disparu.

N° 15. Contrée soumise par Sésonchis. (à Karnac).

276

N° 23. Contrée soumise par Sésonchis. (à Karnac).

Nom de peuple copié à Ouadi-Halfa par Ricci, septième de la liste, Oκιι. (Ouadi-Halfa).

N° 22. Ιοταρυαλκ, Ιουδαhαμαλέκ, pays d'Asie (le royaume de Juda.) Conquêtes de Sésonchis. (à Karnac). G. 160.

Nom de peuple copié à Ouadi-Halfa par Ricci, sixième de la liste.

Nom de peuple copié à Ouadi-Halfa par Ricci, quatrième de la liste. ογρωπ......

ΑγρωΠ, ΑγχλωΠ, Nom d'un peuple et d'un canton de la Nubie, soumis au Roi Osortasen 1er. (Stèle de Ouadi-Halfa).

N° 29. Contrée soumise par Sésonchis. (à Karnac).

ϢΟΟΤΤ, ϢΛΟΤΤ, Nom d'un peuple et d'un canton de la Nubie, soumis au roi Osortasen 1er. (Stèle Ouadi Halfa).

ϢΟΤΑΤ, Nom de peuple copié à Ouadi-Halfa par Ricci, troisième de la liste. (Analogue au précédent).

N° 11. Contrée soumise par Sésonchis. (à Karnac).   N° 32. Contrée soumise par Sésonchis. (à Karnac).

N° 46. Contrée soumise par Sésonchis. (à Karnac).   N° 7. Contrée soumise par Sésonchis. (à Karnac).

N° 15. Contrée soumise par Sésonchis. (à Karnac).   N° 17. Contrée soumise par Sésonchis. (à Karnac).

La partie septentrionale du monde: c'est à dire les pays situés au Nord et au Nord-Est de l'Egypte.

(Liste des Nations et contrées soumises par Rhamsès III.) 1er pylone de Karnac à droite. V. plus haut p. 20).

O

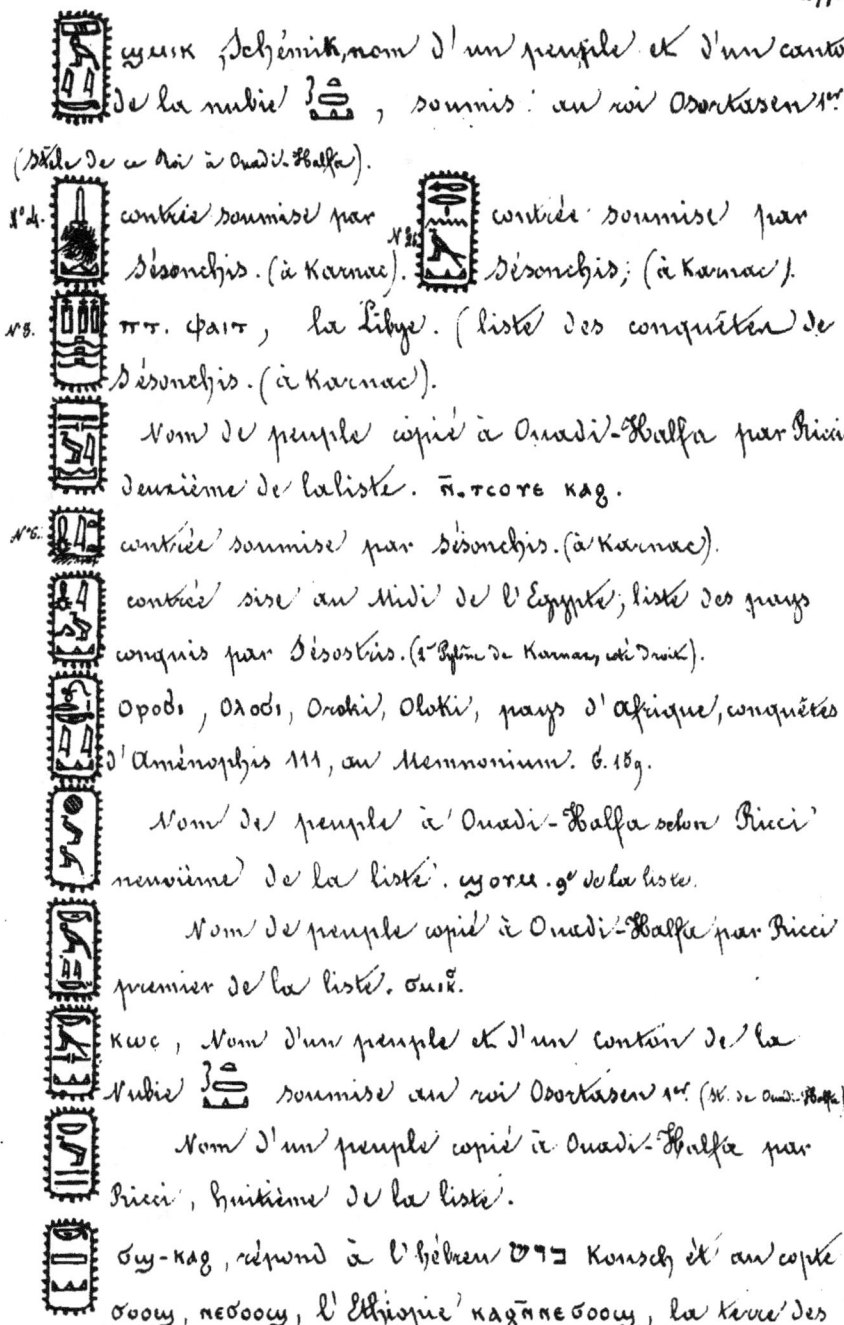

ⲥⲭⲉⲙⲓⲕ, Schémik, nom d'un peuple et d'un canton de la Nubie, soumis au roi Osortasen 1ᵉʳ (stèle de ce roi à Ouadi-Halfa).

N°4. contrée soumise par Sésonchis (à Karnac). N°22. contrée soumise par Sésonchis (à Karnac).

N°8. ⲡⲧ. ϥⲁⲓⲧ, la Libye. (Liste des conquêtes de Sésonchis (à Karnac).

Nom de peuple copié à Ouadi-Halfa par Ricci deuxième de la liste. ⲛ̄. ⲧϭⲟⲧⲉ ⲕⲁϩ.

N°6. contrée soumise par Sésonchis (à Karnac).

contrée sise au Midi de l'Égypte; liste des pays conquis par Sésostris. (1ᵉʳ Pylône de Karnac, côté droit).

Opodi, Olodi, Oroki, Oloki, pays d'Afrique, conquêtes d'Aménophis III, au Memnonium. 6.159.

Nom de peuple à Ouadi-Halfa selon Ricci neuvième de la liste. ⲉⲩⲟⲧⲉⲉ. 9ᵉ de la liste.

Nom de peuple copié à Ouadi-Halfa par Ricci premier de la liste. ⲟⲩⲓⲕ.

ⲕⲱⲥ, Nom d'un peuple et d'un canton de la Nubie, soumise au roi Osortasen 1ᵉʳ (st. de Ouadi-Halfa).

Nom d'un peuple copié à Ouadi-Halfa par Ricci, huitième de la liste.

ⲟⲩ-ⲕⲁϩ, répond à l'hébreu כוש Kousch et au copte ⲉϭⲟⲟⲩ, ⲛⲉϭⲟⲟⲩ, l'Éthiopie ⲕⲁϩ ⲛⲛⲉϭⲟⲟⲩ, la terre des Éthiopiens; rangée parmi les contrées méridionales soumises par Ramsès l'approuvé du soleil. (2ᵉ Pylône de Karnac à droite).

70.

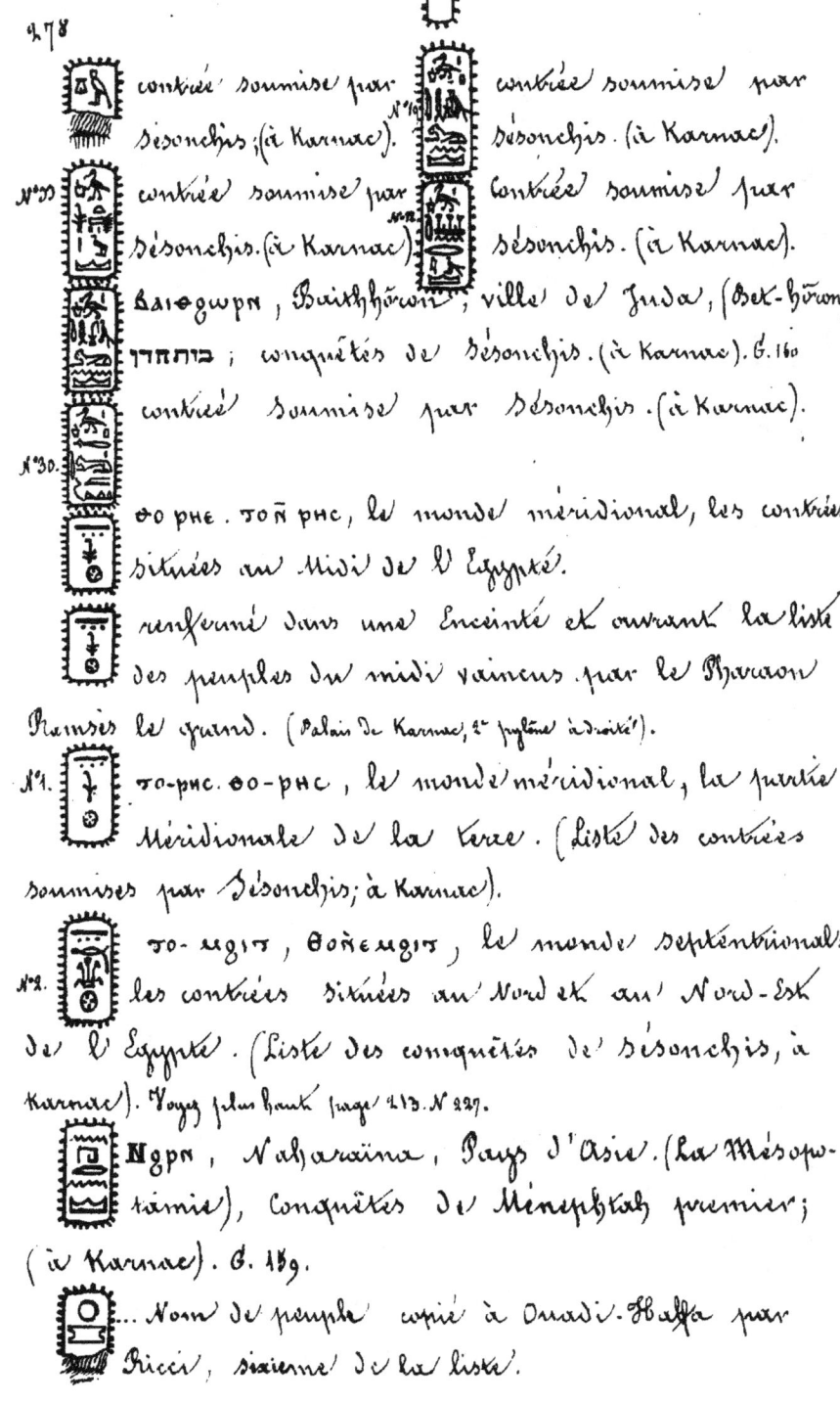

contrée soumise par Sésonchis, (à Karnac). contrée soumise par Sésonchis. (à Karnac).

N°29 contrée soumise par Sésonchis. (à Karnac). contrée soumise par Sésonchis. (à Karnac).

ⲃⲁⲓⲑⲱⲣⲛ, Baithhôrôn, ville de Juda, (Bet-hôron); בותחדון; conquêtes de Sésonchis. (à Karnac). G. 160

N°30. contrée soumise par Sésonchis. (à Karnac).

ⲑⲟ ⲣⲏⲥ. ⲧⲟⲛ ⲣⲏⲥ, le monde méridional, les contrées situées au Midi de l'Égypte.

renfermé dans une enceinte et ouvrant la liste des peuples du midi vaincus par le Pharaon Ramsès le grand. (Palais de Karnac, 2.e pylône à droite).

N°1. ⲧⲟ-ⲣⲏⲥ. ⲑⲟ-ⲣⲏⲥ, le monde méridional, la partie méridionale de la terre. (Liste des contrées soumises par Sésonchis; à Karnac).

N°2. ⲧⲟ-ⲙϩⲓⲧ, Ⲑⲟⲛⲉⲙϩⲓⲧ, le monde septentrional: les contrées situées au Nord et au Nord-Est de l'Égypte. (Liste des conquêtes de Sésonchis, à Karnac). Voyez plus haut page 213. N° 227.

Ⲛϩⲣⲛ, Naharaïna, Pays d'Asie. (La Mésopotamie), Conquêtes de Ménephtah premier; (à Karnac). G. 159.

... Nom de peuple copié à Ouadi-Halfa par Ricci, sixième de la liste.

Tεκppp, Tekrror, Dakror, Pays d'Afrique; Conquêtes de Ménephtah premier, (à Karnac.) G. 139.

N°10. Contrée soumise par Sésonchis; (à Karnac).

N°20. Contrée soumise par Sésonchis; (à Karnac). Probablement Hetham, forteresse de Juda.

N°18. Contrée soumise par Sésonchis; (à Karnac). Πρϲω, Φρϲω, Parsō, Pharsō, pays d'Asie, la Perse; conquêtes attribuées à Evergète 1er. (Temple au Nord d'Esné). G. 160.

302 ⌂ . Caractère figuratif, représentant un four, un fourneau. Opp, Xpp. G. 76.

CHAPITRE SIXIÈME.

HABILLEMENT; COIFFURES; INSIGNES; ARMES; MEUBLES et USTENSILES; ÉCRITURE; INSTRUMENTS de MUSIQUE, des ARTS ET DES MÉTIERS.

303. [hiér.] , ϥⲛⲧⲉⲓ , Peigne. G.53. Caractère figuratif.

304. [hiér.] , ⲃⲁⲥⲱⲟⲧ , demi-tunique en toile peinte. G.53. signe figuratif.

305. [hiér.] , Caractère figuratif représentant une coiffure Égyptienne nommée ⲕⲗⲁϥⲧ. G. 18.

A°. [hiér.] , [hiér.] , Caractère phonétique représentant une coiffure Égyptienne nommée ⲕⲗⲁϥⲧ, et exprimant l'articulation κ des mots grecs. G. 38, N° 66.

[hiér.] , ⲕⲗⲱⲧⲓⲟⲥ , Claudius , Κλαύδιος. (grand temple de Dendéra, Salt, pl. 11. N° 4.)

[hiér.] , ⲕⲁⲓⲥⲣⲉ , Caesar. (Philae, petit temple. M. Huyot)

[hiér.] , ⲕⲁⲓⲥⲣⲉ , Caesar. (Légende d'Auguste. Philae. M. Huyot).

[hiér.] , ⲕⲁⲓⲥⲣⲉ , Καισαρος , Caesar, titre impérial romain. (Dendéra, commission d'Égypte).

[hiér.] , ⲕⲁⲓⲥⲣⲉ , Caesar, (Dendéra. Salt. pl. 11. N° 14.)

[hiér.] , ⲕⲁⲓⲥⲣⲉ , Caesar. (Dendéra. Comm. d'Égypte).

[hiér.] , ⲕⲗⲧⲓⲟⲥ , Claudius. (Dendéra, Comm. d'Égypte).

[hiér.] , ⲕⲣⲙⲛⲓⲕⲉ , Germanicus. Surnom romain (légende de Claude. Dendéra. Comm. d'Égypte). [hiér.] ⲕⲗⲧⲓⲟⲥ, Claudius. (Dendéra.).

[hiér.] , κ , pronom affixe de la 2ème personne masculin singulier, en copte ⲕ. G. 160.

ⲑ, ⲑ, 𓋔, 𓋔.

ⲑ, article possessif affixe masculin, en parlant à un homme, à la 2ᵉ personne ; ⲡⲉⲕ, ⲧⲟⲛ. G. 275.

306. 𓋔 Caractère figuratif et phonétique représentant une autre forme du ⲕⲗⲁϭⲧ, et ayant les mêmes valeurs. G. 38. N° 67.

307. 𓋖 Claft orné de l'uræus; coiffure royale nommée ⲛⲛⲛⲉ. (Voir ce mot).

308. 𓋑 Caractère figuratif représentant une coiffure ou une grande couronne royale, symbole de domination sur la haute et sur la basse Égypte, et appelée ⲡϣⲉⲛⲧ Pschent. G. 32, 76. (Inscription de Rosette, texte hiéroglyphique, ligne 9; texte grec ligne 44). Ce signe a aussi le sens de diadème.

𓋑 ⲛⲓⲃ ⲉϣⲛⲧ, tous les diadèmes. G. 479.

309. 𓋔 Caractère figuratif représentant la partie inférieure du Pschent, coiffure particulière aux rois et à quelques divinités.

A. 𓋔 Caractère symbolique exprimant l'idée de la domination sur la région d'en bas, la basse Égypte, et l'idée générale des choses inférieures, des choses d'en bas.
𓋔 la région inférieure; la contrée d'En bas, en parlant de l'Égypte.

𓂝𓏏𓈖𓋔 , celui qui a illustré la région d'en haut et la région d'en bas. (Inscr. DeRosette, ligne 10).

B. 𓋔, 𓋔, Caractère phonétique exprimant l'articulation ⲛ, N, dans les mots grecs et latins, comme dans le mot 𓏏𓏤𓈖𓈖𓋔𓂝𓏌 , sabine; ⲥⲁⲃⲓⲛⲁ, (Obélisque Barberini). G. 44, N° 134; Il entre dans la composition de plusieurs articles et pronoms.

𓐰𓏲𓂋𓂋𓐰 ⲡⲉⲕⲗⲟⲙⲛ̄ⲧϣⲉⲣ, la couronne de la région basse. G. 284.

𓐰 ⲡⲉⲕⲗⲟⲙⲧⲣⲱ, la couronne Descher, de couleur rouge. G. 76 & 260.

𓐰 c'est aussi une préposition, ⲛ̄, et s'emploie pour les articles qui en tiennent lieu; il signifie à, au, aux, de, du, des, pour, &c.

𓐰 ⲛ̄ (copte ⲛ̄) préposition qui se place entre deux noms en rapport et tient lieu du cas génitif des latins.

𓐰𓏲𓏤𓐰 , la statue du dieu Epiphane. (Ins. de Rosette).

𓐰𓐰𓐰𓐰𓐰 la prise de possession du pouvoir royal. (Inscription de Rosette, ligne 10).

𓐰𓐰𓐰𓐰𓐰 l'Enfant d'Isis-déesse. (Ins. de Rosette; Obélisque d'Hermon).

𓐰 ⲛ̄ , de. G. 199, 462 &c.

𓐰 ⲛ̄ , aux. G. 824.

𓐰 ⲛ̄ , pour. G. 277.

𓐰𓏭, 𓐰𓏭, 𓐰𓏭, ⲛⲁⲓ ou ⲛⲏⲓ, à moi, une femme parlant, une âme parlant, une déesse parlant. G. 291.

𓐰𓏭 ⲛⲁϥ , à lui. G. 281.

𓐰𓏭 ⲛⲁⲓ , pour moi. G. 320.

𓐰𓏥 article déterminatif pluriel ⲛⲉ, les, forme rarement employée. G. 178.

𓐰𓏥 . 𓐰𓏭 , ⲛⲉ, ⲛⲓ, les. G. 181.

𓐰𓏥𓐰 ⲛⲉⲛⲧⲓ, ceux qui (étaient). G. 309.

𓐰𓐰𓐰𓐰𓐰 ⲛ̄ ⲟⲧⲣⲱ, (années) d'aspics. G. 397.

𓈖 𓂧𓀔 𓏥, ⲛ̄ ⲡⲉⲛϣⲓ, à leur fils. G. 165.

𓈖 𓅆𓏺 ⲛ̄ ⲡⲥⲟⲧⲛ̄, du roi. G. 427

𓈖 𓉐 𓏤 𓊹𓉐 𓏤 𓆓𓏤 𓊖 ⲛ̄ ⲡⲣⲡⲉ ⲛ̄ ⲡⲥⲉⲗϭ, du temple de Pselcis. G. 326.

𓈖 𓊹 ⲛ̄ ⲡⲧⲏⲣ, du dieu. G. 518.

𓈖 𓊹 𓋹 ⲛ̄ ⲡⲧⲏⲣ ⲉⲡ, du dieu Épiphane. G. 519.

𓈖 𓊹𓊹𓊹 ⲛ̄ ⲛⲉⲑⲏⲣ ⲛ̄ ⲧⲕⲟⲓ, aux dieux du pays. G. 479.

𓈖 ⲛⲁⲕ, pour toi. G. 396.

𓈖 ⲛⲁⲕ, à toi. G. 549.

𓈖 𓏤𓏤𓏤 ⲛⲉⲛ, article au pluriel, les. G. 358.

𓈖 𓈗 𓆛 𓃀 ⲛ̄ ⲛⲉⲛⲧϩⲙ̄ ⲡⲙⲟⲟⲩ ⲡⲟⲩⲧ ⲁⲩⲱ ⲡⲉⲙⲥⲁϩ, aux habitants des eaux, le crocodile et l'hippopotame. G. 483.

𓈖, 𓈖 𓏤, ⲛ̄ⲧ, copte ⲛ̄ⲧ, ⲉⲧ, ⲉⲑ, ⲉ, pronom conjonctif vague des deux genres et des deux nombres, signifiant que. G. 305.

𓈖 𓏤, 𓈖 𓏤, ⲛ̄ⲧⲓ, copte ⲛ̄ⲧ, ⲉⲧ, ⲉⲑ, ⲉ, pronom conjonctif vague, des deux genres et des deux nombres, signifiant qui. G. 305.

𓈖 𓏤𓏤𓏤, ⲛ̄ⲧⲉⲛ, autre pronom, eux.

310 𓈖 groupe phonétique composé de la partie inférieure du Pschent et de la demi-sphère, ⲛ̄ⲧ, exprimant l'articulation Δ, D dans les noms grecs, ou T adouci par l'influence de ⲛ. G. 46. N° 260.

𓈖 𓇥 𓊖 (T.) ⲛ̄ⲧϩⲟⲣⲡ, Tanthour, Dandour en Nubie. G. 153.

284.   ⲁ, ⲁ,

311. ⲁ Caractère figuratif représentant la partie supérieure du Pschent, coiffure particulière aux rois et aux dieux de l'Egypte ; nommée Cydaris ?

ⲁ Cydaris coiffure divine et royale.

𓇌𓏏𓈖𓂀𓏤𓀭 , ceci est l'image de l'Epervier sacré dans sa bari, la Cydaris est sur sa tête (oxf.).

A. ⲁ, caractère symbolique exprimant l'idée de domination sur la région supérieure, la haute Egypte ; il exprime aussi les choses d'en haut, les choses supérieures. ⲛⲁⲙϣⲱⲓ, ⲛⲁⲡⲉⲧⲡⲉ.

ⲁ, La région supérieure, la contrée d'en haut, en parlant de l'Egypte.

𓂝𓏏𓏤 celui qui a illustré la contrée d'en haut et la contrée d'en bas. (inscription de Rosette, ligne 10).

ⲁ𓏤𓊖 ⲡⲉⲕⲗⲟⲙⲛⲧⲟⲩⲃϣⲓ, la couronne de la région haute. G.284.

ⲁ ⲡⲉⲕⲗⲟⲙ ⲟⲧⲱⲃϣⲓ, la couronne blanche (par opposition à la partie inférieure du Pschent, nommée la couronne rouge, G.360.

ⲁ𓏤 ⲛⲉ ϣⲱⲓ, les diadèmes (des deux régions) de la haute et de la basse Egypte. G.118.

B. ⲁ Caractère phonétique exprimant l'articulation ⲛ. G.11, N° 135.

312 ⲁ Caractère figuratif représentant une sorte de coiffure divine et royale, partie supérieure du Pschent, ornée de l'Uraeus, et nommée ⲥⲧⲟ, ⲏⲧⲟ. (voir ce mot 9 lignes plus haut).

313. 𓋑 Caractère figuratif représentant une couronne divine et Royale appellée ΚΤω (voir ce mot).

314. 𓋔 Caractère figuratif représentant une coiffure ou couronne royale, un casque royal, militaire, ϲωυ, τωυ, Tosch. G. 74, orné de l'uræus.

315. 𓋉 Caractère figuratif représentant une autre espèce de casque royal nommé πϲω, Pethsch. G. 262.

316. 𓋩 Caractère figuratif représentant une couronne, κλομ. π.

𓀢 𓏎 𓋩 𓋝 , offrande d'une couronne de fleurs. (Édif. de Dwité, cour de Philæ).

317. 𓋞 Caractère figuratif représentant une couronne de fleurs ou de feuillages. (Philæ, 2ᵉ cour).

318. 𓋟 Caractère figuratif représentant une espèce de couronne.

319. 𓎺 , 𓎻 , Caractères figuratifs représentant des colliers, ugc, G. 53 et 75.

𓎺 employé comme déterminatif du groupe phonétique 𓍯𓏤𓊌 weg collier, qui lui servait de prononciation. (Voyez 𓍯𓏤𓊌)

320. 𓎻 , caractère figuratif, collier ugc, employé comme déterminatif du groupe 𓍯𓏤𓊌 weg, qui lui servait de prononciation. (Voyez 𓍯𓏤𓊌). G. 53, 75.

321. 𓎼 Caractère figuratif représentant aussi un collier, gΔnp. G. 77.

322. 𓎽 , 𓎾 caractère symbolique représentant un collier ou une chaîne et exprimant l'idée serviteur, esclave, attaché, suivi à une personne.

72.

286.

[hieroglyph], le serviteur du roi, titre que prennent les chefs militaires et autres grands fonctionnaires Égyptiens. (Hypog. de Beni-Hassan).

[hieroglyph] servante, femme attachée au service (Hyp. de Beni-Hassan, Schim). Le premier ○ note le caractère symbolique; le second exprime l'acception féminine du groupe.

[hieroglyphs] le servant du dieu met l'encens sur le feu. (Tombeau de Néhôthph, Beni-Hassan).

[hieroglyph] attaché à dieu, lié à dieu, serviteur de dieu; titre sacerdotal.

323. [hieroglyph] Caractère figuratif représentant un Pectoral, or TW. G. 54.

324. [hieroglyph], [hieroglyph], Caractère symbolique représentant une ceinture, un ligament, un bandeau, une bandelette nouée; répond au phonétique [hieroglyph] ep, copte ⲛⲟⲡ, ⲙⲟⲣⲡ, et exprime l'idée de lier, attacher, au sens propre et au sens figuré.

[hieroglyph] ca et ep, copte ⲛⲟⲡ, ⲙⲟⲣⲡ, lié, attaché, personne attachée à un établissement, obligé à une direction.

[hieroglyph] ca ſou ⲙⲟⲣⲡ, le chargé. G. 250.

[hieroglyph] ca, se place en tête des noms d'agents.

[hieroglyphs] caḥⲕⲟⲣⲛⲓⲥ, chargé de toutes les constructions.

[hieroglyphs] le Bouvier, chargé des bœufs. (Stèle ʋiggi à Florence).

[hieroglyphs], caḥⲓ, attaché à la demeure. G. 507.

[hieroglyph], attaché à la demeure d'Isis.

[hieroglyphs] caḥⲓ caⲛⲛⲉⲩ, chargé des cavales.

𐓏 , 𓎛

⸻ , attaché à la demeure d'Ammon. (figure funéraire du Musée de Turin).

⸻ , attaché à la grande demeure de la région du midi. (figure funér. Musée de Turin).

⸻ , ⸻ , l'intendant de la maison des champs.

⸻ attaché aux prêtres ou prophètes. (stèle du M.E. n°).

⸻ (мотр мωот), attaché à l'eau, chargé de l'eau. (stèle du Musée de Turin N°2).

⸻ самехнi, chargé des barques.

⸻ , са(скаi)geвi-нi, l'intendant de la maison rurale, le chargé d'affaires d'un grand dans ses terres. (Tombeau de Beni-Hassan).

⸻ , Bucheron. (à Beni-Hassan).

325. ⸻ , caractère ou groupe phonétique exprimant l'articulation c, ϛ, s, et ça. Sa. G. 45, N° 174.

⸻ ou ⸻ , ca, нca, faire partie, être à la suite, être attaché à une personne ou à une chose, G. 131.

⸻ caчup, sahôr, l'attaché à Horus, (homme). G. 131. (Tableau de Turin).

⸻ , l'attaché à Hathor, sahathôr, nom propre de femme. (stèle du cabinet de Vienne).

⸻ caaмoтn, saamoun, l'attaché à Ammon, (homme), G. 131. (stèle du cabinet de Vienne N°49; et stèle de Turin).

⸻ , l'attaché à la demeure dorée, nom propre d'homme. (Tableau du Musée de Turin.)

⸻ , l'attaché à Horammon, Mos et Horamon. (Sarcophage du Musée de Turin).

⸗, 𓂀𓂀, 𓂧,

⸗𓋹, l'attachée à Horus, nom propre de femme. (Momie de Poison. M. D. de Turin).

⸗𓂀𓏏𓈖𓏥 cacywne, sachons, l'attaché à Chons. G. 131. (Momie de Turin).

⸗𓂋𓏤𓂀𓂻𓋹 caнвωnh, sanébônkh, l'attaché au seigneur vivant. (Papyrus du Musée de Turin). G. 131.

326. 𓂀𓂀, caractère figuratif, représentant des sandales, des souliers, des chaussures, et répondant au phonétique 𓂋𓏏𓏤 тевт.

𓈉𓏥𓂋𓂀𓂀𓈇, toutes les contrées sous les sandales. (prescription de Nectanebo à Philæ).

𓂀𓂀 тв, тавтев, sandales. G. 55, 78.

𓂀𓂀 , нектавт, les sandales. G. 360.

𓂀𓂀 , hанектевт, sous les sandales. G. 468.

327. 𓏲, caractère figuratif représentant une espèce de bourse que des personnages Égyptiens tiennent dans leurs mains.

A. 𓏲 caractère phonétique exprimant les articulations т et θ, т et ϑ, et même le Δ des grecs. G. 40, n° 85.

𓏲 т. θ, employé comme abréviation de 𓏲𓏤 тот et de 𓏲𓄿 та ou 𓐍, dans certains noms propres: comme

𓏲𓄿𓇋𓏠𓈖 , та-амоun ou тентамоun: Ammonia; nom propre de femme.

𓏲 article possessif vague féminin singulier; тоυθ, qui peut être une abréviation de 𓏲𓏤 та ou θа, la, de le, ce, de la, ἥτυ, ἡ της. G. 192. 181. etc.

𓏭 synonyme et homophone de 𓌺 frapper, transpercer. (Bas relief de Philae, à gauche de la cour).

𓂧 ⲟⲟ, en disant.

𓂧 𓏤𓏤 ⲭⲧ ⲉⲛ, discours (tenu) par. G. 165.

𓂧 𓀭 □ 𓏏 𓏤, ⲭⲧ ⲉⲛ Πⲧϩ, discours de la part de Ptah. G. 255.

𓆓𓆓𓆓 𓌀 𓏤𓏤𓏤 chef des dieux.

𓆓𓆓𓆓 𓏺 𓏤 𓏲 𓏥 ⲧⲓⲱⲧⲟⲧⲣⲟ-, Tiotouro. G. 139.

𓆓𓆓𓆓 𓌀 𓏤𓏤 ⲧⲓⲃⲣⲓⲟⲥ, Tiberius, nom impérial romain. (Karnac. Commun. par le Dr Young).

𓆓𓏤𓏥 𓊪 ⲑⲁⲙⲟⲩⲛ, ἡ τοῦ Ἄμμωνος, celle qui appartient à Ammon, Thaamoun; nom propre de femme écrit aussi 𓁷 𓏥 (Manuscrit du musée de Turin).

𓆓𓏏𓊪, n'est qu'une variante symbolique de 𓆓𓏤𓏥 Thaamoun, Ammonia, nom de femme. (Manuscrit de M. de Turin). G. 189.

𓂧 𓏤 𓊪 ⲑⲁⲛⲟⲩⲃ, ἡ τοῦ χρύσου, celle de l'or, Thanoub. etc.

𓌙 𓊃 ⲥⲉⲙⲛⲏⲧⲧ, disposé. G. 450.

𓏏 𓏥 𓏏 𓏥, les Habitans de ⲧⲏϧ ou ⲑⲏⲏϧ, mis en fuite par Philométor. (1er Pylône de Philae, massif de gauche).

𓏏 𓏥 𓏥 𓏤 .... (même lieu).

𓏏 𓏤 ou 𓏏 𓏤 ⲧⲏⲧ (copte ⲧⲏⲧ, ⲑⲏⲧ) article démonstratif-possessif féminin singulier, celle de, celle qui appartient à; de cet article se forma une foule de noms propres de femmes. G. 308.

𓏏 𓏤 𓏤 𓏥 𓊪 ⲧⲏⲧⲁⲙⲟⲩⲛ, Tentamoun, celle qui appartient à Ammon. (Mm. de M. de B. dans lequel ce même nom est synonyme de 𓁷𓏥 etc. 𓆓𓏥 Voyez aussi 𓌺).

73.

190   𓊖 , 𓊗 , ○ , 𓊙 , ⊙ , 𓏞

𓊖𓊗 , Tⲁⲧϩⲁⲑⲱⲣ, Ϯⲉⲛⲑⲁⲑⲱⲣ, celle qui appartient à Hathôr. G. 309.

328. 𓊗 même chose et même Expression que celles du signe précédent. G. 20 n° 95.

𓊗 , 𓊗 , ⲟⲛ, cette. G. 187.

329 ○ Caractère figuratif représentant une monnaie d'or ou d'argent, ⲱⲇϧ. Sicle. G. 54.

330. 𓊙 , ○ , Caractère figuratif représentant un pain, panis, en langue Égyptienne ⲱⲓⲕ. G. 52.

𓏞 , pains sacrés. G. 107.

○ ⳽ (ⲱⲓⲕ) pain, panis ; le signe ⳽ note le caractère figuratif.

𓊗 ○ 𓊗 𓏞 𓏞 𓊗 𓊗 𓊗 𓊗 𓊗 qu'il donne des pains et des cosmétiques et du vin à l'Osirienne Tarère. (Momie de 𓊗 𓊗 𓊗 à Turin).

𓏞 les pains de diverses formes.

𓊗 𓊗 𓊗 𓊗 𓊗 𓊗 𓊗 , dites: qu'il vive par les pains du dieu Sev. (gr. Mr. Hiéroglyphique Casati, cabinet du Roi).

𓏞 ϩⲁⲛⲟⲉⲓⲕ, des pains. G. 207.

𓊗 𓏞 ū ϩⲁⲛⲱⲉⲓⲕ, (beaucoup) de pains. G. 200.

331. ⊗ , ⊙ Caractère figuratif représentant un pain sacré.

A   ⊙ , et ⊙ ⳽. Caractère symbolique, signe déterminatif de noms géographiques, de liaison de régions civilisées. G. 151.

332   𓏞 , 𓏞 et 𓏞 Caractère figuratif représentant un Miroir, ⲙⲉⲓⲟⲅⲟ. G. 474.

𓎺 , 𓏤 , 𓏤 , 𓏤 .

333. 𓎺 , Caractère figuratif représentant un miroir ; ⲙⲉⲓⲟ϶ⲟ. G. 53 ———— *MUSIQUE* ————

334. 𓏤 , Caractère figuratif représentant un sistre, ⲥⲏϣⲏ. G. 54.

335. 𓏤𓏤 , Caractère figuratif représentant un sistre, instrument propre à marquer la mesure et le mouvement du chant, décoré d'une tête de la déesse Hathôr à oreilles de vache.

⌬𓏤 Jouer du sistre, agiter le sistre ; verbe composé de ⌬, *facere*, faire, et du caractère figuratif sistre.

𓂋𓏤𓎛 Je joue du sistre devant toi (ô Osiris).

(Tableau peint du musée de Turin).

336. 𓏤 , 𓏤 , Caractère phonétique représentant une espèce de sistre, et exprimant l'articulation Ϭ, ⲕ. G. 40, N°75.

𓏤△ ⲕⲱ, ⲕⲁⲁ, copte idem, placer, établir, mettre ; *collocare, Erigere.* G. 229. et ⲕⲏ, ⲕⲱ, être debout, être placé.

𓏤△𓏤𓏤𓏤𓏤𓏤𓏤𓏤 , qu'ils placent pareillement la chapelle appartenant au dieu Épiphane. (Inscript. de Rosette, lig. 19).

𓏤𓏤△𓏤𓏤𓏤𓏤 , pareillement que l'on place une image du roi. (Inscript. de Rosette, ligne 6).

𓏤△𓏤𓏤𓏤 , afin qu'on le place dans les temples. (Inscript. de Rosette ligne 14).

𓏤△𓏤 ⲕⲁⲁ ⲡⲉϥⲧⲟⲧ, il plaça (il leva) sa main. G. 517.

𓏤△𓏤 ⲕⲏ ϩⲓ, placé sur. G. 457.

𓏤△𓏤 ⲕⲱ-ϥ, le placer. G. 284.

292

𓍘𓂝𓂝 ⲕⲱⲧ, sculpter, graver.

𓍘𓂝𓂝 𓂋𓏤 𓏏𓄿 𓉐𓉻 𓈖𓏛 𓏏𓏤𓏦 sculpter une stèle propre à un grand Édifice, en Écriture &c (Inscript. de Rosette, ligne 14).

𓋹𓇳𓏤 ⲕⲁⲛ̄ⲅⲁⲣ, une durée de vie. G. 458.

𓋹𓇳𓏤 ⲕⲁⲛ̄ⲅⲟⲟⲣ, la durée de la vie. G. 175 et 244.

𓋹𓇳𓏤 ⲡⲉⲕⲁⲛ̄ⲅⲁⲣ, que la durée (de ta vie) soit. G. 461.

𓋹𓇳𓏤 𓈖 𓇳 ⲡⲕⲁⲅⲟⲟⲣ ⲛ̄ⲡⲣⲏ, la durée de la vie du soleil. S.9.B.

𓋹𓇳𓏤 ⲡⲉⲕⲕⲁⲅⲟⲟⲣ, la durée de ta vie. G. 334.

𓁹𓋹𓇳 ⲉⲓⲡⲉ........ Vivre, Exister, passer sa vie.

𓀀𓋹𓇳𓏛 j'ai passé ma vie, j'ai passé la durée de ma vie. (Momie Bouti-Schil, M. Royal).

𓋹𓏺𓁐 Nom de la déesse à tête de lionne ornée du disque solaire, ⲡϣⲧ, Paschṭ. G. 133.

𓋹𓍖 ⲥⲕⲱ, on érigera. G. 429.

𓋹𓊃𓏛 coiffure royale et divine.

557 𓄤, 𓄤, Caractère symbolique représentant un Théorbe, exprimant l'idée de bon, utile, bienfaisant, gracieux, de ⲛⲟⲩϥⲉ. (Voyez 𓄤, plus bas).

𓄤 ⲛⲟⲩϥ, bienfaisant. G. 325 et 240. gracieux. G. 284. bon. G. 271. belle. G. 249.

A. 𓄤, 𓄤, Caractère phonétique représentant un Théorbe, instrument de musique et exprimant l'articulation ⲛ, N. G. 22. N° 138.

𓄤, abréviation de 𓄤𓂋 ⲛⲟⲩϥⲣ. ⲛⲟⲩϥⲣ, copt: ⲛⲟⲩϥⲉ. ⲛⲟⲩϥⲉ, bon, beau, bonté, beauté. G. 65.

𓋴 , 𓋴 .

293

𓋴⌇ ⲛⲟϥⲣ, bonne. G. 428.

⌇⌇ ⲛⲁⲁ grand, G. 83.

⌇T, bandes. G. 83.

𓋴𓏲 ⲛⲟⲣϥⲓ, beau (est). G. 291.

𓋴⌇ ⲛⲟϥⲣ, belle, bonne. G. 467 et 456. belle. G. 474.

𓋴△⌇ ⲛⲟϥⲣⲁⲣⲓ, nefreari, nom propre de reine. G. 148.

𓋴⌇ ⲛⲛⲉⲕⲛⲟϥⲣ, de tes bonnes œuvres. G. 343.

338. 𓋴 , 𓋴 , Caractère symbolico-phonétique, représentant une sorte de Théorbe ou instrument de musique à cordes ; est employé pour exprimer les idées ; Bien, bon, utile, bienfaisant, grâce, gracieux.

𓋴 (ⲛⲟϥⲡⲉ , ⲛⲟⲣϥⲉ) bien, bienfait. Αγαθα.

⌇⌇⌇ 𓋴 , et tous les autres biens. τα αλλα αγαθα παντα.
(Inscription de Rosette, ligne 5.)

𓋴 (ⲛⲟϥⲡⲉ), comme adjectif ; bienfaisant, gracieux, utile.

⌇𓋴 le dieu bienfaisant, titre ordinaire des rois sur les monuments publics.

⌇𓋴 (ⲡⲛ-ϥ ⲛⲟⲣϥⲡⲉ), dont le nom est gracieux, titre honorifique. (Obélisque de Bénévent).

𓋴⌇ ⲛⲛⲉⲕⲛⲟϥⲣ, de tes bonnes œuvres, de tes bienfaits. G. 248. 206.

𓋴 ⲛⲟϥⲣ, le beau, le bon. G. 525 et 290.

𓋴⌇ ⲧⲛⲟϥⲣ, la belle, la bonne. G. 325.

𓋴△⌇ ⲛⲟϥⲣ ϣⲉ, beau comme. G. 178.

𓋴 ⲛⲟϥⲣ, bonne. G. 306.

𓋴 ⲛⲟϥⲣ, bienfaisante. G. 454.

74.

𓋃 , 𓄤 .

𓋃 , forme plurielle de 𓄤, les biens, les bienfaits.

𓂆𓏭𓋃 ⎯ , glorifiant (ou je glorifie) tes bienfaits. (Stèle de Turin de Turin n°5).

𓋃 ⎯ neq noqp, ses bienfaits. G. 521.

𓂝𓏤 ... ⎯ . 𓋃 meh tpe (avw) pto m necnoqp. remplissant le ciel (et) le monde de ses bienfaits.

Pris comme adjectif : trois fois bienfaisant, très gracieux, ευχάριστος.

𓋃 ⎯ noqp (ϥ ⲛ ⲥⲟⲡ) et noqp.ϯ, trois fois gracieux. G. 510 et 506.

𓂀 𓋃 paнb noqp ϯ, le seigneur trois fois gracieux, le seigneur très gracieux. G. 552.

𓂀 𓋃 , seigneur des bienfaits ou seigneur très gracieux. (Inscription de Rosette, lignes 6. 12. 13. &c).

A 𓎟, 𓄤, caractère phonétique, représentant un Théorbe, et exprimant l'articulation n, N, . G. 42, N° 139.

𓄤 abréviation de 𓄤⎯ noqp, noyp, copte noqpe, noyǧe, bon, beau, bonté, beauté. G. 65.

𓄤⎯ nqp, copte noqpe, noyǧe, bon, beau, utile, bienfaisant ; grace, bienfait. G. 370 et 441.

𓄤⎯ nqp.t. (copte noqpe.t.), bienfaisante, utile, bonne. G. 295.

𓄤⎯𓁐 nqp.t. Nofre, nom propre de femme. (Statuette en bois du Musée de Turin).

𓄤⎯⎯ nom de la onzième heure du jour. (Mém. de l'Inst.)

𓄤𓇳 noyǧi, beau. G. 299.

𓄤𓏥𓏺 nqp.emor, Nofrethmou, Noufethmou (forme d'Imouth) G. 112.

𓄤𓁨 , nom de la première heure du jour. (Mém. d'Inst.)

295.

[hieroglyphs], ⲛϥⲣⲱⲫ, Neferothph, homme; l'un des noms d'Osiris transcrit νεφερῶς et νεφῶς par les grecs. G. 135.

[hieroglyphs] (ⲛϥⲣⲱⲫ), Néphérothph ou Néfothph, nom propre de femme. (Stèle de Turin N° 2).

339. [hieroglyph], [hieroglyph], Caractère phonétique répondant aux articulations ϣ, σ et ϫ. G. 43, N° 182. (voyez aux instruments).

[hieroglyph] σ, (copte ⲥⲓ, Memph. ϣⲓ; si le mot est complet et n'est point une abreviation du mot [hieroglyph] σπ); dans tous les cas il signifie capere, apprehendere, prendre.

[hieroglyphs] pour qu'il prît la puissance souveraine. (Inscript. de Rosette, ligne 9).

[hieroglyphs] ϣⲱⲡ ⲛⲏⲧⲛ ⲛⲱⲟⲩ ⲛⲉⲧⲛ, prenez pour vous vos familles. G. 419.

[hieroglyphs] ϣⲱⲡ ⲧⲏⲛⲟⲩ, prenez. G. 413.

[hieroglyphs] ⲥⲛ-ϣⲱⲡ-ⲥⲟⲣ, ils saisissent. G. 289.

[hieroglyphs], ϣⲱⲡ ⲛⲁⲁⲕ, prends par toi, Empare-toi. G. 270, 302.

[hieroglyphs] ⲉⲓϣⲱⲡ, je reçois. G. 595.

[hieroglyphs] ϥϣⲡ, il prit. G. 498.

[hieroglyphs] ϣⲡ, ϣⲱⲡ, prendre, il prend. G. 448.

[hieroglyphs], dans la prise de possession de la puissance royale à la place de son père, εν παρελαϐεν την βασιλειαν παρα τυ πατρος. (Inscrip. de Rosette, ligne 10. gre. lig. 27).

[hieroglyphs] σπ. ϣⲡ, ϭⲱⲡ, ϣⲱⲡ, prendre, saisir. G. 295. 380.

[hieroglyphs] σπ, ϩⲡ, ϫⲉⲡ. ⲁϫⲡ, heure. G. 96.

296. 𓏌 , ▭ , ▭

𓏌 ⲉⲥϣⲱⲡ , reçoit. G. 413.

𓏌 ϣⲱⲡ ⲉⲕ ϣⲱⲡ , prend, il prend. G. 498.

340. ▭ , ▭ , caractère phonétique représentant une flûte? et exprimant la consonne c, Σ, s dans les noms grecs. G. 43, N° 162. (ⲤⲎⲂⲒ, flûte).

ⲤⲈⲂⲤⲦⲤ , Σεβαστος, Auguste.

— MESURES et ÉCRITURES —

341. ▭ , Caractère figuratif représentant la coudée Égyptienne, ⲘⲀϨⲒ, coudée.

) ⲠⲦⲀϨ ⲠⲚⲎⲂ Ⲛ̄ ⲦⲘⲈ , Phtha (dieu vivant) seigneur de la coudée, ou de justice. G. 463.

ⲦⲘⲀϨⲒ , de la coudée, groupe composé du caractère figuratif coudée, de l'article féminin Ⲧ, et du signe déterminatif coudée. G. 444.

A ▭ ou 𓌂 , Caractère symbolique représentant une coudée et exprimant l'idée vérité ou justice, ⲘⲈ, ⲘⲎⲒ.Ⲧ.

ⲚⲎⲂ (Ⲛ̄)ⲦⲘⲈ , seigneur de justice ou de vérité. (titre du dieu Thoth). G. 455.

ⲐⲰⲞⲨⲦ Ⲃ̄ ⲚⲎⲂ (Ⲛ̄) ⲦⲘⲈ ⲤⲀϨ (Ⲛ̄) ⲦⲘⲈ Ⲛ̄ ⲚⲎⲂ (Ⲛ̄) ⲦⲘⲈ , Thoth seigneur de vérité scribe de vérité du seigneur de vérité (le soleil). (Momie de Pentamoun du Musée de Turin).

ⲦⲘⲈ (Ⲛ̄) ⲈⲒⲰⲚϨ , de vérité je vis.

ⲐⲘⲈ, ⲦⲘⲈ, Ⓣmé, Ⓣhmée. (Voyez Ptolémées). G. 124.

ⲠⲔⲀϨ Ⲛ̄ ⲦⲘⲈ , pays de vérité. G. 407.

ⲦⲘⲈ , la justice ; le symbole ajouté au signe phonétique initial. Ⲙ, suivi de l'article féminin. G. 116.(*)

(*) Le signe linéaire de la coudée est semblable à celui de la flûte ; le signe phonétique de notre groupe est peut-être employé à prévenir l'équivoque.

⟦hiero⟧ ⲡⲕⲁϩ ⲛ̄ ⲧⲙⲉ ⟦⟧, la région des deux vérités. G. 340.

⟦hiero⟧ ⲧⲙⲉ ⟦⟧. Deux déesses vérité et justice. G. 482.

⟦hiero⟧ ⲙⲟⲟⲩ ⲛ̄ ⲙⲉ ⟦⟧, des deux vérités. G. 526.

⟦hiero⟧ ⲧⲙⲉ, justice. G. 502.

⟦hiero⟧ ⲑⲙⲉ ⲟⲩ ⲟⲩⲙⲏⲓ, Thmeï, la vérité ou la justice, l'Aléthé et la Dicé des mythes égyptiens. G. 129.

B ⟦hiero⟧, Caractère phonétique exprimant l'articulation ⲙ, M. G. 41, N° 116.

⟦hiero⟧ ⲙⲏⲓ, ⲙⲏ, ⲙⲉ, copte idem, la déesse vérité ou justice des Égyptiens; groupe phonétique précédé du symbolique ⟦hiero⟧. Meï ou Thmeï était fille du dieu Phrê. (Passim).

⟦hiero⟧ ⲧⲁⲙⲉ, ma justice (ma justification). G. 502.

⟦hiero⟧ ⲙⲏⲛ̄ⲡⲓⲉⲃⲧ, ⲙⲏⲛ̄ⲟⲩⲛⲁⲙ, jour ou temps droite. G. 92.

⟦hiero⟧ ⲙⲏⲛ̄ⲉⲙⲛ̄ⲧ, ⲙⲏⲛ̄ϩⲃⲟⲣⲡ, jour ou temps gauche. G. 92.

⟦hiero⟧ ⲧⲙⲉⲙⲉⲓ, la Tmémei. G. 507.

⟦hiero⟧ ⲙⲉⲧⲁⲟⲣⲟ, la justification. G. 471.

⟦hiero⟧, abréviation de ⟦hiero⟧ ⲙⲉⲧⲁⲟⲧⲉ, ⲙⲉⲧⲁⲧⲉ, véridique. G. 65, 127, 405.

⟦hiero⟧ ⲙⲉⲧⲁⲣⲉ, la justification. G. 286.

⟦hiero⟧ ⲙⲉⲧⲁⲟⲣⲟ ou ⲙⲉⲧⲁⲟⲣⲉ, composé du nom abstrait ⟦hiero⟧ ⲙⲉ ou ⲙⲏⲓ, vérité, et du verbe ⟦hiero⟧ ⲧⲁⲟⲣⲟ, ⲧⲁⲟⲣⲉ, dire, proférer; disant la vérité. G. 128.

⟦hiero⟧ ϩⲟ Ⲟⲥⲓⲣⲉ-Ⲧⲥⲉⲛϣⲱⲛⲥ ⲙⲉ-ⲧⲁⲟⲧⲉ, ô Osiris-Sénchonsis la véridique! G. 294.

342. 𓂣 coudée, маgi, même caractère et même valeur figurative, symbolique et phonétique que le signe ▭.

𓂣𓁥 (ⲧⲙⲉ, ⲧⲙⲏⲓ), la justice, la vérité, déesse dont le caractère figuratif accompagne le nom symbolique.

𓂣𓁥𓏤𓏤 ⲧⲙⲉ-ⲙⲁⲓ, aimé de la vérité, ami de la vérité. φιλαληθης. (Obélisques de Louqsor).

𓂣𓁥 ⲧⲙⲉ-ⲙⲉ, abréviation et variante du précédent. (Obélisques de Louqsor).

343. ▭, ▭ Caractère phonétique représentant une partie, la moitié, de la coudée, et exprimant, comme elle, l'articulation м, M, qui est l'initiale de ⲙⲁϩⲓ coudée, et de ⲙⲏⲧⲁ, ⲙⲏⲧ, moitié. G. 245.

▭, ⲙ̄, ϧⲩ, (passim) adverbe et préposition signifiant ; lorsque, de, du, de la, des, à, au, à la, aux, en, pour, sur, devant, dans, par ; pareillement, de plus, dans le lieu où. (G. 510), en forme de (G. 360).

▭𓏏 , ⲙ̄ ⲧⲡⲉ, dans le ciel. G. 334.

▭𓇳 ϧⲩ ⲭⲉⲧ ⲁⲃⲟⲧⲛⲓⲙ, dans chaque autre mois, dans tous les autres mois. (Inscript. de Rosette ligne).

▭▭ ⲙ̄ ⲡⲕⲁϩ, de la terre étrangère. G. 327.

▭𓃭 , ⲙ̄ ϯⲉⲟⲩ, pour donner gloire. G. 327.

▭𓊪 ⲙ̄ ϩⲓⲡⲁⲧⲡⲉ, dans le haut. G. 355.

𓈖𓇿 ⲙⲡ ⲕⲁϩ, d'Égypte contrée. G. 259.

▭𓁶𓂓𓏏 ⲙ̄ ⲡⲣⲟ ⲙ̄ⲡⲁⲏⲓ, à la porte de ma demeure. G. 409 et 425.

299.

𓏶 ⲙⲗⲉⲓ, approche. G. 274.

𓏶... ⲙⲁ ϣⲟⲡⲧ, reçois-moi. G. 414.

𓏶... ⲙⲁⲧⲟⲓ, (ⲙⲁⲧⲟⲓ), soldat, guerrier. G. 108.

𓏶 ⲙⲱⲕ, ⲙⲟⲩⲕ, (resté dans le copte ⲙⲟⲕⲙⲉⲕ, penser, combiner), régler, mettre en ordre.

𓏶... ⲁⲓ ⲛ̄ ⲛⲁⲕ-ⲙⲉ ⲅⲁⲧⲛⲓⲃ ⲙⲟⲩⲕ ⲡⲉⲕⲱⲛϩ ⲉⲃⲟⲗ ⲙ̄ ⲙⲟⲥ, je te montre la vérité chaque jour, règle ta vie sur elle. (Bétouelly. Paroles d'Amon à Rhamsès II").

𓏶... ⲙⲱⲕ ⲕⲏⲙⲉ ϣϥⲉ ⲛⲉⲕⲁϩ, celui qui régit l'Egypte et châtie les contrées étrangères. G. 350.

𓏶..., variante du précédent: même lecture et même sens; le verbe ϣϥⲉ, châtier, rendu figurativement. G. 350.

𓏶... autre variante du même groupe et même sens. G. 350.

𓏶 ⲙⲱⲧⲛ̄, ⲙⲟⲧⲉⲛ, faciliter. G. 107.

𓏶 (ⲣⲉϥ) ⲙⲟⲧⲛ̄, qui facilites. G. 327.

𓏶... ⲙⲁ-ⲧⲏⲛⲟⲩ-ⲓ, accordez-moi. G. 529.

𓏶... ⲙⲁⲟⲩⲧⲛ̄ⲣⲟ, Maoûthenro. G. 139.

𓏶... Ⲙⲁⲟⲩⲣⲟⲥⲓⲣⲟ, Maôurosiro. G. 139.

𓏶 ⲙ̄ⲧⲟ, devant. G. 404, 426.

𓏶 ⲙⲟⲟϥ, devant lui. G. 256.

𓏶 ⲙ̄ⲧⲟⲕ, devant toi. G. 430.

𓏶 ⲙ̄ⲧⲟ, devant (elle). G. 426 et 446.

𓏶... ⲙ̄ⲧⲟ ⲡⲉϥϣⲟⲛⲧ, (en présence de) devant sa majesté. G. 305.

𓏶 et 𓏶, ⲙ̄ⲑⲏ, devant. G. 480.

ⲙ̄ϩⲛ ⲧⲃⲁⲁ ⲛ̄ Πρη, sur le devant du vaisseau du dieu phré (Soleil).

ⲙ̄ ⲉⲟⲟⲣⲧⲛ̄, pour régner. G. 298, 462.

ⲙ̄ ⲉⲟⲧⲧⲛ̄, de roi. G. 224.

ⲙ̄ ⲉⲟⲧⲧⲛ̄, en roi. G. 285.

ⲙ̄ ⲙⲁ(ϩⲁⲛ) ⲛⲁⲁⲧ, par des édifices grands. G. 328.

ⲅⲛ̄ ϩⲣⲟⲧ, par jour. G. 509.

ⲅⲙ̄ Θⲛⲡⲧⲁϥ, dans Memphis. G. 481.

ⲅⲙ̄ ⲡⲉϥⲃⲁⲓ, dans les panégyries. G. 479 et 523.

ⲅⲙ̄ ϩⲃⲁⲓ ⲁⲡⲛ̄, dans ces panégyries. G. 229.

ⲡⲉⲛ ⲙⲁⲛϣⲉⲙⲉⲓⲛ, sur leur demeure. G. 179.

ⲙ̄ ⲡⲙⲁⲛϣⲉⲙⲉⲓⲛ̄ⲧⲙⲉ, dans le tribunal de justice. G. 379.

ⲙ̄ ⲛⲧⲣϩⲣ, dans (de) l'hypogée. G. 353.

ⲅⲙ̄ ⲣⲁⲛ ϥ, en son nom. (Inscription de Rosette, ligne 7).

ⲙⲥⲁ, après. G. 496.

ⲙ̄ϣⲱⲧ, lorsque. G. 164.

ⲙ̄ⲛⲟⲩⲃ, doré. G. 402.

ⲙ ϩⲁⲛϩⲃⲁⲓ, en panégyries, aux panégyries. G. 448.

ⲙ̄ ⲡⲕⲁⲕⲉ, dans l'obscurité. G. 337.

ⲙ̄ ⲥⲧ, en parfums. G. 293.

ⲙ̄ ⲛⲉϩⲧ, dans les cœurs. G. 565.

ⲙ̄ ⲉⲟⲟⲩ, en glorifiant. G. 455.

ⲙⲥϩ, ⲙ̄ⲥⲁϩ, ⲙⲥⲁϩ, Crocodile. G. G. 74.

ⲙⲥⲑⲉ ⲉⲓ, Omseth va! J. 511.

⸺ , 𐤓 , ⸻ .

⸺☰𐦂 ⲙⲛ ϥⲩⲣ ⲡⲛ̄ , dans ce tableau . G. 426.

⸺ ⲙⲟⲧⲧⲟⲧⲧ , pareillement . G. 519.

⸺ ⲙⲁ , répondant également au copte ⲙⲁ , lieu, place . G. 499 .

⸺ⲙ̄ ϥⲧⲟⲟⲩ , quatre . G. 118.

⸺ ⲙⲁ-ⲉⲓ , viens . G. 472.

⸺ ⲙ̄ ⲡⲧⲟⲩⲣ , de l'Égypte . G. 244.

⸺ ⲙ̄ ⲙⲱⲟⲩ ⲉⲧⲟⲩ , dans ces eaux . G. 186.

⸺ ⲙ̄ⲛⲉⲧⲱⲃ , dans les parties . G. 448.

⸺ pour être le modérateur du monde entier. G. 142.

344. 𐤓 et ⸺ , Caractère phonétique, représentant un style ou Kalam pour écrire, et exprimant la consonne ⲙ , M. G. 41. N.° 121.

𐤓 , ⸺ , ⲙ̄ , préposition ayant un grand nombre d'acceptions.

𐤓 ⲙ̄ ⲭⲟⲓⲁⲕ ⲥⲟϥⲃ̄ , le 2.e jour de Choïac (dans).

𐤓 ⲙ̄ ⲡⲉⲕϩⲟ , à ta face . G. 184.

𐤓 ⲙ̄ ϩⲣⲱ , en outre . G. 506.

𐤓 ⲙ̄ ⲕⲁⲕⲉⲧⲓ (ⲛ̄) ⲡϭⲱⲣϩ , dans les ténèbres de la nuit . G. 365.

𐤓 𐤓 𐤓 𐤓 ⲙ̄ ⲙⲉϩⲁ̄ ⲙⲉϩⲃ̄ ⲙⲉϩⲅ̄ , du 1.er, du 2.e, et du 3.e ordre. G. 229.

𐤓 ⲙⲟⲧⲧⲟⲧⲧ , pareillement . G. 519.

345. ⸻ , ⸺ , ⸺ , ⸺ , ⸺ , caractère représentant un canif en cuivre , et exprimant les articulations λ , ρ ; L, R , G. 41, N.° 104.

⸺ sert aussi de déterminatif à tous les noms relatifs à l'art de l'écriture . G. 104, où sont les exemples.

⸺ ⲡⲥⲗⲕ , Pselk , nom de la ville de Pselcis . (aujourd. de Dakké).

76.

346 𓌕 , 𓌖 , Caractère symbolique représentant un instrument tranchant en cuivre, qu'on croit être un canif, et exprimant l'idée servir, faire le service.

𓌖𓃀𓎡 ⲛⲉⲉⲃⲓⲱⲕ, les serviteurs. G. 491.

𓌖𓀀, serviteur, homme attaché au service d'un autre.

𓌖𓆑𓏤𓌻𓆑 , son serviteur qui l'aime, Nouphis. (Stèle de M. Cailliaud).

𓌖𓀁 , qui signifie servir ϣⲉⲙⲥ, répond au verbe copte ϣⲉⲙϣⲓ, ϣⲙϣⲉ; ce groupe est composé d'un signe symbolique, et d'un signe de son 𓀁 s. G. 388.

𓌖𓀁 ϣⲙϣⲉ, serviront. G. 507.

𓌖𓀁 servir, θεραπεύειν, faire le service.

𓉟𓏏𓏥𓂋𓉺𓏥𓍱𓈖𓏏𓌖𓀁𓏪 que les prêtres de tous les temples du royaume fassent le service auprès des images. (Inscription de Rosette, ligne 7.)

𓌖𓀁𓏥 serviteurs, personnes chargées du service.

𓂻𓈖𓀀𓌖𓀁𓏥𓅓𓊹𓊹 étant parmi les serviteurs du dieu Sonnofris. (Stèle Nizzoli à Florence)

𓌖𓀁𓂻 ϣⲉⲙⲥ et ϣⲙϣⲉ, avec le signe déterminatif des verbes de mouvement. G. 388 et 458.

𓏏𓏤𓈖𓌖𓀁𓏥 𓎟𓏤𓏥 ⲛⲉⲡⲧⲉⲃⲱⲕ ⲛ̄ⲛⲏⲃ-ⲥⲛⲉ, les servants de leur seigneur. (Rituel funéraire, pl. 7, col. 70).

𓌖𓀁𓏥 𓎟𓏥 ⲛⲉⲉⲃⲓⲁⲓⲕ ⲧⲉϥⲙⲛ̄ⲧⲟⲩⲁⲁⲃ, les serviteurs de sa M. G. 446.

𓌖𓀁𓂋 𓃀𓅱𓎡 ⲃⲱⲕ ⲡⲣⲏ, (Phré); servant le soleil. G.

𓌖𓀁𓂋 ⲉⲓϣⲙϣⲉ, je sers. G. 392.

𓂻𓈖𓌖𓀁𓂋𓊹𓉻 et je sers le dieu grand. (Stèle de Turin, n° 5).

ⲉⲓϣⲉⲙϣⲉ ⲛⲉⲛⲧⲣ, je sers les dieux. G. 292.

ⲉⲃⲓⲁⲓⲕ, divins serviteurs. G. 302.

ⲁⲟⲩ ϣⲉⲙϣⲉ-ⲟⲩ-ⲓ, me servir moi. G. 285.

ⲩ ϣⲉⲙϣⲉ-ⲕ, en te servant. G. 292.

ⲧⲉϣⲙϣⲉ Ⲟⲥⲓⲣⲉ, tu sers Osiris. G. 401.

ⲛⲁⲓϣⲙϣⲉ, j'ai servi. G. 298. 401.

ⲛⲉⲧϣⲉⲙϣⲉ, les serviteurs. G. 354.

ⲡⲉⲛϣⲙϣⲉ, notre service. G. 337.

347. ▭ Caractère figuratif représentant la Palette des scribes.

348. 𓏞 . 𓏞 , Caractère symbolique représentant un style ou Kalam 𓏞 uni au petit vase 𓏞 à encre, qui contenant l'eau pour délayer la couleur, et à la palette 𓏞 portant les pains de couleurs noire et rouge ; exprime l'idée générale écrire, peindre, lettres, scribe, scribe sacré &c. (Champollion, livre I 798).

𓏞 (ⲥⲁϩ, ⲥϧⲁⲓ, ⲥϧⲁⲓ, ⲥⲁϧ), écrire, scribere, peindre, pingere, depingere.

𓆣𓏤𓏞𓂋𓈘 ..., un scarabée peint en bleu. (Rituel funéraire, Descript. d'Ammon-ra Panthée).

𓊨𓇳𓌸𓊵𓏞𓏤𓈗 ..., Osiris, Isis, Horus et Nephthys peints en jaune. (Rituel funér., Descript. de l'Epervier sacré dans la bari).

𓏞 (ⲥϧⲁⲓ.ⲧ.ⲥϧⲁⲓ.ⲧ.), lettre, littera, caractère d'écriture ; ce caractère répond au phonétique 𓊪𓇋𓇋 (Q. v.)

𓏞 (ⲥⲁϧ.ⲧ.ⲥⲁϩ.ⲧ.). Grammaté, Γραμματευς ; scribe, docteur, secrétaire ; titre donné en Égypte à une classe très nombreuse de fonctionnaires publics ; répond au phonétique 𓋴ϧ ch ou ⲥϧ (copte ⲥⲁϧ, ⲥⲁϩ). G. 354.

304

𓏞 ⲥⲁϩ, scribe, suivi du caractère déterminatif figuratif, le scribe assis et tenant sa tablette ou Kanon. (Stèle Nizzoli à Florence).

𓏞 ⲥϩ, ⲥⲁϩ, scribe. G. 104.

𓏞 ⲉⲓⲥϩⲁⲓ, j'inscris.

𓏞 ⲃⲡⲧⲟⲧⲟⲩⲧ ⲉ̄ ⲥⲁϩ, les deux images peintes. G. 267.

𓏞 ⲉⲓⲥϩⲁⲓ, j'inscris. G. 298.

𓏞 ⲥϩⲁⲓⲛⲟⲩⲱⲓ, ⲥϩⲁⲓ.... Écriture démotique. (Inscription de Rosette, ligne 14). G. 104.

𓏞 les lettres grecques: les lettres des grecs. (Inscription en l'honneur d'Épiphane, découverte par Mr Salt à Philæ. voyez ⲥϩⲁⲓ).

𓏞 ⲛⲉⲥϩⲁⲓ, les peintures. G. 321.

𓏞 ⲛⲁⲓ ⲥⲁϩ, j'ai inscrit. G. 298.

𓏞 ⲥⲁϩ ⲛ̄ ⲛⲟⲩⲧⲉ, Caractères ou lettres sacrés, lettres divines; nom Égyptien des caractères que nous appelons Hiéroglyphiques. (Inscription de Rosette, ligne 14).

𓏞 variante du nom des lettres démotiques. (Inscript. de Ptolémée Épiphane, trouvée par Mr Salt à Philæ).

349 ▭ , ▬ ou 𓏛 signe figuratif représentant un rouleau de Papyrus ou un volume lié avec des bandelettes. G. 105.

A ▬ , 𓏛 ; Caractère figuratif explétif, qui sert à carrer les groupes de signes hiéroglyphiques, et qui n'a pas d'autre fonction. G. 59, 105 et 106.

▭ ⲛⲓⲃ, entières. G. 412 et 470. ▬ est Explétif.

▭, ⵐⴰⴰⵙ, quand. G. 106. 160... idem.

B. ▭ le même signe figuratif noté, signifie volume, livre. G. 59.

▭ ⲡⳭⲱⲙⲉ et ⲟⲩⲱⲙⲉ; livre. G. 362.

▭ le même signe noté, suivi du caractère déterminatif des noms relatifs à l'art de l'écriture, ⲧⲉⲩϣⲟ, livre, volume, rouleau de papyrus. G. 104. 503.

350. ▭, caractère figuratif exprimant l'idée sceau, cachet.

351. ▭, L'image d'un sceau et de deux fouets, insignes de la puissance royale; ce verbe symbolique est employé pour exprimer les idées être soumis, être subjugué. G. 360.

▭ ▭ ▭, contrées des barbares soumises. G. 360.

352. ▭, ▭, Caractère symbolique nommé communément cartouche, encadrement elliptique, dans lequel on inscrivait, comme insigne d'honneur, les noms des dieux dynastes et des rois d'Égypte; le cartouche est ainsi le signe déterminatif de ces noms royaux.

▭ employé isolément dans un texte, il répond au phonétique ⲙⲙ ⲡⲁⲛ, nom, mot auquel il sert aussi de déterminatif. G. 49, 140.

▭ ⲡⲉϥⲣⲁⲛ, son nom. G. 139.

▭ ⲡⲉϥⲣⲁⲛ, son nom. G. 449 et 503.

—————— MEUBLES DIVERS ——————

353. ▭, Caractère figuratif représentant une table, un guéridon. G. 487.

354. ⛩ Caractère figuratif représentant une table chargée de vases, ⲡϢⲎⲞⲨⲈ. (suprà, page 237).

355. 🝱 Caractère figuratif représentant une table sur laquelle deux pains sont placés avec un vase; table de proposition. G. 52, et suprà page 237.

356. ⛩ Caractère figuratif représentant une table sur laquelle un pain est posé, accompagné du signe ○ indiquant la valeur figurative du signe pain; ce groupe compose le nom d'un oiseau, espèce de Cigogne. (Tombeau de Ménofré, à Saccara).

357. ⛩ Caractère phonétique représentant une table à libation, vue de profil et sur laquelle est posé un vase ▽ rempli d'une offrande solide ⛴, et exprimant la voyelle ⲱ? G. 57, N° 30.

⛩ ⲰⲦⲠ, ⲰⲈⲪ, qui désigne les possessions ou les biens présentés en offrandes, et les offrandes elles-mêmes. G. 131.

🝱 ⲰⲈⲪⲀⲞⲰⲢ, Othph-hator, le voué à Hâthor, nom d'homme.

⛩ ϨⲀⲚⲰⲦⲪⲚⲞⲈⲒⲔ, les offrandes de pains. G. 513.

⛩ ⛩ ⛩, ⲰⲦⲠ, ⲰⲦⲪ, ⲞⲦⲦⲠ, ⲞⲦⲦⲪ, offrandes, vœux.

⛩ ϨⲀⲚ ⲰⲈⲪ, des offrandes. G. 595.

⛩ ⛩ ⲚⲈⲦⲈⲚⲰⲈⲪ, vos offrandes. G. 500.

⛩ ϨⲀⲚ ⲰⲈⲪ Ⲛ ⲰⲈⲒⲔ, des offrandes de pains. G. 403.

358. 🛏 Caractère figuratif représentant un Chalamus, espèce de lit. G. 54.

359. 🛏 Caractère figuratif représentant un palanquin, ayant aussi le sens de trône. G. 54.

307

πϭεετ(ϩ)ⲃⲱⲣ . le trône d'Horus, (le palanquin)
ⲧⲉϥⲟⲩⲱⲧⲥ, son palanquin. G. 494.

360. Caractère figuratif, représentant un trône, un siège. G. 4.

361. Caractère figuratif représentant un chevet ou hémicycle pour reposer la tête, xλε: on le trouve aussi dans les cercueils de momies. G. 50.

362. Caractère figuratif représentant une espèce de coffre.

363. Caractère figuratif représentant un lit funèbre. G. 4.

364. Caractère figuratif représentant un encensoir égyp., composé d'un bras portant une coupe dans la quelle brûlent des parfums. G. 53.

365. Caractère phonétique représentant une natte, et exprimant les consonnes π et φ, Π, Φ; P et PH. G. 41 et 46, N° 149.

article déterminatif affixe masculin singulier, π, φ, Le. G. 173, 181.

nom propre de contrée dans la quelle était située la demeure de Ōph. (voy. page 201, renvoi à ce groupe, au signe)

Ōph demeure de la contrée de Pkŏ..... (Monument de Turin, légende des deux yeux ailés).

ⲡⲣⲏ, ⲫⲣⲏ, le soleil. G. 173.

ⲡⲛⲧⲣ, ⲡⲛⲟⲩⲧⲉ, le dieu. G. 173. Le divin, titre de Titus. (Obélisque Pamphile).

Ⲡⲥⲉⲛⲏⲥⲓ, Psénisi, l'enfant d'Isis (homme). G. 134.

ⲡⲧϩⲣⲡ (ⲣⲏ), Pethar-phré.

Περιτιος, Peritius, nom d'un mois de l'année Macédonienne, répondant à Epiphi des Egyptiens l'an XXIV de Ptolémée Evergète II. (Inscript. de Philae).

308.

𓂀𓏏𓏤𓃭𓏏𓏤𓈖𓏥𓇳𓏤 l'an XXIV au mois de Péritius qui est le mois des Egyptiens nommé Epiphi. (Inscript. du temple d'Hathôr à Philæ).

𓊪𓂋𓋴 Παρс.φαρс, Pars, Phars, la Perse. G. 150.

𓊪𓂋 , 𓊪 , 𓊪𓏥 , article possessif vague. πα, φα, ὁ τοῦ, ὁ τῆς, ὁ τῶν, le de, le de la, le des, et article démonstratif, celui qui appartient à. G. 188 et 192.

𓊪𓂋𓏥 πωπω, φωφ, φωφω, accoucher; la femme qui accouche est le signe déterminatif. G. 368, 389.

𓊪𓂋𓏤𓀀𓁐 l'Espèce humaine, la forme humaine; avec les déterminatifs 𓀀𓁐 hommes et femmes.

𓊪𓂋𓏤𓁷𓏤𓅆𓏤𓊪𓂋𓀀𓁐 mets (lui) deux têtes, une tête d'Épervier ainsi que une tête de forme humaine. (Inscript. de Ptha-Sokrou, rituel funéraire).

𓊪𓂋𓊨𓅆 Πετοcιρι, Pétósiris, celui qui est à Osiris. G. 310.

𓊪𓂋𓀀𓅆 πτ (χκε), variante phonético-symbolique de 𓊪𓂋𓊨𓅆. (Sarcophage Drovetti, Musée royal).

𓊪𓅆 avec le signe déterminatif des noms propres d'homme 𓀀, παωρ ou φαωρ, celui qui appartient à Horus, ὁ τοῦ Ὥρου (le d'Horus). G. 188.

𓊪𓂋𓅆𓀀 , πετgαρι, Pétharsi, celui qui appartient à Hor-si.

𓊪𓂋𓅆𓇳𓀀 , πτ-gωρ-πρη, celui qui appartient à Horus et à Phré ou à Horus-Soleil, Pethar-Phré. (Manuscrit du Vte de Montmorin).

309

⟨hieroglyphs⟩ ⲡⲧ-ϩⲣ-ⲡⲣⲏ, variante du précédent. (ⅈ).

⟨hieroglyphs⟩ ⲡⲧϩⲣⲡⲣⲏ, variante du précédent. (même Papyrus).

⟨hieroglyphs⟩ ⲡⲧ-ϩⲣ-ⲡⲣⲏ, variante du précédent. (ⅈ).

⟨hieroglyphs⟩ ⲡⲧ (ϩⲁⲣ) ⲡⲣⲏ, variante des précédents. (ⅈ).

⟨hieroglyphs⟩, celui qui est à Ammon le seigneur des Zônes du monde; Pétamon. Pétammon. (Papyrus de Turin).

⟨hieroglyphs⟩ ⲡⲧⲁⲙⲛ (ⲱⲫ), celui qui est à Ammon-Ôph. Pétamenôph.

⟨hieroglyphs⟩ ⲡⲧⲁⲙⲛⲱⲫ, variante du même nom. (ⲁⲛⲝ).

⟨hieroglyphs⟩ ⲡⲧⲁⲙⲛⲟⲥⲣⲟⲙ, (Nom propre sur une stèle de Florence).

⟨hieroglyphs⟩ ⲡⲱⲓ, (analogue au copte ⲟⲣⲓ, ⲟⲣⲉⲓ, ⲟⲣⲁ, ⲟⲣⲁⲓ,) l'espèce humaine, la forme humaine; ⟨sign⟩ homme, est déterminatif.

⟨hieroglyphs⟩, sur la tête de forme humaine place les deux parties du Pschent. (Rit. funer. Inscription de Neith Panthée).

⟨hieroglyphs⟩ ⲡⲁⲏⲥⲓ ⲕ ⲡⲡⲏⲥⲓ, Païsis et Pétisis. ὁ τῆς Ἴσιδος, celui qui appartient à Isis. J. 188.

⟨hieroglyphs⟩ ⲡⲉⲧⲏⲥⲓ, Pétisis, celui qui est à Isis. G. 210.

⟨hieroglyphs⟩ ⲡⲧⲙⲛ, Pétamon. Pétémen. (Momie de M. Cailliaud).

⟨hieroglyphs⟩ Pétamon; variante de ⟨hieroglyphs⟩, même valeur; ⲡⲧⲁⲙⲉⲛ, (même papyrus).

⟨hieroglyphs⟩ ⲡⲧⲙⲛ, Pétémen, Pétamon, variante phonético-symbolique de ⟨hieroglyphs⟩ (même momie).

⟨hieroglyphs⟩ ⲡⲉⲧⲉϣⲱⲛⲥ, Pétéchons, celui qui appartient au dieu Chôns. G. 95.

⟨hieroglyphs⟩ ⲡⲉⲧⲛⲏⲓⲑ, Pétneith, celui qui est à Neith. J. 210.

78.

𓉐𓏤 𓏏𓎼𓎡 ⲡⲧ̅ⲅⲕⲉ, celui qui appartient à Ḥèki, (dieu Memphite). (Sarcophage Drovetti au Musée Royal). Pétḥèki.

𓉐𓏤 𓏏𓎼𓎡, ⲡⲧ̅ⲅⲕ, variante du précédent. (Même sarcophage).

𓉐𓏤 𓏏𓃀𓄿𓋴𓏏, ⲡⲧ̅ⲡⲟⲩⲃⲁⲥⲧ, celui qui appartient à la déesse Bubastis, Pétèbubasti. (Tableau funér. du Musée de Turin).

𓉐𓏤 𓏏𓈖𓈗𓏥, ⲡⲧ̅ⲛⲟⲩⲙ, ou ⲡⲧ̅ⲛⲙⲟⲩ, celui qui appartient au dieu Nommis ou Chnoumis, Petnoum. (Tableau funér. du M. de Turin).

𓉐𓏤𓂻, ô allants! ⲡⲁⲧ. ⲡⲏⲧ. ⲡⲱⲧ, homme, humain; de ⲡⲱⲧ aller. (Inscript. de Saïs).

𓉐𓏤𓂻𓏥 pluriel du précédent, les hommes, les humains.

𓈖𓆑𓂋𓈖𓋹𓅓𓂋𓏤𓈖𓂋𓏏𓏭𓂻𓏥 ⲡⲉϥⲣⲁⲛ ⲱⲛϩ ϩⲛ̅ ⲣⲱ ⲛ̅ⲛⲉ ⲡⲱⲧ, son nom vit dans la bouche des humains. (Inscript. de Bani-hassan).

𓊪 ⲡⲧ̅. ⲫⲧ, ⲡⲉⲧⲧⲉ. ⲫⲓⲧ, Arc. G. 62.

𓊪𓃀𓄿 ⲡⲧ̅, ⲡⲁⲧ, pied, patte de quadrupède. G. 93.

𓊪 ⲡⲧ, ⲫⲧ, ⲡⲉⲧⲧⲉ, ⲫⲓⲧ, Arc, avec le déterminatif G. 78.

𓊪 ⲡⲧ, ⲡⲉⲧⲧⲉ. ⲫⲓⲧ, Arc. G. 78.

𓊪𓇋𓇋𓊪𓋴 ⲡⲗⲓⲡⲟⲥ ou ⲫⲗⲓⲡⲟⲥ, Pilippe, Philippe. (Κανων Βασιλ.).

𓊪 𓃥 ⲡⲟⲩϩⲱⲣ, le chien. G. 173.

𓊪𓇋, 𓊪𓇋 et 𓊪ⲥ, ⲡⲉ, forme invariable du verbe abstrait, ⲡⲉ il est, ⲧⲉ elle est, ⲛⲉ ils ou elles sont. G. 334.

𓊪𓇋𓀀 ⲡⲉⲓ, ⲡⲁⲓ, ⲫⲁⲓ, celui-ci, ce; article démonstratif. G. 182.

𓊪𓇋𓇋 ⲡⲁⲓ, le, ce, celui. G. 340, 183.

𓊪𓇋𓇋 ou 𓊪𓇋𓇋, ⲡⲁⲓ, ⲫⲁⲓ, ce, forme ordinaire des articles démonstratifs. G. 182.

𓊪𓇋𓇋𓅪 ⲡⲉⲓ, ⲫⲉⲓ, copte ⲡⲉⲓ (saltare) volare, s'élever en haut, voler comme un oiseau.

ⲡⲉⲓ ϧⲏ ⲃⲏϭ, volant sous forme d'Epervier. (Rituel funér. pl. 74. col. 13). les deux ailes sont signes déterminatifs.

, pronom conjonctif déterminé, masculin, singulier. G. 507. ⲡⲁⲓⲛⲧ, ⲡⲉⲓⲛⲧ, ⲫⲏⲉⲧ, celui qui, lequel.

ⲡⲉ ⲅⲛⲁ Ⲟⲥⲧⲉ, c'est avec Ostès. G. 540.

ⲡⲉⲛⲧ, qui est. G. 496.

ⲡⲁⲓ, ce. G. 540.

ⲡⲁⲓ, celui. G. 183.

ⲡⲁⲓⲛⲧ, celui que. G. 512.

ⲡⲙⲟⲩⲛⲭ, le créateur, ⲡ est ici l'article simple dit.

366. , , groupe phonétique représentant la natte et l'Enceinte, la Demeure; les deux lettres π ϧ, Β, Η dans les noms grecs. G. 46 N° 252.

ⲡϩⲉⲓⲗⲉⲓⲡⲟⲥ, Philippe. (Grand temple d'Hermopolis magna). (Minutoli).

, ⲡⲏⲧ, ⲡⲱϣ, copte ⲡⲱϣ, ⲡⲁϣ, Extendere, Étendre.

ⲡⲏⲧ. ⲛⲉⲧⲛϩ ϩⲓ ⲧⲁⲡⲁ (ϩⲓϩⲣⲁⲓ), ô Nethphé étends tes ailes sur moi (ou ma face). (momie de Sotinis).

ⲧⲉⲡⲱϣ, étends. G. 466.

(ⲡⲧ) ⲡⲉⲧⲧⲉ ⲁⲧⲱ ⲥⲁⲧⲉ, l'arc et les flèches. G. 512.

ⲡⲙⲟⲩⲓ, le lion. G. 173.

ⲡⲁϥ, substance. G. 356.

ou ⲡⲧ, (copte ⲡⲉⲧ, Theb. ⲡⲏⲧ) article conjonctif possessif, celui qui est à, celui qui appartient à; de là se forment:

⟨hieroglyphs⟩ Pet-héké. (Sarcophage Drovetti). celui qui appartient à héké.

⟨hieroglyphs⟩ Pethéké, variante du précédent. (Idem).

⟨hieroglyphs⟩ ⲡⲧⲱϣⲥⲧⲙϥ, Pétôschsotmef. (Mammie de Turin).

⟨hieroglyphs⟩ variante Phonético-symbolique de ⟨hieroglyphs⟩. (Sarcophage Drovetti).

⟨hieroglyphs⟩ ⲡⲧⲫⲣⲏ, Pétéphré, celui qui appartient au soleil. (Coffret peint du Musée de Turin)

⟨hieroglyphs⟩ ⲡⲧ(ⲅⲣ)ⲡ(ⲣⲏ), celui qui est à Horus et à Phré, Pétharphré, Pétharpré. Putiphar.

⟨hieroglyphs⟩ ⲡⲧ-ⲅⲣ-ⲡⲣⲏ, Pétharpré ou Pétharphré, celui qui appartient à Horus et à Phré. (Manuscrit du cabinet du Roi).

⟨hieroglyphs⟩ ⲡⲧ.ⲣⲏ, Pétré, Pétéphré, celui qui appartient au soleil. (Coffret funér. Musée de Turin).

⟨hieroglyphs⟩ ⲡⲧ(ⲁⲙⲛ), variante symbolico-phonétique du suivant, Pétamon. (Mammie Cedek).

⟨hieroglyphs⟩ ⲡⲧ(ⲁⲙⲛ) variante de ⟨hieroglyphs⟩. (Voyez plus bas).

⟨hieroglyphs⟩ ⲡⲧⲭⲛⲥ, celui qui appartient à Chons. Pétéchons. (Mammie du Musée de Turin).

⟨hieroglyphs⟩ ⲡⲧϩⲕ, celui qui appartient à Héké, Pethéké. (Sarcophage Drovetti).

⟨hieroglyphs⟩ ⲡⲉⲑⲁⲙⲟⲩⲛ, Pethamoun, homme. G. 310.

⟨hieroglyphs⟩ ⲡⲉⲧⲉⲛⲉϥⲱⲧϥ, Pétenefôth, (homme), et surnom d'Osiris nommé peut-être Pétenefôthph. G. 294.

⟨hieroglyphs⟩ "Osiris Pétenephôth vivifiez le prêtre d'Amon-Ra roi des dieux Horus fils de Mandou né de Dame Nahamésré. (Sur la panse d'un Vase de bronze, Musée de Turin).

𓊪𓏭𓃭𓁐 πρεια.τ, lionne, femelle du lion. Le manuscrit de Neith à trois têtes, dit:

𓂝𓏤𓊪𓏭𓃭𓁐𓁷𓂭 sur la tête de lionne place les deux palmes. (Rit. funer.).

367. 𓊪𓏭 Groupe phonétique représentant la natte et le siphon? et les lettres πϲ, ⲯ, Ps dans les mots grecs. G 46, N° 253.

𓊪𓏭𓊃𓆰𓏥𓁷 πϲλ⳪, Pselk, Pselcis des géographes anciens; aujourd'hui Dakké en Nubie. G.153.

𓊪𓏭𓊃𓆰𓏥𓁷 ⲛ̄ πϲλ⳪, de la ville de Pselcis. G.227.

𓊪𓏭, 𓊪𓏭𓏥 πϲⲧ, l'épine du dos (ⲡⲉϭⲏⲧ) (Horapollon. L.II.Hiero.4). le dos, la partie postérieure du corps, avec le déterminatif. G.60,62.

𓆑𓂋𓊪𓏭𓂝𓏤𓊪𓅆, son dos appartient au dieu Soti (Papyrus hiéroglyphique du Musée de Turin).

𓊪𓏭𓐪𓇳𓅆 πϲⲙⲧⳅ, Psammitikh, Psammitichus. Variante de 𓐪𓇳𓅆 (Obélisque de Monte Citorio; Momie de Chak, Chidemak) (Momie de Chak, Musée de Turin).

368. 𓊪𓏲 Groupe phonétique représentant la natte et les deux sceptres affrontés, et les lettres πϲ, ⲯ, Ps dans les mots grecs. G.46, N° 254.

𓊪𓏲 πϲⲧ, ⲡⲉϭⲏⲧ, le dos, le Derrière. G.94

𓊪𓏲 πⲱⲥⲧ, étendre.

𓊪𓏲𓂝𓏤𓃀𓏥𓅆 πⲱⲥⲧ ⲛⲟⲧϥⲉ ⲛⲉϭⲃⲟⲓ ⲉϫⲣⲁⲓ, Nethphé a étendu ses bras sur moi. (Momie de Solimies).

𓊪𓏲𓂝 πϲⲧ, tend (étend). G.266.

𓊪𓍿 πϲ, copte ⲡⲱⲥ, ⲡⲓⲥⲉ, ⲡⲟⲥⲉ, Coquere, incendere, igne examinare, cuire; présenter au feu: Excoquere. G.318.

.79.

𓏐𓏐 , 𓏐 .

𓊪𓆑𓏏𓏐 , Cuiseur de pains (sacrés), titre de fonction. (Stèle de Pétharphré, Cabinet des Antiques de Paris).

𓊪𓊃𓏏𓊪𓆑𓏏𓏐 𓏏 𓉡 𓍿 𓀭 , l'Osiris cuiseur de pains de la demeure d'Ammon, Pétharphré. (Manuscrit hiéroglyphique du cabinet du Roi).

𓊪𓇋𓏭𓏐 πεϣωιν, Perchnin, le lotus (homme). C. 150.

𓊪𓂝𓏏𓏐 ει, ου † πωϣ , j'étends. C. 393.

𓊪𓏏𓏐 πευτο, Psamitiq, Psammitik; Psammetichus, nom propre de roi et de simple particulier. (Sarcophage Drovetti).

𓊪 , 𓊪 , 𓊪 , Article déterminatif affixe masculin singulier, πι , ce, cet. C. 187.

𓊪𓊪 𓀠 πωπω, φωφω Accoucher, mettre au monde. 389.
𓊪𓊪 𓀠 𓊃 ςιομε ετπωπω, qui a enfanté. C. 546.

𓈖 , 𓈖 , 𓈐 , Article déterminatif affixe masculin singulier, πι, ce, cet. C. 187, 470.

𓈖𓍯𓏏 πη, πιν, Rat. C. 107.

𓈐𓂝𓏏 πητω, la région de la conversion, la basse région. C. 473.

𓊪𓆑𓏏𓏐 πεϥτοουμωνθ, Peftoumonth. C. 242.

𓈖𓈖 , 𓈐𓈖 , Article déterminatif masculin singulier, πι, le. C. 181.

𓈖𓈖 ★ πιςιου ou πιντρ (πινουτ) l'Étoile ou le Dieu. et le Divin, titre de Vespasien. (Obélisque Pamphile).

𓊪𓏏𓃭𓍿𓀭 πωλοςτε , les Poloste. C. 18.

𓊪𓏏𓃭𓍿𓌙 πτολμις, Ptolémée. (Philae, Wilkinson).

𓊪 ou 𓊪𓏏 πτ (copte πετ, πητ), article démonstratif-possessif, celui qui est à, qui appartient à, ὁ τοῦ.

315.

⌂ ⲡⲧ-ⲕⲁϩ, ϥⲧ-ⲕⲁϩ, la contrée de Phèt, Phôt ou Phaït, contrée à laquelle présidait la déesse Anoukis.

⌂ (que) Anoukis Dame de la contrée de Phèt donne une durée de vie heureuse. (Vase calcaire du Musée de Genève).

⌂ ⲡⲉⲧⲁⲙⲟⲩⲛ, Petamoun, celui qui appartient à Ammon. G. 310.

⌂ ⲡⲧϣⲁⲓϣ, Petschaisch, nom propre d'homme. (Bague du Cabinet du Roi, cataloguée. Recueil d'Antiquités, Tome V, pl. III).

⌂ ϧⲛⲧⲛⲧ, foulant aux pieds. G. 279.

⌂ ⲡⲧⲁϧⲱⲟϥ, ⲡⲧⲁϧⲣⲱⲟϥ, Pétènéfothph, Pétènéférothph, celui qui appartient à Néfothph ou Néférothph, l'un des surnoms d'Osiris; nom propre d'homme. (Coffret funèbre du Musée Royal de Turin).

⌂ ⲡⲡⲧ, ⲡⲱⲧ redoublé, mettre en fuite, profligare. G. 384.

⌂ il a mis en fuite les hommes de la contrée de Tamoh. (1ᵉʳ Pylône de Philae, massif de gauche).

⌂ ⲡⲧⲟⲗⲙⲁⲓⲥ, Ptolémée. (Inscript. de Rosette, lignes 6, 11, 12 &ᶜ).

⌂ ⲡⲧⲟⲗⲙⲁⲓⲥ, Ptolémée, variante du précédent. (Dendera, Salt, pl. 1. N° 25).

⌂ ⲡⲧⲗⲟⲙⲁⲓⲥ, Ptolémée, variante des précédents. (Ombos. Descript. de l'Égypte A. vol. 1. pl. 45.).

⌂ ⲡⲧⲗⲟⲙⲁⲓⲥ. Ⲡⲧⲟⲗⲉⲙⲁⲓⲟⲥ, Ptolémée. (Philae, Dendera, Ombos &c, &c.). Nom de famille des rois Lagides.

⌂ ⲡⲧϩ, Phtha. G. 336. 464.

⌂ Ⲡⲧⲁϩ ϩⲣⲁⲓ ⲡⲉϥϭⲃⲉⲉⲧ ϣⲏⲣⲓⲉⲓⲁⲓ, Aimé de Phtha sur son siège principal. G. 457.

⧠⦚⦙ Nom du Dieu du deuxième Mois, Paophi du calendrier Égyptien. (mémoire de l'académie).

⧠⦚⦙ ⲡⲧⲁϩ, Phtah. G. 109, 386.

⧠⦚⦙ ⎯ ⚱ ⋯ Πταϩ ⲡⲛⲏⲃ (ⲛ̄) ⲡⲱⲛϩ (ⲛ̄) ⲡⲧⲟ, Phtah le seigneur de la vie du monde. G. 196.

⧠⦚⦙ ⲡⲧⲁϩ-ⲛⲧⲣ-ⲣⲱϩⲓ, Phtah-Dieu-pur G. 111.

⧠⦚⦙ ⲡⲧϩ. Πταϩ, Phtah, Φθά (Hephaestus). G. 14.

⧠⦚⦙ ⲡⲧϩ Πταϩ, Nom phonétique du dieu, suivi de la figure assise ou debout, Phtah, Φθά (Vulcain). G. 111.

⧠⦚⦙⦙⦙ ⲡⲧϩ-ⲥⲟⲣ-ⲟⲥⲓⲣⲉ, Phtah-Sochar-Osiris : forme complexe du dieu Phtha identifié avec le dieu Osiris. (Stèle du Musée de Turin N° 6).

⧠⦚⦙ Πτϩ, autre forme du dieu Phtah, surnommé Tothounen, ⲡⲧⲁϩ ⲧⲟⲧⲟⲩⲛ, G. 480 et 498.

⧠⦚⦙⦙⦙⦙⦙ ⲡⲧⲁϩ ⲧⲟⲧⲟⲩⲛⲛ̄ ⲃⲁⲕ ⲛ̄ ⲧⲁϩ ⲃ̄ ⲥⲏⲧⲡ ⲛ̄ ⲱⲃ ⲃ̄ ⲉⲓⲁⲓ, Aimé de Phtha-Totounen qui se réjouit de ses deux plumes, et se distingue par ses deux cornes. G. 497.

⧠⦚⦙⦙⦙⦙ Πταϩ ⲛⲏⲃ ⲛ̄ ⲧⲙⲉ ⲥⲟⲟⲩⲧⲛ̄ ⲛ̄ ⲡⲧⲟ-ⲙⲁⲓ, Aimé de Phtha le seigneur de justice, roi du monde terrestre. G. 457.

(*) ⧠⦚⦙⦙ ⲡⲧⲁϩⲉⲓⲥ, Phtahmôs et Phthamosis ; Que Phtah a engendré. (G. 133, et stèles funéraires)

⧠⦚⦙⦙ ⲡⲧϩ-ⲑⲣ, Phtah-Thré ou Thoré c.-à-d. Phtha à forme de scarabée (voyz ⧠).

⧠⦚⦙⦙ ⲡⲧϩ-ⲙ. Phtahmès, abréviation de ⧠⦚⦙⦙ (stèl. d. flam.).

(*) ⧠⦚⦙, l'habitation de Phtah, Nom sacré de Memphis, et de Ghirché-Hussan en Nubie. G. 156.

𓉐𓏤𓏏𓎼𓏇𓏇𓀀 ⲡⲧϩ-ⲙⲉⲟⲧⲓ, se souvenant de Phtah, nom propre d'homme, Phtahmevii. (stèle de la galerie de Florence).

𓉐𓏤𓏏𓎼𓌞𓏇𓏇, 𓉐𓏤𓏏𓎼 ⲡⲧϩⲙⲁⲓ, aimé par Phtha, titre des Rois Egyptiens, adopté par les rois Lagides. G. 155.

𓉐𓏤𓏏𓎼, 𓉐𓏤𓏏𓎼 ⲡⲧϩⲙ, aimé de Phtha, abréviations du précédent. (Inscript. Royales, passim).

𓉐𓏤𓏏𓎼𓌞𓏇𓏇𓀀 ⲡⲧϩⲙⲁⲓ, Phtahmai, aimé par Phtah, (homme). G. 132.

𓉐𓏤𓌞𓅓𓏏𓎼 ⲙⲉⲡⲛ̄ⲡⲧⲁϩ, aimé par Phtha. d. 433.

𓉐𓏤𓏏𓎼𓁹 et 𓉐𓏤𓏏𓎼𓌞 ⲡⲧϩ-ⲏⲥⲉ-ⲙ, aimé de Phtha et d'Isis, titre des Lagides et des Empereurs. (Légendes Royales et Impériales).

𓉐𓏤𓏏𓎼𓊵𓊪𓀀 ⲡⲧϩⲱⲧⲡ, Phtahōthph, le voué à Phthah (homme). G. 151. (et petite momie de Florence).

𓉐𓏤𓏏𓎼 abréviation du précédent, Phtahōthph. (momie en bois).

𓉐𓏤𓏏𓎼𓋴𓎡𓂋𓅃 ⲡⲧϩ-ⲥⲟⲕⲣ, Phtah-sakri, Phtah-Socharis; l'une des formes de Phtha, à tête d'épervier, vu que le mot sakri, resté dans l'arabe صقر saqr, semble avoir désigné.

𓉐𓏤𓏏𓎼𓋴𓎡𓂋 ⲡⲧϩ-ⲥⲟⲕⲣ-ⲟⲥⲓⲣⲉ, nom mystique de Phtha; renfermant trois de ses formes.

𓉐𓏤𓏏𓎼𓋴𓎡𓂋𓏇𓏇 ⲡⲧϩⲥⲟⲕⲣⲙⲁⲓ, aimé par Phtah-Socharis. G. 155.

𓉐𓏤𓏏𓎼𓌞 ⲥⲏⲧⲡ̄ⲡ̄ⲡⲧⲁϩ, éprouvé par Phtah. G. 155.

𓉐𓏤𓏏 variante des précédents. (stèle du musée de Turin).

𓉐𓏤𓏏𓎼 Phtah seigneur de justice.

369. 𓉐 𓉐 abréviation de 𓉐𓉐, voyez au chapitre suivant.

80.

INSIGNES.

⊙, ⌒, ♀, ⊖ et autres couronnes, voir plus haut, page 285.

⊙ ⅍ ⚘ or ϻοϫ (or ⲕⲗⲟⲙ) ⲛ̄ ⲛⲟⲩⲃ̄ⲣⲱⲃ̄, une couronne d'or pur. G. 381.

ϫⲁⲛ ϻⲟϫ, couronnes. G. 346. ⌒ voyez plus bas.

370. ♀ Caractère figuratif, représentant une Ombrelle, un Flabellum, pour ombrager les Dieux et les grands personnages. G. 53.

♀ ϭⲡⲏ·ⲧ, ombrelle, flabellum, employé seul et sans note ?.

♀ ¦ (ϭⲡⲏ·ⲧ), marqué comme figuratif. ombrelle; flabellum! G. 169.

⚚ ♀ ¦, Flabellifère, porte ombrelle, nom de fonctionnaire.

♀ ¦¦¦, ϫⲁⲛ ϭⲡⲏ, flabella, ombrelles. G. 169.

♀, Déterminatif figuratif des mots ≡ ϭⲡ·ⲧ et ≡ ⌇⌇ ⊙ ϭⲡⲏ·ⲧ, ombrelle, flabellum.

A ♀ " Caractère symbolique exprimant l'idée du Calme, du repos. G. 59.

371. ⌬, ⌒, ⊖, Caractère figuratif représentant une espèce de Diadème, ϫⲱ.

⌒ ¦¦¦ ⲛⲉϫⲱⲩ, les Diadèmes. G. 318.

⌒ ¦¦¦ ⲛ̄ⲛⲉϫⲱⲩ, des Diadèmes. G. 318, 320.

A ⌒ Caractère phonétique représentant le Diadème et exprimant la consonne ϫ. sch. G. 44, N° 208.

⌒, ⌒ ϫⲱ, copte ϫⲱⲟⲩ, être haut. G. 440.

┤ ⌒ ≡ , ϭϫⲱⲟⲩ, Rendre haut, élever, faire dominer. G. 440.

⌒ ≡, ⲡϫⲁⲁ, la fête. G. 188.

⌒ ≡, ⲉϥϫⲟⲟⲩ, dominant. G. 294.

ⲃ, ⲧ.

ⲉ⳽⳽⳽ ⲡⲉϭⲩⲱⲓ , le Diadème G. 493.

⳽⳽ ⳽ ⲩⲱⲓ ⳽⳽ , Dominant par. G. 479.

⳽⳽ ⳽⳽⳽ ⲩⲱⲓ ⲉⲙ-ⲉⲛ , domine par eux. G. 502.

⳽⳽⳽ ⳽⳽ ⲛⲉⲩϣⲁⲙⲛ , ces fêtes. G. 519.

⳽⳽ ⳽ ⲉⲧⲩⲱⲓ , Dominant. G. 428.

⳽⳽ ⳽⳽ⲁ ⲉⲧⲩⲱ ⲉ-ⲩ , dominant par. G. 428.

⳽⳽ ⲩⲱⲓ , Dominant. G. 284.

⳽⳽ ⲩⲱⲓ , régnant. G. 615.

⳽⳽ ⳽⳽⳽ ⲩⲱⲓ ⲛⲥⲁ ⲡⲉϥⲧⲣⲉ , régnant après son père. G. 497.

⳽⳽⳽⳽ ⲩⲁ ⲛ̄ ⲡⲁ-ⲛⲧⲣ , fête de ce Dieu.

⳽ ⳽ pour ⳽⳽ Diadème.

372. ⲧ . Caractère figuratif représentant une pousse de plante, une tige de papyrus, répondant à l'adjectif ⲟⲣⲱⲧ, vert, et figurant aussi un sceptre. G. 517.

ⲧⲧ ⳽⳽⳽ ⲟⲣⲟⲧⲟⲣⲉⲧ , les bourgeons, les pousses des plantes, et les sceptres. G. 89.

ⲧⲧ⳽ ⳽⳽⳽ ⳽ⲛⲓⲃ ⲛⲉⲟⲣⲟⲧⲟⲣⲉⲧ , toutes les jeunes pousses. G. 364.

A ⲧ ⲧ . Caractère symbolique représentant un sceptre, formé par une tige de Papyrus emblême de la région inférieure.

ⲧ (ⲥⲁⲙ̄ⲡⲉϣⲏⲧ), la région inférieure du ciel ou de la terre, et en particulier, de l'Égypte.

⳽⳽ ⲧⲧ ⳽ ⳽⳽ . celui qui illumine la région supérieure et la région inférieure par son œil. Titre d'Amon-Ra Panthée. (Mon. Borgia).

⳽⳽⳽⳽ ⲧⲧ , fils chéri du roi de la région supérieure et de la région inférieure. (Inscription de Pompée, ligne 17).

B. 𓌂, 𓌂, Caractère phonétique représentant le sceptre, et exprimant la voix g, ĥ. G.45. N°251.(?).

373 ⊏⊐ Caractère phonétique représentant un sceptre horizontal, et exprimant la consonne c, s. G.43, N°172.

374 ⊏⊐, ⊏⊐, ⊏⊐, ⊏⊐, ⊏⊐, caractère phonétique représentant deux sceptres horizontaux affrontés, et exprimant la consonne c, s. G.43, N°156, la lettre à M. Dacier, et le Précis, 1.re édition, page 6. (Voyez page 6 de l'Alphabet du Précis, les variantes c).

　　cywp, qui frappe. G. 388.

　　cp, Espèce d'oie, Chanalôpex, avec son signe déterminatif. G. 70.

　　cka, ckai, cχai, labourer, la charrue est le signe déterminatif. G. 372.

　　cτ (ωne), pierre calcaire. G. 100.

　　cbe (copte cηbe cηbi); sens primitif roseau, arundo; sens ordinaire, flûte. (Bas-reliefs du Metken).

　　gc-cbe, gwc-cηbe, joueur de flûte. (idem).

　　cbe, cbi, cηbe, cηbi, flûte; variante du précédent.

　　cwpe, cwp, verser, répandre, spargere, dispergere. G. 376.

　　ou bien ⎯ ccat, (copte caat), omettre, faillir. G. 384, 389.

　　cametate, qui justifie. G. 486.

　　ou ⎯ ceum, cemme, attaquer, accuser. G. 384.

𓏴, 𓏴, 𓏴.

𓏴 ϭⲱ, anal. ⲥⲉⲩ-ⲧ, fermer; le battant de porte pour déterminatif. G. 373.

𓏴 ⲥⲟⲃⲧⲉ, préparer des.

𓏴 ⲛⲁⲓⲥⲟⲃⲧ ⲛⲏⲧⲛ ⲛⲁⲓ préparé à vous. G. 300.

𓏴 pour 𓏴 frapper voyez 𓏴

𓏴 ⲥⲱⲱ, fermer, claudere. G. 381.

𓏴, nom du dieu du mois de Tobi. (mémoire de l'académie).

𓏴 la lettre ⲥ, s, mise en évidence sur l'enseigne; nom symbolique du dieu Hor-Ammon, forme combinée d'Ammon générateur et d'Horus.

𓏴 ⲡⲥⲁϥ ϩⲱⲣ, saf-Horus. G. 340.

𓏴 ⲥⲡⲧ, ⲥⲡⲟⲧⲟⲩ, lèvres. G. 92.

𓏴 ⲥⲱϣ, faire frapper, faire blesser; un homme tombant la tête fendue d'un coup de hache, est le signe déterminatif. G. 373.

𓏴 ⲡⲁ-ⲥⲱϣ, ce tableau. G. 470.

𓏴 ⲥⲱⲧ, tomber, un homme tombant est le signe déterminatif. G. 369.

𓏴 ⲥⲱϣⲱ, il fait tenir en équilibre. G. 206.

𓏴 ⲥⲱⲧ, ⲥⲉⲩⲧ, prendre au filet; un filet pour déterminatif. G. 373.

𓏴, ⲥⲱⲛⲧ. (ⲡ.), ΠΣΧΕΝΤ, Pschent, grande couronne des Pharaons. (Inscript. de Rosette). G. 76.

𓏴 ⲡⲥⲱⲛⲧ, Pschent, même nom, même objet. G. 360.

𓏴, nom de la 7ᵉ heure du jour. (mémoire de l'académie).

81.

322.

ⲥⲃⲟⲧ, Σεβαϲοο, auguste; titre impérial romain; légende de Marc-Aurèle. (au petit temple de Philae).

ⲥⲟⲡⲓ, sakri, Socharis. G. 110. (Le dieu Socharis).

ⲥⲟⲩⲛ, souan, Syène des géographes grecs; aujourd'hui Osouan. G. 153.

ⲥⲛⲉ, Sné (Esné). G. 200.

ⲥⲛⲉⲙ, Sénem. G. 318.

ⲥⲛⲟⲣⲉ, ϭⲁⲛⲟⲣϭⲓ, allaiter; des gouttes de lait pour déterminatif. G. 73.

ⲥⲛⲟϥ, ⲥⲛⲟϥ, ⲥⲛⲁϥ, sang. G. 99.

, ⲥⲛⲧ, ⲥⲉⲛⲧ, ⲥⲉⲛϯ, fonder, jeter les fondements. G. 386.

ⲥⲛ, Sné, Latopolis des géographes grecs, aujourd'hui Esné. G. 153.

ⲛⲉ ⲥⲛ-ⲟⲉⲓⲕ, les pains sacrés. G. 404.

, ⲥⲧ, rocher, pic de montagne. G. 98.

375. ⸺, ⸺ Caractère phonétique représentant deux sceptres plus ornés que les deux précédents, et exprimant également la consonne C, S. G. 43 N° 136.

ⲥⲧ. Espèce d'Oie ou canard; le chanalopex. (Fond. de Memphis à Saccara). (à queue).

376 ⸺, ⸺ ayant aussi la valeur de C, S; voyez ce signe ci-après aux instruments des arts et des métiers.

377 ⸺ Caractère phonétique représentant deux sceptres horizontaux, différents des précédents, et exprimant la consonne T, T. G. 40, N° 84.

378. ⲧ,ⲧ,ⲧ, Caractère symbolique représentant un sceptre terminé par une fleur-de-lotus-lys et exprimant la région supérieure, la région d'en haut.

ⲧ (ⲥⲁⲡⲏⲩⲱⲓ), la région supérieure, la région d'en haut. G. 18, 328.

[hiéroglyphes] le seigneur du ciel, celui qui (illumine) illustre la région d'en haut & la région d'en bas par son œil ; légende d'Ammon-ra Panthée. (Torso Borgia).

[hiéroglyphes] Chnouphis roi de la région supérieure et de la région inférieure. (Inscript. hiéroglyphique de Pompéi, ligne 3).

ⲧ ⲡⲥⲁⲣⲏⲥ, de la haute Égypte. G. 335.

379. ⲧ, ⲧ, Caractère figuratif, représentant un sceptre à crochet, ou pedum, nommé ⲱϭⲉ, ⲟϯⲉ ; symbole de la modération et de l'idée châtier, corriger. G. 502.

A. ⲧ, ⲧ Caractère symbolique représentant une sorte de crochet pour arrêter et modérer ; cet instrument se nomme [hiéroglyphe] wk, ⲱϭⲉ : c'est le signe de l'idée châtier, modérer, corriger : le copte conserve en effet les verbes wk castigare et ⲱϭⲉ castigare.

ⲧ pris symboliquement (ⲣⲉϥⲱϭⲉ), le modérateur, celui qui châtie ; titre donné aux dieux et aux rois.

[hiéroglyphes]. Osiris dieu grand, modérateur éternel. (stèles funéraires, passim).

[hiéroglyphes] ϩⲓⲕ ⲛ̄ⲛⲉϩⲓⲕ, modérateur des modérateurs

B. ⲧ, ⲧ, Caractère phonétique représentant le sceptre à crochet, symbole de l'idée modérer, modérateur, ϩⲓⲕ, et exprimant la lettre ϩ hori des coptes. G. 43, N° 217.

324.

𓆓 , ∧ , 𓏃 , ⟶ .

𓆓 abréviation de 𓉐𓂋 et 𓉐𓂋 ϩικ, roi, modérateur. G. 66.

𓉐𓂋𓀀 et 𓉐𓂋𓀭 , ϩκ, πϩικ, (Ἴκ, Manethon). Roi, modérateur. G. 76, 322.

𓉐𓂋𓀭 𓉐𓂋𓏥 et 𓉐𓂋𓀭 𓏥𓏥𓏥 ⲡϩικ ⲛ̄ ⲡϩικ, modérateur des modérateurs. G. 170, 291.

380. ∧ , ∧ , Caractères figuratifs représentant un fouet; c'est aussi un des attributs des dieux et des rois. G. 53.

∧ , le fouet. G. 302.

A ∧ , Caractère symbolique représentant un fouet, et exprimant l'idée d'excitation au figuré : cet instrument est opposé, pour sa signification symbolique, au précédent, le crochet, qui retient, qui modère.

381. ⌐ Groupe symbolique exprimant l'idée conduire, diriger. G. 389.

382. 𓌻 . Caractère figuratif représentant une autre espèce de sceptre ou instrument nommé ⲡⲁⲧ, que tiennent en main les rois et les riches particuliers dans les grands rites religieux. G. 389.

A 𓌻 Caractère symbolique représentant le sceptre nommé ⲡⲁⲧ, Pat, et exprimant les idées consacrer, offrir en don, ini ⲉϩⲣⲏⲓ, différents objets à une divinité. G. 389.

⟶ 𓂋 𓅓 ⲓⲛⲓⲉϩⲣⲏⲓ ⲛⲁⲕ ⲟⲩⲉⲣⲡⲧⲉ , (le roi) offre à toi du vin. G. 389.

⟶ 𓂋 𓅓 𓏥 ⲓⲛⲓⲉϩⲣⲓ ⲛⲉⲕ ϩⲁⲛ ϩⲣⲏⲣⲉ, (le roi) consacre à toi des fleurs.

𓌁 . 𓌀 . 𓌃 .

B 𓌁 . Caractère phonétique représentant le sceptre nommé Pat, et exprimant la consonne analogue, le B. G. 29, N° 57.

𓌁⋯𓏏 ⲃⲏⲧ, Déesse, nom de la Divinité du mois de Choïak, le quatrième du calendrier Égyptien. (Mém. de l'acad.)

𓌁⋯𓏏𓂝𓏥 ⲃⲏⲧⲙⲁⲓ, aimé par Bascht. G. 155.

𓌁𓁐𓏏𓌂𓉐 ⲃⲏⲧ ⲧⲛⲁⲁ ⲡⲧⲁϩ-ⲙⲁⲓ-ⲙⲁⲓ, aimé de Bascht la grande amie de Phtha. Le nom phonétique est suivi de la figure de la Déesse à tête de Lionne.

⸻𓂝𓊪 ϭⲓ ⲛⲉⲕ ⲛⲉ, reçois (pour) à toi. G. 474.

383. 𓌀 , 𓌀 . Caractère symbolico-figuratif, représentant un sceptre à tête de Chacal, exprimant l'idée de gardien, soutien, ⲟⲩⲡⲓⲧ.

𓌀 ⲟⲩⲡⲓⲧ, gardien. G. 106.

𓌀𓏥 ⲡⲟⲩⲡⲓⲧ ⲛⲛⲉⲣⲙⲡⲟⲟⲩ, le gardien des années. G. 550.

$\check{a}$ 𓌀 , Caractère phonétique représentant un sceptre à tête de Chacal, qui exprime l'idée gardien, ⲟⲩⲡⲓⲧ ; ce caractère exprime la voyelle ⲟⲩ (?) G. 51, N° 40.

𓌀 abréviation de 𓌁𓊪 ⲟⲩⲓⲡ, soutien, appui. G. 64.

384 𓌃 . 𓌃 . Caractère figuratif représentant le sceptre à tête de coucoufa.

A 𓌃 , Caractère symbolique représentant le sceptre à tête de coucoufa, et exprimant les idées de pureté, pur, monde, purgé, ⲡⲱⲃⲓ. G. 525.

𓌃 ⲡⲱⲃⲓ, la pureté. G. 211.

𓌃𓊖 ⲡⲕⲁϩⲡⲱⲃⲓ, la région pure. G. 195.

𓌃⋯ ⲛⲟⲩⲃ-ⲡⲱⲃⲓ ⲛⲟⲩⲃ ⲡⲱⲃⲓ, or pur, poudre d'or. G. 90.

𓌃𓁹 (ⲟⲩⲥⲓⲣⲉ), ⲟⲩⲥⲓⲣⲉ, Osiris. G. 110.

82.

B. 𓌂, 𓌂, Caractère phonétique représentant le sceptre à tête de coucoufa, et exprimant les articulations ⲍ, ⲋ, ⲥϫ, sc. G. 43, N° 184.

𓌂𓄿𓅱, 𓌂ⲥ𓅱 ⲥⲟⲩ, ⲥⲉⲙⲉ, ⲥⲱⲙⲉ, pervertir, être pervers, être perverti. G. 384, 387.

385 𓌂 , Groupe symbolique composé du sceptre à tête de coucoufa et de la plume, signe des idées de pureté et justice.

𓌂 la région de justice et de pureté ; nom symbolique de l'Egypte, ⲔⲎⲘⲈ, G. 314.

𓁶 𓌂 𓉐 ⲡⲛⲏⲃ ⲕⲁⲇⲛⲧⲙⲉ ⲙⲣⲱϩⲓ, le seigneur de la région de justice et de pureté (le dieu Mandou). G. 486.

386. 𓆑, 𓆑, signe figuratif représentant un chasse-mouche, (plume d'autruche richement emmanchée) : c'est l'insigne caractéristique des princes, des chefs et premiers fonctionnaires publics. G. 358.

A 𓆑 Caractère symbolique représentant un chasse-mouche et exprimant l'idée conduire, diriger.

𓆑 ⲛⲧⲓ... le directeur, le conducteur. (Cartouches des Empereurs Romains).

𓄿𓊪𓏏𓈖 44 ⲛ 𓆑 ⲛⲧⲓ.. Ⲧⲣⲁⲓⲁⲛⲥ ⲁⲩⲧⲟⲕⲣⲧⲣ, l'empereur Trajan qui dirige. G. 359.

𓎡 même signification que 𓈐, conduire, diriger. G. 359.

387. 𓆑 , Caractère symbolico-phonétique représentant une espèce de sceptre, ou instrument, et employé isolément, ou groupé avec des signes phonétiques ; il exprime l'idée Μεγας, grand, puissant, ⲛⲁⲁ; et grandeur, suprématie. G. 100, et 198.

— , ⸗ .

𓏲 Μέγας , grand, puissant, principal ; ⲡⲛⲁⲁ. G. 325.

𓀭𓏤𓏏𓊖 Phré dieu grand seigneur du ciel. (Obélisque de Monte-Citorio).

𓏲 abréviation de ⸗ et de 𓉻 ⲛⲁⲁ, (ⲛⲁⲁ, ⲛⲁϭⲧ, ⲛⲓϣⲧ), grand. G. 65, 323.

𓊨𓁹𓏲 Osiris dieu grand. (stèle, et papyrus).

𓏲𓏤 abréviation de ⸗ et ⸗𓉻 ⲛⲁⲁ, grand. G. 106.

𓏲𓂋 , ⲧⲛⲁⲁ, la grande. G. 325.

388. ⸺ même signe tracé horisontalement et même signification symbolique que le précédent ; ⲛⲁⲁ, grand. G. 325.

⸗ groupe symbolique (grand phallus) exprimant l'idée ⲉⲱ, ⲓⲱ âne, Asinus.

⸗𓏥 pluriel du précédent, ânes, ⲉⲁⲛ ⲓⲱ, ⲛⲉⲉⲓⲱ.

𓀀𓂋⸗𓏲𓂧𓏥 , le gardeur d'ânes Näneschk. (Tombeau de N'wôthph - à Beni-Hassan).

⸗𓃥 ⲓⲱ. ⲉⲓⲱ. Âne ; variante du précédent accru du déterminatif figuratif.

⸗𓃥𓏤 ⲛⲉⲓⲱ, ⲉⲁⲛ ⲉⲓⲱ, les ânes ; pluriel du précédent. (Tombeau de Beni-Hassan).

𓏲𓈖𓏤𓏥 ⲡⲛⲁⲁ ⲛ̄ ⲛⲉⲛⲧⲣⲉ̄, le grand des cinq dieux. G. 330.

𓉐𓉐 ⲡⲏⲓ ⲛⲁⲁ, la grande demeure. G. 310.

⸗ ⲛⲁⲁ, grand.

⸗𓁐𓏥𓏏𓁐 la grande amie de Phtha, nom ou titre de la grande Déesse Léontocéphale de Memphis, épouse de Phtha : c'est l'Haphestobule des livres hermétiques.

𓂋 𓂝 𓂻 Variante du titre ou nom divin précédent. (monument du Musée Impérial de Vienne, gravé sur la couverture du livre de Mr. Stambuchel.)

𓂋 ⲧⲛⲁⲁ, la grande. G. 328.

ⲛⲁⳓⲧⲱⲛⲉⲛⲓⲃ, toute sorte de pierreries. G. 205.

ⲛⲁⲁⲧ, considérables. G. 106.

ⲛⲁⳓⲧ ⲱⲛⲉ, pierre dure. G. 320.

ⲛⲁⳓⲧⲱⲛⲡⲙⲉ, ⲛⲁⳓⲧⲱⲛⲉⲛⲧⲙⲉ, pierre précieuse. G.

ⲛⲁⲁ (pour 𓂝) grand, étant redoublé 𓏥 ou 𓂝 𓂝, ⲛⲁⲁ ⲛⲁⲁ, μέγας καὶ μέγας, grand et grand, ou deux fois grand, doit se traduire par très-grand, μέγιστος, G. 831.

à son père le double Thôth deux fois grand seigneur de Schmoun. (Obélisque du Musée Britannique).

, pluriel des précédents; grands, très grands.

A —, — Caractère phonétique représentant une espèce de sceptre ou d'instrument symbole de l'idée grand ⲛⲁⲁ, et exprimant la consonne ⲛ, N. G. 42, N° 147.

, ⲛⲁⲁ, grand, 340.

ⲡⲛⲁⲁ ⲛⲛⲉⲛⲁⳓⲱⲧ, le grand des vainqueurs. G. 330.

ou ou 𓏤 ⲛⲁⲁ, grand, puissant. G. 31, 107, 186, 217.

ⲥⲛⲁⲁ, rendre grand, agrandir. G. 441.

ⲛⲁⲁ ϩⲓⲣⲱϥ, grand sur lui. G. 466.

ⲧⲛⲁⲁ ⲛⲧⲓ, qui (est) grand.

ⲛⲁⲁⲧ. grands. G. 208.

ⲛⲁⲁⲧⲓ, les grands. G. 326.

[hieroglyphs] 𓐍𓏏𓏏 , 𓇳 , 𓋹𓊹 .

[hieroglyphs] ⲛⲱϣⲧⲛⲏⲣ, ⲛⲁϣⲧⲱⲛⲉ, pierre dure. G. 100.

[hieroglyphs] et [hieroglyphs] ⲛⲁϣⲧⲱⲛⲉⲣⲧⲙⲉ, ⲛⲁϣⲧⲱⲛⲉⲛⲧⲙⲉ, pierre précieuse. G. 100.

389. ☥ , Caractère symbolico-phonétique nommé ordinairement la croix ansée, et qui paraît s'être prononcé ⲱ ou bien ⲟ, voyelles qui, en copte, expriment l'idée exister, vivre, être, esse, existere.

Il n'est peut-être qu'une abréviation habituelle de ☥𓈖𓎛 ⲱⲛϩ, ⲱⲛⲅ, vivant.

☥, ⲱ, être, existere, vivre: copte ⲱ esse.

[hieroglyphs] ⲥⲓⲱ (copte ⲥⲁⲱ, ⲥⲁⲱⲛⲅ), vivant, vivante.

[hieroglyphs] Mater ejus vivit nomen ejus. (statuette en bois, du M. [?]).

☥ abréviation de ☥𓈖𓎛, ⲱⲛϩ, vif, vivant, vivante, vivre. G. 66, 106, 285, 325. Il signifie aussi vie, la vie, Vita. G. 197, 412, 461.

[hieroglyphs] ou [hieroglyphs], (ⲛⲏⲧⲟⲩⲱⲛⲅ, ⲛⲉ ⲣⲱⲙⲉ ⲉⲧⲱⲛⲅ), les vivants, les hommes vivants.

[hieroglyphs] , Onnofra, divin modérateur des vivants. (Groupe du Musée de Turin).

[hieroglyphs] pour [hieroglyphs] ⲉⲧⲱⲛϩ, (les) vivants. G. 64.

[hieroglyphs] ⲱⲛϩⲁⲡⲥⲓⲛⲥⲓ, Onkarsiési, Vivit Horus filius Isidis; nom propre d'homme. (stèle du musée de Turin, N°3).

[hieroglyphs] ⲱⲛϩ ⲛⲉⲛⲉϩ, vivant toujours. G. 338, 500.

[hieroglyphs] ⲛ̄ⲡⲱⲛϩ ⲥⲙⲛⲉ ⲥⲟⲛⲃ , c. à d. la vie (stable, ὑγιαν.) tranquille et forte. G. 309, 310, 324.

[hieroglyphs] (ⲉ́-ⲱⲛⲅ), vivant, qui vit. Osiris est surnommé [hieroglyphs] Dieu vivant toujours. (stèle du Musée de Turin).

83.

⳨ⲉⲧⲱⲛϩ, ⲧⲛⲟⲧⲱ ; vivant, vivante, vivifiante ; titre des Reines égyptiennes. G. 428.

ⲟⲩⲛⲧⲣ ⲉⲧⲱⲛϩ, un dieu vivant. G. 428.

ⲡⲱⲛϩ ⲣⲱϩⲓ, la vie pure. G. 290, 436.

ⲡⲱⲛϩ ⲣⲱϩⲓ ⲛⲓⲃ, la vie pure entière. G. 427, 518.

ⲡⲱⲛϩ (ⲥⲉⲙⲛⲉ)(ⲣⲱϩⲓ), Vie (stable) tranquille pure. G. 300.

(ⲱⲛϩⲉⲣ ⲛⲏⲉⲧⲱⲛϩ), les vivants.

, bienfaiteur des vivants, titre d'Osiris. (Manuscr. d'Amenhtum ; ; Mus. Royal).

ⲡⲁⲧⲣ, le dieu vivant. G. 188.

ⲱⲛϩ (ⲛⲉⲧ), les êtres vivants.

variante de , accrue de l'article féminin ⲧ. (Statue de la Reine, fille d'Horus. Mus. de E.).

A. ⳨, ⳨, caractère phonétique, représentant la croix ansée, symbole de l'idée vivre, existèr, ω, ὁ, esse, et exprimant les voyelles longues ω et ⲁⲁ. G. 36, N° 19.

ⲱⲛϩ (ⲱⲛϩ) copte idem, vie, vivre, vita, vivere, même sens que , et sur les monuments d'époque postérieure. (Philæ, Rosiet).

Ônchnas, nom d'une des Reines de la XXVI° dynastie.

ou ⲱⲛϩ, ⲱⲛϩ. (copte idem), vivere, vivre ; vitam agere, il vit. G. 174, 289, 365.

ⲧⲉⲛϭⲱⲣ ⲱⲛϩ ⲡⲉⲥⲡⲁⲓ ⲩϣⲁ ⲉⲛⲉϩ, Senhor dont l'âme vit à toujours. (Tableau funer. M. E.).

, et ⳨ par abréviation : ⲱⲛϩ(ⲉⲣ), vif, vivant, les vivants. G. 179, 511.

⳽ⲱⲁϩ, faire vivre. G. 440.

vivant, possesseur de la vie (ⲥⲁⲱⲛϩ)

, l'Aroëris puissant, possesseur de la vie du monde. (Obélisque flaminien, Base).

, par le frère d'Elle dont le nom est vivant. (Statuette funér. Musée de Turin).

ⲥⲁⲛⲱⲛϩ, Possesseur de la vie; vivant.

, par le frère de lui dont le nom est vivant. (Statuette funér. Musée de Turin).

ⲱⲛϩ, ⲱⲛϩ, vie, la vie. G. 61.

ⲱⲛϩ ⲁ (ⲉ), est vivante pour...

ⲡⲉⲕⲃⲁⲓ ⲱⲛϩ, ton âme vit. G. 475.

ⲉⲛ ⲛⲉⲧ (ⲱⲛϩ), par les vivants. G. 338.

ⲱⲛϩ ⲙⲙⲉ, vivant en vérité, ou dans la vérité, véritablement vivant; titre du dieu suprême Ammon. (Stèle du musée de Turin, Bélier d'Ammon).

ⲕⲱⲛϩ, tu vis.

vivis in æternum. (Rituel funér. 1ᵉʳ part. pl. 74, col. 64).

ⲱⲛϩⲭⲛⲥ, Ônkhkhons, vivit Chons deus, vita τε Chons dei; nom propre d'homme. (Momie du Musée de Turin).

ⲧⲉⲱⲛϩ ⲉⲛ-ⲥ, tu vis par elle. G. 294.

390. Caractère figuratif représentant une enseigne, la charpente sur laquelle on plaçait un objet pour le mettre en évidence.

A ce signe remplit aussi, dans les textes hiéroglyphiques, une fonction analogue à celle de la ligne que nous traçons

332.

sous un mot pour le mettre en évidence et le faire remarquer. Ce même signe était en outre, une marque honorifique.

⸺, Dieu. G. 524.

⸺, déesse. G. 524.

⸺, les Dieux.

⸺, les Dieux et les Déesses. (stèle du musée impl. de Vienne N° 63).

⸺, Thôth, l'Ibis par excellence; le Dieu Thôth. G. 524.

⸺, Pétémen, celui qui est à Men le seigneur des Zônes du monde.

⸺, ⲡ ϩⲟⲓⲟⲣⲱϣⲓ, le mur blanc; nom d'un quartier de Memphis. G. 524.

391. ⸺ Caractère symbolique mis en évidence, exprime l'idée du dieu Horus.

⸺ ϩⲱⲣ, Horus; avec l'Épervier du dieu pour déterminatif (stèle de Turin).

392. à 396. ⸺, ⸺, ⸺, ⸺, ⸺, Caractère Phonétique représentant une autre espèce d'Enseigne, et exprimant les voyelles et Diphthongues, ⲉ, ⲉⲓ, ⲓⲉ. G. 36, N° 11.

397. ⸺, Groupe symbolique exprimant l'idée de titre royal, honneur; ⲧⲉϧⲱⲟⲣ. G. 470.

⸺, ⲡⲁⲉⲱⲟⲣ, mon titre. G. 270.

⸺ ⲧⲉϧⲟⲟⲣ ⲧⲱⲏⲣ, son titre principal (le titre royal). G. 277. 513.

⸺ ⲡⲉⲱⲟⲣ ⲧⲱⲏⲣ, le titre, l'honneur suprême. G. 49.

⸺, ⲡⲉⲱⲟⲣ ⲱⲏⲡⲓ ⲛ̄ ⲧϥⲉ Ⲟⲥⲓⲣⲉ, le grand titre honorifique du Père Osiris. G. 139.

398. 🏺 Caractère figuratif représentant un char, un char de guerre, ⲱⲡⲡⲓ. G. 59. (Et Inscription statistique du palais de Karnac, aujourd'hui au Musée Royal de Paris).

Ce caractère se prononçait ⲱⲡⲡⲏϯ, groupe phonétique auquel il sert de déterminatif.

🏺 ..., char orné en or .... un.

🏺 ..., chars ornés en or et en argent, vingt...

🏺 ... Ⲁⲡⲡⲉ ⲙⲁⲁⲃ, chars trente. G. 111.

— ARMES. —

399.] Caractère figuratif représentant une masse ou casse-tête, l'arme primitive des peuples barbares; G. 138.
A:] Ce signe se place à la suite des noms étrangers, et après les signes déterminatifs homme ou femme. G. 138

Ce signe se plaçait seul à la suite des noms étrangers, mais]𓀀 et]𓁐 (l'image de l'étranger barbu et décoré de sa coiffure nationale) indiquaient les alliés de l'Égypte.

...]𓁐 ⲱⲧⲁⲥⲓⲣⲟ, Schétasiro. G. 139.

]𓀀 ou]𓁐, indiquait les ennemis de l'Égypte; il exprime aussi l'idée coupable. G. 139.

...]𓁐 ⲱⲓⲣⲡⲁⲥⲓⲣⲟ, Schiropasiro. G. 139.

400. ⊥ Combiné avec le signe terre, contrée, ce groupe est le signe déterminatif des noms d'individus étrangers. G. 138

... ⲡⲕⲁϩ ⲛ̄ ⲡⲉⲧⲧⲉⲱ, la contrée des 9 Arcs.

..., Ⲕⲛⲧⲁⲕⲏ, Candace, nom éthiopien. G. 138

Ce même groupe indique aussi les contrées étrangères, les contrées barbares.

84.

334   —, ⸗, ▭, 𓍑 .

𓈉𓊖 ⲙⲁⲛⲉ, ⲙⲟⲛⲉ, ⲕⲁϩⲛ̄ ⲛⲉⲙⲟⲛⲉ, la terre des Pasteurs, les contrées étrangères en général. G. 130.

𓈖𓉔𓂋𓈖𓇋𓈉 Nagaraina, Naharaina, la Mésopotamie. G.(15).

𓏤𓃀𓈉𓏥 et 𓏤𓃀𓃾𓍑 ⲣⲱ, leurs chèvres. G. 444.

401 ⸗, ⸗, Caractère phonétique représentant une autre espèce de massue, et selon une opinion plus probable, un ongle, ϭⲓⲛⲃ, et exprimant l'articulation g. G. 43. N°212.

⸗ gp, gpa, particule ayant le double sens de conjonction et de préposition, avec. G. 473 et 474.

⸗𓋴𓃀 gpe ⲭⲉⲧ ⲛⲓⲃ ⲛⲟϭⲡⲉ, et tous les autres biens. G. 715.

⸗ préposition simple combinée avec la préposition ⸗ p̄, forme la préposition composée ⸗ pgpa, p̄gpe, copte ⲉϭⲡⲉ, ⲉϭⲡⲉⲛ, qui s'unit aux pronoms affixes. G. 473.

⸗𓊪𓏏 et ⸗✿ gpp, gpnpe, fleur. G. 89. et 77.

⸗𓂝𓏌𓏥 gpeyi, gpeye, nom d'une espèce de fleur offerte à Thôth. (Philae, 1ᵉʳ couv. édif. de Osiris).

⸗𓈉 Ean-nag, à Edfou. G. 344.

⸗ gnn, gnw, avec. G. 474, 484.

402 ▭ Caractère phonétique représentant un maillet ou masse sans manche, et exprimant les articulations T, t, et Θ, th, dans les monuments des basses époques. G. 40. N°92. et le Δ des grecs.

403 𓍑, 𓍑, Caractère phonétique représentant une autre espèce de massue ou cassetête, et exprimant la consonne copte ⲥ, s. G. 43. N°176.

𓊹, 𓊹𓏤.

𓊹 abréviation de 𓊹𓏤 ⲥⲛ̄ⲧ, ⲥⲱⲛⲧ, sauveur, soutien, vengeur. G. 66.

𓄿𓊹 ⲱⲡⲥⲛ̄ⲧ, ō. sauveur, G. 370.

𓊹 Dieu vengeur, Dieu sauveur.

𓊹𓊹 Duel de la forme abrégée précédente: sauveurs, soutiens, vengeurs.

𓊵𓊹𓊹 ainsi que les deux dieux sauveurs, και θεων Σωτηρων. (Inscript. de Rosette, ligne 6).

𓊼 variante abrégée de 𓊹𓏤 ⲥⲱⲛⲧ, vengeur,

𓅃 𓊼 𓊨 , Horus vengeur de son père. (Philæ, passim).

𓊹 abréviation de 𓊹𓏤𓊨 ⲥⲱⲛⲧ ⲧϥⲉϥ, ⲥⲱⲛⲧ ⲡⲉⲧϥⲉ, soutient de son père, vengeur de son père. G. 66.

𓊹𓏤𓊨 ⲡⲥⲛ̄ⲧⲛⲡⲉϥⲧϥⲉ, le vengeur de son père. G. 358.

𓊹𓏤 ⲥⲛ̄ⲧ (copte ⲥⲱⲛⲧ), sauveur, soutien, vengeur, fondateur.

𓊹𓏤𓊨 , variante du précédent, ⲥⲛ̄ⲧ, ⲥⲛ̄ⲧⲉ, vindicare, venger.

𓅃𓄿𓏏𓊹𓏤𓊨𓂝𓊨 ϩⲁⲣⲥⲓⲥⲓ ⲭⲱⲛⲧⲉ ⲡⲉⲕⲉⲓⲱⲧ ⲟⲩⲥⲓⲣⲉ, Horus fils d'Isis, tu as vengé ton père Osiris. (Rituel funér.).

𓊹𓏤 ⲥⲛ̄ⲧ, copte ⲥⲱⲛⲧ, fundare, fonder, soutenir et par suite venger, deffendre, (affecté du déterminatif des verbes d'actions.) G. 280.

𓊹𓏤 ... 𓊨 ⲡⲥⲛ̄ⲧ ⲛ̄ ⲡⲉϥⲧϥⲉ, le vengeur de son père. G. 282.

𓊹𓏤 variante du précédent, ⲥⲱⲛⲧ, soutenir, venger, soutient, vengeur.

𓁷𓏤𓏏𓊹𓏤𓄿𓊨𓊨 , ⲁⲛⲟⲕ ϩⲱⲣ ⲥⲱⲛⲧ ⲙ̄ⲡⲉϥⲉⲓⲱⲧ ⲡⲧⲏⲣ, moi Horus le vengeur de son divin père. (Rit. funér. exempt. de Belzoni).

𓏞, 𓄿, 𓌪, 𓌟.

𓏞𓆳𓇳, Nom du onzième jour du mois. (Mém. de l'Acad).

𓏞𓆳𓏭𓏺𓏺𓏺𓏺𓇳, Nom de la cinquième heure du jour. (Idem).

𓏞𓆳𓂋, ⲡϭⲟⲛⲧ, le soutien. G. 151.

𓏞𓆳𓂞𓂋𓊪, ⳇⲟⲛⲧ ⲛ̄ ⲡⲉϥⲉⲓⲱⲧ, le soutien de son père. (Idem).

404 𓌪, Caractère figuratif représentant un glaive ou un couteau, ⲥⲏϥⲓ; il sert de déterminatif générique aux verbes exprimant des actions en rapport avec les idées de division, de séparation ou de disjonction. G. 384.

𓌪, ⲡⲉⲕⲥⲏϥⲉ, ton glaive. G. 335.

𓌪, groupe symbolique: couper les côtés c.-à-dire mettre en pièces, tailler en pièces.

𓌪, celle qui met en pièces.

𓌪𓂋𓏏𓏤𓄑𓏭, celle qui met en pièces les ennemis de son père; titre de Pascht Léontocéphale. (Philae, Édif. de droite au).

𓌪, mettre en pièces, égorger, ϣⲱⲧ, ϣⲁⲁⲧ, symbolisé par un glaive ou couteau placé au-dessus d'une pièce de viande provenant d'une victime. G. 357.

𓌪𓂋𓏏𓏤𓄑𓏭, ⲉϥϣⲱⲧ ⲛⲉϥⲁϫⲧⲉ ⲛ̄ ⲡⲉϥⲉⲓⲱⲧ, met en pièces les ennemis de son père. G. 357.

𓌪 ⲕⲓⲓ (copte ⲕⲓⲙ), frapper (avec l'épée), passer au fil de l'épée.

𓌪𓄑, il a frappé l'ennemi. (Philae, Édif. de droite de la cour).

𓌪𓆙, l'action de frapper le serpent Apophis. (Idem).

405 𓌟, Glaive, couteau, même sens que le précédent.

𓌟𓆳𓀭𓂝𓂋𓏏𓏺𓏺𓏺𓏞, ⲛⲁϧ...ⲧⲛ-ϭⲟⲧ, qui l'a fabriqué.

406. ⤴ Caractère figuratif, représentant la Harpé, arme de guerre; ⲩⲱⲡⲩ, G.53.

407. ⤴ Caractère figuratif représentant une autre forme de la harpé, arme de guerre; ⲩⲱⲡⲩ, Harpé; ⲡⲩⲱⲡⲩ, la Harpé. G.204.

408. ⟅ Caractère figuratif représentant un instrument tranchant, arme ou ustensile, glaive ou couteau.
 ⟅ Nom d'un oiseau Echassier avec crinière, espèce de Héron. (Comb. de Memphis).

409. ⟆ Caractère figuratif représentant une hache d'armes.
 ⟆ ⲡⲉⲕⲇⲁⲗⲕⲟⲩ, la hache d'armes G.334.

410. ⟇ Caractère figuratif représentant une autre forme de la Harpé, arme de guerre.

A ⟇, ⟇ Caractère phonétique représentant une forme de la harpé et exprimant la consonne u. M.G.41, N°124.

 ⟇. Voir, considérer, contempler :
 ⟇ viens vers le dieu pour que tu voyes. (Sarcophage de Basalte vert, de Turin).
 ⟇ , je vois mon divin père Osiris. (Rituel du Musée Royal).
 ⟇ , voir, videre, contempler, considérer.
 ⟇ ⲙⲉⲥⲟ-ⲅⲟ, Contemplation de la face; Miroir; nom écrit au dessus de l'objet ⟇. (momie de Rome).
 ⟇ ⲡ̄ⲙⲉⲓⲟ, contempler G.484.
 ⟇ ⲉϭⲙⲉⲓⲟ ⲡⲛ-ⲛ̄ⲧⲣ , voit ce dieu. G.401.
 ⟇ , voir; même sens que les précédents.

85.

𓁹 voir, contempler, connaître; même sens que 𓁹 ou 𓁹 ; les prunelles remplacent l'œil.

𓁹 ⲉⲕⲛⲁⲩ, et tu vois. G. 400.

𓁹𓀢 , voir considérer, contempler. variantes des précédents 𓏭𓂝𓊪𓇳𓍯𓏤 ═ 𓂧𓊃 𓁹𓀢 ★ 𓏭𓏏𓏏𓏏𓏏 ⸺ , je viens à toi, ô dieu Onnophré, considérant et adorant tes bienfaits. (Stèle de Turin N° 5).

𓆰𓋹𓋇 ⲟⲩⲟⲣ, ⲟⲩⲟⲣⲅ, couronne (de fleurs). G. 77.

𓁹𓊪𓏏 ⲙⲁⲥⲓ, le veau. G. 521.

𓁹𓈅 ⲟⲩⲧⲏⲧ, Granit rose, Syénite. G. 100.

411. 𓅓 groupe Phonétique de la Harpé ⲙ, M, et de l'aigle a, A, o, et exprimant la diphtongue ⲙⲟ, Mo, G. 16, N° 244.

𓅓𓀁𓏏𓃭 ⲙⲟⲩⲓ, Moui, lion. (nom propre d'homme, G. 15).

𓅓𓀁 𓃭 ⲙⲟⲣ, ⲙⲟⲣⲓ, Lion. (le Lion est le signe déterminatif). G. 75.

𓅓𓀁 𓃭𓋹 ⲙⲟⲣⲓ ⲛⲁϭⲱⲧ, lion victorieux. (divinité du temple d'Hathor à Ibsamboul).

𓅓𓏭 ⲙⲟⲣⲓ, ⲙⲟⲣⲉ, Resplendir.

𓊪𓅓𓏭 , 𓅓𓏭 , 𓊪𓅓𓏭 ⲉⲙⲟⲣⲓ, faire briller, polir, orner, embellir. G. 440.

𓅓𓏭 ⲙⲟⲣⲉ, copté ⲙⲟⲣⲉ, ⲙⲟⲣⲓ, copté ⲙⲟⲣⲓ, être brillant. G. 440.

𓅓𓏭𓇳 ⲙⲟⲣⲓ, ⲙⲟⲣⲉ, ⲙⲟⲣⲓ ⲙⲟⲣⲉ, briller, resplendir. G. 577.

𓅓𓏭𓇳 ⲙⲟⲣⲓ, ⲙⲟⲣⲓ, ⲙⲱⲟⲣⲓ, splendeur, éclat, (le soleil est le signe déterminatif). G. 79.

419. ⸺ Caractère symbolique, représentant une espèce de poignard, lequel peut être anciennement un emblème

de suprématie. Il a le sens de ϩⲟⲩⲉⲓⲧ, premier, ⲡϩⲟⲩⲉⲓⲧ, le premier. C. 242.

ϩⲟⲩⲉⲓⲧ ⲡϣⲏⲣⲉ, le premier royal fils. C.3.

413. Caractère symbolique ; même sens et même origine que le précédent.

414. Caractère symbolique ; même sens et même origine que le précédent.

415. Caractère figuratif, représentant un arc, ⲡⲓⲧⲉ, ϥⲓⲧ, espèce d'arme. C. 59.

ⲡⲓⲧⲉ, arc, arcus: Caractère figuratif déterminatif du phonétique ⲡⲧ (ⲡⲉⲧⲉ), arc. C. 59.

Caractère figuratif noté ; même valeur que le précédent.

ⲡⲓⲧⲉ ϣⲉ ⲛϣⲉ ⲥⲛⲁⲩ, arcs cinq cent deux. C. 119.

variante du précédent ⲡⲓⲧⲉ, ϥⲓⲧ, arc, arcus, inscrit au dessus de l'image de 4 arcs comme nom hiéroglyphique de ces objets. (Sarcophage de Mandoumôthph. collec. Passalacqua).

(ⲡⲓⲧⲉ, ϥⲓⲧ). Arcus, arc: inscrit au dessus de plusieurs arcs. (Même sarcophage - Passalacqua).

A. Caractère symbolique. l'arc, ⲡⲓⲧⲉ et ϥⲓⲧ, arc qui exprime symboliquement les nations barbares et principalement celles de la Libye. (les ⲛⲓϥⲁⲓⲁⲧ).

(ⲛⲓϥⲧ ⲱ̄, ⲛⲉ ⲡⲓⲧⲉ ⲱ̄), les neuf-arcs, nom symbolique par lequel les égyptiens ont désigné les nations barbares de l'Afrique et en particulier les Libyens, dont le pays conserve encore chez les coptes le nom de ⲛⲓϥⲁⲓⲁⲧ, (ⲡⲓϥⲓⲧ) Les arcs. (Obélisque St. Jean de Latran, face septentrionale, col. médiale).

(ⲡⲓϥⲁⲓⲁⲧ, ⲡⲓϥⲓⲧ, ⲛⲉⲡⲉⲧⲧⲉⲱ) les neuf arcs, c. à d. les peuples de la Libye, les Africains, nommés פוט dans le texte Hébreu de la Genèse.

, vainqueur des Lybiens; titre donné à Thoutmosis IV. (Obélisque de St. Jean de Latran, face septentrionale, colonne de droite). Les peuples étrangers, les barbares en général. G. 363, 406.

celui qui a renversé (prostravit) les Libyens sous ses sandales. (Obélisque Idem, face Occident. col. de gauche).

ⲡⲓϥⲁⲓⲁⲧ (ⲕⲁϩ), La Libye, la région des neuf arcs, Λίβυη, L'Afrique. (Obélisque du Monte Pincio, dit Barbarini).

ⲡⲓϥⲓⲧ ⲱ (copte ⲡⲓϥⲁⲓⲁⲧ), les peuples de Libye (les 9 arcs); variante des groupes précédents.

nous t'avons donné la victoire et la suprématie sur les Libyens. Paroles de Neith à Antonin le Pieux. (Bas-relief d'Esné, anc. vol. Ifl. 82, N°1).

ⲡⲧ ou ϥⲧ-ⲕⲁϩ, Phouth, Phaiat, la Libye frappée par Philomètor. (1er Pylone de Philæ, massif de gauche).

, variante du précédent, la Libye.

, les libyens. (1er Pylone de Philæ, massif de gauche).

Nom hiéroglyphique de la contrée sise au midi de l'Egypte et que nous comprenons sous le nom général de Nubie. (Monuments de la Nubie, Passim).

ⲕⲛⲉ, Nubie. G. 320.

416. Caractère Phonétique représentant un arc ⲡⲉⲧⲧⲉ et exprimant la consonne Π, P.

⚊ , 𓂝 𓂧 𓂛 , ⬅ , ✒ .   341.

𓊪𓏏𓋴 ⲡⲧⲥ , aiguiser, affuter, un instrument tranchant, donner le fil. (Tombeau de Menoftré à Sakkara, au-dessus de gens aiguisant des couteaux, Devins).

417. 𓂝 Caractère phonétique représentant un carquois et exprimant les articulations א et ס , sj et sc . G. 43. N°186.

𓂝 (ivsel) , despuis que . Dès que . G. 302.

𓂝𓏤 ⲛⲏⲃ-ⲥⲣ , Nebsar (le dieu Osiris). 313.

418. 𓂧 , 𓂧 , 𓂛 , Caractère phonétique représentant une espèce de carquois, et exprimant les voyelles a , aa , o , a , aa , o . G. 37. N°71.

𓂧𓇯 𓏴 𓈙 ⲥⲟ , du pays de Scheto . f. 155.

419. 𓂛 , 𓂛 Caractère phonétique représentant le couvercle d'un carquois et exprimant l'articulation c , s , le Σ des grecs. G. 43. N°161.

𓂛𓃀𓀀𓂛𓏴 cwnaipo oreu somairoousô . G. 139.

𓂛𓏤𓀀 cwncipo , Sêpasiro . J. 139.

𓂛𓏤𓏴 cⲃⲥⲧⲥ , Σεβαστος , Auguste, surnom impérial romain donné à Trajan . (biftot de l'ôt à Philoe).

𓏤𓂛𓏤 Ocopsou , Osorchon .

𓏤𓂛𓏤 ⲫⲓⲗⲓⲡ Φιλιππος , Philippe .

420 ⬅ , Caractère figuratif représentant une flèche, cate, coeneq . G. 53.

A ⬅ Caractère phonétique représentant une flèche, cate et exprimant la consonne c , s . G. 43. N°171.

𓃘 traire , tirer le lait d'une vâche. (Tombeau de Memphis , Menofré-Osiri).

421. ✒ Caractère figuratif représentant une flèche inclinée.

, groupe composé de deux flèches en sautoir au-dessus de l'Enseigne, suivie du signe Région ; nom d'une région à laquelle présidait la déesse Neïth. (statue Naophore du Vatican).

422 . Caractère figuratif, représentant une sorte de flèche ou arme de projection, nommée ϭⲀⲦⲈ.

A . Caractère phonétique exprimant la voyelle A, A. É. 56, N° 15.

, trait, Telum, et dans le sens symbolique rayon de lumière.

, tʰlitʰoïs rayon de vérité. (stèle Bilingue de Turin) épithète du premier Hermès.

, ϭⲀⲦⲈ, ϭⲀⲦ, la Déesse Saté ou Sati, la Junon (Hera) des Égyptiens, compagne de Chnouphis ; nom figuratif noté signifiant un trait, un rayon. (à Philæ).

, ϭⲀⲦⲈ ⲦⲚⲎⲂ Ⲛ̄ ⲔⲎⲤ-ⲔⲀϨ-ⲨⲀⲤ, aimé de Saté la Dame de Nybie. G. 456.

et , Variante du 2ᵉ précédent. (même Ouvrage, et 6.131).

—⦿ | , ϭⲀⲦ Ⲛ ⲠⲢⲎ, rayons du soleil. G. 179.

423. □, Caractère figuratif, représentant un bouclier, ⲰⲤⲨ, bouclier. G. 5.

_____ **INSTRUMENTS des ARTS et des MÉTIERS.** _____

424 , , , . Caractère phonétique représentant un Hogan, ou une sorte de charme (?) signe de la consonne ⲙ, M, dans les mots Égyptiens. G.41. N° 115.

ⲙ, abréviation très fréquente du mot ⲘⲀⲒ, ⲘⲀⲒ, ⲘⲈⲒ, aimer aimant. G. 451.

, ⲘⲀⲒⲢⲎ, Maïré, aimant Phré (Homme). G. 132.

, ⲘⲀⲒⲀⲘⲚ, aimant Ammon.

, ⲘⲀⲒⲘⲈ ⲘⲀⲒⲦⲘⲈ, ami de la vérité, φιλαλήθης. G. 452.

P, ⊂.

𓌕 et 𓌗 . up, (copte ⲙⲉⲣⲉ, ⲙ̄ⲡⲉ) chérir, aimer, diligere. G. 565.

𓌕 𓇳 𓀀 ⲙⲉⲣ-ⲣⲏ, l'ami du soleil, aimant le dieu Phré. (Propylon de Nectanebo à Philæ).

𓌕 𓀁 ⲙⲉⲡⲉ, ⲙⲉⲡⲓ, chérir.

𓌕 , ⲙⲡⲡ, (copte ⲙⲉⲣⲉ). l'emploi de l'p redoublé à la place d'une voyelles, est fréquent aussi en copte; chérir, diligere, et chéri, dilectus lorsque, dans la composition, il est placé le dernier

𓋹𓆓𓀁𓇋𓏏𓌕𓇋𓏏𓌗 chéri de son parent le dieu Sou et de sa parente la déesse Tafné.

𓌕𓀀𓏥𓀁 ⲙⲡⲡⲉ-ⲥⲟⲣ, qui aime lui. G. 207.

𓌕𓀁𓀁 ⲙⲉⲡⲉ, ⲙⲉⲡⲓ, chérir, chéri. G. 579.

𓌕𓏭𓏭 ⲙⲉⲡⲉ-ⲓ, aimant moi.

𓌕𓏭𓏭𓏏 ⲙⲡⲓ-ϯ, très-aimable, très-aimant. (titre donné à Osiris; Grande Stèle de Lyon).

𓌕𓏭𓏭𓂝 ⲙⲉⲡⲓ-ⲕ, aime toi. G. 285.

𓌗 ⲙⲣ ⲙⲟⲣⲡ, ⲙⲟⲣ, lier, ceindre, entourer. G. 585.

𓌕𓇋𓏌 et 𓌕𓇋𓏌𓏺 , avec l'article ⲥ : ⲥⲟⲣⲁϩ, de la cire, et vase à cire, le vase est déterminatif. J. 17.

𓊪𓏏𓏴𓏥 𓌕𓇋𓏌 des parfums et de la cire. (Stèle du Cabinet impérial de Vienne N° 82).

𓌗𓌗𓆳𓈙 ⲙⲉⲡⲥⲡ....... Nom propre d'une grande déesse de la famille d'Ammon. (Stèle du Musée de Turin). La déesse est figurée sous la forme d'une femme à tête d'Uræus.

𓏠𓂋𓊪𓏏𓇳 , ͏ⲙⲉⲣⲉⲡⲧⲁϩ, le chéri de Phtha. G. 432.

𓏠𓂋 ⲙⲣⲧ, (copte ⲙⲉⲣⲓⲧ), forme du verbe 𓌻 prenant les pronoms affixes représentant le complément direct.

𓏠𓂋𓂋 ⲙⲉⲣⲉ ⲙⲉⲣⲉ, deux fois aimable. G. 480.

𓌻𓏏𓄿 ⲙⲁⲓⲙⲁⲩ, aimant la mère, (Philométore), G. 432.

𓌻𓏴 ⲙⲁⲓ-ϥ, aimant-lui.

𓌸𓇋𓇋𓏠𓏌𓏤𓀀 ⲙⲁⲓⲁⲙⲟⲩⲛ, Maiamoun, aimant Ammon (homme). (𓌸 est ici l'abréviation de 𓌻𓏏𓏤). G. 132.

𓌻𓏏𓏤 ⲙⲁⲓ, ⲙⲉⲓ, (copte idem), aimer, amare, diligere, φιλεῖν, Αγαπᾳν.

𓌻𓏏𓏤 a aussi le sens du participe actif aimant, entre en composition avec les noms, et forme une sorte d'adjectif. G. 431. Voyez ci-après les composés de 𓌻𓏏𓏤.

𓌻𓏏𓏤𓌻𓏏𓏤 ⲙⲁⲓⲙⲁⲓ, deux fois aimable, très aimable. G. 331.

𓌻𓏏𓏤𓀀 , ⲙⲁⲓ , aimer. G. 279.

𓌻𓏏𓏤𓏏 ⲙⲁⲓ-ⲧ, aimant-moi. G. 273.

𓌻𓏏𓏤𓁐 ⲙⲁⲓⲙⲉ, aimant la vérité. G. 432.

𓌻𓏏𓏤𓇳𓀀, ⲙⲁⲓⲣⲏ, aimant le soleil. G. 432.

𓌻𓏏𓏤𓂝 ⲙⲁⲓ-ϥ, aimant-lui. G. 141.

𓌻𓏏𓏤𓊪𓏏𓇳𓀀 ⲙⲁⲓⲡⲧⲁϩ, Maiphtah, aimant Phtha (femme). G. 132.

𓌻𓏏𓏤𓊪𓏏𓇳𓁐 ⲙⲁⲓ-ⲡⲧⲁϩ, Maiphtah, l'amie de Phtha, celle qui aime Phtha, l'un des noms de la grande Déesse Léontocéphale de Memphis, ou l'un de ses titres.

𓀁𓁢𓌻𓏏𓊪𓏏𓇳𓈖𓏌𓏤𓏴 .... (stèle ou table à libation du Musée de Turin).

ⲙ̄, ⲙⲉ̄. ⳁ.

𓏏𓂋𓅓𓎛𓌃𓂋𓊪 Que Kobé la grande amie de Phthà donne la vie à (Petit monument du Mus. Impérial de Vienne, tiré de Mr. de Steinbüchel).

ⲙⲁⲓⲛⲉⲑⲏⲣ ⲇ̄ 𓊹𓊹𓊹, ⲙⲁⲓⲛⲉⲑⲏⲣ, aimant les Dieux. G. 132.

ⲙⲉⲁⲓ, ⲧⲙⲁⲓ, Témaï, l'aimable, l'aimante (femme). G. 130.

ⲙⲁⲓⲧⲉ, aimant le père. (Philopatore). G. 132.

ⲙⲁⲓⲛⲉⲧⲉ, aimant les pères (Philopatore). G. 132.

ⲙⲁⲓⲧⲉϥⲧⲉ, aimant son père (Philopatore). G.D.

ⲙⲁⲓⲟⲩⲣ, Maïthmou, huitième fils d'Pharaon Rhamsès-Meïamoun. G. 127.

ⲙⲁⲓ pour ⲙⲁⲓ ⲙⲁⲓ, ⲙⲁⲓⲙⲁⲓ, deux fois aimable, c'est-à-dire très-aimable. G. 331.

ⲙⲁⲓⲧⲁⲧⲉ, aimant le père. (Philopator).

ϭⲓ-ⲙⲁⲓ-ⲧⲁⲧⲉϥ, fils aimant son père. (Titre d'Horus. Rituel funéraire).

ⲛⲉϩⲱⲟⲧⲧ ⲛⲉϩⲁⲓ ϣⲁⲣⲉ ⲛⲉϩⲓⲟⲙⲉ, l'attachement auprès des femmes. G. 397.

ⲙⲁⲓⲛⲏⲓⲟ, Maïnéith, aimant Néith (homme). ⲁ̄ est ici l'abréviation de ⲙⲁⲓ. G. 132.

ⲙⲗⲅ, abréviation de ⲙⲟⲩⲗⲅ. ⲧ. Cire. G. 65.

ⲙⲁ̄ abréviation de ⲙⲁⲓⲥⲟⲛ ⲙⲁⲓⲥⲟⲛ, aimant le frère, (Philadelphe). G. 132.

ⲙⲁⲓⲡⲉⲥⲟⲛ, Philadelphe (féminin). G. 132.

125. 𓌹 Caractère symbolique, représentant selon toute apparence une sorte de Hache, en Égyptien Tupe, ascia

87.

paraît avoir été prononcé par les Egyptiens Noré, Ner ou Neri d'après la transcription grecque du groupe hiéroglyphique ▲⎯♀⎯♀♀♀ AMON-PA SON T-HP (ⲁⲙⲛ ⲡⲁ ϭⲏⲧ-ⲏⲡ, ϥⲱⲛⲧ ϭⲏ-ⲧⲏⲡ). Ce signe exprime symboliquement l'idée dieu, Divin.

𓊹 (ⲧⲏⲡ, ⲛⲧⲣ, ⲛⲟⲩⲧⲉ, ⲡⲛⲧⲣ, ⲡⲑⲏⲡ, Dieu, être Divin. G. 164, 356 et 510.

𓊹𓇳 Dieu Epiphane, dieu Manifeste. (Inscription de Rosette, lignes 6, 8, 12, 14).

𓊹 (ⲧⲏⲡ), variante du précédent ayant de plus le signe de genre ou du symbolisme 1 Dieu.

𓊹𓏺 ⲟⲩⲛⲧⲣ, ⲡⲛⲧⲣ, un dieu, le dieu. G. 302, 353.

𓊹𓏺𓏼𓈗 , ϧⲉⲛ ⲡⲛ̅ ⲑⲏⲡ, dans ce dieu. G. 303.

𓊹𓏤𓈗 ⲡⲛ̅-ⲛⲧⲣ, ce dieu. G. 186.

𓊹𓏺 𓃾 ⲑⲏⲡ ⲱⲏⲡ, dieu Puissant. G. 266.

𓊹𓏥 ⲛ̅ ⲡⲉⲛⲛⲧⲣ, de leur dieu. G. 200.

𓊹𓏺𓈗 ⲡⲉⲏⲡ ⲛⲁⲁ, ⲡⲛⲧⲣ-ⲛⲁⲁ, le dieu grand. G. 303, 267.

𓊹𓏺𓎟 ⲡⲛⲧⲣ ⲛⲓⲃ, tout-dieu. G. 319.

𓊹𓏺 , pluriel, dieux mâles. (Momie de Turin).

𓊹𓏪 ⲛⲛⲧⲣ, les dieux. G. 269.

𓊹𓏺𓂀 ⲧⲛⲧⲣ, ⲧⲛⲟⲩⲧⲉ, la Déesse. G. 178.

𓊹𓏺𓁐𓈖 ⲟⲛ ⲛⲧⲣⲓ, cette Déesse. G. 186.

𓊹𓏺 Divine épouse, titre donné aux reines Egyptiennes.

𓊽𓏺𓏺𓆓𓊹𓏺 , acte d'adoration au (Roi) dieu gracieux qui a soumis le monde et à la divine épouse. (Stèle D. Turin).

𓊹𓏺 (𓇋𓂋𓏏𓏤) La divine Epouse Nofré-Atari, vivante. (Turin).

𓉠, 𓊵𓊖

𓊵𓏏𓇳𓏥𓇋𓏠𓈖, divine épouse d'ammon, titre donné aux reines Égyptiennes.

𓊵𓏏𓇳𓏥𓇋𓏠𓈖 (cartouche) la divine épouse d'Ammon Ahmosis Ateri. (Titre stèle Royale du musée de Turin).

𓊵𓇳𓀭 ⲛⲉⲧϥ, ⲓⲱⲧ-ⲛ̄ⲟⲩⲧⲉ, divin père, titre sacerdotal. G. 103.

𓊵𓊖 ⲡⲛⲧⲉⲣ ⲅⲡ, Dieu Épiphane, Dieu manifesté. G. 177.

𓊵𓉐 ⲡⲣⲡⲉ, le temple. G. 274.

𓊵𓉐𓏥 ...... ma Divine Demeure. G. 278.

𓊵𓉐𓉐 (cartouche), ⲡⲉⲣⲡⲉ ⲛ̄ ⲁⲙⲛⲙⲡⲣⲏⲙⲉⲉ, un Rhamesseum. G.

𓊵𓊖 ⲡⲕⲁϩ-ⲛ-ⲛⲧⲣ-ⲅⲡ, la terre des hypogées.

𓊵𓊖𓏤 ⲕⲁϩ ⲛ̄ ϩⲣⲓⲑⲟⲩⲣ, la contrée-du-divin-repos. G. 416.

𓊵✝𓀭, ⲑⲏⲡ ⲱⲛϩ ⲛⲟⲩϥ, Dieu vivant et bienfaisant. G. 481.

𓊵𓊵𓊵𓏥 ⲡⲛⲧⲣ ⲛⲁⲁ ⲛ̄ⲛⲉⲛⲧⲣ ⲛⲓⲃ, le Dieu grand des Dieux tous. G. 829.

𓊵𓊖 ⲡⲛⲧⲣ ⲛⲁⲁ, Dieu grand. G. 552.

𓊵𓇳 ⲡⲛⲧⲣ ⲛⲟⲩϥ, ⲡⲓⲑⲏⲡ, ⲛⲟⲩϥ, le Dieu gracieux bienfaisant. G. 318. 458.

𓊵𓊖, divine sœur, déesse sœur, déesse adelphe, titre de Nephtys.

𓊨𓁗𓊵𓊖𓊖 Nephtys déesse adelphe rectrice de la région des âmes. (coffret à Epervier, Musée de Turin.) (Voyez à 𓊨).

𓊵𓊖𓏥 abréviation de 𓊵𓊖𓏥 : ⲛⲉⲛⲧⲣ, parfums, encens. G. 65.

𓊵𓊖𓏥 et 𓊵𓊖𓏥, ⲑⲏⲡ-ϭⲧ, l'offrande des parfums. G. 492. 𓊵𓊖𓏥

𓊵𓊖𓏥 ⲥⲛⲟⲡ, Parfums; Aromates, matières odorantes brulées en l'honneur des Dieux; les grains ooo sont déterminatifs 𓊵𓊖𓏥 une grande quantité de parfums.

𓊵𓊖𓏥 ⲥⲛⲟⲡ même signification. 𓊵𓊖𓏥𓊵𓊖𓏥 faire ou offrir des parfums, des libations de vin, de lait etc (Musée de Naples).

𓊵𓊖𓏥 et 𓊵𓊖𓏥 ⲡⲛⲧⲣ-ⲥⲛⲣⲡ, aromates, parfums, encens. G. 171.

ⲛⲧⲣⲉⲛⲧⲣ, encens.

ⲡⲛ̄-ⲛⲧⲣ, ce Dieu. G. 402. , même sens.

ⲡⲛⲟⲩⲣ ⲛⲁⲁ, ce Dieu grand. G. 164.*

ⲡⲛⲟⲩⲣ ⲛⲁⲁ, ce Dieu grand. G. 128.

, attaché à Dieu, lié à Dieu, serviteur de Dieu; titre sacerdotal.

 ⲭ°, le prêtre, le servant de Dieu met l'encens sur le feu. (tombeau de Nehôthph à Beni-hassan).

ⲛⲧⲣ ⲛⲉⲧⲁⲟⲩ, divines paroles. G. 31.

ϩⲟⲛⲧ, ⲡϩⲟⲛⲧ, ⲛⲧⲣ-ϩⲟⲛⲧ, Prêtre en général et en particulier le fonctionnaire de l'ordre sacerdotal connu des grecs sous le nom de Προφητης, Prophète, prêtre de la première classe. G. 167. 262.

 le prophète du roi Aménôthph. (groupe en grès du Musée de Turin).

 le prophète d'Osiris. (stèle du Musée de Turin).

ϩⲟⲛⲧ, prophète. G. 104.

ϩⲟⲛⲧ ⲉⲓ ⲛ̄ϩⲟⲛⲧ, prophète fils de prophète. 148.

ϩⲟⲛⲧ ⲡⲙⲉϩⲃ ⲛ̄ ⲁⲙⲛ-ⲣⲏ ⲡⲥⲟⲩⲧⲛ ⲛ̄ⲛⲉⲛⲧⲣ ϥⲁⲓⲛⲟⲩⲣ, le second prophète d'ammon-ra le roi des Dieux Fainofré.

, le 3ᵉ, le 4ᵉ prophète.

, ⲛⲉϩⲟⲛⲧ, ⲛⲉⲥⲁⲃⲉϩⲟⲛⲧ, les prophètes. G. 275. 430.

ϩⲁⲛϩⲟⲛⲧ ⲛⲁⲁⲩ, les grands-prophètes. G. 148.

 pour les prophètes. G. 167.

𓊹, 𓊹𓏤.

𓊹! fonction sacerdotale; groupe composé de 𓊹 prophète, prêtre en général, et de 🕭 qui indique la fonction particulière d'offrir l'encens aux dieux. (libanophore).

𓊹⸗⸗ le libanophore d'Amon-ra roi des dieux, Harsi-Mandow. (Vase de Bronze du Musée de Turin).

𓊹⸗⸗ variante du même titre. (autre vase. Musée de Turin).

𓊹⸗⸗ le libanophore d'Ammon, Pétamon. (Image funéraire musée de Turin).

𓊹𓏤 groupe symbolique désignant une classe de l'ordre sacerdotal.

𓊹𓏤⸗⸗ .... (Momie du Musée de Turin).

𓊹𓏤⸗ déesse, Dea, Diva: divinité femelle avec les marques de sou genre.

⸗⸗𓊹𓏤⸗ Enfanté par la déesse Isis. (Appui d'hmm, musée Royal).

𓊹𓏤⸗⸗ déesse, Dea, divinité femelle. (𓏏 est déterminatif).

⸗⸗⸗𓊹𓏤⸗⸗ (que) les dieux et les déesses de la station orientale donnent ⸗. (Stèle du musée de Genève).

𓊹𓏤 ou simplement 𓊹 ou 𓊹𓏤, déesse; ⲧⲏⲧⲡ, ⲧⲛⲟⲣⲧⲉ.

𓊹𓏤⸗⸗ ⲧⲏⲧⲡ ⲛⲓⲃ, toute-déesse. G. 315, et 362.

𓊹⸗ ⲛⲧⲡⲧⲩⲉ·ⲡ, divin père, et père divin. G. 167.

⸗⸗⸗⸗⸗⸗⸗⸗⸗ le sontensi sous fils du divin père Mendonôstpeh. (Stèle du musée impérial de Vienne N°82).

𓊹⸗ pour 𓊹⸗ 𓊹⸗ 𓊹⸗ Pères divins. G. 167.

𓊹⸗ ⲧⲩⲁⲩ-ⲛⲧⲡ, et ⲛⲧⲡⲙⲁⲩⲧ·ⲧ, la mère divine, et la divine mère. G. 399.

𓊹⸗ ⲛⲉⲑⲏⲡ, dieux et déesses. G. 302.

𓏙𓏙 ⲛⲉⲛⲧⲣ ⲃ̄, les deux dieux. G. 326.

𓏙𓏙𓏙 ⲛⲉⲑⲏⲣ, ⲛⲉⲛⲧⲣ, les dieux, aux dieux, des dieux, ô Dieux ! G. 189, 227, 234, 272.

✠🏠|𓏙𓏙𓏙, avec les Naos-portatifs appartenant aux Dieux. (Inscription de Rosette, ligne 8).

𓏙𓏙𓏙| ⲛⲉⲛⲧⲣ, même sens que le précédent. G. 292.

𓏙𓏙𓏙 𓏙⌂ ⲛⲉⲛⲧⲣ ⲛⲉⲛⲧⲣⲓ, des dieux et déesses. J. 411.

𓏙𓏙𓏙 𓏙⌂ 𓏙𓏙 ⲛⲉⲛⲧⲣ ⲛⲉⲛⲧⲣⲓ ⲛⲓⲃ, dieux et déesses tous ! G. 283. = 𓏙𓏙𓏙𓏙) ⲛ̄ ⲛⲉⲑⲏⲣ, des dieux. 480.

𓏙𓏙𓏙 ⲙ𓏙| ⲛⲉⲛⲧⲣ ⲙⲓⲥⲉⲣ ⲛⲧⲫⲉ, les dieux enfants de Natphé. G. 198.

𓏙𓏙𓏙 𓎼 ⲛⲉⲛⲧⲣ ⲛⲁⲁⲧ, ô dieux grands. G. 184.

𓏙𓏙𓏙 𓎡 ⲛⲉⲑⲏⲣ ⲛⲓⲃⲓ, les dieux tous.

𓏙𓏙𓏙𓏙𓏙𓏙𓏙𓏙𓏙 ⲛⲉ ⲛⲧⲣ ⲑ, neuf dieux. G. 206.

𓏙⌇, 𓏙⌇, 𓏙⌇, ⲛⲉⲑⲏ, ⲛⲉⲛⲧⲣ, dieux, les dieux. G. 258. 426.

𓏙𓏙, 𓏙 𓊃 𓏙| ⲛⲧⲣ ⲉⲧⲟⲩ, ô vous dieux. G. 282.

𓏙▦ ⲛⲉⲛⲧⲣ ⲛ̄ⲧⲕⲁⲓ, dieux du pays. G. 324.

A. 𓏙 , 𓏙 ; Caractère phonétique représentant une espèce de hache, et exprimant la consonne ⲛ, N. G. 42. N° 146.

𓏙 abréviation de 𓏙⌂, 𓏙⌂ ⲛⲟⲩⲧⲣ copte ⲛⲟⲩⲧⲉ. ⲛⲟⲩⲧ, dieu. G. 65.

𓏙⌂ ⌇ ⲛⲧⲣ-ⲅⲡ-ⲕⲁⲅ, Noutêhir contrée, la divine contrée de Hir. G. 183.

𓏙⌂ la divine contrée de Hir, Noutêhir, lieu où vont les morts.

𓊹, 𓊹, 𓊹, 𓊹.   351.

𓐍𓂋𓏤𓏥𓈖𓏤𓊹𓏥𓈎𓏏𓊖𓈖𓏏𓂋𓊹𓊖, ô vous dieux sauveurs, puissants et grands, qui résidez dans la contrée divine de Noute-hir. (Momie de ⸺ à Turin).

𓊹. 𓊹 abréviation de 𓊹𓏏, 𓊹𓏏, 𓊹𓏏, ⲛⲟⲧⲣ.ⲧ, ⲛⲟⲧⲣⲓ.ⲧ, Déesse. G. 65.

𓊹 ⲛⲧⲣ, abr. 𓊹, Dieu. G. 311.

𓊹𓏏 𓄟𓆑 ⲧⲛⲧⲣⲓ ⲙⲉⲥ-ⲥⲟⲣ, une déesse a enfanté lui; G. 347.

𓊹𓏏 𓈘 ⲧⲛⲉⲃ-ⲛⲉⲣ-ⲕⲁϩ-ⲙⲱⲟⲩ, souveraine divine de la contrée de l'eau. G. 183.

𓊹𓏥𓂊𓈖𓊖 ⲛⲉⲛⲧⲣ ⲃ̄ ⲥⲛⲉⲧ, les deux déesses dirent. G. 163.

426. 𓌉 Caractère figuratif représentant une scie. Bac. G. 53.
𓌉 placé comme déterminatif à la suite du groupe phonétique 𓃀𓋴 ⲃⲉ, (copte ⲃⲱⲕ, ⲃⲁⲕ), scie, scier. (Bas-relief de Mitoun)

427 𓌳 Caractère figuratif représentant un boisseau pour mesurer les grains. G. 221.
𓌳𓏥 ⲥⲟⲣⲟ ⲟⲓⲡⲉ ⲥⲉ, froment, boisseaux LX. G. 221.

428 ⊗, •, Caractère phonétique, représentant un Crible, un Van, ϣⲁⲓ, Memphitique ϩⲁⲓ, Ventilabrum, et exprimant les articulations ϧ, x, et ϣ, Khei, chi et sch du copte. G. 44. N° 195.

⊗ ϣⲁⲡⲉ, à, vers, auprès de; et prend les pronoms affixes. G. 272. 478.
⊗ ϣⲡ-ⲓ, copte ϣⲁⲣⲟⲓ, chez moi, auprès de moi. G. 275.
⊗𓊹𓊹𓊹 𓊹𓊹𓊹 ϣⲁⲡⲉ ⲛⲉⲛⲧⲣ (ⲁⲩⲱ) ⲛⲉⲛⲧⲣ (ϩⲓⲟⲙⲉ), aux dieux et aux déesses. G. 165

⊗ ϣⲡ (copte analogue ϣⲱⲡ, ϣⲁⲡ, ϣⲁⲡⲓ), Prostrare, Prosterner, renverser, frapper violemment, blesser; l'homme est signe déterminatif; Percutere. G. 373, 204 (Voir 𓌡).

[hiero.] ⲛⲕ ϣⲩ̅ⲣ ⲛⲉⲕϣϥ̄ⲧ ⲛⲓⲃ ϩⲣ ⲛⲉⲕⲣⲁⲧ, Tu as renversé tous tes ennemis sous tes pieds. (Daremph. du Kiosque à Bouleg.)

[hiero.] ϣⲁⲡⲉ Ⲟⲣⲥⲓⲡⲉ, auprès d'Osiris. G. 477.

[hiero.], Protéger, soutenir, garder, accompagner, conduire, gouverner, diriger.

[hiero.], Isis, veillant sur son frère (Osiris) centre de Manlak. (Propylon de Nectanebo à Philæ).

[hiero.] ϣⲁⲡⲉ ⲙⲉⲣⲉ, auprès des hommes. G. 397.

[hiero.] ϣⲁⲡⲉ ⲡⲉϥϣⲓ, à son fils. 396.

[hiero.] ϣⲡ-ϥ, ϣⲁⲣⲟϥ, à lui, chez lui, auprès de lui. G. 475.541.

[hiero.] ϣⲁⲣⲉⲛⲉϩ, pour toujours, jusqu'à l'éternité. G. 517.

[hiero.] se contracte en [hiero.], étant de règle générale, dans les textes hiéroglyphiques, de ne point exprimer le redoublement des lettres. Ce groupe répond au copte ϣⲁⲣⲟⲓ, vers moi, chez moi, qui est en moi. G. 477.

[hiero.] ϣⲁⲣⲉ ⲡⲉⲛⲛⲟⲩⲧⲉ, à leur dieu (suprême). G. 474.

[hiero.] ϣⲁⲣⲟⲩ ⲛⲉⲛⲧⲣ, les autres dieux. G. 404.

[hiero.] (ϣⲁⲣⲉ) ϣⲁⲣⲉⲧ, ϣⲁⲣⲟⲕ, vers toi. G. 293, 456, 477.

[hiero.] ϣⲁⲣⲧ Ⲏⲥⲉ, vers toi Isis. G. 426.

[hiero.] ϣⲁⲣⲁⲥⲛ̄, ϣⲁⲣⲱⲟⲩ, (qui sont) chez eux. G. 476.

[hiero.] ϣⲁⲣⲟⲕ, chez toi, auprès de toi, à toi, vers toi. G. 183, 475. 551.

[hiero.] ϣⲁⲣⲟⲕ ⲡⲣⲏ, vers toi ô soleil. G. 288.

[hiero.], Je viens vers toi (ô Osiris) en glorifiant tes bienfaits. (Stèle de Turin N° 1).

[hiero.], Thothnofré a dit: Je viens vers toi, ô dieu Onnofré, voir et adorer tes bienfaits. (Stèle du musée de Turin, N°5).

⊙𓌢𓏥 ϢⲀⲠⲈ ⲚⲈ, aux. 6.180.

𓂝𓏥 ϢⲀⲠⲞⲚ, (qui est) chez nous. 6.476.

𓂝𓏥 ϢⲀⲠⲢⲀⲚ, copte ϢⲀⲠⲀⲚ, auprès de nous. 6.411.

𓏥𓏥𓏥𓏥 nous t'avons donné une vie entière, stable et heureuse auprès de nous (ou venant de nous): paroles d'Ammon-Ra et de Mandou à Ptolémée Césarion. (Stèle bilingue de Turin).

𓂝𓏥 ϢⲀⲠⲰⲦⲚ, vers vous. 6.537.

𓂝𓏥 ⲨⲀ ⲞⲨⲚⲞⲨ (Ⲛ̄) ⲚⲈⲒ ϢⲀⲠⲀⲦⲚ, permettez qu'il vienne vers vous. (Rituel funér. pl. 75, col. 80).

𓂝𓏥 ϬⲦ, copte ϬⲰⲦ, Navigare, Naviguer, πλεῖν, καταπλεῖν, ἀποπλεῖν.

𓂝𓏥.......... (Grand Manuscrit hiéroglyphique Casati, Cabinet du Roi).

𓂝𓏥 pour 𓂝𓏥 ϢϬⲦ, Ennemi.

𓂝𓏥 variante de 𓂝𓏥 Ennemi, Impur, Profane. (Édifice de gauche, cour de Philæ).

𓂝𓏥 ϬⲂ, (copte ϬⲂⲈ), humilis esse, Infimus, inférior esse.

𓂝𓏥 ϬⲂ, la région inférieure, groupe phonétique, suivi du déterminatif symbolique.

𓂝𓏥 ⲎⲤⲈϬⲨⲄⲤ, Tschemhobé, Isis dans la région inférieure: nom propre de femme. (Stèle du musée de Turin).

𓂝𓏥 ϢⲂⲂⲈ, ⲬⲂⲂⲈ, (copte ⲬⲂⲞⲂ?), refrigerare, reposer, restaurer, délasser.

𓂝𓏥 qui a frappé les contrées du midi et restauré celles du nord. (Dédicace du Temple d'Hathor, à Ibsamboul).

89.

𓅱𓂝𓃀 ϣⲃⲟ, ϣⲟⲃ, ϣⲟⲃⲉ, ϣⲉⲃⲓⲟ, Varier, changer de forme (se déguiser). G. 384.

𓅱𓂝𓃁 ϣⲃⲱ, ⲭⲃⲱ?, violer, violenter; copte ⲭⲃⲁⲥ, ϣⲃ, ϣⲟⲃ.
𓈖𓂋𓁹𓂝𓃀𓏏𓏤𓉐𓏥 je n'ai pas violé les cordons des portes des maisons. (Rituel funér. pl. 72, col. 44).

𓅱𓂝𓃀𓏏 ϣⲃⲧⲉ, copte ϣⲁⲃⲧⲉ, ϣⲓⲃⲧⲉ, Mutationes, iniquitates, Impiétés.
𓈖𓂋𓁹𓂝𓃀𓏏 ⲙⲡⲉⲓⲣ ϩⲛ ϣⲁⲃⲧⲉ, je n'ai point commis d'iniquités (impiétés). (Rituel funér. pl. 72, col. 28).

𓅱𓂝𓃀𓏏 ϣⲃⲧ, copte ϣⲃⲧ, ϣⲓⲃⲧⲉ, ϣⲉⲃⲧⲉ, changer, muter, altérer, adultère.
𓈖𓂋𓁹𓂝𓃀𓏏 ⲙⲡⲉⲓϣⲃⲧⲉ ⲛⲉ ⲧⲃϩ, je n'ai pas altéré les prières; les cérémonies religieuses. (Rituel funér. pl. 72, col. 42).

𓅱𓂝 ϣⲃⲧ ⎫
𓅱𓂝 ϣⲃⲧ ⎬ faire des tours de force; le métier de sauteur, de danseur, de baladin.
𓅱𓏏 ϣⲧⲃ ⎭ G. 270.

𓅱𓏥 ϣⲃ, impiétés, iniquités. (Rituel funéraire, pl. 72, éd. 8. hiérat. fol. 15). (Voir 𓅱𓂝𓃀).

𓅱𓍑𓏏 ϩⲟⲩⲥ, ϩⲉⲩⲥ, Épi de blé. G. 89.

𓂝𓏤 ⲡⲉⲕϣⲱ, ta puissance. G. 195.

𓂝 ϣϥⲧ, adverbe dont nous ne connaissons pas l'analogue dans la langue copte, signifie lorsque, dèsque. G. 500 etc.

𓂝 ϣϥⲧ ϩⲟⲣⲃⲛ, lorsqu'il brille. G. 455.

𓂝 ϣϥⲧ ⲛⲁϩϭⲓ, lorsqu'il prit. G. 277.

𓂝 ϣϥⲧ, ϣⲁϥⲧⲉ, Ennemi, Malfaiteur, l'ennemi, le Malfaiteur. G. 103, 370.

355.

⟨hiero⟩ ⲡⲉϥϣⲁϥⲧⲉ, son ennemi. G. 496.

⟨hiero⟩ ⲡⲉⲩϣⲁϥⲧⲉ, ton ennemi. G. 332.

⟨hiero⟩ et ⟨hiero⟩, ⲛⲉⲩϣⲁϥⲧⲉ, les ennemis. G. 336 et 513.

⟨hiero⟩ et ⟨hiero⟩, ⲛⲉⲕ ϣⲁϥⲧⲉ, tous tes ennemis. G. 196, 336.

⟨hiero⟩ ⲛⲉϥϣⲁϥⲧⲉ, ses ennemis. G. 526.

⟨hiero⟩ ϣⲁϥⲧ, ϣⲁϥⲧⲉ, ennemi, coupable. G. 101.

⟨hiero⟩ ⲛⲁϣⲁϥⲧⲉ, mes ennemis. G. 454.

⟨hiero⟩ ⲛⲉϥ-ϣⲁϥⲧⲉ, ses ennemis.

⟨hiero⟩ ⲛⲉϥϣⲩⲧⲉ, ses ennemis. G. 358.

⟨hiero⟩ ⳉⲩⲏⲣϣ, Khschiersch, nom propre du roi Persan Xercès; inscrit sur les monuments de l'Égypte. (Copié par M. Wilkinson, communiqué par M. W. Gell. Voyez ⟨hiero⟩). G. 142.

⟨hiero⟩, ϣⲩⲓ, ⳉⲩⲓ, ennemi. G. 105.

⟨hiero⟩ ϣⲡⲧ, ⳉⲡⲧ, Coxa, la cuisse. (Synonyme de ⟨hiero⟩).

⟨hiero⟩, les cuisses, pluriel du précédent.

⟨hiero⟩ les cuisses du défunt (un tel), appartiennent à la Déesse Netphré. (Manuscrit hiéroglyphique, du Musée Royal).

⟨hiero⟩ les cuisses, variante des précédents.

⟨hiero⟩, les cuisses appartiennent à Senté-Bal. (Autre manuscrit hiéroglyphique, du Musée Royal).

⟨hiero⟩ ϣⲡⲧ, ⳉⲡⲧ, la cuisse. G. 94.

⟨hiero⟩ et ⟨hiero⟩ ϣⲡϣ, ϣⲱⲡϣ, (la cuisse) constellation du ciel Boréal, voisine de la petite ourse. G. 62, 95.

⟨hiero⟩ qui sont dans la partie de la constellation de P-hobsch du ciel septentrional. (Rituel funéraire, 2ᵉ partie, chapitre 20).

𓍿𓏏 ϣⲡⲧ, ϩⲡⲧ, la cuisse (de quadrupède). G. 94.

ϣⲱⲡϣ, cuisse (de quadrupède). G. 75.

ϣⲱⲡϣ, ϣⲱⲡϣ, les cuisses. G. 94.

ū πϣⲱⲡϣ, de la harpé. G. 322.

ϣⲡϣ, exprime l'idée de force, et celle de couper et de mettre en pièces avec la hache d'armes (harpé) qui sert de déterminatif.

ϣⲡⲧ, Nom d'oiseau. (Tombeau de Memphis, Ménfré).

ϨϨ, ⲃⲱϨ, Gosier. G. 93. avec déterminatif.

ϣⲥϣ, ϣⲱϣ, égaliser, équilibrer. Un aplomb ou niveau d'architecte, est le signe déterminatif. G. 371.

ϣⲧⲃ, Comédien, Baladin.

ϣⲥⲃⲧ, ϩⲉⲃⲧ, Émail. G. 90, 520.

ϣⲱⲛⲥ-ⲑⲱⲟⲩⲧ, Chons-Thouth. G. 116.

nom de la 9ᵉ heure de la nuit. (Mém. de l'A.)

nom du 16ᵉ jour du mois. (Mém. de l'Acad.)

nom du 18ᵉ jour du mois. (Idem).

être foulé, être renversé.

je n'ai pas foulé sa tête sous mes sandales. (G. 4). Rit. funér. pl. 78, col. 30.

.... Idem, pl. 75, col. 30.

ϩⲛⲧ, ϩⲱⲛⲧ, Entrer de force, pénétrer. G. 333.

ⲉⲓϩⲱⲛⲧ-ⲉⲛ, je les pénètre. G. 295.

nom du 20ᵉ jour du mois. (Mémoire de l'académie).

ϣⲛⲁⲧ, jaspe rouge. G. 90.

ⲅⲛⲓ (copte ϩⲟⲙⲛⲧ), cuivre, bronze.

𓈖𓏏 ϣⲱⲛⲥ, le dieu Chons. G. 402, 420.

𓈖𓏏 ⲭⲱⲛⲥ, dieu Chons. G. 420.

𓈖𓏏 ϣⲛⲥⲱ, ϣⲱⲛⲥ, à tête d'épervier surmontée du disque et du croissant, Chons. G. 143.

𓈖𓏏 ϣⲛⲥ, ϣⲱⲛⲥ, Chons, Χωνς, fils aîné d'Ammon (Hercule). G. 111.

𓈖𓏏 , nom du dieu du 9ᵉ mois. (Mémoire de l'Académie).

𓈖𓏏 ϩⲁⲥⲉⲧⲛⲉ ⲕϩⲟⲛⲥⲉⲧⲓⲥ, donnée par Khons, nom propre de femme. (Momie de poisson. M. de Turin).

𓈖𓏏 ϩⲛⲥⲟⲩⲉ, ⲭⲛⲥⲟⲩⲉ, Chonsoumiès, l'enfant de Chons, nom propre d'homme. (Stèle de Turin).

𓈖𓏏 , aimé par Chons, ϣⲛⲥⲙⲁⲓ. G. 435.

𓈖 , nom du 25ᵉ jour du mois. (Mémoire de l'Académie).

𓈖 , nom du 12ᵉ jour du mois. (Mémoire de l'académie).

ϩⲛⲥ. ⲭⲱⲛⲥ, ⲕⲱⲛⲥ, chasser les quadrupèdes à l'arc ou les poissons au trident; frapper, percer en général; punir.

𓈖 , nom du 28ᵉ jour du mois. (Mémoire de l'Académie). G. 535.

ϣⲓⲣⲟⲡⲁⲓⲣⲟ, Schiropasiro. G. 139.

⊙ ⌂ , ⲭⲉⲧ, autre, alter; il devient pluriel lorsqu'il précède un nom qui est au pluriel; il signifie aussi reste (des autres) ⲡⲭⲉⲧ. G. 274 et 524.

Dans les régions de Oph aux autres dieux de Thèbes. (Obélisque de St Jean de Latran).

Chéri des autres dieux. (obélisque flaminien).

ⲭⲉⲧ ⲛⲉⲛⲧⲣ ⲛⲁⲁⲧ, les autres dieux grands. G. 34.

ⲭⲉⲧ ⲛⲉⲛⲧⲣ ⲕⲟⲩⲓ, et les autres dieux petits. G. 117.

90

ⳓⲧⲃ, faire des tours de force; et

ⳓⲱⲧⲃ, faire le baladin. G. 370.

, ⳓⲧⲟⲩ, clore, sceller. G. 381.

ⳓⲧⲏ, ϩⲧⲏ, ⳓⲧⲁⲩ, ⳓⲟⲁⲩ, clore, fermer, sceller; un sceau, ou cachet, sert de signe déterminatif. G. 372.

ⲭⲉⲧⲛⲓ, les autres choses. G. 429.

ϭⲧⲛⲓⲃⲓ (copte ⲕⲉⲧⲛⲓⲃⲓ), toutes les autres choses, tous les autres.

, tous les autres hommes. (Inscript. de Rouèe).

toutes les autres choses d'usage. (Idem).

ⲭⲉⲧ ⲛⲓⲃ ⲛⲟⲩⲡ ⲟⲩⲁⲃ, tous les autres biens purs. G. 205, 195.

ⳓⲧⲁⲕⲁϩ, ⳓⲧⲁ (ϩⲧⲁ), pays-de-schéta. G. 305. 309.

ⳓⲧⲁⲥⲓⲣⲟ, Schétásiro. G. 129.

ⳓⲧⲁ, ⳓⲧⲟ, schéta, le pays des Scythes. G. 151.

ⲥⲱⲧ, ⲥⲉⳓⲧⲡ, prendre au filet. le filet est déterminatif. G. 375.

pour , comédien, baladin.

ⲭⲉⲧ ⲛⲓⲃ, doit se traduire par tous les autres, toutes les autres. G. 317.

ⲭⲉⲧ ⲛⲓⲃ ⲧⲟⲩⲱⲧ ⲛ ⲁⲁ́, toutes-les-autres cérémonies à faire. G. 315.

ⲭⲧ, ⲕⲱϩⲧ, feu. G. 99.

ⲭⲉⲧⲛⲓⲃⲓ, toute autre chose. G. 218.

, tous les autres biens. (Inscript. de Rouette, ligne 4).

ⲭⲉⲧ ⲛⲓⲃ ⲧⲟⲩⲱⲧ, toutes les autres cérémonies. G. 317.

⦾ , ◠ , ⊙ , ⛵ , ⊥ , △ .   359.

⦾ 𓊛, ⲱⲧⲃ, Danser. G. 226.

𓆙 ⲱⲧⲧⲩⲁϩ, Chiti-Châk, Vomissant la flamme. Nom d'un serpent qui sert de monture à certains Dieux de l'Amenti. G. 126.

⦾ ⊙ . Voyez au chapitre suivant, formes géométriques.

429. ◠ Caractère figuratif, représentant un filet pour prendre les oiseaux. G. 373.

    ◠ ⲥ, Chasser les oiseaux au filet.

430. ⛵ Caractère phonétique, représentant un mât de vaisseau avec une voile, et exprimant la consonne Ⲧ, T, dans les inscriptions des basses Époques. G. 40 N° 94.

A. | ⊕ ⲛⲓϥⲉ, le souffle. G. 502. (Caractère figuratif-symbolique)
     ⊕ ! ⲛⲉⲛⲓϥⲉ, les souffles. --------- idem -----
     ⛴ (ⲅⲁⲛ) ⲛⲓϥⲉ, des souffles. G. 197. ----- idem -----

431. ⚖ Caractère figuratif représentant une Balance, ⲙⲁϣⲓ. G. 55.

432. △ Caractère symbolique, représentant un Niveau de maçon, et qui, tracé isolément, répond aux verbes ϫⲡ ⲧⲱⲡ, ⲧⲏⲡ, être goûté, goûter, ⲥⲱⲧⲡ et ⲥⲏⲧⲡ, choisir, éprouver être choisi, être distingué. G. 555.

    △ ⲥⲏⲧⲡ, Distingué. G. 556.

A. △ , △ Caractère phonétique, représentant le même niveau des maçons, ⲧⲱⲡⲓ, ⲧⲱⲡⲉ, et exprimant l'articulation Ⲧ. T. G. 40. N° 81. Précis 2ᵉ Édition, pag. 76.

    △ Ⲧ. ou ϯ, (Copte idem), Dare, donner, faire don.

    △ⲓ (ⲧⲉⲟⲟⲣ) copte ϯⲉⲟⲟⲩ, dare (△) gloriam (ⲓ), glorificare, dare gloriam : comme nom : Glorificatio.

360

⟨hieroglyphs⟩ ⲧⲉⲟⲟⲣ ⲛ̄ ⲡⲣⲏ, *glorificatio soli*; ici le déterminatif ⟨hieroglyph⟩ est employé pour le mot ⟨hieroglyphs⟩ ⲉⲟⲟⲣ, ⲉⲁⲟⲣ. *Cf. vide.* (Stèle Nizzoli, Galerie de Florence).

⟨hieroglyphs⟩ ⲉⲓϯ, j'accorde, je (l'homme). G. 396.

⟨hieroglyphs⟩ ⲉⲓϯ, je Ammon (te) donne. G. 399.

⟨hieroglyphs⟩ ⲉⲓϯ, je (Déesse) accorde, je donne. G. 369.

⟨hieroglyphs⟩ ⲉⲓϯ ⲱⲏⲣⲓ, je (Déesse) agrandis. G. 397.

⟨hieroglyphs⟩ ⲉⲓϯ ⲛⲁⲕ ⲕⲃϩ ϣⲁⲣⲉ ⲉⲣⲉ, je donne à toi le respect auprès des hommes.

⟨hieroglyphs⟩ ⲉⲓϯ ⲛⲁⲕ, je (Chnouphis) accorde à toi.

⟨hieroglyphs⟩ ⲉⲓϯ, je (Taphré) donne.

⟨hieroglyphs⟩ ⲁ̄ ⲉϥϯϩⲱϩ, il donna des démangeaisons par. G. 303.

⟨hieroglyphs⟩ ϯⲉⲟⲟⲣ, qui donne-lui. G. 229.

⟨hieroglyphs⟩ ⲧⲱⲡⲧ, donner (Δ) les offrandes, les prémices des biens (ⲱⲧⲡ), ⟨hieroglyphs⟩.

⟨hieroglyphs⟩ ⲧⲁⲛϩⲟ, formé de Δ ⲧ donner, et de ϯ abréviation de ϯ⟨hieroglyph⟩ ⲱⲛϩ la vie, vivifier. G. 387.

⟨hieroglyphs⟩ ⲧⲁⲛϩ, (adjectif), placé à la suite d'un nom, répond au copte ⲡⲉϥⲧⲁⲛϩⲟ vivificateur, titre donné aux rois égyptiens.

⟨hieroglyphs⟩ le fils du soleil, aimé d'Ammon-Ra, Ramsès vivificateur éternel. (Obélisque flaminien).

⟨hieroglyphs⟩ ⲧⲁⲛϩⲟ, vivificatrice. G. 318.

⟨hieroglyphs⟩ ⲥⲛ̄ϯ ⲛⲁϥ, à lui donnent. G. 295.

⟨hieroglyphs⟩, donnant la vie. G. 426.

⟨hieroglyphs⟩ ⲉⲛϯ, qu'ils donnent, ils donnent, accordent. G. 342.

⟨hieroglyphs⟩ ⲉⲛϯ, nous accordons. G. 424, 477.

△, ⵏ, ⌒, ꭨ, ꭨ.

△𓀁, ⳁⳁ, constellation du grand chien. G. 96.

△𓀁 tewor, groupe composé du phonétique △ ⲧⲟⲩ ϯ, et du figuratif 𓀁, pour ewor, gloire. G. 587.

△𓀁〰 ⲉⲓⲧ ⲛⲁⲕ, je (dieu) accorde à toi. G. 396.

△ₒ𓏤𓀁 ϯⲉⲟ, ⲟⲡⲧⲉ ϯⲉⲟⲟⲣ, ϯⲉⲁⲟⲣ, dare (△)𓏤𓀁 gloriam, glorificare : glorifier.. voyez à 𓏤𓀁.

△ₒ𓏤𓀁𓏥 ▭ ━ ━ ⌒▭ Glorification d'Ammon le donk du monde, le roi des dieux. (stèle représentant le Bélier d'Ammon, Musée de Turin).

△ₒ𓏤𓀁𓏥. (ⲅⲉⲛ ⲛⲉ ϯⲉⲟⲟⲣ), glorificationes ; louanges.

△ₒ𓏤𓀁𓏥 ▭ ⌒▭ Glorifications à Ammon, au seigneur des dieux. (stèle du musée de Turin, représentant le Bélier d'Ammon).

△ₒ𓏤𓀁, ϯⲉⲟⲟⲣ, glorificare, glorificatio.

△𓏤𓀁〰 ▭𓏪 ϯⲉⲟⲟⲣ ⲛⲟⲩⲥⲓⲣⲉ (ⲁⲩⲱ ⲛ) ⲛⲉⲧⲏⲣ, glorification à Osiris et aux dieux &. (stèle du Mus. de Turin).

△𓏤𓀁𓀁 ϯⲉⲟⲟⲣ, glorificare, glorificatio ; avec le déterminatif figuratif.

△°𓏤𓀁𓀁〰 ▭𓏪 glorification à Osiris dieu grand. (autre stèle).

△𓏤𓀁𓀁 tewor, twor, glorifier, composé de △ ⲧⲟⲩ ϯ, et de 𓏤𓀁 ewor gloire, le caractère 𓀁 étant un déterminatif. G. 587.

433. ⵏ. Caractère figuratif représentant un creuset.
ⵏ⁚, ⵏ. (ⲃⲉⲛⲓⲡⲉ), fer. G. 90.

434. ⌒. Caractère figuratif représentant un outil de sculpteur
〰 ⲛⲁⲕⲡⲱⲧϥ, tu as sculpté. G. 510.

435. ꭨ, ꭨ. Caractère figuratif représentant un fuseau pour filer.

𝍖 , CAT, CATE, filer, Nere, l'action de filer, filature (Bas-relief de Pacho).

436. 𝍖 Caractère phonétique représentant un fuseau, et exprimant la voyelle ω, ō. G. 36, N°10.

437. 𝍖 autre caractère phonétique, représentant aussi un fuseau, et exprimant la voyelle ε, e. G. 36, N°9.

438. 𝍖 autre caractère phonétique, représentant aussi un fuseau, et exprimant la voyelle ε, e. G. 36, N°9.

439. 𝍖, ▭ Caractère symbolique représentant une Navette, NAT, emblème de la déesse Neith, la Minerve Égyptienne inventrice de l'art de tisser et de la Navette. textrina.

𝍖▭, (NET, NAT), Nit, la déesse Neith; Nit, la Minerve Égyptienne, la grande Divinité de Saïs.

𝍖▭ 𓃀 𓇳 𓏏𓏏𓏏 𓅃, Neith la grandmère génératrice du dieu soleil le premier-né. (Statue Naophore du Musée Pioclementin au Vatican)

𝍖▭𓇋𓏤𓏤𓏤 Neith divine mère des dieux. (même statue Naophore).

𝍖▭ (NET, NAT), la déesse Neith; variante du précédent; le second ▭ est la marque de genre.

𝍖▭𓃀𓇋𓏤𓏤𓏤𓇳𓏏𓏏𓏏𓊖 Neith grandmère divine des dieux grands de la région saïtique. (Naophore du Vatican).

𝍖𓋹 (NET, NAT), la déesse Neith, variante du précédent avec un déterminatif 𓋹 particulier.

𝍖𓋹𓊖 Neith dame de la région de Saïs. (statue trouvée à Barcelone, Kirch obeliscus Minervius, pag. 139).

A. 𝍖 Caractère phonétique représentant une Navette NAT, et exprimant la consonne N, N. G. 28, N° 156.

140. ⊶ Caractère analogue au précédent, et représentant une Navette, Textrina, en langue Égyptienne ⲚⲀⲦ, et ⲚⲈⲦ suivant les dialectes; pris symboliquement, il rappelle l'idée de la déesse Neith.

⚯, (ⲚⲈⲦ, ⲚⲎⲐ, ⲚⲀⲦ, ⲚⲎⲒⲐ), Neith nom propre de la déesse inventrice de la Navette et de l'art de tisser la toile. G. 346.

⚯ ... Neith grande déesse mère. (Cercueil de momie, Mus. d. L.).

⚯ ... ⲚⲞ, ⲚⲈⲞ, Neith, la vache Neith, nourrie dans le nome Saïtique. G. 126.

⚯ (ⲚⲈⲦ, ⲚⲀⲦ), variante du précédent, suivi du caractère déterminatif déesse-reine, ⲦⲞⲦⲠⲰ. (Momie de ... Musée Royal).

A. ⊶ et 𝐈, Caractère phonétique représentant une Navette ⲚⲀⲦ, et exprimant la consonne ⲛ, N, G. 42, N°186.

⚯ ... , ⲚⲎⲒⲦⲰⲢⲠ, Neitocr, Nitocris, femme; Neith victorieuse; transcrit Νιτωκρις par les grecs. G. 136, 198.

... , groupe phonétique, figurant les consonnes ⲚⲦ et exprimant le son du Δ, D, des grecs. G. 46, N°256.

141. ⌇ Caractère figuratif, représentant un brin de fil. G. 374.

⌇ ⲤⲀⲦ, ⲤⲀⲦ, filer; le brin de fil sert de déterminatif &c.

⌇ ⲤⲀⲦ, remorquent.

⌇ ... ⲦⲈⲚⲤⲀⲦ-ⲞⲢ-ⲓ, remorquez-moi. G. 286.

142. ⊂, ⊂, ⊃, Caractère phonétique représentant une corde, un cordeau, un cable, et exprimant les voyelles ⲟ, ⲱ, ⲟⲩ, ⲩ, dans les mots grecs; de plus, les consonnes ⲣ, ⲅ, dans les mots Égyptiens. G. 37, N°27, et 44, N°188.

364.

ⲥ̅ⲛ̅ⲥ , ⲛⲟⲣⲅ , corde, cordeau, cable; G. 77.

ⲥ , ⲥ̅ , ⲧ , ⲟⲧ , ϥ , pronom affixe de la troisième personne du singulier. G. 260.

ⲥ⳿ ϥⲧⲁⲓⲏⲟⲩⲧ , glorifié. G. 358.

ⲟⲩⲏⲣⲟⲥ , Vénus. G. 324.

ⲟⲩⲁⲣ , Ouaré, nom d'un décan. G. 96.

ⲅⲱ, arrive, G. 297.

ⲟⲩⲉⲡⲥⲓⲛⲥ , Vespasianus, Nom impérial romain. (Esnéh, Commission d'Égypte).

ⲟⲩⲉⲡⲥⲓⲛⲥ , Vespasianus. (Obélisque Pamphile).

ⲁⲩⲧⲟϭⲣⲧⲟⲣ , l'empereur, légende d'Antonin. (Propylon, à Dendéra, Salt. pl. 11, N°17).

, ⲁⲩⲧⲟⲕⲣⲧⲟⲣ , l'empereur, légende d'Antonin. (à Médinet-habou, Salt. pl. 11, N°16).

ⲁⲩⲧⲟⲕⲣⲧⲣ Ⲧⲣⲁⲓⲁⲛⲥ ⲛⲧ..... l'empereur Trajan qui dirige. G. 359.

ⲟⲩⲉⲃⲥ pour Ευσεβης, pieux, Pieux, surnom d'Antonin. (Médinet-habou, Salt. pl. 11, N°16).

ⲟⲩⲱϣⲃ , ⲟⲩⲱⲱⲃ , répondre. G. 378.

ⲟⲩϣ , ⲟⲩϣⲏ , Obscurité, Nuit. G. 61. ⲟⲩϣⲉ, ⲟⲩϣⲏ.ⲧ, la nuit, avec le déterminatif ★. G. 77.

ⲉⲣ-ⲅ̅ⲩ̅-ⲥ , ses habitants. G. 471.

ⲥ̅ pour ϣⲗⲟ, Collier.

ⲥ̅ pour ⲉⲗ̅ⲃ̅, Lumière.

ⲥⲓⲓⲓ et ⲓ̅ⲓⲓ détermine le participe présent pluriel des deux genres. G. 426.

ϭ , ϭϩ , ▽ϭ , ϭ , ȣ , ⲫ , ⲫ , ⳙ .

𓊪𓏭𓈇 𓏥 ⲉⲣⲱⲡ, s'étendant, (à terre). G. 426.

ϭ , étant. G. 470.

443. ϭϩ et ▽ϭ , groupe phonétique, composé de la corde et de l'Épervier, et exprimant ⲟⲣⲉ, G. 38. N° 43.

𓅓 ϭ , signe du chiffre cent. (Voyez au chapitre suivant, formes géométriques).

444. ϭ , Caractère phonétique, représentant un objet incertain, analogue par sa forme au précédent, et ayant les mêmes valeurs ϥ et ⲣ , ⲡϩ, ⲟⲩ et ⲩ . G. 44, N° 189.

445. ȣ Caractère phonétique, représentant des gouttes de quelque liquide, ou un objet inconnu ; et exprimant, comme le précédent, les sons ϥ, ⲣ, ⲡϩ, ⲟⲩ, ⲩ et les voyelles brèves dans les basses époques. G. 44. N° 190.

446. ⲫ , ⲫ et ⲫ . ⲫ , caractères phonétiques, représentant un nœud de corde, et exprimant les voyelles ⲟ, ⲱ : ⲟ. à G. 36, 153.

𓀢𓈖𓂻𓀢 ⲱⲏ (ⲉⲃⲟⲗ) invoquer, l'homme dans une attitude suppliante est le signe déterminatif. G. 305 et Rituel funéraire, 3ᵉ partie. Prière aux Dieux.

447. ⳙ , ⳙ , Caractère phonétique, représentant une autre espèce de nœud de corde, ou de lien, et exprimant la consonne, ⲙ, M, et plus ordinairement ⲙⲉ, Mè. G. 46, N° 240. (et plus bas ϥ).

ⳙ ⲙⲉϩ, ⲙⲉϩ, remplir. G. 365.

𓇯ⳙ ⲙⲉϩ ⲧⲡⲉ, remplissant le ciel. G. 521.

⳽ ⲙⲁϩⲓ , coudées, le signe coudée est déterminatif.

⳽ 𓏥𓏥 ⲙⲁϩⲓ ⲓⲉ , coudées XV. G. 224, 228.

⳽ ⲙⲉϩ , plein . G. 525.

92.

266

[hieroglyphs] ⲙⲉϩ-ⲥ ⲙ̄ ϩⲁⲛⲛⲟⲩϥ, l'a remplie de biens. G.282.

[hieroglyphs] ⲙⲉϩ, couronne (de fleurs); la couronne est le signe déterminatif. G.77.

[hieroglyphs], offrande d'une couronne de fleurs par Philométor. (Édif. de droite col. Philae).

[hieroglyphs] ...... creusant. G.520.

[hieroglyphs] ⲙⲉϩ, ⲙⲉϩϩ, ⲙϩϩ, Meh, Mehhi, nom d'une déesse, et du poisson latus qui en était le symbole.

[hieroglyphs] déesse Mehi donne une vie heureuse.
(Momie de Poisson; Musée de Turin).

[hieroglyphs] ⲛⲓⲃ ⲡⲉⲙϩⲓⲧ, entier (et) le septentrion. G.525.

[hieroglyphs] ⲙϩⲁ ϩⲓⲱϥ, Mehen (le serpent) sur lui. G.269.

[hieroglyphs] ⲁⲥⲙ̄ⲙϩⲁ, ⲛⲟⲩⲙϩⲁ, leurs serpents Mohen. G.270.

[hieroglyphs] ⲡⲉⲙϩⲓⲧ, du nord. G.410.

[hieroglyphs] ⲙϩⲓⲧ, ⲙ̄ϩⲓⲧ, septentrion, Nord, ce signe △ est le déterminatif. G.97, 353.

[hieroglyphs] ⲡⲉⲙϩⲓⲧ, le nord. G.291.

[hieroglyph] abréviation du mot ⲙⲁϩ, ⲙⲉϩ, Mâh, Meh, monosyllabe qui donne aux signes numériques cardinaux, la qualité de nombre ordinal, et forme ainsi l'adjectif de nombre. G.259. Inscription de Rosette, ligne 14.

[hieroglyphs] ⲙⲉϩⲟⲩⲁ, ⲙⲉϩⲥⲛⲁⲩ, ⲙⲉϩϣⲟⲙⲛ̄ⲧ, premier, second, troisième (ordre). G.259.

A. [hieroglyph] est aussi un caractère homophone de [hieroglyphs], exprimant les articulations ϣ et ϧ, sch et kh.

[hieroglyphs] pour [hieroglyphs], ôscht, arbres, le perséa. (Rit. funér.)

𓎛 , 𓎡 .   367

448. 𓎛, 𓎡, 𓏲 caractère phonétique représentant, vraisemblablement, un tortis ou corde à deux fils, et exprimant l'articulation *g* hori ; copte répondant au Z ainsi qu'au ゟ des arabes. c'est un h plus ou moins aspiré. G. 43. N° 209.

𓎡 par abréviation de 𓊹 gp, exprime la conjonction *et*. G. 524.

𓎡𓇳𓎡 *gaḡñgoor*, un grand nombre de jours, de longs jours. G. 395, 416, 514, &c.

𓎡𓇳𓎡𓏭 *gaḡñgoor* (ἐΝΕϩ), un grand nombre de jours, et toujours. G. 401.

𓎡𓂀𓏭 *gbai*, la panégyrie (faire). G. 251. (Voyez 𓎡𓇳𓎡 à la fin de cette section 𓎡).

𓎡𓇳𓎡 lié avec la préposition ⟶ p, ce groupe, qui se lit p̄ ou ègaḡ ñ goor, signifie pour longtemps, pour une longue série de jours.

𓎡𓍅 *gε*, arracher le lin, un homme, tenant des tiges de lin, est le signe déterminatif. G. 368.

𓎡𓍅 *gi* (copte ϫⲓ), triturare, fouler, battre, projicere, écraser.

𓅃𓅓𓉻𓎡𓍅𓏭𓏭𓏭𓏭𓏭 l'Horus resplendissant grand par la force, a foulé (aux pieds) les neufs arcs. (c. à d. les libyens). (obélisque St Jean de Latran).

𓎡𓍅𓊪𓏭𓇋𓄿𓏭 , battre l'impur. (statue   de Sennoufre. Mus. Royal).

𓎡𓍅 ...... *gi. ñ*, ejicere, chasser loin de, éloigner de.

𓎡𓍅𓏭𓏏𓎡𓊪𓏭𓅓 , j'ai éloigné de toi l'impur ou l'impureté. (sarcophage, copié par M. de Vanelle).

268.

𓈖𓂝 ⳓⲓ, frappent. G. 277.

𓈖𓂝 𓈅 𓈇 (ⲡⲉϥ) ϭⲓ ⲛⲉⲓϣⲁϧⲧⲉ (ⲛ̄) ⲕⲁϩ ⲛⲓⲃⲉⲛ, celui qui frappe les malfaiteurs de tous les pays; titre du roi Rhamsès IX.

𓈖𓂝 𓏏 𓂻 𓆼 𓈘 ⲕϫⲓ ⲛ̄ⲕⲉⲉⲙⲓ, frappe afin que tu mettes en pièces. G. 204.

𓈖𓂝 ϭⲓ, mets en pièces. G. 272.

𓈖𓂝 ϭⲁⲕϩⲟⲧⲧ, être réjouies (en parlant d'une femme). G. 394.

𓈖 𓊌 ϭⲓϩⲣⲁⲧϥⲉ, en haut, vers le haut. G. 511.

𓈖𓂝 ou 𓈖𓂝 ϭⲁⲕ, se réjouir, être dans la joie.

𓈖𓏏𓆼 ϭⲁⲁⲕ, copte idem, se réjouir, être dans la joie, joyeux, formé du précédent suivi des pronoms affixes. G. 13, 229.

𓊹𓊹𓊹𓏏𓏏𓏏𓈖𓃀𓐍𓂝𓇳𓈗𓂋𓏴𓂧𓊪𓉐𓐍𓈖𓈖𓐍 ϭⲁⲕ ⲛⲟⲧⲧⲉ ⲛⲓⲃⲉⲛ ϧⲛ̄ ⲱⲛϧ ϭⲁⲕ ⲟⲩϭⲓⲣⲉ ⲡⲉⲧⲁⲙⲉⲛⲱⲫ ⲛ̄ⲑⲏ ϭⲁⲁⲕ-ⲥⲛⲁ ϧⲛ̄ ⲱⲛϧ tous les dieux se réjouissent dans la vie; réjouis toi, osirien Pétaménoph, comme ils se réjouissent dans la vie. (Ritual funér.)

𓈖𓏏𓆼𓏥 ⲥⲛϭⲁⲁⲕ, ils se réjouissent. G. 301.

𓈗 ϩⲱⲡⲓⲙⲟⲟⲩ, ⲡϣⲱⲡⲓⲙⲟⲟⲩ, Hapimôou, Harmôou; nom du dieu Nilus, le Nil personnifié. G. 202.

𓈗 𓏏𓏤 𓏏𓏏𓏏 ϩⲁⲡⲓⲙⲟⲟⲩ ⲧⲣⲉ ⲛ̄ⲛⲉⲧⲏⲣ, le Nil père des dieux. (Manuscrit funér. Description de l'Égypte.)

𓈗 𓈘 ϩⲱⲡⲓ-ⲙⲱⲟⲩ, Abîme d'eau, le Nil. G. 68.

𓈗 𓈘 𓌻𓏥 ϩⲱⲡⲓⲙⲱⲟⲩⲙⲁⲓ, aimé par Hapimôou (le dieu du Nil). G. 455.

𓈖𓏏𓆼 ⲉⲣϭⲁⲕ ⲙ̄, se réjouissant de. G. 242.

𓂝 membre, 𓂝𓏏𓏏𓏏 membres, 9 sett de déterminatifs aux noms des membres humains. G. 91.

𓎼— , 𓎼𓃀 .

𓎼𓃀 (𓈖) ⲟⲟⲡ, membres du dieu sphynx. G.163.

ⲅⲱⲟⲧⲃ, ⲅⲱⲧⲉⲃ, ϩⲱⲧⲉⲃ, tuer, égorger, mettre à mort; un barbare, étendu mort, est le signe déterminatif. G.374.

, ⲅⲟⲧⲃ, même sens, variante du déterminatif. (Tombeau d. Ménephtha). G. 374.

ⲅⲃ, (copte ⲅⲏⲃⲓ, ⲅⲏⲃⲉ); lugere, luctus, pleurer, pleurer la mort de quelqu'un, faire le deuil.

ⲅⲃⲣ, ⲅⲃⲏⲧⲉ, écumer, spumare G.365.

ⲅⲃⲏⲧⲉⲣⲱϥ, celui dont la gueule est écumante. G. 69.

ⲅⲃⲃ, (ⲃⲉⲉⲃⲉ) Source. J. 99.

ⲅⲃⲁⲓ.ⲧ, ⲅⲏⲃⲓ, ⲅⲏⲃⲉ, panégyrie, sens primitif (période d'années). G. 97.

ⲅⲃⲁⲓ, une salle hypostyle et le caractère toul, ⲅⲏⲃⲉ. ⲅⲏⲃⲓ, sens primitif; panégyrie ou réunion générale pour une cérémonie. G. 80.

(Π) ⲅⲃⲁⲓⲧ, Bahbaït, l'Isidis oppidum des géographes grecs; aujourd'hui Bahbaït. G. 154.

Oⲅⲃ.ⲧ.Osiris⁼ de Bohbaït. (Bas-reliefs du Temple, Paris).

ⲅⲃⲥ, ⲅⲃⲱⲥ, Vêtement. G. 61.

ⲅⲃⲥ, ⲅⲃⲱⲥ, un paquet noué pour déterminatif; Vêtement, habit; et couvrir, envelopper, habiller. G. 51. 585.

ⲅⲃⲥ.ⲛⲉ (ⲛⲉϭⲃⲱⲥ), des habits, vestes, vêtements. (Rituel funér. Descript. de l'Égypte A. vol. III, pl. 72, col. 6).

ⲅⲁⲛⲅⲃⲱⲥ ⲛ̄ ⲡⲁϩⲛⲟⲧ, (donne) des habits à ma nudité. G. 205.

𓎟𓇳 ϩⲏⲃⲉ, ϩⲏⲃⲓ sens primitif; ϩⲃⲁⲓ, la panégyrie; les caractères tout et jour (la corbeille et le disque du soleil) sont les déterminatifs. G. 81, 413.

𓊪𓎟𓇳 ⲡⲉⲕϩⲃⲁⲓ, la panégyrie. G. 330.

𓎟𓏥 ⲛⲉϩⲃⲁⲓ, les panégyries. G. 180.

𓎟𓇳𓏥 ... ϩⲉⲛϩⲃⲁⲓ ⲛⲁ Ⲟⲥⲓⲣⲉ Ⲱⲛⲛⲟϥⲣⲉ, des panégyries consacrées à Osiris Onnophris. G. 312.

𓎟𓏤 (ⲧⲙⲁⲧϩⲏⲃⲉ), l'action de pleurer, luctus, le Deuil. (Au-dessus des femmes pleurant un défunt. Bas-relief. Cailliaud).

𓎟𓌟 ϩⲛⲁ, ⲛⲁϩⲓ, (métathèse), Lin. G. 77.

𓎟𓎯 ϩⲛⲟ.ⲧ, Gemme rouge sombre. G. 90.

𓎟𓆓 ϩϥⲱ, serpent. G. 74.

𓎟 et 𓎟 , ϩϥ, ϩⲟϥ, ϩϥⲱ, ϩϥⲓ, un serpent, serpent; ⲡϩϥⲱ, le serpent. G. 74, 87, 528.

𓎟𓏥𓇳 ϩⲟⲛ, ϩⲛⲟ, Vase. G. 78.

𓎟𓈖𓆓𓏤 ϩⲁⲛ, ϩⲟⲛ, Phallus. G. 94.

𓎟𓆓𓏤 ϩⲟⲛ, ϩⲛⲟ, Vase, ustensile. G. 107.

𓁷𓎟 , guider la charrue; au-dessus de celui qui tient le bras de la charrue. (Tombeau de la 2ᵉ pyramide).

𓁷𓎟 nom d'un fonctionnaire de l'ordre sacerdotal, employé surtout dans les cérémonies funèbres. (Béni-hassan).

𓁷𓎟𓂻𓎯 , le Ϩⲉⲃ donne la cuisse (de la victime). (Tombeau de Néosêtoph à Béni-hassan).

𓁷𓎟𓏤 ϩϩⲃⲁⲓ, prêtre officiant dans une panégyrie. G. 104.

𓁷𓎟𓌟𓎯 , autre titre. (à Béni-hassan, tombeau de Néosêtoph).

𓊃𓏤 gucw, (voyez 𓄿𓏤𓈖𓏤𓉻) copte ⲙⲥⲟⲟϩ, Crocodile; de là la transcription du mot Χαμψαι qui, suivant Hérodote, était en égyptien le nom du crocodile.

𓊃𓏤𓏤 gπτ, ϩⲱⲧⲡ, Joindre, unir, rassembler. Deux bras se rapprochant sont le signe déterminatif. 6. 372.

𓊃𓊃𓇳 le même que 𓊃𓇳𓊃, orgaϩ ⲛ̄ ϩⲟⲟⲩ, un grand nombre de jours. 6. 296.

𓊃𓏤 gc, ϩⲱⲥ, chanter, canere, jouer d'un instrument. 6. 377.

𓊃𓏤𓏥 gc, ϩⲱⲥ, chanter. 6. 378.

𓊃𓏤𓂝 et 𓊃𓏤𓂧 ou 𓂧, gc, ϩⲱⲥ, chanter, jouer d'un instrument de musique. (6. 382 et Bas-relief des métiers-Caillaud).

𓊃𓏤 gc, (copte ϩⲱⲥ), chanteur, celui qui chante. (Inscr. au-dessus d'un chanteur, Tombeau de la Deuxième Pyramide).

𓊃𓏤𓂧 ϩⲱⲥ.τ, Chanteuse. (au-dessus d'une chanteuse, idem).

𓊃𓏤𓐍𓂧 gcⲙⲙ, Joueur de flageolet. (même tomb. de la 2ᵉ pyramide).

𓊃𓏤𓈖 et 𓊃𓏤𓈖 gcⲙⲛ, gocⲙⲛ, gⲁⲥⲛ, Natron, Nitre. 6. 68, 90, 488.

𓄿𓈖 𓊃𓏤𓈖 gu cymi ⲛ̄ gcⲙⲛ, Dans le bassin (ou puits) de Natron. (Rituel funér. pl. 1, col. 104).

𓊃𓏤𓏏 ou 𓏏 ϩⲱⲥⲉⲛⲃⲉ, joueur de flûte. (Tomb. de la 2ᵉ Pyramide et 6. 68).

𓊃𓏤𓌙 gcⲧ, couper. 6. 495.

𓊃𓏤𓌙 gcⲧ, gcⲕ, couper, tailler. 6. 585.

𓊃𓃀 gⲃ, ϩⲃⲉ, Panégyrie. 6. 80.

𓊃𓏤𓏥 ⲛⲉⲛ(ⲛⲉⲩ)-gⲁⲃⲉ, leurs filets. 6. 490.

𓊃𓏏𓏤𓏤𓏥 cⲛⲅⲕⲛ, suppliant. 6. 503.

𓊃𓈖 cⲩgⲟⲛ, il adore. 6. 561.

[𓎛𓍿𓈖𓎡 𓏏𓎛𓊑𓏏] ⲧⲛ̄ϩⲕ ⲧϭⲱⲛⲧ, dame rectrice. G. 299.

[𓎛𓋴𓏭𓀁] ϩⲱⲥ et [𓎛𓋴𓏭𓀀𓏤] ϩⲱⲥⲓ, chanter. G. 256 et 377.

[𓎛𓋴𓏭𓀁] ϩⲱⲥ, chanter. G. 369.

[𓎼𓈖𓂝] et [𓎼𓈖] et [𓎼𓈖] ϩⲛⲁ, ϩⲛⲱ, ϩⲛⲏ, avec, ainsi que, auprès, contre. G. 228, 317, 471.

[𓎼𓈖] ou [𓎼𓈖] ϩⲛⲏ, auprès avec, se rapporte à la racine copte ϩⲱⲛ, passif ϩⲏⲛ, Juxta esse, prope esse.

[𓇋𓊨𓏏𓁗 𓎼𓈖 𓎟𓏏𓉠𓁗] la déesse Isis avec sa sœur Nephthys. (Rituel funéraire).

[𓅭 𓊨𓏏𓁗 𓎼𓈖 𓅐 𓊨𓏏𓁗], le fils d'Isis avec sa mère Isis. (Rituel funéraire 11 suit. vi. f. 8).

[𓋴𓏥𓇳 𓎼𓈖 𓋴𓏥𓁹𓃭] les honneurs du dieu Ré avec les honneurs de l'œil d'Horus. (Rit. funér. 1, sect. 2, f. 26).

[𓎼𓈖] s'écrit aussi [𓎼𓈖], par le changement du premier caractère 𓎛 (g), en son homophone — (g). G. 471.

[𓎼𓈖] prend les pronoms simples affixes. G. 471.

[𓎼𓈖 𓇳𓏤𓏭𓏛] ϩⲛⲁ ⲡⲣⲏ, avec le soleil. G. 471.

[𓎼𓈖𓀀] et [𓎼𓈖𓀀] ϩⲛⲱⲓ, avec moi. G. 471. 472.

[𓎼𓈖𓀜] ϩⲛⲁ ⲛⲓⲃ ⲱⲛⲣⲓ, avec tout chef. G. 501.

[𓎼𓈖𓆑] ϩⲛⲱϥ, avec lui. G. 471. 508.

[𓎼𓈖 𓅯𓅯𓀀𓀀] ϩⲛⲏ ⲛⲉⲕⲥⲛⲏⲧ-ⲑⲏⲣ, avec deux divins frères. G. 242.

[𓎼𓈖𓎡] ϩⲛⲱⲕ, avec toi. G. 471.

[𓎼𓈖 𓀜𓏥] ϩⲛⲁ ⲛⲉⲱⲛⲡⲓ, avec les chefs. G. 303.

[𓎼𓈖𓈖] ϩⲛⲱⲛ, avec nous. G. 202.

[𓎼𓈖𓊃] ϩⲛⲏ ⲥ̄ⲃ, avec Saturne. G. 471.

𓎛𓈖, 𓉻𓊪𓉻, 𓎛𓀀.

𓎛𓂋𓇋𓇋𓈗 ϩ ⲛⲃⲓ, ϩⲟⲛⲃⲓ, ϩⲟⲛⲃⲉ, fontaine. G. 91.

𓎛𓂋𓏏𓇋 ϩⲛⲁ Ⲁⲙⲟⲩ, avec Ammon. G. 423.

𓎛𓂋𓊪𓇋, avec le dieu Phtah. G. 247.

𓎛𓂋𓏏𓏥 ϩⲛⲱⲧⲉⲛ, avec vous. G. 471.

𓎛𓂋𓀀𓊃𓇳 ϩⲛⲏ ⲧⲉϥⲙⲁⲩ Ⲏⲥⲉ, avec sa mère Isis. G. 470.

𓎛𓀀 et 𓎛𓀀, ϩⲓ, triturer, battre, frapper en général. (au-dessus des hommes battant le blé. (Manuscrit funéraire) G. 368, 389.

𓉻𓊪𓉻 ϩⲁϩ, (copte ϩⲁϩ), ϩⲁϩ (ⲉ) ϩⲁⲣ, multum, multa, multa, πολυ, beaucoup; une grande quantité, un grand nombre. Si le hori ou khei médial ϩ n'est point radical, on peut le considérer comme une abréviation des mots ⲭⲉⲧ autres, ou ϩⲱⲃ choses, et traduire beaucoup d'autres, beaucoup d'autres choses.

𓎟𓉻𓊪𓉻 seigneur de beaucoup d'autres noms, seigneur qui a beaucoup d'autres noms : titre commun à plusieurs divinités. (stèle du Musée de Turin).

𓎛𓂓𓇋𓇋𓊹 ϩⲁⲡⲓ-ⲛⲧⲣ-ⲱⲛϩ, Hapi-dieu-vivant. G. 111.

𓎛𓂓𓇋𓇋𓃒 ϩⲁⲡ, Hapi, le bœuf Apis nourri à Memphis, Ἆⲡⲓⲥ. G. 116.

𓎛𓂓𓃒 ϩⲁⲡ, Hapi, l'un des noms du taureau et dieu Apis; de là :

𓎛𓂓𓃒𓏏𓌟𓇋 ϩⲛⲉⲧⲏⲓⲥ, celle qui a été donnée par Apis. (stèle du comte Malaspina à Milan).

𓎛𓂓𓇋𓇋𓊹 ϩⲁⲡⲓ, Hapi, divinité Égyptienne, l'un des fils d'Osiris et le deuxième des quatre génies de l'Amenti.

𓎛𓂓𓅐𓏥𓊹 ϩⲁⲡⲓⲥⲉ, Hapimès, qu'Apis a engendré. G. 133.

94.

374

[hiero] ϩⲁⲧⲣⲉ, Hatré, le jumeau (homme). G. 130, 212.

[hiero] ϩⲧⲡ, ϩⲧⲟ, ϩⲧⲱⲱⲣ, Cheval. G. 72.

[hiero] ϩⲧⲡ et [hiero] la voyelle transposée, (copte ϩⲧⲱⲱⲣ), Chevaux. (Inscript. statistique du palais de Karnac, au Mus. Royal).

[hiero] ϩⲧⲡⲉ, copte ϩⲧⲱⲱⲣ, chevaux, et plus probablement ϩⲁⲧⲡⲉ, gemelli, Biga, attelage de deux chevaux; (au-dessus des chevaux de Ramsès VI; Bas-relief du Memnonium (Wilkinson, voyage à Méroé, Vol. II, pl. LXXIII, N° 1).

[hiero] ϩⲧⲱⲡ, Htôr, cheval (homme). G. 129.

[hiero] .... cavaliers. G. 186.

[hiero], ⲕⲗⲟⲙ ⲛⲟⲩⲱⲃϣ, la couronne blanche; coiffure divine et royale, signe de domination sur les régions supérieures.

[hiero] ⲡⲉⲕϩⲏⲧ ⲟⲩⲏⲏⲃ, ton cœur est purifié. G. 188.

[hiero] ϩⲕ, ϩⲓⲕ, liqueur, philtre, remède. G. 62.

[hiero] ϩⲕⲡ, la faim. G. 63.

[hiero] ϩⲱⲕⲡ, celui qui avait faim. G. 107.

[hiero] et [hiero] ϩⲕⲡ, ϩⲟⲕⲉⲣ, avoir faim, affamer; avec les déterminatifs [hiero]. G. 584.

[hiero], pour qu'il donne des pains à ma faim et de l'eau à ma soif. (Rit. funér. 11ᵉ part. Descript. de l'Égypte, pl. 72, col. 6).

[hiero], ou [hiero], signe déterminatif; ⲧϩⲓⲕ, liqueur, remède, composition médicale. G. 176, 201.

[hiero] ϩⲓⲕ ϩⲁⲛ, des préparations cosmétiques. G. 193.

[hiero] ϩⲡ, ϩⲣⲁ, préposition, avec G. 472 et conjonction G. 522.

𓆓 , 𓆓 , 𓆓 , 𓆓 , 𓇯 , ◢

𓆓 ␣ gp, (copte idem), conjonction, et, aussi. G.523.

𓆓𓊹𓊹 et les deux dieux sauveurs. (Inscript. de Rosette ligne 6).

𓆓𓉴⁞𓏏𓏏𓏏 et les chapelles appartenant aux dieux. (Inscription de Rosette ligne 8...).

54 (suite) 𓆓 gw ou gi, (copte idem), conjonction et, aussi. (og, wg).

𓏲𓆓𓏲 𓌈 à lui et à ses enfants. (Inscript. de Rosette).

𓆓𓍯𓂝𓇋𓏏𓏥 gw ḥetnikhi toy...n aa, et tous les autres honneurs d'usage. (Inscript. de Rosette).

𓆓𓏤 𓏏𓐍𓆄 ɡaak-ɡu-owe, qui se réjouit dans la Vérité: titre honorifique des rois: donné au roi Pétubastés dans les inscriptions du monolithe de Tanis. (Voyez supra, page 91, à 𓆓).

449 𓆓 groupe phonétique composé du tortis ou lacs et du serpent, et exprimant les articulations gq. G. 16, N° 245.

𓆓 et 𓆓𓏌 , goq, gq, serpent. G. 75, 84.

450 𓆓 , groupe phonétique composé du tortis et de la fleur de grenade gpa; c'est la conjonction et. G. 525.

451 𓈖 , ◢ , 𓇯 , Caractère figuratif représentant un filet pour prendre les oiseaux, et entrant dans la composition des groupes qui expriment cette idée.

◢ et ◣ caractère déterminatif du groupe phonétique 𓐍𓊪𓏏 cgt implicare, prendre au filet.

𓇯𓊪𓏏 cgt, implicare (aves), prendre des oiseaux au filet.

𓇯𓊪𓏏𓅆𓏥 qu'il prenne des oies au filet. (Rituel funéraire, fin de la 2ᵉ partie. Manuscrit hiéroglyphique-hiératique du musée Royal).

𓇯𓊪 même sens que le précédent.

376

𓉐 𓀁 𓋴 𓋴 𓋴 , prendre des oies au filet. (Rituel funéraire; même formule; autre manuscrit du Musée Royal).

◯ voyez au supplément du chapitre 5.e édifices et constructions.

452. ⊂⊃, ⊂⊃, caractère phonétique représentant un instrument ou ustensile ayant la forme d'une pincette, et exprimant les consonnes Ⲧ, Ⲑ, T, Th, et le Δ, D, des grecs. G. 40, N.° 81.

⊂⊃, article possessif affixe masculin, en parlant à la 2.e personne, et à une femme, ⲦⲈⲦ, copte ⲠⲈ, τόν. G. 175.

⊂⊃ ⲦⲈ, Ⲧ, article possessif de la 2.e personne féminin sing.

𓁶 , ta tête ⎫
𓂀 , tes yeux ⎬ ô femme. (Coffret funér. M.T. Sarcophage de Boulaq).
𓀔 , ton fils ⎭

⊂⊃ , Ⲧ, Ⲑ, copte ⲦⲈ, article préfixe marque de la seconde personne féminin singulier, temps présent.

⊂⊃ ⲦⲈⲰⲚϩ, vivis, tu vis.

⊂⊃ ⲦⲈⲘⲈⲦⲈ, tu contemples.

⊂⊃ 𓀾 ⲦⲢϥ, Ⲧⲣⲃ, copte ⲦⲀⲎⲢ (métathèse), saltare, sauter, danser, avec déterminatif figuratif: de là:

⊂⊃ 𓀾 ⲤⲦⲢⲂ, copte ⲤⲀⲦⲢⲎⲂ saltator, danseur, sauteur.

▬ ⊂⊃ 𓀾 ⲠⲤⲦⲢⲂ, Psatrib, nom propre d'homme. (Coll. Soc. E.)

⊂⊃ Ⲧⲣⲃ, Ⲧⲣϥ, copte ⲦⲀⲎⲢ, (métathèse), saltare, sauter, danser, sans déterminatif, verbe inscrit au-dessus des danseurs. (Bas-relief des métiers, copiés par Cailliaud et Ricci).

⊂⊃ 𓀾 Ⲧⲣϥ, ⲦⲀⲎⲢ, sauter, danser, l'homme dansant est le signe déterminatif. G. 368.

𓊪, 𓊪, 𓊪,

𓊪 𓆑 𓅓, ⲧⲣⲓⲙⲉ, (ⲧⲣⲓⲉⲉ), faire pleurer, affliger.

⸺ 𓊪 𓆑 𓅓 𓀁, je n'ai affligé (personne). (Rit. funér. pl. 72, col. 24).

𓊪 𓅭, ⲧⲣⲡ, ⲟⲣⲡ, nom d'un oiseau du genre des oies. (Tombeau de Ménophré à Saccara).

𓊪 𓏥, ⲛⲁϥⲧⲏ, a pris. G. 311.

𓊪 𓏲 𓋀, ⲟⲩϥ, pays-de-Tamoh. G. 285.

𓊪, ⲟⲩⲁⲓ, ⲟⲩⲁⲓⲟ, justifier, distribuer la justice. G. 365.

𓊪 𓏭𓏭 𓀭, ⲧⲁⲧⲟⲓ, ô déesse Tatoi. G. 418.

𓊪 ⲧⲁⲩⲓⲟ, justificatus, être justifié, être juste aux yeux de tous.

𓅃 𓇯 𓊪, l'Horus justifié. (Titre de Nectanèbe, propylon de Philæ).

𓊪 𓆑 𓏏, ⲑⲥⲙ, Tasem. G. 312.

𓊪, 𓊪, article déterminatif affixe singulier féminin, ⲑⲛ, cette. G. 187.

⸺ 𓊪 ⲛⲁϥ-ⲧⲏ, a pris. G. 312.

𓊪, 𓊪 ⲑⲛⲧ copte, ⲑⲛⲉⲧ memphi. article démonstratif possessif, féminin singulier, celle qui est à, celle qui appartient à: delà dérivent une foule de noms propres de femme:

𓊪 𓇋 𓏥 𓀭 ⲧⲛⲧⲁⲩⲁ, Tentamoun, celle qui appartient à Amonon. (Momie du Musée Royal).

𓊪 𓇋 𓏥 ⲑⲛⲧ-ⲁⲩⲟⲛ, Tentamoun. G. 180, 206.

𓊪 𓇋 𓏥 𓀭 ⲧⲉⲛⲧⲁⲩⲟⲛ, variante du précédent. G. 309.

𓊪, 𓊪, ⲧⲉⲧⲛ, votre.

𓊪, ⲧⲛⲱ, ⲧⲛ, ⲧⲉⲛ, copte ⲧⲉⲛⲟⲩ, ⲑⲏⲛⲟⲩ, pronom de la deuxième personne du pluriel, isolé ou affixe, vous, vos.

378 ⲱ, ⲣ, ⲡ, ⲟ, ⲡ, ⲇ, ⲧ, ⲧ, ⲧ.

𓈖𓀁𓏛 *weh*, vous moissonnez. P. 414.

453. ⲱ, même signe que le précédent, et même valeur phonétique. G. 40, N°85.

𓂡 groupe composé de l'instrument pincette et des deux jambes.

𓂡𓏤𓊹𓏛 .... (Rituel funéraire, pl. 75, col. 5).

454. 🔔) Caractères symboliques, représentant trois instruments,
455. 🔔) maillets ou autres, servant aux sculpteurs ou aux archi-
456. 🔔) tectes, et exprimant l'idée ⲙⲟⲩⲛⲕ, ⲙⲟⲩⲛⲕ, fabriquer, façonner, organiser; ils servent de déterminatif au même verbe. Phonétique 𓏛. P. 555.

🔔 ⲙⲟⲩⲛⲕ, fabriquant. P. 555.

𓏛 ⲙⲛⲕ, ⲙⲟⲩⲛⲕ, fabriquer, travailler. P. 572.

457. 𓌋 et 𓌋, instruments inconnus qui se rencontrent dans les groupes exprimant l'idée d'ivoire, et celle d'ouvrages de sculpture.

𓃀𓌋𓏛, ⲉⲃⲱ, ivoire, le maillet est le signe déterminatif. G. 205.

𓌋 .... , l'insertion. P. 488.

458. 𓌪, 𓌪, caractère phonétique représentant un trépan de marbrier, ou instrument analogue; ⲕⲁⲅ en copte, et exprime la consonne C, Ⲥ. G. 40, N°167.

459. 𓌳, caractère phonétique, représentant un autre instrument pour travailler le bois, la pierre ou les métaux, et exprimant les consonnes Τ, Θ, Τ, Th, et le Δ, D des grecs. G. 40, N°87.

𓏏𓌳 ou 𓏏𓌳𓏤 ⲧⲟⲧⲱ, ⲧⲁⲟⲧⲟ, vox, voix, parole, réponse.

𓂋𓏏𓌳𓏤𓈖𓏌𓂡𓏛 ⲉⲓⲧⲁⲟⲧⲟ ⲛ̄ⲧⲁⲙⲟ ⲡⲉϥⲣⲁⲛ, venit vox ad annunciandum nomen ejus. (Stèle du musée de Turin).

𝄞𓂋 ⲧⲟⲣ. ⲧⲁⲟⲣⲟ, annoncer, raconter, dire, proférer. G. 125 et 378.

𝄞𓂋 ⲡⲁⲧⲁⲩⲣⲟ, ma voix ! G. 393.

𝄞𓂋 ⲛⲁⲧⲁⲟⲩⲉ, mes paroles. G. 268.

𝄞𓂋... ⲧⲁⲟⲣⲟ ⲛ̄ Ⲟⲣⲥⲡⲉ Ⲡⲧⲉⲛ, le dire d'Osiris Pétamoun. G. 513.

𝄞𓂋 ⲉϥⲧⲁⲟⲩⲟ ⲛⲉⲛ, parle à eux. G. 285.

𝄞𓂋 ⲑⲛ̄ⲧϥⲧⲱⲣⲉ ⲛⲁ, ô mes cavaliers. G. 268.

𝄞 ou 𝄞𓂋 ⲧⲟⲣⲱ, ⲧⲁⲟⲣⲟ, voix, vox, variante.

𝄞𓂋 ⲥⲱⲧⲙ̄ ⲑⲛ̄ⲛⲟⲩ ⲧⲟⲣⲱ, écoutez la voix. (stèle du Musée de...)

𝄞𓂋 ⲡⲉⲕⲧⲁⲧⲟ ⲙⲉ, ta parole vraie. G. 554.

460. ▬ , caractère phonétique ayant aussi l'apparence d'un instrument d'art et exprimant la syllabe ⲧⲟ et ⲑⲟ, to et tho. G. 46. N° 245.

461. 🏛, 🏛 , Caractère phonétique représentant une autre espèce d'instrument d'art et exprimant les articulations ⲡ et ⲫ, P et ph. G. 42. N° 152.

🏛 ⲡⲟⲛⲉⲓ, l'autre région. G. 473.

🏛 ⲡⲟⲟⲛⲉ ⲕⲁϩ, l'hémisphère inférieur. G. 510.

🏛 ⲡϯ, ⲫϯ, ⲡⲉⲧⲧⲉ, ⲫⲓϯ, Acc. G. 76.

462. 🏛🏛🏛 Caractère symbolique au pluriel, qui paraît désigner les peuples Nomades ou Barbares.

🏛🏛🏛 , qui a mis en fuite les nomades. (Obélisque du Temple d'Hathor.)

463. 𐎀, 𐎀 , Caractère phonétique représentant un instrument d'art ou de métier, inconnu, et exprimant l'articulation c, s. G. 43. N° 159.

𐎀 abréviation de 𓏤 ⲥⲟⲛ, frère. G. 50.

𓉻𓏭 , 𓉻𓏭 , 𓉻° , 𓉻𓈖 .

𓉻𓏭 même abréviation suivie du signe déterminatif. ⲥⲛ, ⲥⲟⲛ, frère G. 106.

𓉻𓏭 , ⲛⲁⲥⲟⲛ, ô mon frère. G. 400

𓉻𓏭⸗𓏌𓏏 , ⲡⲥⲟⲛ ⲛ̄ ⲧϩⲓ , le frère de la femme c. à dire le beaufrère (du mari). (monument funéraire à Naples).

𓉻°⸗𓏌𓏏 , variante du précédent (même monument).

𓉻⸗𓆱 ⲁ ⲕⲗⲱ, ⲕⲗⲉ, ⲕⲉⲗ, ⲕⲱⲗ, détourner dévier, fléchir, contourner. G. 383.

𓉻𓏭 , ⲥⲟⲛ , frère. G. 418.

𓉻𓏭 ⲥⲟ pour ⲥⲱⲛⲉ , sœur, soror, sans article ni déterminatif.

𓂧𓏺𓊖𓇋𓏏⸗𓉻𓏭𓎟𓏏 ⲏⲥⲉ ⲧⲧⲏⲣ ⲅⲛⲁ ⲧⲉⲥⲥⲱⲛⲉ ⲛⲉⲃⲑ, Isis avec sa sœur Nephthys. (Rituel funéraire).

𓉻𓏭𓏭 ⲥⲟ , (abréviation de 𓉻𓏭 ⲥⲟⲛ), frère, frater G. 154.

𓉻𓏭𓊹 ⲥⲟⲛ-ⲧⲏⲣ , frère divin ; même abréviation.

𓊪𓉻𓏭𓊹𓅆 , sur son divin frère Osiris. (Rituel funér. pl. 74, col. 75).

𓉻𓏭𓏺 ⲧⲉⲥⲥⲱⲛⲉ , sa sœur. G. 470.

𓉻𓏭𓊪 ⲡⲉⲥⲥⲟⲛ-ⲑⲛⲣ , son divin frère. G. 472.

𓉻𓏭𓊃 , ⲧⲉⲥⲱⲛⲉ , la sœur ou ta sœur. G. 474.

𓉻𓈖 ⲥⲛ, ⲥⲟⲛ, frère. G. 61.

𓉻𓈖𓆓𓉻𓏭 ⲥⲟⲛⲛⲟⲩϥⲣ , ⲥⲟⲛⲛⲟϥⲣⲓ, le bon frère (homme) G. 130.

𓉻° ⲥⲛ, copte ⲥⲟⲛ, frère. (variante des précédents).

𓉻𓏤 ⲡⲉϥⲥⲟⲛ , son frère. G. 278, 419.

𓉻𓏭𓏭 ⲥⲟⲛⲓ , voler, être voleur, latrocinari.

𓈖𓉻𓏭𓏭 ⲛ̄ⲛⲉⲓⲥⲱⲛⲓ , je n'ai pas volé. (Rituel funér. pl. 72, col. 28.)

𓈖𓉻𓏭𓏭𓊪𓉻𓏏 , ⲛⲁⲛⲓⲥⲱⲛⲉ ϩⲁ ⲥⲧⲛ , je n'ai pas volé le Roi. (Rituel funér. pl. 72, col. 21.)

⸺ 𓏺𓏺𓏺 , je n'ai pas volé dieu. (Rituel funér. pl. 72, col. 18).

⸺ ⲡⲉϥⲥⲟⲛ, son frère. G. 346.

⸺ ou ⸺ , ⲥⲛ, copte ⲥⲟⲛ, frater, frère. G. 61. 78.

⸺ ⲉⲃⲟⲗ ϧⲛ ⲡⲉϥⲥⲟⲛ ⲥⲱⲛϩ ⲡⲉϥ ⲣⲁⲛ, sur le frère de lui dont le nom est vivant. (Statue funér. Mus. de Turin).

⸺ ou ⸺ , variante du précédent avec déterminatif de genre, frère. G. 104.

⸺ ⲉⲃⲟⲗ ϧⲛ ⲡⲉⲥⲥⲟⲛ ⲥⲱⲛϩ ⲡⲉⲥⲣⲁⲛ, par le frère d'elle dont le nom est vivant. (Statue funér. Mus. de Turin).

⸺ ⲡⲁⲥⲟⲛ Ⲟⲩⲥⲓⲣⲉ, mon frère Osiris. G. 487.

⸺ ⲡⲥⲟⲛ ⲛ̄ ⲧⲙⲁⲩ, le frère de la mère c.à.d. l'oncle maternel. (Monument funér. de Naples), ou bien frère de mère, c'est à dire frère utérin.

⸺ ⲡⲥⲟⲛ ⲛ̄ ⲡⲓⲱⲧ, le frère du père c.à.d. l'oncle paternel. (Monument funér. de Naples); ou bien frère de père, c'est à dire frère consanguin.

⸺ ⲥⲟⲛ ⲱⲏⲣⲓ, le frère aîné, le grand frère. (idem)

⸺ ⲡⲉϥⲥⲟⲛ ⲙⲁⲓ-ϥ, son frère qui l'aime. G. 206.

⸺ , ⸺ , ⲥⲛ.ⲧ., ⲥⲱⲛⲉ, sœur. G. 176, 202.

⸺ ⲥⲛ, (ⲥⲱⲛⲉ), variante du précédent avec le signe de genre. G. 104.

⸺ Nephthys sœur d'Osiris. (Stèle du Mus. de B.).

⸺ ⲧⲥⲱⲛⲉ ⲛ̄ ⲧⲙⲁⲩ, la sœur de la mère. G. 178.

⸺ ⲥⲱⲛ ⲛ̄ ⲧⲙⲁⲩ ⲛ̄ ⲧϩⲓ, la sœur de la mère de la femme c.à.d. tante maternelle (du gendre). (Mon. funér. de Naples).

96.

𝄞⸺ ⲧⲱⲛⲉ ⲛ̄ ⲧϩⲓ, la sœur de la femme c. à. d. la belle sœur (Du mari). (monument funér. de Naples).

𝄞⸺ abréviation de 𝄞⸺, ⲧⲱⲛⲉ, sœur. G. 66.

𝄞ⁿ, ⲉⲧ, copte ⲉⲧ, odeur, parfum. G. 91.

464 ⸺, ⸺, Caractère symbolique, représentant une sorte d'éprouvette, instrument dont se servaient les Égyptiens pour connaître la dureté des pierres ou d'autres corps, et pour percer les matières dures, il exprime le verbe éprouver, et par suite le verbe approuver. G. 336.

⸺ ⲡⲉϩⲧⲡ, l'éprouvé. G. 336.

⸺ ⲥⲏⲧⲡ ⲛ̄ ⲣⲏ, l'éprouvé par le soleil.

⸺ ⲥⲏⲧⲡ ⲛ̄ ⲡⲧⲁϩ, éprouvé par Phtah. G. 117.

⸺ ⲥⲏⲧⲡ ⲛ̄ⲁⲙⲟⲩⲛ, l'éprouvé par Ammon. G. 433.

⸺ ⲥⲏⲧⲡ ⲛ̄ ⲡⲧⲁϩ, l'éprouvé par Phtah. G. 433.

465 ⸐, ⸐, ⸏, Caractère phonétique représentant une espèce de siphon, et exprimant l'articulation c, s. G. 43, N° 152.

⸐ c, copte c, 1° pronom simple affixe de la 3ᵉ personne singulier féminin, elle, la. 2° uni à un groupe exprimant un verbe, il forme la 3ᵉ personne féminin singulier.

⸺ ⲉⲣⲓⲙⲉ, elle pleure.

⸐ ⲥⲉ, c employé comme nom d'oiseau, sorte de cormoran. (tombeau de Ménofré à Memphis).

⸐ article possessif affixe masculin employé en parlant de la 3ᵉ personne; copte ⲡⲉⲥ, son, parlant d'une femme; ⲡⲉⲥ, leur, parlant d'hommes ou de femmes. G. 177.

𓂋 , 𓂋𓏤 , 𓂋𓏛 .

𓂋 monosyllabe ⲥⲁ qui, placé préfixe à la racine, forme les qualificatifs noms d'agents et répond exactement au copte ⲥⲁ, ⲥⲁ: G. 533. voyez 𓂋𓊹 .

𓂋 s placé en initiale, donne à un verbe la forme transitive; et devant un adjectif ou un nom commun, forme certains autres verbes transitifs. G. 439, 441.

𓂋𓇳𓇾𓏤 ⲥⲱⲧ ⲡⲧⲟ, éclairant le monde terrestre. G. 489.

𓂋𓇳𓏤𓇳𓏤𓁹 ⲥ(ⲉϥ) ⲡⲥⲁⲧⲡⲉ ⲡⲥⲁⲙⲡⲉⲥⲏⲧ ⲛ̄ ⲡⲉϥⲃⲁⲗ, illuminant la région d'en haut (et) la région d'en bas par son œil. G. 205.

𓂋𓊠 ⲥⲃⲉ (copte idem), porte et propylon, fermeture de porte. (Propylon de Nectanèbo à Philæ). et G. 505.

𓂋𓎟𓆙 ⲥⲗϭ, ⲥⲉⲗⲕ, déesse. (Momie du Musée Royal). Voyez plus bas le même nom.

𓂋𓎟𓆙 ⲥⲗϭ, ⲥⲉⲗⲕ, même nom.

𓂋𓎟𓂋𓆙 ⲥⲉⲗϭ, la déesse Selk. G. 274.

𓂋𓎟𓆙 ⲥⲗϭ, ⲥⲉⲗⲕ, selk, nom propre de déesse égyptienne, avec un déterminatif symbolique, le scorpion, emblème de cette divinité. G. 74, 125.

𓂋𓎟𓆙 ⲥⲗϭ, ⲥⲉⲗⲕ, la femme dont la tête est surmontée d'un scorpion est le déterminatif. G. 122.

𓂋𓍢 ⲥⲱⲡ, conduire? guider? introduire?

𓂋𓍢𓏤𓏛𓁹𓅓𓏤𓀁 ⲕⲥⲱⲡ ⲟⲩⲥⲓⲣⲉ ⲛⲉⲃⲏⲓ ⲑⲛⲧⲱϩⲓⲛ ⲡ̄ⲡⲉⲕⲙⲁ, fais entrer l'Osirienne Dame Tentéschué là où tu demeures. (Momie Tentéchué Mus. Royal).

𓂋𓎛𓇋 ⲥⲕⲏ, ⲥⲕⲁ, copte ⲥⲕⲁⲓ, ⲉⲭⲁⲓ, arare, labourer. (Verbe inscrit au-dessus des scènes de labourage. Rit. funér.).

𓊪𓈙𓂝𓏤 : ⲥⲕⲁ, la charrue. G. 450.

𓊪𓈙𓈀𓏤 ⲉⲓⲥⲕⲁⲓ, je laboure. G. 450 et 523.

𓊪𓈙𓈀 ⲥⲕⲁ, ⲥⲕⲁⲓ, labourer. G. 585

𓊪𓁺𓂀 ⲥⲧⲙ.ⲥⲉⲙ, ⲥⲧⲏⲙ.ⲥⲉⲏⲙ, Collyre, Kohol. (Catacombe Tumul à Sakkara), l'œil et la ligne noire tracée au collyre sont déterminatifs. G. 80.

𓊪𓁺𓏥 , ⲥⲧⲙ, ⲥⲉⲙ, ⲥⲧⲏⲙ, ⲥⲉⲏⲙ, Antimoine. G. 90.

𓁺𓇳𓏤 , nom de la 2ᵉ heure du jour. (Mém. de l'Académie).

𓁺𓏤𓈖𓏥𓂻 , verbe. nom d'une mauvaise action. (Rit. funéraire, confession, pl. 72, col. 16.)

𓊪𓏲𓂧𓏤 ⲥⲱⲡ, ⲥⲱⲡⲉ, épandre, répandre ! spargere.

𓊪𓃀 ⲥⲃ, espèce d'oiseau. (Tombeau de Minofré à Saccara).

𓊪𓃀𓏤 et 𓊪𓃀𓉻 , avec le déterminatif ; ⲥⲃⲉ, ⲥⲏⲃⲉ, flûte, instrument de musique. G. 61, 75.

𓊪𓃀𓆋 , ⲥⲃⲕ ou ⲥⲃⲕ, Sévék, nom propre de divinité, l'une des formes du Cronos ou Saturne égyptien. Ce nom a été écrit Σουχις par les grecs et Σεβεκ, Σευεκ, dans les composés.

𓊪𓃀𓎡𓈖 , ⲥⲃⲉⲕⲙⲁⲓ, aimé par Sévék. G. 455.

𓊪𓃀𓆇 , ⲥⲃⲉ, ⲥⲏⲉ, copte ⲥⲱⲃ, ⲥⲱϥ, impurus, contaminatus, prophanus ; Impur, homme impur, prophane. (avec déterminatif symbolique).

𓊪𓃀𓃀𓀏 ⲥⲃⲓ, copte ⲥⲱϥ, ⲥⲱⲃ, ⲥⲱϥⲓ, profane. G. 103.

𓊪𓃀𓉐 , ⲥⲃ, ⲥⲃⲉ, porte, fermeture de porte ; la fermeture de porte est déterminatif. G. 80.

𓎛𓊃𓎡 ⲥⲃⲟ, ⲥⲃⲕ, autre orthographe du nom de Sévek. G. 110.

𓎡𓃻 ⲥⲃⲟ, à Sévek. G. 513.

𓎛𓃻 ⲥⲃⲟ, ⲥⲃⲏ, ⲥⲣⲕ, Sévek, Dieu à tête de crocodile. d. 113.

𓎛𓏤𓃻 ⲥⲃⲕⲱⲟϥ, Sévekôthph, le voué à Sévek (homme). G. 131.

𓎛𓏤𓊖 , ⲥⲃⲧ, ⲥⲟⲃⲧ, ⲥⲟⲃⲧⲉ, mur, muraille. G. 76.

𓎛𓏤𓊖 , ⲡⲥⲟⲃⲧ, le rempart. G. 198.

𓎛𓃻 , ⲥⲃⲕ, ⲥⲃⲟ, variante du nom du Dieu Sévek. (voyez plus haut). (Descript. de l'Égypte, pl. vol. I, pl. 82).

𓋴, 𓋴𓎡, ⲥⲟϥ, pronom affixe, lui, le. G. 66.

𓋴𓎡𓏤𓊖 ⲥⲱⲧⲡ, Soter, Σωτήρ, Sauveur. G. 158.

𓋴𓎡𓏤𓏛 , 𓎡𓋴𓎡𓏤𓏛 , ⲥⲓⲙ, ⲥⲓⲙ, ⲛⲉⲥⲓⲙ, herbes, foin, fœnum, et leur pluriel. G. 89, 565.

𓋴𓎡𓏲 , ⲥⲟⲩ, ⲥⲟⲩⲟ, froment.

𓋴𓎡𓏲 et 𓋴𓎡𓏲𓏌 , ⲥⲟⲩⲅ.ⲧ, ⲥⲟⲟⲣⲅⲉ.ⲧ, Œuf. G. 74.

𓎛𓃀𓏤𓎡𓋴𓎡𓏲𓊖 , ⲃⲏⲍ ϩⲱⲣⲛⲁⲁ ⲅⲣ ⲡⲏ ⲧⲉϥⲥⲟⲟⲣⲅⲉ, l'Épervier-horus (ou d'Horus) le grand, manifesté de son œuf. (Rit. funér. pl. 74, col. 14, 15).

𓋴𓎡𓏤 ⲥⲙⲓⲥ-ⲱⲏⲣⲓ, l'aîné préféré. G. 240.

𓋴𓎡𓏤𓈖 ⲛⲁⲕⲥⲟⲩⲱϣⲩ, lui-as-élargi. G. 278.

𓋴𓎡𓏤𓊖𓏤𓈖𓎛𓏤𓉐 ⲕⲥⲟⲩϣⲩ ⲛⲉ ⲧⲟⲟⲩ ⲛ̄ ⲕⲏⲙⲉ, étends les limites de l'Égypte. (Légende d'un bas-relief d'Hathor, à Thèbes).

𓋴𓎡 ⲥⲙⲓⲥ, préféré. G. 464.

𓋴𓎡𓏤 , ⲥⲟⲩⲧⲛ̄, ⲥⲁⲩⲧⲉⲛ, étendre, allonger, redresser. G. 107.

𓋴𓎡𓏤 ⲥϥ, ⲥⲁϥ, hier. G. 97.

𓋴𓏤𓏌 ⲥⲁϣϥ, sept. G. 211.

𓋴𓎡 ⲥⲙⲛ, établir, disposer. G. 442.

97.

𓊪𓄿 , 𓊪𓆑 , 𓊪𓇋 ,

𓊪𓄿𓌂 , ⲥⲁⲣ, ⲥⲱ, boire. G. 379.

𓊪𓄿𓌂𓈖 , ⲥⲁⲣ, ⲥⲱ, boire, bibere. G. 376.

𓊪𓄿𓌂𓈖𓌂 , ⲥⲁⲣ, ⲥⲱ, boire. G. 379.

𓊪𓄿𓌂𓈖𓌂𓌂𓊪 , ⲉⲕ-ⲥⲱ ⲟⲣⲙⲱⲟⲣ , tu bois de l'eau. G. 401.

𓊪𓄿𓄿 𓇳 , ⲥⲓⲟⲩ , étoile, astre. G. 76.

𓊪𓆑 et 𓊪𓆑𓌂 , ⲥϩ, ⲥⲁϩ, écrire, verbe ; scribe, nom. répond au symbolique 𓏃 . G. 379.

𓊪𓆑𓌂 , ⲥϩⲟⲣ, ⲥϧⲟⲣ, copte ϣⲟⲣⲓ, ϣϧⲟⲣⲓ, scribes, grammates.

𓊪𓆑𓌂𓈖𓊹𓊖 , les scribes de ton temple. (Table royale d'Abydos).

𓊪𓆑𓌂𓈖𓌂 , ⲥϩⲁⲓ, ϣⲁⲓ, écrire. G. 378.

𓊪𓆑𓄿𓄿𓌂 , ϣⲁⲓ, ϣϧⲁⲓ, ϣⲁⲓ, écriture, écrire et peindre, avec ou sans le déterminatif 𓌂 . G. 104.

𓊪𓆑𓄿𓄿𓎟𓏏𓈖𓌂𓏥 , l'écriture des grecs. (Inscript. de Rosette lig. 14).

𓊪𓆑𓌂 , ⲥϩ, ⲥⲁϩ, scribe. G. 104.

𓊪𓇋𓂋 , ⲡϩⲟ , illuminer, illustrer.

𓊪𓇋𓂋𓈖 , ... dict. funèr. pl. 78. col. 54.

𓊪𓇋 illustrateur.

𓊪𓇋𓂋𓈖 , ⲉϥϭⲟⲉⲓⲧ-ⲥⲛ, il les illumine. G. 285.

𓊪𓇋𓂋𓈖 , ⲕⲱⲓⲧ-ⲛ, illumine-nous. G. 414. 405.

𓊪𓇋𓊪𓈖𓏥 , celui qui bat des cymbales, cymbalier.

𓊪𓆑𓈖𓊹𓊹𓊹 , ⲥⲱⲓⲧ ⲛ̄ ⲛⲉϥⲛⲟϥⲣ, illustrant par les bienfaits. G. 449.

𓊪𓇋𓊪𓌂 , pousser, presser, qui fait avancer. (Groupe inscrit au dessus de ceux qui font avancer un animal, chèvre, Bœuf. (Tomb. de la 4ᵉ pyramide).

𓊪𓈖 ⲥⲛ, copte ⲥⲛ, ⲥⲛⲓ, disponere, dispensare.

𓊃, 𓊃 ,

𓊃 ⳉⲱⲡ ⲥⲙⲛ ⲙⲉ, Horus dispensateur de la vérité, ou même attestant la vérité, (de ⲥⲙⲓⲛⲓ) qui a quelquefois ce sens. (Empr. de sceau en mastic, Mus. de Turin; et G. 116.)

𓊃, ϭⲓ-ⲥⲉⲙⲛⲉ, je dispose. G. 396.

𓊃, ⲥⲙⲛ, Oie, chœnalopex, Χηναλώπηξ; nom phonétique accompagné du déterminatif figuratif. (Ailes Paralacque, et passim). (Tombeau de Ménofré à Sakhara).

𓊃 ⲥⲉⲙⲛⲉ, préparez. G. 268.

𓊃 ⲥⲉⲙⲛⲉ-ⲧⲏⲛⲟⲩ, préparez-vous.

𓊃 ⲥⲙⲛ, copte ⲥⲙⲛ, ⲥⲉⲙⲛⲉ, rendre stable, établir, constituer, disposer, et ⲥⲙⲏⲛ, a été disposé. G. 277.

𓊃 ⲉⲓⲥⲉⲙⲛⲉ, je dispose. G. 396.

𓊃, ⲥⲉⲙⲛⲉ-ⲥⲟⲩ, l'établit. G. 287.

𓊃 ⲉⲧⲥⲙⲛⲉ ⲛⲁⲕ, préparant à toi. G. 467.

𓊃 ⲉⲛ-ⲥⲙⲓⲛⲉ ⲛⲁⲕ, nous préparons à toi. G. 404.

𓊃 ⲥⲙⲟⲧⲛⲕ, faire fabriquer, faire exécuter un travail. G. 440.

𓊃 ⲉⲧⲥⲙⲟⲧⲛⲭ, faisant construire. G. 428.

𓊃 ⲕⲥⲙⲛ, il dispose. G. 482.

𓊃 ⲥⲙⲟⲧⲛⲭ, et la fait fabriquer. G. 547.

𓊃, ⲥⲙⲛ, espèce d'oie. G. 107.

𓊃 ⲥⲱⲩ ⲧⲉϥⲙⲛⲧϩⲱⲛⲧ, glorifiant sa majesté. G. 493.

𓊃, ⲥⲟⲣϩ, ⲥⲟⲣⲁϩ, tranquilliser, séparer, calmer. G. 382.

𓊃 ⲥⲟⲣϩ-ⲧⲟ, le Pacificateur du monde, celui qui tient le monde en repos. (Scarabée du musée B.; titre des Rois).

𓊃 ⲥϣⲱ, régnant. G. 478.

𓊃 ⲥⲛⲁⲁ, grandir, agrandir.

𓊪𓏤 ⸻ , 𓊪𓋹 , 𓊪𓏏𓏤 , 𓊪𓋴𓏤 , 𓊪𓏤 ,

𓊪𓊌 ⲥⲛⲁⲁ, agrandir. G. 199.

𓊪𓋹 ⲥⲱⲛϩ, faire vivre. G. 442.

𓊪𓋹𓇳 ⲉⲥⲱⲛϩ, il a donné la vie.

𓊪𓋹𓂜𓀁 ⲥⲱⲛϩ ⲡⲉⲃⲁⲓ, vivifier l'âme. G. 514.

𓊪𓋹𓍯 ⲥⲁⲱⲛⲣ, vivant, possesseur de la vie.

𓊪𓋹𓃒 ⲥⲟⲣⲃⲉ, circoncire. G. 85.

𓊪𓋹𓃒𓃒 , ⲥⲉⲃⲟⲧ, ⲥⲟⲣⲃⲉ, Bœuf châtré.

𓊪𓋹𓃭𓃭𓃭 ⲥⲉⲃⲓ, ⲥⲓⲃⲓ, héb. זאב, ar. ذئب, loup, chacal. G. 92.

𓊪𓇾𓆑 ⲕⲉϣⲱⲡ, frappé (renversé). G. 468.

𓊪𓋴𓌢𓀁 ⲥⲙⲙⲉ, copte ⲥⲉⲙⲙⲉ, ⲥⲙⲙⲓ, accuser, accusare.

𓏌𓊪𓋴𓌢𓀁𓌨𓀀𓁶𓏏𓆑 ⲙⲡⲉⲓⲥⲙⲙⲉ ⲣⲱⲧⲛⲣⲱⲙⲉ ⲙⲃⲟⲗ, je n'ai accusé aucune personne à faux. (Rituel funér. pl. 76. col. 30.)

𓊪𓋴𓌡 ⲥⲙⲉⲧⲁⲟⲩⲉ, justifications. G. 413.

𓊪𓋴𓏌𓍱 ⲥⲙⲟⲣⲉ ⲛ̄ⲡⲙⲛ̄, embellissement de l'édifice. G. 198.

𓊪𓌢𓍱 ⲛⲁⲥⲙⲟⲧⲓ, tu as orné G. 440.

𓊪𓌢𓍱𓇋𓉐𓂋 ⲛⲁⲕ ⲥⲙⲟⲧⲉ ⲡⲁⲉⲣⲡⲉ, tu as embelli mon temple. G. 209.

𓊪𓋴 ⲥⲛⲟⲩϥⲣ, embellir, Bonifier. G. 442.

𓊪𓏏 ⲥⲕⲱ, ⲥⲕⲁⲁ, faire placer, ériger, en parlant d'un monument.

𓊪𓏏𓂋 ⲥⲕⲱ, faire placer; il est permis d'ériger. G. 518.

𓊪𓏏𓌙 ⲛⲁϥⲥⲕⲱ, il fit ériger. G. 326.

𓊪𓏏𓌙𓋴𓏤 ⲛⲁϥⲥⲕⲱ-ⲥⲟⲣ, l'a fait placer. G. 280.

𓊪𓇳𓇳𓇳𓏌𓏌 , nom de la 5ᵉ heure de la nuit. (mémoire de l'académie)

𓊪𓉐 et 𓊪𓉐𓆑 ⲥⲡⲣ, ⲥⲫⲣ, ⲥⲡⲓⲣ, ⲥⲫⲓⲣ, côte, côté, avec le déterminatif représentant des côtes de veau, de Bœuf, ou de toute autre victime. G. 61.

𓂡 , 𓂡 , 𓂡 .

𓂡 (ϣⲱⲡ). frapper. G. 446.

𓂡 ⲛⲁⲕϣⲱⲡ, tu as frappé, fait frapper. G. 447.

𓂡 ϣⲱⲡ, frappant. G. 526.

𓂡 ⲛⲁϥϣⲱⲡ, a fait frapper. G. 194. et 196.

𓂡 ϣⲉⲃⲧ, en émail (en électrum?). G. 502.

𓂡 copte ϣⲱϣⲙⲛ̄ϩⲏⲧ ou ϣⲟⲩϣⲛ̄ϩⲏⲧ, composé de ϣⲱϣ 𓂡, et du figuratif 𓄣 ϩⲏⲧ cœur, être morose.

𓂡 ϭⲧ (copte ⲥⲁϭⲧ)ⲥⲉϭⲧ) texere, implicare; tisser, tresser, entremêler des fils. (voyez 𓂡).

𓂡 , 𓂡 et 𓂡 , ϭⲱⲧ, ⲥⲉϭⲧ, empêcher, enfermer; et avec le déterminatif filet, prendre au filet, prendre des canards aux filets. (Bas-relief d'Elethyia.) G. 372.

𓂡 , copte ⲛ̄ϯ ⲥⲁϭⲧ-ⲁⲛ, je prends au filet. G. 444.

𓂡 , homme important des oies qu'un autre a choisies dans la cage. (Tombeau de la 2ᵉ Pyramide).

𓂡 , (d'un tel:) Bas-relief de porteur d'offrandes: boucherie etc. (Tombeau de Memphis, Ménofré).

𓂡 ⲥⲟⲡ, ⲥⲱⲡ, renverser.

𓂡 ⲉⲛ-ⲥⲱⲟⲩ, nous faisons honorer. G. 403.

𓂡 ⲉⲓⲥⲱⲟⲩ ⲙ̄ ⲡⲉⲕⲣⲁⲛ, je rends gloire à ton nom. G. 509.

𓂡 ϭⲱ, couper, trancher, séparer.

𓂡 , couper la cuisse (au dessus de la scène). (Tombeau de Memphis. Ménofré).

𓂡 , ϭⲱⲕⲉⲙ (?) l'action de lier. G. 513.

98.

ⲥ︦ⲁ︦ϧⲱⲕ, chanteur.

ⲥ︦ⲟ︦ⲧ︦ⲛ︦ⲭ ou ⲥ︦ⲟ︦ⲧ︦ⲛ︦ⲭ, faire exécuter, faire fabriquer. G.442.

ⲥ︦ⲟ︦ⲧ︦ⲛ︦ⲕ, ordonateur, organisateur, celui qui dispose, Règle, met en ordre. G.357.

, l'ordonateur de la région supérieure et inférieure. (Titre de Nectanebo, propylon de Phila).

ⲥ︦ⲙ︦,ⲧ, Cavale. G.72.

ϣⲁⲛ ⲥ︦ⲙ︦ ⲥⲛⲁⲩ ⲛ︦ϣⲉ ⲥⲉ, cavales deux cent soixante. G.209.

ⲛⲉϥ ⲥ︦ⲙ︦-ⲧ, ses cavales, ses cavaliers. G.481.

, ⲥⲕⲣ. ⲥⲟ︦ⲣ, Sakr, Sokar. G.110.

ⲥⲟ︦ⲣⲓ, sakri, sokari. G.110.

ⲥⲟⲧⲁⲃ, il consacre. G.218.

ⲥⲉⲃ, ⲥⲱⲃ, être rusé, être fin, adroit ; un renard est le déterminatif. G.374.

ⲥⲓⲃ, (arabe ﺴﺐ), loup. G.73.

ⲉⲥⲡ︦, offrant. G.426.

, faire retourner, ramener ?

, afin que vous le rameniez devant le seigneur des Sahou. (fol. 15. Mammisit inédit, pl. 72. col. 5.)

ⲧⲉⲛⲃ, la force. G.412.476.

ⲉⲧⲉⲛⲃⲉ, étant fort, étant forte. G.428.

ⲥⲛⲱϣ, ⲥⲁⲛϣ, nourrir, allaiter ; un enfant est le déterminatif. G.372.

ⲥⲛϩ, ⲥⲱⲛϩ, lier, attacher. G.355.

ⲛⲉⲥⲛ︦, les pains divins. G.487.

ⲥⲛ, eux; G. 526; et ⲥⲛ-ⲟ̀ sont. G. 337.

ⲥⲁⲧ, ⲥⲁⲧ, filer; le brin de fil est déterminatif. G. 374.

ⲡⲉⲧⲩ, le grand prêtre, G. 390.

ⲡⲉⲧⲩ ϣⲱⲡ ⲡⲓϣⲱⲡϣ, le grand prêtre prend (de la victime) la cuisse. G. 390.

ⲥⲉ, ⲥⲧ, avec la tête d'un animal fantastique, Seth (Typhon). G. 114.

ⲥⲧⲡ, (copte ⲥⲱⲧⲡ), éligere, choisir, approuver, donner la préférence. Au dessus d'un homme cherchant des canards dans une cage. L'éprouvette est le signe déterminatif. (Tombeau de la 2ᵉ Pyramide)

ⲥⲧⲟⲧ, trembler. G. 365.

ⲉⲣ-ⲥⲧⲱⲧ, tremblants. G. 426.

ⲥⲱⲧⲡ, éprouver, approuver. G. 431.

ⲥⲧ, ⲥⲟⲧⲉ flamme; brûler, cremare. G. 318.

ⲥⲧ-ⲩ-ⲡⲉϥⲃⲁⲗ, Satempifbal, (dont l'œil lance la flamme), serpent gardien de la porte de la 4ᵉ heure du jour. G. 126.

ⲥⲁⲧ, ⲥⲁⲧ, conduire une barque à la cordelle, remorquer; le fil, ou corde, entortillé est le déterminatif. G. 375.

ⲥⲟⲃⲕ (ⲉϥ), celui qui décore; G. 207. ⲥⲟⲃⲕ, se réjouissant. G. 248; celui qui a fait applaudir. G. 328.

ⲥⲕⲣ; copte ⲥⲉⲕ, ⲥⲓⲕⲉ, ⲥⲓⲕⲓ), mettre en pièces, diviser en morceaux, molere. G. 385.

𝄞𐊠 𐊠 ⲉⲕⲣⲓϣⲁϥⲧⲉ, il a mis en pièces les ennemis. (Philæ, Edifice gauche de la cour).

𝄞𐊠 , ⲥⲕⲏⲧⲉⲃⲟⲧⲛⲓ, joueur de harpe, harpiste; (au dessus d'un harpiste, Tombeau de la 2ᵉ Pyramide).

𝄞𐊠 ⲥⲟⲕ, captivité. G. 279.

𝄞𐊠 , ⲥⲕ-ⲏ-ⲧ-ⲃⲛ, (ⲥⲉⲕ-ⲏ ⲧⲉⲃⲟⲧⲛⲉ), pincer de la harpe, joueur de harpe. (au dessus d'un harpiste, Tomb. de la 2ᵉ Pyramide).

𝄞𐊠 ⲥⲛ-ⲥⲟⲁⲕ, ils félicitent. G. 405.

𝄞𐊠 , ⲥⲕⲧⲥ, Sextus. G. 138.

466. 𐊠, 𐊠, Caractère Phonétique (objet inconnu), exprimant les articulations, Δ, Σ, et quelque fois Κ; Dj, Sc, K. G. 45, N° 180.

𐊠 ⲥⲉ, ⲕⲉ, unusquisque, chaque, chacun.

𐊠 chacune des chapelles portatives. (Inscript. de Rosette, ligne 9).

𐊠 . ⲕⲉⲉⲃⲟⲧ, chaque mois. (Inscription de Rosette, ligne 11 x 12). G. 519.

𐊠 chaque année. (idem ligne 13).

𝄞 , ⲕⲗ, (copte ⲕⲱⲗ, ⲕⲟⲗ et ⲕⲉⲗ dans les composés), Plicare, volvere, Involvere, plier, contourner, fléchir; considéré comme nom, Plexus, articulation, Axilla.

𝄞 ⲅⲗ ou ⲕⲉⲗ-ⲥⲃⲟⲓ, flexion du bras, coude. G. 67.

𝄞 ⲕⲁⲗ (ⲛ̄)ⲕⲁϩ, ⲕⲁⲗ ⲛ̄ ⲥⲃⲟ, copte ⲕⲁⲗ ⲛ̄ ⲕⲁϩ. π. la flexion du bras, le coude, cubitus. (Rituel funéraire, chap. des membres).

𝄞 , ⲕⲗ (ⲛ̄)ⲕⲁϩ, variante du précédent.

𝄞 et ses coudes appartiennent à Neith dame de Sais. (Rit. funér. Mus. Royal).

𝄞 ⲅⲗ ou ⲕⲉⲗ-ⲡⲁⲧ, flexion du pied, genou. G. 67.

𓂾 , 𓃀 , 𓂉 .

𓂾 𓃀 ⲕⲗ(ⲛ̄)ⲡⲁⲧ, copte ⲕⲁⲗ·ⲛⲓ· crura ⲕⲉⲗⲗⲉ, genu, ⲕⲉⲗⲗⲉ ⲛ̄ ⲡⲁⲧ le coude-pied; la flexion de la jambe; le genou, genua.

𓄿𓃀𓂾𓃀𓈖𓂉𓏤𓅆, ses genoux (appartiennent) au seigneur de la région de Ȟel. (Rit. funér. hiérogl. Mus. Royal), 𓂾𓃀 genou.

𓂾 𓃀𓂝 ⲕⲗ-ϩⲃ, l'articulation du bras, cubitus, le coude, les coudes.

𓄿𓃀𓂾𓃀𓂝𓀀𓏛𓈖𓂉𓏤𓅆, ses coudes appartiennent à Neith dame de Saïs. (Rituel funér. hiérogl. Musée Royal).

𓃀𓏺𓃀 ⲕⲉⲣⲟⲙⲡⲉ, chaque année. G. 519.

𓂉 ϭⲛ (copte ϭⲛⲉ), flectere, fléchir, inflectere.

𓂉 𓂉 𓅫 ϭⲛϭⲛ, espèce de héron. G. 75.

𓂉 𓏥 ϭⲛ-ϥⲱ, les cheveux, la chevelure (flexio capillorum).

𓄿𓂉𓏥𓏲𓀀𓏤𓈗𓏤𓅆, et les cheveux de l'Osirien (tel) ou mes cheveux (lui) appartiennent (au Nil céleste). (Manuscrit d'Arsièsis, Musée Royal. Rituel hiérogly.).

𓂉 ϭⲛⲉ-ϭⲃⲟⲓ, flexion du bras, coude. G. 67.

𓂉𓏤𓂝 ϭⲛⲉ, détourner, courber, fléchir. G. 585.

𓂉 𓂝 ϭⲛ-ⲛⲕⲁϩ-ϭⲛ-ϭⲃⲟⲓ, flexion des bras, les coudes, cubiti.

𓄿𓂉𓂝𓀀𓏤𓂋𓏲𓆓, ⲁⲩⲱ ⲛⲉ ϭⲛ-ϭⲃⲟⲓ ⲙ̄ ⲛⲏⲧ ⲧⲛⲉⲃ ⲛ̄ ⲥⲥⲁ (ⲕⲁϩ) et les coudes appartiennent à Neith dame de Saïs. (Rituel funéraire, Musée Royal).

𓂉 𓏤 variante du précédent. (Manus. Mus. Royal).

𓂉 𓊪 ϭⲛ (ϭⲃⲟⲓ), ϭⲛⲉ-ϭⲃⲟⲓ, coude flexion du bras. G. 75.

𓂉 𓊪 ϭⲛ (ϭⲃⲟⲓ ⲥ̄), ϭⲛⲉ-ϭⲃⲟⲓ ⲥ̄, coudes, flexion des deux bras. G. 75.

𓂉 𓃀 ϭⲛⲉ-ⲡⲁⲧ flexion du pied, genou. G. 7.

𓂉 𓃀 ϭⲛⲉ-ⲡⲁⲧ ⲃ̄, les deux genoux, les 2 articulations des jambes, genua.

[hieroglyphs], les genoux (appartiennent) aux seigneurs de Héron. (Rit. funér. hiérogl. Musée Royal).

ⲥⲛ-ⲡⲁⲧ, ⲥⲛⲉ-ⲡⲁⲧ, genoux, flexion de la jambe. G. 94.

ⲥⲛ-ⲡⲁⲧ̄, ⲥⲛⲉ-ⲡⲁⲧ̄, les deux genoux. G. 94.

[hieroglyphs], les deux genoux appartiennent aux seigneurs de la région de Kilou. (Rit. funér. hiérogl. du Musée Royal).

ⲥⲛ-ⲥⲛ, Nom d'un oiseau échassier, à courte queue ainsi figuré [bird glyph], et qui a pris son nom de l'espèce de chevelure qui orne sa tête. (Rit. funér. chap. 15 relatif, mamm. hiérat. M. Ch. fol. 10)

ⲥⲛ-ϥⲱ, cheveux. (Ritut. funér. hiéroglyph. Mus. Royal).

467. ⲋ, Caractère phonétique représentant un lien, ou un nœud, ou un paquet noué; exprime les consonnes Ϭ ou Ϭ, Ⲍ, Ⲥ et ⲤϬ. G. 42. N°164.

ⲋ sert de déterminatif aux verbes en relation avec les idées lier ou envelopper. G. 385.

ⲕⲉⲃⲧⲱ. ϭⲃⲧⲱ, Kebtô, Coptos des géographes grecs; aujourd'hui Kefth. G. 155.

ⲥⲡⲟⲧ, Jaspe. G. 100.

468. ⲟⲩ, Caractère phonétique représentant un objet inconnu et exprimant les voix, o, ⲱ, ⲟⲩ, ⲟ, ō, ou. G. 38. N°48.

(ⲣⲟⲧ), grès. G. 100.

469. [glyph] caractère phonétique, représentant un instrument dont l'usage est inconnu et exprimant les voyelles o et ⲱ.

[glyph] est instrument inconnu, dont le Musée du Louvre possède un original pareil, parfaitement conservé, tenait dans les textes hiéroglyphiques et hiératiques, la place du verbe phonétique [glyph] ⲣⲱⲧ, germer, planter, produire, auquel

il sert aussi de déterminatif. G.561; il signifie aussi ρωτ, germe. V.2.364.

𓊪𓏲 ΜΗΝΧ (Ν̄ ΡΩΤ) construit en grès. G.291.

𓊪𓈖 ΝΑϤΡΩΤ, il produisit. G.564.

470. 𓄟 Caractère symbolique exprimant l'idée du mot ΑϤ, substance. G.457.

𓄟, ΑϤ, substance. G.457.

471. ⎯⎯ , ⎯⎯ . Caractère phonétique représentant un verrou de porte, et exprimant la consonne C, Σ, S. G.43, N°156.

⎯⎯ , ΠΕC, son, article possessif affixe, singulier en parlant d'une femme. G.277.

𓋴𓀁 CΑϪΟΡ: invidere, maledicere &c

𓋴𓎟 ΝΙΒ CΑΟΥΑ, chacun, chaque individu. G.B13, 509.

𓋴 𓃲 𓏺 Cλ ou C𐦖 ϨΑΝ ΑΠ̄, moutons 1100. G.277.

𓋴𓏤𓏤𓆑 CΕΡΗ, l'ombrelle, le flabellum. G.75, et 76.

𓋴 ⎯⎯ , CΡ, corpe, corps, pointe, aiguillon, trait, flèche. G.76.

𓋴𓏤 CΡ·Τ (de la racine copte ϬΩΡ, CΕΡ, extendere), Ombrelle, objet étendu pour porter ombre; flabellum; groupe phonétique suivi du caractère déterminatif figuratif. (stèle de Mr. Bartholdy à Rome).

𓋴𓆙 (CλϬ, Τ·CλϬ), Selk, Déesse Égyptienne figurée sous la forme d'une femme la tête surmontée d'un scorpion. (sarcophage Drovetti, au Musée Royal).

𓋴𓏤 CΩλ, copte Cλ, CΕλ, CΩλ, Detergere, lavare.

𓏤𓋴𓏤𓏤𓏤𓎛𓋴𓆑 , ΑΝΕΤΝCΩλ ΠΑ ΒΩΝ. ne' lavez point mon impureté. (Rit. funér. pl. 72, vol. 1e).

𓎛𓏌𓅱 , ⲥ-ⲟⲩⲱⲙ, manger.

𓎛𓏌𓅱𓏥 ... ⲥ-ⲟⲩⲱⲙ-ⲕ ⲛⲉⲟⲉⲓⲕ ⲥⲁⲩ-ⲕ (ⲥⲱ-ⲕ) ⲙⲟⲟⲩ. (Rituel funéraire).

𓎛𓏌𓅱𓏥𓏏𓀁 , mangeants, manducantes. (Pl. 18, dernière ligne).

𓎛𓏌𓅱𓃀𓇋𓈖𓄿 , ⲥⲁⲃⲓⲛⲁ, Σαβινα, Sabine, nom propre d'une impératrice Romaine. (Obélisque de la place Navone à Rome) (monté Pincio).

𓎛𓏌𓅱𓄣 𓂋𓏤 ⲟⲩⲱⲙ ⲛ̄ϩⲏⲧ, copte ⲟⲩⲱⲙ ⲛ̄ϩⲏⲧ (ⲟⲩⲱ ϩⲛⲧ). pénitent, se repentir, manger son cœur.

𓎛𓏌𓅱𓏥 ... 𓄣𓏥 ⲟⲩⲱⲙ ⲉⲛ. ⲛ̄ϩⲏⲧⲟⲩ, se repentant. (Pl. 71, col. 10). eux mangeant leurs cœurs.

𓋴𓎡𓄿 , ⲥⲕⲁ, copte ⲥⲕⲁⲓ, arare, labourer, labourage. G. 280.

𓇥 ⲥⲧ, (copte ⲥⲱⲧ, ⲥⲟⲧ), étendre, extendere, Dividere.

𓊪𓇥𓏌 𓆃𓏥 ⲡⲉϥⲥⲱⲧ ⲛ̄ⲡⲉⲧⲛ̄ϩⲩ, son extension d'ailes, son action d'étendre les ailes. (Rit. funér. Manuscrit. de l'Egypte, pl. 74. col. 15.)

𓇥𓆑 ⲥⲃⲉ, (copte ⲥⲏⲃⲉ, ⲥⲏⲃⲓ), sens primitif Roseau, arundo; sens ordinaire Flûte, instrument de musique.

𓁷𓏤𓇥𓆑 ϩⲥ-ⲥⲃⲉ, (ϩⲱⲥ-ⲥⲏⲃⲉ), joueur de flûte (Bas-relief des métiers copié par M. Ricci).

𓇥𓆑𓏌 ⲥⲃⲉ, ⲥⲃⲓ, (copte ⲥⲏⲃⲉ, ⲥⲏⲃⲓ), flûte, variante du précédent.

𓇥𓏤𓏥𓏤𓄿𓏌 ⲥⲃ-ⲥⲃⲉ, joueur de flûte (copte ⲥⲱⲃⲉ ludere et ⲥⲏⲃⲉ flûte), (Bas-reliefs des métiers copiés par M. Cailliaud).

𓇥𓏤𓆑 ⲥⲃ, (ⲣⲱⲙⲉ) = (copte ⲥⲱⲃⲉ), jouer d'un instrument, joueur d'instrument.

𓇥𓅓 ⲥϩⲙ, ⲥϩⲓⲙⲉ, femme. G. 77.

𓇥𓏏 ⲥϩ.ⲧ, ⲥϩⲓ.ⲧ, femme. G. 77.

𓇥𓅱 ⲥⲁϩⲱ, abscedere, abire.

𓍃, 𓊃, 𓊃𓊃.

𓍃𓊖 ccα ou ccαγ, ssa, ou ssaü-région; nom du nome de Saïs en basse Égypte.

𓈖𓏏𓎟𓏌𓍃𓊖 ΝΗΤ ΝΕΒ Ν̄ ccαγ Neith dame du nome de Saïs. (Rituel hiéroglyphique du musée Royal, distribution des membres humains.)

𓍃𓋴𓄿𓊖 ccαγ, sasau, nom hiéroglyphique de la région Saïtique ou nome de Saïs, ville de la basse Égypte nommée ca ou saï par les coptes et ⲗⲟ ssa par les arabes; ssau pouvait être la prononciation du groupe hiéroglyphique.

𓊨𓁹𓍃𓋴𓄿𓊖𓊨 Osiris dieu (vénéré) dans Ssaü-région. (Litanies d'Osiris; Rituel funér.) 𓍃𓋴𓄿𓉐, la demeure de Ssau (Saïs) dieux.

𓍃𓋴𓄿𓊖𓂝𓊨 Cαα ΝΗΟ, Saïs Neith. G. 154.

𓋴𓏏𓏤 corωcy, étendre. G. 257.

𓍃𓂝 cca, Saïs.

𓊃𓍃𓋴𓄿𓊖 , variante du précédent.

𓋴𓏏 cметате, justifiant. G. 279.

𓊃𓏤𓂋 cωn, cωn̄, cωнε, disposer, préparer. G. 101.

𓊃𓏥 (ετ) cωnε, disposent. G. 257.

𓊃𓏤𓏲𓏏 cωωτ. nom d'une sorte de sistre. G. 77.

𓂝𓊃𓏤𓏥𓂝 , l'action de jouer de ce sistre. (Propylon à Philae).

𓊃𓇯𓏴 cωωτ, claudere, fermer.

𓊃 𓊃 cω, cωω, cεω, (primitif de la racine secondaire cεω. Τ. Thebain; Memphitique ϣοϫτ) claudere, fermer.

𓊃𓍃𓂝𓉐𓉐𓊨𓊃 j'ai fermé la demeure de Harmoou nommée Tpih. (Rituel funéraire, pl. 75, col. 48, voir la vignette du Papyrus.)

100

[hieroglyphs] ouvre les portes du ciel et ferme les portes des terres. (Inscript. du Zodiaq. d'Esné).

[hieroglyphs] ou [hieroglyphs], le — и, affecté du redoublement, ϣⲛⲓⲛ, ϣⲛⲛ, lotus, ⲡⲉϣⲛⲓⲛ. G. 77. 89.

[hieroglyphs] ⲥⲛⲉ, elles. G. 258.

[hieroglyphs] ⲥⲱⲁ, qu'on fasse sortir en fête. G. 519.

[hieroglyphs] ⲕⲥⲱⲓ-ⲥⲟⲧ, tu l'as fait dominer. G. 289.

[hieroglyphs] ⲥⲱⲓ ⲛⲥⲁ ⲡⲉϥⲧⲧⲉ, régnant après son père. G. 495.

[hieroglyphs] ⲥⲱⲛϩ (copte ⲥⲁⲱⲛϩ) vivificateur, qui fait vivre.

[hieroglyphs] le Puissant Aroëris vivificateur du monde. (Obélisque flaminien).

[hieroglyphs] ⲥⲟⲉⲓⲧ, la clarté. G. 275.

[hieroglyphs] ⲥⲛ (ⲥⲉ), ils étendent. G. 490.

[hieroglyphs] ⲥⲉⲙⲉ, copte ⲥⲉⲙⲉ, ⲥⲙⲙⲉ, accusare, accuser, réclamer contre quelqu'un, pétionner.

[hieroglyphs] ⲛⲙⲉⲓⲥⲉⲙⲙⲉ, je n'ai point accusé. (Rit. funér. pl. 72, col. 45.)

[hieroglyphs] ⲛⲙⲉⲓⲥⲉⲙⲙⲉ ⲉⲛⲃⲟⲗ, je n'ai pas accusé faussement (en vain). (idem pl. 72. col. 44-45).

[hieroglyphs], je n'ai pas accusé les animaux sacrés. (Rit. pl. 72, col. 19.)

[hieroglyphs], la lettre — (ⲥ) mise en évidence sur l'enseigne, nom symbolique du dieu Hôr-ammon, forme combinée d'Ammon générateur et d'Horus.

[hieroglyphs], le dieu Hôr-ammon.

[hiero] ϣⲱⲡ qui frappe. G. 481.

[hiero] ⲥⲡⲧ. ⲥⲫⲧ, ⲥⲡⲟⲧⲟⲩ, ⲥⲫⲟⲧⲟⲩ, lèvres. G. 61.

[hiero] ⲟⲩ [hiero] ⲟⲩ [hiero], ⲟⲩ [hiero], ⲥⲡⲧ, ⲥⲡⲟⲧⲟⲩ, lèvres. G. 79. 92.

[hiero] ⲥⲡⲧ.ⲃ̄, ⲥⲫⲧ.ⲃ̄, (copte ⲥⲡⲟⲧⲟⲩ, ⲥⲫⲟⲧⲟⲩ). les lèvres, les deux lèvres de la bouche humaine; groupe suivi du déterminatif-figuratif.

[hiero], ces deux lèvres appartiennent à Anubis. (Dict. hiéroglyphique du musée royal). Voyez [hiero].

[hiero] qu'il ait ses doigts sur les lèvres. (Rit. funéraire 2ᵉ Partie, Description de l'Égypte, pl. 73. A. vol. V. col. 3ᵉ).

[hiero] (ⲛ̄ ⲥⲟⲡ ϣⲟⲙⲛⲧ), trois fois. G. 507.

[hiero] ϥⲧⲟⲟⲩⲛⲥⲟⲡ, quatre fois. G. 131.

[hiero] ⲛ̄ ⲥⲁϣϥ-ⲥⲡ, ⲥⲁϣϥⲛ̄ⲥⲟⲡ, en sept fois. G. 507.

[hiero], ϣⲡ, renverser.

[hiero] .... (Rit. funéraire. pl. 74. col. 62.)

[hiero] ϭⲏⲡ ⲡⲛ̄, ce tableau. G. 258.

[hiero] ϣⲱⲛ, mauvaise action (verbe).

[hiero] .... (Rit. funér. pl. 72. col. 14.)

[hiero] ϣⲡ̄ ⲁⲡⲡ, frappe le serpent Apophis. G. 489.

[hiero] ϣⲡ, autel à foyer dont voici la forme [hiero]: offrande d'un autel semblable faite par Philométor à Paschte. (Philæ).

[hiero] ⲥⲙⲉ, justifié. G. 515.

[hiero] ⲥⲙⲉⲧⲁⲟⲩⲉ ϩⲱⲣ, justificateur d'Horus. G. 247.

[hiero] ⲛⲟⲕ ⲥⲙⲉⲧⲁⲟⲩⲉ, moi qui justifie. G. 278.

[hiero] ⲥϩⲧ (copte ⲥⲁϩⲧ, ⲥⲉϩⲧ), tisser, tresser, lisser, faire un tissu; implicare; ce mot est inscrit au-dessus de femmes

400

tendant des fils sur un métier pour tisser de la toile. (Bas-reliefs des métiers dessinés par M. Pacho). Voyez [hiero].

[hiero] ⲥⲧ, ⲥⲉ, ⲥϯ, ⲥⲟⲟⲓ, Odeur. G. 61.

[hiero] ⲥⲧ, (copte ⲥⲉⲧ, ⲥⲱⲧ) Projicere, ejicere, spargere, répandre, mettre en dehors.

[hiero] répandre une libation, au-dessus de la scène [hiero]. (Catacombe de M. Jumel).

[hiero] ⲥⲧ, idem, avec le déterminatif [hiero] (même monument).

[hiero] ⲥⲁⲧⲣⲏⲕ, copte ⲥⲁⲧⲃⲏⲣ, danseur.

[hiero] ⲥⲟ, ⲥϯ, (copte ⲥϯ, ⲥⲧⲟⲓ, ⲥⲟⲟⲓ), Exhalatio, odor; et avec le déterminatif encens ([hiero]), Parfum, aromate.

[hiero] qu'il donne des offrandes de fleurs, des libations, et des parfums, (Manuscrit des XXII génies, cabinet du roi.)

[hiero] ⲥⲥⲙ ϣⲉ ⲡⲓⲥⲧⲁⲓⲟⲩ ⲟⲩⲁ, cavales cent-nonante-une. G. 230.

[hiero] ⲛⲉϥ-ⲥⲥⲙ, ses cavales. G. 168, 286.

[hiero] ⲛⲉⲕ-ⲥⲥⲙ, tes cavales. G. 285.

[hiero] ⲥⲟ̄ⲣ, ⲥⲁⲕⲣ, ⲥⲁϧⲣ, Σοχαρις, surnom du dieu Phtha et d'Osiris, dieux hiéracocéphales; il doit avoir signifié Epervier, d'où l'arabe صقر ⲥⲁϧⲣ. (Sphynx du Roi Nepheren, Musée royal).

[hiero] ⲥⲟ̄ⲣⲓ, ⲥⲁⲕⲣⲓ, ⲥⲁϧⲣⲓ, variante du précédent, ordinairement suivi du signe d'espèce [hiero] dieu.

[hiero] ⲥⲟ̄ⲣⲓ-ⲟⲥⲓⲣⲉ, variante du précédent. (momie, musée de Lyon).

[hiero] ⲥⲟ̄ⲣ, dieu Sakr.

[hiero] ⲥⲟⲕⲁⲣ-ⲟⲥⲓⲣⲉ, Socharosiris. G. 249.

𓀀𓀁𓀂 , Cŏp-orcipe, Socar-Osiris. G. 113.

𓀃𓀄 cŏpi, ckpi, Sakri, Socharis, Σόχαρις, forme de Phtah. G. 112.

𓀅 article possessif affixe 3ᵉ personne; en parlant d'hommes ou de femmes; ⲡⲉⲛ, leur. G. 277. (Pluriel).

𓀆 cBeTc, Σεβαστός, Auguste; titre impérial romain; légende d'antonin le pieux. (1ᵉʳ Propylon de médinet-abou. Salt. pl. II, N° 16).

𓀇 cBeTc, Auguste, titre impérial romain; légende de Marc-aurèle. petit temple de Philae. (copiée par M Wilkinson).

𓀈 cnq, cwnq, lier, attacher. G. 580.

𓀉 , cn, cn̄, cen, passer, traverser. G. 443.

𓀊 n̄ cnu, de Sénem. G. 552. voyez plus bas 𓀋

𓀌 cnorc, copte canorcy, cancy, allaiter, nourrir, ablactare, faire téter un nourrisson.

𓀍 , voici ce que dit Ammon-Neith à son fils Philippe: tu te nourris de mon lait. légende de la déesse donnant à téter au jeune roi. (sanctuaire de granit à karnac).

𓀎 cnq, sang. G. 99.

𓀏 cnu, Snem ou Senem, l'île de Béghé. G. 154.

𓀐 , cwnq, lier, attacher. G. 581.

𓀑 cHnq, est lié.

𓀒 cn̄ cn̄, (copte cn̄cwn), praeterire, transire, transmigrare, passer-outre passer, transmigrer; ayant pour déterminatif le mât et la voile d'un vaisseau.

101.

⸻ ⸻ ⎔ ne cnen, les transmigrations, les passages de l'âme d'un monde dans l'autre. G. 197.

⸻ ⸻ ⸻ ⊕ ⸻ ⫽ les longues années de la transmigration du prêtre (un Kel). (Ibis enseigne, Musée de Turin).

⸻ ||| cn, pains sacrés. G. 107.

⸻ ||| necen-oeik, les pains (divins). G. 419.

⸻ article possessif affixe, en parlant d'hommes ou de femmes, πєн, leur. G. 277.

⸻ ⎯, cenor eipe, ils feront, ils célébreront, ils observeront. G. 519.

⸻ ⎕ ⸻ cn cenщwn, eux reçoivent. G. 158.

⸻ | ⎕ ⎕ gicwcn (gicwor), après eux. G. 497.

⸻ même article possessif en parlant d'une femme, πєc, son. G. 277.

⸻ || ⟵ ⸺ ct, cat, cate, flèche. G. 76.

⸻ ⎔ cn†, fonder (un édifice).

⸻ ⎕⎕ cnoor-k, nourris-toi. G. 287.

472. ⌒, ⸺, caractère phonétique, représentant un objet inconnu et exprimant l'articulation, щ, sch, G. 44, N° 205.

⌒ щінт, est dilaté. G. 277.

⌒ ⎯ теqщін, sa longueur, G. 224, et 218.

⸻ ⌒ πн-щінт, ce long. G. 184.

⌒ щіащнт, la joie. G. 276.

473. ⌒, caractère phonétique (objet inconnu) et exprimant la consonne π, φ, P.PH. G. 42, N° 155.

474. ▭ , caractère phonétique (objet inconnu) et exprimant l'articulation *s, dj*.

𓍇𓏤𓏛 .... distinguée. G. 419.

475. ⌣ , ⌣ , ⌣ , caractère symbolique représentant une corbeille tressée en joncs, de couleurs variées, et qui répond à la fois, dans tous les textes en écriture sacrée, aux idées qu'expriment les mots coptes ⲛⲏⲃ, maître, seigneur, et ⲛⲓⲃ, ⲛⲓⲙ et ⲛⲓⲃⲉⲛ, tout, toute, omnis, omne, entier, entière. G. 518.

Il entre aussi phonétiquement dans la composition des noms.

⌣ ⲡⲛⲏⲃ, le seigneur, ⌣ ⲧⲛⲏⲃ, la dame, la souveraine; ⌣⌣⌣, les seigneurs. G. 176. 483. &c.

⌣ et ⌣⌣⌣ ⲛⲓⲃ, tout, toute; tous, toutes. G. 476. &c.

𓍇 𓍇 , nom de la 1ʳᵉ heure de la nuit. (mémoire de l'Acad.)

⌣ ⲛⲏⲃⲣⲁ. Nebredj (Osiris). G. 427.

⌣ ⲛⲏⲃⲟⲩⲁⲛⲛ. Nébounounf, grand-prêtre d'Ammon à Thèbes, sous Rhamsès le grand. G. 128.

⌣ ⲡⲛⲏⲃ ⲛ̄ⲛⲉⲱⲡⲣⲧ, le seigneur des diadèmes. G. 254.

⌣ ⲡⲛⲏⲃ ⲛ̄ⲥⲁⲧⲡⲉ, le seigneur de l'hémisphère supérieur. G. 411.

⌣ ⲧⲛⲏⲃ ⲛ̄ⲁⲡⲏⲥ, dame des contrées méridionales. G. 297.

⌣ ⲧⲛⲉⲃ (ⲛ̄) ⲓⲓⲁⲛⲗⲁⲕ, dame de Philæ. G. 518.

⌣ ⲛⲉⲃ ⲧⲁⲛϩⲟ. dame vivificatrice.

⌣ , nom de la 2ᵉ heure du jour (mémoire de l'Acad.)

⌣ ⲡⲛⲏⲃⲛ̄ⲛⲉⲱⲓ, le seigneur des diadèmes. G. 298.

⌣ ⲡⲛⲏⲃⲛ̄ⲛⲉⲱⲓ, le seigneur des diadèmes. G. 251.

⌣ ⲡⲛⲉⲃⲥⲣ̄. Panébsar. (Osiris). G. 504.

⏝ 🏛𓊪𓊪𓊪 ⎯ ⲛⲉⲣⲁⲧ ϩⲁⲡⲧⲉⲙ̄ⲧⲟⲩⲥ sous les pieds. G. 468.

⏝ ☐☐☐ ⎯ ⲡⲛⲏⲃ ⲛ̄ⲛⲉϭⲉⲉⲧ ⲛ̄ⲧⲟⲃ, le seigneur des sièges des deux mondes. G. 411.

⏝ 𓊪𓊪 (ⲛⲉⲃⲱⲟϥ), Nevôthph, nom propre de femme.

𓀀𓊪𓊪𓊪𓊪 ⲧⲙⲁⲧ-ⲉ-ⲥⲁⲱⲛϩ ⲣⲁⲛ-ⲥ, la mère d'elle dont le nom vive, Nevôthph. (Stèle de jeune fille, Musée de Turin).

⏝ 𓊪 , ⲛⲓⲃ ⲛⲟϭⲡ̄, πάντα ἀγαθά, tous biens. G. 524.

⏝ 𓊪𓊪𓊪 ⲡⲛⲏⲃ ⲛⲟϭⲣⲉⲩ̄, seigneur très gracieux, ou seigneur des bienfaits, ou trois fois gracieux, trois fois bienfaisant. G. 518.

⏝ 𓏤𓏤𓏤𓏤 ⎯ ⲡⲛⲏⲃ ⲛ̄ⲛⲉⲟⲩⲣ ⲁⲙⲛ, le seigneur des dieux Ammon. G. 420.

⏝ 𓊪𓊪 ⲡⲛⲏⲃ (ⲛ̄) ⲧⲙⲉ , seigneur de vérité. G. 201.

⏝ 𓊪 ⎯ 𓊪 ⲧⲛⲉⲃ (ⲛ̄) ⲡⲓⲁⲛⲟⲧⲁⲁⲕ, dame de l'abaton. G. 318.

⎯ ⲡⲛⲉⲣⲧⲟ, ⲡⲛⲏⲃ ⲛ̄ ⲡⲧⲟⲃ, seigneur du monde, et seigneur des deux mondes. G. 349 et 361.

⏝ ⎯⎯ ⲡⲛⲏⲃ ⲛ̄ⲧⲟⲃ, le seigneur des deux mondes. G. 194.

⏝ ⎯⎯ ⲛⲉⲃ ⲛ̄ ⲧⲟⲃ, dame des 2 mondes. G. 282.

⏝ et 𓏤𓏤𓏤 ⲛⲓⲃ, tous. G. 204, 467.

⏝𓏤𓏤𓏤⎯𓏤𓏤𓏤𓊪 , Nous donnons à toi toutes les eaux et toute la terre. (Obélisque flaminien) (Bas-relief de la Base, face méridionale).

𓏤𓏤𓏤⎯𓏤𓏤𓏤 ⎯ ⲛⲓⲃ ⲛⲉϥⲣⲁⲛ ⲙ̄ sous ses noms tous. G.

𓊪 ⲛⲓⲃⲉⲣ, tous. G. 194.

𓏤𓏤𓏤 ⲛⲉⲛⲏⲃⲉⲩ, les seigneurs. et ⲛⲓⲃⲓ, toutes. G. 349, 415.

⏝𓏤𓏤𓏤𓀀⏝ ⲡⲛⲏⲃ ⲛ̄ ⲡⲕⲁϩ ⲛⲓⲃ, seigneur de la terre entière. G. 500.

⏝𓏤𓏤𓏤 𓀀 ⲛⲓⲃ ⲛ̄ ⲛⲉⲙⲁⲧⲟⲓ, de tous les soldats. G. 486.

405

⸻ 𓏭𓅮𓂋𓊹 Nнвпсчарі, *Nébenchari*, sixième fils de Rhamsès le grand. G. 127.

⸻ нев нсрт, la souveraine de la flamme G. 482.

⸻ пеннв, notre seigneur. G. 275.

⸻ пнв (п̄) тпе, seigneur du ciel. G. 515.

⸻ тнев ṽпе, la dame du ciel; titre commun aux déesses Égyptiennes. G. 472.

⸻ , nom de la 7ᵉ heure de la nuit. (mᵈ Lhuis)

⸻ et ⸻ , тневнı, dame de maison, titre d'honneur des femmes égyptiennes, désignant, comme le mot madame, les mères de famille. stèle funèr. G. 206 et 474).

⸻ , dame des dieux, Domina deorum, Dominatrice des dieux; titre donné à quelques déesses égyptiennes.

⸻ тнев-пе ou тнев-птпе, dame du ciel ou de la partie céleste; variante du titre précédent. (Passim).

⸻ нев-тı, *Nev-ti*; Nephthys: ce nom est une variante symbolico-figurative des précédents; il est évidemment formé de ⸻ нев *Nev*, domina, et de ⸻ тı *domus*, la dame de la maison, de l'habitation.

475ᵇⁱˢ ⸻ (нев-тı et невθı), *Nev-ti*, la déesse Nephthys, sœur d'Isis et d'Osiris: c'est un groupe formé de ⸻ et de ⸻ comme l'exemple précédent. G. 470.

⸻ невт, Nephthys. G. 122.

⸻ невт, Nephthys, déesse; pour signe déterminatif une femme la tête surmontée d'une maison et d'une corbeille. G. 124.

102.

⊃ ∫ⁿⁿⁿ ⊔ ΠΝΗϤ (ⲛ̄) ⳙⲗⲛ, le seigneur de la montagne de Sennaï. G. 515.

⊃ ⲛ ⲛⲉⲃϯ, Néphthys. G. 121.

⊃ ⲛ ⲛⲉⲃϯ-ⲧⲟⲣⲡⲱ, la déesse ou la reine Nerti; variante du précédent, l' ⲛ est déterminatif du nom de la déesse Nephtys.

ⲛⲏⲃⲟⲩ, seigneurs.

ⲛⲉⲃⲟⲩⲁⲟⲩ, Nébouaou. G. 525.

476. ⊃ , Caractère phonétique représentant une espèce de corbeille caractérisée par l'ornement o, et qui exprime l'aspiration ϩ hori. G. 45, N° 222.

ⲛⲉϩⲁⲓ, panégyries. G. 519.

ϩⲁⲓ.ⲧ, ϩⲏⲃⲉ. ϩⲛⲁⲓ, panégyrie. G. 97.

477. ⊂, ⊂, ⊂, ⊂, ⎫ Caractère phonétique représentant
478. ⊂, ⊂, ⊂, ⊂, ⎬ une corbeille, avec ou sans ornements,
et exprimant les consonnes ⲕ, ⲅ, ϭ, et quelquefois ⲝ,
K, G, KH, et Dj. G. 40, N° 68 et 69.

⊂ ϭ, ⲅ, (copte ⲕ), placé comme affixe à la suite d'un nom masculin, remplace les articles possessifs coptes ⲡⲉⲕ, le de toi (ton) et ⲛⲉⲕ les de toi (tes); l'ancienne prononciation des groupes hiéroglyphiques affectés de ce pronom affixe, était la même que le copte. G. 175, 194 et 400.

⊂ ϭ, ⲅ, (copte ⲕ, ϭ), placé à la suite d'un verbe ou participe, représente le pronom de la deuxième personne complément direct, té ou toi.

407.

⸺ ΠΕΚϢΗΡΙ ΜΑΙΚ, ton fils aimant toi, c. à d. ton fils qui t'aime. (Obélisque Barbèr).

⸺ ⲕ, ⲅ, (copte ⲅ, ⲕ), pronom simple de la seconde personne masculin singulier; combiné avec la préposition ⲛⲛ de, à, il forme:

1° ⸺ pronom composé (copte ⲛⲁⲕ), deuxième personne masculin singulier, à toi.

⸺ , Nous te donnons la puissance royale.

2° ⸺ ⲛⲕ, copte ⲛⲁⲕ, variante du précédent.

⸺ ⲕ, ⲅ, (copte ⲕ), placé à la suite d'un groupe de signes exprimant un verbe, indique la seconde personne masculin singulier, comme dans les verbes coptes.

⸺ ⲕⲕ, ⲕⲁⲕⲉ, obscurité, ténèbres. G. 62, 169.

⸺ ⲕⲁⲕⲉⲓ ténèbres, G. 494.

⸺ ⲛⲉⲕⲁⲕⲉ, les ténèbres. G. 112, 494.

⸺ ⲕⲕ, ⲕⲁⲕⲉ, ⲭⲁⲕⲓ, ténèbres; le ciel et une étoile pour déterminatif. G. 79.

⸺ , accorde lui de voir les ténèbres de la nuit, (stèle du musée de Turin), le signe nuit, nox, peut aussi n'être qu'un déterminatif du mot ⲕⲁⲕⲉ.

⸺ ⳓⲣⲙⲛⲕⲥ, Germanicus. (Légende de Néron, Philæ Ricci).

⸺ ⳓⲣⲙⲛⲕⲥ, Germanicus variante du précédent. (Dendéra).

⸺ ⳓⲗⲱⲧⲉ, Claudius (légende de Néron, Philæ) Ricci (et salt pl. 11 N° 5).

⸺ ⳓⲣⲙⲛⲕⲥ, Germanicus. (Esné, Jhupot).

⸺ ⳓⲗⲱⲧⲓⲟⲥ Ⲕⲗⲁⲩⲇⲓⲟⲥ, Claudius, nom impérial romain. (Dendéra, Commission d'Egypte).

[hiér.] ⲟⲗⲱⲧⲓⲟⲥ, Claudius, variante des précédents. (Dendéra)

[hiér.] ⲝⲱ, ⲝⲱ, dire, parler, dicere. G. 278.

[hiér.] ⲝⲱ, disant, qui dit ; participe présent. (ⲉϥϫⲱ).

[hiér.] , ⲝⲱ ⲕⲛⲟϩⲉⲙ-ⲟϯ ϩⲛ ⲛⲉⲩⲃⲟⲩ, disant sauve-moi par leurs bras. (Rit. funér. pl. ye. col. 75).

[hiér.] (ⲝⲱ) ⲝⲱⲟⲣⲧ, participe passé - dictus, dit appelé, proféré.

[hiér.] ⲝⲱⲟⲣⲧ ⲡⲉϥⲣⲁⲛ Ⲡⲧⲟⲗⲙⲁⲓⲥ, son nom sera dit Ptolémée (on le nommera Ptolémée). (Inscription de Rosette ligne 6, et G. 277 et 429.)

[hiér.] , ⲉⲛ̄-ⲝⲱⲟⲣⲧ, seront appelés. G. 506.

[hiér.] ⲕⲏⲁ, ⲕⲏⲉ, copte ⲕⲃⲁ, ⲕⲱϧⲉ, forcer, venger, prendre de force. (voir [hiér.]) conquérir.

[hiér.] étant serviteur du roi Chontmosis 1er défunt, je lui ai conquis dans la terre de Kousch des esclaves vivants. (Statue au Musée Royal).

[hiér.] ⲩⲡ-. ⲕⲏⲁⲩ ; titre de fonction militaire. (Inscription de statue, Musée Royal).

[hiér.] , Ⲕⲏⲃⲟⲟ, Cambyse. G. 800.

[hiér.] Ⲅⲁⲓⲥⲣⲥ, Caesar, (Karnac).

[hiér.] , Ⲕⲱϣ, ⲋⲱϣ, Kôsch, Kouschi, l'Éthiopie. G. 150.

[hiér.] , ⲕⲱϧⲉ, (copte ⲕⲟⲟⲃⲉ, ⲕⲱⲱⲃⲉ et ⲕⲁⲃ), prendre par force ou par ruse, et par suite chasser les quadrupèdes.

[hiér.] , je n'ai pas pris (ou chassé) ses gazelles sur leurs pâturages. (Rit. funér. pl. ye. col.41).

[hiér.] , ⲧⲕⲱϧⲉ, (copte ⲛ̄ⲧ) , je force (à la chasse). G. 444.

[hiér.] ⲕⲓ, ⲕⲏ, ⲕⲉ, répond exactement au copte ⲕⲉ, autre alius. G. 314.

𓂓, ⲕⲉ, et aussi, de plus, iterum, savoir: G. 527.

𓂓..., de plus sur la tête de l'autour. (Rituel funéraire, IIIᵉ Partie, section IIIᵉ, formule 20).

𓂓, ⲕⲉⲍⲟⲧ, autrement dit. G. 527.

𓂓, ⲥⲁⲓⲥⲉ, Cæsar. (Phila, Salt pl. II, N° 18).

𓂓, ⲥⲁⲓⲥⲣⲉ, Cæsar. (Phila, grand Temple, Huyot).

𓂓, ⲥⲁⲓⲥⲣⲉ, Cæsar. (Dendéra, communiqué par M. Young).

𓂓, ⲕⲁⲓⲥⲣⲉ, Cæsar. (Dendéra, Salt pl. 1, N° 18).

𓂓, ⲥⲁⲓⲥⲣⲉ, Cæsar, (Grand Temple de Phila, Huyot).

𓂓, ⲥⲣⲙⲛⲓⲕⲉ, Γερμανικος, Germanicus, titre impér. romain. (Ombos, commission d'Égypte).

𓂓, ⲕⲱϣ, ⲥⲱϣ, copte ⲕⲁⲏ ⲛⲡⲉϭⲱϣ, nom de contrée, Kösch, Kousch, l'Éthiopie Αιθιοπια.

𓂓, ⲛⲁⲓ ϩⲛ ⲥⲱϣ ⲕⲁϣ, j'ai conduit en Éthiopie, (dans la terre de Kousch (Inscription d'Ahmosis, Musée Royal; deux fois). G. 160, 407.

𓂓, (ⲕⲁϩ ⲛ̄) ⲥⲟⲧⲱϣ, le pays de Kousch. G. 195.

𓂓, ⲥⲱϣⲓ, ⲥⲟⲧⲱϣ, Kouschi, l'Éthiopie. G. 151.

𓂓, ϭⲡ, ϣⲱⲡ, paume de la main. G. 93.

𓂓, ϭⲡ, mains (coupées).

𓂓, ⲛⲉⲕⲥⲟⲧⲓ, leurs chaudières. G. 210.

𓂓, ⲥⲉ, ou bien. G. 527.

𓂓, ⲥⲣⲥ, Καισαρος, Cæsar, titre impérial, légende d'Antonin, (Dendéra, description de l'Égypte).

𓂓, ⲥⲉⲃⲥ, ⲥⲟⲥⲃⲉⲥ, sauter, danser. G. 565, Danseuse. G. 554.

𓂓, ϭⲛ, ϭⲛⲟ, copte ϭⲛⲉ, ϭⲛⲟ, répondre, dire, proférer. G. 378.

103.

⌇𓂉𓂉𓂉 ⲛⲛⲉ ⲡⲁⲣⲱ ϭⲟⲛⲉ ⲥⲟⲗ, ma bouche n'a proféré aucun mensonge. (Momie de Pentuchti, Musée Royal).

⌇𓏤 ⲥⲛⲁⲧ, copte ⲥⲛⲁⲧ, segnis esse, piger esse, être paresseux. G. 584.

⌇𓂉 ⲛ̄ⲛⲉⲓⲥⲛⲁⲧ, je ne suis pas paresseux. (Rit. funér. pl. 7e, col. 11).

⌇ ⲕⲛⲙ, ⲥⲕⲙ, Chknumis, l'un des décans. G. 96.

⌇ ⲡⲧⲱⲟⲩ-ⲕⲛⲉ, la montagne de Kénous. G. 472.

⌇ ⲥⲓⲏ, Sihé, la chèvre, femme. G. 130.

⌇ (ⲕⲱⲥ-ⲕⲉ̄ⲕⲥ), Orion. G. 95.

479 ⌇, ⌇, groupe phonétique exprimant les consonnes Κ Σ, Ξ, Χ, dans les mots grecs et latins. G. 46, N° 280.

480 ⌇, ⌇, Caractère phonétique, représentant une corbeille presque carrée, et exprimant la voyelle Α et ΑΑ des mots grecs. G. 36, N° 20. = ⌇ ⲁⲗⲱ, ⲁⲩ, suspendre, élever en haut. G. 368.

⌇ ⲁⲧⲣⲗ, Αυρηλιος, Aurèle, nom impérial romain. (Temple de Philæ; Wilkinson). = ⌇, ⲟⲩⲱ, ⲟⲩⲱⲛⲥ, salle hypostyle. G. 108.

⌇ ⲁⲛⲧⲟⲛⲓⲛⲉ, Antoninus, Αντωνεινος, nom impérial romain. (1er Propylon de Medinet-abou). = ⌇ idem G. 524.

⌇ ⲁⲛⲧⲛⲓⲛⲟⲥ, Antoninus, variante du précédent. (Philæ).

⌇ ⲁⲩⲧⲕⲣⲧⲣ, Αυτοκρατωρ, l'empereur. (Philæ).

⌇ ⲁⲩⲧⲟⲣⲧⲱⲣ, l'Empereur. (Dendéra, communiqué par le D.r Young).

481 ⌇, ⌇, Caractère symbolique, représentant une espèce de creuset, et exprimant l'idée or, aurum, en langue Égyptienne ⲛⲟⲩⲃ. G. 49.

⌇ ou ⌇, (sans signe déterminatif) est employé dans l'inscription de Rosette, ligne 8, où il s'agit de la statue du roi Ptolémée qui doit être dorée ⌇.

𓅉 , 𓋞 , 𓋟 , 𓋠 , 𓎟 .   411.

𓎟 ⲛ ⲛⲟⲩⲃ , l'Épervier d'or (resplendissant). G. 497.

𓎟..., même caractère avec les signes déterminatifs, grains de métal ; même signification, or. G. 89, 502, 520.

A 𓎟 , 𓎟 , Caractère phonétique représentant une espèce de vase ou creuset en métal soigneusement travaillé, et exprimant la consonne ⲛ, N. G. 42, N° 137.

𓎟𓏭𓏭𓏲𓏛 ⲛⲃⲓⲟⲩ, copte, ⲉⲣⲛⲉⲃⲓ, Nageant. G. 427.

𓎟𓏭𓏭𓈖 ⲛⲃ, ⲛⲉⲃⲓ, Nager, natare. G. 376.

𓎟𓈖 ⲛⲃ, ⲛⲉⲃⲓ, Nager, natare. G. 376.

𓎟𓏭𓏭𓊖 ⲛⲃⲓ, Ombi, Ombos des géographes grecs. G. 153.

𓎟𓏭𓏭𓊖 .... (Rit. funér. pl. 78, col. 33).

𓎟𓂀𓍿𓏛 ⲛⲟⲩⲃ-ⲅⲩ-ⲅⲉⲡⲥ, Nohbem...Hiri, nom propre de femme qualifiée du titre de princesse 𓊪𓍿, fille de roi. (Vase d'albâtre, Musée de Turin).

B 𓎟 Variante du précédent, ⲛⲟⲩⲃ , or, aurum ; ce caractère entre aussi dans la composition de divers noms propres.

𓎟𓏭𓏭𓏲𓏛 (ⲛⲟⲩⲃ) ⲛⲫⲣ, Noubnofré (Chrysagatha) Bon or, nom propre de femme. (Stèle Royale, Musée de Turin).

C 𓎟 pour 𓎟𓏤 , ⲡⲛⲟⲩⲃ ⲣⲱⲃⲥ, l'or pur, G. 225.

D 𓋟 et 𓋠 , groupe composé de 𓎟 or et 𓏤 blanc, or blanc, ⲅⲁⲧ, argent. G. 29 et 89.

𓏤𓋟 ⲛ ⲅⲁⲧ, en argent. G. 174.

𓋟 𓎺 𓏤𓏤 anneaux d'argent quarante.

𓋟... (ⲅⲁⲧ) argent, variante du groupe 𓎟𓏤.

482 𓎟 , 𓊃 , Caractère symbolique représentant un vase renversé, et exprimant l'idée lieu, place, demeure ; ⲙⲁⲛ. G. 154.

Ce signe entre aussi dans la composition des noms de lieu (idem).

[hiero] МАNЛАК, nom Égyptien de l'île de Philæ. G. 154.

[hiero] АВНТ, lieu, demeure.

[hiero] ПМАNОТАВ, le lieu pur, l'Abaton. G. 364.

[hiero] АВНТNТЕПМООҮ, la Demeure de l'eau. G. 183.

483 [hiero], Caractère symbolique, représentant la cassolette ou foyer de l'Amschir ou Encensoir, et exprimant les idées adoration, offrande d'encens, parfums de –

[hiero], parfum; sert de déterminatif symbolique au groupe phonétique [hiero].... (Stèle de l'an XXVII du roi soleil de Vérité).

[hiero], tous les autres biens purs, des préparations, parfum de cire. (Stèle du Musée de Naples).

[hiero] pluriel du même signe, employé comme déterminatif tropique du mot phonétique [hiero], parfums, aromates. G. 407.

[hiero], des Bœufs, des oies, des parfums. (Base d'une statue de Sokaris, en bois, pour le défunt Seschonck, Musée de Turin).

484 [hiero], Caractère phonétique représentant la cassolette et exprimant la consonne B, B. G. 39, N.° 51. ⲃⲟⲧ, v.

485 [hiero]..... même caractère, même valeur. G. 39. N.° 50.

[hiero] ΒΡΝΙΚΗ, Bérénice, Βερενίκη; nom de reine lagide (Esné. voir salt. pl. 1. N.° 23).

[hiero] ΒΡΝΙΚ, variante du précédent. (Philæ, copié par M. Wilkinson).

[hiero] ΒΡΝΙΚΗ, variante des précédents. (à Bahbeit copié par Pacho).

[hiero] ΒΡΝΙΚ, Βερενίκη, nom de reine lagide. (à Dakké, Salt, planche 1, N.° 40).

[hiero] (ⲟⲩⲱϥ), nom propre Égyptien. (Copié à Beni-Hassan).
[hiero] (Voyez page 124, N.° 101, D.) ⲟⲇ, [hiero], pour [hiero], Epervier

486 ⛿, ⛿, même signe, et mêmes expressions phonétiques.
    𓃭𓏤𓎡𓈖 , ⲃⲣⲛⲓⲕⲏ , Bérénice. (temple de Babbeit. M. Sacky).

487 ⛿, ⛿, même signe et même expression symbolique, que le N.º 483.

488 ⛿, ⛿, ⛿, Caractère symbolique représentant un vase plein d'un aliment solide.

    ⛿ (ⲡⲟⲩⲃⲁⲥⲧ), la déesse Bubastis, l'Arthémise ou Diane Égyptienne, fille d'Osiris, sœur d'Horus. (petite châsse en bronze Musée de Turin).

    ⛿𓏤𓏦𓈖𓋹 , Bubastis, donnez une vie heureuse à Psammétichus! (Momie de Chat. Musée de Turin).

    ⛿ , variante du précédent, Bubastis.

    ⛿𓏤𓋹𓈘 . Bubastis la vie de tous les mondes. (Momie de Chat Mus. d. Turin).

489 ⛿, ⛿, ⛿, Caractère symbolico-figuratif représentant un vase destiné à renfermer la cire; exprime symboliquement l'idée cire et répond au phonétique 𓈖𓊪 ⲙⲗϩ , (copte ⲙⲟⲩⲗϩ), auquel il sert fort souvent de déterminatif.

    ⛿ (ⲙⲗϩ) cire employé en l'absence du groupe phonétique 𓃒𓏦𓅬𓏦⛿𓐍𓊪 , des bœufs, des oies, des préparations, de la cire, des parfums. (stèle du Musée de Turin).

    ⛿ (ⲙⲗϩ) . même sens .

    𓃒𓏦𓅬𓏦𓐍⛿ , des bœufs, des oies, des préparations, des parfums, de la cire &c. (statuette de jeune fille, en bois, Musée de Turin).

490 ⛿, ⛿, ⛿, Caractère phonétique représentant un vase ou autre ustensile et exprimant les consonnes, T, Θ. des grecs, dans les monuments des basses époques; T, Th. G. 40, 9U, 93.

    ⛿ ⲧⲣⲉ , variante de 𓏏𓂋 pire, pater, employée dans les temps postérieurs. (Philæ, Dendera, Edfou Parvin). G. 480: ⛿ et, ⲥⲧⲓ, parfums. ⛿ pluriel G. 317.

104.

14

[hieroglyphs] Horus vengeur de son père. (Phila Descript de l'Égypte A. vol.)

491 ○ , ○ , ○ , ○ Caractère phonétique représentant un vase rond presque sans col et exprimant la consonne N. G. 41, N°

○ ⲛ̄ (copte idem). préposition de; homophone de [sign] et [sign], employée dans les inscriptions des temps postérieurs.

[hieroglyphs] ceci (est l'image) de Méui fils du dieu Phré. (Ex. gauche, sud de Phila)

[hieroglyphs] ⲭⲉⲧ ⲛⲧⲣ ⲛ̄, aux autres dieux des. G. 116.

[hieroglyphs] ⲡⲏ ϩⲓ ⲛ̄, ce temple de. G. 125.

[hieroglyphs] ⲁⲛⲟⲕ, ⲁⲛⲟϭ, je, moi, je (suis). G. 247, 393, 444, 522.

[hieroglyphs] ⲁⲛⲟⲕ ⲟⲩⲥⲓⲣⲉ ⲡⲥⲟⲛ ⲛ̄ ⲏⲥⲉ, moi Osiris frère d'Isis. G. 247.

[hieroglyphs] ⲁⲛⲟⲕ ϩⲡ, moi manifesté. G. 117

[hieroglyphs] ⲁⲛⲟⲕ ⲡⲙⲓⲥⲓ, je (suis) l'enfant G. 559.

○, ○⳽, ○ , à la suite des mots terminés par ⲛⲛ, simple signe orthographique, ne se prononçait point, et modifiait la prononciation pour la faire nasale. G. 107.

[hieroglyphs] ⲛⲩ, ⲛⲃ, ⲛϥ et ⲛⲟⲩ, figure à tête de bélier. Chnouphis. G. 112, 288, 306.

[hieroglyphs] ⲛⲣⲟⲩⲁ, Nepoua, Nerva. (Gr. temple d'Ombos, Descrip. Égypte A. vol. 1, pl. 41. N°6).

[hieroglyphs] ⲛ̄ⲃ, Nèv, Nouv, dieu vivant; l'une des formes d'Amon-Ra : l'eau primordiale (voyez ○⳽), Divinité connue des grecs sous le nom de Chnouphis et de Cneph.

[hieroglyphs] ⲛ̄ⲃ, le dieu Nèv ou Nouv, abréviation du précédent.

[hieroglyphs] ⲛⲩ ou ⲛⲟⲩⲃ, variante des précédents, suivie du caractère figuratif du dieu; la tête de bélier combinée avec le corps du caractère déterminatif dieu, rappelle le bélier ⳽, des noms précédents.

𓏌𓇋, 𓊯, 𓈖𓏏, 𓈖𓉐, 𓈖𓊖, 𓈖𓂝, 𓈖𓎡, 𓅃.

𓏌𓇋 𓃻𓏥 ⲛⲟⲩⲃ, Noun, Noub, variante du même nom divin, même déterminatif; le Chnouphis et Chnoubis des grecs et des romains.

𓏌𓇋 𓀭 𓂋𓈖 ⲛⲉⲣⲱⲛⲓ, (Νερων) Néron, surnom impérial romain. (Dendera commission d'Égypte, salle pl. 11. N° 6. &c.).

𓏌𓇋 𓀭 𓇋𓏤𓏤 ⲛⲉⲣⲱⲛⲓ, Néron; (idem).

𓊯 pour 𓈗.

𓈖𓏏, 𓊯, 𓏲𓏏 ⲛⲏ, formes qui, toutes, correspondent au copte ⲛⲉⲩ et ⲛⲁⲩ. G. 410.

𓈖𓉐 ⲛⲉϩⲓ, la demeure. G. 284.

𓈖𓉐 ⲛⲉϩⲓ, les salles. G. 444.

𓈖𓉐 𓈖𓉐 ⲛⲉϩⲓ ⲛ̄ ⲙⲁⲛ̄ⲧⲁⲓⲟ, les demeures du lieu de gloire. G. 505.

𓈖𓊖 ⲛ̄ⲕ, (ⲁⲛⲟⲩ, ⲁⲛⲟⲕ), moi, pronom de la 1re personne.

𓈖𓊖𓏏𓄪 ⲛⲟⲕ ⲧⲉⲕⲙⲁⲩ, (moi qui suis ta mère) paroles d'Isis à Nectanébo (Propylon de Philæ). G. 248.

𓈖𓊖 pour 𓈗, à toi.

𓈖𓂝𓏤 ⲛ̄ⲙⲉⲥⲟ ⲡⲣⲟ, pour contempler la face. G. 449.

𓈖𓂝 pour 𓈗.

𓅃𓊯𓂝 ⲛⲟⲩϩ, corde, cordeau, câble. G. 77.

𓅃 ⲛⲕ ou ⲛⲟ et ⲛⲟⲕ en suppléant la voyelle: c'est ici la forme primitive du pronom; car le signe de voyelle 𓇋 dans la forme 𓀀𓅃 est purement euphonique ainsi que l'α de la forme copte ⲁⲛⲟⲕ; je, moi, je suis. G. 247.

𓅃𓏥 ou 𓅃, ou même 𓅃, moi-homme. G. 247.

𓅃𓏥 ⲛⲟⲕ, je suis. G. 521.

𓅃𓏤, 𓅃𓏥, 𓀀𓅃𓏥 ⲛⲟⲕ, ⲁⲛⲟⲕ, moi dieu. G. 251.

🝧 ⲟⲩ 🝧, moi (roi). G. 217.

🝧 ⲛⲟⲕ ⲡⲉⲕϣⲓ, moi ton fils. G. 251.

🝧 ⲛⲟⲕ ⲡϣⲓ (ⲛ̄) ⲡⲉⲧⲉⲛ-ⲛⲏⲃ-ⲛⲧⲣ, moi le fils de votre-seigneur-dieu. G. 247.

🝧 ⲛⲟⲕ ⲡⲉⲧⲉⲛⲛⲏⲃ, je (suis) votre seigneur. G. 285.

🝧, moi femme. G. 250.

🝧 ⲛⲟⲕ ⲧⲉⲕⲙⲁⲩ, moi ta mère. G. 250.

🝧 ⲁⲛⲟⲕ, moi. G. 248.

🝧 ⲛⲟⲕ ⲡⲉⲕ-ϣⲓ ϩⲱⲣ, moi ton fils horus. G. 283, 301.

🝧 ⲛⲟⲕ ⲡⲉⲃⲁⲓ, moi l'esprit. G. 253.

🝧 ⲛⲟⲕ ⲟⲩⲟⲟⲧⲉ, moi (je) passe. G. 243.

🝧 ⲁⲛⲟⲕ ⲉⲓ, je viens. G. 276.

🝧, ⲛⲟⲕ ϣⲱⲛⲥ, moi Chôns. G. 390.

🝧 ⲛⲟϭ ⲡⲛⲏⲃ, moi le seigneur. G. 301.

🝧 ⲛⲁⲕ, à toi. G. 272.

🝧 ⲁⲛⲟⲕ, je suis. G. 505.

🝧, pour 🝧, 🝧, ⲛⲉⲃ Dame, ⲛⲏⲃ, seigneur.

🝧 (ⲛ̄) ϩⲛⲁⲁⲩ ⲛ̄ ⲙⲱⲟⲩ, des vases d'eau. G. 201.

🝧 ⲡⲛⲟⲩⲛ̄ⲡⲉ, le dieu Éther. G. 257.

🝧 ⲡⲛⲟⲩⲛ̄ⲡⲉⲙ̄ⲙⲱⲟⲩ, l'abîme des eaux célestes. G. 309.

🝧 ⲛ̄ ⲟⲩ ⲛ̄ ⲡⲉ, ⲛⲟⲩⲛ ⲛ̄ⲡⲉ, l'abîme céleste. G. 98.

🝧 ⲡⲛⲟⲩⲛ-ⲡⲉ-ⲙⲟⲟⲩ, l'abîme des eaux célestes. G. 98, 249, 338.

🝧 ⲛⲁⲣⲁ ϣⲉ, et les choses joyeuses. G. 513.

🝧 ⲓ, 🝧, article déterminatif, ⲛⲁ, de, du, des, οἱ τοῦ, οἱ τῆς, οἱ τῶν, αἱ τοῦ, αἱ τῆς, αἱ τῶν. G. 192.

🝧 ⲛⲁ Ⲡⲣⲏ, du dieu Phré. G. 326.

𓏺, 𓂀, 𓏺.

𓂋𓈖𓏤 ⲛⲁ ⲕⲁϩ ⲧⲛ̄, de cette terre. G. 500 et 501.

𓂋𓈖𓏤𓏤𓏤 ⲛⲁ ⲛⲓⲃ ⲕⲁϩ, de toutes les contrées. G. 192.

𓂋𓏤𓏤𓏤 ⲛⲁϩⲁⲧ, (revêtues) d'argent. G. 400.

𓂋 ⲛⲁ, a aussi le sens de appartenant à, concernant. G. 192, 478.

𓂋𓉐 ⲛⲁ ⲡ̄ⲣⲡⲉ, appartenant au temple. G. 191.

𓂋𓊪𓇳𓉐 ⲛⲁ ⲡⲏⲓ (ⲛ̄) ⲟⲩⲥⲓⲣⲉ, appartenant à la demeure d'Osiris. G. 191.

𓂋 ou 𓂋 ⲛⲁ (copte ⲛⲁ et ⲛⲉⲧ), article possessif, pluriel et de tout genre: ceux qui appartiennent, ceux qui sont à:

𓊹𓉟𓏤𓂋𓏤𓏤𓏤 avec les chapelles appartenant aux dieux. (Inscription de Rosette, ligne 8).

𓏏𓉟𓉟𓉟𓂋𓇾 dans les temples appartenant à l'Égypte. (Inscription de Rosette, ligne 11).

𓇋𓊹𓊹𓊹𓂋𓉟𓉟𓂋𓏤𓉟𓂓 les prêtres appartenant aux temples de toutes les parties du pays sous la domination du nom royal. (Inscription de Rosette lig. 11).

𓂜𓏤 ⲛⲟⲕ, je, moi, je suis. G. 288.

𓂜𓏤 𓂸𓏤 ⲛⲟⲕ ⲧⲉⲧⲙⲁⲩ, moi ta mère. G. 282.

𓂜𓏤 𓏏𓏤 ⲛⲟⲕ ⲧⲉⲧ-ⲙⲁⲁⲛⲥ, moi ta nourrice. G. 182.

𓂝, ⲟⲩ, ⲛ̄ⲧ, copte ⲛ̄ⲧ, ⲉⲧ, ⲉⲑ, ⲉ, qui, que. G. 305.

𓏏𓊪 ⲛ̄ⲧⲫⲉ, Netphé. G. 466.

𓏏𓊪𓏤 ⲛ̄ⲧⲫⲉ ⲧⲱⲣⲡ. Natphé la puissante. G. 513.

𓏏𓊪, 𓏏𓊪𓏤, 𓏏𓊪𓇳, 𓏏𓊪 et 𓏏𓊪 ⲛ̄ⲧⲫⲉ, Natphé, déesse. G. 122, 124.

𓏏𓏤 ⲛ̄ⲧ... qui dirige, dirigeant, directeur.

𓏏𓏤 ⲛ̄ⲧⲛⲟϩⲙ̄, qui sauve, sauvant, sauveur, libérateur.

418

𓈖𓏏 ⲛ̄ϯ , qui, qui (est), G. 306, 274.

492 𓈖𓏏 , 𓈖𓏏 , groupe phonétique, représentant le vase et la pincette, qui exprime les consonnes NT, et qui se combine pour représenter le son D, Δ des grecs et des latins : c'est le son T affaibli par l'influence de N. G. 16, N° 158.

493 𓂟 . 𓂟 , Caractère phonétique représentant un vase d'où s'échappe de l'eau et signe de la diphthongue OY. G. 27 N° 26.

𓂟 , 𓂟 , abréviation de ⲟⲩⲏⲃ, Prêtre, sacerdos, Ιερευς. G. 65.

𓂟𓏤𓏏 ⲟⲩⲏⲃ ⲙ̄ⲙⲁⲛ·ⲧ· le prêtre de Mouth. (manuscrit biblioth. M. B.).

𓂟𓇋𓏤 ⲟⲩⲏⲃ ⲛ̄ ⲁⲙⲛ, le prêtre d'Amonow. (Mem. Manus.).

𓊹𓉗 ⲡⲟⲩⲏⲃ ⲉⲡⲁⲓ ⲡⲁⲙⲁⲛϣⲱⲡⲓ, le prêtre chargé du lieu de l'autel ou du sanctuaire. G. 190, 191.

𓊹 (ⲟⲩⲏⲏⲃ. ⲟⲩⲏⲃ), prêtre, sacerdos, c. à. d. homme purifié.

𓊹𓉐𓉗𓊖 prêtre des temples de la région Memphite. (Statuette de Florence).

𓊹𓏏𓇋𓈖𓉔𓏏𓊖 tout prêtre servant notre dieu Amenophis le roi de la région d'en haut et de la région d'en bas. (stèle de Pompeii).

𓊹𓏏𓏤 le prêtre des deux Memphites. (stèle dessinée en noir. M. T.)

𓊹𓊹 (ⲛⲉ ⲟⲩⲏⲃ), pluriel figuratif, les prêtres Ιερεις.

𓊹𓊹𓊹𓏏𓌂𓏤𓏏𓉐𓊖𓊹 les prêtres appartenant aux temples de toutes les parties du pays sous la domination souveraine (Inscript. de Rosette ligne 12).

𓊹𓏥 (ⲛⲉⲟⲩⲏⲏⲃ. ⲛⲓⲟⲩⲏⲃ), les purifiés, c. à dire les prêtres ; pluriel numérique du précédent.

𓊹 , 𓉐 , 𓈗 .

𓀀𓏏𓏭𓊹𓏥 𓈗 leurs titres de prêtres (sacerdotaux). (Inscript. de Rosette ligne 10).

𓊹𓏤𓉐𓂋 ne ⲟⲩⲏⲃ ⲛⲁⲡⲟ ⲛ̄ ⲣⲉ, les prêtres faisant partie du temple. (Monument funéraire de Noples).

𓊹 variante du précédent, les prêtres, ne ⲟⲩⲏⲃ sacerdotes.

𓊹𓏤𓌢𓌢𓌢 , les prêtres appartenant aux régions supérieures et inférieures. (Inscript. de Rosette, ligne 5).

𓊹𓈗 , ⲟⲩⲏⲃ , pur, purifié, saint; adjectif.

𓏛𓂝𓐍𓏲𓊹𓈗 𓊖 𓇳 𓇋𓆑𓀀𓈗 . ϧⲉⲧ ⲛⲉⲓ ⲛⲟϭⲣⲉ ⲟⲩⲏⲃ ⲱⲛϧ (ⲛⲛⲟⲩⲧⲉ) ⲉⲃⲟⲗ ⲙⲙⲟⲩ, tous les autres biens purs desquels procède la vie divine. (Monument funéraire, stèle de l'an XXVII du Roi soleil-Vérité).

𓊹𓂝 (ⲟⲩⲁⲃ , ⲟⲩⲏⲃ), adjectif, pur, purifié, pure, purifiée. G. 240,59.

𓈖𓏥𓂝𓊹𓂝, tous les autres biens purs. (Stèle funéraire jurin).

𓊹𓀀 ⲟⲩⲏⲃ, ⲟⲩⲁⲃ , homme pur, homme purifié c. à. d. prêtre. Ιερευς: le déterminatif 𓀀 , souvent omis dans les textes hiéroglyphiques, est toujours exprimé en hiératique. G. 104.

𓊹𓏥 ne ⲟⲩⲏⲃ, pluriel du précédent, les prêtres, sacerdotes. (stèle double de Turin).

𓊹𓀀𓀁𓏪𓈗𓏭 que les prêtres et les prophètes lui donnent. (idem).

𓊹𓂝𓇳 ⲟⲩⲏⲃ (ⲛ̄) ⲣⲏ , le prêtre du soleil. (Ins. funér. en bois Musée Turin).

𓊹𓀀𓏤𓎟 ⲟⲩⲏⲃ ⲛ̄ ⲟⲥⲓⲣⲉ , purifié à Osiris. G. 205.

𓊹𓀀𓇋𓈗 ⲟⲩⲏⲃ ⲛ̄ ⲁⲙⲛ , le prêtre d'Ammon. (fig. funér. du Vatican).

𓊹𓀀𓇋𓈗𓉐𓊖 ⲟⲩⲏⲃ ⲛ̄ ⲁⲙⲛ ϧⲛ ⲟⲡⲉ , le prêtre d'Ammon dans Ôpeh. (Image funér. galerie de Florence, N° 1275).

𓈗 abréviation de 𓊹𓈗 ⲟⲩⲏⲃ, ⲟⲩⲁⲃ , prêtre, Ιερευς.

𓈗𓇋𓈗 ⲟⲩⲏⲃ (ⲛ̄) ⲁⲙⲛ , le prêtre d'Ammon. (Base d'un Osiris Mus. Turin).

[hieroglyphs], le prêtre de la demeure de Thôth seigneur de Schmoun, (stèle, Musée de Turin).

[hieroglyphs] ΟΥΗΒ, prêtre, purifié, être pur; le signe eau [hieroglyph] et sa variante [hieroglyph] est simplement déterminatif. G. 186, 376.

[hieroglyphs], le prêtre Thuriféraire d'Horus seigneur de la région d'Aphou. (Stèle Maluspina, à Milan).

[hieroglyphs], le prêtre d'Ammon, roi des dieux. (stèle des studj à Naples).

[hieroglyphs], le prêtre de Chémis. (stèle des studj à Naples).

[hieroglyphs], ΟΥΑΒ, ΟΥΗΒ, homme pur ou purifié c. à d. prêtre, sacerdos.

[hieroglyphs], le prêtre libanophore d'Horus seigneur de la région de Aphou, Otophamon. (Stèle Maluspina à Milan).

[hieroglyphs] ΟΥΗΒ ῡ ΜΑΥΤ., le prêtre de Mouth. (Manus. hiératique sans hiéroglyph. Musée de Paris).

[hieroglyphs] ΠΜΑΝΟΥΑΒ, le sanctuaire.

[hieroglyphs] ΜΑΝΟΥΑΒ, le lieu de Pureté, Abaton; le sancta-sanctorum. G. 102.

[hieroglyphs] ΚΟΥΑΒ-ΟΥ-Ι, purifie-moi. G. 186.

[hieroglyphs] ΟΥΑΒ, pure. G. 278)
[hieroglyphs] (ΟΥΗΒ) pure. } avec [hieroglyph] signe du féminin.

[hieroglyphs] par tous les autres biens purs. (Base de Statuette Musée de Turin).

494 [hieroglyphs], sorte de caractère figuratif exprimant l'idée couler, verser, ΠΩΝ, ΦΩΝ.

495 [hieroglyphs], caractère phonétique représentant un vase penché d'où l'eau s'échappe, et exprimant les consonnes π et φ. P. PH. G. 11 N° 154.

496 [hieroglyph] groupe phonétique exprimant le mot (ΟΥΑΒ, copte ΟΥΑΒ), purifier.

[hieroglyphs] ῡ,.. par des purifications aspersions. G. 188.

[hieroglyphs] ....purifier. Le signe [hieroglyph] eau, est déterminatif; G. 376.

497 ⟨hiero⟩, ⟨hiero⟩, ⟨hiero⟩, caractère phonétique, représentant un poids pour peser à la balance, ou bien un vase attaché à une anse, et exprimant l'articulation ϣ. CH. G. 44. N°202.

⟨hiero⟩ abréviation de ⟨hiero⟩ dont il a toutes les significations: selon, G. 260; comme, G. 396; semblable G. 414.

⟨hiero⟩ ϣε πρη, comme le soleil. G. 336.

⟨hiero⟩ ϣε μαν̄τωογ-ρη, comme la montagne solaire. G. 606.

⟨hiero⟩ ϣε ⲁⲙⲟⲩⲛ, comme Ammon. G. 331.

⟨hiero⟩ ϣε πεκ ϯωτ comme ton père. G. 396.

⟨hiero⟩ analogue au copte ϣαγ par, æqualis et à ϣε mensurare, ponderare, répond exactement à la préposition sicut des latins, et signifie comme. G. 205. 327. 480. &c. Il signifie aussi semblable G. 184 et selon, conformément à, secundum. G. 479.

⟨hiero⟩, comme son père Phtha-sokharis. (Obélisque Pamphili)

⟨hiero⟩, aimable deux fois comme le dieu Ammon. (Obélisque de Louqsor).

⟨hiero⟩ ϣε ⲧⲡⲉ, comme le ciel. G. 476.

⟨hiero⟩ ϣε πρη comme le soleil. G. 334.

⟨hiero⟩ ϣε ⲟⲩⲛⲧⲣ, comme un dieu. G. 338.

⟨hiero⟩ ϣε ειρε, comme on fait. G. 479.

⟨hiero⟩ (⟨hiero⟩) τε ϣε (ιη), la chatte, entre dans un nom propre de femme. (Voyez ⟨hiero⟩).

⟨hiero⟩ ϣεⲣ ou ϣαⲩ (π), copte ϣαⲩ, le chat. (Rit. funér. Mus. Royal. G. 72. 477.)

⟨hiero⟩ ϣαⲩ (π), le chat. (Rit. funér. 1ʳᵉ partie, papyrus Cadet. ch. G. 83)

⟨hiero⟩, variante du précédent. (Rituel funér. 1ʳᵉ partie, Mus. de Leide) ϣαⲩ, le chat.

⟨hiero⟩ ϣε πϭι ⲛ̄ ⲏⲥⲉ, comme le fils d'Isis. G. 479.

106.

422.

ϣⲉ ⲉⲁⲣ-ⲥⲓ-ⲏⲥⲉ, comme Harsiési. G. 479.

ϣⲓⲛ(ⲧⲉ)ⲭⲁⲧⲧⲉ. G. 72.

ϣⲓⲏ.ⲧ, ϣⲁⲣ.ⲧ, chatte. G. 83. (Stèle du Musée de Turin représentant la chatte Bubastis.)

ϣⲉ ⲟⲧⲛⲏⲡ, comme un dieu. G. 430.

ϣⲉ ⲑⲙ ⲏⲡⲟⲣ, comme dans le jour. G. 478.

ϣⲉ ⲡϫⲱ ⲛ̄ ⲡⲉϥⲧϥⲉ ⲁⲙⲛ-ⲢⲎ, selon l'ordre de son père Amon-Ra. G. 479.

ϣⲉ ⲉϥϫⲱ ⲛⲁϥ, puisque, d'après ce que, selon qu'il ordonne à lui. G. 479.

ϣⲉⲛ̄ⲧⲓ, de la même manière que. G. 480.

ϣⲉ ⲡⲉϥⲧϥⲉ, comme son père. G. 478.

ϣⲉⲣ, ϣⲁⲣ, chat. G. 61 et 540.

ou préposition employée dans les mêmes circonstances et dans les mêmes acceptions que ϣ ou ϣⲉ; n'en est au fond qu'un simple redoublement ϣⲉϣⲉ; ce qu'indiquent suffisamment les marques habituelles du redoublement, elle a les mêmes significations, comme, pareillement, aussi, également, semblable. G. 481.

pareillement la chapelle du dieu Épiphane. (Inscript. de Rosette, lignes 13 et 10).

ϣⲉϣⲉ, de semblable. G. 540.

ϣⲉϣⲉ ϩⲁⲛ-ⲕⲓⲉ? comme des Taureaux. G. 481.

ϣⲉϣⲉ Ⲡⲣⲏ, comme le dieu Phré. G. 481.

Ỻ, Ḷ, Ẋ.

498 Ỻ, Ỵ, Caractère phonétique, composé d'un vase placé sur un autel, et exprimant la voyelle ε, E; sa forme linéaire peut se confondre quelquefois avec celle des signes qui portent le N° 7 du Tableau des signes phonétiques et qui expriment la même voyelle E. G. 55.

  Ỻ⊙ abréviat. de ỺⳘ ⲈⲂⲰⲦ, Abydos. G. 68.

  ỺⳘ ⲈⲂⲰⲦ, Ἐβῶτ, Ἐβῶδ, Abydos des géographes grecs; copte ⲈⲂⲰⲦ. G. 183.

  ỺⳘ ⲈⲂⲰⲦ, Abydos. G. 278.

  Ỻ⊙ , ⲈⲂⲰ , Éléphantine. G. 28; 318.

  ỺⳘ ⲈⲂⲰ ⳛ , Ivoire; un outil de sculpteur servant de déterm. G. 80.

499 Ẋ, Ẋ, Caractère phonétique, représentant le vase rond porté sur deux jambes en mouvement, et exprimant la consonne Ⲛ, N, qui est le son propre au signe vase. G. 42, N° 48. Dans ce caractère composé, les deux jambes sont le signe déterminatif des verbes de mouvement. G. 382.

  Ẋ ⲛ̄, ⲛ̄.ⲉⲛ, se prononce ⲙ, M, devant les consonnes Ⲃ, Ⲗ, Ⲙ, Ⲛ, Ⲡ, Ⲣ; (B. L. M. N. P. R), les deux jambes étant un signe déterminatif; conduire, mener, ducere, G. 383, emmenant, G. 277; portant. G. id.

  Ẋ𐤀 ⲛ̄ⲡⲉ, ⲛϥⲉ, (le conducteur du ciel), Emphé dieu, (forme de Mouï). G. 111.

  Ẋ𐤀𐤀 ⲛ̄ ⲫⲉⲛⲥ, Emphémis, l'engendré d'Emphé; nom propre d'homme, (Image punie de l'idiaye).

  Ẋ𐤀𐤀𐤀 ⲉϥⲉⲛ ⲛⲉⲧ , conduit à toi, (et conduisant). G. 402

  Ẋ𐤀𐤀𐤀 ⲛⲁⲓ-ⲛ̄ ⲛⲏⲧⲛ, j'ai apporté à vous. G. 406

  Ẋ𐤀𐤀𐤀 ⲛⲁⲛⲉⲛ, nous apportons. G. 422.

𓏏 , 𓊺 , 𓐎𓊺𓊹𓏺 , 𓋴 , 𓎯 , 𓏺𓊹 .

𓏏𓈗 ⲛϭⲏ-ⲛ (copte ⲛⲁⲣ-ⲛ), ils conduisirent. G. 426.

𓏏 𓈖 ⲉⲛ ⲛ ⲡⲉϥϭⲟⲛⲧ, conduits par sa majesté. G. 328.

𓏏𓈗 ⲉⲛ, revenus. G. 544.

500 𓊺 , Caractère phonétique, représentant un vase rond sans anse et exprimant la consonne ⲛ. N. G. N'.

ⲛⲟⲕ ⲡϭⲓ, moi le fils. G. 248.

𓊺𓏺 , pour 𓈖 , de préposition.

501 𓊼)
502 𓊽 } Caractère phonétique, représentant des vases sans anse, et exprimant la consonne ⲛ. N. G. 42. N° 132.
503 𓊾) ⲛⲟⲩⲃ. Chnouphis dieu.

504 𓎯 Caractère figuratif, représentant une Jarre à large ouverture, et exprimant l'idée de ce meuble.

ⲕⲉⲗⲱⲗ ⲛ̄ⲧⲉ ⲙⲱⲟⲩ, jarres d'eau. G. 218.

505 𓏺 𓎯 𓏺 nom de la 12ᵉ heure du jour. (Mémoire de l'académie).

ⲏⲡ, vins. G. 173. (autre espèce de vase).

ⲍⲛⲁⲁⲩ, (vases) tributs.

Voyez à la page 506, N° 555 de ce Dictionnaire).

506 𓊢𓏺 , Caractère symbolique noté, représentant un vase et exprimant l'idée ϩⲏⲧ, cœur. G. 54.

ⲛⲉ ϩⲏⲧ, les cœurs. G. 167.

ⲡⲁϩⲏⲧ, mon cœur, G. 173, 394.

ⲙ̄ ⲡⲉⲕ-ϩⲏⲧ, dans leur cœur. G. 234.

, le cœur éprouvant. G. 426.

ⲡϩⲏⲧ ⲛ̄ ⲛⲓⲫⲁⲓⲁⲧ, le cœur des barbares. G. 554.

ⲡⲉⲧⲛ̄ϩⲏⲧ, votre cœur. G. 168.

507. ⛎ Groupe phonétique exprimant les voyelles OO OUW long, dans le nom phonétique Antinoüs et les noms Romains. G. 38. N.º 47.

〰〰𓃀𓏲𓏏𓈖𓇋𓅱𓊃, ⲁⲛⲧⲉⲓⲛⲟⲟⲥ, Antinoüs. (Obélisque du monte-Pincio, dit Barberini.)

508. 𓎺) Caractère phonétique, représentant un vase à
509. 𓎼) anse de formes diverses, et exprimant la consonne N, N. G. 42. N.º 133.

𓎼𓏏, ⲛⲃ, ⲛⲣ, Neb, Norb, Chnouphis. G. 271.

𓎼𓈖 et 𓎼𓏏𓈖 ⲛⲟⲣ, Chnouphis. G. 318 et 392.

𓎼𓏏𓏏 ⲛⲣ, ⲛⲏ, ⲛⲃ, Now, New, avec la figure du dieu à tête de bélier surmontée ou non du disque, Chnouphis, le principe humide, l'auteur de l'inondation. (Éléphantine, Philæ &c) G. 123.

𓎼𓈖𓏏𓇳𓍿𓏏𓏏 ⲛⲁ-ⲣⲏⲧⲡⲛⲉ ⲛⲥⲁⲩ-ⲉⲗⲗ, aimé de Chnouphis, seigneur de Senem. G. 438.

𓎼𓏏𓏏𓏏 ⲛⲟⲣ, ⲛⲟⲣⲉ, dieu à tête de bélier surmontée d'un aspic, Chnoumis. G. 113.

𓎼𓏏𓏏 ⲛⲟⲣⲉ, Chnoumis; variante du groupe précédent.

𓂀𓏏𓎼 ⲛⲟⲕ ⲡⲉⲕⲓⲱⲧ ⲛⲟⲣ, moi, ton père, Chnouphis. G. 241.

510. 𓎺 Caractère symbolique représentant un vase et exprimant l'idée de respect ⲕⲃϩ. G. 397.

511. 𓎺, 𓎺, Caractère symbolique représentant le vase destiné à faire des libations; exprime l'idée l'ibation, purification, répond au phonétique 𓎺𓏏 (ⲃⲏϩ, ⲕⲃϩ, ⲕⲣϩ), qui lui servait de prononciation.

𓎺 libation combiné avec le verbe 𓂝 faire, Libare: faire une libation.

𓎺𓏏𓂝 ⲡⲉⲕⲣⲱⲕⲃϩ ⲛⲁⲁ, ton spondiste grand. G. 505.

𓎺𓏏𓏏 ⲕⲃϩ ⲟⲩⲁⲃⲟⲩⲁⲃ, les libations deux fois pures. G. 231.

107.

416   𓊪, 𓊪𓈗, 𓊪𓏊, ⵍ.

𓊪𓏤𓏤𓏤 — nom du 7ᵉ jour du mois. (mémoire de l'Académie).

𓊪𓈗 ⲕⲃϩ, libation. G. 99, 396.

𓊪𓈗 un vase à libation et le signe de l'eau groupés répondent au verbe phonétique 𓂝𓏤 ⲕⲃϩ ou ⲥⲃϩ, faire une libation, libare. G. 357; nous libons G. 270.

𓊪𓈗 ⵌ 𓂝𓏤 (ⲉⲣ) ⲕⲃϩ ⲙ̄ ⲡⲉⲧⲣⲁⲛ, ils font des libations à ton nom. G. 357.

512   𓊪, 𓊪, 𓊪, Caractère symbolique représentant un vase d'une forme particulière du quel s'échappe de l'eau : exprime l'idée purification, purifier, laver, et libation, (répond au phonétique 𓂝𓏤 (ⲥⲃϩ, ⲕⲃϩ, ⲕⲣϩ), qui lui servait de prononciation.

𓈗𓊪, purification, libation d'eau.

𓅿𓏤𓊪𓈗𓊪𓏤𓏤 des bœufs, des oies et des libations de vin. (stèle du Musée de Turin).

𓊪 idem sans déterminatif.

𓊪𓏤𓎺𓏤𓎺𓏤𓏊! libation de vin et de lait. (base d'une statuette en bois, Musée de Turin).

513   𓎯 Caractère symbolique, variante du précédent; la seule différence consiste dans la selette △ qui soutient le vase: libation, purification, libare, libamen, libatio.

𓎯𓏤𓎺𓏤𓎺𓏤𓎯𓏊 de la cire, des parfums, des libations de vin et de lait, ainsi que tout autre bien pur. (stèle du Musée de Turin).

514   ⵍ Caractère symbolique représentant un vase d'où s'échappe un liquide, et exprimant l'idée libare, offrir en libation.

⟸ , 𓉻 , 𓊹 .   427

⟸ , déterminatif du verbe 𓂝⟸ ⲟⲣⲱⲧⲛ̄, libare, qu'il remplace dans certains textes et qui lui servait de prononciation.

⟸ ⲛⲉ ⲟⲣⲱⲧⲛ̄, libations. ϩⲛ̄ ⲟⲣⲱⲧⲛ̄, libationes.

⟸ 𓏥 𓎺 𓊵 𓏥 ϩⲛ̄ ⲟⲣⲱⲧⲛ̄ ⲭⲉⲧ ⲛⲓ ⲛⲓⲃⲓ ⲛⲟⲩⲡ ⲟⲣⲁⲁⲃ, des libations et tous autres biens purs. (Grande stèle col. [?] de [?])

⟸ variante du précédent, libations.

⟸𓏥𓎺𓊵 𓁐 𓊵𓏥 des libations et tous les autres honneurs d'usage. (Inscript. de Rosette ligne 12)

⟸𓏥 𓏤 𓁐 ⲟⲣⲱⲧⲛ̄ ⲛ̄ Ⲧⲙⲉ, libation à la déesse Tmé (vérité). C. 439.

⟸𓏥 ⲉⲛ-ⲟⲣⲱ-ⲧⲛ̄, présentement. C. 406.

515 𓉻 , groupe composé d'une espèce de vase, du serpent et du bras; il renferme l'idée de combattre, exciter, mettre à mort.

𓉻 𓏥 𓊵 𓀜 , combattant les autres ennemis. (pl. 73, d. 46)

516 𓊹 , 𓊹 , Caractère symbolique, représentant un vase renversé, et exprimant une chose sacrée, sainte, respectable.

𓊹𓀀 , titre exprimant le règne d'un roi, le sacerdoce royal, la personne sacrée du roi.

𓇳𓈖𓈖𓏪 𓊵 𓊹𓀀 𓏤𓐮 , l'an xxxvii sous (le règne) la personne sacrée (la sainte majesté) de l'Aröéris de (stèle d'Ibsamboul et passim)

𓊹𓀀 titre royal répondant exactement à notre locution française sa majesté.

𓏤𓏥𓊹𓀀 parmi les serviteurs de sa majesté.

⟸𓏤𓊹𓀀𓏥 paroles que leur adresse sa majesté.

𓀜𓏥𓊹𓀀 , les soldats de sa majesté. (Bas-relief historique d'Ibsamboul)

𓂝𓊹𓀀 ; ⲣⲉϥⲙⲣⲓⲧ(ⲟⲣⲁⲁⲃ) , de sa majesté. C. 411.

428.

⸺, ⲧⲉϥⲙⲛⲧϫⲟⲛⲧ ⲛⲉⲣⲣⲟ, sa majesté le roi. G. 174.

⸺, ⲡⲉϥⲙⲛⲧⲟⲩⲁⲁⲃ, sa majesté. G. 461.

⸺, ⸺, ⸺, abréviations des groupes précédents, (ⲧⲉϥⲙⲛⲧ ⲟⲩⲱⲛϣ), sa majesté. G. 182, 204, 500, 505.

⸺, ⲛⲉⲣⲱⲙⲉ ⲟⲩⲁⲁⲃ, les hommes purs. G. 227.

⸺, ⲛϩⲓⲟⲙⲉ ⲟⲩⲁⲁⲃ, femmes pures. G. 227, 230.

A ⸺ caractère phonétique, représentant un vase renversé, et exprimant l'articulation g, ḫoi. G. 45. N° 220.

⸺, nom du 14ᵉ jour du mois (Mém. de l'Académie).

⸺, ϩⲟⲛⲧ, le prophète. G. 494.

⸺, ... Mouiller, tremper. G. 376.

⸺, Ⲕⲉϥⲛⲉϥⲁⲛⲩ, Kebhnesniv. G. 281.

⸺, femme harpiste. G. 504.

⸺, Ⲧⲱϥ, Thèbes. G. 411.

517 ⸺ ou ⸺, ⸺, caractère symbolique, représentant une cassolette de la quelle s'élève un jet de flamme; exprime l'idée feu, ignis, ⲕⲱϩⲧ. (Voyez supra, page 412).

⸺ ⸺, ϣⲁϩ, ou ⲕⲱϩⲧ, flamme, feu. G. 99

⸺ ou ⸺, ⸺, ⲕⲣⲱⲙ ou ⲭⲱⲧ, copte ⲕⲱϩⲧ feu, détermine tous les verbes exprimant des actions ou des états en rapport avec cet élément. G. 377.

⸺, ⲡⲱⲥ, ⲡⲟⲥⲉ, cuire.

⸺, employé comme déterminatif du groupe phonétique:

⸺, parfums. (Stèle d'adoration au dieu Siv.).

518 ⸺ Caractère symbolique représentant des vases de formes particulières; groupe déterminatif de ⸺. (V. au Supplément page 40.)

CHAPITRE SEPTIÈME.
FIGURES ET FORMES GÉOMÉTRIQUES.

519 〰〰, ᵚᵚᵚ, Caractère figuratif représentant l'eau, ⲙⲟⲟⲩ ⲙⲱⲟⲩ; la ligne brisée figurant le mouvement de l'eau à la surface du fleuve : ce signe dans ce sens est toujours triplé, ≋, et suivi ou non d'un signe déterminatif.

≋ et ≋ 𓊪, ⲙⲱⲟⲩ, eau. G. 56.

≋ 𓊪 𓏭 𓀀 𓃀 ≋ ⸺ 𓊖 ≋ ⲡⲙⲱⲟⲩ ϩⲓ ⲧⲃⲉⲃⲉ ⲛ̄ⲧⲉ ⲁⲧⲟⲩⲣ; l'eau à la source d'Atour. G. 115.

≋ ⲙⲱⲟⲩ, l'eau, sert de déterminatif figuratif aux verbes attributifs phonétiques, ou symboliques, exprimant divers états propres aux liquides ou à des actions exercées sur ou au moyen des liquides. G. 376.

520 ≡ Caractère figuratif, abréviation de ᵚᵚᵚ, ayant la même origine, le même sens, et employé également triplé ≣, ≡.

≡ 𓀀 𓃀 𓏭 ⲉⲡⲟⲩ-ⲙⲱⲟⲩ, ces-eaux. G. 286.

𓈖 𓏏 𓂋 ≡ 𓏪, nous te donnons toutes les eaux.
(Obélisque Flaminien, face méridionale, à la base).

A〰〰; ≡ } Caractères phonétiques, employés indifféremment
A≡   l'un pour l'autre, (≡, n'étant qu'une abréviation de ᵚᵚᵚ) représentant l'eau, et exprimant la consonne ⲛ, N, vraisemblablement à cause du mot 𓊪 𓏭, ⲛϥ, copte ⲛⲓϥ, ⲛⲏϥ, ⲛⲓϥⲓ, stilla, aquæ, gouttes, eaux. G. 11, N° 129 et 130.

ᵚᵚᵚ, ⲛ̄, article et préposition, d', de, G. 198; du, G. 219; des, G. 174; à, G. 175; au, aux; G. 297; en; G. 173; par, G. D.; pour, G. 298.

≋ 𓎡, 𓎡, tracés à la suite d'un verbe, et signifiant moi, font connaître que ce verbe est à la 1ère personne du passé, genre masculin, nombre singulier. G. 406.

108.

[hiero], [hiero], [hiero], [hiero], [hiero], [hiero].

Ils ont aussi le sens de : à moi (homme). G. 291, 388, 826.

[hiero], [hiero], [hiero], signifient moi, je, quand un roi parle G. 401.

[hiero], [hiero], femme parlant, [hiero], reine parlant, [hiero], déesse parlant, signifient ΝΑΙ ou ΝΗΙ, à moi, G. 291. C'est aussi la 1ère personne du passé. G. 401.

[hiero] ta tête est à moi. ⎫ Coffret funéraire du
[hiero] tes yeux sont à moi. ⎭ Musée de Turin.

[hiero] donne moi une habitation pourvue de vivres, de remèdes &c (Tableau color. de Monachons, Musée de Turin).

[hiero] ΝΑϨΡΕΝ, préposition isolée, entre, devant, en présence de ; se prend aussi dans le sens propre : à la figure d'une personne. G. 466, 467.

[hiero] ΝΑϨΡΑΚ, devant toi, coram te.

[hiero] je joue du sistre devant toi (paroles de la défunte Morsakhons à Osiris. (Tabl. peint. du musée de Turin).

[hiero] Ν-ΟΥΟ-Κ, copte ΝΚ-ΟΥΟ ; ΟΥΟ est ici le signe du mode du verbe, comme [hiero] est la marque de la personne G. 410.

[hiero] Ν Πρη, au dieu-soleil. G. 203.

[hiero] variante du mot suivant ?

[hiero] ΝΡΕΟΥ, ΝΟΥΡΕ, vautour. G. 73.

[hiero] ΕϤϪΩΡ̄, copte ΕϤϪΩΡ, il dispersa. G. 291.

[hiero] ΝΡΟΥ (Νερουα) Nerva, nom impérial romain (J.T. de Philae Royet).

[hiero] ΝΑΑ, ΝΑ, ΝΑ, Ire, venire, approcher, venir. G. 385.

[hiero] nom du 27ᵉ jour du mois. (mémoire de l'académie).

[hiero] nom du 25ᵉ jour du mois. (idem).

[hiero] nom du 22ᵉ jour du mois. (idem).

[hiero] ΝΚΩ, Nichao, Necho, Nichas, nom propre de roi et de simple particulier.

, le fils du soleil Nechao, (Stèle d'Anastasy).

, pour ⲟⲛ, ⲟ, qui.

ⲛ̄ϯ ⲧⲱⲡ, pour que je transfige. G. 422.

ⲛⲟⲩ, ⲛⲟϩⲙ, ⲛϩⲉⲙ, délivrer, sauver, liberare. G. 380, 398.

délivre l'Osirien Pétamen (pl. 75, col. 34, 33) du Rit. funér.

, sauve Osiris.

ⲛⲟϩⲙ-ⲥⲟⲣ, sauve le. G. 224, 227 et 416.

ⲛⲣⲛ (Νερων), Néron, surnom impérial romain (Philae Ruin).

paraît être une variante d'un nom propre de prononciation semblable, et qui signifie celle que le soleil a délivrée ; voyez le verbe ⟨⟩ et le mot ⟨⟩.

ⲛⲉ, ⲛⲓ, les. G. 181.

ⲛⲙⲙⲉ·ⲧ, sorte de coiffure divine et royale.

ⲛⲉⲡⲁⲓ, les âmes. G. 422.

ⲛⲁ ⲉⲛⲧϥⲧⲱⲡ, mes cavaliers. G. 168.

ⲛⲉ ⲛⲏⲃⲉⲓ (ⲛ̄) ⲧⲙⲉ, les seigneurs de vérité. G. 179, G. 186.

ⲛⲉⲛϭⲁⲣϩⲩ, des vaincus. G. 455.

ⲛⲁⲓ, ces. G. 182.

ⲛⲉ, ⲛⲓ, les. G. 181. = ⲛⲉⲱⲡⲥ, les chefs. G. 180, 310.

ⲛⲉⲥⲛⲏⲩ, les frères (alliés). G. 269.

ⲛⲉ ⲛⲏⲃⲉⲓ, les seigneurs. G. 180.

ⲛⲉⲛⲧⲓ, ⲛⲉⲧ, ceux qui. G. 309.

ⲛⲉⲛⲧⲓ, ⲛⲉⲛⲧ, celles qui. G. 309.

ⲛⲉⲛⲧⲓ, ⲛⲁⲓⲛⲧ, ⲛϩⲉⲧ, lesquels, lesquelles. G. 309.

vaincre ? = ... (pl. 75, col. 112, pl. 74, col. 17).

ⲛⲉϥ, groupe marquant le masculin

432.

de la 3ᵉ personne du passé du verbe à l'indicatif, singulier. G. 409; il signifie encore : à lui. G. 295, 448.

ⲛⲏⲫ, bienfaisante, utile; groupe suivi du caractère symbolique exprimant la même idée. (Vase de Bronze, Musée de Turin).

ⲛⲉⲛⲉϩ, à toujours, pour toujours. G. 516, 414.

ⲛⲣⲟⲩ, (Νερουα), Nerva. (Philæ, Ricci).

ⲛⲥⲁ, préposition, après. G. 497.

ⲛⲁϣⲱⲧ, (copte ⲛⲁϣⲧ), être plus fort, être plus puissant, vaincre, vincere, victorieux, vainqueur, victoire. G. 380, 522, 520, 526.

ⲁⲛϯ ⲛⲁⲕ ⲛⲁϣⲱⲧ ⲛⲓⲃⲓ, nous t'avons accordé de tout vaincre. (Dom des Dieux, passim).

vaincre au nord. (Dom des dieux, propylon de Nectanébo à Philæ).

ⲛⲁϣⲱⲧ ⲛⲉⲕⲁϩ ⲛⲓⲃⲓ, vaincre toutes les contrées. G. 479.

ⲛⲉϩⲡⲉ, copte ⲛⲉϩⲡ, Plangere, ducere planctum; faire des lamentations, partager le deuil, compatir. G. 380.

ϩⲱⲣ ⲉⲛϯ ⲛ̄ ⲡⲉϥ ⲧⲁⲧⲉ ⲛⲉϩⲡ ⲛ̄ ⲧⲉϥⲙⲁⲩ, Horus vengeur de son père se lamentant avec sa mère. G. 182. (le compatissant de). (Philæ, Wifia de Brite.)

Ναϩαραινα, Naharaina, la Mésopotamie. G. 119, 170.

ⲧⲛⲟⲣϯ, le sycomore. G. 176.

(ⲧⲛⲟⲣϯ ⲛ̄ ⲣⲏⲥ), le sycomore du midi; arbre Mythique.

Athôr dame du sycomore du midi. (stèle, Panalogue).

Athôr dame de la région du sycomore.

(Zoëga de origine et usu Obeliscorum, page 655).

Νοrϯ-ⲕⲁϩ, Καϩ ⲛ̄ ⲛⲟⲣϯ, la terre, la région du sycomore, à laquelle présidait Athôr; l'Égypte. G. 150.

𓉐 , 𓈘 , 𓏴 , 𓈘 , 𓈗 , 𓈙 , 𓈘 . 433.

𓉐𓇋𓇋𓏤𓏤 ⲛⲟⲣⲅⲉϣ , les deux sycomores. G. 163.

𓈘 Nom du 3ᵉ jour du mois. (Mém. de l'Académie).

𓈘 𓇋𓏤𓏤𓏤 ⲁⲩⲙ.ⲧ , spath vert. G. 90.

𓈘 groupe déterminatif générique d'un assez grand nombre de noms communs exprimant les fluides. G. 98.

𓈘 ⲛ̅ⲥⲁ , d'environ. G. 114.

𓈘𓏤𓈘𓏤 ⲛⲥⲓⲁⲙⲛ ⲡⲙⲉⲧⲁⲣⲉ , Nisiamoun le véridique. G. 491.

𓈘 𓇋𓏤𓏤𓏤 𓇋𓏤 illustrant par ses bienfaits (beautés) la région Pure. (Obélisque de St Jean de Latran, face méridi. 1ᵉʳ col. latérale).

𓈘 ⲛ̅ⲧⲙⲉ , de justice, G. 331.

𓈘𓇋𓏤 ⲛⲅⲙⲥ-ⲣⲏ.(ⲣⲟ) , Nahmes-Ré, nom propre de femme. (Vase de bronze du Musée de Turin).

𓈘𓇋𓏤★ , nom de la 6ᵉ heure du jour. (Mém. de l'Académie).

𓈙𓇋𓏤 ⲕⲱⲛϩ , in vie. G. 514.

𓈘𓏤𓏤 ⲛⲧⲡⲉ , ⲛⲁⲧⲡⲉ , graine, grain, semence. G. 77.

𓈘𓏤𓏤 ⲛ̅ ⲛⲉⲛⲧⲣ , aux dieux G. 157.

𓈘𓇋𓏤𓈘𓇋𓏤𓏤 ⲟⲩⲟⲣ ⲧⲛⲏϩ ⲛ̅ ⲡⲱⲛⲉ-ⲕⲁϩ ⲙⲁϊ , aimé d'Ammon le seigneur de la contrée de conversion. G. 436.

𓈗 𓏤𓏤𓏤 ⲛ̅ⲭⲉⲧ ⲛⲉⲛⲧⲣ , des autres dieux. G. 331.

𓈘 ⲛⲉⲧ , à toi. G. 426.

𓈘𓇋𓏤 ⲛⲟ , nom phonétique de la déesse Néith, la Minerve égyptienne : suivi du symbole de cette même divinité.

𓈘𓇋𓏤𓏤 prêtre du temple de Néith. (Statua Vaticana du Vatican).

𓈘𓏤𓏤 ⲛⲏⲧⲛ̅ , pour vous, et à vous. G. 289. 419.

𓈘𓇋𓏤𓈘 ⲛⲉⲧⲛⲛⲟⲩϩ , vos cordes. G. 286.

𓈘 ⲛ̅ⲥⲁ , après, G. 498.

434.

𓏲𓈖, 𓂜, 𓏲𓈖.

𓏲𓈖, 𓂜, équivalents des formes coptes ⲛⲉⲥ et ⲛⲁⲥ, marques de la 3ᵉ personne du passé féminin. G. 410.

𓏲𓈖, ⲛⲁⲥ, à elle, et pour elle. G. 244 et 248. 𓏲𓈖 pluriel du même groupe. G. 299.

𓏲𓈖 et 𓏲𓈖 tiennent lieu du copte ⲛⲁⲩ et ⲛⲉⲩ indiquant la 3ᵉ personne du passé pluriel des deux genres. G. 412.

𓏲𓈖 ⲛⲉⲛ et ⲛⲉⲛ ⲛⲱⲟⲩ, à eux. G. 300, 506.

𓂀, 𓂀, ⲛⲕ, copte ⲛⲉⲕ, et ⲛⲁⲕ, exprime la 2ᵉ personne du passé masculin singulier. G. 409.

𓂀 ⲛⲁⲕ, à toi. G. 362, 384.

𓂀 𓋹 𓌞 𓋴 𓎟 ⲛⲁⲕ ⲡⲱⲛϩ ⲧⲧ ⲡⲱϩⲓ ⲛⲓⲃ, à toi la vie stable, pure, entière. G. 411.

𓂀 𓂧 ⲛⲕ copte ⲛⲱⲓⲕ, ⲛⲟⲉⲓⲕ, forniquer, être adultère. G. 392.

𓂜 𓂀 𓂧 𓀀 ⲛ̄ ⲙⲉⲓⲛⲟⲉⲓⲕ, je ne suis pas adultère. (Rit. pl. 72. col. 43)

𓂜 𓂀 𓀀 𓀁 𓂧 je n'ai commis d'adultère avec femme ni homme. (Rit. funér. col. 34).

𓂀 𓂧 𓀀 ⲛⲕ. ϣⲓⲙⲉ, ⲛⲱⲓⲕ ⲛⲉⲙ ⲟⲩϩⲓⲙⲉ, commettre un adultère, forniquer. G. 392.

𓂀 𓀁 𓃀 ⲛⲕ-ϩⲁⲓ-ϣⲟⲣⲙⲁⲧⲟ, ⲛⲱⲓⲕ ⲛⲉⲙ ⲟⲩⲣⲱⲙⲉ, être pédéraste. G. 392.

𓂀 ⲛⲁⲕⲥⲟⲉⲓⲧ, tu as illustré. G. 409.

𓂀 𓊖 ⲛⲁⲕ ⲡⲕⲁϩ ⲛ̄ ⲧⲱⲣ, à toi le pays de Tôr. G. 399.

𓏲𓈖 ou 𓏲𓈖 marque de la première personne du passé, pluriel, commun.

𓏲𓈖, 𓏲𓈖, 𓏲𓈖, 𓏲𓈖, pronom de la 1ʳᵉ personne, ⲛⲁⲛ, à nous. G. 294 sq.

𓏲𓈖 𓂀 𓋹 nous t'avons donné une vie entière, stable et heureuse. (Stèle bilingue de Turin, Paroles d'Amoun-Ra et de Mouth à Ptolémée Césarion.)

𓏲𓈖 (ⲛ̄) ⲛ̄ⲛⲧ, des. G. 244.

𓏲𓈖 𓀀 𓀁 ⲛ̄ⲛⲁⲡⲧⲟ, ceux qui appartiennent, qui font partie. G. 310, 319.

235.

𓏌𓏌 , 𓏌𓁐 ⲚⲦⲒ, ⲚⲀⲒⲈⲦ; lesquels. 6. 307.

𓏌𓏌 ⲔⲚⲈⲚⲦⲒⲠⲦⲞ, ceux qui font partie, 6. 307.

𓏌𓏌 𓏤𓏤 𓈇 ⲚⲒⲚⲎⲀ, Niniia, le pays de Ninive. 6. 150

𓏌 préposition et article d', de, du, des, 6. 201, 361, 424, 431.

𓂋 𓉐 𓊹 𓏌 𓏤𓉐 𓈖 𓃣 gu ⲠⲦⲈ ⲚⲦ ⲀⲚⲠⲰ, dans le temple d'Anubis, ou qui est à Anubis (Rituel, funèr. Ruc. 41, not. V, formul. 98).

𓏌 ou 𓏌 et la forme 𓏌𓏌 ou 𓏌, répond à notre conjonction que. 6. 311.

𓏌 , désigne la 2ᵉ personne féminine. 6. 29.

𓏌 ⲚⲈⲦ, à toi. 6. 276.

[hiéroglyphes] (que la déesse), te donne les pains; que Hapimôou te donne l'eau; que la déesse Hathor te donne des cosmétiques, que la vache Nephtys te donne du lait. (mon. hiéroglyphique de Turin, prière finale).

𓏌𓏤 ⲚⲈⲦ, à toi (reine). 6. 293.

𓏌𓀀 ou 𓏌𓀀 ⲚⲦⲞ, ⲚⲐⲞ, exprime le pronom de la 2ᵉ personne féminin singulier, toi. 6. 253.

𓏌𓏤𓀀 ou 𓀀 ⲚⲦⲞ, ⲚⲦ, Neith, déesse. 6. 113; la même figure avec la barbe, est la même déesse dans sa forme mâle. 6. 112.

[hiéroglyphes] , Neith grande divine mère, déesse puissante sur les parties de la région saïtique.

𓏌𓈖 abréviation de 𓏌𓈖𓀀 (Ms. hiératique) ⲚⲦϤ·Ϥ, de ou à son père. 6. 65, 298.

𓈖𓀀 ⲚⲦⲞϤ, lui. 6. 198, 154.

𓈖𓀀 𓊹 ⲚⲦⲞϤ Ⲟⲥⲓⲣⲉ, lui Osiris. 6. 154, 330.

𓈖𓀀 𓂓𓊹 ⲚⲦⲞϤ ⲠⲂⲀⲒ ⲚⲦⲢ, lui (est) l'esprit divin. 6. 151.

256.

𓈖𓏏𓅱𓏏𓈖 ⸗ⲛⲧⲱⲧⲛ̄ ⲁⲩ, qui êtes-vous? G. 188.

𓈖𓏏 ou 𓏏𓈖, ⲛⲧⲕ, ⲛ̄ⲧⲟⲕ, ⲁⲛⲧⲟⲕ, toi. G. 152, 253.

𓈖𓏏, la déesse Nèith, Nith ou Néith la Minerve Égyptienne. Emanation p.ᵉ (incarnation) d'Amon-Ra.

la déesse Néith mère divine. (Momie de …)

Néith dame de la région saïtique. (Myth. du …)

ⲚⲦ (ⲚⲀⲦ, ⲚⲈⲦ) Neith, Nèith, Nith, variantes.

, aimé de Neith dame de Sa-san (Saïs) (Inscript. du Mus. Royal Relative aux courses de Chars).

ⲚⲦⲞⲤ ϨⲤⲈ ⲦⲰⲚⲈ ⲚⲞⲨⲤⲒⲢⲈ : elle, Isis, la sœur d'Osiris. G. 254.

ⲚⲦⲤⲚ, eux. G. 257, 259.

ⲚⲦ, que.

et ⲚⲎⲦⲚ et ⲚⲰⲦⲎⲚ, exprime la seconde personne du passé, pluriel, genre commun, notée dans le copte par les formes ⲚⲈⲢⲈⲦⲚ, ⲚⲀⲢⲈⲦⲚ. G. 256, 300, 422.

et ⲚⲦⲒ, qui, qui est, qui sont. G. 305, 327, 335, 495, 499.

ⲚⲦ ⲈⲒⲢⲈ, qui est. G. 337.

ⲚⲦⲒ ϨⲢⲰϤ, qui sont avec lui. G. 317.

ⲠⲚⲞⲨⲦⲈ ⲚⲒⲂⲒ ⲦⲚⲞⲨⲦⲈ ⲚⲒⲂⲒ Ⲛ̄ⲦⲈϨⲨ ⲠⲦⲠⲈ ⲚⲦⲈ ϨⲎ ⲐⲞ, tous les dieux et toutes les déesses qui sont dans le ciel et qui sont dans le monde terrestre. (Rit. funéraire.) G. 306. Suiv. fam 1.

prêtre de la fille de roi, sœur de roi, épouse de roi, la dame du monde Arsinoé déesse Philadelphe dans le temple qui est à Arsinoé et qui est dans (nom de lieu). (Stèle du Musée Impér. de Vienne N° 52).

≋, ≋, —, ≣, ≣≣, I.

≋ 🏺 niq, niqe, nigi, souffler, une voile attachée au mât d'un vaisseau est le signe déterminatif. G. 374.

̅̅̅ nan, à nous. G. 299.

521 ≈≈≈ groupe phonétique exprimant la consonne Δ, D, des grecs ; c'est le son de T, (la main) modifiée par l'influence de n. G. 46, N° 257.

[cartouche] ntporcy, Darius. G. 500.

522 ≈≈≈ groupe phonétique exprimant la consonne Δ, le D des grecs ; (même observation que sur le groupe précédent). G. 46, N° 259.

523 —, —, et —, caractère phonétique représentant une règle plate, tranchée par fois diagonalement à ses deux bouts et exprimant les consonnes T, Θ, et quelquefois Δ; T. TH D. G. 40, N° 88.

≣≣ niš neto, toutes les parties du monde. G. 397.

A ≣ ≣ Caractère symbolique exprimant le nombre et le mot ψμονη, huit.

≣≣ Ψμονη, nom de la ville de Schmoun, ou Hermopolis magna; l'Aschmounein des Arabes. G. 334.

[groupe] le second Thôth seigneur deux fois grand de Schmoun-nou. (obélisque du mus. Britan.)

524 ‖, |, s'emploie comme explétif pour garnir l'espace resté vide sous un caractère ou dans un groupe : ⌃, ⌃, pour ⌃.

‖, |, caractère symbolique, la ligne verticale qui remplace quelquefois le pronom verbal 𓀀, pour la première personne masculine du temps présent singulier. G. 394.

110.

458.   1, ▢, +, ✚, †, †𓏥

B | , 1 , signe numérique de l'unité, qui, répété, exprime toutes les unités. G. 112.

|||, ou ⁞, ⁞ et même ⁞‖, trois idem. G. 168.

|⁞|| 〰 𓅭 qtoe cp, quatre oies. G. 418.

525 ▢, ▫, Caractère phonétique représentant un abrégé de ▬ et ▬ et exprimant aussi la syllabe то, ⲑⲟ, To, Tho, G. 46, N° 127.

526 ✚ Caractère phonétique représentant deux lignes d'égale longueur et croisées, et exprimant la consonne м, M, dans les monuments des basses époques, G. 41, N° 127.

A ✚ Caractère phonétique semblable au précédent et qui paraît avoir quelquefois le son de λ et ρ, L et R. G. 41, N° 111.

527 † Caractère phonétique ayant la forme de la croix latine et exprimant l'articulation ϩ hori. G. 45, N° 131.

† par abréviation de †𓏥 ϩⲩ se prononce aussi ⲉⲣⲅⲉ et signifie : qui réside en, résidant, habitant ; et dans. G. 304.

†| pluriel ⲉⲣⲅⲉ, abréviation du même groupe au pluriel.
†⸗ ϩⲩ ⲡⲧⲟ, dans le monde terrestre. G. 481.

†𓏥 , †𓆼 , †𓏥 , d'un très-fréquent usage dans les textes hiéroglyphiques, paraît correspondre exactement aux prépositions coptes ϩⲩ, ϩⲉⲙ, dans. G. 66, 481.

†𓏥 ⏝ ϩⲩ ⲧⲡⲉ, dans le ciel. G. 481.

†𓏥 ⸗ , ϩⲩ ⲡⲧⲟ, dans le monde terrestre. G. 481.

†𓏥 𓂓 𓇳 𓏏𓏥 ϩⲩⲟϩ ⲡⲉϥⲧⲉϥ ⲁⲧⲙⲟⲩ, Devant son père Ammon Dieu. G. 489.

†𓏥''' , †𓏥⸗ , ⲉⲣⲅⲉⲩ, ⲉⲣⲅⲩ, habitants, ceux qui résident dans. G. 60, 411.

†𓏥 𓅆 ⊙ ⲉⲣⲅⲩ ⲡⲉⲁⲛⲉⲙϩⲓⲧ (ⲡⲙⲉⲥⲏⲧ), résidant dans la région inférieure. G. 168.

𓏏𓄿𓊖 ⲉⲣⲅⲏ, ceux qui sont, qui habitent.

𓏏𓆱𓏥 𓇯 ⲉⲣⲅⲏ ⲧⲡⲉ, habitants du ciel. G. 529.

𓏏𓄿 préposition combinée avec ⲉⲓⲓⲓ, 𓏥 ⲣ, ⲉⲣ, marque du participe présent pluriel, et par abréviation 𓏏𓏥, et même 𓏏ⲉ et signifie: eux étant dans, eux qui sont dans, les habitants. G. 481.

𓏏𓄿𓏥 𓈗 ⲅⲩ ⲙⲟⲟⲣ (ⲛⲉ ⲅⲉⲛ), les habitants de l'eau, aquatiques.

𓆊 𓏺𓏥𓏏𓄿𓏥 𓈗 les crocodiles divins, habitants de l'eau. (Dict. funér. pl. 75. col. 179.)

𓏏𓄿𓏥 𓈅 𓇳, les habitants de la région de Khel ou de Khol. (Dict. funér. pl. 74, col. 129).

𓏏𓄿𓏥 𓇳, ⲛⲉ ⲅⲩⲑⲟ, les habitants de l'Égypte; les égyptiens. G. 129.

𓈖𓏥 𓁹𓈉 𓏏𓄿𓈖 𓇯 𓉐, qui est le mois des égyptiens (nommé) Épep. (Inscript. du Temple d'Hathor, à Philæ). (voir 𓏏𓆱).

𓏏𓆱𓏥 𓇼 𓇳, habitants du firmament. (Dict. funér. pl. F. et 54.)

𓏏𓄿 avec l'article féminin 𓏏, 𓏏𓄿𓏏 fut quelquefois employé dans le sens du copte ⲟⲏⲉⲣⲅⲏ, ⲧⲏⲧⲅⲏ, celle qui est dans, celle qui réside dans. G. 483.

𓏏𓄿 ⲅⲩ, mot qui signifie primitivement homme, entre dans la composition des noms patronymiques ou d'agents, et exprime l'idée générale habitant, et habitants avec la marque du pluriel.

𓏏𓄿𓁐 ⲅⲩ, habitants du Disque (solaire).

𓊹𓏤𓇋𓏠𓈖𓏏𓄿𓁐 𓇳, le dieu Amon habitant son Disque. (Dict. funér. pl. 75, col. 124).

𓉐𓂋𓁹𓏏𓄿𓁐 𓇳, le dieu Phré habitant son Disque. (Sqq.)

𓏏𓆱𓉐 ⲅⲩ-ⲏⲓ, copte ⲅⲉⲙϩⲓ, ⲅⲉⲙϩⲓ, habitant d'une maison, homme attaché à une maison.

𐦀𐦁 , 𐦀= , 𐦀ᶜ , 𐦀 , 𐦀 , 𐦀ᶜ.

𐦀𐦁 ⸗ — ⸗⸗ habitant de la 1ʳᵉ maison du dieu Sev. (Rit. funér. pl. 78, col. 182).

𐦀𐦁⸗ 𐦁 ou 𐦀𐦁⸗ 𐦁 ϩⲓⲩⲙⲟⲩⲛⲟⲩ, habitants de Schmoun-nou ou d'Hermopolis magna. (Rit. funér. pl. 78, col. 189).

𐦀𐦁⸗ ⸗ ⲛ ⲉⲧⲅⲏⲟⲩ ⲧⲡⲉ, les habitants du ciel. G. 348.

𐦀𐦁⸗ ⸗ ⸗ ϩⲛⲁⲣⲉⲙ ⲡⲣⲏⲥ ⲁⲩ ⲡⲉⲙϩⲓⲧ, habitant le midi et le Nord. G. 423.

𐦀𐦁⸗ ⸗⸗ ⲉⲣⲅⲏⲩ ⲉⲃⲱⲧ, habitants d'Abydos. G. 482.

𐦀𐦁⸗ ⸗⸗ ⲉⲣⲅⲏⲩ ⲟⲩⲥⲏⲓ, habitants de la salle hypostyle. G. 482.

𐦀𐦁⸗ et 𐦀⸗ , ou ᶜ𐦀 , prennent, dans certains cas, les pronoms simples affixes, qui sont alors les compléments de la préposition. G. 483.

⸗ ⲅⲏⲩ, en-haut.

𐦀⸗ préposition ⲉⲣⲅⲏⲩ, eux étant dans. G. 482.

⸗ ⲅⲏⲩ ⲡⲙⲟⲟⲩ, dans l'eau. G. 482.

𐦀⸗⸗ ⲛⲉⲧ-ⲅⲏⲩ-ϥ, ceux qui l'habitent. G. 299.

⸗ ⲡⲉⲩ (et par les) habitants. G. 451.

𐦀⸗ groupe s'appliquant également aux noms de pays, situé, placé (faisant partie de).

⸗⸗⸗⸗⸗⸗ nous t'amenons (captives) toutes les contrées placées dans la Nubie (ou qui font partie de la Nubie. (Stèle d'Osortasen à Ouadi-Halfa).

𐦀⸗ ⲛⲉⲧⲅⲏⲩ-ⲥ, ses habitants (ceux qui sont dans lui). G. 484.

𐦀⸗ , 𐦀⸗ , 𐦀⸗⸗ , 𐦀⸗⸗ ⲛⲉⲧⲅⲏⲩ-ⲕ, ⲛⲉⲧⲅⲏⲩ-ⲧ, ⲛⲉⲧⲅⲏⲩ-ⲧⲛ, ⲛⲉⲧⲅⲏⲩ-ⲟⲩ, ceux qui sont ou habitent dans toi (masculin), dans toi (féminin), dans vous, dans eux ou dans elles. G. 484.

528 ✕, ✕, Caractère phonétique représentant deux diagonales croisées et exprimant la voyelle ω. δ. 37, N° 18.

ⲰⲎⲠⲒ, chef, le chef, l'aîné. δ.191. ⲦⲰⲎⲠⲒ, la puissante. δ.100.

ⲦⲰⲎⲠⲒ, la puissante. δ.118.

ⲞⲨⲎⲞⲨ, distance. δ. 505.

pour ⲚⲞϤ, grand, puissant.

abr. de ⲰⲎⲠⲒ, ⲂⲎⲠⲒ, principale. δ. 65.

ⲰⲦ, graisse. δ. 507 et ⲚⲰⲦ feu δ. 99, flamme. δ. 605.

529 ||, ||, Caractère phonétique représentant la voyelle ι, ι, dans les noms propres. δ. 38, N°38.

nom du 19° jour du mois. (Mém. d. l'Académie).

ⲘⲈⲒⲞ-Ϥ, le voient. δ. 258.

530 ||ℂ, groupe phonétique représentant la diphthongue ⲀⲨ, ⲈⲨ, ⲞⲨ, ⲀⲨ, ⲈⲨ, ⲈⲨ. δ. 38, N° 44.

531 ⋀, ⋀, ⋀, ⋀, Caractère phonétique représentant une espèce de niveau, et exprimant les voyelles ⲁ, ⲁ, δ.36, N° 14.

ⲀⲠ, ou ⲄⲀⲠ, Api, Apis, divinité égyptienne.

ⲀⲠⲞⲤⲞⲢ, Aposor, Osiris identifié avec Apis.

Aposor qui est dans l'occident, roi des Dieux. (Stèle, Musée Imp. de Vienne).

ⲀⲠⲒ, Apis, figure à tête de Cynocéphale. δ. 118.

ⲀⲠⲒ, Apis. δ. 182.

nom du 5° jour du mois. (Mém. de l'Acad.)

532 ϭ, ϭ, ℂ, Caractère symbolique ayant la forme d'une spirale et exprimant l'idée ⲨⲈ, cent; on le répétait autant de fois qu'on avait de centaines à écrire. δ. 116. (et supra page 263 signe ℂ.)

999/999 six cents.

111.

442

533 ⌒ , ⌒ , Caractère phonétique, représentant une ligne d'enceinte, de clôture, ⲙⲟⲣⲡ entourer, et exprimant la consonne ⲙ , M , G. 41, N° 128.

ⲙⲡ , ⲙⲟⲣⲡ , ⲙⲏⲡ , aller autour, entourer, environner, être environné ; faisant le tour. G. 383, 307.

ⲛⲁ ⲙⲟⲣⲡ , j'ai entouré. G. 485.

ⲉⲕ-ⲙⲡ , tu fais le tour. G. 440.

••• , ooo , oo , ⁖ , o8o , représentant des grains ou des molécules arrondies, signes déterminatifs des noms de matières, métaux, pierres précieuses. G. 89.

⊙ . Soleil. Voyez page 4.

534 ⊙ , ⊙ , Caractère symbolique ; employé isolément ou servant de déterminatif au mot ⲥⲡ (copte ⲥⲉⲡ , ⲥⲟⲡ), vices, fois. (voyez note)
(Il faut bien distinguer ce signe de ⊛ crible.)

⁖ , ⁝ , ⁙ , ⲥⲛⲁⲩ ⲛ ⲥⲟⲡ , deux fois G. 307. ⲛ ⲥⲟⲡ ϣⲟⲙⲛⲧ , trois fois. G. 506, ⲛ ⲥⲟⲡ ϥⲧⲟ, quatre fois. G. 506.

⊙o ⲥⲡⲛ.ⲧ ? grenat. G. 90.

⊙ⲛ ou ⊙ⲛ , adverbe, ⲥⲟⲡⲥⲛⲁⲩ , fut souvent employé dans le sens de l'adverbe latin bis, deux fois, comme simple signe orthographique, même lorsqu'il fallait doubler une syllabe dans un mot ou dans un nom. G. 508

ⲛⲓ ⲉϩⲟⲧ ϩⲓ ⲟⲩⲛⲟⲩ ⲛⲱⲧⲉⲕ , ô bœufs battez le blé pour vous (bis). G. 509.

ⲟⲩⲁ ⲙⲉⲛ ⲡⲉⲑⲏⲣ , Ammon dieu ! Ammon dieu ! G. 509.

535 ⋂ , ⋂ , signe symbolique qui se lit ⲟⲩⲏⲧ masculin, ⲟⲩⲏⲧⲉ féminin ; et qui exprime le nombre 10 et autant de dizaines qu'il est de fois répété. G. 218 et supra page   .

536 ⌒, ⌒, Caractère phonétique représentant une moitié de sphère ou de cercle, et exprimant les consonnes T, Θ et Δ; T, TH, et le delta des grecs. *G*. 40 N° 80.

⌒, т, article déterminatif féminin singulier, *la*. *G*. 181.

1° Employé comme préfixe:

[hiero] тмаү, *la mère* = [hiero] тϭι, *la fille*.

2° Comme affixe:

[hiero] cν.т. *la sœur*.

[hiero] ϣιн.т. *la chatte*.

⌒ article possessif de la 2° personne féminin singulier, *cop*. є.

[hiero] πєραν ντφє, *ton nom, Nephthé*.

⌒ se combine avec les noms et l'article déterminatif féminin pour former les articles possessifs affixes féminins та, тєк, тєq, мα, κα, ϲα; voyez le tableau des articles possessifs *G*. 280.

⌒ pronom simple (affixe) de la 2° personne féminin singulier, temps présent; copte тє.

[hiero] тємєрє, *tu contemples*.

[hiero] тєт ναγ, *tu lui donnes*.

[hiero] πєт, *ton*, en parlant à une femme. (Voyez le tableau des articles possessifs affixes masculins, 2° personne. *G*. 275.

[hiero] тϭι, *la fille*.

[hiero] тϭєннϲι, *Tsénisis, l'enfant d'Isis* (femme). *G*. 134.

[hiero] (тϭєннϲє, тϭєннϲι), *Tsénisiz Senisis, la fille d'Isis*, nom propre de femme. (Statue de Neith, jadis au cabinet Durand).

[hiero] (тϭєνμαγт), *Tsenmouth, Senmouthis, la fille de Mouth (Neith)*; momie du cabinet Impérial de Milan). *G*. 134.

444

⸺𓀀, ⸺, ⸺, ⸺, ⸺, ⸺.

⸺𓀀 ⸺ (ⲧⲥⲉϩⲱⲣ, ⲥⲉⲛϩⲱⲣ), Senhoris, l'enfant d'Horus. nom propre de femme (aff. fémin. M. T.)

⸺𓀀 ⸺ ⸺, ⲧⲥⲉⲛϩⲱⲣ, variante du précédent. (gr. Ret. fémin. tricing Moth.)

⸺ 𓏏𓏏 ⸺ ⲧⲣⲁⲓⲛⲥ, Trajan, nom impérial romain. (gr. Temple, Nila, Huyot)

⸺ 𓏏𓏏 ⸺, variante du précédent. (Phila Ricci).

⸺ 𓏏𓏏 ⸺, variante des précédents. (Phila. Huyot).

⸺ ⸺ ⲧⲁⲗⲙⲥ, Talmis, Talmis des géographes anciens; aujourd'hui Kalabsché en Nubie. G. 153.

⸺, ⲧⲁ ou ⲑⲁ, la de, ἡ τοῦ, ἡ τῆς, ἡ τῶν. G. 188.

⸺ ⸺, ⲧⲁⲏⲥⲉ, ⲑⲁⲏⲥⲓ, la d'Isis, ἡ τῆς Ἴσιδος, celle qui appartient à Isis. G. 188.

⸺ ⸺, ⲧⲁⲏϥⲣⲱϥ, celle qui appartient à Néphérothph. G. 188.

⸺ ⲧⲓ, exprime l'idée accorder, donner.

⸺ ⲥⲛϯ, accordent. G. 317.

⸺ ϯϯ ⲛⲁⲕ, j'accorde à toi G. 394.

⸺ ⲧⲕϩⲟ, Tik-ho, (à face étincelante), serpent gardien de la 5ᵉ heure du jour. G. 126.

⸺ ⲧⲓⲕ, étincelle. G. 99.

⸺ ⲧⲃⲣⲓⲟⲥ, Τιβεριος, nom Impérial romain, Tibère. (Phila huyot).

⸺, variante du précédent. (Esné, Huyot).

⸺, ⸺, ⲧⲥ. article féminin singulier; se placent à la suite des noms propres de femmes, et des femelles d'animaux.

⸺, ⸺, ⸺, ⲧⲉ, ϯ, article déterminatif féminin singulier; la G. 181.

⸺ ⸺, ⲧⲉ ⲛⲁⲣ, lumière — ⸺ ⲧⲩⲓⲏ, la chatte.

[hieroglyphs] τo, partie, portion, pars.

[hieroglyphs] portion du ciel d'or, l'une des subdivisions méridionales du ciel. (Zodiaque circulaire de Dendra).

[hieroglyphs] portion du ciel d'or d'Isis grande déesse; autre subdivision du ciel austral (idem.)

[hieroglyphs] portion de Mout (Neith) autre subdivision du ciel austral. (idem.)

[hieroglyphs] la portion de la région d'occident; la partie occidentale du monde à laquelle présidait Osiris. (papyrus en qui Mus. de T.)

[hieroglyphs] et [hieroglyphs] τα et τας (copte τα, θα) espèce d'article démonstratif possessif: celle qui est à, celle qui appartient à, ἡ τῆ, et entre dans la composition d'un grand nombre de noms propres de femmes. (voyez [hieroglyph])

[hieroglyphs] θαρη Tharí, ἡ τοῦ Ἡλίου, celle qui appartient à Phré ou Phri, le dieu soleil.

[hieroglyphs] ταaмen-ωφ. Taaménoph, celle qui appartient à Ammon-Oph. (papyrus de Turin).

[hieroglyphs] ταaмn, Taamoun: celle qui appartient à Ammon. (autre papyrus Mus. de Turin).

[hieroglyphs] τεcιcnι, Tésisnéi. nom propre de femme. G.x1c

[hieroglyphs] τωhpi, principale, grande. G. 110, 170.

[hieroglyphs], τωppi n ϲaπe ατω n ϲaмπεϲнт, la couronne de la région d'en haut et celle de la région d'en bas. G.su.

[hieroglyphs] τωppi nϲaπe nϲaмπεϲнт niв, toutes les couronnes de la région haute et basse. G. su.

[hieroglyphs] τεωhpi, l'aînée. J. 177.

118.

446.

𓄋𓄿𓃭 , Τογηρ, Τέόέρι, Οοηηρις, Thouéris, nom propre de déesse, une des formes de la déesse Netphé; déesse représentée sous la forme d'un hippopotame. (Stèle du musée de Turin).

𓄋𓄿 variante du précédent. (Base de statuette, Musée de Turin).

𓄋𓄿𓃭 ⸗ ⋯ ταzp.ǥu-ǥδ, Tadjer hem-heb; celle qui appartient au grand dans la panégyrie (à Horus). (Stèle Royale du musée de Turin).

𓄋𓄿𓃭 ταταp, variante du précédent.

𓄋𓄿𓃭 ⋯ Tadjor dame du ciel; rectrice des dieux. (Base de statuette, musée de Turin).

𓄋𓄿𓎟 (ταπε ou ταππε) la céleste, Uranie, l'un des noms de la déesse Netphé sous la forme d'un hippopotame. (Stèle du musée de Turin).

𓄋𓄿𓃭𓅓 ταμη.τ, Tamenii ou Ta-menni (en considérant le ◯ comme signe de redoublement) déesse adorée sous la forme d'une hirondelle (en copte ϣΗΝΙ, ϣΗΝΝΙ.Τ.) (Stèle peinte musée de Turin).

𓄋𓄿𓃭𓇋𓅓 τεογ ǥωρ, Tchouhôr, la chienne (femme). 6.129.

𓄋𓄿𓃭 τεβκηϣοης, Tebekenchons. 6.274.

𓄋𓄿𓃭𓃙 τεq τηϴτωρ, sa cavalerie. 6.269.

𓄿𓃭 τωηρι τια, l'ainée Ammon, (femelle). 6.246.

𓃭 ǥαητωρ, des lotions. 6.489.

𓄋𓃭 ται, celle. 6.183.

𓄋𓃭 ταιητ, celui qui est, qui appartient. 6.508.

𓄋𓃭𓎟 ταεμητ, Taement (celle qui appartient à l'occident). 6.198.

𓄋𓃭 τεῦηρι, l'hirondelle. 6.177.

ⲑ, Ⲑ, ⲑ.

ⲑⲏⲥⲉ, ⲑⲁⲏⲥⲉ, Thaïsé ou Thaïse, ἡ τῆς Ἴσιδος, celle qui appartient à Isis.

ⲧⲁⲫⲛⲏ, Daphné, grec Δάφνη. G. 128.

ⲧⲉⲱϫⲏ la chatte, et nom de la Déesse Bubastis. G. 177.

ⲧⲉϣⲓⲏ, Téchié, la chatte (femme). G. 129.

ⲧⲉⲛⲟⲩⲫⲣ, Ténofré, la bonne (femme). G. 130.

ⲧⲉⲕⲣⲙⲓ, Tékormi, le carthame (femme). G. 130.

suivi de la préposition ——, marque la filiation paternelle. (Momie de Tontéschié, Musée Royal).

ⲧⲁⲙⲁⲩ ⲥⲓ ⲛⲟⲩⲏⲃ, ma mère, fils de prêtre d'or.

ⲧⲙⲁⲩ, la mère. G. 202.

ⲧⲉⲛ-ⲙⲁⲩ Ⲏⲥⲉ, leur mère Isis. G. 282.

ⲧⲙⲁⲩ Ⲛⲧⲫⲉ, mère Natphé. G. 530.

ⲧⲁⲓ, ⲑⲁⲓ, article démonstratif féminin singulier, celle, hæc; de cet article se forment plusieurs noms-propres de femme.

ⲧⲁⲓ(ⲛ)ⲁⲙⲛ, Tainamoun qui est aussi écrit ⲧ'ⲁⲙⲛ, c. à d. l'Ammonienne, celle qui appartient à Amnon Αμμωνια. (Papyrus du Musée de Turin).

ⲧⲉϥⲧⲟⲟⲩ, les quatre. G. 217.

(ⲡ̄) ⲧⲥⲓ-ⲛ̄ ⲣⲏ ⲧⲥⲓ-ⲣⲏ, Sensé ou siré, la fille du soleil, nom propre de femme. (Image féminine, Musée de Turin.)

ⲓⲱⲧ, et ⲓⲱⲧ ⲓⲱⲧ, père et pères.

ⲡⲁⲓⲱⲧⲉ, mon (divin) père. G. 487, 574.

ⲡⲉⲛ-ⲓⲱⲧ ϩⲱⲣ, notre père Horus. G. 182.

femme à tête de lionne surmontée du modius; ⲧⲫⲛ.ⲧ, Taphné. G. 123, 127, 411.

𓂋 . 𓅱 . 𓉐 . 𓉐 .

𓂋𓏤 . ⲡⲉϥ-ⲧϥⲉ, son père. G. 177.

𓂋𓏤𓇋𓏏𓆑 ⲡⲉⲕⲧϥⲉ ⲁⲙⲛ̄, ton père Ammon. G. 360.

𓂋𓏤 , ⲧϥ, ⲧϥⲉ, père. G. 166.

𓂋𓏤 ⲧϥⲉ, un phallus, encr; père. G. 30.

𓂋𓏤𓇋𓏏𓆑 ⲡⲧϥⲉ ⲁⲙⲛ, Ammon le père. G. 194.

𓂋𓏤𓇋𓏏𓆑 ⲡⲉⲕ ⲧϥⲕ ⲁⲙⲛ, ton père Ammon. G. 468.

𓂋𓏤𓇳 ⲡⲉⲛⲧⲩ Ⲡⲣⲏ, ton père Phré. G. 154, 467.

𓂋𓏤 ⲡⲉϥⲧϥⲉ, son père. G. 351, 490.

━━𓊃𓂓𓏏𓆑𓀀 𓂋𓏤 dans la prise de possession du pouvoir royal à la place de son père. (Inscript. de Rosette ligne 10).

𓏏𓆑𓂋𓏤 comme son père Phtha. (Obélique flaminien, face méridionale).

𓂋𓏤 𓋹 𓎟 . ⲡⲉϥⲧⲣⲉ Ⲥⲃ, son père Seu. G. 470.

𓂋𓏤 𓈖 ⲡⲉϥⲧⲣⲉ ⲙⲁⲓ-ϥ, son père qui l'aime. G. 206.

𓂋𓏤 ⲡⲉϥⲧϥⲉ, son père. G. 277.

𓂋𓏤 ⲡⲉⲧϥ, ton père. 450.

𓊌𓏤 ⲧⲟⲧⲧ, ⲧⲟⲣⲱⲧ, statue, image, simulacre, et cérémonie. G. 176, 299, 589.

𓊌𓏤 ⲧⲟⲣⲱⲧ (ⲅⲁⲛ), des statues. G. 205.

𓊌𓏤 ⲡⲧⲟⲣⲱⲧ, statue grande. G. 510.

𓊌𓏤 ⲧⲓⲧⲉ, ⲧⲓⲧⲟⲥ, Titus, nom impérial romain.

𓉐 , signe déterminatif des noms d'Edifices. G. 155.

𓉐 𓊌 . 𓉐 𓀐 ⲧϥ, ⲧϥⲉ, ⲧϥⲉ, Ebrius esse: inebriari; s'enivrer; une jambe coupée sert de signe déterminatif. G. 553.

𓂋𓏤𓉐𓀐 , 𓂋𓏤𓉐𓀐 , je ne m'enivre pas.

𓉐𓀐𓏤 , être enivré, être ivrogne.

𓉐𓏤𓏥 ⲛⲉⲛⲧⲟⲩ, leur frontière. G. 278.

𓊪, 𓏏, 𓊖, 𓃀, 𓊖, 𓊗, 𓊪, 𓏏, 𓏏, 𓏤.   449

⌇⌇ 𓏏𓏏⌇⌇ ⲧⲟⲓⲧⲓⲁⲛⲉ, Domitianus ; nom impérial romain. (Oblisque Pamphile).

𓏏𓏏𓏏𓏏 ⲧⲟⲓⲧⲛⲉ, Domitianus, nom impérial Romain. (idem)

⌇⊙, signe représentant un pain sacré. C. 151. supra pag. 290.

𓊖𓏤𓏤𓏤𓏤 ϩⲁⲛⲟⲉⲓⲕ, des pains. C. 401.

𓏏𓊖 ⲡⲕⲁϩ ⲛⲣⲱϥⲓ ⲁⲧⲱⲣⲉ, la région de pureté et de justice. C. 49.

⌇⌇ — ⌇⌇ ϩⲁⲛ ⲟⲉⲓⲕ ⲛ̄ ⲡⲁϩⲱⲕⲉⲣ, des pains à ma faim. C. 203.

⌇⌇𓊖 ⲛⲁⲟⲉⲓⲕ, mes pains. C. 322, 334.

𓃀𓃀𓏏, mauvaise action ? (Rit. funéraire, confer. pl. 71, col. 30).

𓊖𓃀𓃀 ⲧⲱϣ, ⲧⲟⲟϣ, ⲟⲩⲱ, limite, frontière. C. 98.

⌇⌇ ⌇⌇ ⲛⲉⲧⲱϣ ⲛ̄ ⲕⲏⲙⲉ, les limites de l'Égypte. C. 457.

𓊖⌇𓏭 dieu du 1er mois. (Mém. de l'Académie).

⌇⌇𓏏 et ⌇⌇𓏭, ⲧⲩⲟⲣ, ⲑⲩⲟⲣ, le dieu Thmou, le dieu Amon, forme de Phré. C. 165,311,327. les variantes de l'orthographe de ce nom sont nombreuses; ⌇⌇⌇ en est toujours le radical.

⌇⌇⊙ nom du 15e jour du mois. (Mém. de l'Académie).

𓏏, ⌇𓏏, ⲧⲛ̄, cette ; article démonstratif affixe, singulier féminin. C. 187.

𓊖𓏏⌇⌇ ⲧⲏⲡⲉ, Τιβέριος, Tibère, nom impérial romain. (Dendra, Salt, pl. 11, N. 4.)

⌇⌇𓏏 variante du précédent. (Dendera, comm. d'Égypte)

⌇𓏏𓏏𓏭, variante des précédents. (Philae, Égypte).

𓏤𓏤𓏤, ⌇, ⲧⲛ̄, cette ; article démonstratif affixe, singulier féminin. C. 187.

𓊗𓏤𓏤𓏤 ⲧⲉⲧⲛ̄, vôtre ; article possessif affixe, masculin pluriel, parlant aux deux sexes. Voyez le tableau C. 278.

𓏤𓏤𓏤, 𓊗𓏤𓏤𓏤 ⲧⲛ̄, pronom simple qui répond aux formes coptes ⲧⲉⲧⲉⲛ et ⲉⲡⲉⲧⲉⲛ, ⲧⲉⲧⲛ̄, ⲉⲡⲉⲧⲛ̄, marque de la seconde personne du présent du verbe, nombre pluriel genre commun. C. 404.

113.

𓏥 , 𓂑 , 𓁹 , 𓂓 , 𓂋 , 𓂋𓏥 , 𓂆 , 𓂂

𓊖𓏤𓏥 ⲧⲉⲕⲛⲟⲩⲙ-ⲥⲟⲟⲩ, quidez-le. 6. 290.

𓂋𓏥 ⲡⲉⲧⲉⲛ-ⲛⲏⲃ, votre-seigneur. 6. 249.

𓂑 𓏭𓏭 𓏥 ⲧⲟⲩⲧⲓⲁⲛⲥ, Δομιτιανος, Domitien. nom. imp. romain. (Phil. Royal)

𓂂 𓀔 ⲧϭⲉ, copte ⲧⲱϭⲉ, adjungere, adhærere (facere), unir ou tordre deux fils ensemble.

ⲥⲁⲧⲱϭⲉ, tordeuse de fils. (Basrelief de métier. Paulo).

A 𓁹 ou 𓂋, signes qui placés après un caractère d'ordinaire phonétique, le font passer à l'état de figuratif. Exemples.

𓂋, voyelle. 𓂋𓁹 œil figuré.

𓂋 ⲣ, 𓂋𓁹 bouche id....

𓂋𓏥 et 𓏥 même signe pour les noms au pluriel.

𓁹 et 𓂋𓏥, marque de dualité ou de redoublement dans tous les noms figuratifs, symboliques ou phonétiques. 6. 163. même signe pour le redoublement d'une lettre. 6. 534.

B 𓁹 ϯ, marque de la première personne du présent sing. 6. 299.

537 𓂂 , caractère phonétique représentant un quart de sphère ou de cercle, et exprimant les consonnes ϫ, ϭ, ⲕ, sj, sc, K. 6. 40, 43 N° 70 et 179, et 6. 63. vasmi 𓂂.

𓂂 𓀔 ϭⲕ, copte ϭⲁⲕ, applaudir, louer, s'applaudir. s'applaudissant. 6. 386, 389, 441.

𓏥 𓁹 𓂂 𓀔 — 𓏭 𓀔 , je n'ai me suis pas applaudi à ma parole.....

𓂑 ⲕⲗⲗ, zône ; 𓂋𓏥 𓂑 ⲕⲗⲗⲃ, les deux zônes. 6. 425, 503, et 529.

𓂂𓊪 ⲙⲁⲛ-ⲕⲗⲉⲥ, ⲙⲁⲛⲕⲉⲗ, le lieu de l'embaumement. 6. 111.

𓂂𓊪 𓃀 ⲕⲗⲟⲥ, ⲕⲉⲗⲥ, racine ⲕⲱⲗ, lit funèbre, ensevelir, envelopper de bandelettes; le lit funèbre et un paquet ou lien, sont déterminatif. 6. 371.

𓂂𓊪 𓃀 ⲕⲗⲟⲥ, embaumer, envelopper de bandelettes 6. 381.

𓂂𓊪 𓐎 ⲕⲗⲟⲥ, embaumer, envelopper de bandelettes. 6. 385.

𓂂 𓎼 ⲕⲁⲁⲣⲟ, Karo. 6. 388.

◁ , ◁| , ◁⊢ , ◁◫ , ◁϶ .

◁ 𝄞 ⟶ ϭⲱϩ, ϫⲱϩ, ⲟϩ, ⲭϩ, toucher, palper, tangere, et par suite linire, oindre. G. 332.

◁𝄞▽◯ ⲕϩⲱ, ⲕⲱϩ, ⲛϩ̄, ⲕⲉϩ, épaule, cubitus. G. 93.

◁𝄞▽◯ ⲕϩⲱ; ⲕⲱϩ, ⲟⲩⲛⲁⲙ, ⲕⲉϩⲟⲩⲛⲁⲙ, épaule droite. G. 93, 527.

◁𝄞▽◯ ⲕϩⲱϩⳃⲟⲣⲡ, ⲕⲱϩϩⳃⲟⲣⲡ, ⲕⲉϩϩⳃⲟⲣⲡ, épaule gauche. G. 93, 527.

◁𝄞⟶ ϭⲁϩⲧⲟⲧ, ϭⲱϩ-ⲧⲟⲧ, toucher la main, tangere manus, cérémonie funèbre envers les parents défunts.

◁|𝄞 ⲛⲃϩ, ϭⲃϩ, libation, et libare, faire une libation, répandre un liquide, ▯ pour déterminatif. G. 99.

◁|𝄞 ≡ , ⲛⲃϩ, ϭⲃϩ, libatio, ϭⲡⲟⲛⲇⲏ, libation, et l'action de faire des libations. G. 99, 512.

◁|𝄞 ≡ ⲕⲃϩ (ⲛ̄) ⲅⲁⲙ ⲏⲣⲡ (ⲁⲩⲱ ⲛ̄ⲅⲁⲙ) ⲉⲣⲱⲧⲉ, des libations de vin et de lait. (stèle du musée de Naples).

◁|𝄞 ⊙ |||, nom de la 10ᵉ heure du jour. (Mém. de l'acad.).

◁⊢◿◿ ◁⊢◿◿𝄞, ϧⲁⲓ-ϧⲁⲓ, nom propre de femme. G. 504.

◁⊢⟅△⟆ , ϭⲁⲡⲟⲛⲁⲧⲉ, testicules. G. 94.

◁⊢⟁⟆◯ ⲭⲉⲣⲛ̄ⲧⲟ ⲧⲟⲣⲛⲉⲥⲉ, phallus (coupés). G. 257.

◁◫ ⲥⲟ, ⲥⲟ copté idem, semen, seminis, germen, germes semenx: au figuré, race avec le déterminatif ancêtre.

𝄞𝄞 ⟶ ◁◫ ≡ ⟶ ⟐ engendré des dieux et de leur semence dans la grande demeure, (le palais des rois). Obélique flaminien face orient).

◁◫ ⲕⲁⲓⲥ, Caius, prénom impér. légende Caius-Caligula. (Philæ Thingot.)

◁϶ ⲟⲩ, ⲟⲩⲉⲙ, delectari, se complaire, jouir d'une chose, agréer, recevoir. G. 248, 336.

ϭ𝄞⟶⟁⟶ ◁϶𝄞|||, moi ta mère j'agrée tes présents (bienfaits) paroles d'Isis à Nectanèbo. (propylon de Philæ).

452

⟨hiero⟩, ⟨hiero⟩, ⟨hiero⟩, ⟨hiero⟩, ⟨hiero⟩, ⟨hiero⟩, ⟨hiero⟩.

⟨hiero⟩ ⲕⲱⲥ copt. ⲕⲥ, *sepelire*, ensevelir, envelopper de bandelettes (une momie). Nom. ensevelissement, sépulture ; l'instrument d'embaumement sert de déterminatif. G. 372, et 293.

⟨hiero⟩ ⲁⲛⲉⲡⲱ ϥⲓ ⲛϥ ⲧ. ⲕⲱⲥ ⲛⲟⲩϥⲉ, Anubis t'accorde une bonne sépulture (Pierre funéraire Ms. de momie de Turin).

⟨hiero⟩ ⲕⲥ, ⲕⲱⲥ envelopper de bandelettes, ensevelir. G. 385.

⟨hiero⟩ ⲕⲱⲥ, ensevelir, embaumer G. 372.

⟨hiero⟩ ⲥⲛⲉ, κράτος, l'action de soumettre. G. 520.

⟨hiero⟩ pour ⟨hiero⟩, soumettre, être fort.

⟨hiero⟩ et ⟨hiero⟩ ⲥⲛ, ⲥⲛⲉ, ⲕⲛ, soumettre, dominer, vaincre. G. 262, 382.

⟨hiero⟩ soumettre les parties méridionales. (Inscription de Nectanebo à Philae.)

⟨hiero⟩ ⲥⲛⲧ, ⲥⲛⲧ, ⲥⲱⲛⲧ, ⲭⲱⲛⲧ, s'irriter, être en colère ; être furieux ; furieux, colérique ; le cynocéphale est le déterminatif. G. 374, 308.

⟨hiero⟩ ⲥⲛⲧ, ⲥⲱⲛⲧ, variante du précédent. G. 374.

⟨hiero⟩ ⲥⲛⲱ ⲛⲁϭⲣⲏⲧ, de soumettre et de vaincre. G. 410.

⟨hiero⟩ ⲥⲱⲛⲧ, d'attaquer. G. 279.

⟨hiero⟩ ⲕⲗⲱⲧⲥ, Κλαυδιος, Claudius, nom impérial romain (Philae M.).

538 ⟨hiero⟩ ⟨hiero⟩, caractère figuratif représentant vraisemblablement une espèce de demeure, répondant au phonétique ⟨hiero⟩ ⲱⲡ et servant très fréquemment de déterminatif à ce groupe. (Voyez supra page 376.)

⟨hiero⟩ la demeure de Oph à laquelle présidait le dieu Amon-Ra.

539 ⟨hiero⟩, caractère phonétique, représentant une forme de genou, et exprimant les consonnes ϭ, ⲕ, ϫⲉ, ⲕ. G. 40, N° 72.

⟨hiero⟩ ⲥⲣⲣ, ϩⲣⲣ, ⲥⲉⲣⲟ, ϩⲉⲣⲟ, four, fourneau. G. 76.

⟨hiero⟩ ⲕⲟϩ, ⲕⲟⲟϩ, ⲕⲉϩ, cubitus. G. 73.

⟨hiero⟩ ⲕⲃⲓ, ⲕⲉⲃⲓ, rayon de miel. G. 75.

◁ , ⚊ , ◁ , ◁ .   253.

◁𓈖𓏊 κεϩ, σεϩ, Vase à libation, libation. δ. 79.

⚊𓄟 κn, copte κοπϩ, κεnϩ, sinus, sein ; de κεn, κnn, être gras.

𓈖𓀔𓂜⚊𓄟 , le nourrisson au sein. (tenant le nourrisson sur son sein) Bek-ouahy.

540 ◁ , ◁ , caractère phonétique représentant un triangle irrégulier et exprimant les consonnes σ, κ, sc, ϰ, δ.40, N°71. et remplace souvent Δ qui a la même valeur.

◁𓏲𓊪 𓎛 κλοс, κολс, ensevelir, envelopper une momie de bandelettes, embaumer.

◁𓏤 ◁𓏲𓊪 𓎛 ⚊ 𓉐 ⲁⲡⲏⲧⲉ ⲕⲗⲟⲥ ⲛ̄ⲧⲉ ⲟⲩⲥⲓⲣⲉ , les chefs de l'Embaumement d'Osiris. (pl. 76, col. 70-71, en parlant des quatre génies).

◁𓃀𓇳𓊖 ορϩω, ϩρϩω, copte ϭⲱⲣϩ, ϫⲱⲣϩ, Nox, la nuit, mot déterminé par le caractère symbolique exprimant la même idée et le déterminatif des divisions du temps (𓇳𓏤 .)

◁𓃀𓏥𓃀𓇳𓊖 et Ku er, le Dieu de la nuit. (Bas-relief ; Philae)

⚍ κλс, (à la racine copte κελ), involvere, plicare, exprime l'action d'ensevelir et de renfermer dans le cercueil. (momies, Osiris).

⚍𓆱 κλс.τ, embaumement, action d'envelopper de bandelettes, une momie pour déterminatif. δ. 86.

◁𓊪𓎟 κλс, κρс, coffre, coffret. δ. 77.

◁𓃀𓂝 , κωϩω, (copte καϩ, κωϩ, κοοϩ,) cubitus, le haut du bras, l'épaule.

𓂚𓏤𓂋𓀀?𓅓◁𓃀𓇳𓏤𓅓𓉐?𓂚◁𓃀𓇳𓏤𓊖 ϩο ⲛ̄ ⲩϥⲧ ϩⲓ ⲡⲉϥ κωϩω ϩⲃⲟⲩⲣ δε ϩⲓ ⲡⲉϥ κωϩω ⲟⲩⲛⲁⲙ, une face de Bélier sur son épaule gauche ainsi que sur son épaule droite (Rituel funé.)

◁𓃀𓂝𓂡𓏤 ϫⲁϩⲧⲟⲧ, ϫⲱϩⲧⲟⲧ, toucher la main, tangere manus. cérémonie que les enfants pratiquaient envers leurs parents défunts.

114.

454

⌒ , ⟨hiero⟩ , ⟨hiero⟩ , △ , ☐ , ⌣ .

⟨hieroglyphs⟩ , le touchement de main à son père et à sa mère, par le grammate des archers (soldats) du seigneur du monde (le roi). (stèle d'albâtre, Musée de Turin).

⟨hiero⟩ ΚΗϹΡϹ , Cæsar. (Obélisque Pamphile).

⟨hiero⟩ ΚΒΙ. (copte ⲕⲉⲃⲓ, ⲕⲛⲃⲓ), favus mellis, un rayon de miel. (Sallier M.S.)

⟨hiero⟩ ΚΛΕΟΠΤΡΑ , Cléopâtre. G. 183.

⟨hiero⟩ ΚΛΟΠΤΡΑ , Cléopâtre. (Phila Inscript. du Pylon orient. Millieur).

⟨hiero⟩ ΚΛΕΟΠΤΡΑ , Cléopâtre. (Médinet-abou. salt, pl. IV, N° 18.)

⟨hiero⟩ ΚΛΕΠΑΤΡΑ , Cléopâtre. (salt. pl. V.?) douteux.

⟨hiero⟩ , ΚΛΕΟΠΑΤΡΑ , Cléopâtre. (salt. pl. V.?).

⟨hiero⟩ ΚΛΕΟΠΑΤΡΑ , Cléopâtre, (Reine Lagide. Dendéra, com. d'Égypte)

⟨hiero⟩ ΚΛΟΠΤΡΑ , Cléopâtre, variante du précédent. (idem)

⟨hiero⟩ , ΚΛΕΟΠΤΡΑ , Cléopâtre. (Phila, salt, pl. IV, N° 17).

⟨hiero⟩ ΚΝΤΑΚΗ , Candace, nom éthiopien. G. 130.

⟨hiero⟩ ΚΡΝΗΛΙϹ , Cornelius. G. 138.

⟨hiero⟩ ΚΑΙϹΡϹ , Cæsar. (Phila, Huyot).

⟨hiero⟩ , ΚϹΡϹ , Καισαρος , Cæsar, (titre impér. romain. Deir-el-Hadjar. salt).

⟨hiero⟩ ΚΑΙϹΡϹ , Καισορος , Cæsar. (tit. imp. Romain. Légende d'Antonin. salt)

⟨hiero⟩ ΚΗϹΡϹ , Cæsar. (idem)

⟨hiero⟩ ΚϹΡ , Cæsar. (Obélisque Barberini).

541. △ . ☐ . Caractère phonétique représentant une dent, un angle, et exprimant l'articulation g hori. G. 45, N° 215.

⟨hiero⟩ ΓΡΑ , avec. G. 172.

⟨hiero⟩ ΓΚ , roi Modérateur. (Voyez ⟨hiero⟩ , page 302). G. 76.

⌣ , Montagne. (Voyez ch. 1er page 24).

FIN.

SUPPLÉMENT
ADDITIONS ET CORRECTIONS.

Page 3. ligne 19; ajoutez ⲟⲩⲱⲡϩ. &.49.

Page 11. ligne 3; ajoutez ΘΕΟΣ ΕΓΚΟΣΜΙΟΣ, Dieu encosmique (mondain).

P. 12. lig. 4; aj. ☆III, pluriel du même groupe, les Dieux mondains.

P. 12. lig. 10; ⲟⲩⲛⲟⲩ lisez ; ⲟⲩⲛⲟⲩ.

P. 13. lig. 15; aj. ☥ ; &.49.

P. 16. lig. 17. aj. De la tétraménie, lisez: de la première Titraménie.

P. 21. lig. 10 ; ☉☉▽, a aussi le sens : les quatre régions du ciel.

P. 21. lig. 10; ☉☉, employé comme pluriel.

𓀀𓏏𓏏𓏏☉☉ Dans les quatre régions du ciel. (1er Pylône de Philae, montant gauche).

542 P. 21. lig. 11; Caractère figuratif, représentant un captif, un esclave.

✚ 𓀀𓏥, captifs vivants, prisonniers de guerre.

𓂝𓏏 ✚ 𓀀𓏥, je lui ai conquis des prisonniers de guerre. (Temple d'Aboucir, Ab.Roy.)

P. 26 à la fin et 109. lig. 21, caractère figuratif, représentant un homme assis et tenant le pedum et un objet lié à ce même pedum; il exprime l'idée générale ⲙⲟⲟⲛⲉ (ⲙⲁⲛ dans les composés) pasteur, conducteur d'un troupeau de quadrupèdes, n'importe l'espèce.

ⲙⲟⲟⲛⲉ, ⲙⲁⲛ, se prend assez habituellement dans l'acception du copte ⲙⲁⲛⲉϩⲏⲩ Bouvier.

le bouvier (nommé) Pepi. (Tomb. de Névothph, Beni-hassan).

ⲛⲉ ou ϩⲁⲛⲙⲟⲟⲛⲉ (ϩⲉⲛⲙⲁⲛ). les Bouviers; pluriel du précédent.

conduite des bœufs par les Bouviers. (Tombeau de Névothph, Beni-hassan).

ⲙⲁⲛⲉⲓⲱ, Ânier, gardeur d'ânes (idem)

ⲙⲁⲛⲉⲓⲱ, variante du précédent accrue du caractère figuratif âne = gardeur d'ânes. (même Tombeau).

portier, gardien de porte.

... (Rit. funér. pl. 75. col. 19.)

543 p. 37. ap. l. ligne 12. H*:* Caractère symbolique représentant un coupable lié à un poteau et exprimant l'idée ennemi, hostis, opposant, impie; répond au phonétique q. vid.

..., les ennemis de son père. (Bas-relief Philæ edifit gauche).

frapper l'ennemi. (Philæ passim).

544 p. 37 suite H°**, Caractère représentant un coupable lié et attaché à un poteau exprime l'idée impur, profane, employé seul et comme déterminatif du mot cbc (cwbe) qui lui servait de prononciation. (Voir ce mot).

545 p. 38. ap. l. lig 10. P³*, Caractère symbolico-figuratif représentant le dieu Sev, ou , le Kronos ou Saturne Egyptien; dieu du temps dont l'étoile était le symbole. (Philæ).

546 variante du précédent (idem).

divine fille de Sev, titre d'Isis. (1ᵉʳ Pylone de Philæ.)

p. 26. lig. 7, ajou. Ⲁⲏⲡⲓ à ⲱⲉⲡⲓ, et G. 55. à la fin de l'article.

p. 26. lig. 14, aj: ⲉⲓ ⲅⲏ̄ ⲓⲉϩⲟⲣⲛ (ⲉⲓ).

p. 27. lig. 16. ⲙⲉⲙⲁⲛⲱⲡⲧ, lisez ⲙⲉⲛⲁⲛⲱⲡⲧ.

p. 32. lign. 13. aj. cs. ⲙⲉⲅⲛ̄ (Idem aux pages 36, 37 et 38.)

p. 32. lig. 32. ajoutez .

p. 33. ligne dernière, aj. ⲕⲁⲅ ou ⲕⲁϩ. G. 55.

p. 43. lig. 13 ajou. Caractère figuratif employé pour le phonétique n q.

p. 44. aj. à la dernière ligne: son père. Obélisque de Philæ à Longleat. II.

547 p. 45. après la ligne 3. G.5* Caractère figuratif représentant un dieu à tête de bélier, surmontée d'une coiffure symbolique.

[hieroglyphs], [hieroglyphs], [hieroglyphs], [hieroglyph], [hieroglyph].

[hieroglyphs] l'esprit seigneur de la région de stabilité: c'est une des formes d'Osiris.

P. 49, lig 17; ce ce nom est dans le [cartouche].

P. 49, ap. la lig. 9. [hieroglyphs] ϩπιϣϥϣοπρε, Arihosnofré ou Arihosnoufé, surnom du dieu Mûi [hieroglyphs]. (1er col. de l'édifice de gauche, cour de Philæ).

548 [hieroglyph] P. 51. ap. l. dernière ligne; caractère figuratif suivi de l'article féminin: ⲧⲱϩⲡⲓ, la principale, celle qui est en chef; féminin de [hieroglyph] précédé du groupe [hieroglyphs] qui est peut être un analogue [hieroglyph] (Momie de Kurk-Schta, Musée Royal)

549 [hieroglyph] P. 51. ap. l. lign. 4; Caractère figuratif, représentant une Reine égyptienne sous le costume de la déesse Hathôr (Vénus) et exprimant l'idée reine, regina, ⲧⲟⲣⲡⲱ. (Inscript. Édif. gauche de Philæ).

550 [hieroglyph] P. 51. ap. l. lig. 15. Caractère figuratif représentant la déesse Mouth [hieroglyph], la mère divine. Employé dans les inscriptions recherchées dans leurs formes, pour exprimer l'idée plus générale mère.

[hieroglyphs], mère divine dame de Manlak. (Dédicace de l'Éd. gauche) Philæ.

P. 51. lig. aj. à. 55. [hieroglyphs] Reine.   Addition de la page 32, ligne 14.
P. 54. lign. 7; guerre, lisez genre. {les enfants; la race [hieroglyphs], ainsi que la race de ses enfants (Insc. Rosette lig 5)
P. 59. à la fin; [hieroglyphs], nom de la 6e heure de la nuit. (Mém. de l'acad.).
P. 60. ap. l. lig 10, aj; [hieroglyphs], [hieroglyphs], [hieroglyphs], [hieroglyphs], ϩⲣⲁⲓ̈ⲛⲧ, préposition, au dessus, en dedans, qui réside dans. à. 66. 69.
P. 60. lig. 13, aj; ⲛⲉϥⲙⲏⲛ ⲟⲩⲏⲛ ⲡⲉϥⲣⲟⲧⲛ ū ⲑⲣⲣ. (écartées, ouvertes).
P. 60. lig 16, aj; ⲁⲧⲱ ⲡⲟⲩⲛⲧ ū ϩⲟⲣⲛ ⲉⲣⲱⲟⲩ.
P. 66. ap. l. lig. 19. [hieroglyphs], culpas, iniquitates patrare: commettre des fautes, des péchés.

115.

258.

P. 66. Dernière lig: [hieroglyphs] ou [hieroglyphs] ερκβϩ, ειρεκβϩ, faire une libation, remplir la cérémonie des libations. (Bas-relief. passim).

[hieroglyphs], faire des libations de vin. (stèle du Musée de Turin.)

P. 69. ap. l. lig. 5me [hieroglyphs], l'offrande de l'encens à sa mère. (Propy. de Nectanébo à Philæ)

[hieroglyphs], l'action d'offrir des parfums et des libations. (Bas-relifs, passim).

P. 71. ap. l. lig. 5me: [hieroglyphs] pour [hieroglyphs], la prunelle pour l'œil, synonyme de [hieroglyphs], faire, faire.

[hieroglyphs] ερϭολ, ειρε ϭολ, commettre un mensonge, une tromperie, Mentir.

[hieroglyphs] ⲙⲡⲉⲓⲣϭⲟⲗ ⲡ̄ ⲣⲱⲧ ⲁ ⲣⲱⲙⲉ, je n'ai menti à personne. (Confer Rit. hiératiq. pl 15).

P. 71. ap. l. lig. 8. [hieroglyphs] ⲧⲉⲙⲉⲓⲟ, tu contemples.

[hieroglyphs] ⲙⲉⲓⲟ, contemple. G. 274.

[hieroglyphs] ⲧⲉⲙⲉⲓⲟ ⲛ̄ ⲛⲉⲧ-ⲃⲁⲗ, tu vois par tes yeux. G. 205.

[hieroglyphs] ⲙⲉⲓⲟ ⲡⲁⲉⲧϥ Ⲟⲣⲥⲓⲣⲉ, contempler mon père Osiris. G. 249.

[hieroglyphs] ⲕⲙⲉⲓⲟ ⲉ̄ⲙ-ⲥⲛ, tu vois par eux. G. 240, 301.

[hieroglyphs] ⲕⲙⲉⲓⲱ ⲛⲓⲃ ⲉ̄ⲛ ⲛⲉⲕⲃⲁⲗ, que tu vois tout par tes yeux. G. 396.

[hieroglyphs] ⲙⲉⲓⲟ, contempler. G. 503.

P. 71. lig. 24. [hieroglyphs] aj. figuratif.

P. 79. dernière lig. aj: ⲣⲱϩⲓ, ⲣⲱϭⲉ.

P. 84. lig. 21. aj: ⲉⲉⲛⲓ à ⲇⲁⲛⲓ.

P. 85. ap. l. lig. 15. aj. [hieroglyphs] ⲏⲡⲧ ⲟⲩⲱⲃϣ, vin blanc. (Tombeau de Minefré à Sakkara)

P. 85. lig. 20. aj. ⲱϥ, copté ⲱϥⲉ, castigare, depromere, tordre le linge mouillé. (scène de lavage).

P. 85. ap. l. lig. 12. [hieroglyphs], les animaux quadrupèdes; les quadrupèdes.

— , 〚〛, 〚〛, ⌐, ⌐, ⊂⊃, 🐆.　　459.

P. 86. ap. l. lig. 12. [gl.] [gl.] et [gl.], ⲟⲩⲟⲉⲓ, ⲟⲩⲁⲟⲩ, copte ⲟⲩⲁ: blasphemari, blasphémer.

[gl.] ⲛ̄ⲛⲉⲓ ⲟⲩⲁⲟⲩ, je n'ai pas blasphémé. (Rit. pl. 71, col. 78)

P. 86. lig. 21. aj. avec déterminatif symbolique.

551 P. 90. à la fin 〚〛 unir, assembler. G. 372.

552 〚〛 ⲕⲛ, copte ⲕⲟⲧⲛ, ⲕⲉⲛϧ, le sein.

P. 95. lig. 6. deux lion des = lig. 5 aj. voir [gl.].

P. 95. lig. 8. 44 lisez 24 = vient, lisez est venue; et ajoutez ei ⲡⲁⲧⲁⲟⲟⲩⲟⲛ ⲧⲁⲙⲓⲟ ⲡⲉⲩⲣⲁⲛ.

P. 96. lig. 6. Nérésogar lisez Nérésohar.

P. 96. lig. 7. est: ajoutez: Tehni ampéement.

P. 97. ap. l. lig. 12. [gl.] ⲉⲩⲧⲁⲉⲓⲟ, honorant. G. 227.

553 [gl.] P. 98. ap. la lig. 8. Variante du même signe.

P. 99. lig. 16. aj. (mémoires de l'Académie).

P. 100. lig. 19. ⲃⲏⲟ, lisez ⲃⲏⲍ.

P. 101. à la fin [gl.], ⲃⲉϥⲟ......

P. 102. ap. l. lig. 10. [gl.] synonyme de [gl.] aller (ei) venir (?).

[gl.] ⲧⲛ̄ⲙⲁ ⲟⲩⲥⲓⲣⲉ...... ⲉⲓ ϣⲁⲣⲁⲧⲛ̄, faites qu'Osiris (un tel) vienne vers vous. (Rit. funér. pl. 71, col. 9-8)

P. 103. ap. l. lig. 9. [gl.] répondant au phonétique [gl.] ϭⲟⲗ, être faux, être menteur, être trompeur, et le déterminatif employé isolément dans le même sens.

[gl.] variante du précédent.

[gl.], ⲛ̄ϭⲟⲗ, ϧⲛ̄ ϭⲟⲗ, à faux, faussement. (Rit. funér. pl. 72, col. 5)

P. 104. l. 9. [gl.] ⲣⲱⲧⲉⲓ, Rôtei, nom propre d'homme et de femme, très commun dans les hypogées de Béni-hassan.

P. 114. l. 9. [gl.] employé dans le sens figuratif répond au phonétique, qui est ⲙⲟⲩⲓ.

260

P. 114. lig. 3: 〖hiero〗, c'est le copte ⲘⲞⲨⲒ;

〖hiero〗, le lion chef des gardiens, ou : le premier des lions gardiens. (1.er propylon de Philæ. Mani f.gauche).

P. 116. ap. l. lig. 9 : il exprime aussi l'idée du dieu Mandou 〖hiero〗 l'apollon égyptien présidant à la musique.

P. 114. ap. l. lig. 13. 〖hiero〗 ⲂⲀⲒⲚⲦⲠ-ⲤⲒ.ⲦⲞ, tête de bélier surmontée d'un aspic. l'esprit de la contrée des fils de roi. G. 114.

P. 114. ap. l. lig. 14. 〖hiero〗 ⲂⲀⲒⲚⲦⲦⲞⲨ-ⲔⲀⲄ, tête de bélier avec coiffure symbolique, l'esprit de la contrée de Tatton. G. 114.

P. 133. ap. l. lig. 7. 〖hiero〗, caractère symbolique; dieu. ⲦⲎⲢ ⲠⲚⲞⲨⲦⲈ, dieu mâle.
〖hiero〗 les dieux, frères, les frères divins. (Oblisq. de l'Édif. de gauche 1.er cour 2.) (Philæ)

P. 146. ap. la dernière lig. 〖hiero〗 ⲠⲀⲂⲀⲒ, mon âme. G. 274.

P. 149. ap. l. lig. 4. 〖hiero〗 la porte la quelle outrepasse son père Atmou par elle lorsqu'il passe à la station orientale du ciel. (Rit. funér. pl. 78. col. 97-98.)

〖hiero〗, marche son père Atmou sur elle lorsqu'il passe aux champs Elysées. (pl. 79. col. 100.)

P. 144. ap. l. lig 10. 〖hiero〗 ⲂⲔ.Ⲧ ou ⲂⲞ.Ⲧ. nom d'une espèce d'arbre.
〖hiero〗 ⲦⲂⲔ, ⲦⲈⲂⲀⲔ, nom propre de femme. (hypogée de Bani-hassan) où il est très commun.
〖hiero〗, ⲂⲔ, ⲂⲔ, Bak, Bok. nom propre d'homme. (idem).

P. 130. ap. l. lig. 15. 〖hiero〗 ⲈⲚ-ⲞⲨⲦⲈ, soutiennent. G. 110.

P. 152. ap. l. lig. 14. 〖hiero〗 caractère d'espèce, Noté, au pluriel et employé dans le sens d'oiseau en général.

P. 163. à la fin. 〖hiero〗 ou 〖hiero〗, linéaire; deux ailes, (voir 〖hiero〗) déterminatif de plusieurs verbes et noms.

P. 171. ap. l. lig. 8. 〖hiero〗 je n'ai point commis d'hypocrisie dans le palais de justice. (Rit. funér. pl. 72. col. 18.)

〖hiero〗 ϢⲞⲂⲒ. copte ϢⲞⲂⲈ, mutare, être hypocrite.

𓂝 48.

P. 179. ap. la lig. 11. [hieroglyphs] ⲥⲃⲕⲱϥ, *Sévécôthph*, nom propre d'homme. 461

P. 181. au bas lig. 8: [hieroglyph] nom d'oiseau, espèce de cigogne. (Tomb. de Ménofré à Satchara).

P. 183. ap. la lig. 23. [hieroglyphs], [hieroglyphs], [hieroglyphs], ⲉⲣⲱⲧⲉ *Lait*.

[hieroglyphs] abréviation du groupe précédent.

[hieroglyphs], synonyme du groupe [hieroglyphs] avec l'article ⲧ. ⲉⲣⲱⲧⲉ *Lait*.

P. 184. lig. 11: Rôun lisez Roôun.

P. 184. lig. 12. aj: ⲉⲡⲉ ⲣⲟⲟⲩⲛ-ⲕⲁϩ ϩⲓⲱⲟⲩⲛ ⲣⲏⲥ, la contrée de Roôun est une glorieuse demeure du midi.

P. 184. lig. 20. aj: 000 sont les signes déterminatifs. (Propyl. du Nectanébo à Philæ).

P. 185. ap. l. lig. 7: [hieroglyphs] [hieroglyphs] ⲏⲣⲡ ⲛ̄ ⲥⲁⲧⲡ, vin de la région d'en haut, vin de la haute Égypte. (Philæ. Ed. mon.)

[hieroglyphs] ⲏⲣⲡ ⲛ̄ⲡⲉⲥⲏⲧ, vin de la région d'en bas, de la basse Égypte. (idem).

[hieroglyphs], vin de vigne, de treillage.

P. 185. ap. l. lig. 13. aj: [hieroglyphs] ⲉⲣⲧ (ⲁⲧⲱ) ⲭⲧ ⲛⲓⲃⲓ ⲛⲟⲩϥⲉ ⲟⲩⲁⲁⲃ, du lait et tous les autres biens purs. (Stèle de Vienne N°49).

P. 185. à l. lig. 21, avec l'article ⲡ exprimé.

P. 186. ap. l. lig. 9: [hieroglyphs] [hieroglyphs] ⲉⲣⲅⲁⲙⲛ, *Ergamen*, nom royal inscrit sur les monuments de Dakké en Nubie: Celui de Ἐργαμένης, roi éthiopien mentionné par Diodore de Sicile.

P. 186. ap. l. lig. 17. [hieroglyphs] ⲗⲁϩ, ⲟⲟϩ, *coptidem*, *luna*, la lune; le déterminatif exprime probablement la conjonction.

[hieroglyphs], ⲗⲁϩ, ⲟⲟϩ, la lune. Le déterminatif exprime la lune en opposition c. à. d. la pleine lune. (Inscrip. du temple d'Isis à Pompéii).

P. 186. lig. 20. aj: [hieroglyphs] a le même sens.

P. 187. ap. l. lig. 17. [hieroglyphs] ⲡⲱⲥⲉ ϧⲟⲃⲉ, *sitiens*, l'homme altéré, celui qui a soif.

[hieroglyphs] il a donné de l'eau à celui qui avait soif. (Rit. funér. pl. 7. sect. 4.)

* P. 193. lig. 20. ap. le groupe; lisez ⲉϩ, copte ⲉϩⲉ, Bœuf.

P. 193. lig. 22. aj: ⲛⲉ ⲉϩⲉ, les bœufs.

* Pag. 188 ap. la lig. 2. [hieroglyphs], ⲁⲣⲥⲓⲛⲉ, *Arsinoé*.

462

P.193 ap. l. lig. 16 : 𓄿𓃂 ew, aw, Bœuf, inscrit au-dessous de tous les bœufs représentés dans les tombeaux Ἀιερογρ. de Memphis et de Beni-hassan.

P.193. lig. 20 ap. le groupe : lisez eg, copte ⲉϩⲉ, bœuf.

P.193. lig. 22. aj : ⲛⲉ ⲉϩⲉ, les bœufs.

P.194. ap. l. lig. 5. 𓄿𓏤𓏤𓏤𓃒 ogi, avec déterminatif figuratif.
𓄿𓏤𓏤𓏤𓃒 ⸺ ⸺ ⸺ ⸺ ⸺ (tombeau de ⸺ ⸺ à Sakhara).

P.199. ap. l. lig. 7. ⸺ 𓇋 𓂝 𓁹 ȧun-gu up.t, Ammon dans ôph, nom mystique d'Ammon c.à.d. Ammon honoré à Thèbes. Aménémoph, nom propre d'homme avec le déterminatif de genre 𓀀 ou 𓁹.
𓄿⸺ 𓇋 𓂝 𓁹 ȧun-ȧu-up, variante phonético-symbolique du nom précédent. (Stèle du musée de Turin. Partie).

P.199. lig. 14. 𓄿⸺𓊖𓏤 ou 𓄿⸺𓊖𓏤𓏤 ȧun-gpi, Amonhéri; nom hiéroglyphique d'une bourgade de Nubie et de son territoire aujourd'hui xle Addeh, comprenant les monuments de Ghebel-Addeh et de Maschakit où ce nom local se trouve plusieurs fois exprimé. Anoukis dame d'Amonhéri. (Maschakit.).

P.199 lig. 17. 𓄿⸺𓏏 ȧun.t. contrée dans ⊛
𓇋𓈖𓊖 ⸺⸺⸺⸺ (Sarcoph. du Kaire, à Boulaq.)

P.199. ap. l. lig. 22; 𓄿⸺𓁹 ⸺ les cérémonies.

P.199. ap. l. lig. 24; 𓄿𓃀𓏲𓅂 fautes, péchés, crimes. ⲟⲩⲃⲉϩ.τ. (stèle funéraire. O.444.
𓄿𓃀𓅂 variante du précédent.
⸺ 𓄿𓃀𓅂 𓂋 𓏏𓏤𓏤𓏤 ⲛ̄ ⲁ ⲟⲩⲱⲃⲉϩ ⲉⲛ ⲛⲁⲛⲛⲉ ⲧⲏⲣ, je n'ai commis aucune omission dans les choses qui concernent les dieux. Momie de Cualdieff. Mus. de Turin.

𓄿⸺ one, ⲟⲛⲉⲡ, pierre dure, pierre à bâtir, pierre de taille.
⸺𓁹𓏤⸺𓄿⸺𓏏𓏤 il a fait le propylon en pierre dure ⸺⸺ et bonne. (Propylon de Nectanebo à Philæ).

P. 200, ap. l. lig. 17 : [hieroglyphs] ⲀⲚⲠⲞⲨ, ⲀⲚⲞⲨⲠ, Anubis.

P. 201. lig. 20 p. 21 et 22 ; inférieure, lisez supérieure et du midi.

P. 202. lig. 6. aj. forme féminine de [hieroglyphs] Bœuf.

P. 202. lig. 18. aj. et région divine dont Osiris est le gardien.

P. 202. ap. l. lig. [hieroglyphs] ⲞⲨⲠ copte ⲞⲠⲞ, vincere, vaincre ; être victorieux.

[hieroglyphs] (ⲚⲈⲦⲞⲨⲠ), victorieuse, victorieux.

[hieroglyphs] les âmes victorieuses de la Demeure de gloire.
(Momie Lambkin)

P. 203 lig. 2, aj. variante du précédent.

P. 204. lig. 6, le signe | est explétif.

P. 253. lig. 24. aj. une tête de veau, un pain et un vase sur un autel.

P. 255. lig. 6. aj. ⲈⲨϨⲞⲨⲈ ⲦⲀⲨⲦⲈⲖ, ara ; voyez le mot [hieroglyphs] G. 76.

P. 260. lig. 10. aj : G. 278.

P. 280. ap. les toties ajoutez habillements, coiffures.

P. 291. ap. l. lig. 2. aj. [hieroglyph] caractère figuratif représentant un miroir. G. p. 58.

P. 297. ap. l. lig. 12. aj : et [hieroglyph] même signification. G. 403.

P. 297. ap. la lig. 12 [hieroglyphs] ⲐⲘⲎⲒ, la déesse Thméi ; pour signe déterminatif une femme debout, la tête ornée d'une plume d'autruche, et tenant dans ses mains le sceptre et le signe de la vie. G. 124.

554. [hieroglyph] à la p. 310 ap. la lig. 2 : caractère phonétique représentant trois sceptres réunis et exprimant la consonne ⲩ, sch. G. 44, N° 207.

P. 321, lig. 21; après le mot caractères, ajoutez phonétique.

555. P. 324. lig. 21. aj : [hieroglyph] même valeur.

P. 325. ap. l. lig. 17 [hieroglyphs] ⲞⲤⲢⲦⲈⲚ, Osertasen, Osortasen, nom propre Égyptien
(obélisque d'Héliopolis).

556 à 560) P. 324. lig. 9. aj : ⲈⲠⲀ. et : G. 522.

[hieroglyphs] P. 328. ap. l. lig. 7. caractères phonétiques représentant des armes de diverses espèces, et exprimant les voyelles ⲉ, ⲟ, ⲉ, ⲟ. G. 35, N° 7.

de table [hiéroglyphes], nom de la 2.e heure du jour. (Mém. de l'Académie).

P. 375. ap. l. lig. 1. [hiéroglyphe], nom de la 2.e heure du jour. (Mém. de l'Académie).

P. à la fin des Vases. [hiéroglyphe] (μ σχ. τ), préparations, assaisonnemens, alimens, ou boissons préparées.

[hiéroglyphes], des libations de vin, des préparations. &c. (Stèle du Musée de Turin).

[hiéroglyphes], des bœufs, des oies, des préparations, de la cire, des parfums, des libations de vin. (Stèle du musée de Turin).

561. [hiéroglyphe], Caractère figuratif et symbolique, la terre.
[hiéroglyphe] le dieu Kah, la terre. (suprà, pag. 21.) le dieu Terre.

562. [hiéroglyphe] Instrument d'art ou de métier, signe phonétique exprimant la consonne C, S. G. dj. N.° 173.

563. [hiéroglyphe] Rame ou gouvernail de vaisseau. (suprà page 105).

564. [hiéroglyphe] signe symbolico-figuratif, la table des pains de proposition. suprà, pag. 155; et addition à la page 306. après le signe 5.°

565. [hiéroglyphe] Ceps de vigne. suprà. page 73.

566. [hiéroglyphe] Caractère figuratif représentant un anneau de métal. Exemple page. 411.

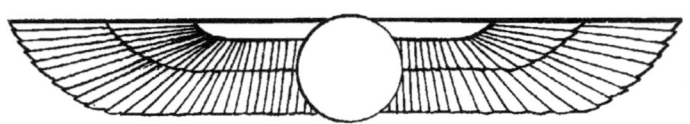

TABLEAU
GÉNÉRAL ET MÉTHODIQUE
DES
Signes Hiéroglyphiques Purs et Linéaires,
Expliqués dans ce Dictionnaire.

CHAPITRE PREMIER
Corps Célestes. Divisions générales du Ciel et de la Terre.

N.º d'Ordre	Signes Purs et Linéaires	Pages	N.º d'Ordre	Signes Purs et Linéaires	Pages
1		1, 254	14		14
2		3	15		18, 108
3		4	16		19
4		6	17		19
5		21, 455	18		18
6		13	19		19
7		?	20		19
8		8	21		19
9		10, 108, 155	22		14, 108
10		13, 155	23		10, 25
11		14	24		20
12		14	25		21, 464
13		14	26		393, 21, 155

N° d'Ordre	Signes Purs et Linéaires	Pages	N° d'Ordre	Signes Purs et Linéaires	Pages
27		22	30		180.
28		24	"	Voir aux Enseignes	332.
29		25	"		

CHAPITRE DEUXIÈME.
L'homme et les Parties de son Corps.

N°	Signes	Pages	N°	Signes	Pages
31		31, 29	46		30.
32		26, 109	47		30.
33		28, 29	48		30.
34		30.	49		30.
35		29, 29	50		30, 31
36		30.	51		30.
37		28.	52		31.
38		31.	53		109.
39		29.	54		30.
40		29.	55		455.
41		27, 31.	56		26.
42		29.	57		27.
43		29.	58		29.
44		30.	59		109.
45		30.	60		29.

N.os d'Ordre	Signes Purs et Linéaires	Pages	N.os d'Ordre	Signes Purs et Linéaires	Pages
61		39.	81		38.
62		28.	82		38.
63		28.	83		37.
64		28.	84		39.
65		28, 31, 250.	85		38.
66		250.	86		457.
67		3.	87		457.
68		20.	88		51.
69		29.	89		51.
70		29.	90		51.
71		29.	91		40.
72		100.	92		38, 109.
73		51.	93		30.
74		457.	94		30, 33.
75		31.	95		33.
76		37.	96		33.
77		27.	97		35.
78		28.	98		34.
79		36.	99		37.
80		55.	100		456.

468

Nos d'Ordre	Signes Purs et Linéaires	Pages	Nos d'Ordre	Signes Purs et Linéaires	Pages
101		456.	121		45, 26.
102		39.	122		46.
103		40, 109.	123		45.
104		40, 109.	124		45.
105		109, 455.	125		42.
106		43.	126		44.
107		35.	127		44.
108		35.	128		44.
109		37.	129		46.
110		48.	130		53.
111		50.	131		46.
112		50.	132		46.
113		35.	133		53.
114		55.	134		46.
115		27.	135		56.
116		35, 39.	136		52.
117		35, 59.	137		55, 47, 55.
118		456.	138		47.
119		456.	139		49.
120		40.	140		49, 456.

N°s d'ordre	Signes purs et linéaires	Pages	N°s d'ordre	Signes purs et linéaires	Pages
141		43	161		52.
142		43.	162		52.
143		456.	163		52.
144		43	164		53.
145		43	165		53.
146		41	166		51.
147		42	167		52
148		42.	168		30
149		45,47.	169		39, 48
150		47.	170		54.
151		45	171		54.
152		45	172		51.
153		54	173		47.
154		49	174		42.
155		49	175		41
156		49	176		52
157		49,53,110, 456.	177		51.
158		52.	''		54. (chap. 5.)
159		51.	178		54.
160		51.	''		57 (chap. VI.)

N°s d'ordre	Signes Purs et Linéaires	Pages	N°s d'ordre	Signes Purs et Linéaires	Pages
179		54, 119, 157	198		91
180		61	199		90
181		60	200		88, 111
182		61	201		364
183		61	202		91
184		62	203		112
185		62, 110, 157	204		326
186		70	205		91, 324
187		70			24, 141, 281
188		71	206		91, 278
189		65	207		42, 112
190		70, 188	208		459
191		71	209		459
192		71, 110	210		92, 112
"		"	211		91
193		106 (v. 454)	212		93, 112, 468, 460
194		100	213		98
195		100, 113	214		94, 97, 112
196		84, 468	215		409, 459
197		93	216		96

N.os d'Ordre	Signes purs et Linéaires	Pages.	N.os d'Ordre	Signes purs et Linéaires	Pages.
217		98.	223		100, 113, 459.
218		99.	224		459, 464.
219		99, 334.	225		103, 469.
220		104.	226		102.
221		104.	,,		423.
222		103, 459.	227		102.

CHAPITRE TROISIÈME.
LES ANIMAUX,
1.re Section. — Quadrupèdes.

228		119.	240		124.
229		117.	241		126.
230		119.	242		126.
231		119.	243		126.
232		118.	244		115.
233		57, 187, 462.	245		123.
234		120.	246		117.
235		124, 460.	247		117.
236		124.	248		127.
237		124.	249		117.
238		124.	250		127.
239		124.	251		124, 210.

N.os d'Ordre.	Signes purs et Linéaires.	Pages.	N.os d'Ordre.	Signes purs et Linéaires.	Pages.
252		125.	272		120.
253		117.	273		120.
254		114, 164.	274		120.
255		116.	275		120.
256		116.	276		124.
257		116.	277		325.
258		116.	278		114, 250.
259		116.	279		114.
260		117.	280		114.
261		114, 289.	281		115.
262		126.	282		70, 125.
263		126.	283		125.
264		126.	284		121.
265		126.	285		121.
266		125.	286		125.
267		116.	287		125.
268		115.	288		123.
269		127.	289		123.
270		127.			
271		127.			

N.os d'Ordre	Signes purs et Linéaires	Pages	N.os d'Ordre	Signes purs et Linéaires	Pages
	2.e Section — Oiseaux.				
290		165	309		146, 466
291		104	310		147
292		158	311		161
293		147	312		161
294		152, 260	313		144
295		161	314		144
296		155	315		144
297		160	316		146
298		160	317		159
299		144	318		141, 469
300		150	319		151
301		151	320		158
302		148, 260	321		159
303		161	322		155, 260
304		161	323		157
305		142, 260	324		156
306		142	325		156
307		161	326		156
308		161	327		156

471.

N.os d'Ordre	Signes Purs et Linéaires	Pages	N.os d'Ordre	Signes Purs et Linéaires	Pages
328	, .	155.	339	, .	161.
329	, .	155.	340	, .	54.
330	, .	157.	341	, .	162.
331	, .	156.	342	, .	162.
332	, .	145.	343	, .	157.
333	, , .	161.	344	, .	163.
334	, .	130.	345	, , .	163, 460
335	, .	130.	346	, .	164.
"	, . (v. 5)	228.	347	, , .	164.
336	, .	127, 129.	348	, .	165.
337	, .	129.	349	, .	165.
338	, .	129.	350	, .	169.

3.e Section — Insectes.

351	, .	168.	356	, .	168.
352	, .	167.	357	, .	168.
353	, .	168.	358	, .	168.
354	, .	167.	359	, .	168, 178.
355	.	167.			

4.e Section — Reptiles.

| 360 | , . | 178. | 361 | , , . | 171. |

275.

N.os d'Ordre	Signes Purs et Linéaires	Pages	N.os d'Ordre	Signes Purs et Linéaires	Pages
362		174.	373		111.
363		172.	374		172.
364		175.	"	, v. ( ).	175.
365		176.	"	(v. aux enseignes).	332.
366		176.	375.		178.
367		169, 176.	376		178.
368		169.	377		177.
369		175.	378		176, 489.
370		170.	379		177.
371		170.	380		177.
372		170.	381		178.
	5.ᵉ Section. **Animaux aquatiques.**		382		178.
			386		179.
383		178.	387		179.
384		178.	388		179.
385		178, 179.			
	CHAPITRE QUATRIÈME VÉGÉTAUX. Arbres ; Plantes ; Fleurs ; Fruits.				
389		180.	"		273 (v. d. v).
390		210.	391		273, 461.
"		225 (v. d. v).	392		273.

N.os d'Ordre	Signes Purs et Linéaires.	Pages	N.os d'Ordre	Signes Purs et Linéaires.	Pages
393		182	412		217
394		182	413		217
395		181	414		217
396		183, 203, 261	415		217
397		204	416		216
398		202	417		209
399		192	418		216
400		192	419		216
401		193	420		212
402		208	421		212
403		206	422		213
404		208	423		213
405		207	424		215
406		229	425		215
407		228	426		214
408		228	427		215
409		216	428		216
410		216	429		217
411		216	430		219
"		375 (ch. VI)	431		219

N°s d'Ordre	Signes Purs et Linéaires	Pages	N°s d'Ordre	Signes Purs et Linéaires	Pages
432		219.	438		228.
433		217.	439		228.
434		219.	440		226.
435		212.	441		180.
436		216.	"	(V. Ch. VI.)	379.
437		228.			

CHAPITRE CINQUIÈME.
Édifices et Constructions.

442		230.	455		273.
443		230.	456		376, 482.
444		242.	457		274.
445		235.	458		25.
446		239.	459		202.
447		18.	460		201.
448		251.	461		295.
449		241.	462		262.
450		226.	463		251.
451		250.	464		252.
452		274.	465		252.
453		269.	466		252.
454		269.	467		252.

N.os d'Ordre	Signes Purs et Linéaires	Pages	N.os d'Ordre	Signes Purs et Linéaires	Pages
468		253.	485		255.
469		253.	"	(v. ch. VI.e)	332.
470		229, 273.	486		258.
471		229, 273.	487		265
"	(v. ch. IV.)	273, 464.	488		266.
"	(v. ch. IV.)	273.	489		255.
472		266.	490		255.
473		271.	"	(v. ch. VI.e)	379.
474		270.	491		259.
475		271.	492		261.
476		267, 460.	493		255.
477		279.	494		259.
"	(v. ch. VI.e)	342.	495		261.
478		255.	496		272.
479		251.	497		272.
480		254.	498		272.
481		254.	499		272.
482		254.	500		272.
483		254.	501		272.
484		255.	502		462.

479

N.os d'ordre	Signes Purs et Linéaires.	Pages.	N.os d'ordre	Signes Purs et Linéaires.	Pages.

CHAPITRE SIXIÈME.

Habillements; Coiffures; Parures; Chaussures; Musique; Mesures; Écriture; Meubles; Insignes; Armes; Instruments des Arts et des Métiers, Corbeilles et Vases.

Habillements, Coiffures, Parures, Chaussures.

N.os	Signes	Pages	N.os	Signes	Pages
503		280.	511		286.
504		280.	512		286.
505		280.	513		287.
506		280.	514		185, 186.
507		285, 500.	515		464.
508		285.	516		288.
509		285.	517		290.
510		285.	518		293.

Musique, Mesures, Écriture, Meubles.

N.os	Signes	Pages	N.os	Signes	Pages
519		291.	527		339.
520		291.	528		301.
521		291.	529		303.
522		296.	530		303.
523		295.	531		305.
524		296, 463.	532		305.
525		298.	533		304.
526		298.	534		301.

N°s d'ordre	Signes Purs et Linéaires	Pages.	N°s d'ordre	Signes Purs et Linéaires	Pages.
535		404.	548		153, 464.
536		305.	549		307.
537		290, 463.	„	(v. ch. v.)	259.
538		291.	550		307.
539		318.	551		306.
540		290.	552		306.
541	(V. p. 2. ch. 1.)	290.	553		306.
542		290.	554		37.
543		403.	555		307.
544		306.	556		307, 314.
545		306.	557		311.
546		305.	558		313.
546		306.	559		313.
547		306.	560		333.

Indignes.

561		285, 318.	566		285.
562		285, 318.	567		284.
563		285, 311.	568		286.
564		318.	569		281.
565		315.	570		285.

N.os d'Ordre	signes Purs et Linéaires	Pages	N.os d'Ordre	signes Purs et Linéaires	Pages
571		282.	588		325.
572		281.	589		325.
573		281.	590		324.
574		320.	591		326.
575		320.	592		329.
576		320.	593		332.
577		298.	594		332.
578		282.	595		332.
579		322.	596		332.
580		263.	597		22.
581		319.	598		23.
582		325.	599		332.
583		326.	600		332.
584		327.	601		331.
585		324.	602		332.
586		263.	"		(V. ch. 1.) 21
587		325.	"		(auprès) 21
Armes.					
603		333.	604		334.
"		(ch. II.e) 99, 334.	605		334.

482

N.os d'ordre	Signes Purs et Linéaires	Pages	N.os d'ordre	Signes Purs et Linéaires	Pages
606		337.	619		339.
607		336.	620		339.
608		336.	621		108, 340.
609		337.	622		340.
610		337.	623		339.
611		337.	624		341.
612		337.	625		341.
613		463.	626		341.
614		463.	627		341.
615		463.	628		341.
616		463.	629		342.
617		463.	630		342.
618		338.			

Instruments des Arts et des Métiers.

N.os d'ordre	Signes Purs et Linéaires	Pages	N.os d'ordre	Signes Purs et Linéaires	Pages
631		342.	637		362.
632		343.	638		362.
633		351.	639		362.
634		351.	640		363.
635		361.	641		363.
636		362.	642		363.

483.

N°s d'Ordre	Signes Purs et Linéaires.	Pages	N°s d'Ordre	Signes Purs et Linéaires.	Pages
643		367.	657		361.
644		374.	658		378.
645	, (v. p. 94).	373.	659		361.
646		375.	660		378.
647		375.	661		322, 398.
648		365.	662		379.
649		464.	663		394.
650		394.	664		394.
"	, (v. ch. VII)	392.	665		378.
"	, (ω).	382.	666		361.
"	, (ω).	365.	667		376.
651		359.	668		378.
652		375.	669		382.
653		378.	670		379.
654		378.	671		379.
655		378.	672		379.
656		359.	673		394.

Corbeilles et Vases.

674		410.	676		403.
675		365.	677		406.

N.os d'ordre	Signes Purs et Linéaires.	Pages	N.os d'ordre	Signes Purs et Linéaires.	Pages
678		405.	698		424.
679		406.	699		424.
680		410.	700		424.
681		410.	701		424.
682		411.	702		424.
683		411.	703		427.
684		411.	704		423.
685		411.	705		425.
686		413.	706		426.
687		413.	707		426.
688		414.	708		425.
689		421.	709		425.
690		423.	710		424.
691		423.	711		426.
692		418.	712		412.
693		418.	713		412, 462.
694		420.	714		413.
695		424.	715		413.
696		420.	716		425.
697		420.	717		426.

N° d'Ordre	Signes Purs et Linéaires	Pages	N° d'Ordre	Signes Purs et Linéaires	Pages
718		429.	720		429, 464
719		25.			

CHAPITRE SEPTIÈME
Figures et Formes géométriques.

721		429.	733.		453.
722		437.	734	(V. p. 106)	454.
"	(V. ch. 1)	1.	735		441.
"	(2)	19.	"	(V. ch. 117)	70.
"	(2)	17.	"	(V. ch. 1.)	4, 442.
"	(3)	18.	"	(V. ch. r. V.)	21, 290.
723		429.	736.		442.
724		437.	737.		442.
725		437.	"	(V. ch. VI.)	505.
726		437.	728		443.
727		317, 438.	739		450.
728		441.	740		452.
729		441.	741		442.
730		458.	742		565.
731		458.	743		565.
732		441.	744		441.

Nos d'Ordre	Signes Purs et Linéaires	Pages	Nos d'Ordre	Signes Purs et Linéaires	Pages
745	C . C	363	747	ℛ . ℛ	392
746	⌒𓅯 . ⌒𓅯	365	748	⋂ . ⋂	382
"	♀ . ♀ (v. ch. vi)	363	749	⊸⋒ . ⊸⋒	365
			750	𐐛 , 𐐛	464

FIN
DU TABLEAU ET DU DICTIONNAIRE.

Achevé d'imprimer le 1.er novembre 1843.

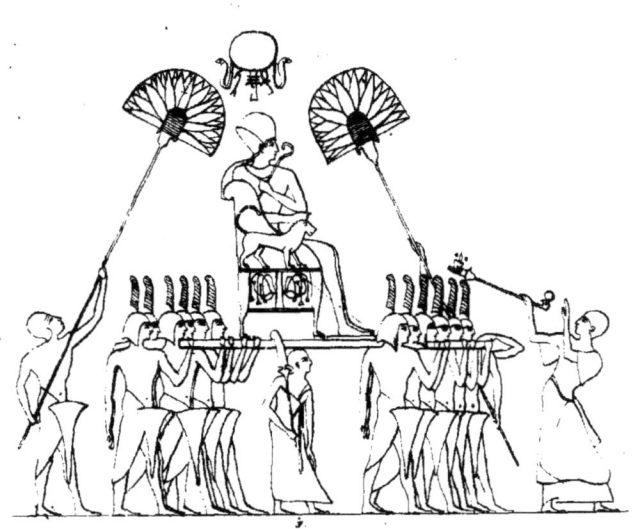

TABLE.

Préface de l'Auteur	I à XXXVI
Chapitre I. Corps célestes, Divisions générales du Ciel & de la Terre	1
Chapitre II. L'homme et les parties de son corps	26
Complément de ces deux Chapitres	108
Chapitre III. Les Animaux	114
1.° Quadrupèdes	id.
2.° Oiseaux	127
3.° Insectes	167
4.° Reptiles	169
5.° Poissons	179
Chapitre IV. Végétaux : Arbres, Plantes, Fleurs et Fruits	180
Chapitre V. Édifices et Constructions	230
Chapitre VI. habillement, Coiffures, Armes, Meubles et Ustensiles ; Instruments d'Écriture, de Musique, des Arts et des Métiers ; Insignes ; Parures ;	280
habillements, Coiffures &c.	id.
Musique	291
Mesures, 296. Écriture	301
Meubles portatifs	305
Insignes d'autorité &c.	318
Armes	333
Instruments des Arts et Métiers	342
Corbeilles de toutes formes	405
Vases de toutes formes et matières	413
Chapitre VII. Figures et formes géométriques	429
Supplément. Additions et Corrections	455
Table des divisions du Dictionnaire	465

Imp.ie Lithog.e de J. A. Clouet, rue Furstemberg, 5. Paris.

Dessiné et écrit par Jules Fonquières.

—— 1843. ——

www.ingramcontent.com/pod-product-compliance
Lightning Source LLC
Chambersburg PA
CBHW071608230426
43669CB00012B/1869